죽음

**이토록 가깝고,
이토록 먼**

La mort by Vladimir Jankélévitch

© Editions Flammarion, Paris, 1977
All rights reserved.

Korean Translation Copyright © Hodubooks, 2023
This Korean edition is published by arrangement with Editions Flammarion,
France through Milkwood Agency, Korea.

이 책의 한국어판 저작권은 밀크우드 에이전시를 통해 저작권자와 독점 계약한
도서출판 호두에 있습니다. 저작권법에 의해 한국 내에서 보호를 받는 저작물이므로
무단 전재와 복제를 금합니다.

죽음

이토록 가깝고, 이토록 먼

블라디미르 장켈레비치 지음
김정훈 옮김

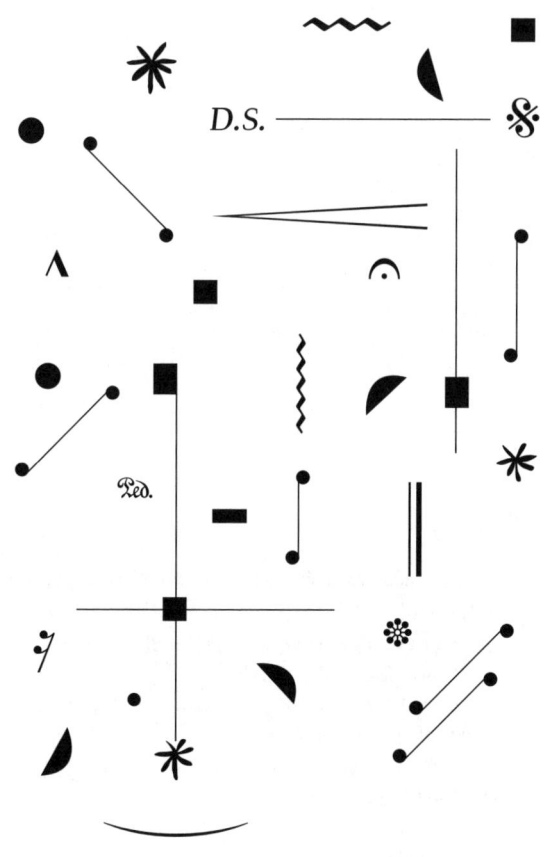

일러두기

1. 이 책은 Vladimir Jankélévitch의 *La mort*, Paris, Flammarion, 1977를 완역한 것이다.
2. 원서에서《 》로 표시된 부분은 " ", 이탤릭체로 된 표현은 ' '로 표시했다.
3. 원서에서 단락 나눔된 부분은 한 행을 띄었으며, 원서에서 문단이 나뉘지 않은 부분은 문맥에 따라 문단을 구분하였다.
4. 저자의 주석은 본문에 숫자로 표시해 미주로 달았으며, 옮긴이가 단 주석은 °로 표시하여 해당 페이지 아래에 넣었다.
5. 단행본은 『 』, 논문, 단편, 시는 「 」, 하위 곡이 있는 전곡의 제목은《 》, 개별 곡, 미술작품, 영화는〈 〉로 표시했다.
6. 인명, 지명 등 고유명사 표기는 국립국어원의 원칙을 따르되, 관용적으로 굳어진 경우에는 그에 따랐다.
7. '있다' 보조용언의 경우에는 띄어쓰기했으나, '살아있다', '죽어있다'는 붙여쓰기했다.

차례

프롤로그: 죽음의 신비와 죽음의 현상 ○ 13

1. 초경험적 비극과 자연적 필연 ○ 15
2. 진지하게 받아들임: 실제성, 임박함, 몸소 관련됨 ○ 26
3. 삼인칭, 이인칭, 일인칭의 죽음 ○ 41

제1부 죽음 이편의 죽음 ○ 61

1장 살아있는 동안의 죽음

1. 죽음의 성찰 ○ 67
2. 깊이로서의 죽음과 미래로서의 죽음 ○ 72
3. 완곡어법과 부정적 전도 ○ 95
4. 비존재와 무의미 ○ 106
5. 말할 수 없는 침묵과 형언할 수 없는 침묵 ○ 126

2장 기관-장애물

1. 짧은 삶 ○ 143
2. '그렇기 때문에'와 '그럼에도 불구하고': 유한성, 육체성, 시간성 ○ 150
3. 불가능-필연의 비극성 ○ 164
4. 선택 ○ 176
5. 한계의 소급효과 ○ 181

3장 절반의 열림

1. 신비의 사실성 ◦ 201
2. 확실한 죽음, 확실하지만 모르는 시간 ◦ 209
3. 확실한 죽음, 확실한 시간 ◦ 221
4. 불확실한 죽음, 불확실한 시간 ◦ 224
5. 확실한 죽음, 불확실한 시간 ◦ 232
6. 사실성의 감수: 사멸성, 고통성, 공간성, 시간성 ◦ 236
7. 인식할 수 없는 것, 불가능한 것, 치유할 수 없는 것 ◦ 256
8. 종결과 시작 ◦ 269

4장 노화

1. 존재로의 도래, 쇠퇴에 의한 부인 ◦ 279
2. 고행. 그리고 만일 삶이 계속된 죽음이라면 ◦ 288
3. 점진적 마모. 사형수 ◦ 291
4. 두 가지 시각: 살아온 것, 살도록 남아 있는 것 ◦ 301

제2부 죽음 순간의 죽음

이야기할 수 없는 순간에 대한 부끄러움 ◦ 325

5장 죽음의 순간은 범주를 벗어나 있다

1. 죽음의 순간은 양적인 최대가 아니다 ◦ 337
2. 죽음의 순간은 질적 변화가 아니다 ◦ 343
3. 죽음의 순간은 시간적인 달라짐이 아니다 ◦ 355

4. 죽음의 순간은 모든 지형학을 거부한다 · 360

5. 죽음의 순간은 관계를 갖지 않는다 · 373

6장 '거의 아무것도 아닌' 죽음의 순간

1. 『파이돈』에서의 죽음. 죽음의 문턱이 감춰지다 · 379

2. 작은 죽음들의 누적인 죽음 · 385

3. 죽음의 사건은 아무것도 아닌 것이 아니라, 거의 아무것도 아닌 것이다 · 396

4. 죽는 법을 배우지 않는다 · 404

5. 점진적인 갑작스러움 · 409

7장 되돌릴 수 없는 것

1. 공간 속에서 가고 돌아오는 것은 시간 속에서는 가고 돌아오지 않는 것 · 423

2. 다시 젊어진다? 다시 산다? 노화를 멈춘다? · 429

3. 되돌릴 수 없음의 운명적 객관성 · 435

4. 상대적 불가역성 · 439

5. 연속 중의 첫 번째와 마지막 번째 · 443

6. 상대적인 처음이자 마지막(일회성): 둘째와 끝에서 둘째 · 449

7. 처음이자 마지막인 죽음. 사라지는 나타남 · 461

8. 완전히 마지막: 더 이상 영영 아무것도 아님 · 471

9. 고별. 그리고 짧은 만남에 대해 · 478

8장 돌이킬 수 없는 것

1. 있었다는 것의 되돌릴 수 없음, 하였다는 사실의 돌이킬 수 없음: '행해진 것'과 '했음'。487
2. 죽음의 돌이킬 수 없고 회복할 수 없음. 덫과 밸브。497
3. 재생, 환생, 소생。503
4. 무화시키는 허무。513
5. 최후의 사라져 가는 메시지。516
6. 마지막은 아무런 비밀도 감추고 있지 않다。529
7. 전혀 다른 차원。540

제3부 죽음 저편의 죽음。547

9장 종말론적 미래

1. 피안은 하나의 장래인가?。553
2. 순간에 대한 불안과 피안에 대한 공포。559
3. 기대와 절망적 기원。564

10장 내세의 부조리

1. 불사, 부활, 영속하는 생。571
2. 사유하는 본질의 영원성。582
3. 이원론에 따른 영혼의 사후 생。586
4. 보존법칙에 반하여。591

11장 무화의 부조리

1. 뭔지 모를 다른 것 。599
2. 당연한 연속과 어이없는 중단 。601
3. 죽음에 대한 사유와 사유하는 존재의 죽음. 영원한-죽는 진리 。608
4. 바깥과 안. 에워싸는 조감의식과 에워싸인 천진무구함 。621
5. 죽음의 승리. 전능한 죽음 。626
6. 죽음은 사유보다 강하다. 사유는 죽음보다 강하다 。629
7. 사랑과 자유와 신은 죽음보다 강하다. 그리고 역으로도 그렇다! 。639
8. 사멸성과 불사성의 애매함 。651
9. 윤회도 범생명론도 위로가 되지 않는다 。656

12장 사실성은 소멸될 수 없다. 되돌릴 수 없는 것을 돌이킬 수 없다는 것

1. 죽지 않는 자는 살지 않는다 。667
2. 존재했다, 살았다, 사랑했다 。673

옮긴이의 말 。695
주석 。699

프롤로그

죽음의 신비와 죽음의 현상

죽음이 엄밀히 말해 철학적 문제가 되는지를 의심할 수도 있습니다. 일반적 관점에서 객관적으로 이 문제를 바라보면 죽음의 "형이상학"이 어떤 것일지 좀처럼 알기가 어렵지요. 반면 죽음의 "자연학"은, 생물학이든 의학이든 사회학이든 아니면 인구통계학이든, 아주 쉽게 떠올릴 수 있습니다. 죽음은 출생, 성장, 노화와 마찬가지로 하나의 생물학적인 현상입니다. 사망률은 출생률, 혼인율, 범죄율과 같은 하나의 사회현상이죠. 의사에게 사망이란 해당 종의 평균수명과 일반적 환경 조건에 따라 규정하고 예측할 수 있는 현상입니다. 사법과 법률의 관점에서도 죽음은 역시나 자연스러운 현상입니다. 시청의 사망계는 여느 다른 부서와 같은 하나의 담당 부서이며, 출생계나 혼인계와 나란히 호적과의 한 부분입니다. 장례행렬도 도로정비, 공원관리, 도로조명 못지않은 시청 관할 업무입니다. 사회는 조산원과 묘지, 학교와 호스피스 시설을 운영하는 일에 딱히 구별을 두지 않습니다. 인구는 출생으로 증가해 사망으로 감소합니다. 거기에는 어떠한 신비도 없으며 단지 자연법칙과 정상적인 경험적 현상이 있을 뿐입니다. 모든 비극적인 성격은 통계와 평균치의 비인격성에 의해 제거되어 있습니다.

톨스토이는 이반 일리치의 죽음을, 그처럼 안심이 되는 몹시 소시민적인 측면에서 고찰하며 그 유명한 소설의 첫머리를 시작합니다.

이 죽음은 단지 이반의 고통스러운 죽음만이 아니라, 치안판사 이반 골로빈 경의 사망이기도 한 것입니다. 그것은 흔한 행정관리상의 추상적인 한 사건, 단순한 정년퇴직과 마찬가지로 일련의 임명과 전임과 승진을 초래하는 "부고란"의 한 사건입니다. 이반의 죽음은 한 개인의 비극이며 가족의 불행이지만, 판사의 사망이란 무엇보다 사법부의 인사이동입니다. 이반의 죽음은 형언할 수 없는 긴 시련의 끝이지만, 사망통지서에 고지된 골로빈의 사망은 공무원의 이력과 한 러시아 시민의 전기에 찍는 마침표인 것입니다.

1. 초경험적 비극과 자연적 필연

한편으로는 우주론적인 일반화가 죽음을 사소한 것으로 만들고, 다른 한편으로는 이성적인 성찰이 죽음을 개념화하여 그 형이상학적 중요성을 축소합니다. 그리하여 절대적인 비극을 상대적 현상으로, 전적인 절멸을 부분적 소실로, 신비를 하나의 문제로, 불상사를 법칙으로 만들려고 합니다. 초경험적인 단절을 경험계의 지속이나 관념적 영원 속에 감추는 것은 어느 쪽이든 철학자적인 의식이 위안을 주려는 것입니다. 때로는 죽음의 초자연성을 자연화하고 때로는 죽음의 비합리성을 합리화함으로써 말이죠. 그러나 다시금 명백한 비극성이, 죽음의 현상을 평범화하려는 것에 항의합니다. 한 사람의 사라짐을 상쇄할 수 없듯이, 사라진 사람의 자기 존재는 대신할 수 없습니다. 게다가 사유하는 존재의 덧없는 무화無化도 문제가 될 것입니다. 그 사유가 사유하는 존재보다 더 오래 존속한다고 하더라도 말이죠. 요컨대 모순되는 두 가지 명백한 점이 있는데, 역설적으로 이 둘은 동시에 명백하면서도 서로 등을 돌리고 있는 것입니다.

죽음의 당혹스럽고 아찔하기까지 한 성격은, 파울-루이스 란츠베르크가 심층 분석한 바대로,[1] 그 자체로 이런 모순의 결과입니다. 한편으로는 초경험적 차원의 신비, 말하자면 무한 차원의 신비, 아니 차라리 무차원의 신비이고, 다른 한편으로는 경험 속에서 일어나고 때로는 우리 눈앞에서 벌어지는 익숙한 사건인 것입니다. 분명, (그 "사실성" 혹은 근본적 기원은 결국 설명이 안 되지만) 법칙에 지배되는 자연현상들이 있습니다. 경험계의 척도에 맞고 항상 다른 현상들과 관계된 현상들이 존재하는 것이죠. 다른 한편, 결코 '지금 여기hic et nunc'에서 실현되는 그 어떤 것에도 의존하지 않는 선험적인 초경험적 진리가 있습니다. 결코 "일어나지"는 않으면서도 어떤 특정 현상들을 낳는 진리가 존재하는 것이죠. 그리고 이 둘 사이에, 이 기이하고도 평범한 사실이, 죽음이라 부르는 이 경험적-초경험적 괴물이 있습니다. 한편으로 죽음은 언론 기자가 보도하는 사회면 기사이며, 법의학자가 인증하는 사건이자, 생물학자가 분석하는 보편적 현상입니다. 언제 어디서 닥쳐올지는 모르지만 죽음은 때와 장소의 좌표에 기입할 수 있습니다. 예심판사가 "사망"의 '언제 어디서'를 조사할 때 확립해 두려는 것이 바로 이러한 시공간상의 규정인 것이죠. 그러나 동시에 이 사건은 경험계의 다른 어떤 사건들과도 비슷하지가 않습니다. 이 사회면 기사의 사건은 엄청난 일이며, 다른 자연현상들과는 척도를 달리하는 일입니다.

하나의 신비가 실제 사건이 되고, 뭔가 초경험적인 일이 경험계 내에서 일상적으로 벌어진다니, 이건 분명 기적의 징후이기는 합니다. 그렇지만 두 가지를 유보해 두어야 합니다. 죽음의 마술은 긍정적인 계시도 복된 변모도 아닙니다. 그것은 소멸이고 부정입니다. 요정의 출현과는 반대로, 그것은 이득이 아니라 손실입니다. 죽음은 존재의 연속 한가운데에 갑자기 뚫리는 공허인 것입니다. 존재자는 마치 놀라운 일식이 벌어진 듯 갑자기 보이지 않게 되어, 눈 깜짝할 사이에 비존재의 구멍으로 빠져들고 맙니다.

그리고 한편 이 "기적"은 자연질서가 극히 드물게 중단되거나 존재의 행로가 예외적으로 굴절된 것이 아닙니다. 오히려 이 "기적"은 모든 생명체의 보편적 법칙인 동시에, 피조물들의 일치된 숙명입니다. 죽음의 선계仙界는 기적이면서도 그 나름으로 아주 자연스러운 선계입니다. 죽음이 말 그대로 "이례적인extra ordinem" 것임은 실제로 죽음이 경험계의 관심사나 사소한 일상사와는 전혀 다른 질서에 속하기 때문입니다. 그럼에도 불구하고, 죽음보다 더 사물의 질서를 따르고 있는 것도 없지요. 죽음은 그야말로 '이례적인 상례'인 것입니다. 오히려 어떤 피조물에게서 사멸이 중단되는 것이야말로, 불사야말로 기적 중의 기적이며 경이롭고도 경이로운 일일 것입니다. 우리가 장수하는 노인들에게서 이미 그런 경이를 예감하듯이 말입니다.

사실, 죽음이 필연적이면서도 이해할 수 없는 것이듯, 불사 자체도 입증할 수 없는 동시에 합리적인 것입니다. 그러나 불사와는 (그리고 신과는) 달리, 죽음은 우선 실제로 자명한 것, 명백하고 익숙한 자명한 것입니다. 그렇지만 이 자명함은, 그것을 언제 만나든 우리에게 항상 충격적으로 보입니다! "죽게 되어 있는" 자가 죽지 않고, 공통의 법칙을 벗어나 '언제까지나' 살아서 '결코' 사라지지 않는 그런 기적이 실현된 적은 한 번도 없었습니다. 한계를 넘어 무한히 계속되어 영원에 이르도록 오래 사는 일은 일찍이 없었죠. 절대성이란 생명과는 전혀 다른 차원에 속하는 것이니까요. 그런데도 왜 누군가의 죽음은 항상 일종의 불상사가 되는 걸까요? 왜 이 정상적인 사건이 그것을 목격하는 이들에게 그토록 호기심과 전율을 자아내는 걸까요? 죽어가는 인간이 존재해 온 지 그토록 오래되었는데도, 어째서 죽을 인간들은 이 자연스러우면서도 언제나 우발적인 사건에 아직도 익숙지 않은 것일까요? 우리는 왜 산 자가 사라질 때마다, 마치 처음 일어난 사건이기라도 한 듯이 놀라는 걸까요?

사실, 이오네스코Eugène Ionesco가 말했듯 "모든 사람은 맨 먼저 죽는 사람"[2]입니다. 모든 죽음의 언제나 새로운 평범함은 사랑의 아주 오래된 새로움을 닮았고, 모든 사랑의 아주 늙은 젊음과도 닮았습니다. 사랑은 사랑을 살고 있는 이에게는 늘 새로운 것이죠. 마치 한 남자가 한 여자에게 사랑의 말을 건네는 것이 세상이 생겨나고 처음인 것처럼, 마치 이 봄이 최초의 봄이고 이 아침이 최초의 아침인 것처럼, 천 번도 더 되풀이된 사랑의 말을 실제로 읊는 이에게 사랑은 항상 새롭습니다. 사랑하는 이는 이 완전한 새 아침과 이 완전한 새 여명 앞에, 마르지 않는 것을 마주한 지칠 줄 모르는 존재로 있는 것입니다. 여기서 모든 모방자는 한 사람의 창안자이자 창시자이고, 모든 재창조는 하나의 창조이며, 모든 재시작은 하나의 첫 시작입니다. 세상에 시인이 있어 노래를 불러온 지 그토록 오래인데, 어떻게 아직도 사랑에 대해 말할 것이 발견되는 걸까요? 하지만 그것은 하나의 사실입니다. 사랑을 겪는 이는 저마다 미문未聞의 증언, 전례 없는 경험, 독창적 공헌을 가져올 수 있습니다. 누구나 능력을 발휘할 수 있는 영역인 겁니다!

아가톤은 파이드로스에게 반론하며 에로스가 신들 중에서 가장 젊다고 νεώτατος θεῶν 말합니다.³ 에로스는 언제나 태어나고 있기 때문에 에로스를 아이의 모습으로 나타내는 것이라고, 『사랑의 열정에 관한 담론 Discours sur les passions de l'amour』은° 명시합니다. 역설적으로 보일 수도 있겠지만, 죽음 또한 나름대로 항상 젊습니다. 익숙함과 낯섦의 혼합이라는 죽음의 특징은 이로부터 생겨납니다. 죽음이란 참으로 기이하면서도, 아무리 무딘 인간도 마주치자마자 곧바로 알아보고서 인사해 버릴 정도로 익숙한 것이죠. 죽음이 지닌 자연에 반하는 자연스러움, 자연스러운 초자연성이란 그런 겁니다.

루크레티우스는 죽음으로 인해 해체되는 것은 물리학적으로 마땅하며 안심해도 좋을 일이라는 점을 증명하려고 합니다. 그는 우리에

° 저자에 대해서는 논란이 있으나, 일반적으로 블레즈 파스칼 Blaise Pascal의 저작으로 여겨진다.

게 그것을 납득시키려고, 또한 아마도 스스로 납득하려고 안간힘을 쏩니다.(그토록 열심인 것을 보면 어쩌면 그다지 확신은 없었나 봅니다.) 그 때문에 그는 물체의 낙하만큼이나 자연스러우면서도 그 근저에서는 신비로운 이 사실의 심오하고 환원 불가능한 기이함을 무시합니다. 한 인간이 결정적으로 소멸되는 것이, 그저 뭔지 모를 어떤 형이상학적 중력법칙에 따르는 일일 뿐일까요? 한 인간의 죽음이라는 비극은 원사론의 위로를 거부합니다.

신은 절대적으로 멀지만, 죽음은 멀고도 가깝습니다. 아마 이러한 극도의 가까움으로, 자살을 생각하는 사람이 독약이 든 병 앞에서 느끼는 유혹을 설명할 수 있을 것입니다. 살아있는 이와 저승의 커다란 비밀 사이에 이 투명한 유리벽의 두께밖에는 없단 말인가? 도스토옙스키의 작품 속 인물들은 때때로 이 매력에 끌리고는 했지요. 반투명의 막이 차안과 피안을 가른다고 마테를링크Maurice Maeterlinck는 말합니다. 막의 한쪽은 이미 저편에 있는 차안此岸이고, 다른 쪽은 가까스로 저편에 너무 조금 저쪽에 있어서 거의 이쪽에 있는 것이나 마찬가지인 피안彼岸입니다. 또 다른 세계, 절대적으로 다른 곳이고 절대적으로 다른 세계(여기가 아닌 다른 곳, 여기와는 다른 세계)이지만 그러면서도 도처에 현존하는 저쪽 세계인 것입니다. 그래서 신처럼 어디에나 있으면서 어디에도 없습니다. 저쪽ἐκεῖ과 이쪽ἐνταῦθα, 동시에 양쪽에 있습니다. 초월적인 동시에 내재적이죠. 동맥 속의 혈전 한 덩어리, 한 번의 심장발작만으로도 "저기"가 곧바로 "여기"가 되기에 모자람이 없으니….

죽음은 문 앞에, 보이지 않지만 아주 가까이에 있습니다! 죽음이란 차안으로 밀고 들어오는 피안의 첨단尖端인 걸까요? 이토록 가깝고, 이토록 먼! 죽음의 위험이 온갖 방법으로 침범할 수 있는 이 연약한 유기체에게, 죽음은 이종異種의 내장內臟입니다. 우리의 삶 전체가 다음번 심장 수축에, 다음번 심장 이완에, 시시각각 계속되는 기적에 달려 있는 것입니다! 이것이 바로 마테를링크가 『실내*Intérieur*』에서 긴장 속에 놓아둔 먼 가까움입니다. 한밤중에 날아든 흉보와, 이미 닥쳐온 비극을 아직 모르는 가족의 평화로운 행복 사이에, 불안한 예감과 행복한 무신경 사이에, 유리문이 있고 정원이 있고, 그리고 이 짙은 어둠이 있습니다.

죽음은 초경험적 신비와 자연현상의 접점입니다. 사망 현상은 과학의 소관이지만, 죽음의 초자연적 신비는 종교에 도움을 호소합니다. 인간은 때로는 자연법칙만을 고려하여 신비를 무시하고, 때로는 신비 앞에 무릎을 꿇으며 현상을 무시합니다. 그러나 이 두 시각 사이의 모순은 어림짐작, 인습, 완곡어법을 낳고, 우리를 안심시켜 준답시고 오해만 계속되게 만드는 온갖 꼼수를 조장합니다. 정당화가 안 되니 슬그머니 나만을 예외로 하는 근거 없는 특권을 만들어내 자신의 죽음을 은폐합니다. 누구나 알고 있듯, 죽음은 타인에게만 닥쳐오는 어떤 것이니까요.

여기서 다시 『이반 일리치의 죽음』 첫머리를 되새겨볼까요. 다행히도, 죽은 이는 어떤 타인입니다. 그리고 표트르 이바노비치는 그 죽음이 마치 이반 개인의 불운인 것처럼, 사망이란 타인 전용의 재난인 것처럼, 어쨌든 누군가의 죽음이란 자신과는 전혀 무관한 일인 것처럼, 그 죽음의 사정에 대해 흥미를 갖고 조사해 봅니다. 내 차례가 올 것이다. 하지만 당장은 아직 피에르나 엘비르의 차례 혹은 내가 그토록 사랑한 아름다운 젤렝드의 차례일 뿐이다.[4] 사멸의 법칙은 인간 일반에 관련된 것이지만 딱히 나 자신과는 상관이 없다. 그것은 마치 박애주의자가 인류 전체를 사랑하면서도 나를 특별히 개인적으로 사랑하지는 않는 것과도 같다. 이로부터 우리는 죽음은 나와는 어떤 식으로도 상관이 없다고 스리슬쩍 결론 내립니다. 죽음에 대해 말하는 자, 죽음을 생각하고 죽음에 대해 철학하려고 시도하는 자, 바로 그자가 보편적인 사멸에서 자기 자신을 제외합니다. 그는 (문제의 필요 때문에) '마치' 죽음이 자신과는 전혀 상관없는 듯이 하면서, 곧바로 "마치"라는 규약을 잊어버렸던 것입니다. 실제로 이 "결론"은 오히려 열렬한 희망과 경솔함과 자기기만의 오류 추리이며, 죽음의 날짜가 불확정이라는 데에서 터무니없는 용기를 얻고 있는 것입니다. 사멸의 법칙은 모든 피조물에게 적용되지만, 나만은 제외… 하지만 깊이 들어가지 말자! 아니, 너무 열심히 생각하지 말자. 이런 것이죠.

일인칭에 이렇게 비합리적으로 특권을 주는 예외는 생명의 영속성과도 본질의 영원성과도 아무런 공통점이 없습니다. 우주론적인 현실과도 이성적인 진리와도 공통점이 없습니다. 그것은 단지 자아의 일면적이고 자기중심적인 관점을 표명한 것일 뿐입니다! 나만을 위한 예외는 요행이자 다행스러운 우연이죠. 누가 알까요? 어쩌면 죽음이 나를 잊어버릴지! 어쩌면 운명의 누락이 나에게 더없는 시련을 면하게 해줄지? 어쩌면 공통의 법칙이 나에게 적용되지 않을지도? 그리고 어쩌면 그때쯤이면 새로운 백신이, 노화라는 병에 대적할 새로운 영약이 발견될지는지? 누구라도 이런 희망은 가져봄 직하죠.

아무튼 단 하나의 피조물만, 여기서는 당사자 자신이 죽음의 보편성에서 벗어나면 됩니다. 그 순간부터 죽음은 전적인 것이기를 그치고 거의 전적인 것이 되는 것입니다. 거의 모두를 잃지만, 그러나 누군가는 구해진다. 따라서 모두가 구해진다! 그런 겁니다. 그러므로 나 자신이 살아남는 것이, 무無로부터 무언가를 구하고 그로써 죽음을 사유 가능한 추상적 개념으로 만드는 최소한의 필요조건입니다. 일인칭을 위한 예외만으로도 죽음을 하나의 문제로 만들기에 충분하고, 그것을 다른 개념들과 연관시킬 수 있게 되는 겁니다. 때로 큰 해난 사고에서도 한 명의 생존자가 있어서 (하지만 이 단 한 사람이 되는 것은 기적적인 행운이 아닌가요?) 사람들에게 재난상황을 말해주듯, 죽음에서도 적어도 한 사람의 생존자가 있어 우리가 죽음을 인식할 수 있도록 해줄 것입니다.

물론 이는 말하기도 부끄러운 궤변입니다. 왜냐하면 논리적으로는 완전히 다른 결론이 나오니까요. 일단, 사람이 죽음을 면하는 일은 한 번도 일어난 적이 없습니다. 따라서 그 누구도 결코 죽음을 면하지 못할 것입니다. 죽음의 승리는 절대 어떤 예외도 허용하지 않고, 이로부터 우리는 이 규칙이 하나의 법칙이며 이 승리가 하나의 필연이라고 귀납적으로 추론합니다. 그리고 진보를 믿는 낙관론에도 불구하고, 또한 개인의 수명이 늘어나고 있음에도 불구하고, 죽음의 필연은 영원히 존재할 것이라고 추론합니다. 요컨대 인간을 사멸하는 존재로 정의할 수 있다고 추론합니다. 사멸성이 삼단논법의 보편적 대전제가 되기 때문에, 이제 이 귀납은 하나의 연역을 허용합니다. 예외 없이 모든 인간에게 적용되는 일반 법칙이 하물며 나에게 적용되지 않을 리 없으니까요. 죽음은 모든 피조물에게 닥치는 겁니다. 나도 포함해서요.

그런데 우선, 그 귀납 자체는 어떤가요? 사멸성은 무릇 생명체가 지닌 추상적이고 비개체적인 속성일까요? 그것은 그저 하나의 "진리"인 걸까요? 엄밀히 말해, 죽을 수밖에 없다는 것은, 예컨대 수학적인 진리를 진리라고 하는 그런 의미에서의 투명한 진리는 아닙니다.

진리가 죽음을 받아들이지 않듯이, 마찬가지로 죽음은 "진리"이면서도 단적인 진리는 아닙니다. 무조건적인 진리도 아닙니다. 진리는 비-죽음이고, 죽음은 어떤 의미로는 비-진리입니다. 죽음의 불멸하는 진리란 차라리 하나의 부조리, 혹은 적어도 헤아릴 수 없는 역설입니다. 죽음이 하나의 진리라고 말하고, 따라서 비-진리가 하나의 진리라고 말하는 것, 그것은 다시금 죽음의 모순되고 신비로운 성격을 표명하는 것이 아닐까요?

그래서 보편적인 판단에 이르는 극한으로 가는 길에는, 일종의 극미한 의혹과 광적인 희망, 그리고 우리에게 유리한 아주 작은 행운이 있는 것입니다. 거꾸로 그렇기 때문에 누군가의 죽음은 결코 보편적인 법칙을 개별 사례에 순전히 기계적으로 적용한 것으로 나타나지 않습니다. 먼저, 각각의 운명은 독특한 것이며 다른 어떤 것과도 닮지 않아서, 어떤 것이 어떤 것의 개별 사례가 아니기 때문입니다. 피에르나 폴의 죽음은 여느 죽음들 중의 한 사례 이상의 어떤 것입니다. 사멸성이라 부르는 추상적이고 일반적인 속성이 개체에 구현된 것 이상의 어떤 것이죠. 바로 그 속성 탓에 살아있는 것들은 장차 죽는 것이 되고 죽는 종의 일원으로서 죽을 수 있지만, 그래도 이 속성은 개인의 죽음에 대해서는 아무것도 말해주지 않습니다.

물론, 모든 인간은 죽습니다. 그리고 피에르도 인간 중 하나입니다. 그렇지만 피에르가 내 자신이거나 가까운 사람인 경우에는 사정이 다릅니다. 그러한 삼단논법에는 내가 믿을 수 없는 무언가가, 마음속으로 진지하게 받아들여지지 않는 무언가가 있습니다. 이러한 연역논법은 사람을 정말로 설득하기보다는 승복시키는 것이어서, 사리에 어긋나더라도 우리는 전제들이 부과하는 결론을 이끌어내기를 주저합니다. 나는 내가 죽으리라는 것을 알지만, 나는 그것을 믿지 않는

다, 하고 자크 마돌Jacques Madaule은 의미심장하게 말합니다. 나는 내가 죽으리라는 것을 알지만, 그것을 마음속으로 납득하지는 못하는 것입니다.

톨스토이의 이반 일리치는 거의 초자연적이고 필사적인 반감을 사무치게 느낍니다.[5] 이 반감은, 비할 데 없는 자신의 개인적인 "경우"를 일반적 법칙 아래에 놓고 삼단논법의 익명적이고 비인칭적인 대전제가 자기 자신과 관련되어 있다고 느낄 때, 모든 인간이 경험하는 것입니다. '아마도 카이사르가 죽는 것은, 모든 인간이 죽고 그도 인간의 한 사례이기 때문일 것이다. 그러나 그런 사실이 이반과 무슨 관계가 있다는 말인가? 카이사르가 미챠, 볼로쟈, 카첸카의 형제였던가? 나, 바냐가 좋아하던 장난감인 줄무늬 가죽 공의 냄새를 맡았던 적이 있나? 엄마가 입던 주름 원피스가 부드럽게 사르륵거리는 소리를 들었던가? 바냐의 기쁨, 슬픔, 사랑의 자초지종을 알고 있었나? 그래, 골로빈 씨는 모든 개개인과 마찬가지로, 무릇 인간으로서 죽음을 면할 수 없겠지. 그러나 이반은 그 자신 속에서만큼은 인간 일반의 하나가 아니다. 그리고 나, 나는 카이사르가 아니란 말이다!'

피와 살로 된 이 이반, 괴로워하고 절망하는 이반은 히에로니무스Hieronymus의 『명인록De Viris』의 한 인물이 아닌 것입니다. 더 일반적으로 말해, 아무개 씨는 다른 사람들에게만 아무 한 사람입니다. 그 사람 자신에게는 세상에서 단 하나뿐인 운명이자 생애이며, 절대적으로 유일무이한 존재인 것입니다. 이반의 추억 속에서는 모든 것이 대신할 수도 비교할 수도 흉내 낼 수도 없는 것입니다. 유일하다는 것이야말로 가장 평범한 삶의 독창성입니다! 나 이반 일리치, 나 바냐, 나는 완전히 별도의 존재, 비길 데 없는 존재입니다. 생명체의 사멸성은 바냐와는 상관이 없습니다. 확실히 모든 인간은 죽는 존재일 것입니다.

그런데 바냐는 하나의 인간이니… 하지만 이 '그런데'에서 '따라서'로 넘어가지지가 않습니다. 바냐가, 줄무늬 공을 가진 바냐가 문제가 될 때에는, 고통스러운 저항이 우리를 붙드는 겁니다.

빅토르 위고는 환자의 마지막 몇 달이 아니라 사형수 최후의 날에 대해, 톨스토이보다 먼저, 게다가 그에 못지않게 멋지게 말했습니다. '사제의 직업적 설교가 죽어가는 사람과 무슨 관계가 있을까?' 사제는 사형수에게 눈도 돌리지 않고 외워둔 설교를 읊습니다. 상투적인 것밖에 없죠. "무엇에나 누구에게나 적용될 수 있는 것"밖에 없습니다. "그와 나 사이에는 아무것도 없다." 이 공무원에게 사형수란 단지 "한 사람의 불행한 족속"일 따름입니다. "아아, 날이 저물기 전에 내가 죽는다는 것이 정말 사실일까? 그게 나라는 것이 정말 사실일까?… 내가 죽는 것이다! 여기 이렇게 살아서 움직이고 숨 쉬고 이 탁자에 앉아 있는 바로 이 내가… 그러니까 바로 내가, 만져지고 느껴지는 이 내가, 이 옷에 바로 이런 주름을 만들고 있는 이 내가!"

자신의 침대에서 죽는 자에게조차도, 죽음이라는 사건은 사멸의 일반 법칙으로는 설명할 수 없는 새로운 무언가를 항상 덧붙입니다. 그 법칙이 그 사건을 포괄하고 있는데도 말이죠. 죽을 존재들의 사멸성이 수백만의 개개의 죽음으로 끊임없이 확인되고 무궁무진하게 확증되어도, 이 세상이 생긴 이래 모든 생명이 하릴없이 하나같이 죽음의 승리로 끝난다고 해도, 그래도 충분치 않다고 말할 것입니다. 그런 천하무적도 아직 충분한 증명은 아니라고, 그토록 잔뜩 입증되고 또 입증된 사멸도 뭔가 보충 증거가 필요하다고….

정말로 증명이 아직 이뤄지지 않은 걸까요? 그렇습니다. 증명은 한 번도 이루어진 적이 없습니다. 누군가의 실제 죽음은, 모든 실제적인 것이 그렇듯, 항상 전대미문의 예견하지 못한 요소를 가져옵니다. 피에르나 폴의 죽음과 사멸성과의 관계는 인간들의 행위와 추상적 정의와의 관계와도 다소 비슷합니다. 누군가 지금 이 순간 어딘가에서 불의를 저지른다고 해도 규범의 권위는 조금도 줄어들지 않습니다. 정의의 이념이란 실제로 이루어지는 적용과는 이론적으로 무관한 채 남아 있기 때문이죠. 정의의 이념은 아무렇지도 않습니다. 그럼에도 다른 한편으로는 아무도 정의를 존중하지 않으면 정의는 덜 자명한 것이 되고 말 것입니다. 마찬가지로, 사멸이라는 불사의 진리는 우습게도, 이 법칙이 예견하고 논리적으로 함축하는 이 피할 수 없는 죽음들에 역설적으로 의존하고 있습니다. 끊임없이 확인되고 재확인된 사멸성의 진리를 각각의 새로운 죽음이 나름대로 또 확인하는 것이라면, 이는 이 진리가 무한히 검증될 필요가 있다는 것입니다. 생명체의 사멸이라는 진리는 그러니까 반투명한 진리가 아니라 불투명한 운명입니다. 그리고 실제의 모든 죽음은 그 불투명한 운명을 다시 생각할 기회를 우리에게 주고 있는 것입니다.

2. 진지하게 받아들임: 실제성, 임박함, 몸소 관련됨

바냐는 그리하여 자신이 죽는 존재이며 공통된 법칙의 적용을 받는다는 사실을 발견하고 몹시 놀랍니다. 정말 멋진 발견이야! 이거야말로 완전히 새로운 거야! 바냐는 이 공공연한 비밀을 깨닫습니다. 마치 몰랐던 것처럼⋯.

사실 우리는 이미 알고 있는 것을 새삼 깨닫는 수가 있습니다. 몹시 기다렸던 사건에도 놀랄 수 있듯이, 혹은 내가 나로 되어갈 수 있듯이 말이죠. 그러니까 잠재적으로 실체적으로는 이미 나 자신이지만, 바로 그 나로 현실적으로 되어가는 겁니다. 플라톤이 똑같은 역설을 가르치지 않았던가요? 희한한 모순을 통해, 에로스도 어떤 의미에서는 이미 찾아낸 것을 발견한다고.

더 일반적으로 보면, 사람은 알고 있던 것을 깨닫고, 언뜻 생각이 스쳤지만 신경 쓰지 않았던 위험을 실감하며, 외우고 있던 음악과 노랫말을 오늘 처음 듣는 듯 다시 들으면서, 여태 한 번도 눈길을 끌지 않았던 똑같은 사물로 가득 찬 똑같은 풍경을 눈을 비비며 새로운 시선으로 바라보면서 인생을 살아갑니다. 우리가 말했듯, 사랑할 때 사랑의 말들이 바로 그러합니다. 무릇 시작에 다름 아닌 재시작의 오랜 새로움이 그러합니다. 플라톤의 "상기想起"가 회상이듯, 죽음의 인식도 "재인식"입니다. 그래도 그것은 이 회상만큼이나 새로운 인식이며, 독창적인 최초의 인식입니다. '깨닫고' 나면, 그전까지는 아무것도 몰랐던 것처럼 생각되고, 이전의 앎은 태어나기 전의 지식만큼이나 멀어 보이며, 무지만큼이나 공허해 보입니다. 안다고 믿고 있었지, 알지는 못했던 것입니다! 우리가 놀라도록 되어 있는 일은 세상에서 가장 덜 놀라운 일인데 말이죠.

어느 날 우리는 이미 오래전부터 알고 있었던 것을 새삼 알아차립니다. 이런 자각은 대개 느닷없는 직관이며, 늙음을 의식하는 일만큼이나 갑작스런 계시입니다. 사람이 하루하루 조금씩 점점 늙어간다고 해도, 늙었다는 사실은 갑자기 단번에 의식하게 되니 말입니다. 어느 날 아침 면도를 하다가요! 환자는 몇 가지 징후가 갑자기 술술 예언을 해대는 것을 보고, 한순간 자신을 위협하는 병의 치명적인 무게를 느낍니다. 가까운 이의 죽음은, 죽음이 단지 남들에게만 있는 것이 아니라는 것을, 아니 나 자신이 이 "남들"의 하나임을 한순간 우리에게 계시합니다. 이반 부닌Ivan Bunin의 한 훌륭한 소설 속에서 아르세니에프는 여동생 나디아의 죽음에 대해 이야기하다가 "나는 내가 죽는다는 것을 갑자기 이해했다"고 말합니다.[6] '그래도 알고는 있었던 거잖아'라고 우리는 대답하고 싶을 겁니다. 그야 아무튼, 우리는 현자의 일기에 이런 글이 적혀 있는 것을 어렵잖게 상상할 수 있을 것입니다. '나는 오늘 아침, 11월 21일 11시 35분에, 인간은 죽을 수밖에 없다는 것을 문득 깨달았다.'

'연속적인 시간을 의식하는 것은 불연속적인 의식이다.' 이 말은 아무리 거듭 말해도 지나치지 않을 것입니다. 준비된 놀라움, 이미 알지만 아직 모르고, 알면서도 새삼 깨닫고, 들어와 있으면서도 불쑥 찾아오는 메시지! 이미 알던 것의 발견이란 돌발적일 수밖에 없습니다. 이런 불연속적인 자각이, 소식통이 비보에 맞닥뜨리는 일이, 요컨대 이런 급변이 어찌 혼란을 가져오지 않을 수 있을까요?

우리는 이미 알고 있던 바로 그것을 완전히 "달리" 깨닫기 시작합니다. 달라진 것은 방식입니다. 질적인 혹은 정신적인 방식이, 조명과 울림이 달라진 것이죠. 아마도 새로운 정신적 맥락에서는, 뻔하디뻔한 소리도 참신한 어조와 뜻밖의 독창성을 가질 것입니다. 우리는 이제 그 중요성을 더 잘 가늠하고 사건의 실제 무게를 더 잘 평가합니다. 부모님의 죽음은 우리가 이전부터 알고 있던 것 외의 어떤 것도 실질적으로 더 가르쳐주지 않습니다. 그 문제에 관해 알아야 할 것은 모두 이미 알고 있었습니다. 무릇 인간이 죽는다는 것을, 소중한 이도 이 인간들 중의 하나니까 아무렴 죽을 수밖에 없다는 것을요. 이런 의미에서 우리는 보통의 생명체들보다 말 그대로 조금도 더 알고 있지 않습니다. 그러나 소중한 이의 죽음 이후부터는 우리는 다른 질서 속으로 옮겨가 다른 수준에서 다른 빛 속에서 '달리' 알게 됩니다. 거기서 새로운 차원을 발견하는 것입니다.

불행을 겪어보지 않은 사람들은 당사자가 알고 있는 것을 다 안다고 해도 어떻게 '얼마나' 불행한지는 알지 못합니다. 상(喪)을 당해 태곳적 진리를 새로이 전수받은 이 존재는 요컨대 무엇을 알게 된 걸까요? 새로 더 알게 된 것은 없다고 해도, 아마 무언가를 이해했을 겁니다. 어떤 언어에도 이름이 없고 만져지지 않는 뭔지 모를 그것을 이해했을 겁니다. 더 알게 된 것은 전혀 없지만, 직접 겪은 경험의 대체할 수 없는 가치를 누가 부인할 수 있을까요? 이 경험은 계시도 아니고 새로운 지식의 획득도 아닙니다. 그것은 알아보지 못했던 하나의 깊이를 현장에서 발견하는 경험입니다. 그 깊이를 못 알아보았기에 우리가 온갖 종류의 오해와 실망에 젖어 있었던 겁니다.

한마디로, 불행을 겪은 인간은 그 뒤로 죽음을 '진지하게' 받아들입니다. 그리고 그가 방금 알게 된 것은 공개할 수 있게 된 비밀도 전대미문의 발견도 보충적인 정보도 아니며, 일반적으로 말해 우리의 앎의 자산이 늘어난 것도 아니지만, 그렇더라도 이 신비에 대한 자각이 의미하는 성숙의 세 가지 면을 설명할 수는 있을 것입니다. '실제성', '임박함', '몸소 관련됨'이라는 세 가지로 구별해서 이야기하겠습니다.

죽음을 진지하게 의식하는 것, 그것은 우선 추상적이고 관념적인 지식에서 실제 사건으로 방향을 돌리는 것입니다. 더구나 우리는 '실감한다'고 말하지 않습니까? 역설적이게도, 실감한다는 것이란 진리에서 멀어지는 것이고, 합리적이지만 납득되지 않는 명백함으로부터 불투명하지만 체험된 명백함으로 넘어가는 것입니다. 예컨대 우리가 말과 생각으로만 가능하다고 알고 있던 광경을 내 눈으로 보는 겁니다. 우스운 역설이지요!

존재에서 뜯겨져 나오는 절멸에서야말로 사람은 변이의 실제성을 가장 강렬하게 경험합니다. 책을 들여다보며 카이사르의 처지라든가 생명체가 어쩌고 하며 추론하는 일에서 벗어나야지만, 사람은 정말로 닥쳐오게 되어 있는 사건에 이르게 됩니다. 사건으로 방향을 돌리기 이전에, 다시 말해 "실감하기" 이전에, 논리학자는 인간의 보편적인 사멸성으로부터 연역추론을 통해 카이사르의 죽음을 결론지었습니다. 그 추론은 개념의 비현실적이고 이론적인 영역에 머물러 있었고, 실제성이라는 전혀 다른 차원으로 결코 나아가지 않고 있었습니다. 이성적 추론은 똑같은 세계 내부에서만 움직이고 있었던 겁니다. 죽음을 실감하려면 '다른 종류로의 이행μετάβασις εἰς ἄλλο γένος'°이 필요했던 것인데 말이죠. 이는 모순의 한 항에서 다른 항으로 이행하는 것이 아니라, 존재론적 논증에서처럼 가능성에서 실제성으로 혹은 본질에서 실존으로 비약적으로 이행하는 것입니다.

비실제적인 지식이 조장하던 오해와 허구와 인위적 인습을, 아주 평범한 진리의 발견이 종식시킵니다. 우리가 죽음을 새로 경험한다고 해도, 글쎄요, 죽음에 대해 여느 인간이 가질 수 있는 플라톤적인 선先인식이나 선先관념에 더해지는 것은 없습니다. 그러나 그 경험은 이 선관념을 다른 수준으로 올려놓습니다. 상을 당하거나 병에 걸리는 경험에서 비로소 우리의 지식이 실제적인 것으로 승격되는 것입니다. 이미 앞서 알고 있던 것을 깨닫는 것은, 이전에는 이해하지 못한 채 알고 있던 것을 체험된 앎으로 문득 알게 되는 일, 뜨거운 감동과 강렬한 열정을 지닌 구체적인 인식으로 알게 되는 일입니다. 생각의

° 아리스토텔레스, 『분석론 후서』 75a; 『천체에 대하여』 268b 참조.

끄트머리로만 인식하고 있던 것을, 이렇게 이제 혼魂 전체로, 아니 차라리 '삶 전체로σὺν ὅλῃ τῇ ζωῇ' 이해하는 것입니다.

사랑하는 이가 영원한 주제의 닳고 닳은 진리를 몸소 살아내며 새롭게 되살리듯이, 애도하는 인간은 애착으로 멍든 채 죽음의 더없이 애절한 진리를 몸소 다시 살아내며 죽음의 비장한 부조리를 몸소 되살리고, 죽음의 비극성을 아프게 속으로 겪어냅니다. 죽음은 그 진지함을 "실감하는" 이를 통해 시간과 공간 속으로 파고듭니다. 죽음이 하나의 사건으로 벌어지는 것입니다.

임박함이란 사실 실제성의 시간적 형태입니다. 이는 역으로 개념적인 비실재성이 유토피아주의자에게는 먼 미래의 불확정이라는 형태를 띠고, 역사가에게는 과거의 고갈이라는 형태를 띠는 것과 마찬가지입니다. 정말로 닥쳐오는 실제 사건이란 지금 닥쳐오는 사건입니다. 그리고 역으로 어떤 사건이 실제적이지 않을 수 있다는 것은, 그 일이 이미 일어났기 때문이거나, 아직 오지 않고 나중에 일어날 것이어서 아직 닥쳐오지 않았기 때문입니다.

과거의 후퇴는 죽음을 추상적으로 인식하는 첫 번째 수단입니다. 인식이라는 것은 거의 그 정의 자체로 회고적이고 지연된 것이어서, 타인의 죽음을 객관적으로 완전히 평정하게 인식하는 것은 일이 벌어진 후, 즉 너무 늦었을 때뿐입니다. 이러한 관점에서 보면, 죽음은 사후에 뒤따르는 인식에 의해 "죽어서" 인식되며, 인간은 이런 인식을 통해서만 비극을 문제로 변모시키는 여유를 가지게 되는 것입니다. 이러한 것이 망자의 행장行狀에 대한 지식이고, 지하분묘와 공동묘지가 그 자료 보관소 노릇을 하는 겁입니다. 실증주의는 이러한 의미에서 인류가 살아있는 사람보다 더 많은 사망자로 이루어져 있다고 여깁니다. 역사란 무수한 망자들의 진열실이며, 이들 망자들 자신은 실증 종교의 제사를 받으면서, 건조된 곤충 수집이나 미라의 전시처럼 다루어지는 것이죠. 고인은 순순히 순수한 개념이 되었습니다.

미래의 후퇴는 객관적인 거리 두기의 두 번째 형태입니다. 그러나 과거가 그 자체로 후퇴하는 것이었다면, 이 경우에는 현재가 거리를 두거나 미래를 멀리 밀어냅니다. 이처럼, 회고하는 객관화와 전망하는 객관화는 '지금'이라고 불리는 영점 양쪽으로 생성의 상반된 두 방향을 향해 연장됩니다. 기억의 연대기가 상류 쪽으로 하고 있는 것과 같은 일을 지연遲延이 하류 쪽으로 하고 있죠. 그러나 회고주의의 객관화가 오로지 나로부터 타인의 죽음을 향해 그 타인들과 관련해서만 유효한 것이라면, 미래주의 혹은 지연시키는 객관화는 자신의 죽음이라는 관점에서만 의미를 갖습니다. 왜냐하면 각자의 죽음은 자기 자신에게는 항상 미래에 있는 것이기 때문입니다. 아니, 각자의 죽음은 그 정의 자체로 삶의 마지막 미래인 것이죠. 그것은 삶의 길 위의 한 중간단계가 아니라 모든 미래 중에 가장 먼 미래입니다. 일시정지도 정거장도 아닌 종점이며, 우리의 생성을 이루는 연속된 잇단 순간들의 최종 항입니다.

다른 미래들, 즉 연속 내의 상대적인 작은 미래들은, 미래가 현재화하는 연속적인 작용에 의해 정상적으로 현재가 되도록 만들어져 있습니다. 다음 날을 가리키는 잠정적인 명칭인 "내일"은 단지 24시간 동안만 유효한 부사입니다. 다음 날이 '내일'인 것은 오늘뿐이고, 내일이면 '오늘'이 될 것이며, 모레에는 '어제'라고 불릴 겁니다. 그러나 죽음이라는 궁극의 미래는 결코 '오늘'이 되지 않을 모레이며, 결코 현재가 되지 않을 미래입니다. 그러나 그것은 항상 와야 할 것이고 닥쳐오고 다가오기를 결코 멈추지 않는 것이니, 우리의 전 생애가 그것의 이른바 대림절이며 서곡이기 때문입니다. 가능한 모든 것은 일어날 수밖에 없다고 셸링Friedrich W. J. Schelling은 말했습니다. 우리는 이렇게 말합시다. 미래는 모두 닥쳐올 것이며, 어느 날 실제로 오기 위해서 아직 안 왔을 뿐이라고. 어쨌든 미래는 (그 명칭이 가리키듯이) 있게 될 것입니다.° 다시 말해, 단지 늦을 뿐인 존재이기에 마침내는 존재하게 될 것입니다. 혹은 결국 같은 말이지만, 미래의 비존재란 단지 아직 아닌 것… 말하자면 어김없이 한결같이 지켜지는 약속이라고나 할까요. 이 그칠 줄 모르는 미래의 현재화는 결코 멈추지 않으니까요.

오, 시간이여, 비상을 멈추어라! 시인은 그렇게 간구합니다. 그러나 시간은 못 들은 척, 가던 길을 멈추지 않습니다. 그러기는커녕 우리의 애원은 전혀 개의치 않고 가차 없이 계속 나아갑니다. 게다가 우주의 모든 시계가 각자 표준시의 시간을 가리킨 채로 동시에 멈춘다고 해도, 시간을 세고 날짜를 말할 사람이 존재하지 않는다고 해도, 시간의 비상은 계속될 것입니다. 우리가 더 이상 늙어가지 않는다고 하더라도, 나이는 계속 늘어갈 것입니다. 우주 전체가 대재앙을 만나, 천체 주기에 리듬을 주고 계절을 나타내며 낮과 밤의 교대에 박자를 맞추는 태양과 달이 그 재앙에 휩쓸려 들어갔다고 하더라도, 시월이 와도 '시월이구나' 하고 말할 사람이 지구상에 한 명도 남지 않았다고 하더라도, 시간은 여전히 흐를 겁니다! 세계의 종말이 시간의 종말은 아니니까요.

그런데도 정작 당사자의 관점에서 보면 자신의 죽음이란 결코 찾아오지 않는 미래입니다. 아니 그보다, 죽음이라는 미래는 닥쳐오지만 결코 현재가 되지는 않습니다. 적어도 바로 이 순간 이야기하고 생

°   'futur(미래)'의 어원인 라틴어 'futurus'는 영어의 'be'에 해당하는 동사 'sum'의 미래분사형으로, '있을 것이다', '…일 것이다'를 뜻한다.

각하고 있는 나에게는 말입니다. 자신의 죽음이라는 미래는 현재화될 수 없기 때문에 쉽게 추상적인 성격을 띱니다. 그 날짜가 불확정적이기 때문에, 그리고 죽음이 꼭 이 순간이거나 저 순간이어야만 하는 것이 결코 아니기 때문에, 우리는 죽음을 무기 연기하기 십상입니다.

사람이 죽음을 실감하는 것은, 그리고 고뇌 속에서 실감하는 것은, 최후의 미래도 중간의 작은 미래들과 마찬가지로 결국 자신에게 닥쳐오기 위해 만들어졌음을 이해할 때입니다. 그리고 최후의 종말이, 생의 사이사이의 작은 종말들과 마찬가지로, 어느 날 자신의 현재가 되리라는 것을 발견할 때입니다.

나의 현재일 '수 없는' 것이 막 실현되려고 하고 있습니다. 불가능한 일이 일어나려고 합니다. 일순간 부조리가 때를 알려올 겁니다. 곧! 임박함을 나타내는 이 부사가 삶의 마지막 미래에 적용되었을 때, 얼마나 심장을 두드릴까요! 경험으로 닥쳐올 것이 아니었던 어떤 미래가 갑자기 코앞에 다가왔을 때 사람은 어찌할 바를 몰라 합니다. 책에서 보던 종말론적 사변의 대상인 세계의 종말이 다음 주 일요일로 정해졌다는 생각은, 혹은 '혁명의 밤'이 바로 오늘 밤이라는 생각은 정신을 아찔하게 합니다. 이 동요는 죽음이 갑자기 직접 주어진 것으로 바뀌었다는 데에서 옵니다. 태양의 광채 때문에 눈이 견디기 힘든 빛을 선글라스가 완화해 주듯이, 죽음의 암흑은 추론적인 중개라는 막을 통해서만 사변의 대상이 되니까요. 혹은 다른 비교를 하자면, 중개라는 지연은 완곡하게 돌려서 하는 말과 같이, 죽음과의 너무 직접적인 접촉을 완화해 줍니다. 마주 보고 대면하는 것을 견딜 만한 용기가 없기에, 우리는 중개물을 통해서 중간 항과 완충개념의 중성지대를 거쳐서 자신의 소멸을 생각할 것입니다.

그렇기 때문에 설교자들은 우리를 풀어주는 집행유예를 복구하고 위험의 조임을 느슨하게 하기 위해, 죽음에 대한 "준비"를 계속해서 권장합니다. 기습을 조심하라! 선견지명을 가져라! 대비하라! 거리를 유지하라! 목에 칼이 들어올 때까지 기다리지 마라! 숨 막히는 위험 속에서, 우리는 자유의 바람이 들어올 여유를 바랍니다.

그러나 인간이 용의주도하게 "준비해도" 소용이 없습니다. 더구나 정확히 무엇에 대해서 "준비해야" 하는지도 모릅니다. 죽음은 항상 처음 찾아오는 것이며, 우리는 하나같이 준비를 갖추지 못한 채로 있습니다. 조심성 많은 인간도 하나같이 불시에 붙들려 허겁지겁 끝을 맺어버리고 아무렇게나 끝장날 수밖에 없습니다. 사형집행인에게 아주 잠깐만 연기해 달라고 간청합니다. 이 유예의 은혜가, 아니 오히려 적선이 그에게 주어진다면, 아무리 보잘것없는 유예라도 행복해합니다. "오 잔혹한 여신이여, 당신은 어찌나 급하신지요!" 우리가 앞에서 말했었죠. 준비된 놀람, 오랜 새로움이라고…. 가장 예견되는 사건이 역설적이게도 가장 예측 불가능한 것이죠. 그리고 노령이라고 다를 것도 없습니다. 노인도 젊은이들과 마찬가지로 경황이 없고, 무심코 있다가 허를 찔려 불시에 죽을 수밖에 없습니다. 끝이 오는 것을 볼 시간이 충분히 있었을 텐데도 말이죠. 스토아 철학자는 말합니다. "상늙은이들이 몇 년이 더 오기를 기도하며 간구한다.Decrepiti senes paucorum annorum accessionem votis mendicant"○ 사실, 나이를 불문하고 누구든 자신의 종말은 놓쳐버리고 맙니다! 아무리 노령이라 해도 언제나 너무 일찍 죽습니다. 이런 의미에서는 누구나 요절하는 것입니다.

사람은 준비 없이 즉흥적으로 죽음에 이를 수밖에 없습니다. 죽음의 즉흥성은 글자 그대로 '즉석에서'라는 것입니다. 이 마지막 순간의 사건은 때를 기다리는 일을 모두 좌절시키기 때문입니다. 따라서 '임

○   세네카, 『인생의 짧음에 관하여 De brevitate vitae』 XI, 1.

박함'이 부과하는 '긴급함'이 동요의 한 가지 원인이 됩니다. 먼 만기가 가까운 위협이 되고, 공상 같던 미래가 내일 아침으로 확정됩니다. 그것만으로도 아찔하죠. 일반적이지만 불특정하게 도래하기로 되어 있던 죽음의 사건이 정확한 날짜에 벌어지게 되었을 때는 절망이 인간을 사로잡습니다. 끔찍한 비인간적 정확성에 시달리는 사형수의 처지인 것이죠.

모든 인간은 죽는다, 그리고 피에르는 인간이다. 하지만 여기서 피에르가 다음 수요일에 죽는다는 결론은 따라 나오지 않습니다. 따라 나오는 결론은 단지 피에르가 어느 날 죽으리라는 것뿐… 아니 차라리 죽는 건 다른 날이라는 것이! 죽음의 날짜는 이러한 전제에서 연역되지 않습니다. 이 전제들은 달력상의 사망 날짜만큼 정확하면서도 우연적인 결과를 결정하지 않습니다.

그러니까 진지하게 여겨지는 것은 오로지 막 일어나려는 순간의 사건뿐입니다. 그것은 더 이상 단순한 소극적 가능성이나 잠재적 가능성이 아니라, 그 자리에서 당장 도래하려고 하는 것입니다. '죽게 되어 있는 자mortalis'가 '죽을 자moriturus'에게 하물며 '죽어가고 있는 자moribundus'에게 자리를 내어줍니다. 무릇 죽을 가능성이 있는 죽음의 후보가 임박한 죽음의 부름을 듣습니다. "죽게 되어 있는 자"가 이름이 불려 죽음의 지배하에서 막 죽으려고 하는 "빈사자"가 됩니다. 운명이 그의 이름을 다음 대기자 목록에 써넣습니다. 이 순간, 바로 이 순간부터 사람은 죽음이 더 이상 추상적인 '가능성'이 아니라 하나의 '사건'의 '도래'임을 실감하는 것입니다. '당신의 차례가 올 것이다.' 조르주 프리드만Georges Friedmann은 그렇게 씁니다.

죽음을 "실감한다"는 것은 죽음의 위협을 단지 실제로 가까이에 있는 것으로 여기는 것만이 아니라, 그 사실 자체로 인해 자신이 몸소 이 위협에 관련되어 있다고 느끼는 것입니다. 설령 그 위협이 즉각적인 것일지라도 다른 생명체나, 죽는 존재 일반, 그냥 아무 한 사람을 겨냥한 위협이라면 그 실제성에는 본질적인 요소가 빠져 있습니다. 하지만 거꾸로 위협이 당사자에게 관련되어 있으면서도 기간이 멀다면 거기에도 역시나 본질적인 것은 빠져 있습니다. 그 둘은 결국 매한가지니까요. 두 경우 모두 위협은 하는 척만 하는 것이고, 죽음의 위험은 모험담이나 탐정소설 속 이야기만큼이나 관념적입니다.

사람은 "자기 차례"가 왔음을 실감할 때, 임박한 죽음이 부르고 있다는 느낌과 자신이 몸소 관련되어 있다는 느낌을 한꺼번에 느낍니다. 이 임박함과 관련성은 그 자체로 실제성의 두 형태입니다. 죽음은 더 이상 단순한 라틴어 번역의 문제나 철학논문의 추상적 주제가 아니라 내 일신상의 일이 된 것입니다.

죽음은 우리가 다음과 같은 사실을 자각할 때 진지한 것이 됩니다. 죽음은 단지 타인에게, 혹은 50년 후의 나에게, 즉 아직 남인 나에게 일어나는 어떤 봉변이 아닙니다. 죽음은 시간과 공간적으로 멀리 떨어진 발발 가능한 사건이 아닙니다. 우리는 어느 날, 우리가 장악하고 있다고 생각하던 신비로운 문제 속에 되레 자신이 장악되어 있음을 발견하는 것입니다. 어느 날 조종弔鐘을 들으면서 우리는 지금 이웃을 위해 울리는 저 종소리가 언젠가 자기 자신을 위해서도 울리리라는 것을 깨닫습니다. 세상 사람 모두 저마다 남에게 공을 넘기고 옆 사람을 가리키며 몸을 피하고 있었던 겁니다. "옆의 분 먼저 하시지요. 시작하세요. 먼저 지나가세요." 이제 이런 예의와 핑계는 불가능하게 되었습니다.

다시금 말하겠습니다. 자기 자신의 죽음, 나에게 나의 죽음, 너에게 너의 죽음, 여러분 각자에게 오는 여러분 각자의 죽음을 실감하는 사람은, 추론을 통해 하나의 보편적인 법칙을 자신의 개별 사례에 적용시키는 사람과는 완전히 다릅니다. '모두'에서 '각자'로 더 강하게 선험적으로 결론을 도출하는 연역추론은 결코 피와 살로 된 사람과 마주치지 않습니다. 귀결이 분석적으로 따라 나온다는 점에서, 말하자면 일반 법칙으로부터 자동으로 따라 나온다는 점에서 자신의 죽음은 '하물며 더' 필연적인 것이 됩니다. 억지를 부리는 몰지각한 병자를 체념으로 이끌기 위해, 스토아 철학자들은 '따라서'를 써서 자기 자신의 죽음을 법칙의 자연스럽고 불가피한 귀결로 제시합니다. 혹은 그들은 눈물에 젖은 과부를 위로하기 위해 그녀가 당한 상喪을 공통의 운명 아래로 넣어 가까운 이의 죽음을 평범하게 만듭니다. 마치 비인칭적 사멸성에서 자신의 죽음으로 슬쩍 넘어갈 수 있다는 듯이 위로를 하고 있는 것이죠.

사실 이 위로자는 틀렸기도 하고 옳기도 합니다. 옳다는 것은 그 삼단논법에 나무랄 데가 없기 때문입니다. 틀렸다는 것은 법칙을 자기 자신에게 "적용"하려면 아찔한 도약을 해내야 하고 가슴 찢어지는 고통을 맞닥뜨려야 하는데, 삼단논법은 그 일을 우리에게서 조금도 면해주지 않기 때문입니다. 이 경우에 엄밀한 의미의 '적용'이란 바로 이 사람이 진짜 달라지고 완전히 다른 차원으로 진짜 옮겨가는 것이니까요.

일반적인 사멸성으로부터 누구 씨, 모씨某氏, 아무개 씨의 죽음으로 결론을 이끌어내는 일에서는, 같은 종류 내의 한 "경우"에서 다른 "경우"로 결론을 내리는 일에서는, 그리 용기가 필요하지 않습니다. 그러나 나, 나는 '하나의 경우'가 아니고, 다른 것들 중의 한 사례도 아닙니다. 비인칭적인 사멸성의 투명하지만 납득 안 되는 확실성을, 나 자신의 죽음의 부조리하지만 몸소 겪는 확실성과 맞바꾸는 것은 여간 괴로운 일이 아닙니다. 모든 인간에게 타당한 것은 그중 한 사람에게도 타당한 것처럼 보입니다. 그러나 이 "그중 한 사람"이 나 자신일 때에는 급격한 전환이 요구됩니다. 하나의 심연을 뛰어넘어야 합니다. "실감"은 추론이 아니라 순간적인 직관인 것입니다.

우리가 "나 자신"이라는 말을 일인칭이라는 문법적 개념인 '나'가 아니라, 단적인 "나", 관사 없는 나, 바로 여기 바로 이 순간에 '나는'이라고 말하는 나로 이해한다면, 한편의 '모두'이면서 '아무도 아닌' 익명의 "사람"과 다른 한편의 나 자신 사이에는 정말로 형이상학적인 차이가 있습니다. 말하는 나는 모든 죽어야 할 자들과 같은 죽어야 할 한 사람이 아니고, 여느 피조물 중의 한 피조물도 아니며, 그저 그런 장삼이사도 아니고, 설명할 수 없을 정도로 특권적인 각별한 한 사람인 것입니다.

그런데 이 특권은 여느 특권들이 그렇듯 부당하고 집착적인 것이 아닐까요? 철학이란, 스피노자와 레옹 브룅스비크$^{Léon Brunschvicg}$가 이해하는 그런 철학이란, 자기중심적 편파성을 넘어서고 이 자기중심주의가 키우는 편견을 폐기하면서 시작하는 것이 아닐까요? 역사를 개관하는 철학이 일화와 시사적 문제들을 그 아래로 편입시키는 것과 마찬가지로, 공평무사한 이성은 자신의 쾌락, 자신의 고통, 자신의 죽음이라는 뒤틀린 시각을 바로잡습니다. 그 철학은 우리를 자아의 현혹에서 벗어나게 하고 넓은 도량을 가질 수 있게 합니다. 일인칭이 자신의 고유한 진리를 갖는다는 것도, 진리 일반이 인칭에 상대적이라는 것도 인정할 수 없는 일입니다.

이성이자 정의이자 지혜인 철학은 개인의 삶의 사건들을 제자리에, 즉 평범한 자리에 제 크기 그대로 되돌려놓습니다. 나 개인의 쾌락, 나 개인의 고통, 나의 행복, 나 자신의 죽음, 그리고 일반적으로 일인칭 소유 형용사로 가리킬 수 있는 모든 사건들을요. 이 '나'라는 조항이야말로 공평무사한 이성에게는 무시할 만한 사항이기 때문입니다. 자아의 관점이란 "제1종의 인식"에서와 같이° 과장된 자기애, 분노, 공포를 낳습니다. 따라서 그 관점은 뛰어넘어야 할 부수적인 것인 동시에 바로잡아야 할 부정의입니다. 쾌락주의자의 쾌락은 현자가 보기에는 하찮은 표피적 자극인 것입니다. 나의 고통은 에픽테토스의 객관화에 맡기면 세상의 중심이기를 그치고 진짜 있는 그대로의 것으로 되돌아갑니다. 우주를 가득 채운 수많은 물체들 속에서 거의 분별할 수 없는 변변찮고 사소한 종류의 한 물체로 말입니다.

우리는 우리에게만 πρὸς ἡμᾶς 중요한 것과 그 자체로 καθ'αὑτό 혹은 본성상 φύσει 중요한 것을 구별할 수 있어야 합니다. 우리와 관련해서조차도 그래야 합니다. 에픽테토스는 이 점에서 에피쿠로스와 의견을 같이하여, 죽음은 우리에게 아무것도 아닌 것 οὐδὲν πρὸς ἡμᾶς 이라고 명시합니다. 내 눈에 들어간 석탄재 하나가 나에게는 우주의 질서를 바꾸고, 나에게만은 사물의 색을 어둡게 하고, 나의 하루의 모든 일들을 망쳐버린다는 것은 사실입니다. 그러나 제삼자나 목격자에게는, 이 석탄재는 아무 생명체의 아무 눈에 들어 있는 또 하나의 먼지에 지나지 않습니다.

그래도 나의 죽음은 나에게는 모든 것의 종말이고 나 개인의 실존 전체의 결정적인 종말이며 우주 전체의 끝이고 세계의 종말이자 역사의 종말입니다. 내 삶의 시간의 종말은 분명 나에게는 시간의 종말, 그야말로 형이상학적인 비극, 나의 무화라는 생각할 수조차 없는 비

° 스피노자, 『에티카』 2부에 등장하는 표현. 의견 혹은 상상이라고 부르기도 하는 낮은 단계의 인식으로, 모든 혼란스러운 관념의 원천이며 오류의 원인이다.

극입니다. 그러나 타인의 죽음이란 나에게는 더없이 평범한 우발적 사고의 하나입니다. 그리고 역으로 나 자신의 죽음은 우주 자체에게는 그리 대단한 재앙이 아닙니다. 그것은 일반적 질서를 조금도 어지럽히지 않고, 사물의 정상적 운행도 전혀 방해하지 않는 미미한 잡사이며 별것 아닌 소실입니다. 우주의 충만 속에서는 비워진 자리가 곧바로 메워집니다. 내일 아침 집배원은 평소 시간에 우편물을 가지고 올 것입니다. 우리는 죽을 테지만, 그러나 일은 계속됩니다. 사고 후 5분이 지나면 군중은 이미 흩어지고 대로의 교통도 정상 흐름을 되찾습니다. 사람들의 일은 이런 개인적 슬픔도 가족의 애도도 전혀 고려하지 않고 계속됩니다. 나 자신의 죽음과 아무개의 죽음은 제삼자의 눈으로 혹은 공평무사한 정의의 눈으로 보면 정확히 등가가 아닌가요? 시인합시다. 바로 이 터무니없는 불균형 때문에, 자신의 죽음이 객관적으로 사소하다는 사실과 우리의 개인적 비극의 비중이 아주 미미하다는 사실이 아주 쓰라리게 느껴지는 것입니다.

3. 삼인칭, 이인칭, 일인칭의 죽음

그런데 이런 생각은 어쩌면 내가 내 안에 있다는 사실을 너무 가볍게 다루는 것이 아닐까요? 이 뭔지 모를 환원할 수 없는 신비한 사실은 묵과될 수도 있겠지만, 그러나 그것은 소리 없는 가책이 되어 낙관주의적 은폐와 반비극적인 지혜의 짐짓 편안한 의식에 맞서 항의합니다. 물론 전체를 개관하는 이성은 원근법을 적용해 모나드monade의 유한성을 보완합니다. 모나드는 순수한 바깥이고, 상호 교환 가능한 삼인칭들의 세계 속의 삼인칭 중성이니까요. 그러나 '내가'를 특징짓는 자기의식적 실존은 대체할 수도 없고 비교할 수도 없습니다. 이 유일무이한 실존이 위험에 빠졌을 때는 평온함을 가장해도 더 이상 속일 수 없습니다.

 내가 내 안에 있다는 이 협소한 사실은 불가사의하게도 객관적인 사실입니다. 나 자신의 죽음은 그러니까 "누군가"의 죽음이 아니라, 세상을 뒤엎는 죽음, 다른 어떤 죽음과도 같지 않은 모방할 수 없는 단 하나뿐인 죽음입니다. 그렇다면 일인칭이라는 자기중심적인 사항이 아이러니하게도 본질적 조항임을 어떻게 부인할 수 있을까요? 죽음의 문제는 편파성의 철학을 복권시키는 데 도움이 될 수 있습니다.

 세 개의 인칭을, 즉 세 개의 시각을 좀 더 명확히 구별해 봅시다. 삼인칭과 이인칭은 타인(그 혹은 너)에 대한 나의 관점이거나 나 자신(타인의 삼인칭 혹은 이인칭으로 간주된 나)에 대한 타인의 관점입니다. 서로 상대방인 두 사람은 모나드로서도 개인으로서도 구별된 두 주체로 머물러 있죠. 일인칭은 나에 대한 나의 관점, 너에 대한 너의 관점, 그리고 일반적으로 각자 자신에 대한 "재귀적" 관점입니다. 이 관점은 원근법과 시각적 거리를 포기하는 것이기에 "관점"이라 하기도 무색하지만, 사실은 이것이야말로 내 자신이 겪는 죽음의 경험이고 바로 여기에서 의식의 대상과 "죽는다"의 주어가 일치하는 것입니다.

 '삼인칭'의 죽음은 죽음 일반, 추상적인 익명의 죽음, 비개인적이고 개념적으로 파악된 자신의 죽음입니다. 이를테면 의사가 자신의 병을 검사하거나 자신의 증례를 연구하거나 자신을 진단하는 경우처럼 말입니다. 이는 의사도 병에 걸릴 수 있지만, 아픈 상태에서도 여전히 의사로 있으면서 자기를 에워싼 것을 다시 에워싸 자신의 비극을 평정하게 내려다볼 수 있기 때문입니다. 병자이기보다는 의사인 쪽이라고 할 이 병자-의사에게는 비극은 현상으로만 머물러 있습니다.

이처럼 위에서 내려다보는 의식은 자기가 죽음과 관련되기는커녕 죽음 밖에 있는 양, 마치 이 일이 자신과 무관한 일인 것처럼 죽음을 판단합니다. 삼인칭의 죽음은 신비학이 아니더라도 문제로 다룰 수 있습니다. 이것은 여느 대상과 같은 하나의 대상이고, 의학, 생물학, 사회학, 인구통계학의 관점에서 기술하거나 분석하는 대상이며, 그때 그것은 비극적이지 않은 객관성의 전형이 됩니다. 이 경우에 '나는'은, 아무래도 상관없는 죽음의 얼굴 없는 익명의 주어, 제비뽑기로 죽음이 지명된 불운의 당사자가 됩니다.

그러나 불행을 당한 병자-의사가 여전히 조금은 의사이면서도 의사보다는 훨씬 더 병자에 가까운 경우도 있습니다. 그럴 때 그는 다른 모든 피조물들과 함께 똑같은 운명, 똑같은 불가사의에 에워싸인 불쌍한 피조물에 지나지 않는 것입니다. 삼인칭이 평온의 원리라면 '일인칭'은 틀림없이 불안의 원천입니다. 나는 궁지에 몰린 것입니다. 일인칭에서의 죽음은 나의 전체가 걸린, 말하자면 (이 전체가 없는 것이 무無라면) 나의 무無가 걸린, 나와 밀접하게 관련된 하나의 불가사의입니다. 나는 이 문제에 대해 거리 유지를 못 하고 바짝 들러붙습니다. 내 문제다!Mea res agitur 문제가 되는 것은 바로 나, 죽음이 내 이름으로 콕 집어 부르는 나, 옆 사람을 곁눈질할 틈도 주지 않고 소매를 끌어당겨 손가락으로 가리킨 나란 말입니다. 이제부터는 핑계도 유예도 거절됩니다. 한숨 돌리려 '나중'으로 연기하는 것도 '알리바이'를 대는 것도 '남'에게 떠넘기는 것도 불가능하게 되었습니다. 얼굴 없는 삼인칭은 더 이상 핑곗거리가 못 됩니다.

'우리에게 아무것도 아닌 것Οὐδὲν πρὸς ἡμᾶς'이라고요? 나에게 아무것도 아닌 것이라고요? 그 정반대입니다! 이 무는 우리에게 전부입니다. 바꾸어 말하면, 우리의 '전부 아니면 전무全無'가 문제입니다. 루크레티우스의 "내 문제mea res"는 에피쿠로스의 '우리에게 아무것도 아닌 것Οὐδὲν πρὸς ἡμᾶς'을 암묵적으로 부정하는 고백입니다. 이 "내 문제mea res"에서는 실제성, 일인칭, 임박함이 한꺼번에 발견됩니다.

그럼에도 '미래'는 그것을 실감하는 자가 진지하게 받아들일 때에는 전혀 '용무'가 아니고, '의무'는 더더욱 아닙니다. 그리고 이 미래를 의무로, 이 불안을 근심으로, 이 임박을 긴급으로 변환할 수 없다는 사실 때문에 우리의 공황은 더없이 가중됩니다. 기껏해야 우리는 어떤 태도를 취할 수 있을 뿐입니다. 잘 죽는 것이 우리의 의무라고 가정한다면 말이죠.

'내 문제다Mea res agitur'라는 말은 무언가가 나에게 과해진다는 뜻은 아닙니다. 걸려 있는 것은 바로 내 운명이니, 기도하자! 그런 뜻입니다. 나에게 나의 죽음이 그렇고, 너에게 너의 죽음이 그렇고, 그리고 무릇 각 삼인칭에게 그 삼인칭의 죽음이 그렇습니다. 한 사람 한 사람의 인간은 나 자신과 마찬가지로 각자 "나는"이라고 말하기 때문입니다. 나 자신과 마찬가지로 저마다 자기 안에 있기 때문입니다. 나에게 '너'이고 '그'인 이인칭과 삼인칭은 자신에게는 '나'가 아닙니까? 각 인칭은 그 자신에게는, 즉 자기로서, 자신의 관점에서는 재귀적으로 일인칭이 아닙니까?

나 자신은 아니더라도 그 자신과 관련해서는 나인 남, 이 남은 그저

"나와 같은instar mei" 것입니다. 이렇게 해서 나 자신의 죽음은 비스듬히 간접적으로 다시금 보편적인 것이 됩니다. 각자 자기 쪽에서는 마치 자기뿐인 것 같고, 그다음은 모두들 개별적으로, 또 그다음은 모두들 예외 없이! 그러나 그저 "그다음은"일 뿐이죠.

한편으로는 내가 원근법의 중심이라는 느낌, 즉 2번 3번 사람들이 나의 둘레에 동심원을 그리며 줄을 서 있고 '너'와 '그'는 나에게 상대적으로 정의된다는 자기중심적인 느낌이 있습니다. 다른 한편으로는 사람들의 수만큼 많은 중심이 있다는 타자성에 대한 공감이 있습니다. 이 자기중심성과 타인중심성이 서로 대립됩니다. 그 길항이 '우리'라는 역설을 낳는 것입니다. '나는'이 정의상 언제나 단수라면, 그리고 복수는 반드시 다른 사람에게 적용되는 것이라면, 일인칭 복수라는 모순되는 관념은 일종의 괴물일 테니까요.

"우리"라는 표현에 담긴 형제관계는 유추에 의한 귀납에서 추론되는 것이 아니라, 내면적 경험에서 공감과 직관으로 체험되는 것입니다. 이는 마치 원격작용, 실체적인 교류가 전혀 없이 순간적으로 일어나는 마술적 소통과도 같습니다. 타인의 죽음 앞에서 잠시나마 재난을 면한 인간은 오늘 지명된 희생자와 자신이 운명의 형제관계임을 직접적인 예지豫知로 실감하는 것입니다.

각자의 개인적인 일, '우리'로 배가되는 '나'의 일인 죽음은 '절대복수형'이 모순적인 체계임을 폭로합니다. 한편으로는, 서로 독립적이면서도 그 자체로 궁극적인 수많은 비극이 절대복수의 산발성을 정점에 이르게 합니다. 다른 한편으로, 이러한 분열은 모든 사람을 하나로 만드는 운명의 유사성과 모순되지 않습니다. 갈라진 동시에 연합된 이 절대적인 것들의 복수형은 어떤 규칙적인 법칙보다는 하나의 보편적 사실에 해당합니다. 달리 말해 이 따로 된 보편성은 물리적 결속으로도 추상적인 공통성으로도 우주론적인 제휴로도 환원되지 않습니다.[7] 그것은 개체들이 공통된 종류에 포함되는 것도, 단일한 본질에 참여하는 것도, 기원의 근친성도 표명하지 않습니다. 그렇게 되면 사람들은 모나드, 즉 비인칭적인 삼인칭이 되어버릴 테니까 말입니다. 그러니까 마르쿠스 아우렐리우스에게서 그렇듯, 사람들이 서로 느끼는 공감은 그들의 형제관계나 특정 혈족관계에서 나오는 것도 아니며 먼 친척관계에서 나오는 것도 아닙니다.

모나드적인 조화와는 반대로, 서로 평행선을 달리는 고독의 유아론은 각자 봉쇄된 마을에 있는 것처럼 독백 속에 틀어박힌 채, 이 커다란 '나'의 찢어진 통일을, '우리'라고 부르는 천 개의 머리가 달린 이 히드라의 통일을 역설적으로 구성합니다. '내가'의 비극은 '우리가'에 반향을 일으키지만, '우리가'는 계속해서 '내가'의 고독한 경험으로 되돌아갑니다. 죽음이라는 보편적 사건은, 도처에서 세상 모든 사람에게 일어나기 때문에 보편적이지만, 신비롭게도 각자에게 내밀하고 개인적이며 당사자에게만 관련되는 따로 된 성격을 간직하고 있습니다. 이 보편적 운명은 설명할 수 없이 사적인 불행으로 남습니다.

"당신들, 나보다 먼저 죽은 수많은 이들이여, 모두들 나를 도와주오" 하고 외젠 이오네스코의 죽어가는 왕은 구슬피 말합니다. "죽는 일을 어떻게 했는지 말해주오…. 나에게 가르쳐주오. 그대들의 사례에서 내가 위로받고자 하오, 목발에 기대듯이, 친구의 팔에 기대듯이 그대들에게 의지하고 싶소. 그대들이 넘어갔던 그 문을 내가 넘도록 도와주오! 잠깐만 이쪽으로 건너와서 나를 도와주오. 일이 어떻게 되는 것이오?"

아아! 죽는 자는 혼자서 죽고, 각자 자신을 위해 죽어야만 하는 이 개인적 죽음을 혼자 맞섭니다. 아무도 대신할 수 없고 때가 되면 오로지 자기를 위해 내디뎌야 할 외로운 걸음을 혼자서 해냅니다. 아무도 밤의 문 앞에서 우리를 맞이하러 나오지 않을 것입니다. 파스칼도 이렇게 말했잖습니까. '혼자서 죽을 것이다.'[8]

하기야 성직자의 입회란, 일평생 가장 외로운 발걸음의 고독을 달래고 마지막 여행을 떠나는 여행자를 배웅해 주려는 순전히 상징적인 무력한 시도가 아니면 무엇일까요? 죽어가는 자를 혼자 두어서는 안 된다는…. 무릇 "도움Auxilium"이라는 생각은 아마도 이 혼자인 인간과 동반하거나 함께하는 그런 보살핌에 해당할 것입니다.

아아! 그러나 마지막 순간은 그야말로 길동무를 허락하지 않습니다. 외로운 빈사자를 "보살필" 수는 있습니다. 죽어가고 있는 사람을 마지막 직전의 순간까지 지켜볼 수는 있습니다. 그러나 그 자신이 최후의 순간을 몸소 맞서는 일을 면해줄 수는 없습니다.

종교만큼이나 이성주의도 죽음의 고독을 싫어합니다. 플라톤은 『파이돈』에서 소크라테스가 잠시라도 죽음의 비통한 고독을 기다리며 혼자 있게 하지 않습니다. 죽음의 결정적인 커다란 침묵을 기다리는 동안 소크라테스가 잠시라도 입을 다물게 하지 않습니다. 이는 비극을 감추는 일에 해당하죠. 소크라테스의 마지막 순간들은 그래서 침묵의 구멍을 이성적 논의로 메워 임종 순간의 황량한 고독에 활기를 불어넣는 긴 대화가 되는 것입니다. 주고받는 말소리와 여럿이 함께 있다는 사실이, 플로티노스의 말대로 사람이 신을 향해 달아나듯 항상 '고독에서 고독을 향한 달아남 φυγὴ μόνου πρὸς μόνον'인° 저 아찔한 도약을 어쩌면 감출 수도 있을 겁니다. 여기서 우리는 모든 삼인칭 철학의 익숙한 전략을 알아볼 수 있죠.

자신의 비극이라는 격렬한 염증성 비대증이 이런 철학적 사교성에

° 『엔네아데스』 VI. 9. 11.

의해 완전히 가라앉을까요? 열이 결국 내렸을까요? 친구들에게 둘러싸인 소크라테스는 마지막 순간만을 '뺀' 마지막까지, '혼자 내딛는 한걸음'의 순간까지, 희망만을 노잣돈 삼아 혼자서 넘겠다는 각오를 해야 하는 이 미지의 최후의 문턱까지, 대화를 계속 이어갑니다.

삼인칭의 익명성과 일인칭의 비극적 주체성 사이에는, '이인칭'이라고 하는 중간적이고 말하자면 특권적인 경우가 있습니다. 멀고 무관한 타인의 죽음과 바로 그대로 나의 존재인 자신의 죽음 사이에는 가까운 사람의 죽음이라는 근접성이 있습니다. '너'는 사실 첫 번째 '남', 중간에 아무도 없는 남이자 나와 접해 있는 나 아닌 것, 타자성의 최근접 한계를 나타냅니다.

그래서 소중한 존재의 죽음은 '거의' 우리의 죽음 같은 일이자, 우리의 죽음만큼이나 가슴 찢어지는 일입니다. 아버지나 어머니의 죽음은 '거의' 우리의 죽음이며 어떻게 보면 사실상 자신의 죽음입니다. 비탄에 빠진 자는 여기서 대신할 수 없는 이를 두고 우는 것입니다. 삼인칭의 교환 가능성이 부인되는 것은, (한 번밖에 살 수 없어) 잃어버린 생명이 아쉽고 애통한 나의 실존의 일회성 때문만이 아닙니다. 이인칭의 사람이 헤아릴 수 없이 귀중한 바로 이 사람이라는 사실 때문에도 부인됩니다. 자식을 잃은 어머니는 죽은 자식보다 어쩌면 훨씬 더 훌륭하고 더 재능 있는 다른 아이들을 언젠가 가질 수도 있을 겁니다. 그러나 잃은 그 아이는 누가 어머니에게 돌려줄까요? 그 어머니가 사랑하고 있었던 것은 바로 그 아이인데…. 아아! 이 세상의 그 어떤 힘도 문자 그대로 온 세상에서 "단 하나"뿐인 이 귀하고 비할 데 없는 아이를 되살릴 수 없습니다. 이 애통해하는 어머니의 비탄만큼 죽음의 절망과 닮은 것도 없습니다.

부모의 죽음으로 말하자면, 그것은 삼인칭의 죽음과 자기 자신의 죽음 사이에 놓여 있던 마지막 중개자를 사라지게 만듭니다. 우리 자신의 죽음과 죽음의 개념을 갈라놓던 마지막 보루가 무너진 것입니다. 종의 생물학적 관심은 결정적으로 우리를 떠났고, 무로부터 우리를 지키던 염려는 우리를 죽음과 마주하게 내버려두고 자리를 떴습니다. 이제는 내 차례입니다. 그리고 앞으로는 다음 세대가 나의 죽음을 통해 죽음을 생각할 것입니다. 아버지와 어머니의 죽음은 따라서 각 사람에게는 간접에서 직접으로 이행하는 일입니다.

내가 사랑하는 그 독자적인 존재는 나 자신'과도 같습니다'. 그러나 말이 그렇지, 그는 동사 "이다"의 존재론적인 의미에서 나 자신'인 것은 아닙니다'. 내 아이는 내 생명의 한 부분입니다. 그러나 그것은 하나의 표현방식일 뿐이지, 나와 너의 동일시가 은유로서의 성격을 잃는 일은 결코 없습니다. 그토록 가까운 이 존재도 나 자신과는 다른 모나드, 나와는 다른 남입니다. 내가 그를 위해서만 살고 있다고 해도, 내 심장은 나를 위해 뛰고 그의 심장은 그를 위해 뛰며, 각자는 제각기 철옹성 같은 고독 속에서 혼자서 살고 있습니다. 그리고 사랑조차도 두 모나드가 하나의 핵으로 융합하고 두 자기 존재가 황홀경 속에서 일치하도록 만들지는 않습니다. 둘은 자기동일성 원리의 요구에 따라 수적으로 계속 둘로 남는 것이죠. 사랑의 본질이란 이 듀엣의 두 '절대 존재' 사이, 이 한 쌍의 두 모나드 사이의 허공을 가로질러 성립되는 마술적 교류에 있는 것입니다.

사랑하는 존재의 상실이 주는 애절한 슬픔과 연민 속에서 우리는 가까운 이의 죽음을 '마치' 자신의 죽음처럼 quasi mortem propriam 겪습니다. 그러나 역으로 이 일치 없는 근접, 이 동일화 없는 친밀한 이웃함 때문에 우리는 타인의 죽음을 하나의 낯선 죽음으로 생각할 수 있습니다. '내가'에서 '네가'까지의 거리는 우리가 객체를 인식의 대상으로 놓을 수 있는 최소 거리를 나타냅니다. 더 가까우면 주체가 객체를 흡수해 버리죠. 그러나 이 거리는 최소 거리이기 때문에 너와의 공감적 인식은 전면적 융합에 가장 가까이 다가갑니다.

 소유와 존재 사이에 있는, 삼인칭을 지각하는 냉철하고 맑은 앎과 자기 자신의 비극 속에서 절망한 자의 격정적인 맹목 사이에 있는 이 중간적인 인식, 이 인식은 직관의 곡예 같은 균형을 상정하는 것이 아닐까요? '내가 무엇인지 나는 알지 못하고, 내가 아는 것, 그것은 내가 아니다' 하고 안겔루스 질레지우스Angelus Silesius는 말합니다. 이는 이 인칭 덕분에, 존재 없는 앎과 앎 없는 존재 사이에서 더 이상 선택하지 않아도 된다는 말일까요? 비할 데 없는 둘이 이 경우에는 병합될 수 있을지도 모르겠습니다. 우리는 확인해야 할 것입니다. 정말로 때로는 존재하는 채로 알 수도 있는지, 아니면 존재가 중단되면서야 더 잘 알 수 있는 건지….

 그러니까 사멸이라는 보편적 법칙을 사적인 불행으로, 개인적 비극으로 겪게 되는 각별한 경험이 있습니다. 역으로 나 자신의 죽음이라는 이 입에 올리기 힘든 은밀한 개인적 저주도 그 실제성과 임박함을 실감하는 자에게는 여전히 보편적 질서의 필연으로 남아 있습니다. 이는 죽음이 일종의 주관적인 객관성을 나타낸다는 것이 아니면, 무슨 말이겠습니까?

 일인칭의 관점에서 보면 죽음은 하나의 예외적이고 절대적인 사건입니다. 삼인칭의 관점에서 그것은 하나의 상대적인 현상입니다. 게오르크 짐멜Georg Simmel의 표현을 가져오자면, "개인 법칙"이라는 역설이 개념과 자신의 경험 간의 이러한 접합에 꽤 잘 들어맞을 것입니다. 죽음의 문제에 비극성이 조금도 없다는 말이 아닙니다. 죽음의 비극이 전혀 문제가 되지 않는다는 것도 아닙니다. 죽음의 문제적 신비는 그러니까 다른 여느 것들과 같은 문제가 아니라는 말입니다.

 삼인칭의 죽음으로 말하자면, 우리는 X나 Y의 사망에 대해 마음대로 이야기하고, 무관한 사람의 죽음에 대해 내키는 대로 논할 수 있습니다. 이 죽음의 전과 중과 후, 언제든 시간이 나면 성찰할 수가 있습니다. 사건 이전에 있든, 사건 이후에 생존해 있든, 사건과 동시간에 목격자가 되든, 그 사건을 하나의 불변하는 대상으로 파악할 수 있습니다. 그러나 이는 사실 평범한 삼인칭이, 비인칭적일 정도로 비시간적이고, 무명일 정도로 "무시간적"인 인칭이기 때문입니다. 현재, 미래, 과거는 삼인칭에 관해서는 하나의 동일한 비시간성의 세 가지 형식이며, 이 때문에 사건이 벌어지고 있는 시간과 함께 있을 기회도 소용없게 되는 것입니다. 우리의 인식은 항상 소크라테스의 영원한 죽음과 같은 시간에 있고, 사건들로 가득한 극적인 세계를 떠나 이데아들의 하늘로 향해가는 지성적이고 규범적인 한 죽음과 항상 동시적으로 있습니다. 소크라테스가 독이 든 잔을 비우는 장엄한 순간도, 제자들이 목격자로 있던 『파이돈』에서 거의 눈에 띄지도 않고 지나간 그 순간조차도, 다비드의 붓 아래에서 규범적 상징이자 영원한 몸짓이 됩니다.° 현장에서 포착된 생생한 사건의 진정성은 인식의 편의를 위해 희생됩니다. 순간이 기간을 위해 희생되는 것이죠. 늦을 수밖에 없는 ("너무 늦게" 도착한다는 말이 이제는 무슨 의미가 있을까요?) 이 사후死後의 인식에게, 특권적인 시간이란 더 이상 목전의 현재가 아니라 과거의 무한 연장입니다.

° 자크 루이 다비드의 1787년 작, 〈소크라테스의 죽음〉. 뉴욕 메트로폴리탄 미술관 소장.

반대로 일인칭에서는 미래야말로 특권적인 시간입니다. 나는 실제로 그리고 정의 자체에 의해 언제나 내 자신의 죽음 '이전에' 있습니다. 나에게는 '동안'이, 하물며 '이후'가 완강히 거부되어 있습니다. 죽음은 우리의 평생 동안 미래형으로 있을 겁니다. 출생이 평생 동안 내내 과거였고 기성의 일이었던 것과 마찬가지죠. 또는 역으로 출생은 나에게 한 번도 미래였던 적이 없고, 죽음은 결코 과거였던 적이 없다고 말할 수도 있겠습니다.

자기 자신의 죽음에 대해 일인칭은 예지나 예감은 갖지만 결코 추억은 갖지 못합니다. 그리고 역으로 일인칭은 자신의 출생에 대해 추억이면 몰라도 결코 예감을 갖지는 않을 것입니다. 시작을 추억하는 것이 있을법하지 않은 일이라면, 시작을 예감하는 것은 부조리한 일일 것입니다. 그러나 끝을 예감하는 것은 일상적 경험의 사실인 반면, 끝을 추억하는 것은 환상의 영역에 속합니다.

하나 마나 한 뻔한 소리 아니냐고 말하는 사람도 있을 겁니다. 그러나 철학이란 이러한 자명한 이치를 의식적으로 자각하고, 기본적인 진리에서 생각할 수 있는 모든 것을 철저히 생각하는 데에 있지 않을까요?

우리가 이미 보았듯, 자기 자신의 죽음은 항상 내 앞에 있고, 다가오려고 하고 있는 참이며, 그것도 마지막 시간의 마지막 순간까지도 그러고 있습니다. 당사자가 언제 어떤 순간에 자문하더라도, 심장박동이 끝에서 몇 번째 박동이더라도, 자신의 죽음은 여전히 '앞으로 죽을' 죽음입니다.

일인칭 단수에게 "죽다" 동사는 미래형밖에 없습니다.[9] 반대로 직설법 현재형와 직설법 과거형은 이인칭과 삼인칭에만 있습니다. 나는 '나는 죽을 것이다'밖에 말할 수 없습니다. (눈을 가늘게 뜨고 자기가 죽는 모습을 보는 게 아니라면) 결코 '나는 죽는다'라고 말할 수는 없습니다. 하물며 (연기를 하며 자신을 둘로 만드는 경우를 제외하면) '나는 죽었다'라고는 더더욱 말할 수 없습니다. "나는 죽는다"라고 말하는 자는 자기가 죽는다고 믿고 있기에 살아있는 것이고, 따라서 크레타 사람 에피메니데스처럼 자기 논박을 하고 있는 것입니다. "나는 죽는다"라고 말하는 것은 "나는 순수하다 Purus sum" 하고 말하는 것보다 훨씬 더 불가능하고 모순적입니다. 사람은 자신에 대해 과거형이나 미래형으로만 순수하다고 말할 수 있고, 현재형으로는 타인에 대해서만 그렇게 말할 수 있으니까요. 요컨대 일인칭은 과거형과 현재형이 없는 결여된 변화형밖에는 사용할 수 없는 것입니다.

더 특별한 것은, 나에게 있어 나는 결코 죽지 않는다는 것입니다. 나에게 죽음은 결코 존재하지 않습니다. 혹은 이 또한 우리가 앞서 말했듯이, 죽는 것은 결코 내가 아니라 언제나 다른 사람입니다. 알다시피 에피쿠로스의 지혜는 죽음에 대한 불안이 헛된 것이고 우리가 괴로워하는 그 문제는 존재하지도 않는 가짜 문제라는 결론을 내렸었죠. 정말 나의 것인 죽음은 나에게는 없습니다. 아니 오히려, 나는 타인들에게만 죽을 뿐, 나 자신에게는 결코 죽지 않으며, 또 마찬가지로 타인 자신은 인식하지 못하는 타인의 죽음을 나만은 인식하는 것입니다. 한마디로 여기서 불가능한 것은 직설법 현재와 일인칭의 결합입니다. 혹은 같은 얘기지만, 나는 쉽게 이 결합을 생각할 수는 있어도, 결코 실제로 겪을 수는 없습니다. 내적 성찰의 역설은 여기서 극도로 커집니다. 주체와 객체의 일치는 언제나 순간적이고 곡예와 같은 것이라도 적어도 연속 중에서는 되풀이될 수 있는 반면, 죽음의 순간은 한 번에 완전히 다 빛을 꺼버리는 것이니까요.

지금은 내가 아니다! 지금은 다른 사람이다! 혹은, 나는 더 나중에!

이처럼 어쨌든 죽음은 거리를 두고서만 생각될 수 있습니다. 그것이 자기 자신의 죽음을 생각할 수 있는 시간상의 거리든, 타인의 죽음을 생각할 수 있는 공간상의 거리 혹은 시간과 공간 둘 다에서의 거리든 말입니다. '나는 더 나중에. 너는 지금, 그는 지금. 너는 더 나중에, 그는 더 나중에.' 이처럼 점점 더 멀어지면서, 문제가 되는 객관성의 다섯 단계가 있습니다.

 그러나 죽음이 파악될 수 없는 것인 까닭은, 죽음이 가장 가까운 현존과 바로 목전의 현재를 한 점에서 합치시키기 때문인데…. 아니 그보다, 나 자신의 죽음이란 이 합치 자체, 이 치명적인 합치입니다. 죽는 순간의 첨예한 점에서 모든 공간적 거리와 모든 시간적 거리가 영(0)이 됩니다. 어떤 사건들은 이 순간 이 자리에서 벌어지지만 내 삶과 내 몸에 벌어지는 것은 아닙니다. 그리고 어떤 일들은 나와 밀접하게 관련되는 가능성들과 추억들이지만 현재 벌어지고 있는 일은 아닙니다.

 나의 죽음은 나의 고통, 기쁨, 감정 등과 마찬가지로 지금-여기의 실제성 속에서 시간과 공간을 무효로 만듭니다. 그러나 고통은 퍼지는 것이고 하나의 '이후'를 가질 것입니다. 고통스러운 현재는 일정 기간 계속되어 회상과 걱정에 섞여 들어가서는 '이미 더 이상은'에까지 침범하고 '아직 아닌'에까지 영향을 미칩니다. 한편 고통스러운 현존은 아무리 있으면서 들러붙는다고 하더라도 항상 어느 정도는 우리가 가진 것에 속하고, 내 것이지만 나 자체는 아닌 것들이 다 그렇듯이, 부분적이고 국한할 수 있고 객관화할 수 있으며 결국에는 떼어낼 수 있는 것에 그칩니다.

 그러나 나 자신의 죽음, 이것은 미래가 없는 찰나의 현재, 나의 총체적 자기 존재와 극한까지 합치하고 밀착해 작열하는 절대적 현존입니다. 그리고 어떠한 알리바이도 어떠한 유예도 배제하는 현재의 이 현존, 이 극極 현재의 이 현존은 우리의 전 존재를 완전히 점유해 우리의 전 존재를 무화하고 대체하여 부재로 바꾸어버립니다.

나 자신의 죽음은, 도래한다는 순수 사실로, 즉 도래의 텅 빈 사실성으로 일단 환원되면, 모든 지식의 숨통을 막아버리는 무지막지한 사건입니다. 죽음은 이렇게 의식과 숨바꼭질을 합니다. 내가 있는 곳에는 죽음이 없습니다. 그리고 죽음이 있을 때에는 내가 더 이상 거기에 있지 않죠. 내가 있는 동안에는 죽음은 앞으로 올 그런 것입니다. 그리고 여기 지금 죽음이 도래할 때는 더 이상 아무도 없습니다. 둘 중 하나입니다. 의식 아니면 죽음의 현존! 죽음과 의식은 스위치의 작동처럼 서로를 쫓고 서로를 쫓아냅니다. 이 모순되는 것들의 병합은 불가능합니다! 정말이지 공들여 짠 양자택일이죠.

이러한 조건들 속에서, 이인칭은 경우에 따라서는 분리를 극복하는 수단이 되기도 합니다. '너의' 죽음이 문제가 될 때, 세 시제는 성찰의 소재를 제공합니다. 우선 미래형은 일인칭의 경우와 같습니다. 그리고 과거형은 말할 것도 없이 삼인칭의 경우와 같죠. 분명 나는 '너의' 죽음 이후에도 살 수 있고, 기정사실이 되고 난 뒤에는 사후의 회고적 의식이 편해지는 법이니까요. 그리고 끝으로 현재형, 아마도 이것이 이 이인칭 철학의 특성일 것입니다. 죽음과 의식이 두 사람에게로 나뉘는 순간부터, '나의' 의식이 '너의 죽음'의 목격자가 될 수밖에 없기 때문입니다.

삼인칭의 철학도 세 시제가 가능하지 않느냐고 말하는 사람도 있을 겁니다. 그러나 삼인칭 철학에서는 이 세 시제에 뭔가 환상과 같은 것이 있어서 그것이 세 시제를 과거와 거의 식별할 수 없는, 혹은 오히려 비시간성과 거의 식별할 수 없는 세 변종으로 만듭니다. 플라톤이 이야기하는 소크라테스의 마지막 순간들과 톨스토이가 이야기하는 니콜라이 레빈의 마지막 순간을 비교해 보면, 추상적, 비시간적, 비인칭적 동시성과 눈앞의 동시성을 가르는 차이를 느낄 수 있을 것입니다. 『파이돈』에서 제자들이 유일한 진리에 주의를 기울이고 있는 모습과, 『안나 카레니나』에서 작가가 포착하고자 하는, 하나의 운명을 영원히 비극적으로 닫으려 하는 그 신비로운 사건의 임박을 비교해 보면 됩니다. "가장 가까이에서!" 이것이 죽음의 철학에 대한 첫째 요구이자 곡예와 같은 어려움이 아닐까요?

'시간'의 세 시제는 대략적으로 우리 탐구의 전체적인 테두리를 지어줍니다. 미래형 죽음은 일인칭의 특권적 영역입니다. 하지만 '너'의 철학이 여기서는 '나'의 철학을 도울 수 있습니다. 의식작용은 항상 그리고 정의상으로도 죽음 '이전에' 있기에, 이 연속 동안에는 내적 성찰의 탐색을 마음대로 반복할 수 있을 것입니다.

이전의 의식이 자기 자신의 의식일 수 있다면, 동시적 의식은 너의 의식… 혹은 너에 대한 나의 의식일 수밖에 없습니다. 일인칭이 "이전에" 유효한 것이라면, 이인칭(나에게 너, 또 너에게 나)은 일이 벌어지는 '동안' 유효합니다. 유예가 임박함의 극한에서 영(0)으로 축소될 때, '네'가 자기 자신의 죽음의 소용돌이에 휘말렸을 때, 사건의 목격자는 가장 가까운 존재일 수밖에 없습니다. 그러니까 이 목격자가 바로 나, 죽어가는 이를 너라고 부르는 나입니다.

죽음 '뒤에' 오는 것은 하물며 죽음이 그야말로 무화시킨 나 자신에게는 파악되지 않습니다. 차후의 혹은 사후死後의 의식은 어쩔 수 없이 이인칭이나 삼인칭입니다. 직접 전해지는 것은 없어도, 한 사람의 죽음은 다른 사람의 의식을 필요로 하고, 이 의식은 사람들이 과거에 대해 이야기하듯 이 죽음에 대해 이야기합니다. '부인이 죽어가고 있습니다… 부인이 죽었습니다….'° 이편에서의 죽음, 그 순간에서의 죽음, 저편에서의 죽음, 이것이 우리 탐구의 세 단계가 될 것입니다.

° 웅변술에 뛰어났던 17세기 프랑스 신학자 보쉬에Jacques Bénigne Bossuet가 26세로 사망한 오를레앙 공작 부인 헨리에타 앤의 장례식 연설에서 한 말.

1

죽음 이편의 죽음

죽음 이편의 철학은 언뜻 보기에 불가능해 보입니다. 그러나 죽음 저편의 철학이나 죽음 순간의 철학이 불가능해 보이는 것과는 다른 의미와 다른 이유에서 그렇습니다. 죽음 순간의 철학이 불가능한 까닭은, 순간이란 거의 아무것도 아닌 것이어서 파악할 수가 없고 인식에 쓸모가 없기 때문입니다. 죽음 저편의 철학이 불가능한 까닭은, 피안이란 아예 인식할 수 없는 것이어서 우리에게 거의 아무것도 아닌 것이기는커녕 전혀 아무것도 아닌 것이 되어버리기 때문입니다. 차안의 철학도 그 나름으로 불가능하기는 하지만, 순간처럼 그 대상을 생각할 수 없거나 피안처럼 인식할 수 없기 때문은 아닙니다. 그 대상이 언제나 죽음과는 다른 것이 되어버리기 때문입니다. 무슨 소재를 생각하든 죽음 이편의 철학은 삶을 생각하게 되어버리죠. 그것은 죽음의 부정성을 결코 파악할 수가 없으며 직접 닿을 수 있는 것이라고는 삶의 긍정성밖에 없는 처지인 것입니다.

저편의 철학과 같이, 그러나 순간의 철학과는 달리, 이편의 철학의 소재에는 지속기간이 있습니다. 이 기간은 우리가 묘사하고 서술할 수 있는 것일 뿐만 아니라, 실제로 살았던 전기이며 실제 기록이기도 합니다. 마치 종말론과 같은 뭔가 공상적인 신화나 상상적인 모험담은 전혀 아닌 것이죠. 실제로 산 구체적인 현실과 초경험적인 저편은 순간을 초점으로 해서 응집됩니다. 그러나 이런 합치는 찰나의 섬광

일 뿐이며 나머지는 어둠 속에 있습니다. 혹은 다른 이미지를 가져와 보면, 마지막 순간의 정점에서 교차하는 이쪽과 저쪽 두 비탈면에는, 즉 마지막 현재의 경첩에서 만나는 시간의 현세와 비시간의 내세라는 두 세계에 대해서는, "알레고리"의 자리밖에는 없습니다. 죽음 이편의 철학이 삶에 대한 알레고리적 철학이니, 다룰 문제가 궁할 걱정은 없습니다. 마지막 순간의 철학처럼 (여기에 철학이 있을 수나 있을까요?) 첨단에서 중심을 잡아야 하는 것도 아니고, 꽤 너른 자리를 차지하고 있어 소재도 무한히 다양하지요. 그러나 이 소재는 텅 빈 바로 그 죽음이 아닙니다. 말할 것이 전혀 없는 그 죽음이 더 이상 아닙니다. 죽음은 직접 겨냥할 때에는 보이지 않게 되는 별과도 닮았습니다. 좌우로 눈길을 돌릴 때에야 언뜻 보일 뿐이죠.[1]

이렇게 되면 양자택일입니다. 하나는 뭔가 말할 것은 있지만 죽음과는 다른 것을 생각하게 되는 상황을 받아들이는 것이고, 다른 하나는 죽음 자체 mors ipsa를 생각하기는 하지만 말할 것이 전혀 없게 되어 버리는 것입니다. 혹은 자신의 죽음과 관련해서 말하자면, 하나는 자신은 죽지 않은 채 편안히 죽음에 대해 생각하는 것, 그래서 결국 삶에 대해서 생각하는 것입니다. 그리고 다른 하나는 자신이 죽어가면서 죽음 자체에 대해서 생각하되, 죽음이 나의 목을 조이고 있고 죽음의 부정이 인식 주체의 자리를 차지하여 인식을 비인식으로 바꾸고 있음을, 죽음의 무가 생각하는 존재의 존재 자체를 부정하고 있음을 받아들이는 것입니다.

이 양자택일을 시간과 관련지어 해석하면, 어긋난 타이밍으로 설명할 수 있습니다. 저편의 철학은 마치 소방차처럼 도착이 너무 늦어, 내세에 관한 사후의 이야기를 지어내는 데에만 유능합니다. 이편의 철학은 너무 일찍 도착하여 삶에 대해서만 말합니다. 문턱 혹은 사이의 철학은, 인식하기에는 너무 얇은 거의 아무것도 아닌 것에 관해서 철학하며, 이전 순간이나 이후 순간에 돌연히 나타납니다. 이전 순간에는 무한히 작은 삶을, 마지막 순간들로 축소되었지만 언제나 적극성으로 차 있는 전기傳記를 인식합니다. 이후 순간에는 무한히 작은 내세에 관한 무한히 작은 종말론이 됩니다. 이르거나, 늦는 겁니다! 어느 경우든 너무 느리거나 너무 빠른 앎의 "시간착오" 때문에 우리는 '때'를 놓치고, 결정적 지점에 닿을 기회를 잃고 사건 현장을 놓쳐버리고 맙니다. 이렇게 해서 자유의 철학은 늘 앞서거나 뒤따르거나 하여 예측이나 회고가 됩니다. 창조의 철학은 창조자의 심리학이나 창조물의 물리학으로 환원되며, 결코 제때에 도착해 창조의 현장을 확인하지 못합니다. 이후는 너무 늦을 겁니다. 이전은 너무 이르다고 해야 할까요? 만일 죽음이 그 이전에도, 그동안에도, 그 이후에도 생각할 수 없는 것이라면, 우리는 언제 죽음을 생각할 수 있는 것일까요?

1

살아있는 동안의 죽음

1. 죽음의 성찰

플라톤의 말이 맞습니다. 죽음에는 말 그대로 '아무것도 알 게' 없습니다. '아무도 죽음을 알지 못하니까.οἶδε μὲν γὰρ οὐδεὶς τὸν θάνατον'[1] 앞서 말한 삼중의 문제는 우리가 죽음에 대해서 말하려고 할 때에 그리고 생각이라도 하려고 할 때에 겪는 어려움을 이미 잘 보여주고 있습니다. 그럼 죽음에 대해서 말은 하지 않고 생각만 하는 것은 안 될까요? 하지만 사실 죽음에 대해 생각한다고 해도 그 생각은 어슴푸레할 뿐이며, 대개는 가짜 생각입니다. 플라톤의 설명대로 "장소"는 "사생아적 논리로λογισμῷ νόθῳ" 밖에 생각할 수 없다면, 그리고 아리스토텔레스의 말대로 시간이란 '겨우 어렴풋이μόλις καὶ ἀμυδρῶς' 존재할 뿐이라면,[2] 하물며 죽음이야 거의 생각하기도 힘들 것입니다. 전적인 무화라는 이 개념에서는 의지할 것도 이해의 실마리도 전혀 찾을 수 없습니다. 아무것도 아닌 것에 대한 "생각"이란 아무것도 아닌 생각이며, 대상이 없기에 주체도 없는 것입니다. 부재하는 것을 볼 수 없고, 없는 것을 생각할 수 없는 것과 마찬가지죠. 그래서 아무것도 아닌 '것'을 생각한다는 것은 아무것도 생각하지 않는 것이고, 따라서 이는 생각하지 않는 것입니다. 죽음에 대한 가짜 생각은 비몽사몽과 같은 것일 뿐이죠.

『투스쿨룸 대화』나『준주성범Imitation de Jésus Christ』보다 먼저『파이돈』에서 현자들이 일상으로 전념하는 일이 된 이 "죽음에 대한 성찰commentatio mortis"[3]이란 도대체 어떤 것일까요? 현자는 도대체 무엇에 전념할 수 있는 것일까요? '죽음 연습μελέτημα τοῦ θανάτου'이란 너무도 자명하게 아주 충만한 삶을 상정하고 있는 것인데 말입니다. 죽음에 대해 성찰한다, 말은 쉽죠! 성 히에로니무스의 초상화에는 종종 두 단어로 된 글귀가 실려 있습니다. '죽음을 생각하라!Cogita mori' 〈명상La Meditazione〉이라는 제목의 도메니코 페티Domenico Fetti의 그림은[4] 두개골을 바라보며 성찰하는 '지혜'를 알레고리로 나타내고 있습니다. 그러나 '지혜'가 아무리 집중을 해도 소용이 없습니다. '지혜'는 아무것도 생각하지 않습니다. 죽음에 대해서는 생각할 것이 없으니까요. 현자의 머릿속은 성찰을 위해 앞에 놓아둔 두개골만큼이나 비어 있고, "묵념"을 하노라며 그 앞에 선 유해 없는 위령비만큼이나 텅 비어 있습니다. '고통'이라고 부르는 이 육체의 사유σώματος νόησις가 텅 비어 있듯 그의 정신도 텅 비어 있습니다. 죽음 앞에서 인간은 깊은 밤하늘의 표면을 바라보고 있는 사람과 같습니다. 그는 무엇에 전념해야 할지를 모릅니다. 살펴볼 대상도 주의를 기울일 대상도 없습니다. 애상에 젖은 낭만적 음악이 종종 이런 공허한 명상에 빠져들고는 하지만, 그것은 전혀 사유가 아니라 단상(둠카°)이며 떠오르지만 늘 끝맺지 못하는 생각이고 몽상의 한 형태일 뿐입니다. 요컨대 달콤한 우울입니다. 시름에 젖은 마음입니다.

그래 그렇게 우리에게 권한다면, 성찰해 봅시다. 그리고 그다음은

° 둠카는 주로 우크라이나 지방에서 전승되어 온 슬라브 애가哀歌이다. '둠카думка'라는 낱말은 글자 그대로는 '생각'을 의미한다.

요? 무엇을 생각할지 모르던 사람이 자기가 다른 것을, 생각할 수 있는 뭔가를 자연스레 생각하고 있음을 문득 깨닫고 소스라칩니다. 죽음의 성찰이 삶에 관한 성찰로 돌아가고 싶지 않다면, 낮잠과 불안 사이의 선택밖에는 없는 것으로 보입니다. 잠자기에 다름 아닌 몽상에 잠기는 일과, 불가지론적 태도로 살아가는 일 사이의 선택이죠. 이 불안은, 유한한 내용을 생각하듯 죽음을 생각하려 시도했다가 이 괴물 앞에서 얼이 빠져 당황하며 물러나는 의식의 동요이니까요.

죽음에 대한 사유νόησις θανάτου의 공허함은 쉽게 설명됩니다. 셸링의 용어를 사용하자면, 죽음은 사유를 무너뜨리는 '아무것도 아닌 것οὐκ ὄν'이지, '무μὴ ὄν'가 아닙니다.[5] 아무것도 아닌 것에 대한 사유는 하나의 비-사유라고 우리는 말했습니다. 여기서는 부정이 대상에서 주체로 반등하여 주체를 죽입니다. 죽음은 정확히 이 아무것도 아닌 것, 이 살인적 부정입니다. 죽음은 여느 것과 같은 하나의 대상이 아닌 것이죠! 사유는 개념들을 상호 관계에서, 즉 상대적이고 부분적으로 생각합니다. 사유는 마치 행진처럼 한 개념을 다른 개념 앞에 둡니다. 그렇다면 우리 존재 전체의 전적인 비존재인 죽음은 존재만큼이나 그리고 그 이상으로 생각할 수 없는 것입니다. 실존을 없애는 것을 생각하려면 실존의 총체를 먼저 상정해야 하니 말입니다. 죽음에 대한 사유는, 대상을 갖고 노는 조감의식이라면 그럴지 몰라도, 결코 죽음을 철저히 모든 차원에서 생각하지 않습니다.

죽음은 인식형이상학적 의미에서의 선험적인 것이 아니라, 문자 그대로 사유에 선행하는 것입니다. 말하자면 언제나 죽음이 사유를 앞질러 가는 것이죠. 우리가 사유를 시도하는 순간, 죽음이 이미 뚫고 들어갈 수 없는 불투명한 막을 두르고 거기에 와 있습니다. 사유가 죽음을 하나의 대상으로 만들기 위해 재도약을 해보아도 소용이 없습니다. 죽음을 붙잡지 못하고, 이 앞서가는 괴물 뒤에서 힘없이 미끄러져 버립니다. 앞에 거대하게 솟아 있는 매끈한 벽에서, 사유는 붙들어지지대로 삼을 만한 곳을 도무지 찾지 못합니다. 죽음은 언제나 앞서가며, 역설적으로 말해 "선先본질적인" 것입니다. 사고활동을 가능하게 하는 인식형이상학적 선험성 그 자체는 생각할 수 있는 게 아니죠. 하물며 인식의 조건도 아닌 선행적 죽음은 이중으로 인식 불가능합니다. 풍요로운 제약이기는커녕, 이 선행성은 한눈에도 불리한 출발처럼, 이성의 능력과 범위에 부담을 지우는 무거운 추와도 같기 때문입니다. 죽음의 불가사의는 우리의 개념을 벗어나는 것입니다!

'죽음을 생각할' 수 없다면, 우리에게는 두 가지 해결책밖에는 남아 있지 않은 것처럼 보입니다. 죽음에 관해, 죽음을 둘러싸고, 죽음을 두고서 생각하거나, 아니면 죽음과는 다른 것을 예컨대 삶을 생각하는 것입니다.

첫째 해결책은 문제를 무해한 일반성의 바다에 빠뜨리는 겁니다. 생각할 수 없는 것에 관해 이렇게 주변적으로 철학하는 것은, 앞으로 보겠지만, 말할 수 없는 것에 관해 완곡하게 둘러말하는 것과 같습니다. 주제를 벗어나 떠드는 기술이죠.

둘째 해결책으로 말하자면, 이것이 "해결책"이기는 할까요? 확실히 인식은 인식 가능한 대상을, "어떤 것τι"을, 하나의 플러스를, 혹은 비존재라는 존재방식이더라도 어떤 존재방식을 함축합니다. 『소피스테스』에서 말하는 비존재μὴ ὄν는 존재와 다른 것이지만 하나의 적극적인 부정성이기 때문입니다. 생각의 지향성, 생각할 수 있는 것의 개별적이고 현존하는 성격은 따라서 유명론을 정당화할 것이며, 동시에 하나의 "죽음학"의 가능성을 논박합니다.

이러한 관점에서, 죽음은 신, 시간, 자유, 음악적 신비만큼이나 거의 "생각할 수" 없는 것입니다. 우리는 시간이나 생성을 생각하는 것이 아닙니다. 우리가 생각하는 것은 시간 속에서 생성하는 특정한 시간적 내용입니다. 눈도 엄밀히 말해 빛을 '보는' 것이 아니죠. 위-디오니시우스의 빛나는 어둠처럼, 빛은 보이지 않습니다. 눈은 햇빛에 비친 대상들을 볼 뿐입니다. 마찬가지로 (죽음이 사고작용의 목적어이고, 죽음이 '생각'이라고 부르는 타동적 조작의 직접보어이고 직접 표적물인 한) 우리는 결코 죽음을 생각하는 것이 아닙니다. 죽음은 본디 생각할 수 없는 것이니까요. 반대로 우리는 죽는 존재들은 생각할 수 있습니다. 게다가 우리가 그것들을 생각하는 순간에 이 존재들은 살아있는 존재들입니다. 이렇게 해서 죽음을 생각하는 이는 실은 삶을 생각하는 겁니다. 인간은 가득 차 있는 것만을 생각하도록, 버젓이 살아있는 죽을 존재의 긍정적인 적극적 면만을 인식하도록 되어 있는 것입니다!

그럼 생각할 수 없다면, 떠올리기를 시도해 보는 것은 어떨까요? 기억과 습관의 집념이, 불가능한 성찰의 행보를 어쩌면 보완해 줄지도 모르니…. 그래서 설교자들은 쉽게 잊어버리는 사람에게, 온갖 금욕적인 기억술과 적절한 비망록을 써서 생각할 수 없는 것을 끊임없이 떠올려내라고 촉구합니다. 죽음을 기억하라! Memento mori 기억해 내라…. 우리는 보들레르에게서 이 죽음에 대한 강박이 얼마나 강렬한 불안에 이르렀는지 압니다.° 사실, 교육적 취지를 일단 다 내려놓고 나면, 지칠 줄 모르고 회상하고 영원히 되뇌며 쉬지 않고 되풀이하는 발전도 변화도 없는 고정관념 외에, 죽음에 대한 편집증적이고 단조

° 샤를 보들레르 Charles Baudelaire의 시 「시계」 참조.

롭고 정체된 관념 외에, 무엇이 우리에게 남는단 말입니까? 형제여, 죽을 수밖에 없는 것이다! 죽음에 대한 이러한 경고야말로 침울한 지혜에게는 성찰 대신이 됩니다.

신이 문제가 되는 경우라면, 분석은 할 수 없다 해도 숭배를 하거나 「시편」 저자처럼 말로 나타낼 수 없는 이에게 기원하고 끝없이 찬송을 부르고 그러다가 최면과 다름없는 황홀경에 이르고 할 수 있습니다. 하물며 삶의 다양한 소음에 낮은 음조로 반주를 하는 저릿한 기초 저음이 문제가 될 때에는, 심지어 모든 것이 귀착되는 암흑의 침묵이 문제가 될 때에는, 절망의 침울한 후렴을 강박적으로 되풀이하는 것 외에 무엇을 할 수 있을까요? 이를테면, 구절마다 '아아!' 하는 추임새를 붙이는 것이죠. 기억은 분명 사유가 아닙니다. 하물며 습관적 반복이 사유일 리가 없습니다. 강박관념은 성찰이 아닙니다. 연습은 우리에게 습관과 자동성을 만들어주지만, 죽음에 대한 인식을 진전시켜주지는 않습니다. 그러므로 잦은 반복이라는 이 길에서는 사유의 어떤 진전도 기대할 수가 없는 것입니다.

2. 깊이로서의 죽음과 미래로서의 죽음

본디 삶으로부터는 죽음을 생각할 수 없는 것이라면, 어쩌면 죽음이 무릇 생각할 수 없도록 되어 있는 것은 아닐까요? 그러나 아무것도 생각하지 않을 수는 없으니, 아마도 다른 것을 생각하는 것이 최선일 겁니다. 분명 존재가 우리에게 주어진 것이, 비존재에 대해서나 성찰하라고 그런 것은 아닐 텐데…. 비존재에는 결국 생각할 게 전혀 없으니까요. 분명히 이 총체적 "사유", 이 무한한 "사유"라는 것은, 경험계의 모든 이익과 연속의 모든 상대적 가치와 우리가 사는 "낮은" 현세의 모든 건설적인 임무를 몹시 저평가하는 언짢고 병적인 생각입니다. 아마 이 초자연적 사건에 대한 생각은 자연본성에 반하는 생각일 것입니다. 아마도 무에 끌리는 것은 조금 병적인 착종일지도….

베르그송Henri Bergson은 이미 지성의 이 파괴적인 성격에 주목했습니다. 무릇 문제라고 마냥 제기할 일이 아니고, 하물며 풀리지도 않는 문제는 해결할 일도 아니라고 생각해야 합니다. 존재를 파고들어 뭔지 모를 깊은 차원을 발견하려는 경솔함은 자연의 의도에 반하는 것으로 보입니다. 자연은 우리에게서 마지막을 빼앗아 생각하지 못하게 하고 감지할 수도 볼 수도 없게 하려고 합니다. 비밀은 철저히 지켜져 단단히 봉인되어 깊숙이 파묻혀 있으니, 아마도 이 인식 불가능한 것을 인식하려 애쓰지 않는 편이 현명할 겁니다. 마치 자연 자체가 생명과 종과 사회의 섭리에 반하는, 그리고 행동의 필요에 현저히 반하는 인식으로부터 우리를 떼어놓으려 하는 듯합니다. 실제로 우리가 심장의 박동과 호흡의 리듬을 자각하지 못하도록 무언가가 막고 있죠. 마찬가지로 일종의 자기보호를 위한 적응이 인간이 자신의 죽음을 생각하지 못하도록 막고 있다고 말할 수 있지 않을까요?

파스칼은 이런 적응에서 기분전환을, 다시 말해 자신의 내적 비극 앞에서 비겁하게 도피하는 천박함을 보려 했습니다. 기분전환은[6] 근심에 사로잡힌 자아를 외부 사물들 쪽으로 돌려놓습니다. 심연을 보지 않기 위해, 권태와 혼미, 불안과 절망에서 벗어나기 위해 인간은 얼굴을 덮어버립니다. 그리고 하찮은 세상일로, 외적인 것τὰ ἐκτός으로, 빈 시간을 때울 시끌벅적한 소일거리로 기분을 풀죠. 가벼운 마음으로 인위적이고 피상적인 흥분에 취해 있는 것입니다. 사실 그는 너무도 명백한 것에 대해 생각하기를 피하고 있습니다. 자신의 공허, 비통한 허무, 우리를 노리는 피할 수 없는 종말을 말입니다. 반대로 막스 셸러Max Scheler는 형이상학적인 태평함에 대해 말하며 우리가 공허한 깊이에 호기심을 갖게 되는 것이 마치 근심 때문인 것처럼 이야기합니다만….

마누엘 데 파야Manuel de Falla의 《사랑은 마법사L'Amour sorcier》에서 생생한 사랑의 확실성을 상징하는 카르멜로의 입맞춤은 과거의 망령을 몰아냅니다. 질투심 많은 집시는 우리의 삶을 방해하는 게걸스러운 근심이기 때문입니다. 망령, 폭군 같은 남편, 강박관념에서 풀려난 칸델라스는 기억과 죽음의 요술을 영영 쫓아버립니다. 그러나 혹시 형이상학적 태평함이 단순히 생물학적인 무신경함이라면요? 우리가 깊은 근심에서, 근원적 시작과 결정적 종말에 대한 형이상학적 근심에서 멀어지는 것은 오히려 별것 아닌 무신경 덕분이니까요. 태평함이 칸델라스의 강박을 치유합니다. 그러나 다시금 근심과 강한 기억이 짐짓 꾸며낸 한가로움에 들러붙습니다. 아아! 마치 남모를 가책처럼, 철학적 근심은 생물학적 무신경함 덕에 벗어났던 문제를 끊임없이 되살립니다. 태평함이 근심을 몰아내지만, 근심이 행복한 무신경을 어지럽힙니다. 어서 오라, 우리를 죽음의 근심에서 지키는 한가로움의 섭리여! 어서 오라, 우리가 살아가도록 돕는 경박함이여! 그러나 죽음의 깊이를 경멸하는 태평함에게도 저주 있으라! 진실을 은폐하는 창피스런 한가로움에 저주 있으라!

철학자들이 늘 과도한 태평함의 죄를 지었던 것은 아닙니다. 소박실재론자는 죽음을 일종의 실체로 만들어 생의 깊은 곳에서 찾고자 하는 경향이 있습니다. 이는 예를 들어 죽음을 그린 중세 화가들이 육신의 외양 뒤에서 해골을, 생의 찬란한 얼굴 뒤에서 죽음의 찌푸린 표정을, 청춘의 미소 뒤에서 망자의 냉소적 비죽거림을 상상하는 것과 마찬가지입니다. 얼굴 속에 흉측한 해골이 있듯 죽음이 삶의 내부에 숨어 있다는 것일까요? 어쨌건 이 숨은 해골이 우리의 근심입니다. 이 해골은 말하자면 엑스선에 투시된 섬뜩한 강박관념입니다. 모르긴 몰라도 "멜랑콜리아"는 아마 뒤러Albrecht Dürer가 이 입 밖에 내기 어려운 근심에 붙인 이름일 것입니다.

뒤러의 근심과 라파엘로Raffaello Sanzio의 태평함은 정반대입니다. 라파엘로는 아이 쪽으로, 탄생 쪽으로, 미래의 약속과 희망 쪽으로, 색과 빛의 찬란한 긍정성 쪽으로 완전히 향해 있습니다. 봄처럼 한가로운 이 세상 속에는 불안도 저의도 없습니다. 그 어떤 경계심도 성모 마리아의 미소를 일그러뜨리지 않고, 그 어떤 염려도 육체의 빛을 흐리지 않으며, 그 어떤 근심도 천진무구한 평온을 가리지 않습니다. 쇠퇴의 불안이, 행복하게 피어나는 생을 망치지 않습니다. 이와 반대로 섬뜩한 죽음의 화가, 시체 애호 문명의 화가는 가시적 긍정성에서 초감각적 부정성을 추출하고 그것을 다시 가시적으로 드러냅니다. 죽음의 섬뜩함이란 바로 충만한 연속의 기간 속에 초경험적 종말이 조롱하듯 침입한 것입니다.

철학적 회화는 이런 점에서 우리의 강박이 계시된 것이 아닐까요? 조형적으로나 육체적으로 실재하지 않으면서, 외양의 표면에 나타나 우리의 천진한 신뢰를 어지럽히는 염려의 현현이 아닐까요? 섬뜩한 근심은 빛의 깊숙한 곳에 묻혀 있던 어둠을 백일하에 드러냅니다. 형형색색의 외양들과 삶의 잡다한 활기는 단조로운 한 가지 테마의 일련의 변주일 뿐입니다. 죽음이라는 을씨년스러운 테마죠. 이 다채로운 색상의 배경은 검정입니다. 이 다양한 형태의 바탕은 무정형이고요.

하위징아Johan Huizinga는 『중세의 가을』에서 죽음을 그리는 화가들의 상상적 투시의 특징을 잘 나타낸 오동 드 클뤼니Odon de Cluny의 문장을 인용합니다. "육체의 아름다움은 전적으로 피부에 있다. 만일 남자들이 보이오티아 스라소니와 같은 투시력을 갖고 피부 아래에 있는 것을 본다면, 여인을 바라보기만 해도 구역질이 날 것이다."[7] 소녀와 죽음! 여인의 아름다움을, 다시 말해 더없이 생명력 넘치는 존재의 긍정성을 무의 그림자가 지켜보며 벌써 그림자를 드리우는데…. 바로 이것이 발둥 그린Baldung Grien과 같은 피학증적인 죽음편집광에게서 익히 볼 수 있는 테마입니다. 아르세니 골레니셰프-쿠투조프Arseny Golenishchev-Kutuzov 백작의 시에서 가사를 가져온 무소륵스키Modest Mussorgsky의 《죽음의 노래와 춤》은 이러한 불경스러운 병치에 충격적인 강렬함을 부여했습니다. 노인들의 쇠약한 얼굴은 자연히 우리에게 죽음에 대해서 말하지만, 역설적이고 터무니없게도 젊은 여인들의 싱싱함 또한 그러하죠. 노인은 죽음에 대해 직접 말하고 젊은 여인은 넌지시 말합니다. 아름다움이란 형태적 완벽함의 탁월성과 극치이기 때문에, 비관주의는 이 걸작에 대해 유난히 악착스러운 앙심과 유난히 불경한 증오를 품게 되기도 합니다.

죽음을 투시할 수 있고 제2의 "본성"에 주목하는 혜안을 지닌 이들에게, 이중화는 때로 이원성까지 가기도 합니다. 이 경우 죽음은 더 이상 단지 최소 존재가 아니라, 적그리스도이자 마니교적인 대립 원리가 됩니다. 뒤러는 〈기사, 죽음, 악마〉에서 생의 적극성과 긍정적 활력의 상징인 기사를 이중화합니다.[8] 악마와 죽음은, 보통은 존재의 두께와 활기에 가려져 있는 이면의 비존재가 커져감을 나타냅니다. 삶의 그림자인 무가 이제는 구체화되는 것이죠. 이후 고야Francisco Goya가 젊은 여인과 노파를 가차 없이 대질시키는 것도 바로 이런 식입니다. 〈세 명의 죽은 사람과 세 명의 산 사람의 이야기〉에서는 이원성이 대화가 됩니다.[9]

니체F. W. Nietzsche는 뒤러의 판화를 보고 쇼펜하우어Arthur Schopenhauer를 생각했습니다. 그러나 그는 아마도 자신이 생각했던 것보다 더 옳았을 것입니다. 실제로 비관적 낭만주의, 셸링 그리고 니체 자신은 이교의 빛나는 충만함 뒤에서, 그 미소 짓는 긍정성을 어둡게 하는 숨겨진 우울을 읽어내고 기뻐했던 것입니다. 그들은 희랍비극이 낙관주의의 두께 속에 투명 무늬처럼 숨겨진 이 근심을 표현하고 있다고 생각했습니다. 비관주의란 종종 생성의 뒤집힌 혹은 뒤틀린 읽기일 따름입니다. 시간의 긍정성 속에서 쇼펜하우어는 실존의 부정과 희박화만을 보려고 합니다. 현존이 부재로 바뀝니다. 좀 더 일반적으로 염세주의는 가시적 외관 밑에 숨어 있는 일종의 비가시적인 혹은 신비적인 깊이를 죽음 속에서 발견한다고 믿습니다. 죽음은 삶의 초경험적 이면이자 깊이인 것이죠. 삶이라는 표면의 신비로운 비의秘儀적 이면은 누구도 직접 본 적이 없습니다. 그러나 시간이 시작된 이래 직접 시야에는 가려져 있던 달의 뒷면을 우리가 어렴풋이 느꼈듯, 어쩌면 때로는 간접적으로 이를 엿보는 일도 있을 것입니다.

아니 그보다는 죽음의 초자연성은 비관주의에 따르면 삶의 긍정성의 안쪽에 새겨진 부조浮彫와도 같습니다. 죽음의 감정은 아마도 불안정한 자연성에 대한 경계심을 함의할 것입니다. 그리하여 근심하는 인간은 일종의 엑스레이 같은 투시력으로 가장 불투명한 장막도 반투명으로 만들고, 살아있는 육체의 선홍빛 살 아래 뼈만 앙상한 가면이 비웃고 있는 것을 봅니다. 외양의 아래를 파고들어 표피를 찢고 외장을 넘어 침입하여, 표면의 이면을, 사물의 '반대편'을 발견하면, 외피를 둘러 가장한 끔찍한 해골을 보게 될 겁니다. 사실을 말하자면, 암흑의 깊은 곳에 괴물 한 마리만이 웅크리고 있을 뿐인 거죠.

  생의 내부에 들어 있는 이 실체화된 부정, 그것은 은유나 신화와는 다른 것일까요? 베르그송이 무無에 대해서 말했고 스피노자가 악에 대해서 말했던 것을, 내재하는 죽음에 대해 다시 말해야 할 것입니다. 릴케가 삶 속에 들어 살고 있다고 주장한 깃들인 죽음은° 침묵이 언어가 아니듯이 하나의 원리가 아닙니다. 시인들이 소리의 긍정적 성격을 부정적 차원으로 옮겨놓으며 침묵의 목소리를 듣는다고 믿는 것은 말이 그렇다는 거니까요. 마찬가지로 실체론이 죽음을 삶 내부에 있는 '아닌 것'으로 기체基體화하는 것도 미신적인 것입니다. 기체基體, 즉 문자 그대로 아래에 놓여 있는 죽음이라는 신화적 환영은, 이편의 죽음에 대한 사유가 텅 빈 사유인 이상, 죽음 이편의 철학에 내용을 주지는 않을 것입니다. 하늘을 향해 부르짖는 말테의 죽음, 그것은 삶이 아닐까요?

  삶 내부에 있는 죽음이란 따라서 하나의 환영입니다. 존재의 충만함은 언제나 완전히 조밀하고 긍정적이며 결코 희박해지지 않습니다. 하지만 죽음의 무를 생각할 수 없다는 핑계로, 그것에 관해 사색할 권리를 포기한다면, 그것은 철학적 사유 일반의 정당성을 부인하는 일이 됩니다. 삶의 긍정성만을 고려하는 태평스러운 유명론은 비극적 실재론만큼이나 단순한 편의주의입니다. 평면적인 현상론과 유명론은 실재의 커다란 입체 효과인 이 "투영"에 헐값을 매깁니다. 게다가 이 유명론의 시간적 형태인 현행現行주의는 미래를 무효로 여깁니

°   라이너 마리아 릴케Rainer Maria Rilke, 『말테의 수기』 참고.

다. 유명론은 개념이 지각으로 환원되고 관념이 이미지로 환원되는 경우에만 참이 될 것입니다.

현행의 지각에 직접 주어진 것들을 넘을 수 있다는 것은 특전이 아니라, 이성적 인간의 권리입니다. 이성적이고 깊은 인간에게는 특별한 재능이 부여되어 있죠. 그 덕분에 그는 사물의 안쪽을 보고, 보이지 않는 아름다움을 바라보며, 침묵의 목소리를 듣고서 이 목소리를 통해 또 다른 음악을, 영혼의 귀에만 들리는 소리 없는 음악을 들어, 마침내 내면의 진리를 지각할 수가 있는 것입니다. 소小키테즈 마을의 떠들썩함은 육체의 귀로 지각할 수 있습니다. 그러나 들리지 않고 보이지 않는 도시의 종소리, 영기靈氣로 빚어진 대大키테즈 시의 천상의 차임벨은 이중 청각을 지닌 사람에게만 소리를 들려줍니다.°〈죽음이 배회한다〉, 가브리엘 뒤퐁Gabriel Dupont은《구슬픈 시간》의 제11곡에 그런 제목을 붙입니다. 실제로 결핵 때문에 35세로 짧게 끝난 그의 삶 속에도 죽음이 배회하고 있었습니다. 제5막의 멜리장드의 방 안에서,°° 그리고 무소륵스키의《죽음의 노래와 춤》속에서 죽음이 배회하고 있듯이 말입니다.

육체적 인간은 자신이 보는 것만을 생각합니다. 그러나 깊이 있는 인간은 여기 있는 것을 보면서 부재하는 것을 생각합니다. 보이지 않는 것, 여기에 없는 것, 어쩌면 절대 존재하지 않을지도 모르는 것을 생각하고, 따라서 보이지 않는 것을 자기 나름으로 보고 비가시적인 것을 정신의 눈으로 봅니다. 플라톤에 따르면 이 초자연적이거나 초감각적인 시각은 외관의 얇은 막 너머를 뚫고 들어가며, 외관의 지각에

° 중세 러시아의 키테즈 전설을 바탕으로 한, 림스키-코르사코프의 오페라《보이지 않는 도시 키테즈의 전설》참고.
°° 벨기에의 작가인 모리스 마테를링크의 동명 희곡을 오페라로 만든, 클로드 드뷔시Claude Debussy의《펠레아스와 멜리장드》.

대립됩니다. 이는 꿰뚫어 보는 혜안이 단순한 시각과 대립되고, 본질에 대한 지적 직관이 감성적 직관에 대립되고, 지성νόησις이 시각ὄρασις에 대립되는 것과 마찬가지입니다. 혜안을 가진 이는, 제2의 시각의 이런 투시 능력 덕분에 그리고 정신의 제2의 작용에 의해, 어쩌면 제1일 수도 있는 제2의 자연본성을 발견합니다. 그는 직접 주어진 현실 속에 어렴풋이나마 이미 잠재되어 있는 이 자연본성을 표면적인 외관 아래에서 추론하거나 재구성해 냅니다. 외관의 밋밋한 현실과는 '다른 것'이 존재합니다. 경박한 감각론자는 신기루로 여기지만 신실한 인간은 고려하는 어떤 깊은 차원이 있죠. 지각된 것 너머 지성으로 파악된 것, 바로 이것이 근심의 기본 원리인 것입니다.

이 깊이의 시간적 형태, 그것은 우리가 현재를 넘어 아직 있지 않지만 있게 될 것을 수용하고, 미래나 가능한 것 혹은 비현행적인 것을 생각하고, 다가올 일에 대해서 사색할 수 있는 능력입니다. 이 다가올 일은 생성으로 그 도래가 확인될 텐데, 왜냐하면 미래가 현재가 됨으로써, 이미 잠재적으로 현존하는 어떤 진리가 때를 얻어 나타나게 되기 때문입니다. 바꾸어 말하면, 선견先見이 혜안의 시간적 형태인 겁니다. 우리의 이중적 시각의 둘째 시각은 "뚫고" 보거나 "아래를" 보는 것이 아니라, "앞서" 보는 시각인 것이죠. 이는 본질을 꿰뚫는 시각이라기보다는 귀결을 내다보는 시각입니다. 침투하는 의식은 자신의 시각을 더 깊게 하지만, 아울러 보고 예견하는 의식은 순간의 점 주위에 자신의 지평을 넓혀 바로 눈앞에 있는 것보다 더 멀리까지 볼 수 있게 됩니다.

실천적 차원에서 보면, 때를 기다림은 시간성의 귀결입니다. 신중한 인간이, 발타자르 그라시안이 '미룸mora'이라고[10] 불렀던 이점, 즉 지연시키며 유예하고 연기하는 이점을 누리는 것은 시간성 덕분입니다. 예견하는 의식, 사려하는 의식은 내일을 염려하는 의식입니다. 생물학적으로 말하자면, 두통이 뇌에 있듯 염려는 두뇌작용에 있습니다. 시간적으로 말하자면, "염려"는 아직 존재하지 않는 것에, 나중에 있게 될 것의 부재하는 현존에 미리 몰두해 있는 의식의 상태입니다.

보이지 않는 본질을 본다는 것이 『국가』 6권의 형이상학적 역설이듯이, 미리 예견한다는 것은 『필레보스』가 찰나적 쾌락주의에 대립시킨 도덕적 역설입니다. 염려는 "순간적 정신mens momentanea" 혹은 정신적 원생동물 상태를 그치기 위해, 혹은 『필레보스』에서 말하는 것과 흡사한 연체동물 단계를 벗어나기 위해 지불해야 할 대가입니다. 현재를 위에서 조망하지 않는 한은, 인간은 쾌락을 즐기며 순수한 만족에 빠져들 수 있습니다. 그러나 인간은 내일을 걱정하고, 쾌락의 귀결을 걱정합니다. 물론 쾌락의 귀결이 쾌락 속에 함축되어 있다는 것은 잠재적으로만 그렇고 우리의 이성이 보기에만 그런 겁니다. 내가 나의 쾌락을 더듬어보고 냄새 맡아보고 청진聽診해 봐도 소용없습니다. 나에게 느껴지는 쾌락의 맛에서는 나를 위협하는 미래의 고통을 전혀 미리 맛볼 수 없으며, 예고된 병의 징후도 전혀 찾아볼 수 없습니다. 몸에 해롭지만 맛있는 음식을 먹을 때 느끼는 쾌락의 성질을 분석해 봐도, 그 속에 위경련의 낌새는 조금도 들어 있지 않습니다. 때로 우리는 위경련을 차라리 벌을 받은 것인 양 상상해 버리기도 하죠. 즐거움은 즐거움밖에 말하지 않습니다. 거기에는 그 어떤 다른 암시도 없습니다. 쾌락이 반향을 일으키도록 하는 것은 오직 시간뿐이기 때문이니까요!

그런데 염려하는 이성적인 인간이란 바로, 쾌락을 겪으면서 그 쾌락이 아니라 그것이 예고하는 고통을 생각하는 사람입니다. 그는 자신이 겪고 있는 현재의 분명한 쾌락을 생각하지 않습니다. 그는 자신이 겪지 않고 있는 불분명한 미래의 고통을 생각합니다. 누구나 알 듯이, 건강은 잠정적인 상태이며 아무런 좋은 것도 예고하지 않습니다. 건강할 때야말로 걱정해야 할 때! 그런 거죠. 마찬가지로 이성적인 비관주의자는 맑은 날에 그 맑은 날씨 자체를 생각하지 않고, 그 맑은 날씨가 전조가 되는 미래의 나쁜 날씨를 걱정하며 생각하는 사람입니다. 그는 여름에 여름을 생각하지 않고 앞으로 올 가을을 앞서 생각합니다. 염려, 그것은 여름에 가을을 앞서 생각하는 것입니다. 순간적 정신mens momentanea이 순간적 시간hora momentanea만을, 그 순간의 날씨, "기상학적" 시간인 날씨만을 생각하는 그때, 염려하는 의식은 연대기적 시간 전체를 고려합니다. 우리에게 여름의 청명한 하늘을 어둡게 하는 것은 염려의 구름입니다. 쾌락의 꺼림칙한 양심이 되어 순진한 향락의 순수함을 어지럽히는 것도 바로 그것이죠.

경계심에는 신뢰로 맞설 수 있을 텐데, 이 신뢰는 원자론적 지각 주위로 발산되는 믿음이기도 하며, 염려의 시간성과 대등하게 겨룰 수 있습니다. 그러나 ('아직 아님'의 시간적 비실존과 본질의 현실적 비실존과 같은) 비실존을 고려하는 것이 어딘가 변태적이고 사악한 염려라고 하는 단순한 지적만으로 경계심을 물리칠 수는 없습니다. 무관심의 지혜가 가장 깊은 지혜일까요? 복음서는 재물을 모으지도 나중을 위해 저축하지도 않는 제비와 방울새의 천진난만함을 본보기로 제시할 수도 있을 것입니다. 내일 일을 염려하지 말라.Μὴ μεριμνήσητε εἰς τὴν αὔριον[11] 근심하지 말라.Μὴ μετεωρίζεσθε[12] 그리고 강조합니다. 그날의 수고는 그날로 족하다. 그것은 그 순간의 노고, 그날의 노고이니, 더 이상 걱정거리가 아니다. 오늘의 노고는 오늘의 것, 내일의 노고는 내일의 것. 내일이나 모레의 노고는 오늘의 것이 아니다. 그러니 걱정 없이 날마다 그날의 빵을 먹으라. 제비를 변호하며 페늘롱Fénelon과 키르케고르가 되풀이하는 것도 바로 이것입니다.

　이에 반해 우화 작가는 용의주도하게 앞날을 염려하는 곤충을, 아직 먼 겨울을 대비해 걱정스레 양식을 쌓아두는 모든 이들을 변호합니다. 그들은 창고에 모아두는 συνάγουσιν εἰς ἀποθήκας 것입니다. 찰나적 지혜, 참새의 지혜는 전혀 지혜가 아닙니다. 복음서의 참새들이 『필레보스』의 굴[石花]보다 더 지혜로울까요? 어린아이가 내일의 걱정 없이 노래하고 재잘거릴 수 있으려면, 아이를 대신해서 내일을 예견하고 대비하는 어떤 염려하는 존재가 있어야 합니다. 천진난만의 지혜가 살아남을 수 있으려면 염려하는 어른이 그 옆에서 생존과 안전에 신경을 써주어야 하는 것이죠. 따지고 보면, 염려야말로 태평함의 지혜를 공언하는 것이니까요! 사실 순간순간 찰나적으로 생활하는 것은 단세포생물에게나 겨우 맞을 것입니다. 그것이 어떻게 인간이라고 부르는 생각하는 대형 후생동물을 위한 것이겠습니까? 적어도 우리가 말할 수 있는 것은, 염려의 이성적인 깊은 진리와 태평함의 표면적인 깊은 진리는 모순적이면서도 동등하게 참된 두 가지 진리라는 것입니다.

　죽음이 모든 미래의 미래이며 마지막 미래이기에, 미래에 대한 염려는 결국 죽음의 '올 것으로 있음'을 표현합니다. 죽음은 우리 안 깊은 곳에 꼭꼭 숨겨진 비밀이기에, 숨은 깊이에 대한 염려는 궁극에는 죽음의 비가시적이고 부재하는 현존을 나타냅니다. 현재의 불안을 '미래'라고 부릅니다. 오늘의 불안을 '내일', 내일의 불안을 '모레'라고 부르고요. 그러나 불안들의 불안, 번뇌라고도 부를 수 있을 이 거듭 제곱의 불안, 확산된 불안, 요컨대 궁극의 불안은 '죽음'이라고 부릅니다. 그리고 이 극단의 불안이 가장 먼 것이듯, 그것은 또한 가장 아래에 숨겨진 것이기도 합니다. 깊디깊은 곳에 있으니까요. 따라서 그것이 모든 불안의 불안인 것은 아래로의 차원과 앞으로의 차원에서 한꺼번에 그러한 것입니다. 게다가 이 두 차원은 밀접하게 서로 의존하고 있습니다. 죽음이 가장 깊이 묻혀 있는 비밀인 것은 바로 죽음이 시간적으로 가장 멀리 떨어진 미래이기 때문이니까요. 이 비밀과 이 미래, 이는 현재의 현존과 현존의 현재에 암묵적이고 묵시적으로 설정된 비공식 저당입니다.

어쨌든 죽음이 온통 긍정적인 삶 속에서는 보이지 않고 철저히 부재하며 실존하지도 않는다는 사실을 근거로, 그 문제가 사이비 문제라고 선언할 수는 없습니다. 이와는 반대로, 만져지지 않는 시간처럼, 죽음의 비존재는 엄연한 철학적 대상입니다. 그러나 그것은 모든 철학적 대상들처럼 아니 그 이상으로 의심스럽고 잡히지 않으며 쉽게 사라집니다. 살아있는 지속의 어떤 결정적이거나 특권적인 순간들에서 그것을 찾아보려는 유혹도 큽니다. 이를테면, 우리는 노화 덕분에 그것을 언뜻 엿볼 수도 있을 텐데, 그때 우리는 삶의 긍정성이 아주 얇고 투명하게 되었기에 빈사상태의 모습 속에서 죽음의 무늬를 읽어낼 수 있다고 믿습니다. 마치 병으로 여윈 얼굴 뒤에서 살 속에 감춰진 죽음의 해골을 짐작하듯이 말입니다. 이런 기대는 이해됩니다. 마지막 순간이 다가왔을 때 죽음을 특히 더 잘 식별할 수 있을 것 같은 거죠. 죽음의 메시지를 현장에서 바로 수신할 수 있다고 생각하는 겁니다. 이런 기대가 함정이라는 것을 때가 되면 얘기하겠습니다.

레프 셰스토프Lev Shestov의 표현을 빌려, "죽음의 계시"가 있다면 그것은 마지막 한숨보다는 삶 자체에서 비롯됩니다. 상식의 독단은 순진한 호기심에서 사형수의 최후 진술과도 비슷한 "임종 순간"의 계시와 광명을 기대합니다. 만일 죽어가는 자가 드디어 수수께끼의 말을 흘린다면? 그러나 사실, 마지막은 비밀의 폭로가 아닙니다. 지속 이야말로 신비의 계시인 것이죠. 그리고 이 신비는 나이가 몇이든, 계시의 순간이 될 마지막 순간에서 얼마나 멀리 있든, 그 사이의 모든 순간에 우리에게 자기를 계시합니다. 삶은, 마치 도둑처럼 커튼 뒤에 숨어 있어 그것을 젖히기만 하면 되는 그런 것이 아니니….

그래서 죽음에 대한 성찰은 주의집중과는 전혀 공통된 것이 없습니다. 주의, 특히 감각적 주의는 공간 속에 자리를 지정합니다. 다시 말해, 주의는 대상이 있는 곳이나 소리가 나는 곳을 가로세로 좌표로 가능한 한 정확하게 탐지하고 국한하여 확정합니다. 그리고 세부사항을 알아내기 위해 숨어서 엿보고 살피고 탐색하거나 청진합니다. 추적해야 할 어떤 의심스러운 유의미한 지표들이나 특별한 어떤 대상들을 감시합니다. 노력을 흩트리거나 조준을 흔들리게 하는 방심에 빠지지 않으려 주의는 더욱 단단해집니다. 주의를 집중한 자의 과녁이 단 하나의 점으로 첨예하게 좁혀질 때, 조사는 목표에 다다릅니다.

예를 들어 모종의 상황을 간파하고서 거기에 매여 있는 형사의 경우가 그렇고, 증례의 해석에 단서가 될 상징적 말실수나 어떤 실착 행위에 주의를 기울이는 정신분석가의 경우가 그렇습니다. 수상한 호흡, 비정상적 수포음같이 진단의 근거가 되는 증후들을 가려내려고 애쓰는 의사의 경우는 더더욱 그렇죠. 고통이 언제나 환자가 가리킨 자리에 위치해 있는 것은 아니지만, 주의집중한 사람은 고통의 진짜 부위를 손가락으로 가리킵니다. 주의집중은 환자에게 말합니다. 거기야. 거기가 아픈 자리야. 고통이 이 지점에 들어 있어. 물론 고통 자체는 딱 아픈 지점에 그리고 고통 신경 말단에 자리하고 있는 것이 아니라, 주위에 다 퍼져 있으며 다소 넓은 표면에 걸쳐 있습니다. 고통의 발단은 점의 형태지만, 그것을 겪는 사람에게 고통은 퍼져가고 번져가게 되지요. 그래서 의사는 필요할 때는 너무 정확한 진단학적 징후를 포기하고 유기체 전체를, 나아가 심신 복합의 총체를 고려하기도 합니다. 그럼에도 고통은 어딘가에 자리하고 있습니다. 그리고 아주 막연해질 수는 있어도, 질병에 해부학적 기저가 없는 경우는 드물죠.

그러나 죽음은 우리 존재 전체와 관련됩니다. 모든 병이 죽음에 이를 수 있다고 하더라도, 사멸성은 그 자체로는 병이 아닙니다. 그리고 그것은 신경증처럼 정신적 특징과 징후로 나타나는 다소 우발적인 특수한 이상도 아닙니다. 정상적이면서 동시에 병리적인 사멸성은 모든 병들의 병, 병자들의 병이자 건강한 이들의 병, "어딘가 이상한" 사람들의 병이자 아무렇지도 않고 아무 데도 아프지 않은 사람들의 병, 서른에 죽을 이들의 병이자 여든에 노환으로 죽을 이들의 병입니다. 에피쿠로스와 마르쿠스 아우렐리우스가, 루크레티우스와 에픽테토스가 되풀이해 말하듯, 그것은 절대적으로 자연스러우면서도 언제나 병리적입니다. 인간의 인간성과는 본질을 함께하면서도 피조물의 본질에는 언제나 이질적입니다. 사멸성이라 부르는 지정할 수 없는 병은 그런 겁니다.

인간의 온 생애에 걸쳐 퍼져 있는 이 저주, 즉 이 피조물로서의 유한성은, 엄밀히 말해 우리에게 주의집중을 요구하기보다는, 오히려 어떤 직관에 내맡길 것을 요구합니다. 만약 죽음에 대한 "성찰"이라는 것이 존재한다면 그것은 분산된 반성일 수밖에 없습니다. 그리고 그것은, 주의가 방심을 두려워하는 것과는 달리 방심을 두려워하지 않으며, 퍼져서 흩어져 버리는 것을 두려워하지 않습니다. 정신의 긴장과 집중은, 시각의 강렬함은 이차적인 것이 됩니다. 증후의 면밀한 탐지, 취조하는 시선, 공간을 샅샅이 훑는 탐조등은 치워라! 완전히 건강한 환자에게는 청진기를 갖다 대지 않습니다. 반대로 영혼의 귀는 영적인 청각으로 생의 긍정성의 덩어리 속에 퍼져 있는 암시들을 들을 수 있습니다.

사실, 톨스토이가 죽음에 바친 글들 속에는 하나의 낱말이 거듭 등장합니다. 그것은 바로 객관성의 낱말, '브니마니예Vnimaniye', '주의'입니다. 임종의 침상에 누워 있는 『세 죽음』의 두 번째 사망자는 주의 그 자체, 준엄하고 장엄한 주의입니다. 톨스토이는 『안나 카레니나』에서 니콜라이 레빈의 마지막 순간을 묘사하며, 주의 깊게 집중한 눈빛을 지적했습니다. 어쩌면 이 분석적이고 객관적이고 주의 깊은 명석함은 실제로 죽어가는 이의 특권, 임종 시에야 비로소 징후가 되는 그것에 주의를 기울이는 죽어가는 이의 특권일지도….

그러나 우리 차안의 인간에게는, 징후들이 생성의 총체 속에 여전히 신비롭게 희석된 채로 있습니다. 분명 삶에 대한 주의라는 것은 있습니다. 그야말로 삶의 긍정성은 주의하는 경계와 탐색하는 시선을 요구하기 때문입니다. 생의 긴장이 강력한 명석함을 요구하는 것이죠. 하지만 죽음에는 "주의"가 없습니다. 오히려 있는 것은 온 정신의 이완이며, 그것만이 사멸성이라 부르는 막연한 병, 불확정적인 결함의 모호한 성격에 부합합니다. 그 결과 죽음의 성찰은 특정 분야의 탐구자에게 허락되고 특정 부류의 현상에 한정된 전문 기술이 아닙니다. 요컨대 실존 전체를 고찰하는 어떤 하나의 일반적 방식인 죽음의 성찰은 사랑과 같이 말 그대로 모두의 것입니다. 누구나 자격이 있고 아무도 독점할 수 없습니다.

따라서 죽음에 대한 걱정이라 말하는 것은 조금은 은유적인 것입니다. 죽음은 엄밀히 말해 우리의 장래 계획이나 이력에 부담을 지우는 특정한 걱정이 아닙니다. 먼저, 걱정이란 발병이나 사고 장애처럼 언제나 다소 우발적으로 더해진다는 성격을 지니고 있습니다. 다음으로, 걱정은 몇몇 사람에게 그들의 건강, 일, 가난, 결혼생활의 실패 등등 때문에 일어나는 "곤란"입니다. 끝으로 특수한 근심인 걱정은 그것 자체가 바로 그 걱정의 원인일 정도로 그 원인과 아주 일치합니다.

하지만 죽음은 보편적인 불행이고 확산된 병입니다. 먼저, 죽음은 모종의 감지할 수 없는 장애를, 혹은 실존에 부담 지워진 측량할 수 없는 결함을 나타냅니다. 이 원천징수, 이 완전 징수되는 선천적 저당은 우리가 유한성이라 부르는 바로 그 타고난 악입니다. 다음으로, 죽음은 몇몇 사람의 예외적 불운도, 몇몇 불우한 이들의 불행도 아닙니다. 그것은 모두에게 공통된 저주입니다. 인간은 아프거나 서툴러서 혹은 무방비해서 죽음을 당하는 것이 아니라, "인간이라서", 말하자면 그 자체로 αὐτὸς καθ᾽ αὑτόν 죽음을 당하는 것입니다. 바꿔 말해 인간이 죽는 존재인 것은 이렇거나 저래서가 아니고, 이런저런 점에서 어떠어떠한 측면에서가 아닙니다. 절대적으로 본질적으로, 단적으로 그냥 ἁπλῶς 죽는 존재인 것입니다.

병은 존재방식에 영향을 줍니다. 그러나 죽음은 방식이라는 것의 존재를 없애버립니다. 「사도행전」에서 말하듯, 자비가 사람의 얼굴을 보지 προσωποληψία 않는다는° 것도, 즉 사람을 차별하지 않고 사회적 지위나 신분을 고려하지 않는다는 것도 그런 것이죠. 죽음은 인간 일반의 보편적 조건에 내재해 있습니다. 그래서 "루브르궁을 경비하는 근위대"도 왕을 죽음에서 지키지 못하는 것입니다! 피조물로서의 존재에 한계가 있는 것이지, "행위"가 잘못된 탓이 아닙니다. 어떤 신학자들은 저주와 불운 사이의 구별을, 숙명과 실패 사이의 구별을 서슴없이 지워버리려 합니다. 그들은 죽을 운명을 죄의 귀결이라 생각합

° 「사도행전」 10장 34절.

니다. 그러나 이 또한 죽음을 경험계의 부분적 현상의 차원으로 환원해 사소한 것으로 만들어버리는 일입니다. 형이상학적 비참이 개인적 불행과 대립되듯, 끝남의 부조리는 연속의 환멸과 대립됩니다.

그리고 우리가 결코 어떤 것 "이라서" 사멸하는 것이 아닐 뿐더러, 엄밀히 말해 사멸성은 걱정의 "이유"조차 아닙니다. 그것은 '이라서quatenus'를 인정하지 않듯이, '왜Cur'라는 물음에도 대답하지 않습니다. 왜 저렇게 걱정이 가득한 얼굴이야? "간에 병이 있기 때문에 그래"라는 대답은 엄연한 하나의 대답이며, 걱정할 만한 사정인 특정 원인을 지정하고 있습니다. '때문'이 실제로 '왜'를 중화시키고 의문을 채우는 것이죠. 그러나 "무릇 그가 언젠가 죽을 것이기 때문이야"라는 대답은 하나의 대답이 아닙니다. 그것은 질문 자체로 답하는 대답이고, '때문에'가 다시 '왜'로 돌아가기 때문입니다. 죽을 수밖에 없다는 것은 삶의 본질 자체가 아닙니까?

죽어야 한다는 것은 따라서 엄밀히 말해 불안의 '동기'가 아닙니다. 죽음은 오히려 경험적이고 자연적인 모든 불안의 원천입니다. 죽음은 모든 불안에서 불안케 하는 것이며 걱정마다 비극의 차원을 부여하는 것입니다. 예를 들어 고혈압, 심장 잠음, 요소 과잉이 걱정의 대상인 것은, 그것들이 죽음의 가능성을 내포하고 있기 때문입니다. 하지만 죽음이 곧바로 근심인 것은 아닙니다. 아니 이렇게 말하는 것이 더 낫겠네요. 경험적인 걱정들이 무대 전면에서 바삐 움직이며 관객에게 재미를 주지만, 그것들은 차라리 더 깊고 먼 불안의 알리바이입니다. 역설적으로 걱정이야말로 섭리와 같은 진짜 무신경을 나타냅니다. 우리가 태평함이라는 비웃을 걸칠 수 있는 것은 분주한 걱정 덕분입니다. 신경통과 세금은 불안해하는 사람에게는 진짜 요행인 것이죠. 그것들은 완곡어법처럼 대화의 방향을 돌려주고, 우리의 비참함을 생각할 겨를이 없도록 수다를 계속하게 해주며, 확산된 불안을 적절한 지점에 국한시킵니다. 종양에 국한된 패혈증은 고치기가 쉽듯이, 일반적인 불안은 구체적인 걱정으로 응결되고 침전될 때 순해집니다. 반대로 죽음의 초경험적 불안은 말 그대로 걱정이 없음, 즉 무사태평입니다. 동기가 있는 걱정은 '동기가 없는' 불안을 잠시 잊게 만듭니다. 역으로, 이름 없는 그리고 '이름 붙일 수조차 없는' 불안은 이름 붙일 수 있는 걱정의 보이지 않는 암묵적 기원입니다. 자신의 병에 세례명을 줄 수 있다면 그것만으로 이미 안심이 되지 않을까요? 명명은 불특정한 위험의 가공할 저주를 깨뜨립니다. 명명할 수 없기에, 이름 없는 불안은 '털어놓을 수 없는' 것이기도 합니다. 그것에 동기가 없기 때문이고, 이성을 지닌 존재는 생각할 동기가 없는 것을 차마 입 밖에 낼 수 없기 때문입니다!

  털어놓을 수 없는 불안과 털어놓을 수 있는 걱정 사이의 관계는 양심의 가책과 콕 집어 가리킬 수 있는 거리낌의 관계와도 같습니다. 양심의 가책이 벌어진 일과 관련된다는 것은 사실입니다. 그것은 현재를 짓누르는 부끄러운 과거의 무게인 것이죠. 반면 죽음의 불안은 미래와 관련되어 있습니다. 그리고 그것은 해야 할 일이 아니라 다가올 사건과 장래를 향해 있습니다. 행위나 의무를 향해 있는 것이 아니죠. 여기서 문제가 되고 있는 것은 우리의 소유나 우리의 이런저런 행위가 아니라 우리의 존재, 우리의 존재 전체이기 때문에, 죽음의 불안은 수치라기보다는 죽는다는 어떤 부끄럼입니다. 우리는 "했었다"는 것은 수치스러워하지만, 죽을 수밖에 없는 처지라는 것이 수치가 되지는 않습니다.

  염려는 좋은 날씨의 청명함에 그늘을 드리울 먹구름을 걱정하지만, 불안은 좋은 날씨란 모두 상대적인 것일 뿐임을 깨닫고 청명한 하늘이다 덧없음을 한탄합니다. 따라서 우리의 둔하고 막연한 불안의 공허한 내용, 내용 없는 내용의 부정성은 궁극적으로 장래의 길을 가로막고 먼 지평선을 숨깁니다. 그것은 사람들이 너무 방대한 계획을 진지하게 세우거나 너무 먼 만기일을 예정하거나 딴생각 없이 일에 깊이 빠져드는 것을 방해합니다. 다시 말해 끝까지 가보려 하고 극한에(최종 사건인 죽음은 그 자체가 극한이므로) 닿으려는 용기를 꺾는 것입니다.

다른 말로 하자면, 죽을 운명이란 옥의 티와 같은 것이고, 그때 우리는 이를 '차선'이라고 부릅니다. 어떤 기쁨도 완전히 순수하고 투명하지 않고, 그 어떤 행복에도 불행이 조만간 섞여들 것이며, 모든 낙관주의에서는 씁쓸한 뒷맛이 느껴진다고 우리는 얘기합니다. 이 암묵적 한계, 이 숨어 있는 미흡함은 구체적이거나 우발적인 불운이 아니어서 우리가 딱히 원망할 수 있는 것이 아닙니다. 그것은 차라리 사실성에서, 즉 무릇 생명의 실제성에서, 생명이 생명이라'는 사실'에서 비롯된 것이지, 이러저러한 상황에 따른 존재방식에서 비롯된 것이 아닙니다. 따라서 죽음의 불안이 우리 위에 드리운 우울의 가벼운 베일은, 불안에 가득 찬 의식에 벌떼처럼 몰려드는 걱정과는 아무런 공통점이 없습니다.

우리는 죽음 이편의 죽음을 탐구하면서 아무것도 발견하지 못할까 봐 걱정하고 있었습니다. 실제로 일견 모든 것이 나에게 존재에 대해서만 말하고, 어떤 것도 비존재에 대해서는 말하지 않는 것처럼 보입니다. 모든 것이 삶에 대해서 말하고, 죽을 운명이라는 관념조차도 그러합니다. 그 무엇도 나에게 죽음에 대해서 말하지 않습니다. 죽음의 철학조차도 그렇습니다. 삶은 죽음의 영광을 τὴν τοῦ θανάτου δόξαν 공표하지 않습니다. 삶은 죽음의 영광에 대해 말하지 않습니다. 죽음에는 영광스러운 것이 조금도 없으며, 광채도 화려함도 없습니다. 삶은 삶의 영광τὴν δόξαν τοῦ βίου만을 말합니다. 삶은 삶의 경이와 삶의 승리만을 공표합니다. 삶은 우리에게 삶과 살아있는 것만을 말할 뿐입니다. 이는 피할 수 없는 긍정성이며, 우리는 어떤 면에서 이 긍정성의 찢기지 않는 충만함을 면할 수 없게 되어 있습니다. 그것을 엷어지게 하고 싶다고 해도 그렇게 할 수가 없습니다. 행인들이 분주히 오가는 이 길, 햇빛에 잎사귀를 반짝이고 있는 이 밤나무들, 정원에서 들려오는 아이들 노는 소리, 이 모든 것이 긍정의 연속이자 순순한 현존일 따름입니다. 뒤틀린 정신의 소유자에게가 아니면, 무는 어디에도 보이지 않죠. 그 반대로 생각하려면 아마도 비틀린 형이상학이 필요할 겁니다.

삶은 이런 의미에서는 끝에서 끝까지 온통 이편에 있는 것입니다. 그래요. 최후의 가장자리까지, 11시 59분까지, 마지막 일 분의 마지막 일 초까지, 마지막의 마지막 순간까지 삶은 이 세상의 것입니다. 우리가 자리하고 있는 이편으로는 그 어떤 실질적 신호도 저편에서 오지 않고, 또 다른 세계나 저세상을 예고하지도 않습니다. 망상에 사로잡힌 해석이나 신앙의 눈 혹은 심령술만이 다르게 판단할 뿐이죠. 미지의 세계에서 떨어진 운석과 같은 유물을 이 세상에서 찾으려 해봐야 소용없습니다. 저세상의 메시지를 이 세상에서, 내세의 메시지를 현생에서 포착하려 애써봐야 소용이 없습니다.

하지만 그런 식이라면 부재하는 것이나 가능한 것도, 그냥 아무것도 없는 거라고 생각해야 할 겁니다. 그러나 사실, 같은 문서를 바로도 거꾸로도 읽을 수 있죠. 양피지처럼 눈에 보이는 문장 아래 숨겨진 비밀 문장을 나타나게 할 필요도 없고, 은현잉크로 쓰인 뭔가 비밀스런 메시지를 현상할 필요도 없습니다. 살짝만 뒤집어도 삶의 방향을 완전히 뒤바꿀 수 있어요. 하나의 텍스트를 '참 안 좋군' 철학자와 '참 좋군' 철학자가 서로 반대로 읽은 것이 비관주의와 낙관주의이듯, 마찬가지로 삶이라는 책에 다가가 해석하는 방식에 따라 모든 것이 좋게 돌아가거나 나쁘게 돌아갑니다. 아무것도 나에게 죽음에 대해 말하지 않으면서, 모든 것이 나에게 죽음에 대해 말합니다. 아무것도 죽음과 관련이 없으면서, 모든 것이 죽음과 관련이 있습니다. 결국 같은 것이죠!

신의 경우가 바로 그렇습니다. 지상에서 아무것도 신에 대해서 말하지 않고 신의 이름을 말하지 않는다고 해도, 다른 의미에서 모든 피조물은 창조자를 증거하고 그 영광을 노래하며 그를 찬양하고 그 장엄을 표명하고 그의 보이지 않는 임재를 드러내는데…. 아니, 신은 부재하면 할수록 더욱더 현존할 것입니다. 뒤집기는 극단에서 극단으로 즉 전면적으로 이루어집니다. 그러니까 편재는 편부재遍不在의 또 다른 이름인 겁니다! 편재란 영적인 형태로 현존하는 것입니다. 가령 신이 어딘가에 살고, 어떤 은신처에, 예를 들어 에티오피아의 한 동굴 속에 자리를 잡고 있다 해봅시다. 한마디로 신이 있는 곳을 공간상에서 경도와 위도로 가리킬 수 있다고 가정해 보는 겁니다. 만약 그렇다면, 지구에 사는 사람들은 신을 보러 갈 수 있을 테고 그들은 그 신이 사기꾼이거나 조야한 물신이라는 것을 곧 깨닫게 될 것입니다. 물신은 여느 대상처럼 있는 곳에 있고, 다른 곳에는 없는 것이니까요. 피사의 탑이 피사에, 파르네제의 수소 군상이 나폴리에 있듯이 말이죠. 어딘가에 혹은 어떤 지점에 있는 것은 다른 모든 곳에는 없는 것입니다. 역으로 어디에도 없는 것은 도처에 퍼져 있는 것이죠. 어디에나 있고-아무 데도 없는, 그러한 것이 영혼이 육체에, 생명력이 유기체에 깃드는 당혹스럽고 모순적이고 초공간적인 방식입니다. 사멸성이 생명성에 대해 부재하며 현존하는 것도 그렇고요.

찾지 못할 죽음은 마치 내용물이 용기 속에, 보석이 보석함 속에, 독약이 약병 속에 담겨 있듯 그렇게 삶 속에 담겨 있는 것이 아닙니다. 그렇습니다! 죽음은 삶을 둘러싸고 있는 동시에 삶에 스며들어 있습니다. 한쪽 끝에서 다른 쪽 끝까지 죽음이 삶을 감싸고 스며들고 배어듭니다. 따라서 존재가 존재만을 말하고 삶이 삶만을 말한다는 것은 글자만 피상적으로 읽는 이에게만 그렇습니다. 삶은 우리에게 죽음을 말하고 심지어 죽음만을 말합니다.

더 멀리 가보죠. 어떤 주제를 다루든 어떤 의미로는 우리는 죽음을 다루게 됩니다. 무엇에 대해서 말하든, 예를 들어서 희망에 대해서 말하더라도 이는 도리 없이 죽음에 대해서 말하는 것입니다. 고통에 대해서 말하는 것, 그것은 죽음에 대해 그 이름을 들먹이지 않고 말하는 것입니다. 시간에 관해서 철학한다는 것, 그것은 시간성이라는 각도에서 그리고 죽음을 그 이름으로 부르지 않고서 죽음에 대해서 철학하는 것입니다. 존재와 비존재의 혼합인 가상적 외양에 관해서 성찰하는 것, 그것은 암암리에 죽음에 대해 성찰하는 것입니다. 환상에는 뭔가 비존재와 같은 것이 들어 있지 않은가요? 고통의 문제이건, 질병의 문제이건, 시간의 문제이건 우리가 결국 사물들을 완곡하게 에두르지 않고 제 이름으로 부르기로 결심할 때, 죽음은 모든 문제의 잔류원소가 됩니다. 모든 것이 나에게 죽음에 대해 말하는데…. 그러나 간접적으로 돌려서, 상형문자와 함의로 말합니다. 삶은 죽음의 현현이지만, 이 현현은 전혀 직설적이지 않고 우의적입니다. 암시들을 이해할 줄 알아야 하는 것이죠. 이 암묵적 신호들에 대한 이해가 삶의 풍경을 완전히 뒤바꾸어 놓습니다.

우리가 종종 지혜의 특징으로 간주하며 체념이라 부르는 것은, 세속적 생활의 이해관계에서 초연하게 멀리 떨어져 있고, 이 세상에서 대단하다는 것들을 경멸하여 다 똑같다 여기며, 중요한 단 한 가지 외의 모든 것에 대해 무심한 태도라 하겠습니다. 전혀 이름 없는 이것은 조무래기들의 쩨쩨한 이해타산을 아래에 두고 심지어 진부하고 무가치한 것으로 여겨 지워버리고자 합니다.

처음에 우리는 삶의 긍정성 속에서 그 '전도inversion'라고 할 부정적 현실을 발견할 수 있지 않을까 생각했습니다. 그다음에 우리는 현상론을 따라, 이 전도가 일종의 마니교적인 '도착倒錯, perversion'의 결과일 수도 있으리라는 짐작을 했습니다. 그러나 이제, 이 세상에서 죽음의 현실은 오히려 자신의 숨겨진 내면성을 향한 삶의 정신적 '전향conversion' 속에서 우리에게 모습을 드러내는 것처럼 보입니다. 역설적이게도, 우리에게 평정함을 주는 것은 이 전향입니다. 동요와 혼란은, 삶의 충만함이라는 미신에 빠져 "투영投影"을 인정하지 않으려다가 우리 안에 숨은 적을 갑자기 발견하게 되는 바람에 생겨났던 것이니까요. 살아있는 자가 자기 자신의 죽음으로 전향했다고 해서 속인과 다르게 시간을 보내는 것은 아닙니다. 일도 일과도 여전합니다. 변모한 것은 억양이며, 생성의 조명입니다.

3. 완곡어법과 부정적 전도

사람은 죽음을 생각하는… 아니, 생각하는 척하는 일을 스스로 그만둘 수가 없습니다. 그리고 어쩌면 이 비존재적 차원에 대한 무언無言의 직관을 갖는 때가 있을지도 모른다고 우리가 덧붙여 얘기했죠. 이에 반해, 우리는 죽음에 대해 말하는 일은 그만둘 수 있습니다. 언어라는 장애물은 죽음의 순간이 문제인지 죽음 이편이 문제인지에 따라 다른 형식을 띱니다. 순간이어서 말할 수 없는 것에 대해 이야기하기 전에, 먼저 죽음 이편에서 죽음을 명명할 수 없고 말할 수 없다는 것에 대해 설명해 보도록 하죠.

말할 수 없음은 삶의 시간을 끝내는 사건이 모호하고 불명료하고 막연하며 불확정 그 자체라는 데에서 분명 비롯됩니다. 말한다는 것은, 일의적인 어휘를 사용하여 이것이든 저것이든 뭔가를 얘기하는 것입니다. 다의성 자체는 유음어나 동음이의에 의한 현상이며, 애매성이 없는 이상적 언어를 상정해 두고 그것에 상대적으로 정의됩니다. 한정하고 명확히 하는 것이 말의 사명이라면, 죽음의 유한성의 헤아릴 수 없는 성격은 말에 대한 하나의 도전과도 같습니다. 따라서 죽음의 뭔지 모를 어렴풋한 의미를 "말로 표현"하는 것은 도박, 아니 줄타기이며 아슬아슬한 진짜 곡예입니다. 이 의미에는 의미작용이 결여되어 있는 건 아닐까요?

"아아!"라는 감탄사에서 우리는 수심에 젖은 맥 빠진 권태를 감지합니다. 사람들은 죽음이 화제가 될 때마다, 노화나 돌이킬 수 없는 시간 등등 죽음에 관련된 불행이 화제가 될 때마다 직간접으로 이 두 음절을 발음합니다. 아마도 '아아!'는 일단 불행의 '치유할 수 없는' 특성을 표현하는 것이겠지만, 그러나 이 절망적인 병은 더구나 '불확정적'이고 '이름 붙일 수 없는' 병입니다. "아아!"는 일종의 묵설법이고 말하자면 말 없는 탄식입니다. 우리의 비참에 대한 부정확한 암시인 이 낱말, 그 뒤로는 더 이상 할 말이 없는 이 낱말, 그토록 길게 말하는 이토록 짧은 이 낱말은 모두가 즉각 이해한다고 생각됩니다.

말할 수 없음이라는 장애물을 피하는 데에는 적어도 세 가지 방식이 있습니다. 첫째는 '완곡어법', 둘째는 '부정적 전도' 그리고 셋째는 우리가 택할 방식인 '형언할 수 없는 것으로의 전향'입니다.

우선, 이 금기에 대한 말을 입에 올리는 일을 피하는 길이 있는데…. 생각할 수 없는 것을 감히 생각하고 난 뒤에, 혹시라도 죽음에 대해 논하는 바람에, 말할 수 없는 것을 감히 말하고 이름 붙일 수 없는 것에 감히 이름을 붙인 무모하고 불경한 자에게 불행이 온다면? 죽음에 대해서 말하는 자가 바로 그 죽음의 벌을 받아야 한다면? 만약 죽음에 대해 말함으로써 죽는다면? 한마디로 대상이 주체를 향해 돌아와 주체를 파괴한다면? 생각하고 말하는 주체는 어쨌든 결국 그 자신이 죽을 존재이니까요! 우리는 말했었죠. 죽음은 그것에 대한 담화를 돌연 침묵으로 변화시키고, 죽음이 가져오는 부정은 실제로 사람을 죽이는 것이기에, "죽는다"라는 동사의 주어가 되는 바로 그 사람에게는 죽음이 여느 대상과 같은 하나의 대상이 아니라고.

그래서 이 불길한 단어를 피하고 노골적인 두 음절을 수줍은 귀에 들리지 않도록 감추는 방법이 바로 완곡어법euphémie입니다. 때로 우리는 '아무르[사랑]'를 '탕부르[북]'로 바꾸는 사람들처럼 낱말을 바꾸고, 분노에 찬 여신들 에리니에스 대신에 자비로운 죽음의 여신들인 에우메니데스에게 호소합니다. 『파이돈』의 끝에서[13] 소크라테스의 소망은 좋은 말로ἐν εὐφημίᾳ 죽는 것이 아니었던가요? 그래서 눈물에 젖은 제자들에게는 좋은 죽음euthanasie의 조건으로 완곡어법이 권유됩니다.° 라 로슈푸코La Rochefoucauld의 말에 따르면, 죽음은 태양

o '좋은 말로'로 옮긴 희랍어 'ἐν εὐφημίᾳ'의 'εὐφημίᾳ'는, '완곡어법euphémie'으로 옮긴 프랑스어 'euphémie'의 어원이며, 어원상의 의미로는 '길한 말을 함'을 뜻한다. 『파이돈』의 맥락만 놓고 보면 '숙연히' 정도로 옮기는 것이 적절하겠으나 장켈레비치는 euphémie(완곡어법)와의 연결을 고려하고 있기에 어원적 의미를 살렸다.

과 같아서 정면으로 바라볼 수 없습니다. 하지만 혹시 옆에서 보거나 시선을 비스듬히 옮기며 보면 뭔가를 알아볼 수 있지 않을까요? "옆으로"[14] 혹은 비스듬히 보는 기술은 말할 수 없는 것 앞에서 인간의 첫 번째 도피책인 것입니다.

두 번째 도피책은 다음과 같습니다. 플로티노스가 신에 대해 이야기하면서 말했듯, 언어는 주위περί에 자리 잡습니다. 그 불길한 두 음절이 두려워, 인간은 옆으로 미끄러지기보다 차라리 주위를 빙빙 돕니다. 우언법périphrases 즉, 에둘러 말하기는 돌려서 우회적으로 묘사하면서, 치명적인 의미를 정면으로 받고 싶지 않은 소심한 의식에게 충격을 완화시켜 줍니다. 비스듬히 보기와 주위 돌기는 비꼬기와 젠체하기를 좋아하는 사람의 상투적 전략입니다. 더 일반적으로는, 죽음 자체에 대해서 말하거나 죽음의 독자성을 언급하지 않으려는 사람은 적어도 죽음의 형용사, 수식어, 양태사를 늘어놓을 것입니다. '죽음 자체mors ipsa'의 말할 수 없음에 다다를 수가 없기에 그는 "형용사적" 혹은 주변상황적 철학으로 만족할 것입니다. "주변상황"이란 대상 자체에는 결코 내려앉지도 파고들지도 않으면서 그 주위를 조심스레 원을 그리며 에둘러 말하기 위해 만들어진 것이 아닐까요?

죽음의 사실성은 이 점에서 창조, 자유, 질質의 사실성과도 닮았습니다. 우리는 창조의 닿지 못할 신비에는 이르지 못합니다. 그러나 반대로 창조자에 관한 일화와 뒷이야기들에 대해서는 말할 수 있고 창조물을 묘사하며 만족해할 수는 있습니다. 그리고 마찬가지로 음악의 본질로 파고들어 가지 않고서도 음악가에 관한 다양한 사실들을 이야기할 수 있죠. 죽음에 대한 일화逸話 철학이라고 할 만한 것도 있는데, 그것은 문제를 교화적 이야기와 경건한 장광설 속에서 희석하는 철학입니다. 그런 철학은 이를테면 고인이 된 저명인사들과 순교자들의 삶을 이야기합니다. 거기에서는 임종 시의 말과 가르침들을[15] 열거하는 것으로 형이상학을 대신합니다. 전기, 학설지^{學說誌}, 심리학, 심지어 사회학마저 이렇게 보면 주변 철학의 변종 같은 것입니다. 이 주변적 죽음학의 우언법은 주변 철학의 정예라고 할 만합니다. 이런저런 이야기를 주섬주섬 늘어놓는 것이니, 이 철학을 '그런데 말이야 철학'이라고 부르도록 합시다.

완곡어법의 비스듬한 길, 우언법의 원, 대화의 지그재그는 죽음이라는 직접보어를 지목하여 가리키는 직선운동을 피하기 위한 술책과도 같습니다. 상상해 봅시다. 검은 옷을 입은 낯선 사람이 죽음의 소식을 들고 갑자기 살롱의 웅성거림 속으로 들어옵니다. 그는 선회하고 있는 남녀들 사이를 빠른 걸음으로 헤집고 왈츠의 둥근 대형을 일직선으로 가로질러 집주인에게 운명의 낱말을 고하러 갑니다. 이제 그 낱말은 무도회의 선회로도 꽃다운 청춘들의 재잘거림으로도 숨길 수 없습니다. 이런 재잘거림이 우언법과 "알레고리"라는 술책입니다. 이것들 덕분에 명명할 수 없는 것에 겁먹은 인간이 문제의 가장자리에 머물게 되는 것입니다.

그러나 죽음 자체의 언급을 피하는 다른 수단, 훨씬 더 철저한 수단이 있습니다. 그것은 바로 침묵입니다. 조심스런 사람은 다른 것에 대해 이런저런 이야기를 하기보다는 아예 말하지 않는 쪽을 선호할 것입니다. 완곡어법도 어떻게 보면 상서로운 침묵이자, 묵상과도 같은 함묵^{含默}이 아닐까요? 침묵은, 달변가와 수다스럽고 말 많은 πολύλαλος 사람의 가책입니다. 웅변가는 죽음에 대해서는 아예 입을 닫습니다. 죽음은 담화를 억제하고 강연을 연사의 목구멍 속으로 밀어 넣고 "말하는 인간"에게 침묵을 부과하거나 적어도 묵설법을 부과합니다. 다변가는 그 자신도 죽음의 후보자이지만 자신의 죽음과 협정을 맺은 것입니다. 모두가 아는 것에 대해서 말하지 않기, 마치 아무 일도 없는 것처럼 행동하기. 그는 죽음의 수사학을 사전에 봉쇄합니다. 침묵의 웅변은 말할 수 없는 것에 경의를 표하는 것이 아닐까요?

완곡어법이라는 관례적 방법은 해결책이라고는 하지만 말로만 그런 게 아닐까요? 사실 그것은 차라리 하나의 명령, 침묵이나 예의의 명령입니다. 자기기만이 섞인 하나의 허구이자, 말할 수 없는 것 자체에 의해 장려된 하나의 은폐입니다. 이와 반대로 부정철학은 하나의 철학적 전략입니다.

부정철학이 불가피해 보이는 까닭은, 우리가 죽음의 비존재적 부정성을 직접 진술할 수 없을뿐더러 생의 긍정성밖에는 표현할 수 없다는 사실 때문입니다. 절대적 부정성은 부정철학에만 응하는 것처럼 보입니다. 하지만 모순적인 반명제의 철학인 진짜 부정철학을 상반성의 유비 철학과 혼동해서는 안 될 것입니다. 죽음은 오르페우스교적인 대칭과는 달리 삶의 "반"이 아닙니다. 종류가 같은 양극과 음극마냥, 죽음은 삶에 경험적으로 반대되는 것이 아닙니다. 그 둘을 가르는 것은 단순한 정도의 차이가 전혀 아닌 것이죠.

라이프니츠에게서는 점진적인 양적 단계가 유효하기에, 산 자와 죽은 자의 차이는 최고와 최저 혹은 최대와 최소의 차이와 같습니다. 그리고 『파이돈』에서 한 항은 그 반대 항에서 발생γένεσις하는데, 이 반대 항들 사이의 변화는 증가αὔξησις나 감소φθίσις[16] 과정에 비견되고, 더 작은ἔλαττον과 더 큰μεῖζον[17]이라는 비교급도 어떤 점진적 과정의 결과로 생겨납니다. 반대되는 것으로부터 반대되는 것이 생긴다.Ἐκ τῶν ἐναντίων τὰ ἐναντία γίγνεται…[18] 죽는 것과 잠드는 것도 이렇게 플라톤에게는 동일 성질의 점진적 변화가 됩니다. 만일 죽음이라는 비존재가,

아니 그보다는 죽음이라는 최소 존재가 이 세상에서 우리의 존재와 섞여 있다면, 완전한 소멸에 선행하는 온갖 종류의 연속적인 추이가 있을 것이 틀림없습니다. 살아있는 것의 생성은 그 자체가 비존재로 뚫린 존재, 도려내어져 구멍이 나 있는 존재입니다. 조밀한 충만은 비어 있는 가짜 충만으로 해석되는 것이죠. 시간적인 존재는 다공성 암석처럼 빈 곳과 가능성들로 속이 패어 있어, 그것들 때문에 조밀함이 감소됩니다. 존재의 긍정성 속에 난 구멍들이 우리의 생명력의 점진적인 감퇴에 상응하고 있는 것입니다.

하지만 죽음이라 부르는 근본적인 변화를 더 이상 도외시해서는 안 될 것입니다. 죽음의 도래가 급작스럽다는 것만 봐도, 극한에서 정지상태와 합류하는 무한한 '점점 약하게'나 '점점 여리게'나 '점점 느리게'의 점차적 결과가 죽음일 수는 없습니다. 게다가 '점점 여리게'로는 결코 "전혀 다른 것"에 다다를 수 없을 것입니다. 결여의 철학에서 무가 존재의 단순한 결핍이듯, '점점 여리게' 철학에서 죽음은 삶의 단순한 허상이며 창백한 대역입니다.

그리하여 중세 예술가들은 죽음을 산 자의 분신이나 망령으로, 육신적 인간의 판박이로, 거울 속의 상으로 그리기를 좋아했던 것입니다. 샤스텔렝Georges Chastellain이 쓴 죽음의 시의 제목도 『죽음의 거울』[19]이었으니…. 영매들이 말하는, 벌을 받는 영혼이자 가벼운 숨결과 같은 망자란 눈에 보이는 형체를 복제한 환영이 아닐까요?

사실, 본성의 차이를 양적 감소로 대체하는 이 결여 철학은 인간 중심적 혹은 생 중심적 유비 철학이기도 해서, 사후 세계 자체를 일종의 하위의 삶으로, 다시 말해 가볍고 약화되고 희박해진 하나의 삶으로 만듭니다. 지상 생활의 희미한 복사본인 『오디세이아』의 지옥이 그러합니다. 이 지하의 세계에서는 희미하고 흐릿한 아킬레우스가 살과 뼈로 된 이승의 아킬레우스와 쌍을 이루고, 모든 것이 자욱한 연기, 약해진 메아리, 창백한 그림자와 같습니다. 그곳에서는 육신의 세계의 활기는 미세한 떨림으로, 속삭임으로, 피아니시모로 줄어듭니다.

밀도가 아주 낮다는 점 말고는 이승의 세계와 다르지 않은 이 세계는 정말로 하나의 "다른" 세계일까요? 그렇지 않습니다. 이 다른 세계는 절대적으로 다르지 않고 상대적으로 다를 뿐입니다. 따라서 상대적으로 동일한 것이죠. 더구나 최고와 최저를 뒤집는다는 것은 순전히 은유일 뿐입니다. 죽음이 모형이나 원형이고 삶이 그 사본이 되는 일은 결코 있을 수 없습니다. 베르그송은 『티마이오스』를 뒤집었는데, 그라면 아마 영원을 "시간의 부동하는 상χρόνου εἰκὼν ἀκίνητη"이라고° 기꺼이 불렀을 법합니다. 삶이 긍정적인 원형과 전형이고 죽음이 그 모상인 것이 아니라면, 죽음이 삶의 본이고 삶이 죽음의 상이 되는 것도 아닐 겁니다. 둘을 갈라놓는 차이는 근본적인 것이죠.

죽음이 삶의 경험적 반대가 아니라면, 적어도 죽음의 논리적 모순이자 대각선적인 부정인 걸까요? 모순은 적어도 본성의 차이는 설명합니다. 그것은 왜 이 총체적인 (혹은 차라리 전체에서 무로의) 전환이 갑작스러울 수밖에 없는지를 설명합니다. 사실, 살아있지 않은 것이 곧 죽은 것은 아닙니다. 정말로 살아있지 않은 것은 한 번도 살아있었던 적이 없는 그냥 물질입니다. 물질은 살아있었던 적이 없는 것인 반면, 죽은 것은 살아있기를 '그친' 것이죠. 물질이란 살아있지 않은 것이고, 죽음이란 '더 이상' 살아있지 '않은' 것입니다. 이 '더 이상 아님Jamnon'은 죽음에서 삶까지의 아득하고 무한한 형이상학적인 거리를 없애지 않으면서도, 모순적인 둘 사이에 어쨌든 성립하는 신비롭고 역설적

° 플라톤은『티마이오스』37d에서 시간을 '영원의 움직이는 상'이라고 말한다.

인 관계를 나타냅니다. 죽은 자는 죽은 자이기 위해 "죽는다"라는 무시무시한 문턱을 넘어야 했습니다. 태어남과 마찬가지로, 죽음은 불가해한 이행이자 전혀 다른 차원으로 옮겨감인 것이죠. 그리고 이 모순되는 것들 사이의 첨예한 모순은 질적 변이를 설명할 수 없는 것으로 만들기는커녕 오히려 질적 변이의 조건이며 그것을 가능하게 합니다.

이런 유보조건을 둔다면, 실제로 죽음은 희박해진 삶이라기보다는 오히려 뒤집힌 삶이며, 하위의 삶이라기보다는 하나의 비非-삶이라고 할 수 있습니다. 죽음이 삶의 투영이나 반영이 아니고 삶의 환영도 상도 아닌 까닭은, 어쩌면 죽음이 거울의 이면, 뒷면, 후면이어서 그런 걸까요? 죽음이 삶의 역전된 대칭이며 모사인 걸까요?『사형수 최후의 날 Le dernier Jour d'un condamné』에서 빅토르 위고는 뒤집힌 세계를 상상합니다. 하늘이 반짝이는 금빛 바탕이고 그 위로 검은 별들이 점점이 박힌 그런 세계입니다.

그러나 사실은 명부冥府에서도 지옥에서도 죽음을 찾을 수 없습니다. 명부에는 무와 최소 존재밖에 없고, 지옥에는 비극적인 악과 절망밖에 없습니다. 플로티노스에게서 악의 제국은 단지 지하세계일 뿐만이 아니라, 거꾸로 된 우주이며 대척자들의 반구半球입니다. 이 나쁜 세계의 반대 원리와, 그에 따른 뒤집힌 품계와 밤의 위계는, 바로 놓인 하늘과 바로 놓인 우주의 역전입니다. 모순된 하나의 원리가 비존재를 맡고 암흑의 군주가 다스리는 밤의 반구는 빛의 공국과 짝을 이룹니다. 이런 이원론은 차라리 단순화이며 일종의 마니교입니다. 더구나 한밤의 세계라도 역시나 죽음은 아닌 것이죠!

죽음을 삶의 창백한 데칼코마니로 보는 것을 포기한다고 해서 이제 죽음을 삶의 패러디로 다루자는 것도 아닙니다. 사실 희화화는 으

스스한 죽음에 대한 상투적 언어죠. 죽음의 춤이 삶의 춤을 흉내 낸 것이듯, 해골의 불길한 비웃음이 웃음의 냉소적 패러디이듯, 중세에서 그처럼 죽음을 징그러운 여장부로 인격화한 것은 여성의 그로테스크한 전도 혹은 도치입니다. 혐오는 거꾸로 된 매력이 아닐까요? 리스트Franz Liszt의 섬뜩한 스케르초와 차르다시는 뼈들이 부딪치는 소리를 가지고 불경한 패러디의 음산한 놀이를 벌입니다. 《죽음의 춤》의 익살스러운 스타카토와 피치카토는 〈신의 분노〉의 가락을 놀려댑니다. 《파우스트 교향곡》의 메피스토펠레스는 독자적 선율을 갖고 있지 않죠. 그는 파우스트와 마르가리타의 선율을 비웃고 비꼬고 일그러뜨리고, 찌푸린 얼굴로 신뢰와 사랑에 찬물을 끼얹습니다. '해학'의 정신을 대변하는 사탄은 네 가지 《메피스토 왈츠》와 《메피스토 폴카》 그리고 《단테 교향곡》의 〈지옥〉에서처럼 여기서도 독보적으로 기세를 떨칩니다.

거꾸로 된 세계가 패러디가 아니라 비극적 세계로 우리 앞에 솟아나는 일도 있습니다. 무소륵스키의 숭고한 《죽음의 노래와 춤》은 죽음의 '트레파크',° 요람과 무덤을 탄생과 죽음을 비극적으로 연결하는 '자장가', 죽음이 봄과 사랑의 얼굴을 한 '세레나데', 죽음의 승리를 축하하는 '행진곡'을 차례로 우리에게 들려줍니다. 죽음은 각각 차례대로 죽음의 무용수, "유모", 살인을 저지른 연인, 장군으로 나타납니다. 리스트가 《장송 곤돌라》라고 제목을 단 1882년의 음산한 두 뱃노래에서는, 보통은 연인들의 산책에 사용되는 배가, 뱃사공 카론이 망자들의 영혼을 건네주는 삼도천의 비웃는 곤돌라가 됩니다.

이 거꾸로 된 질서는 바로 된 질서를 그대로 하나하나 고스란히 옮겨놓아서 만들어진 것이기에, 무질서가 또 다른 질서가 아니고 하위

° 러시아 및 우크라이나 지방의 3박자 춤곡.

세계가 또 다른 세계가 아니듯, 하나의 '다른' 질서가 아닙니다. 반박은 종종 모방의 한 가지 방식이죠. 더 우회한 것이라고 해도, 이런 형식의 모방은 여전히 맹목적인 것이며, 타자의 타자성을 심하게 무시하기는 마찬가지인 것입니다. 복제하는 자에게도, 정반대로 만드는 자에게도, 모델은 언제나 모델입니다. 삶의 양각 활자를 뒤집어 판을 뜬다고 해서 죽음의 양각 활자를 얻을 수 있는 것은 아니죠. 그렇습니다. 우리는 바로 된 세상의 자국 속에서 거꾸로 된 세상을 찾는 식으로는 다른 세상을 발견할 수 없습니다. 차안의 단순한 기계적인 반전은 우리를 이 차안에 끌려다니게 만들 뿐입니다. 반대로도 그랬듯이, 모순으로도 우리는 '전혀 다른' 것을 엿볼 수 없습니다. 표면의 이면은 표면과 동일한 질서에 속하는 겁니다! 표면은 언제 어디에서나 유일한 준거체계인 것이 아닐까요? 모방하든 반박하든 우리는 결코 차안이 가진 주도권을 피할 수 없습니다.

따라서 만약 죽음의 부정철학이 있다면, 그것은 분명 일단 삶을 놓고, 그다음에 이차적으로 단번에 '비非'라는 단음절로 딱 잘라 없애버리는 작용으로 삶을 무화하는 식은 아닐 것입니다. 죽음은 엄밀히 말해, 존재에서 긍정성을 제거하면 비존재가 되고, 직접 지각된 현존에서 그것이 차지하고 있는 자리를 비우면 매개적으로 파악된 부재가 되는, 그런 독단적인 의미의 "비-삶"이 아닙니다. 실존의 전적으로 긍정적인 '이다'를 '아니다'가 쫓아내고 지우고 반박하고 나서 남은 텅 빈 자리가 죽음일까요? 죽음이 단지 순전히 점유되지 않은 장소일까요?

4. 비존재와 무의미

하지만 죽음이 우리 전 존재의 비존재이며 본질의 무의미라는 것을, 그리고 이 극한의 부정성이 죽음의 부정철학에 특히 난점을 제기한다는 것을 부인할 수는 없을 것입니다. 신의 부정철학은 생각할 수 있습니다. 그것은 지고의 긍정성에 대한 부정철학이기 때문입니다. 그러나 이에 반해 절대적 부정성에 대한 부정철학은 진짜 도박이 아닐까요?

창조주를 그 창조 행위와 그 창조물에서 "엿볼 수" 있든, 아니면 창조주가 존재 너머에 본질 너머에 있든, 어쨌든 그는 창조된 모든 존재에서 "플러스"와 긍정적 충만함을 나타낼 것입니다. 그는 이 긍정성과 방향이 같고 부호가 같기 때문입니다. 존재의 경우, 그는 비존재와 비실존에 맞서 획득된 모든 것의 원리입니다. 본질의 경우, 그는 오히려 비본질 혹은 본질이 아닌 것에 항의하고 부정에 저항하며 이 아님에 아님을 말하는 모든 것의 원리일 것입니다. 첫째 경우에 신성은 존재를 파괴하는 무의 거부일 것이고, 둘째 경우에는 본질을 무화하는 허무의 거부일 것입니다. 신은 무엇보다도 우리에게는 존재의 풍부한 원천과 같습니다. 아니 그보다 이 존재가 뿌리를 내리고 있는 기름진 토양입니다.

만일 신이 "비존재"라면 이는 그가 "초존재"인 한에서, 그가 존재의 위에 그리고 존재 너머에 있는 한에서 그러합니다. 존재의 창조주는 존재보다 무한히 더 높고 더 선해야 합니다. 그는 초존재적이며, 정말로 비존재적인 곳은 전혀 없습니다. 이 주는 자 혹은 부여하는 자는 자기 자신을 주는 것이 아니며, (소유주가 자기 소유물을 증여하듯) 미리 갖고 있다가 주는 것도 아닙니다. 줄 것을 먼저 놓아둔다고 말할 수조차 없습니다. 그는 먼저 줍니다. 그는 소유하기 전에 주고, 주는 행위 자체 속에서 줄 것을 존재하게 합니다. 말 그대로 그는 가지고 있지 않은 것을 주는 것이죠! 존재하게 하는 자 그 자신은 존재를 갖지 않습니다. 그는 존재를 창조하는 자이고, 존재를 부여함으로써 창조하는 자이니까요. 광휘의 빛을 내는 원천 자체는 캄캄합니다. 모든 존재를 밝게 비추는 발광의 원리는 그 자체는 밝지 않은 것이죠.

신은 순수 증여이므로 엄밀히 말해 실존하지 않습니다. 혹은 라이프니츠의 거친 어법을 따르자면, 오직 실존하지 않는 것만이 "실존케 하는" 것입니다. 존재하지 않으면서 존재하게 만드는 자, 존재적 두께 없는 순수 활력은 오로지 말할 뿐입니다. '있으라!' 어떤 무엇이든! 이 순수 활동의 무한히 자비로운 선善, 이 마르지 않는 후함, 모든 것을 다 주는 기적 같은 이 선의 때문에 『티마이오스』에서 조물주에 대해 그는 선했다ἀγαθὸς ἦν라고 말하는 것입니다. 이는 창조자의 정의 그 자체가 아닐까요? 이처럼 "있다" 동사의 존재적 의미에서 신은 '있지' 않은 것입니다.

하지만 이런 식으로라면, 본질 또한 '있지' 않습니다. 그렇다고 그것이 신적인 것은 아니지만요. 그리고 가능한 것 또한 그 정의 자체에 의해 실존하지 않습니다. 그래서 우리는 신은 실존 너머에 있듯이 본질 너머에 있다고, 플로티노스와 디오니시우스 아레오파기타의 어휘를 쓰자면 초본질적ὑπερούσιος이라고 말하게 됩니다. 이 경우에도 그는 여전히 가장 순수한 긍정성일 것입니다. '초존재' 자체가 존재의 '무' 혹은 비존재여야만 존재를 주듯이, 그처럼 '초본질'은 그 자체가 일종의 '아무것도 아닌 것'이라는 조건에서만 본질의 근거가 됩니다. 인식을 가능하게 하는 선험적인 것 자체는 인식할 수 없습니다. 따라서 그것은 가지可知적인 동시에 불가지不可知적이며, 마찬가지로 가치의 원천 그 자체는 가치도 없고 값도 없고…. 그러므로 의미를 부여하는 자는 의미를 갖지 않는 것일까요? 의미를 부여하는 자는 하나의 "아무것도 아님"인 것일까요? 그러나 단적인 아무것도 아님은 아닙니다. 전혀 아무것도 아님은 아니죠! '초본질'은 오히려 안젤루스 질레지우스가 카발라에 따라 말하듯, 하나의 '초허무'입니다. 따라서 신의 신성과 이 신성의 '초신성'을 말하려면 신플라톤주의보다 더 과장된 역설논법을 따라야 하는 것입니다!

전체인 무, 모든 가능성들의 잠재성이자 '초본질'인 '초허무'라는 이 당황스러운 모순을 다른 은유들을 통해 짐작해 볼 수도 있겠습니다. 베르자예프는[20] 비존재적 자유는 어떤 무언가를 추구하고 있는 허무라고 말합니다. 바닥없는 심연이 본질들의 근거입니다. 초경험적 증여자가 자기 자신을 주는 것은 아니듯, 그처럼 초논리적 근거 수립자 그 자체는 근거를 갖지 않습니다. 신은 일종의 심연 같은 허무이지만, 그렇다고 진리가 이 심연 속으로 가라앉는 것도 아니고 이 낭떠러지 속으로 무너져 내리는 것도 아닙니다. 뵈메Jacob Böhme의 '무근거Ungrund'라는 용어는 아마도 모순적인 것들 사이의 이 신비로운 일치를 표현할 것입니다. 진리의 근거가 되는 것 그 자체는 깊이를 헤아릴 수 없습니다. 즉 근거가 없습니다. 아니 그보다는, 그것이 최고 근거인 까닭은 그것 자체가 근거 지어지지 않기 때문입니다. 한마디로 근거 지어지지 않는 근거 수립자가 원리 혹은 시원始原인 것입니다. 달리 말해 그것은 의미의 시작이자 의미의 증여자입니다. 그것은 의미를 창출하고, 영원한 진리들과 가능한 것들의 근원을 우리가 설명할 수 있도록 해줍니다.

신이 부정적이라는 것은 오직 우리에 대해서πρὸς ἡμᾶς, 인간의 이성과 인간의 언어에 관련해서만 그럴 뿐입니다. 감각이나 사고의 규정은 모두 신의 광대함에 대한 하나의 제한이며, 이 광대함에 대한 하나의 부인이니 말입니다. 그 자체로 보면, 오히려 이 경험적 긍정성이나 지성적 긍정성이야말로 진짜 부정적인 것이죠. 따라서 지고의 긍정성이 그것을 거부하고 부인해도 놀랄 일이 아닌 것입니다.

반대로, 죽음은 신적인 부정성의 부정적 치환 자체를 상정합니다. 죽음은 본질의 단적인 부정이자 존재의 단적인 부정이고, 이 점에서 죽음은 이중적으로 반反신적입니다. 그것은 근거를 주는 '허무'도 아니고 창조하는 '무'도 아닙니다. 그것은 의미의 평범한 무의미이며 존재의 단적인 비존재입니다.

우선, 무의미부터![21] 죽음의 그림자는 에티엔 수리오Étienne Souriau가 신의 그림자라고 부르는 것과는 어떤 점에서도 비견할 수 없습니다. 그것은 오히려 무의미의 불길한 그림자, 실존을 어둡게 하는 부조리와 불가해의 밤입니다. 죽음은 인간적인 모든 것의 덧없음과 근본적 취약함을 표상합니다. 본질적으로 근거 없는 삶에 근거와 기반을 제공하기는커녕, 반대로 죽음은 이 삶 속에 무의미의 문제적 공백과 구멍을 냅니다. 사멸성은 이미 견실함이 결여되어 있는 이 생성을 구멍이 숭숭한 덧없는 환영으로 만들고야 말지요. 죽음은 존재의 연속과 같은 부호 같은 방향이 아니라, 반대 부호 반대방향입니다. 그것은 이 연속을 반박합니다. 그것은 연속의 플러스에 대한 마이너스이며, 그 긍정성에 대한 부정입니다. 우리의 존재가 자기 자신의 무와 맺는 관계는 이 존재의 토대를 완전히 무너뜨립니다. 어떻게 죽음이 삶의 의미를 근거 지을 수 있겠습니까? 죽음은 도무지 근거가 못 되기에 그것 자체가 가장 근거 지어질 필요가 있을 텐데 말입니다!

아마도 생성의 연속에는 근거가 결여되어 있을 것입니다. 그러나 현재에 살고 현재의 지혜에 따라 사는 피조물에게는, 다시 말해 피안 쪽으로는 눈길도 주지 않는 피조물에게는, 이 연속은 적어도 그 자체로 의미를 갖습니다. 만약 죽음에 대한 걱정이 없다면 하루살이 피조물이라도 비시간성의 견고한 "당연함" 속에서 살 겁니다. 죽음은 생성에 마지막 의미를 부여하기는커녕, 태평스런 의식에게 생성이 갖는 작은 의미마저도 제거합니다. 죽음은 분명 삶의 깊은 진리일지도 모르지만, 이 진리는 본질적이거나 핵심적인 진리가 아니며, 육신의 삶에 모자란 견실함을 부여할 이해 가능한 긍정성이 아닙니다. 아니, 이 진리는 오히려 반反진리이며, 이 "원리"는 우리의 무화라는 헤아릴 수 없는 부조리를 지배하는 불길한 반反원리입니다. 역설적으로 삶은, 요컨대 유한성의 악이라는 이 사악한 반명제에 대한 하나의 암시입니다. 삶이 숨기고 있는 부정성의 신비는 우리의 존재 이유를 부인하고, 인간 운명의 긍정적 이해 가능성을 반박합니다.

죽음은 삶의 깊이이지만, 이것은 드러난 가상적 외양의 숨은 의미를 해석하면서 내려갈 수 있는 변증법적 깊이는 아닙니다. 변증법적 깊이는 오히려 하나의 높이이며 사유의 상승운동에 대한 호소이니까요. 그러나 죽음의 깊이는 말 그대로 최저 깊이, 치명적인 깊이입니다. 우리를 아래쪽을 향해 기울게 하는 경향은 부상浮上이라고 불러서는 안 되고, 오히려 중력과 향지성向地性이라고 해야 합니다. 정신은 이해 가능성의 두께에 파묻히는 대신 늪 속에 빠져드는 것입니다. 신적인 것에서는 무근거에서조차 모든 것이 상승과 미래를 방불케 합니다. 그러나 죽음의 비본질과 비실존에서는 모든 것이 절망, 낙담, 추락입니다. 요컨대, 삶의 바닥으로서의 죽음은 근거나 토대와는 완전히 반대입니다. 죽음의 깊이는 무의미의 깊이인 것이죠…. 우리에게 숫자와 상형문자로 계시되는 것, 그것은 삶의 숨겨진 의미가 아니라, 그 의미의 반反의미입니다. 그것은 이 의미의 바닥에 숨겨진 부조리한 무의미입니다. 의미로 가득 찬 깊이이기는커녕 죽음의 깊이는 텅 빈 깊이입니다. 실존의 의미와 본질이 동시에 파괴되는 것입니다.

죽음은 삶의 원리가 아닙니다. 다시 말해 삶의 근거도 시간적 기원도 아닙니다. 죽음은 마지막 사건이기에, 그것은 오히려 종결입니다. 죽음은 끝입니다. 그러나 어떤 끝이란 말인가요! 초라하게 대강 해치워버리는, 패전을 마감하는 패주敗走와 오히려 닮은 것이 아닐지…. 존재는 쇼팽의 어느 녹턴처럼 페르마타 fermata의 절정 속에서 아름답게 끝나지 않고, 《내림나단조 소나타》의 마지막 악장처럼 지리멸렬하게 끝납니다. 대개 설교와 연설은 의미를 정리하고 요약하는 찬란한 결론으로 끝맺습니다. 그러나 평범한 죽음은 그저 존재의 단순한 중지일 뿐, 보통은 사보나롤라나 보리스 고두노프의° 마지막 순간들과는 별 상관이 없습니다. 죽음은 존재의 풍요로운 모성적 원천이 아니지만, 또 그렇다고 정점인 것도 아닙니다. 그것은 오히려 모든 것이 귀착되는 곳이고, 유기체의 전체적 붕괴, 공황, 무질서, 와해 속에서 모든 것이 실제로 다다르는 곳입니다. 우리가 살아왔던 것은 단지 형체 없는 먼지가 되어 물질의 미분화 상태로 돌아가기 위해서였을까요?

이렇게나 슬픈 끝은 목적성이라는 이념적 정신적 끝과는 정말이지 아무런 공통점도 없으니… 아아, 삶의 끝은 삶의 목적지가 아니었던 것입니다! 어림도 없죠. 오히려 그 반대가 진실입니다. 삶의 끝은 삶의 목적들을 부인합니다. 존재의 끝인 비존재는 전혀 존재의 존재 이유가 아니었던 것입니다! "살아가는 이유 vivendi causae"가 삶에 그 가

° 모데스트 무소륵스키의 오페라 《보리스 고두노프 Boris Godounov》, 에두아르 랄로의 오페라 《사보나롤라 Savonarola》 참고.

치를 주듯 존재에 그 가치를 부여하는 존재 이유를, 비존재가 우리에게서 제거해 버리는 것 같아… 비존재는 삶의 무의미를 최종 확정합니다. 죽음은 삶을 설명해 주지 않습니다. 삶의 정당화도 목적인도 아닌 것입니다.

'상스sens'라는 단어를 의미라고 정의하든, 방향이나 지향이라고 정의하든, 어느 경우에도 죽음에는 '상스'가 없습니다. 존재를 그것이 유래한 비존재로 다시 데려가는 것이 생성의 할 일인 걸까요? 도착점이 출발점일 때, 다다른 지점이 떠나온 지점일 때, 우리는 그것을 저주라고 부를 수 있을 것입니다! 그런데 바로 이 노동과 실존의 헛됨이야말로 신이 아담에게 내린 벌이었습니다. 그리고 이 헛되고도 헛된 것이 「전도서」의 절망이죠. 생겨난 것은 무엇인가? 훗날 생겨날 바로 그것이다. 일어난 것은 무엇인가? 훗날 일어나게 될 바로 그것이다.Τί τὸ γεγονός; αὐτὸ τὸ γενησόμενον. Καὶ τί τὸ πεποιημένον; αὐτὸ τὸ ποιηθησόμενον 22 과거가 미래의 구실을 하는 생성은 생성이 아니라, 오히려 목적성 없는 순환이며 익시온의 화차, 하나의 무의미니까 말입니다. 사는 맛을 잃어버리게 되지 않겠습니까?

죽음은 삶의 목적성과, 삶이 우리에게 무의 영원 속에서 허락하는 작은 산책의 효용을, 소급하여 뒤흔들어 놓습니다. 죽음은 우리에게 존재의 존재 이유를 의심하게 하고, 언젠가는 인간의 귓가에 속삭입니다. '무슨 소용이지?' 늙은 억만장자도 어느 날 누구를 위해 무엇을 위해 이렇게 많은 부를 쌓고 진귀한 물건을 모으고 엄청난 보물을 수집했는지 자문할 때, 이 여섯 음절의 음험한 물음을 듣게 될 것입니다. 그리고 그 모든 소유가 헛되고 헛되며 바람을 잡으려는 짓일 뿐임을 느끼기 시작합니다. '무슨 소용이지?ἵνα τί'23 지성적 본질과 진리가 죽음을 넘어 영원히 살아남는다고 하더라도, 죽음은 여전히 삶의 의미에 의심을 던질 것입니다. 삶의 제거가 삶의 의미를 위태롭게 합니다. 존재의 절멸이 그 존재의 본질을 좀먹고 무화시킵니다.

　죽음이 하나의 의미를 되찾는 것은 오직 간접적으로만, 말하자면 요행수처럼 되는 일입니다. 죽음이 존재의 중심에 무의미의 구멍을 내었기에 우리는 이 존재를 위한 절대적인 토대를 찾지 않을 수 없게 되는 겁니다. 영원까지는 못 되어도 죽음의 부정이나마 거부하려는 불사성은, 죽음의 비존재적 공백을 메워주고 삶 속에 초월적인 충만을 도입합니다. 폐쇄와 막혀버린 미래로 혼란스러워하는 인간은 또 다른 세계, 또 다른 삶, 또 다른 질서를 생각합니다. 죽음이라는 뛰어넘을 수 없는 장애물에 가로막힌 어떤 '다른 곳'과 '나중'과 '다르게'를 생각하는 것이죠. 감옥의 벽은 자유로운 공기와 바깥세상을 어쩔 수 없이 생각하게 만듭니다. 닫힌 문은 그 문 뒤에서 시작되는 저 너머를 생각하게 합니다. 그것이 어떤 피안에 대한 호소일 뿐이라고 해도, 죽음은 우리에게 운명 지어진 부조리한 무화를 정당화할 형이상학적인 반성을 불러일으킵니다.

　죽음이 무의미라면, 하물며 그것은 더더욱 비존재입니다. 신은 존재 위에 있기 때문에 비존재이지만, 죽음은 존재 아래에 있기 때문에 비존재입니다. 그래서 플로티노스에게서도 존재하지 않음의 두 가지 방식이 있는 것입니다. 일자一者의 그것과 물질의 그것이죠. 신의 비존재와 악의 비존재는 서로 천정天頂과 천저天底와도 같습니다. 아니 오히려 그것들은 실체들이 유출을 통해 그 사이에 배열되는 두 극極입니다. 어쩌면 이런 종류의 대칭이 뭔가 본보기가 될 수도 있겠습니다. 신과 죽음은 선과 악처럼 플러스와 마이너스처럼 대립하지는 않는 것이죠.

하지만 미래 세계의 싹이 잠재되어 있는 기름진 무와는 반대로, 죽음은 메마른 비실존을 나타낸다고 말해도 지나친 단순화는 아닐 것입니다. 일단 죽음은 존재를 주지 않으며, 그 정반대로 우리에게서 존재를 빼앗아 없애버립니다. 그리고 죽음은 단지 우리 존재의 무일 뿐 아니라 우리의 소멸의 원리입니다. 무화의 원리와 무 사이의 관계는 적극적 부정과 비존재 사이의 관계, 게다가 거부와 비존재 사이의 관계와도 같습니다. 이리하여 우리의 불안이 제1의 자연본성 밑으로 눌러버리는 제2의 자연본성은 전혀 하나의 "자연본성"이 아닙니다. 그것은 오히려 하나의 반反자연이며, 이는 죽음의 진리가 하나의 반反진리인 것과 마찬가지입니다. 사멸성이란 말하자면 기형학에서 말하는 자연성 같은 것이니까요! 창조주가 준 것을 다시 거두어가는 죽음은, 말 그대로 "탈창조"입니다.

이 부정성은 시간의 측면에서도 표현할 수 있습니다. 우리는 신의 신성이 본질들의 초논리적 원리이듯 신은 실존의 초경험적 시원이라고 말했었습니다. 원리는 의미를 근거 짓고, 시원은 장래를 개시합니다. 장래란, 말하자면 의미가 경험으로 체험되는 형태가 아닐까요? "의미작용"이 "방향"을 가리키고 이상과 희망을 내포할 때, 의미작용은 '장래'라고 불립니다. 요컨대 미래가 '현재의 의미방향'인 것입니다. 그리고 그것은 부조리의 특징적 형태의 하나로 나타나는 (우리가 나중에 그 신비로운 진리를 발견해야 할) 항구성 없는 순간입니다.

최초의 '있으라'가 창조이려면, 생존할 수 있는 피조물과 지속적인 창조 행위가 생기게 만들어야 합니다. 창설이라는 관념은 실제로 우리의 신뢰를 저버리지 않는 안정적이고 영구적인 질서를 연상시키죠. '있으라'가 사산된 작품을 만들어낼 때, 순간을 넘어 생존할 수 없는 조산아를 탄생시킬 때, 이는 죽음의 부정성이 신적인 긍정성을 무효로 만들어버린 것입니다. 죽음이 신생아에게 생존할 시간을 주지도 않고, 태어나기도 전에 질식시켜 생애를 마감시킵니다. 작품이 겨우 꼴을 갖추고 태어나는 순간 죽음이 없애버립니다. 죽음이 거의 즉시 개입하여, 순식간에 나타났다 사라지는 섬광과 같은 극소상태로 실존을 축소시켜 버리는 것입니다.

일반적으로 죽음은 창설의 긍정성을 거스르기 전에 다소의 기간 동안 피조물을 살려둡니다. 더욱이 죽음이 소멸시킬 무언가를 찾게 되는 것도, 오로지 생물이 태어나서 상당 기간 동안 생명이 지속되는 삶을 살기 때문이죠. 그래서 우리는 순수한 상태의 무도 영원의 순수한 긍정성도 생각할 수 없습니다. 죽음에 의해 존재로 규정되고 죽음으로 한정되는 어떤 존재, 이것이 바로 우리의 유한성이라는 중간적 진리입니다. 바로 된 원리와 거꾸로 된 원리, 기동하는 원리와 비웃으며 파기하는 원리, 작품의 생애를 개시하는 원리와 그 작품에 종지부를 찍는 반反원리는 서로 상대적입니다. 거부의 '아니'는 그것이 논박해야 하는 일차적 긍정을 언제나 미리 전제하지 않을까요? "부정되는 것negandum" 없는 부정은 없습니다. 이러한 점들을 감안하고서 볼 때, 죽음의 '아니'는 창조의 '그래'와 비교하면, 실제로 역방향으로 향해 있는 것, 역류하는 것입니다. 게다가, 이 '아니'는 철저합니다.

먼저 역행은 이렇습니다. 창조는 갑자기 비존재에서 존재로 갑니다. 비존재가 출발점이죠. 그리고 죽음은 뒤집힌 마술처럼 단번에 존재로부터 비존재로 갑니다. 비존재가 도착점이죠. 그러니까 죽음에서 뒤바뀐 것은 화살의 방향인 것입니다. 삶의 과정은 노화로 조금씩 늦춰지다 마침내 급회전하여 순식간에 기원을 향해 되돌아갑니다. 한마디로 죽음은 원리가 아니라 끝입니다. 이 귀착이 소멸이고 파괴일 때는 차마 결말이라고 말하기도 어렵고요. 삶의 끝이 가치론적, 목적론적, 규범적 의미에서 삶의 목적이 아니라는 점은, 우리가 이미 말했었죠.

삶의 과정은 실패에 부딪히고 엎어지다 텅 빈 무無에 다다릅니다. 죽음은 그야말로 실패인 것이니까요. 부분적 실패는 부분적 실망을 낳지만, 죽음이라 부르는 최대의 실패는 마지막에 비극적 절망을 낳습니다. 페트라르카Francesco Petrarca와 무소륵스키와 시인 골레니셰프-쿠투조프가 그들 나름대로 말하는 "죽음의 승리",[24] 이 승리는 애끊는 모순이며 쓰디쓴 조소입니다. 이 승리는 무의 승리인 것입니다. 따라서 이 승리는 패배의 승리이고 실패의 성공입니다. 이 승리는 무엇보다 존재와 삶을 긍정하기 위해 만들어진 긍정성의 엄청난 전도입니다. 죽음은 우리의 자유가 길을 터서 나아간 모든 도정이 다다른 막다른 곳입니다. 죽음이 운동의 원리에게 말합니다. 거기까지! 너는 그 너머로는 갈 수 없다! 성공이라는 것이 지속되고 존속하고 재개되어 존재 속에서 자기를 유지할 수 있는 가능성이라고 한다면, 그리고 가장 초보적인 성공이 순간의 연장에 달려 있는 것이라면, 닫혀버린 길이자 미래가 영영 중단되는 죽음은 분명 최상급의 실패와 전적인 참패를 나타냅니다. 죽음은 어떤 아무 미래의 실패가 아니라 모든 미래들의 궁극적 미래의 실패인 것입니다.

두 번째 논점은 이렇습니다. 죽음은 소멸입니다. 그러나 그것은 하나의 "임계 소멸"입니다. 그것은 전적이면서 동시에 결정적이기 때문입니다. 우선 그것은 전반적 재앙입니다. 죽음은 몇 가지 생명기능의 제거가 아니라 모든 생명현상의 소멸이며, 그것도 유기체 전체에서 그러한 것입니다. 죽음은 질병이나 장애처럼 이런저런 계획에 종지부를 찍는 것이 아니라 존재 전반에 종지부를 찍습니다. 죽음은 제거를 생각하는 생각 자체를 제거합니다. 모순은 특정 대상의 어떠한 속성을 부정하지만, 죽음은 대상을 생각하는 사유로부터 대상 전체를 제거합니다.[25] 죽음은 사유를 포함해 인간의 총체를 소멸시키는 것입니다.

그리고 마찬가지로, 죽음은 감각보다 훨씬 더 많은 것을 제거합니다. 이런저런 감각 영역의 한계를 넘어, 죽음은 피조물의 유한성 일반을 표현합니다. 우리의 감각기관이 미치는 사정거리를 규정하는 한계들은 모든 것의 끝을 가리키는 것이 아니라 단순히 어떤 것의 끝을 가리킵니다. 그것들은 몇 가지 점에서 우리 본성의 국지적 한계선을 긋습니다. 이에 반해 유기체가 그 너머에서 더 이상 생존할 수 없는 한도는 모든 경계선들의 대*경계를 나타내며, 그것도 우리 존재 전체에서 그렇습니다. 우리의 개별적 한계들이 이 일반적 한계 속에서 모두 모이고 요약되는 것이죠. 사람은 시각 능력이, 심지어 지각 능력이 정지되어 가면서도 죽지 않을 수 있습니다. 점점 더 불분명하게 보고 지각하면서도 계속 살아갈 수 있는 것이죠. 그러나 반대로 존재하기를 그치는 자는 하물며 보고 듣고 만지고 느끼는 것도 그치게 됩니다. 느끼고 보는 일을 하기 위해서는, 우선 존재해야 하니까요. 존재한다는 것은 모든 활동과 모든 기능에 앞서는 일반 조건, 말하자면 받침대가 아닙니까?

한 번의 동맥류 파열로 단숨에 이 긍정성 전체가 지워집니다. 죽음의 '아니'는 삶의 '그래'를, 그 잔가지 하나하나의 끝까지 일격에 지워버립니다. 죽음은 단적으로 내 전부가 없어지는 것입니다. 파스칼이 자유사상가들에게 말했듯, 문제가 되고 있는 것은 '내 전부'이기 때문입니다.[26] 죽음은 전부의 대*소멸입니다. 그래서 죽음이 무화인 것입니다. 무화의 끝인 '무Nihil'는 '존재의 한 부분의 비존재'도 아니며 '전 존재의 최소 존재'(즉 전 존재의 일반적 감소)도 아닙니다. 이 '무'는 '전 존재의 전적인 비존재'인 것입니다.

아마도 죽음이 객관적으로 그 자체로 무화는 아닐 것입니다. 타인들과 목격자들 그리고 영원한 자연이 나보다 더 오래 살아남아 있을 테니까요. 그리고 중단이라는 부분적이고 상대적인 관념은 그 자체로 연속이라는 바탕을 함의하고 있어서 중단은 그 연속에 대한 중단입니다. 제거라는 것도 가득 차 있는 바탕을 함의하고 잘라낸다는 것도 어떤 전체를 상정하죠. 그처럼 누군가의 끝은 보편적 충만 속에 작은 구멍이 나는 것이지 말 그대로 전체의 끝은 아닙니다. 그러나 나 자신의 죽음은 나에게는 분명 세상의 끝이자 역사의 끝입니다. 우리가 암묵적인 하나의 '그래'에 대해 상대적이라고 판단했던 죽음의 부정은, 적어도 이 점에 있어서는 정말 절대적인 최상급 부정입니다.

전체의 소멸은 또한 전체의 끝입니다. 죽음은 존재의 철저한 무화이기 때문에, 죽음은 시간적으로는 연속의 중단입니다. 따라서 죽음은 그저 존재의 중단인 것입니다. 두말할 것도 없이, 존재한다는 건 계속해서 존재한다는 것과 같으니 말입니다. '무'는 '악'이나 '지옥'처럼 하나의 절대적인 것, 총체적인 최상급, 정점, 한계 개념, 거꾸로 된 초경험적 극치입니다. 그래서 무가 만약 시간 속에서 어떤 제한을 허용한다면, 즉 차원들 가운데 가장 중요한 단 하나의 차원에서 유한하다면, 하나를 제외한 모든 범주들 밖에 있더라도, 그것은 철저한 전무全無는 아닐 것입니다. 가장 작은 예외조차 순수한 무를 상대적이고 혼합적인 것으로 만들기에 충분한 것입니다. 하양이 극미량의 회색이라도 섞여 어두워지면 더 이상 하양이 아니듯, 마찬가지로 검정과 암흑도 한줄기 빛에 그 어둠이 퇴색되면 더 이상 검정과 암흑이 아니게 됩니다. 동이 트자마자 밤은 밤이기를 그쳐버립니다. 검정은 무와 같이 하나의 절대적 최상급이니까 말입니다. 영원하지 않은, 즉 초시간적이지 않은 무가 정말로 무일까요? 하나의 "일시적 무"는 (만일 그런 모순을 생각할 수 있다면) 아무것도 아닌 무가 아니라, 어떤 무언가입니다. 임시적인 비실존은 오히려 하나의 잠재적 실존, 즉 존재의 약속입니다!

마찬가지로, 생성의 한 계기나 한 단계인 하나의 악은 엄밀히 말해 악이 아닙니다. 그런 악은 오히려 하나의 선이 될 것입니다. 예를 들어 그것은 어떤 "더 작은" 악 혹은 필요악입니다. 달리 말해 선을 바라는 의지가 앞서 있고 그다음에 악에 대한 의지가 있는 것이죠. 이 악은 선의가 매개적으로 원한 상대적이고 간접적인 선입니다. 이 경우 악은 선을 "가능하게 하는" 그저 수단일 뿐이고 그러한 수단을 원하는 의지는 그저 선한 의지, 신실한 의지, 목적과 그 목적의 수단들에 대한 열렬한 의지일 따름입니다. 이런 경우라면 오히려 악을 원하지 않는 쪽이, 중간매개 없이 목적을 원하는 쪽이, 그러니까 목적을 가능하게 하는 불순한 수단 없이 교활하게 목적만을 원하는 것이 나쁜 의지가 될 것입니다. 악의 분명함을 부인할 수 없기에, 낙관주의자는 이 악을 매개단계로 변형시킵니다. 마찬가지로 지옥이 단지 고통스러운 기간, 벌 받는 인간에게 부과된 시련의 한 단계일 뿐이라면 그것은 더 이상 지옥이 아닙니다. 수형자의 수형기간이나 수술 환자의 입원치료 기간처럼, 이 잠정적 지옥은 지옥이라기보다 오히려 연옥인 것이죠. 불행한 기간을 견뎌내려면 인내와 합리적 기대만 있으면 됩니다. 매개는 "순간적 정신mens momentanea"이 쉽게 속는 일종의 책략, 가장, 위장술이니까요. 부정이 부정될 것이고, 반명제가 극복되어 빛 속에서

화해하게 될 것입니다!

"시련"이라는 관념 자체가 그 너머의 희망을 예고할 뿐만 아니라 그 희망에 희망적 도약, 생명력의 환기, 칭송할 만한 가치를 보장하는 이 과도기적 시간을 함의하지 않습니까? 신은 욥이 절망하는지를 보려고, 욥이 일시적인 악을 절대적인 악으로 받아들일지를 확인하려고 그에게 시련을 줍니다. 그리고 실제로 욥은 영원과 순간을 혼동할 뻔했지요. '지옥'은 영원해야지만 지옥 같죠. 우리의 공포감은, 생각할 수는 있어도 살아낼 수 없는 영원한 불행이라는 부조리, 끝없는 고통이라는 경악할 무의미, 영겁의 형벌이라는 괴물을 지옥이라는 이 임계 개념으로 실체화한 것입니다.

이런 점에서 사형이란 일종의 신성모독이 아닐까요? 사형이란 경험세계의 인간이 이웃에게 초경험적인 해악을 가할 권리를 내세우는 것입니다. 그리고 이 일은 유예를 주지 않고 모든 시간적 상대성 밖에서 행해집니다. 사형수는 연속의 새로운 전개, 미래성의 재개, 생성의 치유 효능을 빼앗기는 것입니다. 근본적으로 악한 악인이란 고칠 희망이 보이지 않는 악인을 말합니다. 따라서 구제불능의 악인은 지옥에서 영원한 강제노역을 하도록 운명 지어집니다. 모든 장래, 모든 전망이 사라졌을 때, 절망이 인간을 사로잡습니다. 갱신의 모든 희망이 사라졌을 때야말로 비극을 말할 때인 것이죠! 욥이 하마터면 빠져들 '뻔했던' 것은 바로 이 해결할 수 없는 절망이 아니었을까요? 욥은 '거의' 절망했을 때, 절망에 '닿을락 말락 했을' 때 아슬아슬하게 절망에서 희망으로 뛰어올랐습니다. 그러나 죽음은 그것이 하나의 "계기"라면 더 이상 죽음이 아닙니다.

결국, '아무것도 아님'은 또한 '더 이상 아무것도 아님'입니다. 즉 그것은 단적인 무가 아니라, 존재했던 한 존재의 비존재입니다. 그리고 이 '더 이상 아무것도 아닌 것' 자체는 '다시는 결코 더 이상 아무것도 아닌 것', '언제까지나 더 이상 아무것도 아닌 것', 결정적 제거입니다. 국지적이거나 부분적인 제거가 아니라 총체적 무화인 것은 따라서 결정적 중지이기도 합니다. 죽음은 생명의 전부를 소멸시킬 뿐만 아니라 그 전부를 영영 소멸시킵니다. 우리의 전 존재의 비존재는 이 존재를 단 한 번에 영구히 무화합니다. 영원히 언제까지나! 이 '언제까지나'는 결코 경험적인 부사가 아닙니다. 오직 비시간적인 이성만이 그 부사에 적극적인 의미를 부여하죠. 이성은 생성과 피로를 감안하지 않기 때문입니다. 그리고 도덕적 의지가 우리의 경박함을 꾸짖습니다. 도덕적 의지는 망각과 애정 상실에 대해, 배은망덕과 배신에 대해, 시간이 충성을 무디게 하고 모든 슬픔을 완화하고 모든 상처를 치유하는 것에 대해 비인간적이리만치 완고하게 항의합니다.

사실 육신을 지닌 인간이 누가 '결코'라든지 '언제까지나'라고 맹세할 수 있단 말인가요? 꼭대기든 바닥이든 죽음은 하나의 끝입니다. 모든 부정의 이 정점은 또한 하나의 종점이며, 죽음이라는 이 극치는 (최대라고 생각하든 최소라고 생각하든) "최고"이자 동시에 "최종"입니다. 죽음의 최종성은 상대적인 것이 아니라 절대적이며, 따라서 모든 나중을 배제합니다. 따라서 연속의 중지는 전적인 만큼이나 결정적입니다. 아니 오히려 연속의 중지는 오로지 전적이기 때문에 결정적인 것입니다.

물론 전적이지 않으면서도 결정적인 소멸이 있을 수 있습니다. 예를 들어 재생 능력이 없는 척추동물의 부분절단은 회복이 불가능합니다. 그러나 신체절단이 복원 불가능하다면, 그것은 아마 개체 자체가 이미 대체 불가능하기 때문일 것입니다. 한편, 일견 전적인 무화가 결정적인 것으로 보이지 않을 수도 있습니다. 그러나 그 경우에는 부활의 소망이나 기적이 문제가 되고 있는 것입니다. 이런 소망은 마술과도 같은 바람이고, 이 사실은 모든 총체적 무화가 결정적 중지일 수밖에 없음을 확인시켜 줄 뿐입니다. 만일 죽은 자가 다시 살 수 있고, 이 죽은 자의 죽음이 단지 일시적 중단일 뿐이라면, 그것은 신체의 어떤 기관들은 무사했었고 죽음은 부분적이었으며 따라서 겉으로 보기에만 죽은 것일 뿐이었다는 것을 증명하는 것일 테니까요. 한마디로 그 죽음은 전혀 죽음이 아니었다는 것이죠. 기껏해야 긴 동면이나 작은 기절, 수면이나 잠복기 같은 것일 뿐이었던 겁니다.

아무것도 아닌 것으로부터는, 아무것도 회생할 수 없습니다. 죽음의 '아니'가 정말로 치명적인 것은, 전적이라는 조건에서만, 따라서 돌이킬 수 없다는 조건에서만 그런 것이니까요. 전적인 것이 아니라 거의 전적인 중단인 경우라면, 이런저런 기능의 국지적 연속이 생명을 되살릴 수도 있고 죽은 이를 회생시킬 수도 있습니다. 이런 경우라면 끝은 더 이상 결정적이고 되돌릴 수 없는 것이 아니라, 단순한 잠정적 중단일 것입니다.

"감각의 차원에서" 죽는다는 것, 이러저런 관점에서 이런저런 관련하에서 죽는다는 것, 그것은 절대적으로 말해 죽는 것일까요? 여러 가지 상황 규정과 제한이 붙은 이 죽음은 하나의 작은 죽음이고 은유적인 죽음입니다. 이 죽음의 '아니'는 하나의 '그래'이고 거부는 여기서 하나의 약속을 암시합니다. 그런 것은 '그냥' 죽음, 단적으로 본 죽음이 아닙니다. 죽음은, 연속의 과정 속에 이따금 도래하는 (순수지각과 직관, 순수한 사랑이나 영웅적 결단 같은) 첨점이나 정점의 순간들과는 전혀 공통점이 없습니다. 이 점 같은 순간이 지나면, 다시 몹시도 평균적인 일상의 형태를 띤 기간이 이어지죠. 그래서 천재는 영감의 은총

덕분에 피안의 방향으로 순간적 돌파에 성공하고서, 다음 순간 차안으로 되돌아와 있게 되는 것인데… 죽지 않고서도 절대적인 것을 "첨예하게acuminale" 경험할 수 있는 것이죠! 영혼은 감각의 차원에서 죽어가다가 순간 자신의 정점에 이르고, 그러고 나서는 실존을 이어갑니다. 게다가, 나타났다가 사라지는 절대적인 것의 출현도 다시 나타날 수 있고… 그랬다가는 또다시 사라지고 그렇게 무한하게 계속될 수 있습니다. 섬광 같은 접촉작용은 반복될 수 있습니다. 희망은 늘 실망스럽지만, 언제나 다시 살아나 의기소침한 실망을 보상합니다. 인간에게는 이 실망과 죽음의 절망 사이의 선택밖에 없는 것일까요? 우리는 무의 형태로가 아니면, 피안의 영속을 알 수 없다는 말일까요?

　죽음에 상응하는 최대 경험, 죽음의 신호를 주는 경험의 절정은 다른 "초경험적 경험"처럼, 더 큰 계열 내부에 있는 어떤 계열의 끝이 아닙니다. 그런 경우에는 죽음이 계열 내의 단순한 한 사건이 되어버릴 테니까요. 죽음은 오히려 계열들의 계열을 종식시킵니다. 죽음은 그래서 반복 가능한 경험과는 정반대입니다. 사람은 여러 번 죽지 않고 단 한 번 죽는 겁니다. 한 번, 그리고 두 번 다시는!

　죽음은 그래서 영원을 개시하는 순간입니다. '죽음 자체'란 그 정의상 재생과 존속의 모든 가능성을 배제하는 순간이 아닐까요? 죽음으로 인한 중지는 어떤 계속도 없는 연속성의 해소가 아닐까요? 내일도 없고 사후 연장도 없는 순간? 죽음은 "이후"가 없는 순간입니다! 죽음은 모든 출구를 닫고 모든 미래성을 정지시킵니다. 어떤 경우에도, 어떤 형태로도, 어떤 상황에서도, 어떤 조건에서도, 어떤 순간에도, 죽음은 그 큰 거부를 철회하지 않습니다. 죽음은 우리를 끌어당기는 무한한 지평선이 아니라, 우리를 멈추게 하는 불투명한 벽입니다. 이 세상에서 복무를 마치고 실존의 선물을 받아든 인간은 굳게 닫힌 철문에 부딪칩니다. 레오니트 안드레예프Leonid Andreiev의 희곡『아나테마Anathema』를 절망으로 채우고 있는 것도 바로 그 철문의 무자비한 침묵과 폐쇄입니다. 죽음은 절대적인 '아니'인 것입니다.

'아니'는 문을 닫고 협상을 중단시키며 사람들 사이의 교환과 소통의 관계들을 (적어도 어떤 지점에서 당분간은, 적어도 국지적으로 잠정적으로나마) 중단시킵니다. 그것은 거부가 모든 물음을 영영 꺾어버리고 모든 새로운 제안을 결정적으로 차단하여 관계와 협상의 재개를 절대적으로 불가능하게 만들어버리기 때문은 아닙니다. 우리가 말했듯, 인간의 맹세에서 "언제나"와 "결코"는 상대적인 의미일 뿐입니다. "결코 다시는"이라고 말한 사람이 다시금 물음을 던지거나 거절의 대답을 번복하는 일을 막을 도리는 없습니다. 하지만 '아니'는 대화의 새로운 전개를 더욱 어렵게 만듭니다. 퉁명스럽고 메마른 이 부정의 두 음절이, 협상에 활기와 추진력을 더해줄 새로운 상황의 출현을 느닷없이 고갈시켜 버리는 겁니다. 협상결렬이죠. 마지막 순간에 생각이 바뀌어 주례 앞에서 변덕을 부리는 약혼자의 "아니오"가 그러합니다. 예상된 것이기는 해도 필수적인 동의를 표하고 예식의 정상적인 진행을 위한 의례와 관례상의 '네'를 말하는 대신, '아니오'를 말하는 신랑은 결혼식을 중단시키고 그날의 모든 준비를 뒤엎어 초대 손님들을 혼란에 빠뜨리는 쪽을 택한 것입니다. 혼례는 완전히 마비됩니다. 온통 혼란입니다. 요컨대 무뚝뚝한 거절이 연속의 예식을 정지시키고 소동을 일으키는 것입니다. 두 번째 운동, 이차적인 수축운동, 거듭제곱의 운동인 거부는 늘 어느 정도 반反자연의 착잡함이 아닐까요?

모든 '아니'의 총계이자 가장 단호하고 가장 철저한 퇴진인 죽음은,

그 커다란 거부의 올가미로 모든 연속을 단번에 졸라맵니다. 이 근원적인 '아니' 속에, 죽음의 단적인 '아니' 속에는 하물며 모든 부정이 담겨 있습니다만, 이를 굳이 열거할 필요는 없어 보입니다. 사악함이라는 커다란 근원적인 악만 말하면, 하물며 위선과 시기와 비열함 같은 악인의 이차적인 악덕들을 굳이 하나하나 들지 않아도 되는 것처럼 말입니다. '죽음'이라는 두 음절을 발음하는 자는 한마디로 모든 것을 말한 것입니다. 사건은 (사건이랄 것이 있다면 말이죠) 종결되었고, 서류는 정리되었습니다. 기소는 중단됩니다. 최종 정리된 것입니다!

공무원이 사망하는 순간부터 더 이상 그의 실존을 고려할 필요가 없습니다. 더욱이 그는 명부에서 삭제되어 모든 의무가 면제되고 모든 불행이 치유되었습니다. 모든 부채는 해소되고 모든 분규와 모든 문제가 일격에 해결됩니다. 병은 병자와 동시에 제거되고, 세금은 납세자와 동시에 소멸됩니다. 권총에 의한 처리는 이 점에서 가장 근본적인 처리입니다.(사람은 모든 불행을 동시에 가질 수는 없고, 가장 큰 불행은 더 작은 불행들을 면하게 해주기 때문이죠.) 무덤 속 주민들, 실존 퇴직자에게는 하물며 걱정도 면제됩니다. 무릇 무슨 일이 일어나는 것 자체가 갑자기 불가능해집니다. 뚝! 전류가 끊기고, 전기가 나가고, 모든 것이 순식간에 어둠 속으로 빠져듭니다.

"그치지 않고 부정하는 정신" 그것은 메피스토펠레스가 아니라 죽음입니다. 죽음은 '아니다'라고 말하는 정신입니다. 파리의 대연회大宴會나 큰 전람회의 개최일을 택해 뇌일혈을 일으키는 고약한 하객, 이 비사교적인 하객은 자기 식으로 '아니다'를 말합니다. 그가 '아니다'를 말하는 방식은 다과 테이블 사이에 나동그라지는 것입니다. 설명도 동기도 예고도 없이 변명조차 없이 쓰러져 버립니다. 소동을 누그러뜨릴 한마디를 할 시간조차 허용되지 않습니다. 어떻게 치우지?

외젠 이오네스코는 묻습니다.° 그처럼 이반 부닌 소설의 샌프란시스코 신사는 카프리섬의 호텔에 왔다가 발병해 죽습니다.°° "실수"나 눈치 없는 행동 중에서도, 엑셀시오르 호텔에 공황을 뿌리는 돌연사야말로 가장 흉한 짓입니다. 살롱 한가운데서 뇌출혈을 일으키는 것이, 목청껏 호탕한 목소리로 말하거나 음악회에서 소리 내어 하품을 하거나 설교 중에 크게 웃거나 악취를 풍기는 것보다 훨씬 더 점잖지 못한 짓이죠.

죽음을 전하러 온 그 남자, 연회를 혼란에 빠뜨리고 숙명의 말로 모든 대화를 중단시키는 그 검은 옷의 남자를 다시 떠올려봅시다. 죽음의 '아니오'라는 말, 이 상스러운 짧은 말, 말하자면 추잡한 말은 경솔한 이들이 "다시 보자"와 "곧 보자"라고 말하는 것을 막습니다. 혈전血栓이란 '아니오'라고 말하는 핏덩어리인 것입니다! 운명의 여신 파르카는 실존의 실을 끊으며 갱신이라는 사교 놀이를 망치고 시작도 끝도 없는 이 연속의 말을 갑자기 끊습니다. 그녀는 오가는 문답을 뒤죽박죽으로 만들고 재개를 중단시킵니다.

5. 말할 수 없는 침묵과 형언할 수 없는 침묵

본질을 무화하기 위해서는 그야말로 교활한 악령이 있으면 됩니다. 존재를 없애기 위해서는, 그것도 존재 사실이나 존재의 존재가 아

° 이오네스코의 희곡 『아메데, 혹은 어떻게 치우지?』 참고.
°° 이반 부닌의 단편소설 「샌프란시스코에서 온 신사」 참고.

니라, 존재의 사실성이 아니라 유한한 존재를 없애기 위해서는 죽음으로 충분합니다. 존재의 연속이란 이론적으로야 당연하다고 해도 불안정하고 위태로운 것이니까요. 중단을 가져올 수 있는 수많은 원인이 살아있는 자의 연속을 매 순간 위협하고 도전해 옵니다.

하루하루 살아남아야 한다면, 존재는 실제로 명백히 갱신될 필요가 있습니다. 신, 사랑, 자유가 우리에게 이러한 갱신을 보장해 주며, 그로 인해 죽음의 무에 일종의 적극성을 주는 것입니다. 신에 대한 희망, 사랑의 약속, 자유의 미래가 존재의 중단에 하나의 미래를 회복시키고, 비존재의 공백을 존재로 채우고, 죽음의 부정을 그 삼중의 긍정으로, 죽음의 '아니오'를 그 삼중의 '그래'로 중화시킬 때에만, 죽음은 흥미로운 사색의 대상이 되고 풍요로운 당혹의 대상이 됩니다. 이 충만함이 없이는, "죽음"이라 부르는 '아무것도 아닌 것'은 '무'조차도 아닙니다! '무'는 헤시오도스의 우주발생론의 혼돈처럼 적어도 비옥한 시작, 도래 그리고 기초 원리라도 될 수 있으니 말입니다.

아레오파기타의 말에 따르면 가장 어두운 암흑 속에서야말로 신의 신비는 빛나고, 뵈메에 따르면 그 속에서는 자유의 불이 타오른다고 합니다. 신비로운 '암흑δνόφος'은 투명한 밤을 닮아, 그 자체로 잠재적 풍부함이자 다가올 무수한 결정들의 약속인 것입니다. 비인식의 암흑은 빛에 목말라 있습니다. 그래서 디오니시우스 아레오파기타는 "암흑의 빛"을 말하고, 니사의 그레고리우스는 '찬란한 어둠λαμπρὸς γνόφος'[27]을 말했던 것입니다. 이 모순된 낱말들의 조합은 모든 부정신학에서 친숙한 것이 아닐까요? 신이 암흑이라고 말하는 것이나 신의 빛은 눈이 멀도록 눈부시게 작열하여 보이지 않을 정도라고 말하는 것이나 결국 같은 말입니다. 밝은 어두움 혹은 캄캄한 빛이라는 혼종의 이미지는 아마도 이 모순되는 것들을 화해시키는 것이겠지요.

낮과 밤의 종합인 황혼이 한낮의 밝음보다 더 많은 것을 불러일으킬 수 있으니 말입니다. 이사야에 따르면 조금도 숨겨져 있지 않고, 파스칼에 따르면 반쯤 숨겨져 있다고 하는 신의 애매함은 여명의 어슴푸레함 속에서 우리에게 언뜻 계시됩니다.[28] 신의 신비는 절반의 불확실성, 말하자면 불분명한 명확함이 아닐까요?

죽음의 흑암黑闇은 그렇지가 않습니다. 죽음은 망자들이 건넌다는 깊은 호수의 어둠처럼 어둡습니다. 모든 것을 분간할 수 있는 투명한 암흑과는 반대로, 죽음은 절대적인 흑암입니다. 초본질적인 암흑이 그 어두운 빛을 삶에 비추어 삶을 밝히듯이 죽음도 삶에 빛을 비추는 것일까요? 산 자에게 죽음은 오히려 밤의 위협적인 그림자를, 그것도 미리 던집니다.

'신비 신학'은 "빛보다 밝은 암흑"뿐만 아니라 "침묵보다 밝은 암흑"[29]에 대해서도 말합니다. '무'와 '아무것도 아닌 것'의 구별은 실제로 시각적 영역에서 청각적 영역으로 옮겨질 수 있습니다. 우리의 눈에 신의 암흑은 무수한 형상이 생겨나 어렴풋이 드러나는 어스름인 것이라면, 신의 침묵은 초감성적인 피아니시모를 닮아 영혼의 귀에만 들리는 보이지 않는 마을의 신비로운 종소리, 감춰진 음악과도 같습니다. 반대로, 죽음의 암흑이 절대적 어둠이자 캄캄한 밤이듯, 죽음의 침묵은 절대적으로 소리 없는 침묵입니다.

죽음의 침묵과 신의 침묵은, 말할 수 없는 것과 형언할 수 없는 것처럼 서로 대립합니다. 말할 수 없는 것Ἄρρητον과 말로 할 수 없는 것Ἄφατον은 표현할 수 없는 신비의 두 가지 방식이니 말입니다. 형언할 수 없는 것을 표현할 수 없는 까닭은, 그처럼 풍요로운 신비를 표현하거나 정의할 말이 부족하기 때문이고, 말할 것이 무한히 많아 이야기가 끝이 없기 때문입니다. 죽음이 말할 수 없는 것인 까닭은, 처음부터 말할 것이 절대적으로 전혀 없기 때문입니다. 형언할 수 없는 것은 무한히 표현할 수 있고 수많은 말을 불러일으키지만, 이 억수 같은 말들이 서로 상쇄되어 목구멍 안에 머물러 있다는 점에서 표현할 수 없는 것입니다. 다마스키오스Damascius의° 형언할 수 없는 것처럼, 형언할 수 없는 표현 불가는 모든 규정이 다 잠재적으로 들어 있어 서로 상쇄된 비규정적인 것입니다. 반면에 말할 수 없는 표현 불가는 순수하게 결여적입니다. 형언할 수 없는 것의 영감이 불러일으키는 시나 창조는 우리에게 시와 성찰의 열정적인 미래를 약속합니다. 이 날개 달린 신비는 날개 달린 사유만을 일깨우니까요. 희망, 탄생, 시작, 부상浮上은 형언할 수 없는 것의 봄 같은 성질을 표현하는 것이죠. 이런 점에서 죽음은 절대로 시적이지 않습니다. 모든 계획이, 모든 희망이 절대적 "비시非詩"의 불투과막에 부딪쳐 무너집니다.

형언할 수 없음과 말할 수 없음은 둘 다 침묵에 싸여 있습니다. 그러나 이 두 침묵은 얼마나 대조적인가요! 형언할 수 없는 침묵은 그 자체로 시적인 말을 촉발시키는 언어의 서곡입니다. 모든 것이 새로운 세기에 대한 기대 속에 있는 예언자의 침묵이 그러하며, 마르지 않는 노래와 시를 예고하는 침묵이 그러한 것입니다. 아니, 이 침묵 자체가 이미 시이자 음악입니다. 혼돈의 비옥한 심연 속에 담겨 있는 암묵적인 음악이자 무언의 시입니다. 말하게 만드는 영감, 시인에게 언어의 서정적 능력을 주는 영감, 생명의 숨을 불어넣어 주는 이 영감은 따라서 죽음의 마지막 날숨을 반박합니다. 마지막 한숨은 존재가 결정적 무언無言 속으로 퇴거한다는 표시가 아닐까요? 말은 존재와 삶을 긍정하는 하나의 형태가 아닐까요?

신과 죽음은 둘 다 침묵이며, 말하는 인간의 소란함에 침묵을 부과

°   6세기에 활동한 신플라톤주의 희랍 철학자.

합니다. 성역에서 그리고 시신을 앞에 두고서는, 수다쟁이도 입을 다물고 다변가도 연설을 멈춥니다. "목소리를 낮추어야 한다…. 인간의 영혼은 아주 조용한 것이다…. 지금 그에게는 침묵이 필요하다" 하고 아르켈은 죽은 여인의 침상 앞에서 말합니다.º 신도 이 똑같은 침묵을 요구하지만, 그것은 감사를 위한 묵상입니다. 신의 침묵은 밤의 숭고한 침묵처럼, 인간의 물음에 응답하며 알아듣기 힘든 어렴풋한 무언가를 귀에 속삭이는 먼 목소리와 보이지 않는 음악으로 가득 찬 침묵입니다. 림스키-코르사코프Rimsky-Korsakov의 페브로냐는 밤의 침묵 속에서 대지에 귀를 대고서야 키테즈의 종소리를 듣습니다. 밤의 침묵 속에서 꾀꼬리의 노래를 들으며 참나무의 속삭임과 예언하는 나뭇잎의 웅성거림에 주의를 기울이고서야, 리스트와 라마르틴Alphonse de Lamartine은 형언할 수 없는 음악을 영혼의 귀로 듣습니다. 저녁의 하모니를 통해 그들은 또 다른 성가聖歌, 다른 것에 대한 암시, 다른 곳에서 온 목소리를 듣는 것입니다. 리스트의 《시적이고 종교적인 하모니》는 아마 이 보이지 않는 하모니, 노래와 속삭임으로 가득 찬 이 침묵의 음악일[30] 것입니다. 신적인 침묵의 풍요로운 충만은 인간의 감사에 구체적인 내용을 주지 않을까요? 여름밤처럼 투명하고 하늘에 가득한 별처럼 무수한 형언할 수 없는 침묵은, 광대한 우주 어디에나 널리 퍼져 존재하는 작디작은 생을 떠올리게 합니다.

묵언의 대답인 형언할 수 없는 침묵에는 무언가 숭고한 것이 있지만, 말할 수 없는 침묵은 우리에게 공포와 불안만을 불어넣습니다. 별이 가득한 하늘의 침묵과는 달리, 죽음의 말할 수 없는 침묵은 파스칼을 전율하게 했던 그 암흑 공간의 압도하는 무언을 연상케 합니다. 여기서 우리의 질문은 대답을 얻지 못합니다. 여기서 우리의 목소리는

º 《펠레아스와 멜리장드》의 5막.

사막의 외침이 됩니다. 말하지도 듣지도 못하는 망자는 우리의 부름에 답하지 않고, 대화는 곧바로 독백의 절망적인 고독 속으로 빠져드는 것입니다. 아무도 본 적이 없고 아무도 그 존재를 입증하지도 그 부조리를 증명하지도 못한 신의 애매함 덕분에, 모든 실망이 가능하듯 모든 희망도 허락됩니다. 그러나 삶이 끝나고 어떤 경우에도 다시 태어나지 못하는 자에게는 절망밖에 없습니다. 계속해서 저 너머로 사랑의 투명한 깊이 속으로 뚫고 들어가는 대신, 인간은 무의 벽에 부딪치는 것입니다.

신은 헤아릴 수 없고 이름 붙일 수 없으니 장광설은 그만두라고들 하지만, 신은 일상의 언어에 담기에는 너무 풍요롭다고들 하지만, 그래도 우리는 뭔지 모를 무언가를 십자가의 성 요한처럼 "더듬거리며" 말할 수 있습니다. 아레오파기타는[31] 복음서의 간결함에 감탄하고서 예비신자가 신에게 가까이 갈수록 점점 더 간결하게 말하게 된다고 지적합니다. 초본질 쪽으로 올라갈수록 말의 부피는 줄어듭니다. 그리고 마침내 영혼이 그 상승의 정점에 도달할 때, 이야기는 가늘어져 단순한 한 점, 첨단의 끝인 한 점이 됩니다. 이 점이 바로 '형언할 수 없는 것'입니다. 따라서 말의 수축이 최대치에 이르는 그때 침묵이 성립합니다. 그러나 역으로 유식한 무지의 절정으로 압축되고 수축되고 응축된 말은, 이야기로 발산되기만을 요구합니다. 세찬 물살이 산비탈을 흘러내리듯 말이 쏟아져 나옵니다. 플로티노스의 유출론流出論에서 말하는 발출發出이 이렇게 풀려 나오는 말의 생생한 표상입니다. 드높은 침묵의 빙하는 갇힌 말들을 억류하는 동시에, 마르지 않는 토로의 원천인 것입니다.

다른 이미지를 들자면, 형언할 수 없는 것은 말 없는 직관의 대상입니다. 말 많은 추론이 압축되다가, 마침내 작열하는 동시에 얼어붙은 암흑의 빛의 중심점에 멈춥니다. 그러나 이 직관의 밀도와 강도 때문에 입이 닫혀버린 사람은, 말하고 싶고 노래하고 싶어 애가 탑니다. 초담화적인 직관은 무한한 담화의 가능성이니 말입니다. 그리고 최초의 창조의 순간이 이후의 기간에 의해 전개될 연속을 품고 있는 것과 마찬가지로, 직관은 한없이 논술로 펼쳐질 잠재적 서정성을 품고 있습니다. 말 많은 로고스가 피라미드의 바닥이고 조용한 직관이 그 정점인 것이죠. 형언할 수 없는 것은 표현할 수 없는 침묵이며, 이는 혀를 풀어주고 영감을 내려주거나 불어넣어 시인에게 노래의 선물을 줍니다. 따라서 신은 온 세상의 시로도 고갈되지 않는 테마라고 해도 놀랄 일이 아닌 것이죠. 신은 "지으시는 $ποίει$"° 분이 아닌가요? 신은 세계를 즉석에서 짓는 최고의 시인이 아닌가요? 그리고 이제 이 최고의 '시'는 모든 시의 영원한 대상이 아닐까요?

자유 또한 신과 마찬가지로 직관의 형언할 수 없는 대상입니다. 자유는 의지에서 솟아나는 모든 결정의 잠재적 원천이기 때문입니다. 자유는 생성의 흐름 속에서 잇달아 일어나는 예측 불가의 행위를 즉흥적으로 만들어냅니다. 마르지 않고 무진장 후한 원천이죠! 일평생 동안 전개시켜 나갈 가능성들은 그것을 서술하는 데만도 무한한 시간이 들 테고, 그 역사에는 끝나지 않는 이야기들이 들어 있을 테니까요. 아니, 끝나지 않는 이야기들이라 해도 셀 수 없이 많은 사건들을 말하기에는 아직도 너무 짧습니다!

끝으로, 사랑도 형언할 수 없는 것입니다. 그 까닭은 사랑이 다함이 없기 때문이고, 종종 사람을 침묵케 한다 해도 때로는 유창하게 만들고 사랑하는 사람을 모두 시인으로 만들기 때문입니다. 사랑은 일종의 서

° 시를 뜻하는 'poème'의 어원은 희랍어 '$ποίημα$'로, 이는 '만든다', '짓는다'는 의미의 희랍어 '$ποιέω$'의 명사형이다.

정적 도취를 일으킵니다. 디오티마는 『향연』에서 '그는 훌륭함에 관해 할 이야기가 많다.Εὐπορεῖ λόγων περὶ ἀρετῆς'라고 말하죠.32 사랑이 플라톤의 표현대로 출산 혹은 수태κύησις를 내포한다면, 사랑은 그야말로 창조의 원인,33 비존재에서 존재로 가는 원인ἐκ τοῦ μὴ ὄντος εἰς τὸ ὄν ἰόντι αἰτία이 아닐까요? 적어도 이 점에 있어 사랑은 문자 그대로 "시 지음ποίησις"입니다. 그리고 역으로 시인은 그 나름대로 낳는 자γεννήτορες, 즉 생식하는 자, 사랑을 하는 자입니다. 사랑은 단지 성애의 의미에서뿐만 아니라 시적인 의미에서도 조물주입니다. 그것은 비옥한 시흥을 자극하고 사람에게 아름다운 선율의 노래를 불어넣는 것입니다.

    사랑은 말할 수 없는 것이 아닙니다. 무엇보다 그것은 전달할 수 없는 것입니다. 사랑은 말할 수 있지만, 그 어떤 말보다 더 크고 더 풍부하고 더 깊은 것이죠. 나는 홍차에 적신 마들렌의 맛을 여러분에게 알려줄 수 없습니다. 언어의 마술로 여러분 자신의 추억을 불러일으킴으로써 간접적으로만 그럴 수 있지요. 스무 살, 봄의 온기가 모든 존재를 미치게 할 때, 활짝 핀 라일락의 이루 말할 수 없는 향기로 가득 찬 사랑의 환희와 흥분을 어떻게 내가 여러분에게 가르쳐주겠습니까? 그것은 단 하나밖에 없는 비밀이며, 아무도 아무에게도 전해줄 수 없는 것입니다. 프라하에서의 하룻밤 비밀처럼요. 그 대신 나는 다른 누군가가 그 자신의 과거 속에서 그 사람만의 프라하의 정원을 되찾도록, 시골의 작은 정원일 수도 있을 그 정원을 되찾도록 도울 수는 있습니다. 그 사람은 추억의 시에 사로잡혀, 저마다 비할 데 없으면서도 모든 이에게서 닮아 있는 이 사랑의 매력을 자기 안에서 재창조할 것입니다.

    사랑을 말로 표현할 수 없는 까닭은 사랑이 사랑하는 이에게 무수한 비교와 비유와 은유를 불어넣기 때문입니다. 그 덕분에 그는 남들에게 그 직관을 시사할 수 있는 것입니다. 여기서는 모든 것이 다 암시인 것이죠. 비유 하나하나는 따로 두면 일방적이고 오해마저 불러일으킵니다. 비유는 그것을 글자 그대로 굳게 받아들인 채 이미지 너머로 나아가지 않는 사람에게는 실수를 유도할 수 있기 때문입니다. 그러나 은유의 무한한 계속은, 플로티노스에게서 서로 모순적인 이미지들의 누적이 일자一者에 대한 비합리적인 직관을 우리에게 조금씩 시사하듯이, 결국 우리에게 신비를 언뜻 엿볼 수 있도록 합니다. "똑같은 차원은" 아니어도, '전혀 다른' 것이 '전혀 다른' 것으로부터 시사될 수 있습니다. 노랑이 빨강으로부터, 올림바장조가 보라색으로부터, 내림라장조가 여름밤으로부터! 상상력이 직관을 추진하고, 직관이 일격에 완성되어, 은유가 시사하는 갑작스런 도약을 통해 형언할 수 없는 것을 재창조하는 것입니다.

그러나 죽음의 말할 수 없음에 대해서는 직관이 없으며, 비존재와는 교감도 가능하지 않습니다. 한 장미의 향기는 "비길 데가 없으니", 그것은 모든 것과 조금은 닮았고, 모든 것과 맺어져 있으며, 마르지 않는 과거의 친근한 추억들을 불러일으키기 때문입니다. 죽음이 비길 데가 없는 것은 그것이 그 무엇과도 절대적으로 닮지 않았기 때문입니다. 죽음에 대해 말할 수 없다는 것은 유사한 것이 없고 그 무엇과도 관여나 관계가 없고 그 어떤 유한한 경험과도 공통의 척도가 없다는 것입니다. 가까이서도 멀리서도 죽음은 삶으로부터 "암시할 수" 있는 것이 아닙니다. 그 무엇도 죽음을 기별하지 않고, 그 무엇도 죽음을 상기시키지 않습니다. 이 비길 데 없는 것에 대해서는 예감도 회한도 없고, 미리 느껴지는 맛도 뒷맛도 없습니다.

연속의 흐름에서 되풀이될 수 있는 경험들은 울림과 반향을 담고 있고, 그 덕분에 우리는 그 향기에 젖어들고 그 맛을 맛보고 그 향미를 집약할 수 있습니다. 전후戰後에 대해 이러니저러니 말이 많은 것도 그런 것입니다. 사랑의 다음 날, 그 도취의 추억과 사라진 봄날의 여파는 끝나지 않는 되새김을 낳죠. 그러나 죽음에는 다음 날이 없는데…. '이후'가 없는 이 순간에 대해서 어떻게 뒷말이 많겠습니까? 모든 것의 최종적 파탄이 사후의 뒷말을 분쇄합니다. 그것도 당장! 죽음은 어떤 회고도 어떤 회상도 배제합니다. 그리고 마찬가지로 죽음은 어떤 예측도 배제합니다. 죽음의 관념을 남에게 전해주는 것이 불가능할 뿐 아니라, 무엇보다도 내 자신이 최소한의 관념을 갖는 것조차 불가능한 것입니다. 엄밀히 말해 죽음은 내가 남에게 전하기를 포기해 버린 어떤 경험이 아닙니다. 죽음은 오히려 아무도 과거에 경험해 보지 못한 것, 아무도 맛을 본 적이 없고 하물며 그 질적인 색조를 상상할 수도 없는 것이죠. 내가 직관한 성질을 전달할 수 없는 것은, 나만이 쥐고 있는 비밀을 아무에게도 털어놓을 수 없기 때문입니다. 그러나 죽음의 비밀을 쥐고 있는 사람은 아무도 없습니다.

　형언할 수 없는 것에는 모든 향미와 모든 맛이 모여 있지만, 말할 수 없는 것에는 아무런 맛도 향기도 없습니다. 어쩌면 결국 같은 얘기가 되겠지만, 형언할 수 없는 것에서 비롯된 침묵은 무색·무미·무취인 것이 우리를 몰아넣는 무언無言과는 전혀 다릅니다. 형언할 수 없는 것은 인간들로 하여금 말을 더듬거리게 하지만, 말할 수 없는 것은 그 공허한 단조로움으로 오히려 중언부언하게 만듭니다. 형언할 수 없는 것 때문에 우리가 빠져드는 당혹감은 자원이 너무 많아 선택하기가 어려운 즐거운 궁지입니다. 그러나 말할 수 없는 것은 모든 말재간을 그 원천까지 고갈시켜 버립니다. 형언할 수 없는 것은 영감을 아낌없이 불어넣어 주는 것인 반면에, 말할 수 없는 것은 오히려 아무것도 열매 맺지 못하게 하는 메마름입니다. 사랑의 신비는 정신을 시적으로 만들고 열매 맺게 하고 움직이게 만들지만, 말할 수 없음이라는 고르곤은 정신을 돌로 만들어 마비시키는 것입니다.

하나는 정신을 비옥하게 하고 창조하는 힘을 주고, 다른 하나는 마약처럼 정신을 마비시켜 꼼짝 못 하게 만들어버리니, 둘 사이를 '마법'과 '저주'로 대립시켜 보고 싶네요. 말할 수 없는 것은 마법이라기보다는 오히려 주술이니까요. 형언할 수 없음의 신비와 말할 수 없음의 주술 사이의 관계는, 사랑의 매혹과 죽음의 저주 사이의 관계와도 같습니다. 매혹은 다산의 긍정성, 미래의 약속 그리고 무엇보다 생명력이 아닐까요? 살아있는 피조물이며, 특히 여성, 미래를 지닌 자야말로 매혹의 힘을 가진 자이니….

형언할 수 없는 것이 귀착하는 불가지의 매혹은, 모든 인식의 매혹적인 원천이기도 합니다. 이 매혹 속에, 인식을 하게 하는 불가지의 것이, 앎을 해빙解氷시키는 비이성적인 것이 숨겨져 있고, 요컨대 이해 가능한 것에 하나의 의미를 부여하는 신비가 숨겨져 있는 것이죠. 형언할 수 없는 것에 대한 앎이 있는 무지가 혹시 우리가 영지靈知라고 부르는 그것이 아닐까요? 매혹하는 불가지의 것에 대한 앎이 있는 무지에, 희망 없는 무지와 말의 절망을 대립시켜 봅시다. 말할 수 없음의 저주 때문에 우리가 붙들린 절망을요. 말할 수 없는 것은 디오티마가 말하는 사랑처럼 '부유'와 '궁핍'의 자식이 아닙니다. 그것은 오히려 순수한 궁핍이며 절대적 빈곤πενία παντελής이니 말입니다. 비옥한 단순성에, 아이 에로스의 헤픈 궁핍에, 죽음은 그 대책 없는 불모와 그 반시反詩의 아찔한 매혹을 대립시키는 것입니다.

그래서 죽음의 철학은 정체된 동어반복이 되어버릴 위험이 있습니다. 모든 전개와 모든 변증법적 진전을 배제하고, 죽음의 철학은 그 자리에서 제자리걸음을 하게 되지 않을까요? 절대적으로 "이야기할 수 없는"것에 대해서는, 얘기할 것이 아무것도 없습니다. 시작하기가 무섭게 이미 끝나 있죠. 어안이 벙벙해질 정도입니다. 죽음이 문제일 때에는 알파와 오메가는 하나가 되고, 첫마디 말이 그대로 마지막 말입니다. 죽음의 철학자는 곧바로 더 이상 할 말이 없게 되는 겁니다! 죽음이 '아니'를 말합니다. 아니 그보다, 대답하지 않습니다. 짓누르는 무언無言만이 그 유일한 대답이니까요.

아무튼, 죽음의 '아니'에는 뉘앙스나 암시가 들어 있지 않습니다. 수많은 묵설법과 함축을 거쳐 결국 '그래' 혹은 최소한 '아마도'를 말하고, 아무것도 약속하지 않더라도 희망할 무언가를 남기는, 형언할 수 없는 것의 '아니'에 암시와 뉘앙스가 들어 있는 것과는 다르죠. 말할 수 없는 것의 '아니'는 "직설적이며" 비변증법적입니다. 그것은 이해되거나 해석되기를 요구하지 않습니다. 그리고 긍정적인 숨은 뜻을 우리에게 시사하지도 않습니다. 말할 수 없는 것의 '아니'는 단적인 '아니'인 것입니다. 그것은 '아니다, 이상 끝'이라고 말하고 문을 닫습니다. 혹은 달리 말하면, 죽음의 '아니'는 단호한 거절로 우리의 장광설에 마침표를 찍고 우리의 말을 마비시키고 얼려버리는 것입니다.

그래도 우리는 자문해 볼 수 있을 것입니다. 하나하나 볼 때는 비유들이 늘 불충분하더라도 궁극적으로는 죽음의 직관 같은 무언가를 우리에게 시사할 수 있지 않을까 하고 말입니다. 말하자면 죽음이 "시화詩化"될 수는 없을까, 하고 말이죠. 죽음은 고통의 최상급일까? 죽음은 사랑의 역대칭일까? 죽음은 긴 여행일까? 죽음은 깊은 잠일까? 이 마지막 비유를 무소륵스키와 수크의 "죽음의 자장가"와[34] 리스트의 교향시 《요람에서 무덤으로》가 우리에게 시사합니다. 부정철학은 이 자연스러운 비유들을 모두 거부할 테죠. 그래도 사랑과 고통과 잠은 경험적 근사치를 나타내기에, 우리는 그 지평선에서 죽음의 초경험적 신비를 엿볼 수도 있겠지요.

죽음을 진술의 어떤 특정 범주 속에서 생각할 수 있을까요? 사실, 범주는 서술 상황의 형식이고, 죽음은 신과 같이 "서술할 수 없다"는 점에 비추어보면, "범주"라는 말은 여기서 특히 잘못 선택된 것입니다. 죽음은 범주를 벗어나 있는 것이죠. 이 말할 수 없는 것의 절대적인 '아니' 속에서는 모든 적극적인 규정이 지워져 있습니다. 범주는 주어에 대해 제기할 수 있는 물음에 따라 특정 규정들을 분류하거나 추상적으로 정리하는 데에 쓰입니다. 그러나 어떤 이의 죽음은 비견할 바 없는 유일무이한 사건이며, 혼자만의 괴상한 일입니다. 이 분류할 수도 비할 데도 없이 자신의 존재가 부정되는 일은, 다른 것과는 전혀 다른 차원에 있으며 다른 것과는 비교도 되지 않습니다. 우리가 각 지점에서 극한까지 가도록 강요하는 절대적 무화는 모든 범주적 형식을 파열시킵니다.

그러니 받아들이도록 합시다. 죽음은, 마치 한 종種이 다른 종들과 함께 한 속屬에 들듯이, 혹은 한 독특한 경험이 같은 종류의 다른 경험들과 나란히 한 종류에 속하듯이, 그처럼 이미 존재하는 추상적인 범주에는 들지 않습니다. 죽음은 연속의 다른 사건들과는 공통 척도를 갖지 않습니다. 죽음은 이 연속 자체를 죄어버리니 말입니다. 죽음은 또 다른 종류, 또 다른 세상의 것이며, 전혀 다른 차원, 전혀 다른 단계에 있는 것입니다. 자신의 죽음은 따라서 어느 하나의 개념적 항목 아래에 포섭될 수 없습니다.

게다가, 우리가 뒤에서 순간과 관련해서 이야기하겠지만, 죽음은 경험을 분류하고 정리할 수 있게 해주는 범주의 하나가 아닙니다. 성질의 범주는 적어도 개념으로 생각될 수 있어서, 지각된 여러 성질들의 관계를 이해할 수 있게 해줍니다. 그 범주 자체를 직접 체험할 수는 없지만, 음조와 색조를 지성으로 파악할 수 있도록 해주지요. 추상적 장소는 그 자체는 경험의 대상이 아니지만, 대상이 어떻게 공간 속에서 위치를 가질 수 있는지를 이해할 수 있도록 합니다. 텅 빈 시간은 직접 지각되지 않지만, 각 순간마다 현재의 구체적인 변화와 연속적인 움직임, 전과 후로의 계속을 이해하게 합니다. 하지만 죽음이 무엇을 이해하게 해주나요?

장소는 구체적인 내용물로 채워진 공간으로, 지속은 체험된 사건들로 부푼 시간으로 이해될 수 있습니다. 그러나 삶은 존재로 채워진 죽음이 아닙니다. 죽음은 삶을 부정하는 일 이상을 합니다. 삶을 무화하기 때문입니다. 삶을 반박하는 일 이상을 합니다. 삶을 죽이기 때문입니다. 존재가 무에 대해 갖는 관계, 또는 연속이 중지에 대해 갖는 관계는, 구체적인 생성이 추상적인 시간에 대해 갖는 관계와는 달리, 어떤 플러스와 다른 플러스의 관계가 아니며 정방향의 관계가 아닙니다. 그것은 오히려 하나의 플러스와 하나의 마이너스의 관계인 것입니다. 죽음은 체험된 경험의 긍정적인 충만함과는 부호와 방향이 같지 않다고, 그 부호와 방향이 반대라고 우리는 말했었습니다. 그래서 죽음은 이 충만함을 이해하는 데에 도움이 되지 않으며, 오히려 이를 오해하게 만드는 것입니다!

2

기관 – 장애물

1. 짧은 삶

　죽음은 단지 우리의 육체적 존재의 무일 뿐만 아니라 우리의 심신 전체의 무라고, 게다가 '더 이상 결코 아무것도 아님'이라고 말하는 것으로 어쩌면 충분할 것입니다. 이로써 할 말은 다 한 것이고, 부정을 계속 이어가는 것은 군더더기가 될 것입니다. 굳이 죽음의 허무가 무엇을 배제하는지를 일일이 들어 말할 필요는 없을 것이고, 하물며 관계와 변화, 시간과 장소를 배제한다고 새삼스레 말할 필요도 없을 것입니다.
　그래도 어떤 면에서는 죽음의 "선험성"에 대해 말하는 것도 괜찮을 것입니다. 즉, '죽어야 하는 자'는 '죽어가는 자'이기 훨씬 이전에 '죽을 자', 죽도록 운명 지어져 있는 자인 것입니다. 태어나는 순간부터, 살아있는 것은 죽을 수밖에 없는 그런 것이죠. 신체조직과 실존의 리듬 자체, 생애 연령단계와 신체의 주요 생물학적 변이는 인류에게 부여된 제한된 지속기간에 맞춰져 있습니다.
　인간의 현실적 존재는, 그것이 어느 날에 그리고 한참 뒤에 중단될 것이라는 사실에 의해 역설적으로 감소됩니다. 30년 뒤에 다가올 마지막은 비록 현재의 신체 형태 속에 새겨져 있지는 않더라도 지금부터 그 존재를 변모시키고 있습니다. 게다가 이 먼 죽음이 없다면, 오늘 하루가 지금과는 달랐을 테죠! 죽음은 삶의 그저 단순한 끝마침이 아니라, 오히려 이 삶의 예고된 결말입니다. 오래도록 미리 예감되는, 모든 미래의 마지막 미래는 우리의 현재에 일종의 소급적 작용을 가하는 것입니다. 마지막의 마지막에 대한 예상이 그 앞에 있는 연속에 특수한 조명을 던지는 것이죠. 죽음이 삶의 무의미이며 우리 전 존재의 취약함, 생성의 덧없음, 인간적인 것 일반의 허망함이라는 그런 생각이 실존을 더 이해할 수 있게 해주는 것은 아니지만, 그래도 실존에 독특한 색조와 표정을 부여합니다. 일정 분량의 무의미가 없다면, 삶은 삶이 아닐 것이라고 생각해야 하는 것이죠!

무의미의 의미라는 이 날카로운 역설은 그러나 선험성에는 없는 하나의 신비에 싸여 있습니다. 인식론적인 선험성은 인식을 가능하게 하지만 그 자체는 인식할 수 없는 것이며, 모든 사유의 조건이지만 그 자체는 사유할 수 없는 것, 빛의 어두운 원천이라고 우리가 앞에서 말했었죠. 그러나 죽음은 어떤 식으로도 광휘의 원천이 아닙니다. 캄캄한 원천조차도 아니죠! 죽음은 단지 상상할 수 없는 것만이 아닙니다. 그때는 죽음이 그저 생각될 수 없는 것이 될 테니까요. 게다가 죽음은 살 수 없는 것, 삶을 반박하고 무화하는 것입니다. 죽음은 부조리한 것입니다. 삶의 의미가 바로 이런 모순에 달려 있다는 사실에는 뭔가 비이성적인 것이 있지요.

죽음이 삶에 하나의 형태를 부과한다고 말할 수도 있겠지만, 그래도 단서를 달아야 합니다. 죽음 자체는 형태가 없는 형태이며, 이 무형의 형태가 유기체 형태의 분해를 초래한다고 말이죠. 기관 혹은 조직이라 부르는 불안정하고 취약한 구조를 실존의 연속 속에서 유지하던 긴장이 풀어집니다. 몸이 있던 자리에는 이제 자신을 유지할 힘이 없는 시체밖에 없습니다. 죽음은 사실 무정형의 유령이고, 그 위협이 우리의 실존을 짓누르고 있습니다.

그러나 가장 역설적인 점은 무형으로 되돌아간다는 이 위협이 삶의 긴장을 유지해 준다는 것입니다. 긍정과 부정을 뒤바꾸는 위험을 무릅쓰면서, 비샤Xavier Bichat는 생명을 "죽음에 저항하는 기능들의 총체"라고 정의했습니다. 생명의 긍정성은 실제로 내부의 부정에 대한 계속적인 부정으로 간주될 수 있습니다. 그러나 생활의 일상적 긍정성에 가려져 대개는 이 부정을 알아차리지 못하고 지나죠. 아마도 일종의 생물학적 적응이 그것을 무의식 속에 가능한 한 깊이 묻어두려는 것으로 보입니다. 하지만 보통은 느끼지 못하는 것도 고통과 질병의 영향으로 훤히 드러나는 수가 있습니다. 암묵적인 부정이 죽음의 위험이 될 때, 부정에 대한 저항은 필사적인 항의로 변모합니다. 죽음의 위험이 보존본능을 자극해, 살아있는 조직을 짓눌러 취약한 균형을 파괴하려 하는 해체의 지속적 위협을 부각시킵니다. 그래서 생명체는 이 날카로운 반명제와 싸우고, 자신의 전 존재의 생물학적인 동요 속에서, 졸지에 부인당한 유기체의 형태를 악착같이 지키려 합니다.

더 일반적으로 말하자면, 죽음에 대한 예지豫知는 운명이 우리에게 계측해 준 유한한 지속을 격렬하고 비장한 드라마로 만듭니다. 무한한 시간은 무한한 공간과 마찬가지로 살 수가 없습니다. 바슐라르Gaston Bachelard가 『공간의 시학La poétique de l'espace』에서 말하는 구체적인 공간이, 잘 둘러싸인 장소, 사람이 머물 곳을 고르고 보금자리를 짓는 집과 고향 마을이듯이, 구체적인 시간은 죽음의 울타리에 의해 경계가 그어지고 둥글게 모양이 잡힌 시간입니다. 시간의 "시학"이 있는 것이죠! 우리 앞에는 영원이 있지 않습니다. 우리는 제한 없는 지속 속에 놓여 있는 것도 아니고, 끝이 까마득히 먼 무형의 무기질적 시간 속에 잠겨 있는 것도 아닙니다. 그렇습니다! 삶의 시간은 그런 무정형의 시간이 아닙니다.

"그대들은 언제나 살아있을 것처럼 살고 있다.Tanquam semper victuri vivitis"° 그러나 세네카가 여기서 말을 걸고 있는 것은 망령들입니다. 삶의 시간은 제한된 시간이며, 바로 그 유한성 덕분에 조직화되고 한정되며 순간들이 계승됩니다. 삶의 시간이 경과된 시간들로 분절되는 것이죠. 그리고 연쇄적으로 이어지는 기간들이 생의 큰 시간 속에서 서로 제한하듯, 마찬가지로 이 큰 시간도, 이 모든 시간들의 '시간'도 그 자체로 탄생과 죽음 사이에 옥죄여 무의 영원 속에서 하나의 에피소드로 나타납니다. 이를 옥죄는 두 개의 무, 시작 이전의 무와 끝 이후의 무가 큰 시간을 골격과 구조를 갖춘 지속으로 만들고, 그 속에서 작은 시간의 조각들이 무한히 서로 분절하고 있는 것입니다. 인간의 윤곽이 무한한 공간 중에서 오려낸 작은 마당과 같은 것이듯, 마찬가지로 인간의 삶은 한없는 영원의 대양 속에 한정된 몇십 년의 행로입니다. 유한성이야말로 벌거벗은 시간에, 즉 세상에서 가장 만져지지 않고 가장 중성적인 것에, 그 비루한 지속에 하나의 가치를 주는 것입니다!

시간은 상품과는 반대가 아닙니까? 그러나 시간이 돈이 "아니라고" 해도, 시간은 모든 축적의 추상적인 기본 조건일 수 있습니다. 세네카 이래로[1] 철학은 시간의 가치를 자각하고서, 시간을 경제적으로 조절하고 "선용"하는 일을 더 이상 경멸하지 않습니다. "우리는 적지 않은 시간을 가졌지만, 그 대부분을 낭비해 버린다. 인생은 충분

° 세네카, 『인생의 짧음에 관하여』 III. 4 참고.

히 길다…. 짧은 인생을 받은 것이 아니라, 우리가 그렇게 만드는 것이다.Non exiguum temporis habemus, sed multum perdimus. Satis longa vita… Non accepimus brevem vitam, sed fecimus" 그리고 세네카는 경박한 자들이 이 보물을 탕진하는 것을 나무라고("모든 것 가운데 가장 값진 것을 갖고 장난친다.re omnium pretiosissima luditur"), 일일장부를 쓰도록 권장합니다. "네 인생의 나날을 세어라.Recense vitae tuae dies"

기독교 철학에서는 영원한 삶을 준비하는 것이야말로 시간을 잘 사용하는 일입니다. "시간만큼 귀한 것은 없으니, 단 하나의 순간으로 영광스런 영원의 기쁨을 살 수 있기 때문이다."² 피에르 니콜Pierre Nicole은 엄격한 시간 계산으로 하루하루의 계획을 조절하며, 세네카도 "시간 버리기"라고 부른 모든 것을 헛된 소일거리라고 비난합니다. 페늘롱은 이렇게 말합니다. "15분이 우리에게 우주의 모든 보물보다 더 귀하고 더 간절해 보이는 날이 언젠가 오리라. 다른 모든 면에서 너그럽고 관대하신 하느님께서는 그 섭리의 지혜로운 알뜰함을 통해 우리가 어떻게 신중하게 시간을 선용해야 하는지를 가르쳐주신다. 하느님은 우리에게 결코 시간의 두 순간을 함께 주지 않으시기 때문이다. 하느님은 첫 번째 순간을 가져가시고 세 번째 순간은 아직 손에 쥐고 계신 채로만, 우리가 갖게 될지 전혀 불확실한 두 번째 순간을 주시는 것이다. 시간은 영원을 준비하라고 우리에게 주어진다. 그리고 시간을 남용하면, 영원이 아무리 길더라도 우리는 시간의 상실을 후회할 것이다."

"잃어버린" 시간의 만회는 이후로 하나의 의미를 갖습니다. 맑은 물보다 더 무색·무미·무취이며, 공기보다도 만져지지 않고 무게를 잴 수 없는 시간을 우리가 엄밀히 잴 때, 시간은 무한한 값을 획득합니다. 사막에서 목이 말라 죽어가는 사람은 세상의 모든 황금을 주어서라도 물병 바닥의 몇 방울 물을 얻으려 할 것입니다. 몇 순간의 집행유예를 위해서 사형수가 무엇인들 내주지 못하겠습니까? 희귀함 덕분에, 그리고 무의 바로 가장자리에 있는 '거의 아무것도 아닌' 유일함 덕분에 물건의 값이 올라가고 어떤 가치가 부여되듯이, 짧은 유예와 '거의 결코'인 단 한 번의 순간이 생성을 가치 있게 합니다. 이는 "단 한 번"이 희박화의 최상급이며 가장 뾰족한 끄트머리인 것이듯, 순간이란 거의 비실존이며, 그 무엇보다도 미심쩍은 사건이기 때문입니다. 아니, 사라지며 나타남인 지속의 '거의 아무것도 아님'은 개별적인 '이것임'보다 훨씬 더 실존하지 않는 것입니다! 15분간 유예를 얻은 자는 이 귀중한 15분을 허비해서는 안 됩니다. 시간이 재촉하기 때문입니다!

그러나 단 한순간을 마음대로 처분할 수 있는 사람은 그것을 어디에 쓸까요? 자신의 마지막 기회를 영영 잃지 않으려면 이 무한소의 지불유예를 가지고 무엇을 해야 할까요? 지속 없는 순간 속에 긴 기간의 가치를 농축해 최소의 시간 속에 최대의 열정을 담아내는 일도 있지요. 다소 묽은 연속적인 즐거움이 섬광 같은 환희의 중심으로 응축될 수도 있고요. 이 경우에는 점 같은 순간의 열정적인 응축이 몇 년간의 평온한 행복보다 더 값집니다! 그런데 인생 전체가 영원의 대양 속에서 상실되는 것이라면, 그것이 하나의 "커다란 순간"이 아니고 무엇이겠습니까? 수천 년에 수천 년이 이어지고 망각이 제 일을 해가면서, 고인의 생애는 점점 흐릿해져 가고 지워져 갑니다. 하나의 삶이었던 것에서 '거의 아무것도 아닌 것'이, 겨우 하나의 자국만이 남을 것입니다.

타인과의 관계에서 우리가 소중한 사람을 그토록 귀하게 여기는 것도 생성의 허약함과 불안정성 때문입니다. 어린아이의 깨어지기 쉬운 짧은 순진무구함을 우리가 사랑하고, 그 꾸밈없는 싱그러움과 덧없음에 거의 병적으로 애착을 갖는 것도 그것으로 설명됩니다. 우리는 그 순진무구함을 영원토록 지키고 보살피고 보호할 수는 없습니다. 어떻게 해야 유한 속에 무한을 간직할까요? 어떻게 해야 어린 시절이라는 신이 주신 계절의 너무도 덧없이 짧은 이 시간 속에 사랑의 힘과 깊이를 가둬둘 수 있을까요? 어떻게 열정으로 영원을 대신할 수 있을까요?

그러나 열정을 갖게 하는 죽음의 위협으로 인해 풍요롭게 되는 것은 특히 내 자신의 삶입니다. 행동적인 인간이라 할지라도 최종 기한이라는 끝이 없으면 결코 일을 달성하지 못할 것이고, 창작자도 시간 제한이 없으면 작품을 끝내지 못할 것입니다. 그리고 무릇 살아있는 자는 죽음이 뒤쫓고 운명의 기한과 짧은 인생에 대한 직관적인 예견이 재촉하지 않으면 아무 일도 끝맺지 못할 것입니다. 일시적이나마 마음대로 쓸 수 있는 일정 기간의 집행유예를 받으면, 사형수가 큰일에 착수할 수 있게 되는 것이죠. 인간의 삶을 짓누르는 보이지 않는 부정은 우리 안에 어떤 불안감과 당혹감을 생기게 하지만, 이 불편한 상태는 소크라테스의 대화 상대가 빠지게 되는 비옥한 궁지와 상당히 닮았습니다. 누가 알겠습니까? 죽음을 엿보는 것이 짧은 생의 템포를 높이고, 그 리듬을 빠르고 격하게 하며, 생의 긴장을 비장하게 만들지 않을는지?

쇼팽 그리고 아마 푸시킨 같은 사람들의 섬광 같은 인생이 그런 것이었을 겁니다. 사실 천재인 당사자가 그 짧은 생애를 살고 있는 순간에 인생의 짧음을 꼭 예견하고 있는 것은 아닙니다. 오직 사후에 전미래형으로 타인들에게만, 요컨대 위에서 조망하는 의식과 생존자들에게만, 그 짧은 생이 짧았던 것이 될 것입니다. 증인들과 전기작가들은 이를 회고적으로만 알게 될 것입니다! 산 자는 살아있는 한, 자신의 삶이 짧을 것임을 아직 모릅니다. 삶은 산 자에게는 있는 그대로의 것이며, 짧지도 길지도 않은 것이죠. 그리고 죽음이 너무 이르게 엄습하여 마침내 짧은 생을 마감했을 때는, 짧은 생의 짧음이 결정적으로 드러났을 때는, 그것을 자각할 산 자가 더 이상 존재하지 않습니다. 그래도 천재의 짧은 삶에서는, 마치 긴 생애의 작업을 얼마 안 되는 세월 동안 성취해야만 했던 것처럼 모든 일이 일어납니다. 진전이 매우 빠르고 곧바로 완성에 다다르며 모색의 기간은 최소한으로 줄어드는 것이죠. 마치 뭔가 남모를 급함이 그 불꽃같은 생애의 생성을 재촉하고, 이어지는 연령단계들을 짧게 줄이는 것 같습니다.

2. '그렇기 때문에'와 '그럼에도 불구하고':
유한성, 육체성, 시간성

단순화, 즉 모든 일의적이고 일방적인 체계는 죽음의 선험성이 갖고 있는 양의성을 간과합니다. 그런데 이 선험성이 삶과 맺고 있는 관계는 인과적인 동시에 양보적인 관계입니다. 삶은 죽음에도 불구하고, 죽음에 맞서, 그리고 죽음을 무릅쓰고 자신을 주장합니다. 그러나 이와 동시에 그리고 동일한 관점에서, 삶은 죽도록 운명 지어졌기 때문에 비로소 삶입니다. 죽음은 삶의 기관-장애물입니다. 살아있다고 자기주장하기 위해 삶이 죽음이라는 부정적 장애물을 마침내 피하고 방해를 도구로 바꾼다는 말이 아닙니다. 죽음이 어떤 점에서는 장애물이고 어떤 점에서는 기관이라는 애기도 아닙니다. 그런 것이 아닙니다! 여기서는 장애물 그 자체가 완전히 하나의 수단이고, 방해물이 하나의 도구인 것입니다. "그렇기는 하더라도quanquam"와 "그렇기 때문에quoniam"는 동등하게 삶과 그 부정 사이의 역설적 관계, 양자택일, 가늠할 수 없는 모순을 표현하는 것입니다. ("부조리하더라도quamvis absurdum"가 아니라 "부조리하기 때문에 믿는다credo quia absurdum"이고, "그럴지라도etsi"가 아니라 "불가능하기 때문에 확실하다certum quia impossibile"와 같이) 반론이 바로 근거인, 자극하는 근거인 경우에서처럼, 살아있는 자는 단지 자신이 저항하는 죽음이라는 장애물에도 불구하고 자기를 주장하는 것이 아니라, 또한 바로 이 장애물 덕분에 자기를 주장하는 것입니다. 그렇다고 해도 실존의 조건이 된 이 장애물이, 이종異種적인 동시에 동종同種적인 이 장애물이 자기가 조건 짓는 것을 계속해서 방해하는 일을 그만두는 것은 아니지만 말입니다.

    모순율에 대한 다소 빈정거리는 냉소적 도전이라고 해야 할까요? 아니면 비존재 자체를 존재의 긍정에 이용하는 기발한 경제성이라고 해야 할까요? 인간들이 낙수를 이용해 터빈을 돌리고, 격류의 힘을 동력으로 변환하는 것처럼 말입니다. 폭력이 길들여져 순종으로 바뀌는 것이죠. 아니, 아닙니다. 기관-장애물은 적대적인 힘을 인간을 위해 일하게 만드는 공학적 기술이 아닙니다. 사실을 말하자면, 기관-장애물의 애매성은 무한하며, 그 변증법은 결코 화해에 도달할 수 없습니다. 그리고 정신은 고정되지 못하고 하나의 모순항에서 그것의 모순항으로 끊임없이 되돌아갑니다. 만일 우리가 우습게도 장애물 덕분에 살 수 있다고 해도, 기관이 비참하게도 우리가 사는 일을 계속해서 방해합니다. 요컨대 산 자에게는 그를 죽일 독이 필요합니다. 살기 위해서 그야말로 죽는 것이 필요한 것입니다. 빈정거림이든 경제성이든 어느 쪽이라도 상관없습니다. 살아있는 자는 그 달콤한 독에, 사람을 죽이면서 동시에 살리는 죽음이라는 자극적인 딜레마에, 말하자면 중독되어 있는 것은 아닐까요?

예를 들어 몸은 영혼의 기관-장애물입니다. 영혼은, 기관의 작용을 의식함으로써 그 작용을 방해하는 동시에, 그것을 잃은 무력한 몸이 죽은 고기에 불과하게 되는 생기의 원리를 나타냅니다. 역으로 몸은 정신을 둔하게 하고 왜곡하고 부인하지만, 이와 동시에 떠도는 영혼이 몸을 입어 한 개인으로 실존할 수 있도록 하는 기회를 제공합니다. 따라서 어찌 보면 몸은 영혼의 삶의 죽음이지만, 그래도 아무튼 이 삶을 살게 하는 죽음입니다. 몸은 일시 중단된 영혼이며 실존하기 위해 그렇게 일시 중단되어야만 하는 영혼입니다. 그럼에도 기관-장애물은 어떤 상황에서는 기관이기보다는 장애물일 수 있습니다. 특히 궁지에 몰리거나 실수를 해서 몸이 중력에 지배된 무기력한 물체가 되는 경우, 고통이나 질병으로 장애물이 굳어지고, 몸이 우리의 자유를 막는 벽에 불과하게 되는 경우가 그렇습니다.

일반적으로는 기관-장애물은 무엇보다 하나의 기관, 복잡하고 까다로운 제어된 기관입니다. 뇌는 생각의 기관-장애물이고, 눈은 시각의 기관-장애물이죠. 게오르크 짐멜은 같은 종류의 변증법적 양가성을 "문화의 비극"으로° 기술합니다. 정신이 자기를 표현하려면 기호를 필요로 하지만, 기호는 정신을 반박한다는 것입니다. 기호가 정신을 방해하면서 정신에 봉사하는 것이죠. 운명의 기묘한 변덕 탓에, 의미는 방해 속에서만 표현될 수 있는 것 아닐까요? 하지만 "스타일"의 곡예란 바로 그런 것입니다. 작품은 그것이 유래한 창작자를 부인합니다. 그러나 창작물 없이는 창작자도 없을 것입니다. 그런 식으로 부모도 자신이 낳은 배은망덕한 자녀에 의해 부인됩니다.

° 이는 후에 베르자예프가 "객체화"라고 부르게 되는 것이다.

이것이 다가 아닙니다. 개인적 실존의 수축과 위축은 모든 한정된 진짜 삶의 조건입니다. 방해하는 조건, 그리고 방해하기 때문에 비로소 한정하는 조건인 것입니다! 협소함이란 이 세상에서 개인으로서의 삶을 얻기 위한 대가가 아닐까요? 강렬하게 실존하기 위해서는 양보가 필요하지 않을까요? 사람은 '누구나'이면서 동시에 '누군가'일 수는 없으니까요! 전부인 자는 아무것도 아니니까요! 개인이란 부정된 긍정성과 한정된 무한이라는 역설 그 자체입니다. 별거 없는 것, 있는 그대로만의 것이기를 받아들이는 자는, 지금 여기에서 "적어도" '조금은 있는 것'이, 저것이 아니라 이것이 될 것입니다. 그는 불확정 상태에서 녹아버리지는 않을 것입니다.

예술, 특히 조각의 경우가 그렇습니다. 재료의 저항은, 예술가의 손이 말을 듣지 않는 대리석 속에서 형상을 캐내는 도구-방해입니다. 구름은 조각할 수가 없으니까요! 시와 음악은 나름대로 많은 난제를 창안해 내고, 소네트의 까다로운 규칙들과 푸가와 대위법의 독단적인 금칙을 스스로 부과하며, 아주 엄격한 운용의 협소함 속에 자신을 가둬 어떤 존재 이유를 찾으려고 합니다. 니체가 '쇠사슬에 묶여 춤춘다'°고 말한 것이 그런 것입니다. 예술가는 자유롭다고 느끼기 위해서 애너그램과 캘리그램에 속박될 필요가 있기 때문이죠. 중력이야말로 무용수의 우아함과 등반가의 성공적인 노력을 방해하면서도 그것을 가능하게 하는 조건입니다. 그리하여 결국 거장이 거둔 개가는 지침과 더딤, 근육의 무기력함과 기관들의 둔함에 대한 승리입니다. 근본적인 '양자택일'을 받아들여야 하는 시소 효과에 의해, 중력은 역설적이게도 부상^{浮上}의 기관-장애물이 됩니다. '도약^{όρμή}'에는 평형추가 필요하지 않을까요? 삶의 협소함을 모르는 것은 아마도 천사의

° 프리드리히 니체,「산책자와 그 그림자」,『인간적인 너무도 인간적인』.

시와 침묵의 음악뿐일 테니….

'불구하고-때문에'라는 복합체는 죽음이 문제인지 몸이 문제인지에 따라 강조점이 달라집니다. 유기체와 그 기관들은 분명 정신의 기관-장애물이기는 합니다. 그러나 (그 이름이 충분히 보여주듯) 그것들은 장애물보다는 기관에 더 가깝습니다. 여기서는 '그럼에도 불구하고'가 역설적이고 은밀하며 이차적입니다. 그에 반해 죽음의 경우에는 '그렇기 때문에'가 상식에 도전합니다. 몸은 오로지 간접으로만, 그리고 간헐적으로만 영혼의 부정입니다. 몸은 정신적 삶의 일시적·국지적 중단입니다. 유기체는 무엇보다 먼저 개체가 살 수 있도록 자연이 준 도구이자 수단의 총체입니다. 몸의 공개적인 명백함, 몸이 공간에서 차지하는 부피는 겉보기에 애매함이 없는 긍정성의 표지로 보이는 것입니다.

베르그송은 기관-장애물의 이론가, 잠재적인 것과 표현할 수 없는 것의 이론가였습니다. 그는 부정의 이차성과 가능성의 환상적 성격을 밝혀내고, 나아가 죽음의 불안을 일소합니다. 베르그송에 따르면[3], 기관은 사용되는 수단이기보다는 오히려 회피된 장애물이며, 긍정적인 실재라기보다는 오히려 하나의 부정입니다. 눈은 아마 일종의 "관으로 된 시각"일 것이니…. 그렇다고 해도 눈이라는 시각 장치가 우선 하나의 플러스, 하나의 보는 수단, 그리고 시각 기능의 물리적 조건으로 나타난다는 것도 사실이죠. 일견 비뚤어진 정신의 소유자만이 그 반대를 주장할 수 있을 겁니다!

마찬가지로 상식적 견해에 따르면 언어적 기호는 의미를 직접 표현하고, 의미와 단순하고 자연스러운 관계를 맺고 있습니다. 만약 기호가 의미를 빗나가게 해서 오해를 낳는다고 해도 그것은 부차적으로 그런 것이고요. 말은 원칙적으로 전달 수단이며 자기를 이해시키는 수단입니다. 따라서 의미가 한 정신에서 다른 정신으로 전해지는 것은 언어 덕분이지, 언어에도 불구하고는 아닙니다. 적어도 소박한 신뢰는 그렇게 전제하고 있어서, 그것은 거짓말의 왜곡도 모르고 표현할 수 없는 것의 고민도 모르는 것입니다. 배의 키가 사공 마음대로이고, 바이올린은 바이올리니스트, 오르간은 오르가니스트, 악기가 연주자 마음대로인 것처럼, 언어도 이론적으로는 주도권을 쥔 생각의 마음대로인 것으로 되어 있습니다. 따라서 말의 음성적 확실성은 색이 있는 외양이나 외형의 시각적 확실성 못지않게 진실을 보여준다고 해야 할 것입니다. 사유가 언어에도 불구하고 표출되며 기관-장애물의 왜곡과 굴절을 겪는 일은, 까다롭고 조금 비뚤어진 정신에게서 있는 일이고, 시인이나 철학적 반성에서나 있는 일이기 때문입니다. 순진무구한 사람은 일의적인 기관의 안쪽에 기관-장애물이라는 양의성이 있으리라고는 의심조차 하지 않지요.

좀 더 일반적으로 보자면, 개인의 실존은, 그것이 하나의 신체로 현존하는 한, 매개 없이 직접적으로 긍정적인 충만으로 체험됩니다. 개인으로 실존하는 덕분에 존재는 존재하게 되고, 더 정확히는 자기 자신이게 되는 것입니다. 천진난만한 의식은, 피조물의 유한성에서 부정과 결핍을 진지하게 일차적으로 경험하지 않습니다. 다른 사람이 될 수 없고 다른 곳에 있을 수 없다는 사실도 직접 겪는 것이 아니며, 모든 사람이 되어 어디에나 언제나 있는 일이 불가능하다는 사실도 실제로 느끼지 않습니다. 아니, 애초부터 현존은 편재의 부정이 아니고, 현존하는 것이 편재하는 것의 부정도 아니며, 개체성이 전체성의 부정도 아닌 것입니다. 현존은 현존이고, 현존하는 것은 현존하는 것이지, 편재성, 영원성, 보편성에 전혀 준거하지 않으며 그 어떤 종류의 함축도 갖지 않습니다. 현존하는 현존은 처음부터 단적으로 절대적으로 '그렇다'를 말하는데, 그것은 어쩌면 "동일존재tautousie"°라고 부르는 편이 좋을 그런 존재적 동어반복에 의해서입니다.

오로지 극도로 불안해하는 의식만이, 누군가의 앞에 섰을 때, 그 실존이 배제한 영원히 실존하지 않게 된 수많은 가능한 것들을 생각합니다. 이 누군가에 의해 부정된 수많은 타인들의 배경 막을 다시 세우며, 이 누군가의 윤곽을 뚜렷하게 드러낼 빈 공간을 상상합니다. 이 누군가가 누군가이기 위해서 포기해야 했던 모든 '다른 곳'과 모든 '다르게'를 생각하면서, 모든 구체적 실존의 대가인 제한들을 고려합니다.

아무도 나를 '남이 아닌 자'라고 말하고 싶은 생각은 없을 것입니다! 남들이야말로 '내가 아닌 자'이고, 나의 부정이죠. '모나드'라 불리는 이 풍요롭고 근원적인 닫힌 영역, 우주 속의 이 소우주, 세계 속의 이 세계는 그 자체로 자족하지 않겠습니까? 어떻게 이 고독하고 유일한 이 존재자가 독립적인 것으로 나타나지 않겠습니까? 자아는 하나의 얼굴을 가지고 있습니다. 그것은 단지 흰 얼룩이 아니며, 주위의 '내가 아닌 것'이 남긴 텅 빈 자리가 아닙니다!

물론 사람이 살아가는 과정에서 단호히 선택해야만 할 때에는, 다른 가능성의 희생, 겸유의 금지, 양자택일의 엄격함을 가혹하게 겪습

° 'tautousie'는 교회 문헌에서는 주로 '동일본성'을 가리키는 말로 사용되어 왔는데, 장켈레비치가 박사학위 논문에서 연구한 철학자인 셸링은 이 말로 삼위일체의 세 계기 중 첫 번째 계기, 모든 것이 성부 속에 담겨 있는 상태를 의미한다. 장켈레비치의 초기작 『의도의 진지함』에서는 엘레아학파의 존재론을 설명하는 맥락에서 등장한다. 존재가 자기 자신과 완전무결하게 동일한 상태, 주어로서의 존재가 존재 동사와 완전히 일치하는 상태, 즉 '존재는 있다'로 표현되는 상태를 가리킨다. 이 책 『죽음』에서는 특히 존재적 동일성identité ontique의 의미로 쓰인다. 11장 663쪽을 참고.

니다. 그러나 유한한 존재가 있는 그대로의 자기일 뿐이게 하는, 예지적이고 초경험적이고 비역사적인 대大선택을 선택이라고 부를 수 있을까요? 태어나기 전에 자신의 운명이나 성격을 의도적으로 선택한 기억이 있는 사람은 아무도 없을 것입니다. 이 선택은, 설령 그런 선택이 존재한다고 하더라도, 결코 우리가 했던 적은 없습니다. 어떤 순간을 생각해 봐도, 이 아득한 선택은 언제나 다 선택된 것으로, 다 받아들여진 것으로 주이집니다. 어떤 순간을 생각해 봐도, 유한한 피조물은 이미 긍정적 부정 혹은 부정된 긍정입니다. 하기야 비관론자가 좋아라 하며 일깨워주듯, 있는 존재는 결코 태어남과 태어나지 않음 사이에서 선택한 적이 없습니다. 잠재적 상태의 존재가 자기 의견을 말하도록 요구받은 적은 없는 것입니다. 그도 그럴 것이 실존의 후보자 같은 것은 있었던 적도 없으니 말입니다. 태어나기 전에는 선택할 자가 아무도 없었고, 태어난 후에는 너무 늦었습니다! 그래서 "존재함의 불행"은 신화의 은유적 언어 속에서나 있는 사건일 뿐입니다.°

  신체를 지니고 개인으로 있는 실존이 그러하다면, 지각과 감각은 더더구나 그렇습니다. 예상을 통해 얻은 관념을 다 제외하면, 감각은 현존에 대해서만 말하고, 외부에 직접 제시된 것의 구체적인 개별성만을 확인합니다. 부재하는 것 자체는, 아쉬운 대상이건 기대하는 대상이건, 다른 무언가와 비교를 통해서만 부재하는 것이 되고 현실적인 적극적 감정의 대상이 됩니다. 우리가 겪은 경험의 과거와 미래는 그 자체로 현재의 두 가지 양태가 아닐까요? 볼 수 있기 위해 시각이 포기하는 것들은 보이지 않습니다. 그리고 시각이 무한하다면 볼 수 있었을 보이지 않는 사물들은 전혀 현시되지 않으며, 재현 속에서, 즉

° 미다스 왕이, 지혜로 유명한 실레노스에게 인간에게 가장 좋은 것이 무엇인지 물었더니, 최선은 태어나지 않는 것이고, 차선은 어서 빨리 죽는 것이라고 대답했다는 희랍신화가 있다.

거듭제곱이 된 현시 속에서 추론됩니다. 시야와 그 제한 범위는 하나의 '플러스'로 체험되지 '마이너스'로 체험되지 않습니다. 예단하지 않는 감각기관은 보는 것을 보고, 느끼는 것을 느끼고…. 이 '지금-여기'의 구체적인 명증성, 불가피한 진실성은 유명론을 옹호하는 것이 아닐까요. '존재는 있고 비존재는 없기 때문이다.'Ἔστι γὰρ εἶναι, μηδὲν δ'οὐκ ἔστιν' 자명한 이치 혹은 일종의 형이상학적 뻔한 소리를 닮은 이 문장에는 엘레아학파의 위대한 동어반복이 요약되어 있습니다. 파르메니데스가 '존재'와 현존 전체에 대해 말한 것을 개인적 현존의 일견 결여된 유한성에 적용하여, 이 문장을 그대로 옮겨놓을 수도 있을 것입니다.

죽음은 신체적 개체성과 똑같이 기관-장애물입니다. 그러나 기관-장애물이 여기서는 반대쪽에서 고찰되고 있습니다. 여기서는 기관-장애물이 일단 먼저 장애물입니다. 즉 공개적으로 장애물이고 은밀히 기관입니다. 상식에게는 장애물이고, 간접적 반성에게는 기관입니다. '그렇기 때문에'의 긍정성이 이번에는 명백하지 않고 역설적입니다. 죽음은 어리석은 대실패, 맹목적인 제약, 한 존재의 완전한 자기실현에 대한 부조리하고 상쇄할 수 없는 방해라고 우리는 말했었죠. 아무도 살 수 없고 아무도 살아본 적이 없는 이 부정이 어떻게 인간 실존을 구성할 수 있을까요? 비극이 기관-장애물의 복합체에서 죽음이라는 장애물을 꺼내어 일방적으로 노출시킬 때, 죽음이 다시 순수한 장애물이 될 때가 바로 절망입니다. 그 무게 덕분에 다시 도약할 수 있는 점프대는 사라졌습니다. 변증법적이고 비非비극적인 상황으로부터, 비非변증법적이고 비극적인 상황으로 다시 빠진 것입니다.

죽음과 개인적 유한성 사이에서, 시간은 기관과 장애물이 균형을 이루는 중간적 경우를 나타냅니다. 존재와 비존재의 혼합인 생성은 비존재보다는 더 바람직합니다. 말 그대로 생성은 아무것도 아닌 것보다는 낫습니다! 공간과 시간은 이런 점에서 비교 가능합니다. 공간은 불투과성을 지닌 물체가 '서로의 바깥에서partes extra partes' 공존하며 서로 다른 자리를 차지할 수밖에 없도록 하고, 동시에 그것들을 연결하는 운동이나 이동을 가능하게 합니다. 거리 둠과 분리의 원리인 공간은 피조물이 편재를 포기하도록 만들지만, 무한한 기획의 장을 우리에게 제공합니다. 예를 들어, 바다는 대륙을 분리하지만, 그와 동시에 여러 대륙을 이어주는 교통로인 것이죠. 사람들은 그들을 떼어 놓는 장애물 덕택에 (장애물에도 불구하고가 전혀 아니라) 다른 곳에 갈 수 있고, 더 나아가 상품을 교환하고 왕래하고 교섭하며, 이동수단을 찾아냅니다.

공간과 마찬가지로, 시간도 분해하는 동시에 결합하고, 멀리 떼어 놓는 동시에 서로 가까이 둡니다. 게다가 순간의 계속은 생성 중인 존재가 단 하나의 현재만을, 한 번에 단 하나의 '지금'만을 갖도록 만들고, '존재'와 '존재했음'을 "하나의 같은 시간에uno eodemque tempore" 누적하는 것을 막습니다. 편재성의 '어디에나'와 같은 이유로, 영원한 '언제나'는 생성 중인 존재에게는 거절되어 있습니다. 결여적인 방식으로 해석할 때, 시간적 존재는 전적인 현존과 "영원한 지금aeternum Nunc"을 잃은 것으로 나타납니다. 시간은 동시성을 녹여 앞뒤로 늘어 놓음으로써, 인간이 될 수 있는 모든 가능성이 매 순간에 현실로 존재하는 것을 방해합니다. 시간은 인간에게 기다림의 미덕인 인내를 요구하는 것이죠.

그러나 한편 시간은 무엇보다 우리에게 자유의 행로입니다. 굴곡 없고 돌이킬 수 없는 초시간성의 위상과는 반대로, 시간은 불충분한 존재에게는 다른 것이 될 수 있는 희망을 나타냅니다. 시간은 생성하면서 조금씩 자기를 완성해 가고, 가능한 것들을 하나하나 모으는 비교적 적극적인 수단입니다. 적어도 이 점에 있어서 시간은 일종의 복원이며, 그 혼합적인 본성은 『티마이오스』와 베르그송을 한꺼번에 정당화합니다. 그 무엇보다 기발한 경제성이 아닌가요! 공기보다도 더 순하고 만져지지 않는 이 무한한 매질은 절대적으로 압축 불가능한 동시에 마음대로 압축할 수 있습니다. 시간의 시간성, 혹은 사실성(근심의 꽉 들어찬 시간, 순수한 기대의 벌거벗은 텅 빈 시간), 그것은 운명의 몫입니다. 그러나 이 시간의 양태들, 생성의 방식들은 문자 그대로 '우리에게ἐφ'ἡμῖν', 우리의 전적인 재량에 맡겨져 있습니다. 미래가 온다는 사실은 운명으로 정해져 있지만, 장래의 모습들은 우리가 작업하는 대로 될 것입니다. 달리 말해 "미래성", 즉 미래라는 사실은 우리에게 달려 있지 않지만, 미래의 얼굴은 우리의 자유에 달려 있습니다. 신은 시간성을, 즉 시간이라는 사실을 우리에게 부과했지만, 그것으로 우리가 원하는 것을 하고 일시적으로 자기를 실현하며 우리의 가능성을 현실화하도록 허락합니다. 이 시간을 사건과 일로 채우는 자유뿐만 아니라, 목표 달성에 필요한 시간의 경과를 우리 마음대로 줄이고 가속하는 모든 자유가 우리에게 주어져 있습니다.

  시간이 이렇게 완전히 순종하는 만큼, 시간성은 무한히 저항합니다. 이처럼, 방해하는 것이 바로 허용하는 그것이고, 방해하면서 허용하는 것이며, 분리시키고 지연시키면서 연결하는 것입니다. 매개의 파악하기 어려운 애매성이란 그런 것입니다! 연속된 변화를 통해 다른 것이 도래하게 만드는 생성은 따라서 인도引導인 동시에 우회이고, 좋은 안내자이자 늦음의 원인입니다. 어쩌면 더러 "변증법"이라고 부르기도 할, 순간들의 유동적인 잇따름은 이러한 속박된 통일의 여정을 꽤 잘 나타내고 있습니다. 실현되지 못한 가능성은, 우리를 현실에서 차단하여 현실을 누리지 못하게 하는 불투명한 시간의 부정성을 고통스럽게 느끼게 만듭니다. 그러나 동시에 그 가능성은 인간을 유혹하는 실현의 희망을 눈앞에 어른거리게 합니다. 힘든 작업을 하는 중일 때는 미래성이 더 자갈투성이이고 울퉁불퉁하지만, 그래도 길을 인도하는 hodégetiques° 효력이 있으며 더 강화되기까지 하는 것입니다.

장애물이 결정적으로 기관을 능가하는 것은, 시간이 벌거벗은 시간성으로 환원될 때, 즉 인간이 비극적 상황에 있을 때입니다. 그때는 석화돼 생기를 잃은 무력한 시간이 이제 우리의 운명을 지연시키는 두께만을 나타냅니다. 그리하여 절망의 시간, 비극적 시간은 다시 순수한 장애물이 됩니다. 실패의 경우에도 장애물이 잠시 우세합니다. 악기가 연주자를 거스르고, 정상적인 인과가 뒤집혀 모든 악기에 내포되어 있는 잠재적인 방해가 확대되는 것이죠. 결과와 원인이 역할을 바꿉니다. 이 경우 실패는 더 이상 무게를 지닌 물체성의 패배가 아니라 생성의 고장으로 여겨집니다. 총체적이고 결정적인 실패인 죽음이 실패의 극치이자 최상급이라면, 죽음이 모든 미래성을 영영 정지시키는 최대의 전체적 파탄이라면, 원래 의미의 실패는 일종의 극미한 죽음, 아니 오히려 항상 우발적 성격을 지니고 있는 일시적이고 부분적인 비극의 모습을 띱니다. 물론 이 생성의 우발적 오류와 죽음 사이의 거리가 무한하다는 것은 두말할 나위도 없죠.

분리하고 부정하는 시간성이라는 장애물은 본래 의미의 시간으로, 즉 중개하고 실현하는 기관인 시간으로 되돌아갑니다. 그러나 사유

° 'hodégetiques'은 희랍어 'ὁδηγητικός(호데게티코스)'를 음차한 낱말.

는 기관과 장애물 사이에서 끝없이 진동하는데…. 노화의 비웃음이 우리에게 보여주겠지만, 존재가 죽음이라는 비존재를 부정함으로써 자기를 긍정할 수 있도록 해주는 시간은 그 자체로 점진적인 죽음입니다. 생성은 생명의 자기실현에 남은 기한을 줄여줄 뿐 아니라 무를 뒤로 물리지만, 결국 이 무 쪽으로 우리를 나아가게 합니다. 실현과 발전의 순간 자체가 날마다 우리를 최종의 비존재에 더욱더 다가가게 합니다. 어제보다 오늘 더, 그리고 내일은 오늘보다 더요. 어떤 순간을 생각하든, 살아있는 존재는 자신의 죽음에 언제나 덜 가까웠던 것입니다.

우리를 희망에서 절망으로 치닫게 하는 참으로 아이러니하고 당황스러운 모순에 의해, 퇴행이 진행의 내부에 새겨져 있으면서 함께 발맞추어 걸어갑니다. 엄밀히 말하면, 퇴행이 진행을 중화시키는 건 아닙니다. 하나의 전진과 하나의 후퇴는 서로 상쇄하여 생성을 그냥 정지시켜 버리게 될 테니까요. 비존재로의 행진은 존재의 실현을 끊임없이 부인하면서, 첫 번째 선율에 대위법적으로 겹친 은밀한 선율과도 같은 전위 진행으로 이 실현을 이중화합니다. 매 순간 긍정성은 하나의 부정성을 내포하고, 진화는 마치 번갈아놓인 조옮김과도 같은 퇴화를 내포하고 있습니다. '비실존을 향해 내내 행진하면서, 거의 비실존하는 것이 끊임없이 조금 더 실존하게 되는 것!' 파괴자이면서 건설자인 시간은 하나의 삶인 죽음이지만, 이 삶은 하나의 죽음인 삶입니다. 이 모순은 피조물의 중간성을 다시금 증언하고 있는 것이 아닐까요?

기관과 장애물의 모순은 신체의 긍정성 속에 말하자면 응결되어 있습니다. 그리고 한편 이 모순은 시간의 애매성 속에서는 유체상태로 발견됩니다. 그뿐만이 아닙니다. 시간은 신체적 모순 자체를 유체로 만듭니다. 아마도 여기서 모순이라는 단순한 비극과, 불가능-필연이라는 첨예한 비극을 대비시켜야 할 것입니다. 오로지 서로 부정하는 일에만 빠져 있는 모순적인 것들을 상호 혐오가 붙들어두고 있는 불행한 상황을 모순이라고 부르도록 합시다. 이 불행한 상황은 해결할 수 없는 상황이 전혀 아니며, 결국 하나의 단순한 상황이니까요. 단순한 상황에는 단순한 해결책입니다. 쌍방 합의하에 모순되는 것들이 서로 등을 돌리고 헤어져, 각자 자기 방향으로 나아가면 되는 것이죠! 양측이 다 혐오할 때에는, 서로 이해할 길이 없습니다. 이런 의미에서는, 불행한 상황이 행복한 상황보다 더 비극적인 것도 아닙니다. 서로 배척하는 관계에서도 서로 끌어당기는 경우에서처럼 해결책은 저절로 정해집니다. 그 해결책은 분리인 것이죠.

    그러나 전과 후가 계속 잇따르는 것이 생성이라면, 생성 자체가 그 나름대로 분리가 아닐까요? 여기에서는 분리야말로 매개이니 말입니다! 분쟁의 경우에는 분리가 실존의 연속을 유지해 줍니다. 국지적 분리처럼, 일시적 분리가 호전적인 공존의 문제를 해결합니다. 모순되는 것들은 같은 장소에 있을 수는 있어도 같은 순간에는 전혀 있을 수 없는 것입니다. 모순되는 것들은 결코 동시에 있지 않을 것이며, 그렇게 해서 그 상호 혐오에 내재하는 난점을 우회합니다. 모순되는 것들을 잇따라서 혹은 번갈아서 출두시킴으로써, 생성은 상호 배척에서 벌어질 수 있을 싸움의 위협을 덜 임박하게 만듭니다. 시간화가 바로 시간의 책략인 겁니다! 동시에 있을 수 없는 모순되는 것들은 차례차례로 닥쳐올 것입니다. 그렇게 해서 서로 파괴하는 대신에 서로 잇따르는 것이죠. 먼저 하나, 그러고 나서 다른 하나….

    모순되는 것들은 이제 서로 "계기"가 됩니다. 아니, 서로 견딜 수 없고 같은 순간에 공존할 수 없다는 바로 그 사실이 그것들을 생성 속으로 던져 넣는 것입니다. 모순이 터져버리는 대신에 펼쳐지는 것이죠. 진화란 요컨대 저속 폭발, 말하자면 관로가 설치된 폭발이 아닐까요? 이전과 이후로 잇따르는 것이, 모순되는 것들에게 허용된 유일한 차원이자 그들에게 열려 있는 유일한 길입니다. 이렇게 해서 시간은 모순을 완화하고 윤활하고 진정시킵니다. 모든 상처를 아물게 하고 괴로워하는 자를 달래고 찢어진 존재를 꿰매는 지속 덕분에, 정체되어 있는 비극이 유동적으로 되어 흐르는 것이 됩니다. 생성이 비극의 비극성을 녹여, 말하자면 절망적인 비극을 연대순으로 된 드라마로 만듭니다. 잇따르는 현재가 하나하나 닥쳐오지만, 언제나 한 번에 하나만이기에, 마침내 반목을 녹이는 것입니다.

3. 불가능-필연의 비극성

생성은 함께 있을 수 없는 것들의 공생의 긴장을 풀어줌으로써 불가능한 공존을 '가능하게' 합니다. 따라서 생성은 비극적인 것과 더불어 사는 하나의 생활방식입니다. 하지만 그뿐이 아닙니다! 불가능은 필연이기도 하다는 사실을 떠올려봅시다. 분리와 공생이란 둘 다 같은 정도로 필연적이고 불가능합니다. 불가능-필연은 상호 혐오의 단순한 비극과도 겹치지 않고, 한쪽이 달아나고 한쪽이 찾는 비상호적 상황과도 겹치지 않습니다. 모순과도 다르고 상호성 없는 일방적 관계와도 다른 복합적 비극이 존재하니 말입니다. 일방적 관계에서 끝없는 추구가 시작됩니다. 그러나 이 추구는 시간을 아무리 들여도 하나의 "해결"이 아닙니다. 결코 서로 맺어질 수 없는 것이 이 두 상관물의 운명인 것입니다. 여기서는 증오가 사랑에 응답하고 사랑이 증오에 응답합니다. 모순되는 두 감정이 어떠한 상호성도 없이 두 머리에 나뉘어 있는 것입니다.

반면 복합적 비극성은 어떤 모순의 모순입니다. 그것은 비극적으로 비극적인 상황이며 파열된 상호관계로서, 혼선을 최고도의 혼란으로 몰고 갑니다. 거듭제곱된 이 비극, 상호 견인과 상호 배척이 서로 반박하는 이 제곱된 비극에서는, 모순되는 두 항이 각자 모순되는 두 가지를 동시에 원합니다. 여기서는 사랑과 증오가 각 상대에게서 공존하는 것입니다. 서로 상관적이면서도 동시에 모순되는 이들 두 항은 마치 중독 환자처럼 자신이 미워하는 것을 필요로 합니다. 자신을 죽이는 소중한 독을 필요로 합니다.

미친 듯이 사랑하는 두 연인의 열정적이고 정말로 양가적인 상황이 그러합니다. 그들은 상대방 없이 살 수도 없고 함께 살 수도 없는 것입니다. 상대가 없이 지낼 수도 없고 상대를 견딜 수도 없습니다. 멀리서는 서로 애타고 가까이에서는 서로 괴롭히죠. 그들은 (서로 모순되기에) 함께 있지도 못하고 헤어지지도 못하며, 부재와 공존을 오갑니다. 무엇보다도 일관성 없는 갈등! 이러지도 저러지도 못하는 이런 상황이야말로 불가능-필연이라고 부를 만합니다. 정상적이라면 만남의 장애물이었을 분리가 소설적 열정에서는 역설적으로 사랑의 조건이 됩니다. 사랑은 결합을 찾지만, 이 결합이 저지되지 않는다면 사랑은 사라져 버릴 것입니다! 따라서 사랑은 너무 행복할 때는, 사랑하는 연인을 절대적으로 다른 남으로 만들어주는 먼 간격을 서둘러 복구합니다. 타자성 없이는 관계도 없는 것이죠. 음유시인들도, 라몬

유이Ramon Llull도 그렇게 생각했습니다.

라신의 『앙드로마크』가 일차적 비극성, 상호성 없는 사랑의 비극성을 대표한다면, 『베레니스』는 오히려 이러지도 저러지도 못하는 극도의 긴장을 대표합니다. 베레니스와 티투스는 서로 사랑하지만 "나도 원치 않고 그도 원치 않는데invitus invitam" 헤어집니다. 베레니스의 감정이 단순하더라도, 상황이 본질적으로 복잡하고 혼란스럽습니다. 끌어당기면서도 동시에 밀치고, 그들은 자신들이 무엇을 원하는지 모르는 듯합니다. 어떻게 하지? 어디로 가야 하지? 서로 모순되는 두 사람은, 어느 베개에 머리를 뉠 것인가? 사실 그들에게는 '없이'와 '함께' 사이를 매개하는 제3의 해결이 필요할 것입니다. 그러나 이것 아니면 저것이라는 원리 자체가 이 중간적 해결을 배제하는 것입니다. 절망적인 양자택일은 그래서 하나의 딜레마입니다.

"죽지 못해 죽는다muero porque no muero"고 예수의 성녀 테레사의 송가는 말합니다. 그러나 초자연적인 낙관주의가 보기에는, 이 역설적인 모순에는 어떤 절망의 생각도 배제하는 단순하고 긍정적인 하나의 의미가 담겨 있습니다. 『고르기아스』에 인용된 에우리피데스의 한 구절이 말해주듯,[4] 만일 삶이 진짜로는 죽음이라면, 죽음이야말로 진짜 탄생이고, 따라서 산 자와 죽은 자 사이에는 단순한 전도가 있을 뿐입니다. 그러나 "살지 못해 산다"라는 상관어를 전혀 함축하지 않는 "죽지 못해 죽는다"를 생각할 수도 있습니다. 이 경우 죽는 이는 정말로 죽는 것이지만, 사는 이도 그에 못지않게 죽는 것입니다. 죽는 방식이야 다르다고 해도 말이죠. 두 경우 모두 산 자는 죽는 것이며, 우리가 자유롭게 선택할 수 있는 건 죽음의 종류뿐이라고 할 것입니다. 우리에게 죽고 싶은지 살고 싶은지("이냐… 아니냐")를 묻는 것이 아니라, 어떤 종류의 죽음으로, 어떤 방법으로 죽고 싶은지를 묻습니다.

"사실성"이 아니라 오로지 방식에 대해서만 문의합니다. 살아가면서 죽고 싶은가, 아니면 죽어가면서 죽고 싶은가? 어쨌든, 최종 발언권은 비존재에 있는 것이니 말입니다! 더구나 죽지 못해 죽는 자는 실제로는 살 수도 죽을 수도 없습니다. 그런 견딜 수 없는 삶은 삶이 아니지만, 죽음도 아닙니다. 더더구나 삶과 죽음의 혼합도 아닙니다. 엄밀히 말해 죽음과 삶의 중간에 있는 무언가도 아닙니다. 그것은 바로 하나의 불가능-필연입니다. 그래서 사람들이 살아있는 자라고 말하는 이 저주받은 인간은 자신의 운명을 그저 받아들일 수도, 받아들이지 않을 수도 (즉 거역할 수도) 없습니다.

사람들이 절망이라고 부르고, 순진한 미신이 '지옥'에 있다고 여기는 생각할 수도 견딜 수도 없는 극단적 상황, 상상도 못 할 극단적 상황이 어쨌든 그러한 것입니다. '지옥', 그것은 영원해진 불가능-필연이고, 따라서 현실화된 부조리입니다. 말 그대로 있을 수 없는 가정인 '지옥'은, 경험계의 거의 절망적인 상황들의 초경험적 극한입니다. 말도 안 되는데도 어쩔 수 없는 어떤 경험적 상황, 즉 마냥 어렵고도 피하기 힘든 상황, 예를 들면 비극적인 혼란, 나아갈 수도 물러날 수도 떠날 수도 남을 수도 없는 궁지, 이런 상황에서 우리는 "지옥"을 미리 맛보는 것이니까요. 이리하여 축복의 순간이자 영원히 좋은 시절인 지복至福이라는 유토피아에, 영겁의 고통이라는 괴물이 짝을 이룹니다. 환희의 순간을 상상력으로 연장해 천국의 행복을 마음속에 그려보듯이, 우리는 죽음의 마지막 고통의 순간을 마음속에 그립니다. 즉 더 이상 병이 진행되는 과정의 일시적 순간이 아니라 극도로 괴로운 어떤 고통의 순간을 상상력으로 연장해, 가장 살 수 없는 것을 살고 있는 자신을 마음속에 그립니다. 어떻게 실존이 철저히 무화되어 부정되는 동시에, 지옥에서 이어져 영구히 유지되고 다시 부풀어 오를 수 있을까요? 다시 물어보겠습니다. 악마의 냄비 속에서 뭉근히 익어가고 있는 저주받은 사람들은 죽어있는 걸까요, 살아있는 걸까요? 사실 어느 쪽도 아닙니다. 이 끊임없이 파괴되고 끊임없이 재생하는 실존은, 이 비극적으로 찢어진 실존은 부조리 그 자체입니다.

생성은 모순뿐만 아니라 불가능-필연을 통과하는 데에도 도움이 됩니다. 먼저 모순에 대해서 이야기해 봅시다. 죽음은 삶과 모순되지만, 긍정과 부정이 결코 정확히 동시에 존재하지는 않습니다. 즉, 죽음은 삶을 소멸시키기 '전에' 삶이 살도록 내버려둡니다.(사후적으로 보면, 살게 만든다고도 할 수 있죠.) 죽음은 삶이 살도록 내버려둔 '뒤에' 삶을 소멸시킵니다. 존재가 살아있는 한 죽음의 부정성은 잠복상태에 머물러 있는 것이죠. 물론 삶과 죽음은 서로 배제하지만, 그러나 은유를 다 접어두고 정확히 말하자면, 삶과 죽음은 결코 함께 있지 않고 그 정의 자체로부터도 결코 함께 주어지지 않습니다. 즉, 삶이 충만하게 거기에 있는 한, 죽음은 그저 하나의 걱정이자 밑바닥에 깔린 생각일 뿐입니다. 그리고 죽음은 모습을 나타내자마자 그 사실 자체로 존재자를 그 존재에서 쫓아냅니다. 죽음은 단 한 번 등장만으로 존재를 그 자리에서 당장 내쫓는 것입니다. 죽음과 삶은 결코 동시에 있지 않습니다. 어쩌면 찰나의 순간, 눈 깜짝할 순간의 무한히 짧은 지속기간이면 몰라도요! 그 때문에 고대인들이 사람은 자기 자신의 죽음과는 무관하다고 생각했던 것입니다. 죽기 전에는 살아있으니까, 그리고 죽고 나서는 더 이상 관련 당사자가 없으니까요. 이보다 더 엄격한 양자택일을 생각할 수 있을까요?

그러나 특히 부모가 자식에게 밀려나는 경우를, 동시성의 날카로운 모순이 용해되어 시간적인 교대로 바뀌는 것이라고 생각할 수 있습니다. 부친살해자는 자신이 죽이는 그 사람에게서 태어났다는 점에서 확실히 하나의 모순이기는 합니다. 부친살해 속에서 비극적 아이러니의 본질을 알아본 소포클레스의 비극은 이 점에서 틀리지 않았습니다. 하지만 부모가 자식을 낳고 마침내 아이에 의해 부정되는 것은, '하나의 같은 시간 uno eodemque tempore'이나 첨예한 동일 순간에서 그런 것이 아닙니다. 게다가 부모의 삶은 자식의 삶에 자리를 내어줍니다. 그처럼 의절과 배은망덕이 모순의 충격을 완화합니다. 그렇다면 모순이라는 폭발물 속에 담긴 비극이 의절 덕택에 점진적 진화가 되지 않을까요? 이 경우 부모에게서 자손으로 이전되는 것은 그저 생물학적 타산뿐입니다. 여기서는 비극성의 농도가 상당히 약합니다.

계승이라는 진정제로 일시 모면되는 것이 단지 모순이 아닌 경우도 있습니다. 그것은 기적적으로 이루어지는 불가능-필연의 역설입니다. 즉, 이 경우는 전자의 죽음이 (기한이 되어서가 아니라) 곧바로 후자가 탄생하는 생물학적 조건이 되는 경우입니다. 부모는 자손이 살아남기 위해 지워져야 합니다. 다시 말해 하나의 다른 존재를 내어놓음으로써 자기 자신을 부정해야 합니다. 그렇게 부모는 자신의 가장 창조적인 긍정성을 표명하며 사라집니다. 톨스토이에게서는, 탄생 순간에 젊은 어머니를 죽이는 신생아의 전격적인 불효가 나이 든 자식의 불효와 대립됩니다. 『전쟁과 평화』[5]는 어머니의 죽음과 아이의 탄생이라는 모순되는 두 가지를 병치하면서, 이 양자택일의 부당하고도 경악스러운 긴장도, 이 희생의 참을 수 없는 부조리함도, 근본악의 헤아릴 수 없는 신비도 설명하려 하지 않습니다.

나 자신의 죽음은 자신의 삶의 기관-장애물이라고 우리는 말했었죠. 그런데 나 자신과 타인과의 관계에서는, 그리고 타인이 이 나 자신과는 절대적으로 별개인 한에서는, 나의 삶에 단지 장애물인 나의 죽음이 단지 타인의 삶의 기관일 수가 있습니다. 아니 그보다 전자의 죽음이 후자의 생의 조건이 되어, 그 생을 "가능하게 할" 수 있습니다. 그러나 다른 사람이 나 자신의 한 부분인 경우에는, 나 자신의 죽음은 나의 삶에 장애물인 동시에 나 자신의 삶의 기관이 됩니다. 죽는 자는 다른 사람에게서 소생하여 생을 이어가고, 또 다른 자기 자신에게서 간접적으로 자신을 확인하기 때문입니다.

양자택일이라는 시소의 잔인한 놀이가 우리에게 하나의 딜레마 혹은 비극적 의식의 형태로 나타나는 경우가 있습니다. 의사가 아이 쪽이나 엄마 쪽을 희생시켜야 할 때가 그런 때입니다. 죽음이 우리의 의견을 묻지 않고 직접 부모를 제거하지 않는 바람에, 하나의 죽음을 대가로 하나의 생명을 구해야 하는 상황이죠. 해결할 길 없는 숙명이, 소멸을 도래의 조건으로 만든 것입니다. 그것도 두 가지 경우로….

끄로노스의 신화는 모순을 시간적으로 해결하는 것에 대한 우리의 저항을 비유의 언어로 표현하고 있습니다.° 자기 자식들을 태어나자마자 먹어치우는 식인귀가 미친 듯이 생성의 흐름을 거슬러 매달리는 것이죠. 다가올 배은背恩을 미연에 방지하고 자식의 독립을 사전에 제압함으로써, 그는 미래가 과거를 격퇴하는 것을, 생산물이 생산자를 부인하는 것을 막을 수 있다고 생각합니다. 끄로노스는 시간의 원리가 아닐뿐더러 오히려 동결된 미래성입니다. 끄로노스는 생성을 정지시켜 미래의 정상적인 도래에 제동을 걸려고 하는 겁니다. 하지

° 끄로노스Κρόνος는 제우스의 아버지인 티탄 신으로, 태어난 자식들을 모두 집어삼켰으나, 아버지의 눈을 피해 살아남은 막내 제우스에게 결국 쫓겨난다. 끄로노스는 시간의 신인 크로노스Χρόνος와 혼동되는 경우가 많은데, 본문의 해당 문단에서 장켈레비치가 둘을 구별하여 논의를 펴고 있기에, 둘의 한글 명칭을 원어에 가깝게 구별하여 표기하였다.

만 어느 누구도 시간을 막을 수 없습니다. 끄로노스도 이제 시간의 신 크로노스에게 끌려갑니다. 제우스가 끄로노스를 우주의 바닥으로 밀어 넣어 세대의 정상적인 흐름을 재확립합니다. 자식을 제물로 바치는 구세대의 공양은 '비극'의 부친살해를 막을 수 없었던 것이죠. 새 시대의 폭력은 자연에 반하는 자식살해에 반대하여 혁신을 도입합니다. 폭력이 역사적 대변화를 이루어낸 것입니다. 시간을 통한 의절은 형용모순은 피한다고 해도, 기체처럼 퍼지는 모순은 남겨두는데, 그 또한 충격적이기는 마찬가지입니다. 생명을 주는 자가 따뜻한 배려와 행복으로 보답받는 대신, 배은망덕한 자에게 파렴치하게 부인당하는 것입니다.

존재의 증여와 소멸 사이의 이 비대칭은, 같은 순간 A와 비-A의 동일성은 생각할 수 없는 부조리라는, 그런 의미의 부조리는 아닙니다. 이 비대칭은 파렴치인 것입니다! 악을 선으로 갚는 무상無償의 자비에, 선을 악으로 갚는 무상의 악독함이 실제로 대응합니다. 이는 거꾸로 된 이타성입니다. 원래 의미의 배은망덕은, 즉 존재가 아니라 소유에 따른 부분적 작은 의절인 배은망덕은 파렴치의 작은 형태입니다. 여기에서는 불가능-필연의 파열은 두 상황의 깊은 양가성에 반영됩니다. 실체도 본질도 피도 같았던 자식에 의해 부인된 부모와, 소중하지만 살아가는 데 방해가 되는 부모에게 보이지 않는 탯줄로 아직도 이어져 있는 자식 사이에는, 강렬한 긴장이 자리 잡는 것입니다. 개체는, 사랑을 하면서 자신만을 위해 일하고 있다고 믿지만, 그렇게 해서 자기 자신의 유통 중지를 준비합니다. 쇼펜하우어는 이러한 종種의 책략을 무산시키고 사랑의 오해를 불식시켜, 속고 있는 사람을 깨우쳐주려고 애썼죠.

창작자의 정신과 그 작품 사이의 양가적인 관계를 살펴보면, 의절은 더 은유적인 양상을 띱니다. 이제까지와는 달리 창조물에서 소멸되는 것은 창조자의 존재가 아니기 때문입니다. "만들어진 작품 opus operatum" 속에서 알아볼 수 없게 된 것은 그저 천재의 일반성일 뿐입니다. 그리고 창작자가 창작물 속에서 숨을 거둔다는 것도 이런 의미였던 것이죠. 게오르크 짐멜처럼 표현 혹은 문화의 비극을 말하는 것은 아마도 과장이었을 것입니다. 왜냐하면 시간이 모순의 부조리를 의절의 파렴치로 대체하듯이, 시간은 모든 창조에 내재하는 역설을 윤활하기도 하니 말입니다. 창작의 신비는 사전에 창작자 안에서도, 사후에 창작물이라는 기정사실에서도 알아낼 수 없습니다. 단, 창조자에서 창조물로 이행하는 파악할 수 없는 그 순간에 간파될 수는 있을 것입니다. 이전에는 너무 이르고, 이후에는 너무 늦습니다. 그러나 당장 그 순간에는 퍼뜩 창조의 현장을 붙들 수 있는 좋은 기회가 있겠죠. 그것은 아마 한순간뿐일 겁니다. 순간들 중 가장 달아나기 쉬운 순간이죠. 점 같은 순간을 넘어 존속하지 못하는 천재성의 절정은 그런 의미에서 실망스러운 것입니다.

그래도 그 사라짐이야말로 찬란한 출현의 조건이 됩니다. 이는 마치 꺼져가는 불에서 불똥이 다시 튀고 섬광이 번쩍이는 것과도 같습니다. 사라져 가는 나타남, 즉 가능성은 현실성에 다다르자마자 시듭니다. 그래도 이 현실화가 없다면 가능한 것들은 결실을 맺지 못하는 무력한 그림자에 그칠 것입니다. 더 일반적으로 말하자면, 시작은 연속의 첫 순간부터 그 개시하고 주도하는 기능을 잃습니다. 기동의 순간은 곧바로 반복과 습관이 됩니다. 연속이 시작을 밀어내고 우위를 되찾는 것이죠. 마찬가지로, 무미건조한 현재도 맛을 되찾으려면 결국 과거가 되어야만 합니다. 그러니까 매력 없는 현재와 현실성 없는 과거 사이에는, 매력과 현실성을 겸비하고 그래서 양자택일을 피한 잡을 수 없는 한순간이 틀림없이 있을 것입니다. 더욱이 시간의 연속이란 그야말로 현재에서 현재로 끊임없이 갱신되는 수많은 순간들의 추진이 아닙니까? 존재가 비존재로부터 한없이 솟아오르고, 존재가 비존재 속으로 한없이 소멸되는… 미래의 연속된 도래인 생성은, 필연적인 불가능이라는 불용성 용질을 끊임없이 녹이는 움직이는 용제입니다.

시간의 효과에 의해 유동적이게 된 불가능-필연은 (필연적 불가능이든 불가능한 필연이든) 기관-장애물이 됩니다. 몸이 "때로는" 기관이고 "때로는" 장애물이라는 얘기가 전혀 아닙니다. 정신이 때로는 기관들의 주인이 되어 자기를 실현하고, 때로는 기관들의 노예가 되어 비틀거리고 괴로워하거나 죽는다는 얘기도 아닙니다. 그렇게 되면 성공과 실패의 교대란, 몸이 방해하지 않고 매개했다가 매개하지 않고 방해했다가 하는 일을 번갈아 한다는 뜻이 될 테니까요. 그런 것이 아닙니다! 어떤 순간에서도 이 모순적인 두 친족은 그 필연적이고도 이해 불가능한 심신의 공생 속에서 합치하고 있습니다. 그래서 그것들을 하나로 "묶는 끈vinculum"의 성질은 거의 파악이 불가능합니다.

물론 생성은 불가역적인 잇따름입니다. 생성은 우선 각각의 새로운 현재가 그 전의 현재를 대신하고 밀어내는 흐름입니다. 그리고 그런 점에서 부인입니다. 그러나 다른 한편, 생성은 사전事前 형성이며 존속입니다. 현재에서 과거가 존속하고 미래가 미리 형성되는 것이죠. 모순되는 것이 그것과 모순되는 것에 잇따르지만, 생성이 보존이고 내재인 한, 앞에 오는 것을 뒤따르는 것 속에 간직합니다. 생성은 그러니까 단순한 미끄러짐이나 단순한 흐름이 아닙니다. 그렇다고 삶과 죽음의, 정신과 육체성의 합성물도 아닙니다. 존재와 비존재 사이의 중간자인 제3항의 발견은 더더욱 아닙니다. 조정이나 종합이라기보다는 오히려 떨리는 진동이라 해야 할 것입니다. 그리고 양극 사이의 이런 진동의 움직임은, 단계적 진행이 아님을 분명히 한다는 단서를 단다면, 변증법이라 부를 수도 있습니다.

밂-당김의 양가적 관계는 영점에 정지하기는커녕 본질적으로 취약하고 불안정한 균형을 낳습니다. 풀리지 않는 것이 끊임없이 무한히 풀리고, 그러면서도 끊임없이 풀리지 않은 채로 남아 있습니다. 우리가 '불가능-필연'이라고 부르는 폭발성 혼합물은 매 순간 파국을 스치고, 매 순간 폭발을 가까스로 피해 나중으로 미룹니다. 양서동물은 때때로 최후의 순간에 직관의 촉으로 달아나고, 행위의 돌발을 가장 가까이에서 포착한다는데… 그러나 아아! 심신을 지닌 존재는 바로 다음 순간 날마다 되풀이되는 평범한 일상의 연속으로 다시 빠져듭니다. 그래도 임박한 위험이 터질 뻔하다가 기적적으로 연기된 것은 사실입니다.

생성이라고 부르는 이런 실존하지 않는 실존양태는 요컨대 운동에 의해 유지됩니다. 즉, 자전거를 타고 있는 사람이 멈추자마자 균형을 잃고 오른쪽이나 왼쪽으로 쓰러지듯, 그처럼 만일 불가능-필연이 움직이지 않은 채로 있으면 붕괴될 것입니다. 그래서 그것은 자전거를 타는 사람처럼 굴러가는 것을, 즉 앞으로 떨어지는 쪽을 택합니다. 생성이 일종의 연속된 추락인 것입니다. 그럭저럭 어쨌든 뛰어올랐다가는 다시 떨어지고, 떨어졌다가는 다시 뛰어오르고 하면서, 생성은 경이로운 곡예를 끊임없이 되풀이하는 덕분에 자신의 비실존하는 실존을 근근이 갱신합니다. 팽창에서 수축으로 수축에서 팽창으로 기적에서 기적으로 행운이 연속되는 덕분에, 심장이라 부르는 연약한 근육은 박동을 이어갑니다. 존재는 온갖 위험과 절호의 기회와 자비로운 구출 사이에서 절뚝거리면서 아주 운 좋게도 갱신을 계속해 갑니다.

더 정확히 말해, 영혼과 육체라고 부르는 두 "함께 있을 수 없는" 것은 생성의 생활방식 덕분에 서로에게 꽤 적합하게 됩니다. 대체로 그 둘은 살 수 있고 또 살만한 혼합을 형성합니다. 고약한 일상생활도 치명적인 위험들과 부부싸움 사이에서 결국 그럭저럭 잘 유지되는 것이죠. 요컨대 시간 덕분에, 우리들의 견디기 힘든 삶은 충분히 견딜 만한 삶, 꽤 괜찮은 삶, 많은 위협과 감동을 지나 계속되는 기적적으로 살만한 삶이 됩니다. 죽음의 순간까지usque ad mortem는요. 불가능-필연이 필연이기보다는 불가능이라는 것이 결정적으로 드러나는 순간, 결국 불가능이 필연보다 우세해지는 순간, 심장은 멎고 줄타기 곡예사는 떨어져 죽는 것이죠. 이 파국이 올 때까지, 불가능-필연이라는 비현실적인 현실은 매 순간 동력으로 바뀝니다.

왜 생성에는 온갖 기호에 맞는 것이 다 들어 있는지, 특히 비관주의와 낙관주의라는 상반된 두 기질에 맞는 것이 있는지가 이렇게 해서 설명됩니다. 비관주의는 불가능-필연이 늘 폭발할 위험이 있다는 사실에 의해 정당화되다가, 우리가 생성을 존재로의 도래로, 연속된 탄생으로 볼 때에 낙관주의로 바뀌는 것입니다. 생성 속에서는 부정성인 뒷면이든 부정의 긍정인 앞면이든 모두 볼 수 있으니까요. 끊임없이 비존재 속에 가라앉을 뻔하다가도 언제나 마지막 순간에 끌어올려져, 그를 노리는 죽음으로부터 간신히 구해진 존재는, 자신의 풀 수 없는 문제에 대한 폭풍 같은 해결을 생성 속에서 찾아냅니다. 생성 덕택에, 절망의 비극은 그저 '진지한' 것이 될 따름입니다.

4. 선택

　불가능-필연은 특히 선택이라는 극적인 선언選言으로 귀착됩니다. 선택이라는 지나가는 위기는 잠재하던 양자택일의 침전 같은 것이 아닐까요? 생성은 연속되었지만 통솔되지 않은 일종의 대大선택, 자발적이지만 아주 느린 선택입니다. 그리고 그 덕분에 성격과 인물은 끝없이 한정되고 명확해지고 개별화되고, 말하자면 가늘어지고 다른 것이 되어가며 특화되는 것을 멈추지 않습니다. 때로는 시간에 따른 변화가 직업 선택과 배우자의 선택이라는 첨예한 위기로 압축되기도 하죠. 역사에서는 어떤 혁명적인 결정의 결과로, 몇 세기 동안 지속되었을 진화가 한 시간으로 응축되는 일이 일어나지 않습니까? 생성은 거의 알아차릴 수 없을 정도로 묽어진 선택입니다. 거꾸로 선택은 갑작스러운 리듬으로 가속화된 생성이고 변화의 응축이며, 거기서는 진행과정이 모두가 볼 수 있는 방식으로 압축됩니다. 때로 갑작스러운 선택들이 노화라고 부르는 점진적이고 부단하며 비자발적인 큰 선택을 재촉하는 것도 그런 식입니다. 이 경우에는 기관-장애물이 생생한 현장에서, 그리고 그것을 낳는 행위 자체에서 고찰됩니다.
　육체를 가진 실존과 피조물의 유한성은, 전부 다 선택된 선택과 이미 사전에 정해진 운명을 우리에게 나타내며, 경험적인 인간은 그 정의상 개체성이라는 초경험적인 대大선택 이후에 옵니다. 이에 반해, 부분적인 작은 선택들은 살아가는 과정에서 우리가 양자택일을 두고 즉석에서 개인적으로 내린 결정을 나타냅니다. 아마도 주된 선택, 근본적인 선택이 그렇게 이차적으로 가지를 치고 점점 더 특수화되어 발산하는 선택으로 갈라져 가는 것이겠죠.

협소한 실존과 무한한 비실존 사이에서 선택해야 했기에, 그리고 피조물은 함께 있을 수 없는 것들을 겸유할 수 없으며 전체가 되기를 포기하지 않고서는 누군가가 될 수 없었기에, 운명은 부정이라는 한정을 출생 때부터 그에게 선택해 주었던 것입니다. 경험계의 자유로운 선택이란, 피조물이 자기에게 부여된 일방성을 확인하고 비준하며 자신의 유한성에 충실하고, 양자택일에 필사적으로 항의하는 대신 양자택일이라는 서주를 받아들이겠다는 결정입니다. 아마도 독점욕이 강한 피조물이라면 선택하지 않아도 되는 쪽을 훨씬 더 선호하겠죠. 어쩌면 그 피조물은 서로 양립할 수 없는 장점들을 함께 다 가져가기를 꿈꿀지도⋯.

그러나 그 초경험적 야심을 꺾고 확실한 선택을 내려야만 하는 상황이 벌어집니다. 유한한 존재의 유한성이 더해져 가면서, 선택을 할 때 "이단적인" 비대칭이 강조되는 것이죠. 따라서 선택이라는 매우 작은 비극은 몸부림쳐 봐도 소용없는 숙명적인 상황에 피조물이 자유롭게 동의할 기회를 제공합니다. 그래서 엄밀히 말하면 선택은 양자택일의 치유할 수 없는 악을 치유하는 것이 아니라, 반대로 그것을 더 무겁게 하고 유한성을 받아들이며 그것을 심화시킵니다. 선택하는 자는 아아! 조금 더 깊이 빠져들어 가고, 협소함 속에 뿌리를 내리는 것이니까요.

선발한다는 것은 선발되지 않은 가능성들을, 그리고 선택되지 않았기에 현실이 되지 못하는 수많은 가능성들을 희생시키고 억누른다는 것을 의미합니다. 이 희생물들을 비용으로 지불하고서야 선택이 이루어집니다. 하나를 선발하기 위해 얼마나 많은 포기를 하는지! 단 하나의 사건이 실제로 벌어지기 위해서, 일어날 수 있었던 얼마나 많은 사건들이 영원히 가능성으로만 머물러야 하는지요!

선택은 하나의 성공이지만 어떤 의미로는 그 어떤 실패보다 더 불안합니다. 빗나감이든 실수든, 실패는 쓰라리더라도 언제나 우연적이라는 특성을 지니고 있고, 따라서 피할 수 있는 것이니까요. 실패는 그 자체로 비극적이지는 않죠. 이에 반해 선택에서 그리고 선택을 통해서는, 피조물은 숙명이 그에게 체질적으로 부여한 협소화를 제 것으로 만듭니다. 피조물은 양자택일의 처지에 지속적으로 자신을 맞춥니다. 실패가 성공의 가능성과 그것을 놓쳐버린 것에 대한 회한을 내포한다면, 유한한 인간의 상대적인 성공인 선택은, 누구도 이길 수 있다고 주장할 수 없는 하나의 형이상학적 악을 함축하고 있으니까 말입니다.

그래도 선택은, 불치병을 고치는 약은 아니더라도, 적어도 해결할 수 없는 불행에 일종의 해결을 가져옵니다. 그 해결이란 것이 좁혀가는 일일 뿐이라고 해도, 그래도 어쨌든 해결입니다! 미래에 방향을 주는 선택은 막다른 골목에 돌파구를 열고 잠긴 문의 빗장을 엽니다. 다른 비유를 들자면, 선택은 굳어버린 생성에 물길을 트고 급변을 통해 변화의 유동성과 운동성을 유지하며, 망설임 때문에 꼼짝 못 하는 시간의 흐름에 주도적 역할을 되돌려줍니다. '해결'이란 본질적으로 어떤 것의 실존을 순간을 넘어 연장시키는 수단이 아닐까요? '성공'이란, 아무리 작은 성공이라 해도, 무릇 존재가 계속 존재한다는 보장이 아닐까요? '희망'이란, 가장 소박한 희망이라 해도, 살아있는 것이 계속 살아남을 수 있으리라는 확신이 아닐까요?

선호하는 쪽을 고르는 선택이라는 길을 따라, 존재는 새로운 출발을 위해 몸을 숨겼다가 다시 계획을 세웁니다. 선택은 고장 난 시간을 수리하여 역사를 다시 진행시키고, 양서동물과 같은 인간에게 제 길을 계속 갈 수 있는 수단을 줍니다. 그것은 신체의 일부를 절단해 유기체가 줄어드는 대가를 치르면서도 우리를 생존시키는 외과수술 같은 것입니다. 피조물은 선택할 수 있는 한, 궁지에 몰려 있지는 않습니다. 모든 인간에게 존재의 중지인 그 최후에는 말입니다. 선택을 하고 있는 한, 잘되고 있는 것입니다! 아직 그의 '전부이냐 전무이냐'를 걸지 않았기 때문입니다! 선택하는 자에게는 믿음이 있고, 사라지기 전까지는 일시적 기회가 있습니다. 선택은 결국 하나의 적극적인 몸짓, 즉 부정이 그 속에 그저 암시되어 있을 뿐인 긍정입니다. 어떤 가능한 것들의 거부는 선택된 가능성의 현실화를 부각시킬 따름입니다. 선택한다는 것, 그것은 우선 잡는 것입니다. 고르는 것, 그것은 우선 채택하는 것αἱρεῖσθαι, 대개는 선호하는 것이며, 따라서 그 외의 것을 밖에 남겨두는 일입니다. 따라서 장애물은 2선에서 이차적으로 간접적으로만 나타납니다. '그래'가 '아니'보다, '플러스'가 '마이너스'보다 우세한 것이죠.

그뿐만이 아닙니다. 협소화라는 불행을 강요당하고 좋든 싫든 volens nolens 받아들이는 대신에, 자유롭고 유한한 인간은 좋은 선택을 내리고 좋은 유한성을 선택하는 데에 자신의 자유를 바칩니다. 그에게 초경험적 양자택일의 거부권을 위반할 자유는 없더라도, 적어도 최선의 개연성을, 즉 실제로 최선의 한쪽을 고를 자유는 있습니다. 어떤 경우에도 유한성을 극복할 수 없다는 것은 당연하지만, 적어도 유한하게 있는 방식에서는 충분한 폭이 우리에게 남아 있습니다. 모순되는 것들을 함께 갖는 것은 우리에게 거부되어 있지만, 최선의 선택은 우리에게 달려 있습니다. 선택의 사실성, 즉 일반적으로 선택해야 한다는 사실은 하나의 불굴의 필연, 굽힐 수 없는 것ἀμετάπειστόν τι이지만, 좋은 선택은 여전히 우리의 능력 안에 있습니다. 페렐만[o]이 자유의 행

---

[o] 카임 페렐만(Chaïm Perelman, 1912~1984), 폴란드 출신 철학자이자 법학자.

사라고 인정한 합리적 선택이 그런 것이죠. 라이프니츠는 정말로 무한한 전능이 없다면, 신의 지혜란 탁월하게 도덕적이고 선별적인 선택이라고 정의될 것이라 말합니다. 최후통첩과 같은 뜻밖의 숙명적인 선택의 초경험적인 결투는 이 점에서 수많은 다수의 선택과 대립됩니다. 경험적인 존재방식들의 풍부한 팔레트 위에 펼쳐진 농담, 색조, 성질, 양태 등 각양각색의 다양성, 바로 이것이 우리의 선택에 제공된 무진장한 재료이며, 이것을 선별하는 일이 바로 관건인 것입니다.

죽음이 가까워질수록 선택의 가능성들은 줄고, 선발의 "후보자eligibilia"들은 적어집니다. 사형수의 양자택일은(두 갈래가 있다면 말이지만) 딜레마로 바뀝니다. 이 순간 존재는 더 이상 둘 혹은 여러 가지 존재양태 사이에서 선택하는 것이 아니라, 둘 혹은 여러 가지의 존재하지 않는 방식들 사이에서, 죽는 다양한 방식 사이에서 선택해야 하는 것입니다. 물음이라고는, 어떤 양념에 묻혀 잡아먹히고 싶은지, 어떤 병으로 혹은 어떤 종류의 사형집행으로 죽고 싶은지뿐입니다. 단두대? 교수형? 사약? 아니면 전기의자? 이런 선택은 선택의 희화, 아니 음산한 농담입니다!

무無는 속성을 갖지 않고 따라서 비존재는 다른 비존재와 구별할 수 없으니, 그렇게 많은 죽음의 가능성들을 앞에 둔 후보자에게는 선택이 없는 것이나 마찬가지입니다. 무수한 종류의 사망에서 마음에 드는 사망을 아직 선택하지 않은 그는 자신이 교차로에 서 있다고 생각합니다. 아아! 그러나 그 길들은 모두 같은 방향으로 가는 길인데…. 아니 오히려 그 길들은 어디로도 인도하지 않습니다. 선택은 이런 조건에서는 사이비 선택이고, 열리는 척 시늉만 하는 출구입니다. 선택하는 자에게 돌이킬 수 없이 예정되어 있는 비존재의 무정형은 선택하려는 의도조차 부인하고 있는 것이 아닐까요?

5. 한계의 소급효과

 죽음이 삶의 기관-장애물인 것은 특히 시간적인 의미에서 그렇습니다. 죽음은 장애물의 부정성과 기관의 긍정성이 합치되는 두께 없는 한계선을 긋습니다. 죽음의 경계선은 인간의 삶의 유한성을 시간 속에 봉인합니다. 살아있는 존재에게 주어진 지속은 어느 한정된 기간의 양쪽 한계 사이에 국한되기로 돼 있으니까 말입니다. '그래'와 '아니'를 동시에 말하는 것이야말로 한계의 양의성입니다.[6] 이 양의성은 시간 속에 없는 날짜와 어디에도 없는 어딘가의 애매성을 나름의 방식으로 표현합니다. 한계는 인정하면서 거부하고, 긍정하면서만 거부하고 거부하면서만 긍정합니다. 한계는, 바깥쪽으로 향해 있는 한에서는, 타자성을 배제하고 우리의 요구를 제약하며, 하나의 존재가 모든 존재이기를 포기하는 체념을 옳은 것으로 만듭니다. 한계는 우리를 유한성의 울타리 안에 가둡니다. 그것은 살아있는 자에게 그가 주장할 수 있을 모든 '너머'를 부정합니다.
 그러나 한계는 단지 저편에 있을 뿐만 아니라 동시에 이편에 있기도 합니다. 죽음이 이미 전혀 다른 차원의 첫 순간이라는 사실만으로도, 죽음은 아직 삶의 마지막 순간이고, 그로써 죽음은 이 삶에 속하며 고스란히 이 세상의 것입니다. 다른 세계와의 경계는 그 자체로 그리고 경계라는 바로 그러한 이유로 우리가 있는 이승에 속하는 것이죠. 죽음은 내재하면서 그 안쪽 면 혹은 이쪽 면으로 실존의 긍정적 형태를 속박하고 정의합니다. 한계 지어진 존재의 중심 쪽으로 향해 있는 한, 한계는 그 존재가 유기체로서 개체임을 긍정합니다. 이는 마치 국경이 한 나라의 국가적 독자성을 긍정하는 것과도 같지요. 끝은 한정하는 것이기도 하고, 유한한 존재는 자신의 한계 자체에 의해서 정의되는 것이니까 말입니다. 이미 단어 자체가 말하고 있습니다. 무-한ἄπειρον이란° 결여태의 의미로 유한한 것의 부정이니 말입니다.

그렇기는 하더라도 한계라는 관념은 공간적인 표상이어서, 이것을 죽음에 적용하는 것은 어디까지나 유추일 뿐입니다. 죽음이 한계 사건이 되는 것은 바로 경계선도 형태도 모양도 없는 시간 속에서니까요. 죽음은 살아있는 사건들의 계속에 종지부를 찍습니다. 그리고 이 점에서 죽음은 "한계"라기보다는 오히려 최후의 순간입니다.

공간 속에서 인간의 신체 형태에 테두리를 긋는 한계는 언제나 현실적으로 주어져 있고, 그 인간으로부터 분리할 수 없으며, 그 신체와 일체를 이루고 있습니다. 그것은 하나의 구심작용으로 유기체를 만들어내는 것이며, 시간의 바깥에 위치한 것입니다. 그리고 한계는 형태의 구성요소로 속해 있을 뿐만 아니라, 형태 자체이며, 현실적으로 있는 형태입니다.

이 사실은 특히 예술작품에서 입증됩니다. 형태적 완전함이 극치에 이르러 마법의 외딴 섬에서 빚어진 미의 여신은 미학적 폐쇄 체계의 강생降生이 아닐까요? 초상화라고 부르는 저 타원형의 우주가 그러합니다. 화가의 손은 그야말로 조물주와도 같은 몸짓으로 윤곽을 그리며 하나의 얼굴을 실존하게 하고 그가 선을 그어 한정한 것을 존재하게 합니다. "그리고 형태는 말한다. 나는 …로 있다."[7] 예술 덕분에 긍정성과 체념 사이에 조화로운 균형이 성립됩니다. 영원과 실체를 추구하는 희랍인들의 지혜가 자족을 겨냥하여 실현하고자 하던 그 균형 말입니다. 세네카는 "지혜는 사물의 한계를 안다Sapientia rerum

---

° 'ἄπειρον(아페이론)'은 어원상 한계, 끝을 의미하는 'πέρας(페라스)'에 결여를 뜻하는 'ἀ'가 결합된 말이다.

terminos novit"고 말합니다. 걸작의 유한성, '한정 지어지고 완결된 것τὸ ὡρισμένον καὶ τέλειον'이라는 생각은 괴테, 졸거Karl Wilhelm Solger, 셸링에게는 익숙한 것이었습니다.

시간적 예술작품들인 음악, 시, 영화, 극 및 소설은 조형작품의 공간적 형태와 삶의 비정형적 형태 사이의 중간적인 경우에 해당합니다. 소나타와 소설이 시간적인 계속의 차원을 갖는다고 해도, 이 계속은 그래도 예견할 수 있는 것이니까요. 교향곡은 다시 연주될 수 있고 소설은 다시 읽힐 수 있습니다. 리스트의 《파우스트 교향곡》에서 "메피스토펠레스"의 빈정거림과 난폭함 위에는 이미 마지막 합창의 신비로운 화음이 감돌고 있죠.

그러나 삶, 그것은 다시 시작될 수 없습니다. 우리가 살아가는 생성을 구성하는 돌이킬 수 없는 사건들의 연속 속에서는, 한계는 그 정의 자체로 하나의 '아직 아님'인 것입니다. 삶의 끝은 살아있는 이에게는 언제나 미래이며, 그것도 마지막 순간까지 그렇게… 그래요, 마지막 시간의 마지막 순간까지 삶의 시간적 한계는 다가올 한계로 남아 있습니다. 따라서 미래에 올 존재의 중단은 말 그대로 주어져 있지도 않고, 이 존재의 현재 속에 분석적으로 내포되어 있지도 않습니다. 직접적으로는, 존재는 존재의 긍정성과 충만함을 내포할 뿐이며, 그래서 존재로부터 죽음을 추출하거나 연역하는 일은 불가능한 것입니다.

죽음의 이편에서 현재의 긍정성과 현실성이 우리에게 주어질 때, 경계를 지닌 형태는 주어지지 않습니다. 이러한 점에서, 그리고 죽음이 형태인 동시에 끝이기에, 살고 있는 현재는 비정형인 동시에 무한한 모습으로 나타날 수 있는 것입니다. 그러나 산 자가 죽도록 운명 지어진 "죽을 자moriturus"인 한에서, 우리의 생성은 한꺼번에 그리고 간접적으로 유한성의 저당과 형태의 한정을 허용합니다. 그래서 그것은 비정형적 형태로, 아니 단일 형태의 현재로 나타나는 것입니다. 이 현재는 이 세상에 있으면서부터, 미래에 있을 우리의 죽음이라는 전망을 그 자체로 짊어지고 있으니까요. 그리고 이 현재는 언젠가 존재하기 시작해 어느 날 죽을 하나의 피조물의 초라하고 결함 많고 허약한 '지금'이니 말입니다. 그 현재는 소급된 인과의 예견된 결과를 간접적으로 느끼는 것입니다. 그것은 보이지 않지만 현존하는 죽음, 현존하지만 아직 다가올 죽음, 삶 위에 매달린 죽음입니다. 그것은 우리 생성의 불충분과 불완전과 불안을 설명하는 죽음입니다. 이 잠재적으로 현존하는 미래가 없다면, 현재는 순수하고 단순한 영원과 뒤섞일 테고, 그 비시간적인 충만함이 지복의 원천이 될 것입니다. 그렇지만 영원한 현재란 하나의 끝없는 반복, 밀도도 농도도 없는 하나의 단조롭고 아주 지루한 연속일 뿐입니다. 가난한 봉급쟁이의 시시한 인생이 그런 것일 텐데, 그에게 영원한 현재는 미래도 전망도 없는 일상으로 쪼그라든 것입니다. 그럼에도 불구하고 이 나날의 삶은, 실제로는 노화와 죽음이 예정된 것이라 해도, 그 당시에는 시작도 끝도 없는 영원한 지금aeternum Nunc으로 체험됩니다. 제삼자의 눈에는 일시적인 것이더라도, 두 연인이 서로 맹세하는 사랑은 그들이 맹세하는 순간에는 영원한 것이죠. 불안정하고 사후事後에는 쉽게 변하지만 그것을 살고 있는 이에게는 영원한 것, 바로 이것이 죽음과 항구적인 삶을 한꺼번에 선고받은 피조물의 불행한 영원입니다!

 이 무정형의 영원 속에서는, 한계를 지닌 형태는 실제 현실로 주어지지 않습니다. 거꾸로, 형태가 주어질 때 그리고 형태와 더불어 최후의 한계가 우리에게 주어질 때, 우리는 그야말로 존재를 빼앗깁니다. 한계 지을 것이 더 이상 없는 것이죠! 비정형의 존재냐 아니면 비존재가 비웃는 형태냐, 이 무자비한 양자택일은 결코 피해갈 수 없을 것입니다. 이 양자택일을 속이거나, 존재를 빼앗기기 전에 술수를 써 형태의 비밀을 훔쳐낼 수 있지 않을까 하는 희망은 품지 맙시다. 기발한 구조가 둘 다 갖는 것을 가로막습니다. 짜증 나게 완고한 양자택일이죠!

무릇 양자택일이란 미래가 오는 것을 추진하는 시소 작용이 아닐까요. 요컨대 모든 잇따름은, 한순간이 결코 다른 순간과 함께 주어지지 않고 선후로 주어지는 이 연속된 선언選言으로 환원됩니다. 잇따름이 우리에게서 과거를 빼앗고 '오늘'을 '어제'로 만들면서 현재를 우리에게 허락해 주는 것이죠. 그리고 잇따름이 우리에게 "하나의 동일 시간에uno eodemque tempore" 지각하고 회상하는 일은 막지 않는다 하더라도, 존재하는 동시에 존재했다는 것은 허용하지 않습니다. 시작이 주어질 때 끝은 아직 없습니다. 그리고 끝이 주어질 때 시작은 이미 더 이상 없습니다. '이미 더 이상'은 '아직 아닌'을 계속해서 과거로 물러나게 하는 생성의 침전물인 것입니다.

그런데 이번에 문제가 되는 것은 연속과정에서의 작은 부차적 선언選言이 아니라, 연속 자체를 영영 정지시키고 존재와 형태를 함께 갖지 못하도록 봉인해, 피조물의 유한성과 일방성이라는 비참함을 결정적으로 확정하는 최상급의 대大선언選言입니다. 존재가 실존하는 한, 존재의 형태는 '아직 아닌nondum'과 가능성의 안갯속에 머물러 있습니다. 그리고 형태가 마침내 현실이 되면, 이번에는 바로 존재가 '이미 더 이상Jamnon'의 밤 속으로 사라집니다. 존재와 형태, 그것들은 마치 푸시킨의 소설에 등장하는 예브게니 오네긴과 타티아나 라리나처럼 숨바꼭질을 하며, 결코 함께 주어지지 않습니다.

죽음은 흘러간 실존을 양식화하며 웅장하고 장엄한 것으로 만듭니다. 그러나 이 장엄함은 누구나 알다시피 특히 생존자들을 위해 존재합니다. 이는 전쟁의 "장엄함"이 특히 전쟁에 참가하지 않는 사람들을 위해 존재하는 것과 마찬가지입니다. 역사가, 전술가, 전쟁소설가와 전쟁화가들에게 말입니다. 접전 속으로 뛰어든 보병은 아마 그 점에 대해 전쟁작가와 역사철학자들과는 의견이 다를 것입니다. 어중간하고 시시한 일상생활 속에 푹 잠겨 있는 살아있는 자가 그런 "장엄함"을 전혀 느끼지 못하고 있다는 것이 놀랄 일일까요?

진실은 끝의 끝에서만 그리고 가장 마지막에만 개입한다고 발타자르 그라시안은 말했습니다.[8] 또한 셸링은 시작에 대한 끝의 소급적 효과를 "상기Erinnerung"라고 불렀습니다. 시작은 끝에서만 명백해지고 앞에 온 것은 뒤에 오는 것에서만 밝혀진다는 것입니다.[9] 죽음이야말로 여기에 잘 들어맞습니다. 매 순간마다 나중 것이 이전 것의 의미를 끌어내는 것과 마찬가지로, 최후의 끝이 마지막에는 지속 전체의 의미를 끌어내는 것입니다. 외젠 민코프스키 박사는 멋진 표현으로 이렇게 말했습니다. 끝마침은 전체의 원을 완성하여 한 생애의 전반적인 의미에 관해 증언하고 그것을 거룩한 역사로 승격시킨다.[10] 우리는 고인의 결점을 망각하거나, 시신에 장례화장을 할 때처럼 회고적 미화와 이상화로 결점을 장점으로 바꿉니다. 고인의 말은 손질 작업을 거쳐 간단한 모범적 도식이 됩니다. 거치적거리는 현존의 저속함과 자질구레하고 파란만장한 일까지도, 부재로 인해 고귀하게 되는 것이죠. 죽음은 삶을 전기傳記로 변모시키고, 지나간 삶에 조명을 비추고, 질서와 때로는 도덕적 의미까지도 부여합니다. 전체의 형태는 마지막 순간에 그리고 이 마지막 순간의 마지막 찰나와 함께 비로소 도래합니다. 그래서 한 실존을 판단하고 해석하기 위해서는, 예를 들어 한 인간이 실제로 행복했는지를 알려면 마지막 순간을 기다려야 하는 것입니다.[11] 마치 한 곡의 소나타 작품에 대해 완전한 판단을 내리려면 그 곡의 마지막 화음을 기다려야 하는 것과도 같죠.

물론 마지막이 다가오고 모래시계의 모래가 줄어듦에 따라, 소생의 기회는 영(0)으로 향해갑니다. 운명의 패가 바뀔 개연성은 점점 더 적어집니다. 그러나 상황이 역전되거나 다수가 뒤집히는 일이 어느 순간부터 산술적으로 불가능해지는 것은 선거에서나 있는 일입니다. 결정적으로 승부가 지어지고, 종종 마지막 개표 훨씬 전에 판가름 나기도 하죠. 그러나 시간 속에서 펼쳐지는 미지의 예술작품의 경우에는, 하물며 인간의 삶의 경우에는 자유라는 것이 있고 이 자유에서 유래한 돌발사태들이 있어서, 최후의 순간 이전에 예측을 내어놓는 일을 엄격히 막습니다. 누군가의 삶이란 아무리 보잘것없는 삶이라 해도 초연初演이자 종연終演, 단 하나밖에 없는 일련의 경험들의 무편집 원본 상영이기 때문입니다. 목격자는 따라서 끝까지 목격자로 머물러 있는다는 조건에서만 판단을 내릴 수 있습니다.

누가 알까요? 마지막 순간이 찾아오자 괜찮아 보였던 인생이 단번에 가치를 잃거나, 반대로 끔찍해 보이던 인생이 명예를 회복할지? 마지막 숨을 들이쉬기 직전에, 최후의 한 사건, 마지막 한 걸음, 하나의 발견, 마지막 한마디로 모든 것이 갑자기 다시 의문 속에 빠지게 될지? 누가 알까요? 모든 것이 재검토를 필요로 하지 않을지? 생애 혹은 작품이 마지막 순간에 뜻밖의 의미를 갖게 되지나 않을지? 끝까지 기다리지 않고 돌아간 성급한 사람들은 보지 못하는, 새로운 조명을 받게 되지나 않을지?

《보리스 고두노프》는, 림스키-코르사코프의 결정대로 황제의 죽음으로 끝나는지, 아니면 무소륵스키 자신이 애초 원했던 것처럼 러시아 민족이 겪을 고통을 두고 울면서 그 불행을 예언하는 결백한 남자의 노래로 끝나는지에 따라 전혀 다른 의미를 갖습니다.° 전자의 경우《보리스 고두노프》는 주인공의 죽음으로 끝맺으며 역사상 한 인물이 중심이 되는 전통적 오페라입니다. 후자의 경우《보리스 고두노프》는 깊은 의미와 충격적인 메시지를 계시하는데, 그것은 바로 러시아 민족의 운명입니다. 바로 이 마지막 계시에 의해《보리스 고두노프》는 유일한 것이 됩니다. 이렇게 마지막 순간이 모든 것을 바꿀 수 있지요! 이 마지막 순간까지 듣지 않는 바쁜 사람들은 참 딱합니다! 신비의 말은 아마 마지막 말일 테니…. 절대로 끝나기 전에 떠나지 마세요!

인간 실존의 목적성이 회고적일 수밖에 없으며, 결코 예견될 수 없다는 것은 바로 그런 이유에서입니다. 언제나 미완성인 역사가 그러하고, 살아있는 것의 경우도 그러죠. 살아있는 것이 살아있는 한, 자유의 모험은 어떠한 목적성의 예상도 막으니까요. 왜 한 생애의 메시지는 끝이 오기 전까지 예상할 수 없고, 언제나 사후事後에 드러나는 것일까요? 라이프니츠는 무질서한 점들 사이에서도 지성으로 파악되는 하나의 질서를 항상 찾을 수 있으며, 무리를 짓고 별자리를 그려 하나의 조화와 법칙을 복원할 수 있다고 단언합니다.°° 베르그송 또

- ° 무소륵스키의《보리스 고두노프》는 너무 혁명적이라는 이유로 1888년 이후로 상연되지 않았다. 1906년 림스키-코르사코프는 관객들이 작품을 더 잘 받아들일 수 있게 하기 위해 화려한 스타일로 작품을 전면 개작한다. 그 과정에서 몇 부분이 생략되고 마지막 두 장면의 순서도 바뀌어 차르 보리스의 죽음이 혁명 장면 뒤에 오게 되었다.
- °° 1715년 2월 11일자 니콜라 레몽에게 보낸 편지. "따라서 불규칙한 부분을 지닌 기하학적 선이 존재하지만, 그러나 선 전체를 고려하면 우리는 선이 방정식이나 전체적 성질에 따라 완벽히 규칙적이라는 것을 알게 됩니다. 그래서 개별적으로는 무질서한 선의 모든 부분들이 전체적으로는 알맞게 조정되는 것이죠."

한 가장 일관성 없는 혼돈 속에서도 모종의 질서가 무한히 되살아날 수 있다고 생각했습니다. 그러나 베르그송은 지속 속에서 진화하고 자신을 갱신하면서 자기를 실현하는 열린 총체로서의 유기체도 생각하고 있었죠. 하나의 삶이 아무리 양식이 없고 비정형적이라고 하더라도, 그것은 성운처럼 자신의 질서와 의미를 가지고 있습니다. 그러나 이 의미와 질서는 끝에서만, 살아있는 자의 삶의 행로가 일단 마감되었을 때에만 나타날 것입니다. 생명이 살아있는 동안은 법칙성도 목적성도 항상 감지할 수 없는 채로 남아 있지요.

그럼에도 우리는 어떤 법칙이 이 진화를 주재했던 것이 '되리라고' 이 역사가 하나의 곡선을 그렸던 것이 '되리라고' 벌써 지금부터 짐작합니다. 베르그송은 미리 과거로 생각된 미래인 "전미래"를 사용하여[12] 예측 불가능한 것의 반쯤 예측됨이라는 역설을 설명합니다. 모든 것이 종료되었을 때, 우리는 이제 지나간 삶의 "메시지"를 지성으로 파악할 수 있게 되리라고, 그리고 우선은 보통 하나의 메시지가 있을 것이라고 '거의' 확신합니다. 그러면 우리는 고인이 그의 동시대인에게 어떤 대체 불가의 독자적인 의미를 나타내는지 이해하게 될 것입니다. 회고적 예언자인 우리는 이 삶에 하나의 의미가 있다는 사실을 예감하지만, 그 의미가 무엇인지는 말할 수 없습니다. 우리는 '있다는 사실'을 예감하면서도 '무엇인지'는 알지 못합니다. '사실'의 실제성을 어렴풋이 느끼지만, '무엇'을 가리킬 수는 없습니다. 베르그송은 잘못 알아봄에 대해 이야기하며, 무엇이 일어날지를 예언할 수는 없지만, "알았던 것이 되리라고 예견한다"고 말했습니다.

이 알아봄은 맞는 동시에 잘못된 것이 아닐까요? 만일 사람이 이미 아는 것을 배울 수 있고 오래전에 찾은 것을 발견할 수 있는 것이라면, 역으로 몰랐던 것을 알아볼 수도 있을 테니까요. 이 경우에는 플라톤의 상기想起에 비할 만한 일종의 초경험적 친숙함이 주어지는 것입니다. 떠올린다고 믿지만 사실은 결코 알았던 적이 없는 사람은, 처음부터 두 번째입니다. 숫자 '2'가 첫째인 겁니다. 진짜 예언자가 내일의 비밀을 내게 말해주기만 한다면, 나는 그것을 모르면서도 그것을 알아보게 되겠죠!

그렇다면 그 미래의 말을 나 혼자서 찾을 수 없다는 것은 어찌 된 일일까요? 예측 불가의 천재가 그의 다음 걸작을 다 썼을 때, 나는 마치 그것이 유기적 필연에 의해 생겨난 것처럼, 그것이 그 천재가 쓸 수 있는 유일한 책이었던 것처럼 그 걸작을 알아볼 것이고, 내가 그것을 오래전부터 예상했다는 느낌이 들 것입니다. 그렇다고 그 저자 대신에 내가 그 작품을 쓸 수 있었으리라는 뜻은 아니지만요. 마찬가지로, 드뷔시가 《전주곡들》의 끝에 써넣은 제목들은 각 작품의 의미를 사후에 표명하지만, 그래도 그가 떠올리게 할 작품의 배경을 (사전에 알지 않는 한) 결코 예견할 수는 없습니다.°

사람의 생애도 이런 의미에서는 모두 다소간 천재적 즉흥입니다. 우리가 거의 숙명적으로 인생에 대해 잘못 깨닫게 되는 것도, 인생의 목적성이 사후死後에 회고적으로만 알려진다는 사실로 설명할 수 있습니다. 가장 평범한 삶이라 해도 언제나 어느 정도는 잘못 알아보게 되는 것이니까요. 한 생애의 의미는 언제나 너무 늦게, 운명이 정한 두 날짜 사이에서 마침내 완결된 일대기가, 추도문에 적힌 고인의 약력과 합쳐질 때 밝혀집니다. 우리는 동시대를 살았던 이들이 죽고 나서야 그들을 정당하게 평가할 수 있습니다. 왜 인생의 의미는 그 생애

° 드뷔시의 《전주곡들》은 1909년에서 1913년 사이에 작곡된 피아노를 위한 독주곡으로 1권과 2권으로 나뉘어 각 12곡으로 구성되어 있다. 곡의 표제를 악보의 첫머리에 쓰던 관행과는 달리, 이례적으로 각 곡의 끝에 표제가 달려 있는데, 장켈레비치는 그 사실을 들어 말하고 있다.

'동안에는' 결코 나타날 수 없는 것일까요? 왜 인정받지 못한 영웅과 천재가 인정을 받기 위해 죽음을 기다려야만 하는 걸까요? 이 잔인한 괴리, 이 부당한 지연은 왜일까요? 이 터무니없는 복구는 왜일까요? 그 어떤 동시성도 없고, 존재와 의미는 서로 때가 안 맞고, 존재 없는 형상과 형상 없는 존재 사이에서 선택하거나, 순전히 환상적인 전미래에 만족할 수밖에 없는 아이러니한 양자택일, 이것이야말로 본질적인 '오해malentendu'의 원리이고, 이것이야말로 우리 '불행malheur'의 요인이며, 이것이야말로 피조물에게 내려진 '저주malédiction'의 기본 조항입니다.

그래서 우리가 알아보지 못하다가 뒤늦게야 다시 알아보게 되었을 때에는 언제나 가슴 아픈 우울함 같은 것이 있습니다. 우리는 때로 "그들은 살았다"라고 말하고는 합니다. 아니 오히려 라마르틴의 시 「호수」의 마지막처럼 "그들은 사랑했다"고 말하죠. 이런 정과거定過去 속에는 누구라도 곧바로 그 엄숙함을 파악할 수 있는 과묵한 무언가가 있지 않은가요? 그렇기에 클로드 아블린Claude Aveline이 모음집으로 펴낸 『마지막 말』에 적힌, 비존재의 문턱에 선 인간이 내뱉은 최후의 말들ultima verba은 장황한 설교나 웅변적인 연설과는 전혀 다른 울림을 갖는 것입니다. 죽음으로 존재를 잃은 무덤 너머의 고통스러운 의미란 어떤 매혹과도 같은 향수를 불러일으키죠. 육체를 벗어난 의미는 일종의 매혹이며, 그리고 매혹은 하나의 얼굴, 하나의 눈길 혹은 하나의 미소의 만져지지 않는 비밀스러운 의미 같은 것이니까요.

시간 속의 매혹은 이 점에서 예술가만이 파악하거나 창조할 수 있는 비시간적 아름다움과 구별됩니다. 창작자는 존재의 "매혹"을 당장 오늘부터 알아차리며, 그것을 위해 현재가 지나가기를 기다릴 필요가 없는 것이죠. 창작자는 존재를 그 의미로부터 분리하는 불행한 양자택일을 천재적으로 뛰어넘습니다. 환희란, 의미로 가득한 존재의 긍정성이 축복받은 이들에게 불어넣은 창조적 감동이 아닐까요? 바로 이 현재형의 매혹을 우리는 미美라고 부릅니다. 미는 예술가가 아닌 사람들에게 섬광처럼 짧은 호기好機를 영원하게 만듭니다. 의미의 '아직 아닌'과 존재의 '이미 더 이상'이 창조적 환희의 영원한 '지금' 속에 흡수되는 것입니다.

현재형의 매혹을 현재'의' 매혹과 혼동해서는 안 됩니다. 후자는 마치 이 현재가 이미 지나간 것처럼 향수에 젖어 회고하듯 현재를 지각할 때 느껴지는 어떤 것입니다. 쇠락한 현재는 그 경우 우리에게 일종의 앞지른 회한을 불어넣죠. 이 설익은 회고의 마법은 화가 페르메이르Johannes Vermeer의 신비와도 완전히 무관하지는 않지만, 그것은 특히 음악과 시에서 사람을 홀립니다. 음악은 시간예술이기 때문이고 생성으로 이루어진 작품, 흘러가는 작품, 매혹의 작품이기 때문입니다. 이런 점에서 음악은, 마지막 순간까지 늘 비정형인 현실의 삶과 본래 의미의 예술 사이의 중간에 있습니다.

현재형의 매혹과 현재의 매혹이 창작자만 지각할 수 있는 것이라면, 과거의 매혹은 관객 혹은 청중에게만 드러나는 것입니다. 인간은 누구나 어느 정도는 이런 사후적 예술가, 과거 회고적인 시인, 산문적 시인입니다. 평범한 작은 시골 마을의 산문적 시정詩情은 누구라도 느낄 수 있습니다. 더 이상 그곳에 살고 있지 않다면, 보잘것없는 작은 마을과 그 나른한 길거리와 공원이 추억이 되어버렸다면요. 오늘의 매혹은, 바로 오늘은, 공기의 무게만큼이나 느껴지지 않습니다. 오늘의 매혹은 내일이 되어야만 느껴질 것입니다. 무취의 현재에 향기를 주고 무미한 시간에 맛을 주는 것은 바로 지나쳐 버렸다는 사실입니다. 그래서 달콤한 "추억"이 자연스레 회한의 시와 이어집니다. 느껴질 듯 말 듯한 우울과, 어떤 여린 매혹 같은 것이 모든 회상의 작품을 살짝 덮고 있습니다. 있는 것은 그것이 없어지고 나서야만 우리에게 소중한 것이 되듯이, 현재가 그 "매혹"을 발산하기 위해서는 우리에게서 빠져나가야, 지나간 것이 되어야만 합니다.

기억은 이미지를 그 물리적 대상에서 떼어서 우리에게 남깁니다. 그래서 기억이 모든 인간에게 시적 상태의 자연스러운 서곡인 것입니다. 과거 제조자인 시간, 지나쳐버림인 시간은 따라서 스스로 일종의 시를 발산합니다. 그러나 그것은 견실하지 않은 시, 무력하고 열매 맺지 못하는 시, 시 작품이 되지 못하는 시입니다. 숙성은 와인의 풍미와 기념물이나 가구의 그림 같은 매력을 더하지만, 노화는 우리가 겪은 경험에 무용하고 덧없으며 공허하고 먹먹한 느낌을 더합니다.

향수를 자아내는 뭔지 모를 여린 그 무언가가 이처럼 모든 추억의 대상에서 한밤의 등나무 향기처럼 퍼져 나옵니다. 리스트가 《옛날이여jadis》라고 제목을 단 몽상적인 피아노 소품은 아련한 추억의 깊이에서 솟아나는 듯한 빛바랜 행복의 먼 메아리를 우리에게 들려줍니다.[13] 그것은 달랠 길 없고 형언할 수 없는 어떤 것, 그것을 어떻게 해야 할지 우리가 알지 못하는 것입니다. 그 텅 빈 매력을 무엇에 빗대어 어떻게 표현해야 할까요? 무엇보다 어떻게 존재와 의미를 함께 붙들어서 가질 수 있을까요? 어떻게 돌이킬 수 없는 것을 되살릴 수 있을까요? 잃어버린 낙원의 추억이란, 시간이 떼어놓은 존재와 의미를 하나로 맺고 싶은 모든 사람의 욕망을 나타냅니다. 낙원이란 잃어버린 것 말고 다른 것일 수 있을까요?

과거의 우수란 너무도 달콤해서, 우리가 부재와 분리라는 주술의 힘을 빌려 그것을 현재의 한복판에 인위적으로 만들어내는 일도 벌어집니다. 소설과 비극은 멀리 떨어져 있음, 떠남, 죽음, 장애물을 이용해 연속에 위엄과 양식을 부여하고, 비정형의 형태를 이생에서부터 식별해 내려고 합니다. 우리는 산 자를 이미 죽은 자로 상상하고, 그 자리에 있으면서 멀리 있는 것으로, 오늘부터 이미 과거인 것으로 생각하면서, 앞질러 회고하며 양식화하여, 산문적 실존을 깨끗하고 올바르고 거대하고 위엄 있는 것으로 만들려고 합니다. 죽음이 모든 피조물에게 주는 위엄을 이 세상에서 미리 맛보려고 하는 것이죠.

우리 자신의 천진함은 특히 되돌릴 길이 없습니다. 한 사람은 존재하는 동시에 자신이 무엇인지를 알 수는 없으니까요. 이 불행한 상황은 더없는 양자택일 상황이 아닐까요? 사람은 천진한 동시에 그 천진함을 알 수는 없습니다. 현재형의 천진함, 그 당시의 천진함은 사실상 그저 의식 못 하는 상태였던 것이죠. 역으로, 천진함을 의식하고 순수라는 이상을 알게 되는 일은, 천진함이 영악해지고 긴 시간이 지나고 나서야 비로소 나타납니다. 겸손함과 겸손함에 대한 의식도 보통은 그런 식으로 서로 배제합니다. 나와 내 자신의 관계에서, 의식 없는 존재와 존재 없는 의식이란 실제로 잇따르는 두 시기이며, "하나의 같은 시간에uno eodemque tempore" 주어질 수 없는 두 순간입니다.

반면, 우리 곁에 아이와 젊은이가 있을 때에는 이 동시성이 실현되고 있는 것처럼 보입니다. 여기서는 유년과 청춘이라는 현재형의 매혹이 두 사람에게 나뉘어 있습니다. 한 사람은 바로 자기 자신이면서도 아직 자신이 무엇인지를 모릅니다. 다른 한 사람은 알기는 하지만 이미 자기가 아는 그 사람이 더는 아닙니다. 따라서 '의식하는 천진함'이기도 한 '천진한 의식'을 완전한 상태로 재구축하려면 양쪽이 다 있어야 합니다. 하지만 이 두 독립된 절반이 동시에 있다고 해서 양자택일을 넘어선 것일까요?

우리가 아이를 바짝 다가온 과거로, 향수鄕愁가 예정된 미래의 과거로, 지나쳐버릴 첫 시절로 생각할 때, 아이는 특히 소중해집니다. 이 여린 걸작, 이 덧없고 금세 시드는 천진함을 생각하면, 마음이 죄어옵니다. 우리가 받았던 이 경이로운 순수함의 선물이 얼마나 좋은 것인지를 제대로 평가할 줄 몰랐다는 쓰라린 회한을 미리 느끼게 됩니다.

그리고 청춘이라는 붙잡을 수 없는 매력 또한 그 현실을 사는 순간에는 가치를 알아볼 수가 없습니다. 현재형의 청춘, 의식하지 않는 청춘은 젊다는 것에 그다지 만족하지 않는 것이죠. 아니, 이 매혹적인 과거는 현재였을 때에는 딱히 매혹하는 것이 아니었습니다! 행복한 '남쪽'이 '북쪽인'이 만들어낸 잃어버린 낙원이듯, 청춘은 어른들이 나중에 창안해 낸 황금시대입니다. 일하는 청소년들이나 조로해 버린 젊은이들을 위한 허튼소리가 아니라면요. 유년기와 청춘이 구현할 수 있는 것은 어디까지나 어른을 위한 것입니다. 그러나 그것은 바깥에 다른 사람에게 있지, 어른의 의식에는 결여되어 있습니다. 육체적 존재와 생생한 현실은 말입니다.

되돌릴 수 없는 생성의 순간마다 계속 닥쳐오는 작은 죽음들에서 "매혹"이 발산되듯이, 죽음은 "매혹"을, 즉 삶의 형태 전부를 단번에 내보입니다. 죽음은 연속의 흐름 속에서 우리가 과거의 기억과 실제 체험을 함께 누리지 못하게 막는 상대적 장애물이 아닙니다. 죽음은 실존 일반의 유일성 혹은 일회성을 봉인하고, 이 실존의 반복을 영원히 금지하는 절대적 장애물입니다. 상대적인 한계는 연속의 내부를 일련의 시기와 기한으로 자르는데, 이 시기들은 나의 지나간 청춘이 그렇듯 이후에는 지나간 시절로 둥글게 마감됩니다. 그러나 죽음의 절대적 한계는 연속 전체를 끝내고, 연장과 재전개의 가능성에 종지부를 찍습니다. 더 이상 그것은 계열 내부에 기간을 두고 경계가 정해지는 계열들이 아니라, 모든 계열들로 이루어진 단 하나의 계열, 비존재로 끊기는 계열인 것입니다.

되돌릴 수 없는 생성은 적어도 환영과 같은 비현실을 이후에도 존속시켜, 새로운 현재의 물리적 현실에 대위법처럼 겹쳐놓습니다. 되돌릴 수 없는 연속은 적어도 존속하는 의식을, 증인으로서의 의식을 남겨놓는데, 이 의식은 현존을 부재의 예찬으로, 현실성의 충만을 달아난 날들의 씁쓸한 희열로, 예술의 환희를 회고의 우울한 시와 시간의 불행한 음악으로 보완할 수 있습니다. 그러나 죽음은 우리에게 이런 위안조차 허락해 주지 않습니다. 쉽게 달아나버리는 기억의 시간이라도 남길 수 있는 최소한의 유예조차 주지 않습니다. 죽음은 지각할 수 있는 현실뿐만 아니라 추억의 가능성과 환영까지도 없애버립니다. 그래서 되돌릴 수 없는 시절의 망쳐버린 작은 기회들은 적어도 다른 형태로나마 나중에 다시 잡을 수 있다고 해도, 기회들의 기회, 절대적 기회는 그럴 수 없으니….

놓쳐버린 청춘은 실패한 청춘이라고, 네, 그렇습니다. 청춘은 일생에 단 한 번이고, 청춘의 계절은 어떻게 해도 다시 오지 않는 것이니까요. 그러나 실패한 청춘을 보낸 사람도 성공한 노년을 보낼 수 있습니다. 나중에, 다른 일을, 더 잘 하는 것이 가능합니다. 미래의 여백이 우리의 희망에 열려 있는 한 그럴 기회는 있을 테니까요. 이에 반해, 잃어버린 삶은 돌이킬 수 없이 잃어버린 것입니다. 삶을 잃으면 모든 것을 잃는 것이죠! 그 어떤 구제도 불가능합니다. 나중이 없으니까요. 잃어버린 청춘은 부분적인 실패고 따라서 수선할 수 있습니다. 그러나 잃어버린 삶은 완전한 파산이고 그래서 우리를 절망 속에 버려둡니다.

사실 절대적 장애물은 기관-장애물이라는 점에서, 그 자체로 우리 삶의 가장 일반적인 형이상학적 조건이라고 할 수 있습니다. 중간에 있는 순간들의 불가역성은 실존을 이리저리 구부리고 여러 가지 색을 입히지만, 삶에 본질적인 생명을 한정합니다. 그래서 인간의 중간성에 대한 파스칼의 잠언들이, 훗날 게오르크 짐멜이 다시 깊이 성찰한 잠언들이, 다시 한번 입증됩니다. 생성의 양의성은 우리에게 정말 위로와 비탄을 줍니다. 그것도 번갈아서가 아니라 '한번에' 말입니다. 존재는, 그것을 당장 의미 가득한 걸작으로 만들어줄 한계 짓는 형태 없이, 우리에게 일단 주어집니다. 그러고 나서 형태가 우리에게 주어질 때는, 이번에는 형태를 부여받아야 할 존재가 우리에게서 제거됩니다. 형태 없는 현재의 긍정성은 지루한 긍정성, 허울 좋은 비정형의 영원일 뿐입니다. 그 후에는… 그러나 '그 후'가 있는 걸까요? 우리는 형태를 받아도 향유할 수가 없습니다. 더구나 더 이상 "우리"가 없습니다. 형태라는 점에서는, 우리는 삶의 연속을 영영 중지시키는 부정의 칼날을 고작 인식할 뿐입니다. 사람은 그렇게 비정형에서 비실존으로 일거에 넘어갑니다. 자신의 삶의 형태는 살아남은 사람들에게 주는 선물이지, 자신은 결코 누리지 못하는 것입니다!

따라서 고대 희랍인이 생성을 존재와 비존재의 혼종으로 여겼다고 해서 놀랄 일이 아닙니다. 실제로, 불가능-필연의 연속적인 갱신인 생성은 삶을 실현하는 수단이면서, 동시에 같은 걸음으로 죽음을 향해 다가가는 행진인 것입니다. 그렇다고 해서 시간이 우리에게 불어넣는 모순적인 감정들이 서로 잘 배합되어 현자에게 맑은 평정을 줄 수 있는 것도 아닙니다. 그렇습니다. 낙관과 비관이 비탄에 잠긴 위로나 절망적 희망 같은 것을 이루어, 희망과 절망이 서로 상쇄하는 일은 없을 것입니다. 오히려 사람은 현재 및 가까운 미래에 대한 신뢰와 먼 장래에 대한 절망 사이에서 진동하듯이 흔들린다고 말해야 할 것입니다. 이렇게 번갈아서 왕복하는 것이 바로 양가성입니다. 생성의 존재는 앞날을 생각지 않는 극악한 부주의와 미친듯한 무사태평을 북돋습니다. 그리고 바로 이 생성의 비존재가, 사람에게 들이닥쳐 모든 것을 앗아가 버리는 위로할 길 없는 비탄에 힘을 실어줍니다. 사람은 "둘 사이에" 자리 잡고 있는 것이 아니라, 연속적인 왕복운동으로 한 쪽에서 다른 쪽으로 오가고 있습니다. 우리는 정적인 의미가 아니라, 끊임없이 오고 가는 이미지의 동적인 의미에서, 피조물의 중간성을 말할 수 있을 것입니다. 이 중간성이 어쩌면 '진지한 것'이라고 부르기에 알맞은 것이 아닐까요?

3

절반의 열림

1. 신비의 사실성

절반의 열림은 기관-장애물과 마찬가지로 죽음의 깊은 애매성을 표현합니다. 반쯤 열린, 살짝 보이는…. 인간과 관련해서는 정말이지 모든 것이 둘 사이에 있습니다. 죽음이 삶을 방해하는 것인 동시에 실존의 근본 조건임을 확인했으니, 이제 우리는 죽음이 넘을 수 없는 장벽인 동시에 한없이 미룰 수 있는 날짜임을 보게 될 것입니다. 죽음에 대해 우리는 절반의 지식을 가지고 있는데, 그것은 절반의 무지, 앎이 있는 무지이기도 합니다. 그리고 우리는 죽음에 대해 절반의 능력을 가지고 있는데, 그것은 절반의 무력이기도 합니다. 무지한 앎과 무력한 능력, 절반의 지혜와 약한 힘. 이처럼 죽어야 할 피조물과 그 죽음과의 관계에서는 모든 것이 절반씩 양가적으로 진행됩니다. 인식의 관점과 행위의 관점에 차례로 서보도록 합시다.

앞서 우리는 죽음의 신비는 말할 수 없고 그 자체가 불투명하다고, 이 신비의 형용사적 주변만을 말할 수 있고 죽음 자체를 수식하는 말만을 표현할 수 있다고 말했습니다. 존재의 무화는 하나의 무의미가 아닐까? 그리고 왜 차라리 영원이 아니라 연속의 중단인가? 이런 해답 없는 물음들은 신비의 어두운 밑바탕과 관련된 물음입니다. 반면 캄캄한 중심과 말할 수 있는 주변의 구별은 실존 자체에 적용되는 것일 겁니다. 즉, 존재자의 비존재보다는 존재자의 존재에 훨씬 잘 적용될 것입니다. 존재의 뿌리는 캄캄하지만, 존재방식과 양태는 환한 빛 속에 있는 것이죠. 그래서 우리는 실존의 의미가 무엇인지도, 왜 무가 아니라 존재가 우리에게 주어졌는지도 모르지만, 실존의 양태와 삶의 방식들에 관해서는 끝도 없이 이야기할 수 있습니다. 그리고 다른 많은 신비들도 그런 경우인 것으로 보입니다. 자유, 생명력, 영혼과 육체의 결합 등은 그 근원은 인식할 수 없지만 우리의 감성에 나타났을 때에는 분명해 보입니다.

그러나 그 반대로도 말할 수 있는데, 이쪽이 훨씬 더 그럴 만합니다. 신비의 애매성은 그 자체로 무한히 애매하니까요. 신비의 조명에도 희미하게 도드라진 명암이 있지만, 그 항들은 역전되어 있습니다. 이번에는 어떤 신비가 있다는 것은 더듬어 짐작할 수 있지만, 그 상황의 사정을 알지 못하는 것이죠. 존재는 한낮의 밝은 빛 속에 있지만, 존재의 방식들이 짙은 밤안개에 싸여 있는 겁니다. 신비의 앎이 있는 무지는, 불완전한 지식의 단순 열거와도, 대상의 모든 개별 양태를 알아내지 못하는 대략적인 엉성한 과학과도, 이름이나 나이나 주소 등 이런저런 정보가 누락된 신상기록표와도 전혀 다릅니다. 많은 것을 모으는 것이 문제가 아닐뿐더러, 대칭적인 두 절반의 한쪽이 깜깜한 상황이 문제가 되는 것도 아닙니다. 엄밀히 말하면, "일차" 성질 혹은 더 본질적인 성질이 "이차" 성질보다 중요성이 더 높다고 말할 때처럼, 존재가 양태보다 "중요성"이 더 높다고 말할 수조차 없습니다. 모르는 것과 언뜻 본 '뭔지 모를' 것은 종류도 차원도 다르니 말입니다! 신비의 무지한 앎은 모호한 지식 scientia vaga입니다. 어떤 사건이 벌어졌다는 것을 막연히 짐작하지만 세부 내용도 없고 특히 그 사건을 포착할 수 있는 시간과 공간 좌표도 없는 것이죠.

그런데 신비가 존재하는 까닭은, 모르는 상황들이 알려지지 않아서가 아니라 아예 인식 가능하지가 않기 때문입니다. 우리의 현행 인식 상태에서 당분간 알려지지 않는 것이 아니라 영원히 그리고 선험적으로 인식되지 않기 때문입니다. 신학이 죽음학과 마찬가지로 답보상태에 있는 것도 그 때문이죠. 이를테면 파스칼은 요한 크리소스토무스를 따라, 사람은 신의 실존을 예감하지만 신의 본성도 속성도 인식하지 못한다고 말합니다. 우리는 이렇게 말합시다. 인간은 신이 '존재한다'는 것을 "마음"으로 느끼지만, 신이 어떠어떠한지를 지성으로 규정할 수 없다고 말합니다. '있다'는 확실함과 '이것 또는 저것'으로 가리킬 수 없다는 불가능성이 서로를 반박합니다. 분명코 그 어떤 실증과학에서도 신을 시간과 공간 속에 위치시켜 그 크기를 재고 그 모습을 묘사하여 '언제', '어디서', '어떻게'라는 물음에 대답을 얻고 신에게 범주들을 적용하여 규정할 수는 없습니다. 그럼에도 그 '사실', 즉 신이 존재한다는 사실은 파스칼에게 명증한 것이며, 투박하고 간략하고 불투명해도 명증한 사실입니다. 어디에나 있고 어디에도 없고, 항상 있고 결코 없으며, 그 어떤 범주적 규정도 다 따돌리는 신은, 인간에게 단적인 사실성으로만 자신을 드러냅니다. 따라서 신은 숨은 것이 아니라, 거의 숨은fere absconditus 것이며, 이 절반의 은폐야말로 신비의 신비로움을 이루고 있는 것입니다.

마찬가지로 우리는 어떤 무한한 것이 있다고 예감하면서도 그 무한이 짝수인지 홀수인지 결정하지 못할 수가 있습니다. 현실의 양을 지정하는 수는 모두 유한할 수밖에 없기 때문입니다. 이런 경우에는 '몇 개인가' 하는 물음에 답을 할 수가 없죠.

생명력과 자유의 경우에는 '어떻게'라는 물음이 미해결로 남게 됩니다. 데카르트는, 내가 존재한다는 '것은' 확실하지만, 내가 '무엇인지는' 확실하게 알지 못한다고 말합니다. 시간과 운동이 세분화하여 모두 정지로 분해되듯이, 마찬가지로 생명은 세분화하여 모두 물리화학적인 구조로 분해됩니다. 하지만 생명력은 우리가 분해해 놓은 것으로부터 무한정 재생되는 합성능력을 명백히 나타냅니다. 그리고 세분된 자유는 모두 결정론과 인과관계로 환원되는데…. 그럼에도 나는 자유롭습니다! 나는 자유롭지만, '어떻게'는 묻지 말아주세요. 자유와 생명력은 증명될 수 없어도, 그 명증성은 모든 환원주의적 시도에 저항합니다. 자유는 신과 마찬가지로 존재하지만 무언가로 이루어져 있지 않고, 이루어져 있지 않은 만큼 더욱더 존재하는 것이니까요. 시간은 대강 멀리서 보면 그 사실성 또는 그 '있다'는 점에서 뭔가 있는 것입니다. 그러나 가까이에서 보면 이 뭔지 모를 것은 더 이상 아무것도 아닙니다. 요한 크리소스토무스는『파악할 수 없는 것에 관해서 *Περὶ ἀκαταλήπτου*』라는 논고에서, 영혼과 육체의 결합 양태에 대해서 같은 생각을 표명하고 있습니다.

본질적으로 긍정하고 창조하는 힘인 자유에 해당되는 것과 생명의 긍정성에 해당되는 것이, 거꾸로 죽음에도 못지않게 해당됩니다. 파스칼은 말합니다. "내가 아는 것이라고는, 내가 이윽고 죽는다'는 것' 뿐이다. 그러나 내가 피할 수 없을 바로 이 죽음이 '무엇인지는' 나는 전혀 모른다."[1] 우리가 만지고 묘사할 수 있는 생명의 요소는 결국 비활성적인 것, 즉 죽은 것입니다. 우리가 생각하고 서술할 수 있는 죽음의 요소는 언제나 결국 살아있는 것이고요. 자유의 순간 hora libertatis, 결정을 내리는 일, 원하기를 원한다고 속으로 말하는 일이 우리의 논술을 끈질기게 피하듯, 그처럼 죽음의 순간 hora mortis은 체험된 생성의 충만함과 연속 속으로 계속해서 잠겨들어 살아있는 존재에게는 모습을 감춥니다. 이 '호라 모르티스'는 미래의 방향으로 물러나고 숨습니다. 시시각각 늦춰지고 하루하루 미뤄지는 나 자신의 죽음의 시간은 결코 그 어떤 순간에도 살아있는 인간의 사유에 나타나서 가리킬 수 있는 것이 되지 않습니다. 사유하는 존재는 어떤 일이 있더라도 죽을 것입니다. 죽음의 날짜는 절대적으로 불확실하지만, 그것이 사실이라는 점에서는 절대적으로 확실합니다. 신의 사실성도 단연 그렇게까지 명백하지는 않죠!

불확실성에 대해서 먼저 살펴봅시다. 죽음의 날짜를 혜성의 통과 궤도처럼 완전히 정확하게 확정할 수 없는 것은 단지 엄밀한 예측 방법과 적절한 기구가 없어서가 아닙니다. 특히 생물학적 결정 요인이 복합적이라거나 우연의 여지가 있어 현재로서 우리의 예측이 부정확하고 대략적일 수밖에 없어서도 아닙니다. 그런 경우라면, 불확실성은 기상 예측의 경우처럼 경험적인 것에 불과할 테니 말입니다. 그런 식이라면 우리는 시계 문자반 위의 일개 숫자인 시간도, 달력 위의 일개 숫자인 날짜조차도 확정할 수 없게 될 것입니다. 그런 것이 아닙니다! 죽음의 예보가 불가능한 것은 형이상학적인 이유 때문입니다. 우연적인 부정확함이 문제인 것이 아니라, 본질적인 불확정이 문제인 것이죠. 우리는 죽음의 순간이 범주에서 벗어나 있다는 것을 뒤에서 보게 될 것입니다. 여기서 확정되지 않은 것은 '어디'와 '어떻게'에 대한 대답이고, 일반 법칙과 나의 개별 경우 사이의 관계이며, 특히 '언제'라는 물음에 대한 대답입니다. 실제로 우리는 하나의 특정한 죽음으로 죽을 것입니다. 특정 질병이나 특정 사고의 결과로, 이런저런 장소에서, 이런저런 날짜에 이러저러한 상황에서 이러저러한 방식으로…. 그러나 우리는 그것을 미리 알지는 못합니다. 따라서 죽음은 다가올 순간으로서만 불확정적입니다. 아니 불확정이라기보다는 차라리 예견할 수 없다고 해야 할 것입니다.

신은 인간에게는 영원히 불확정적이고, 무한은 우리의 이성에는 무한히 불확정적입니다. 그러나 죽음의 상황은 죽음의 날까지만 미결일 뿐입니다. 날짜와 시간은 마지막 순간에 알려지며, 최후의 순간에 닥쳐와 그것들을 확정하는 것은 바로 죽음 자체입니다. 당사자는 자신의 죽음의 비밀을 마지막 순간에서야 비로소 알게 될 것입니다. 산 자는 죽음이 거기에 와 있을 때, 즉 그가 살기를 멈출 때밖에는 그 시각을 알지 못합니다. 그는 자신의 죽음의 현재를 결코 '살지' 못하고, 따라서 마지막 순간까지 그 날짜를 모르기 때문입니다. 죽음이 일어났을 때, 더 이상 없는 것은 바로 산 자이니까요! 이 확실성의 확정은 따라서 사후死後의 것일 수밖에 없습니다. 이후에 돌아보면 죽음이 모든 좌표상에서 확정된 사건이었던 것이 되겠지만, 현재형으로는 오직 살아남은 자들과 제삼자들에게만 그러합니다. 자신의 죽음의 시각은 전미래형으로만 확실한 것이죠! 이 점에서 죽음의 사건은 최초의 자의식과 첫 번째 거짓말에 비교될 수 있습니다. 우리는 아이가 어차피 그 천진함을 잃을 것임을 알고 있지만, 언제, 어떤 계기로 그렇게 될지는 모르는 것입니다.

한쪽에는 과연 일어날지 언제 일어날지도 모르는 우연적인 사건들이 있습니다. 다른 쪽에는 발생하리라는 것을 알고 언제 발생할지도 아는 천문학적 혹은 생물학적 현상들이 있습니다. 그리고 바로 그 둘 사이에 죽음의 '뭔지 모를 것'이, 특히 '언젠지 모를 것'이 있습니다. 죽음의 불확실한 확실성은 모든 인간에게는 미래의 애매성을 단적으로 보여주는 것이 아닐까요? 우리는 '내일'이 오늘이 될 때 설령 우리가 더 이상 거기에 없을지라도, 미래는 어쨌든 있을 것을 알고 있습니다. 다음 일요일을 '일요일'이라고 부를 우리가 더 이상 없더라도, 그 일요일이 어쨌든 다가올 것을 우리는 압니다. 그러나 이 다음 날이 '어떤 것일지', 노래하는 내일일지 눈물 흘리는 내일일지, 그것은 우리가 알지 못합니다.

그렇지만 죽음의 불확실성은 무엇보다도 날짜에 관한 것입니다. 죽음이라는 사건은 그 형이상학적인 실제성이나 자연적인 필연성을 고려하면 절대적으로 확실한 현상이며, 그 날짜와 상황에서만 '우발적인 것'입니다. 생물학직으로 통계적으로 죽음이라는 사실보다 더 예정된 것이 있을까요? 그렇지만 그 사실은 단순히 죽음이 닥쳐온다 혹은 덮쳐온다는 것이며, 무릇 어느 날 죽음이 올 것이라'는 사실'입니다. 이 '는 사실'은 죽음이 무엇인지quid sit mors, 즉 '어떠한qualis'(혹은 어떤 식의quomodo) 것인지를 묻는 그리고 얼마나quanta, 언제quando, 어디ubi를 묻는 질문에는 대답하지 않고, 그저 죽음이 있다는quod mors sit 사실만을 말하고 있습니다. 칸트에게서는 의지가 무엇을 향한 것인지 알기 전에 일반적으로 의무를 느끼게 되듯이, 그처럼 파스칼의 생각하는 갈대는 '자기가 죽는다는 것을 알고'[2] 죽는 존재라는 것을 추상적으로 알고 있지만, 죽음이 '무엇인지'는 알지 못하고 그 본성도 모릅니다.

대명사 "무엇quid"으로 묻는지, 아니면 연결사 "는 것quod"으로 말하는지에 따라 동사 "이다"는 분명 다른 뜻을 갖습니다. 전자의 경우에는 계사이며, 주어에 하나의 서술어를 할당하기를 요구합니다. 후자의 경우 그것은 존재적인 것이며, 내용은 완전히 비어 있는 형식적인 '있음'을 표현합니다. '무엇'에는 강세가 실리는데 그 명시적 의도는 이미 실존하고 있는 실체에 귀속되는 이차적 속성들을 찾는 것입니다. '는 것'은 동사와 일체가 되어 존재 판단을 단언합니다. '는 것'은 하나의 한정도 아니며, 차라리 완전히 비한정적인 한정입니다! '는 것'은 서술할 수가 없습니다. 양태들은 대답이 물음의 반복일 수밖에 없어 영원한 의문형인 물음에 계속 걸려 있고, 대답 없는 물음들을 부릅니다. 그러나 사실성은 차라리 물음 없는 대답, 말하자면 다 "대답된" 대답입니다. "죽음이 있느냐an mors sit"고 묻자마자, 어느 날 죽는다는 확실성이 물음을 이미 막아버리는 것입니다. 그러나 이 모호하고 추상적인 확실성은 엄밀히 말해 직관일 수는 없습니다. 그러기에는 너무 단순합니다! 게다가 어떠한지 하는 상황이 불확실할 때에는 하나의 사실성이라는 것도 애매모호하게 보이지 않을까요?

죽음이 오리라는 것은 알지만, 죽음이 '무엇인지'를 모르기에, '무엇이' 올지를 결국 모릅니다. 그리고 '언제'를 모르는 것과 마찬가지로, 이 올 것이 무엇으로 이루어져 있는지도 모르고, 게다가 이 올 것이 도대체 무언가로 "이루어져" 있기라도 하는지 알지 못합니다. 그래서 확실하면서도 불안하게 걱정되는 사건은 일어남 혹은 도래라는 순수 사실로 환원되는 것입니다. 그러나 이 경우에는 동사에 주어가 없습니다. 죽음은 도래하는 것이 없는 도래이니까요. 그리고 이 도래는 새로운 실존양태를 개시하지 않으니, 이 도래는 차라리 하나의 떠남입니다!

죽음의 상황들은 불확실하지만, 절대적으로 불확정적인 것은 전혀 아닙니다. 반대로 죽음의 사실성은 확실하지만, 전혀 명백하지도 않습니다. 죽음의 죽게 함만큼 불투명한 것도 없죠. 나중에 보게 되겠지만, 안과 밖에 동시에 있는 자에게, 죽음은 문제적인 신비입니다. 따라서 죽음도 여느 신비들과 마찬가지입니다. 여기서 앎이란 모호하게나마 '는 것'을 아는 것인 반면에, 모름이란 '무엇인지'를 모르는 것입니다. 우리가 '언뜻 봄'이라고 부르는 모름의 앎이 그런 것입니다. 그러나 언뜻 봄은 하나의 인식방법이 아닙니다. 계시를 본다고 하는 자들이 사기꾼이라면, 죽음에 관해서는 "언뜻 보는 자들"도 그에 못지않게 사기꾼일 것입니다.

2. 확실한 죽음, 확실하지만 모르는 시간

죽음은 따라서 파스칼의 신처럼 반쯤 숨어 있습니다. 거의 숨어fere abscondita 있는 것이죠. 우리는 앞에서 죽음의 명암에 대해 말했습니다. 인식의 관점에서 보면, 투명한 신비 혹은 밤의 선명함인 죽음, 황혼의 어슴푸레한 빛 속에서 보이는 죽음은, 그것이 있다는 점은 분명하지만 그 불확실한 예측 불가의 상황은 불분명한 것으로 나타납니다. 그러나 우리가 행위의 관점과 체험한 인생의 관점에서 보면 낮과 밤의 관계는 역전됩니다. 짓누르는 듯한 암흑을 삶에 던지는 것은 사실성이라는 낮의 선명함이고, 새벽의 첫 빛과 사형수가 쇠고랑을 푸는 첫 희망이 우리에게 나타나는 것은 "언젠가"라는 여명 속에서입니다. 그리고 방향이 반대인 두 가지 어스름, 밤으로 향하는 해 질 녘과 낮을 기다리는 새벽이 있듯, 그렇게 죽음의 애매성에 대해서도 두 가지 상반된 해석이 있으니, 한쪽은 낙관주의의 비관론에 상응하고 다른 한쪽은 비관주의의 낙관론에 상응합니다.

우선 비관적 명암법에서는 확실성의 어두움이 불확실성의 밝음보다 우세합니다. 죽음의 절반의 선명함은 이미 밤의 그림자가 드리워진 해 질 녘의 선명함입니다. '죽음은 확실하고 시간은 불확실하다Mors certa, hora incerta' 복음서에서 성 베르나르까지, 『준주성범』에서 니콜의 『도덕론*Essais de morale*』까지 이 반명제는 죽음에 대한 성찰에 단지 수사학의 명제뿐만 아니라 거의 무궁무진한 묵상의 주제와 난문을 제공했습니다. "인간의 일에서 실로 죽음보다 더 확실한 것이 무엇인가? 그리고 죽음의 시간보다 더 불확실한 것이 무엇이 있는가?Quid vero in rebus humanis certius morte, quid hora mortis incertius invenitur 인간에게 죽음보다 확실한 것은 없고, 죽음의 시간보다 불확실한 것도 없다. Nil mortalibus vel morte certius, vel incertius hora mortis[3] 그대는 언제 죽게 될지 모른다. Nescis quando morieris" 하고 『준주성범』은 말합니다.[4] 교부들과 설교자들은 '시간은 불확실mors certa'이 아니라 '죽음은 확실hora incerta'에 방점을 찍습니다. 날짜의 불확실함보다 사실의 확실함에 무게를 두어, 번민에 찬 준엄함을 전자에게 좀 나눠줍니다. 죽음의 확실함이 죽음의 시간의 불확실함을 조금 줄여서 희망을 위협으로 바꾸는 것이죠.

"불확실한Incertus"은 애매함에 더없이 걸맞은 형용사가 아닌가요? 때로는 걱정스럽고 때로는 태평스러워 불확실함에는 양날이 있습니다. 여기서는 '언제'의 불확실함이 '사실'의 확실함을 배가하고 더 굳게 만들어, 이 슬픈 확실함의 영향을 약화하기는커녕 강화시킵니다! 여러분도 알고 있듯, 아아! 여러분의 숙명은 사실이지, 우연이 아닙니다. 그러나 '더더욱 불행한 것은' 여러분은 그 날도 시각도 알지 못한다는 것입니다. "시간은 불확실하다", 이 말은 그 어떤 때도 마지막일 수 있다는 뜻이고, 모든 때를 그러한 것으로, 마지막처럼velut ultima 받아들여야 한다는 뜻입니다. '마지막처럼Ὡς ἐσχάτην'이라고 마르쿠스 아우렐리우스는 말합니다. 그리고 세네카도 "매일매일을 마지막 날처럼 대해야 한다. Omnis dies velut ultimus ordinandus est"[5]고 말하고 있습니다. 그러나 단지 "처럼veluti"입니다! 마치 그런 것처럼!

캉보의° 해시계 문자반 위에는 다음과 같은 말이 적혀 있습니다. "모든 이에게 불확실, 많은 이에게 마지막.Dubia omnibus, ultima multis" 매 시각이 마지막일 수 있다는 이 느낌은 한편으로는 생성의 연속에 대한 깊은 불신에서, 다른 한편으로는 (같은 것이 되겠지만) 육체의 허약함과 실존 일반의 덧없음을 우리에게 불어넣는 두려움에서 비롯됩니다. 우리는 앞에서 일분일초마다 불가능-필연이 영속하도록 해주는 기적적인 재전개에 대해서 이야기했었습니다. 그러나 반대로 비관론의 관점에서 보면, 곡예와 같은 그런 회복 자체가 각 순간의 생존자에게는 끝없는 파멸의 위협으로 나타날 수 있습니다. 존재의 연속은 더 이상 당연하지 않습니다. 이 연속은 이제부터는 아주 우연적인 영속이며, 수많은 위험으로부터 위협받는 운에 달린 항구성인 것입니다.

데카르트에게서도 이론상으로 지속은, 언제든 연속을 중단시켜 피조물을 멸종시키고 존재를 무화하고 우주의 존속을 마음대로 문제 삼을 수 있는 헤아릴 수 없는 의지의 뜻에 달려 있습니다. 그러나 멸종이라는 이 극단적 가설은 이 철학자의 행동주의적 지혜에 아무런 반향을 일으키지 않는 "불가능한 가정"일 뿐만 아니라, 신의 보증은 존재가 순간을 넘어 시간적으로 연장되는 것을 충분히 보장합니다. 그 보증은 태곳적부터 흔들림 없는 존재의 연속이 중지하지 않을 것이며, 시간이 중단되지 않을 것이고, 우주가 별안간 색전증이나 뇌졸중 발작으로 쓰러지지는 않을 것을 보장합니다.

그러나 이러한 세계의 종말이나 역사의 종말 같은 파국이 없으리라는 보증도, 개인 실존의 연속이나 우리 생의 존속을 보장하지 않습

° 프랑스 남서부에 있는 캉보레뱅Cambo-les-bains 마을의 생로랑Saint-Laurent 성당을 가리킨다.

니다. 누군가의 삶은 우주의 존속과는 어떠한 점에서도 비교될 수 없으며, 하물며 영원한 진리와는 더더욱 비교될 수 없기 때문입니다. 아니 오히려, 역설적이지만 누군가의 삶은 영원한 창조된 진리, 또는 우리가 나중에 보게 되겠지만, 사멸할 영원한 진리이니 말입니다. 사유는 비시간적이지만, 사유하는 존재는 덧없고 금방이라도 소멸할 수 있습니다. 누군가의 사라짐은 부조리한 것이지만, 이 부조리는 실제로 매 순간 이루어지고 있습니다. 여기서 과도한 자신감은 죽음을 가져오는 경솔함이 될 것입니다. 지속의 부실함을 강렬하게 체험하며 지속의 불연속을 바닥까지 실감하고 창조자의 예측할 수 없는 의지와 깜깜한 섭리를 비극적으로 혹은 심각하게 받아들이는 자가 보기에는, 계속되는 순간들의 긴장과 결속은 느슨하게 풀려 있습니다. 실존의 갱신은 이제 아주 우연적인 일련의 추가일 뿐이고, 불연속적인 간헐적 구명救命일 뿐입니다. 활력 없는 순간은, 굳이 교활한 악령이 있지 않더라도, 스스로 존속해 갈 힘이 없습니다.

안녕, 근심 없던 안전이여,° 연속되는 기간과 자발적인 전개가 최선의 보증이었던 안전이여.『준주성범』은 "내일은 불확실한 날이다Cras est dies incerta"라고 설교합니다. 내일은 보장되지 않으니…. "그리고 그대에게 내일이 있을지 누가 알랴?Et quid scis si crastinum habebis" 비단 내일만이 아닙니다. 조금 뒤, 당장이 위험한 모험입니다. "아침이 되거든 그대가 저녁까지 이르지 못한다고 생각하라.Quum mane fuerit, puta te ad vesperum non perventurum"⁶ 그처럼 한 자루의 칼이 다모클레스의 머리 위에 걸려 있으니, 우리가 바로 다모클레스입니다. 칼은 언제나 연속의 실을 막 끊으려 하는 참입니다. 삶과 죽음 사이에서 우리의 실존이 한 가닥 실

° 『준주성범』 23장 35절. "그 어떤 날도… 안전하지 않으니.nullum diem… securum"

에, 이 실 하나에 달려 있을 뿐인 것이죠! 시간의 실은 너무나 가늘고 약하기에 아무것도 아닌 것 하나에도 끊어질 수 있습니다. 혹은 다른 비유를 들자면, 우리는 동맥 속에 아주 작은 혈전 한 덩어리가 있어 조금만 움직여도 금방이라도 쓰러질 수 있는 환자와도 같이, 지속의 바닥에 숨은 치명적인 정지의 위험과 더불어 한 주 한 주, 아니 하루하루 그때그때 근근이 살아가고 있는 것입니다.

연속의 불안정성은 생물학적인 측면에서 볼 때 무엇보다도 기관들의 취약함을 의미하는데, 이 취약함은 그 자체로 우리의 근본적인 유한성을 표현합니다. 죽음은 모든 순간에 일어날 수 있습니다. 여러분이 내일 아침에 뇌충혈로 쓰러지지 않으리라는 것을 누가 알겠습니까? 오늘 저녁에 급성열병으로 목숨을 잃을지 누가 알겠습니까? 오늘 오후에 딸기를 먹다가 질식하지 않을지 누가 알겠습니까? 파열된 혈관 하나, 심실세동 한 번으로 충분합니다. 생명의 실을 끊는 데는 많은 것이 필요하지 않습니다. 죽음은 통계적 확률이 말하는 평균 연령보다 훨씬 전에 닥칠 수 있습니다. 생각보다 훨씬 일찍, 어쩌면 오늘 오후 5시일지도….

어쩌면 때로, 건강이 잠정적인 것이고 생성도 부실한 것이기에, 무상의 선물 같은 실존의 연속에 대해 겸허하게 감사하는 마음을 갖게 되는 사람도 있을 겁니다. 그 부실함이 끊임없이 극복되어서 생존이 이뤄지는 것이니까요. 그는 기한이 연장될 때마다, 실존이 보충될 때마다, 죽음이 미뤄질 때마다 감사하다고 말하고, 종소리가 새로운 시각을 알릴 때마다 감사를 말합니다. 때로 마음속으로 말합니다. 5시 15분 전까지 살도록 허락해 주어 감사합니다.

그러나 대개는, 잇따르는 순간의 연속에 대한 보증이 전혀 없고 현재를 연장해 줄 미래에 대한 약속도 전혀 없으며 안전도 보장할 수 없다는 그 모든 사실 때문에, 우리 안에 번민과 불안이 남아 있게 됩니다. 생의 시간의 '충직함'을 의심하는 사람은, 어떤 장래를 실제로 도래하게 만들어줄 미래성의 능력에 대한 '신뢰'를 다 잃어버립니다. 더구나 자신의 불확실한 상황을 의식하고 그 비극적 성격을 파고들기라도 하면, 그는 잠을 잃게 됩니다. 다 내려놓고 잠드는 것은, 우리가 눈을 감더라도 홀로 나아갈 연속의 관성과 자동성을 그저 믿는 일이니까요. 잠이 암묵적으로 전제하는 사실은, 잠에서 깼을 때 익숙한 사물을 만나게 되리라는 것이고, 사악한 정령이 우리의 부재나 무의식 상태를 이용해 동맥류 파열이나 심정지 등을 일으키는 고약한 짓을 하지 않으리라는 것입니다. 의식 없는 밤의 공허와 어둠을 넘어 오늘의 현재와 전날의 과거를 다시 잇고 연속의 충직을 비준하는 명랑한 아침에게 우리는 인사를 건넵니다. 불면이란 무엇보다도 하나의 불신입니다. 순간들의 분해와 그 불연속성이 함축하는 무화의 강박이 우리의 주의를 깨어 있게 합니다. 그 때문에 파스칼은 '겟세마네의 밤'에 대해 논평하며 깨어 있기를 설교하는 것입니다. "이 시간 동안은 잠들면 안 된다!" 하위징아는[7] 샤스텔렝과 죽음의 춤의 시대에 나사로의 이야기가 어떻게 피조물에게 불면을 안겨주었는지를 보여줍니다. 부활한 나사로는 불안과 걱정 속에서 살고 있습니다. '불확실한 시간'에 대한 성찰은 사람들을 경계상태에 있게 합니다.

확실히 『파이돈』의 죽음의 연습 μελέτημα θανάτου과 『준주성범』이 생각한 죽음의 준비 사이에는 큰 차이가 있습니다. 플라톤의 현자는 사건에 대해 주도권을 쥐고 있습니다. 그리고 소크라테스가 그날 저녁 피할 수 없는 죽음을 기다리고 있더라도, 조용한 말과 평온함은 초조하게 달아나고 있는 시간을 가려주고, 최후의 형벌을 그다지 의미 없는 사소한 일로 만듭니다. 이 "사형수 최후의 날"은 다른 모든 날과 다를 바 없는 하루인 것이죠. 소크라테스는 짐짓 그 마지막 날의 마지막 한 시간을 그 마지막 시간의 마지막 일 분까지도 사소한 사건처럼 대하고,[8] 아아! 가장 확실한 시간hora certissima인 최후의 시련이 올 때까지, 마치 아무 일도 없다는 듯 이런저런 한담을 나눕니다. 운명에 대한 인종忍從이 이성의 거침없는 완전한 사용과 나란히 짝을 이루어 나아가는 것입니다. 그럼에도 불구하고 『파이돈』에서 죽음은 상당한 거리를 두고 추상적 대상으로 고찰되는 일개 문제가 아닙니다. 그것은 만기가 다 되어 곧 직접 겪어야만 하는 일입니다!

폭력이 거듭되는 극적인 격동과 재앙의 역사를 목도한 중세 기독교인들은 정세에 훨씬 더 끌려다녔습니다. 그동안 서기 천 년이라는 두려움에 미친 듯이 동요했다면, 이제는 자신의 개인적인 마지막 때의 불확실성에 사로잡혀 있습니다. 비존재의 공허가 순간순간 위협하는 이 시대에 이제부터는 공포와 전율Timor et Tremor이 자리를 잡습니다.

하지만 이 경고들과 절망의 수동적인 정적주의靜寂主義 사이에도 하나의 세계가 있습니다. 한 방울 한 방울 가차 없이 흐르는 순간을 세며 비어가는 물시계를 바라보면서 운명의 때까지 남은 기간이 끊임없이 줄어드는 것을 생각하는 대신, 인간이 열정적으로 죽음의 위협 쪽으로 향하는 것입니다. 『준주성범』이 말하듯, 위험은 "예기치 않게insperate, 갑자기 느닷없이subito et improvise"[9] 닥칩니다. "경고"는 이 즉흥성의 몫을 최소한으로 줄여 놀람과 동요를 면하게 해주려 합니다. 그래서 날짜는 불확실해도, 죽음이 기습하기 전에 사람이 죽음을 앞질러 가서 죽음을 먼저 기습할 수 있도록 하려는 겁니다.

운명을 이겨내기 위해, 사람은 그 시간을 모르면서도 스토아 철학자의 말처럼 매시간을 마치 마지막 시간인 것처럼 맞이할 것입니다.

자신을 늘 죽기 직전 상태에 있는 사람으로 생각할 것입니다. 인간은 자신의 존재가 중단될 수 있다고 자각함으로써, 지속의 매 순간에 독을 섞는 쪽을 택합니다. 자연본성에 거스르는 이 불연속적일 수밖에 없는 자각은, 모든 중단을 우발적인 사건으로 취급하며 존재를 연속해 가려는 존재의 자연스러운 의도를 거역하는 것입니다. 그래도 바로 이런 조건으로, 위협받은 존재는 위협적인 것에 대해 주도권을 되찾는다고 생각하고, 낯익은 죽음을 다시 알아봄으로써 놀람을 가라앉히게 됩니다. 시간에 기습당하지 않기 위해서는, 산 자가 자신의 죽을 운명에 대해 진부한 관념적 인식이 아니라, 열정에 찬 살아있는 경험을 갖고 있으면 충분해 보일 수도 있을 것입니다.

'형제여, 죽어야만 하는 것이다'라고 하루 종일 되뇐다고 해서 보통 사람들보다 더 잘 준비가 되는 것일까요? 우리는 그것을 의심할 수 있습니다. "기억하라.Esto memor" 보들레르의 시계는 매 순간 되새깁니다.° 마르쿠스 아우렐리우스를 따라 레프 셰스토프 또한 되풀이합니다. 죽음을 기억하라!Memento mori 기억하라.Μέμνησο….

그러나 『준주성범』의 말을 더 들어봅시다. "언제나 준비되어 있어야 한다.[10] 결코 죽음이 준비 없는 그대에게 엄습하지 않도록." 온통 영적인 "준비"를 염려하고 있다는 점에서, 복음서가 말하는 깨어 있음의 정신을 알아볼 수 있습니다. 사도 마태는 말합니다. 깨어 있으라, "너희들은 그 날도 그 시도 알지 못하니." 그리고 마가는 말합니다. "깨어 있어라…. 그때가 언제인지 모르니, 저녁일지 한밤중일지 닭 울 때일지 이른 아침일지… 갑자기 와서 너희가 자고 있는 것을 발견하게 되지 않도록."[11] 금욕적 시련 속에서 죽음에 대한 진정한 예비교육[12]을 발견하던 『파이돈』처럼, 누가는 우리에게 권면합니다. 준비

° 보들레르의 시 「시계」 참고.

하라Γίγνεσθε ἕτοιμοι, 그리고 밤의 어둠 속에서 불빛이 빛날 수 있도록 너희의 등불을 켜두라. 깨어 있으라!Vigilate 준비하라!Estote parati 생성을 감시하는 이 깨어 있음은, 설령 그것이 늘 영혼의 고요함을 의미하지 않는다고 하더라도, 명석함과 떼어놓을 수 없는 것입니다. 그러니 짐을 싸고 마지막 준비를 하세요. 야전에서 돌격을 앞둔 병사처럼, 떠날 채비를 하세요. 곧 호출이 올 수도 있으니까요….

날짜의 불확실함이 주는 완화는 따라서 비관주의자가 보기에는 완전히 겉보기일 뿐입니다. 그것은 사형수의 집행유예, 사형수가 사형 집행인에게 구걸하는 불쌍하고 헛된 추가 시간 몇 분인 것입니다. 피조물은 무기한 유예를 누리는 사형수일 뿐이라고 빅토르 위고는 말합니다.[13] 무적의 상대와 싸우다가 전능자를 따돌려 이번만은 지나가게 만드는 우리는, 시간을 벌어 피할 수 없는 항복을 늦추려는 장렬한 지휘관을 닮았습니다. 그 희망 없는 싸움에서 진즉에 패했는데도, 인간은 지명된 희생자를 일시적으로나마 죽음으로부터 숨기고, 가련한 몇십 분을 놓고 죽음과 겨루지만… 언제고 이르든 늦든 어떤 식으로 어떤 경우로든 최종 결론은 죽음이 내릴 것입니다. 지연시키려고 우리가 어떤 노력을 해도. 전능한 운명이 결국 옳게 될 것입니다. "운명은 원하는 자를 인도하고, 원하지 않는 자를 끌고 간다.ducunt fata volentem, nolentem trahunt"

우리도 앞서 말했듯, 궂은 날씨든 병이든 실패든 모든 것이 다 결국 어떻게든 되지만, 죽음만은 결코 어찌할 도리가 없습니다. 기껏해야 날짜의 불확실함Dies incerta은 길거나 짧은 유예, 불가피한 시련의 일시 연기를 인간에게 의미할 뿐입니다. 그러나 지연은 어떤 경우든 큰 의미가 없고 게다가 무한정 지속될 수도 없습니다. 길든 짧든 모든 유한한 지속은 무한과 영원한 무에 비교하면 영(0)이나 다름없지 않을까요? 조금 더 이르든 조금 더 늦든, 어차피 죽어야 하는데 아무려면 어떤가요?[14] 그러니까 생존자는 아주 일시적으로만 살아남을 것입니다. 환자는 이번만 고비를 넘길 것입니다. 얼마 동안 더 버틸 수 있을까요? 피할 수 없는 결말을 얼마 동안 늦출 수 있을까요?

운명의 날짜를 무한정 늦춘다는 가능성에 속아서 죽음에 맞서 싸우는 자, 그자는 그러니까 막다른 길로 들어갑니다. 출구 없는 길, 그런 것이 일단은 인생입니다. 지평선은 막혀 있습니다. 생명의 시간이 열려 있다는 것은 착시가 아닐까요? 운명은, 사형집행의 날과 시각을 사전에 예정해 특정 날짜에 죽도록 하는 대신에, 불가피한 결말이라는 저당으로 더 오래 짓누르며 유예를 주어 먹잇감과 장난치고 노는 것을 선호합니다. 어느 경우든 결말은 같으니, 그 놀이가 아무리 다양하더라도 하나같이 절망스럽고 단조로운 똑같은 방식으로 끝나기 때문입니다. 운명론자에 따르면, 사실 날짜의 불확실함은 죽음의 천부적 예정론을 거의 숨기지 못하는 것이니… 날짜가 정해지지 않아도 죽음은 확실한 것일 수 있습니다.

그러나 혹시 운명이 정해준 마지막 시간이 이미 정해져 있는 거라면? 죽음은 확실, 시간도 확실!Mors certa, hora certa 우리가 확실하다고 알고 있는 그 사실과, 우리가 불확실하다고 믿는 그 시간도 모두 실제로 확실해질 것입니다. 어쩌면 실제로 신의 결정이라는 절대성 속에서는 '언제'가 '사실'만큼 확실할지도요? 이 경우에는 오직 우리만의 무지, 유한한 피조물의 심리적 무지가 객관적 불확실성이라는 착각을 만들어내는 것이겠죠. '그대들은 모른다οὐκ οἴδατε, 그대들은 그 날을 알지 못하고, 하늘의 천사들조차 알지 못하지만, 하느님 그분께서는 아신다.' 판결은 벌써 내려졌고, 가련한 비탄 속에서 사형수가 오로지 아는 것이라고는 그것도 아주 모호하게 아는 것은, 그에게 내려진 판결이 있다는 것뿐입니다. 그리고 기껏해야 날짜가 정해졌다는 것만 알지, 그 날이 며칠인지, 어떤 종류의 형벌이 그에게 예정되어 있는지는 모릅니다. 우리는 고꾸라지겠지만, 언제인지는 모를 테니… 비참함 가운데 여기 아름다운 위로가! 라이프니츠식 예정조화의 체계에서처럼, 신의 손을 벗어난 모나드가, 오늘 아침 이 길모퉁이에서 그 모나드에게 떨어지기로 태곳적부터 신이 배치해 두었던 기왓장을 맞으러 달려가는 것을 볼 때, 신은 껄껄 웃을 것입니다. 잠시 후 가엾게도 속은 인간들은 이 아침의 기왓장을 "우연"이라고 부르겠죠.

만약 피조물이 자신의 죽음의 좌표만큼이나 자신이 죽을 운명이라는 것도 의식 못 하는 진짜 꼭두각시라면, 혹은 자기 상실을 전혀 의식 못 하는 최면상태의 몽유병자와 같다면, 스스로 자유롭다고 믿는 피조물은 실제로는 타율적인 상황인데도 거의 행복하기까지 할 것입니다. 그러나 아아! 사람은 반쯤 각성한 꼭두각시, 적어도 불행해질 수 있을 만큼 충분히 각성한 꼭두각시입니다. 아마도 꼭두각시가 자신의 우스운 자유에 대해 전혀 아무것도 몰랐더라면 더 좋았을지도…. 그러나 불행하게도 이 꼭두각시는 진실의 일부를 알고 있고, 더구나 가장 중요한 부분, 애매함이 조금도 없는 부분을 알고 있습니다. 즉 꼭두각시는 그가 원래 죽기로 되어 있다는 것을, 어쩌면 날짜가 이미 결정되어 있다는 것조차 알고 있는 것입니다. 숨겨져 있는 것은 자세한 상황, 사망통지 내역, 세부일정뿐입니다. 장소와 날짜와 병명은 우리에게는 여전히 묘연합니다. 우리가 모르고, 모르는 덕분에 살아갈 수 있는 그것은, 따라서 우리가 알고 있고 우리의 삶을 방해하는 그것보다 비교도 안 될 만큼 덜 본질적입니다.

사실이라는 잔인한 확실성 속에서, 조난자는 날짜의 부서지기 쉬운 불확실성에 매달립니다. 죽는다는 절망 속에서 생존의 희망에 모든 것이 걸려 있습니다. 그러나 그것은 작은 희망, 보잘것없는 소망입니다. 가난한 희망과 초라한 소망! 작은 희망은 큰 소망처럼 실효성에, 즉 승리나 건강이나 성공이라는 사실에 의지하지 않으며, 게다가 본래 의미의 날짜도 상관하지 않습니다. 분명 우리가 기원하는 것은 소망한 일이 곧, 최대한 빨리, 가능하다면 즉시 이루어지는 것이지만, 우선은 어떻게든 그 일이 이루어지는 것입니다. 우리의 삶의 소망이란 그런 것, 우리가 "절망적 희구법"이라고 부를 만한 것, '예스'냐 '노'냐, 전부냐 전무냐, 삶이냐 죽음이냐 같은 단순한 대ᄎ양자택일에 걸려 있는 소망입니다.

그러나 부르주아식 작은 소망 그것은 '언제?', '어디서?', '얼마나?' 같은 물음에 관계됩니다. 그 푼돈 벌이의 영역, 그것은 '더'냐 '덜'이냐 하는 것이고, 시간 사정이 있고, 비교에 기반을 둔 것입니다. 그의 희망은 시간을 벌고 몇 분을 깎는 것입니다. 그것은 죽음을 이겨내기를 바라지 않은 슬픈 소망으로, 오직 죽음을 늦추기만을 바랄 뿐입니다.

그런 사정으로, 사실에는 훤하지만 상황을 못 보는 사람은 일종의 어른아이와 같아서, 운명은 몇 가지 신비를 숨기며 숨바꼭질 놀이를 합니다. 한편으로는 진실의 반을 그에게 감추고, 나머지 반은 완곡어법과 우언법을 고상하게 두르고서, 가능한 한 개인과는 무관한 모습으로 나타납니다. "확실한 죽음-mors certa"은 체험된 경험이라기보다는 개념적인 일반성이니까요. 운명은 등 뒤에 외과용 메스를 숨기고 환자에게 다가가는 의사를 닮았습니다. 요컨대 우리가 때의 불확실성 덕분에 얻게 된 것, 그것은 가짜 평안입니다. 무지나 오해, 깊게 들어가지 않으려는 결심에서 비롯된 거짓된 평온이 있는 거니까요. 그러나 어른이 늘 이 유치한 것들을 받아들이는 것은 아니며, 때로는 눈이 가려지는 것을 거부합니다. 절반의 진실을 선고받은 그는, 진리 전부를 감내할 만큼 자신이 충분히 강하다고 믿는 것이죠. 완전한 진실을 알면 사형수의 절망에 빠지게 될 것이라는 사실을 이해하지 못하고 있는 겁니다.

3. 확실한 죽음, 확실한 시간

언제인지는 몰라도 그 날짜가 이미 결정됐다는 낌새를 채고 숨김의 냄새를 맡게 된 사람은, 불안 속에서 살게 됩니다. 좁은 골목 안에 갇혀, 자신이 죽을 것이며 동시에 죽는 날짜가 정해졌다는 것도 압니다. 그가 모르는 것은 그날이 언제인지 하는 것뿐입니다. 불안해하는 자는 따라서 일반적 '사실'도 '언제라는 사실'도 알지만, 그 언제 자체는 알지 못하고 그 날짜를 말할 수도 없습니다. 며칠 몇 시인지는 모르니까요. 한편, 절망한 자는 일단 모든 사람이 알고 있는 그다지 중요하지 않은 것을 알고 있습니다. 그가 어느 때건 불특정한 어느 날 죽을 것임('사실')을 알고 있는 것입니다. 게다가 그는 전혀 알 수 없게 되어 있는 게 뭔지도 압니다. 모일 모시('때')에 죽을 거라는 것을요. 따라서 그는 자신의 죽음에 관해서 알아야 할 모든 것을, 모르는 게 더 좋을 것까지도 포함해서 알고 있는 것입니다.

이런 점에서 숨 막히는 절망은 불안의 부침浮沈에 반대됩니다. 즉 불확실함으로 인해 아주 살짝 숨이 쉬어지는 걱정의 고통에 반대됩니다. 불안의 시간이 경고에 침식되고 걱정으로 썩는 시간이라면, 절망의 시간은 완전히 공간화된 죽은 시간, 이미 지나간 시간입니다. 그리고 불안이 희망과 절망 사이에서 열에 들떠 진동하는 반면, 순수한 절망, 고밀도의 순粹 절망은 그냥 그 자체일 뿐입니다. 사형수가 '언제'의 간절한 불확실성을, 공기보다 더 간절한 그 불확실성을 결국에는 거절당한 견딜 수 없는 상황이 그런 것입니다. 빅토르 위고가 『사형수 최후의 날』에서, 레오니트 안드레예프가 『일곱 사형수 이야기』에서 묘사한 것이 바로 그런 질식상태였습니다. 도스토옙스키는 소크라테스와 반대로 몇 주 동안 정말로 죽음이 예정된 $\mu\acute{\epsilon}\lambda\lambda\omega\nu$ $\dot{\alpha}\pi o\theta\alpha\nu\epsilon\tilde{\iota}\sigma\theta\alpha\iota$ 상태였는데, "확실한 시각"에 의해 한정된 그 끔찍한 유예를 시베리아에서 몸소 겪은 도스토옙스키는 소설 『백치』의 몇 쪽을 여기에 할애합니다.

'사실'과 '언제'의 결합된 인식은, 나날의 행위라는 중추가 있는 시간에서 신경을 제거하여 그 시간을 해체해 버리고, 그 시간을 참을 수 없는 비인간적 시간으로 만듭니다. 피할 수 없는 만기일을 그저 기다리게만 된 인간은 쫓기는 짐승과 닮아 있는 것입니다. 마지막 유예기한이 점차 계속해서 가차 없이 마모되어 간다는 생각이, 미칠 지경에 이른 의식에 참을 수 없이 들러붙습니다. 시간이라는 벌레가 좀먹는 삶, 보들레르에게서처럼 시계의 똑딱거림이 갉아먹는 삶은 사형수의 기다림과 조금도 다르지 않을 것입니다. 고갈되어 가다가 마침내 죽음의 영점에 이르는 무기력한 유한한 시간의 경과는 그 자체로 죽은 시간이니까요.

그것은 모래시계와 물시계의 시간입니다. 지나가는 매 순간이, 남아 있는 살 시간을 제하면서 오는 것이라면, 그 까닭은 흘러간 과거가 마르지 않는 가능성의 갱신에 의해 보충되지도 않고, 미래의 끊이지 않는 복구에 의해 보충되지도 않기 때문입니다. 가능성의 양은 유한하여 재고가 나날이 줄어들어 마침내 바닥납니다. 공제가 계속되어 크기가 조금씩 줄어들고 희망의 폭이 점점 더 좁아집니다. 어제보다는 오늘이 더, 그리고 내일은 더욱더. 살았던 시간은 따라서 더 이상 살 시간이 아닙니다. 희망 없는 기다림의 형벌에 처해진 인간은 이제부터는 자신의 시간 재고로 살아가고, 아직 남은 살 시간은 크로노미터의 기록처럼 더 이상 앞쪽으로는 복원되지 않습니다. 창조적 진화가 말라버린 것입니다. 그런 식으로, 한정된 기간을 재는 크로노미터는 물시계의 물방울을 세거나, 미래에서 과거로 줄줄이 달아나 우리 뒤로 가차 없이 빠져나가는 분초를 문자반 위에서 헤아립니다. 혹은 다른 비유를 들자면, 심지에는 이미 불이 붙었고, 이제는 도화선이 다 타서 결국 폭발할 때까지 기다려야 하는 것입니다.

 시간을 이렇게 양量으로 생각함으로써 사형수는 잃어버린 시간에 대한 일종의 병적인 인색함과 불안한 공포에 빠지게 됩니다. 이토록 촘촘하게 측정된 순간들을 더 이상 허비해서는 안 돼! 사형수의 시간은 제한된 자원을 소비하는 것일 뿐, 창조적 효능도 혁신의 능력도 잃어버렸습니다. 개선과 발전의 희망도 다 사라졌습니다. 베르그송이라면 말했을 법하듯, 모든 것이 사전에 주어져 있는 것입니다. 미래 자체가 기성의 것, 즉 과거의 것입니다. 더 단순히 말하면, 미래가 기복도 원근도 없는 비시간적인 현재 속에서 납작해져 있습니다. 「전도서」의 절망한 이는 탄식합니다. 일어날 일, 그것은 일어났던 일이다. 해 아래 새것이 없다…. 생성이 무슨 소용인가? 그것이 도래시키는 것은… 과거이고, 그것이 낳는 것은 낡은 것뿐인데?

 얼어붙은 미래성, 말 그대로 시간성을 잃은 생성, 바로 이것이 죽음의 확정일자를 미리 알게 되어 진짜 내일로 열린 모든 통로가 막혀버렸을 때, 구석에 몰린 인간이 다다르게 되는 곳입니다. 하지만 미래성이 더 이상 없다면 과거화도 더 이상 없습니다. 미래 없는 과거는 과거조차 아니니까요. "닥쳐옴"과 "다가옴"이 움직임을 멈춤으로써 추억의 떠오름도 굳어버립니다. 동결된 미래와 광물화된 과거 사이에는 더 이상 생성의 끊임없는 순환은 느껴지지 않습니다. 배가 빙산에 갇힌 셈이죠. 인간이 시간을 미리 알지 못하도록 프로메테우스가 감춘 것이, 자연에 반하는 형벌을 인간에게 면해주었던 일이었음을 우리는 이해할 수 있습니다. 남아 있는 살아갈 순간들을 알알이 떼어내 헤아리고 한 음절 한 음절 읽어 내려가지 않아도 되니까요. 프로메테우스는 우리의 무지를 이용해, 일종의 미래의 환상을 우리에게 허락해 준 것입니다.

4. 불확실한 죽음, 불확실한 시간

『고르기아스』는, 악인들이 번성하자 제우스의 명을 받은 프로메테우스가 죽을 운명의 인간들이 자신의 죽음을 미리 알지 못하게 만들기로 했다는 이야기를 우리에게 전합니다. '그들이 죽음을 미리 아는 일을 멈추게 해야 한다. 지금은 그들이 미리 알고 있으니.'[15] 아이스킬로스의 희곡에서는 프로메테우스 자신이 말을 합니다. '나는 그들에게 눈먼 희망을 심어주었다.'[16] 아마도 이 희망은 완전히 훤히 볼 수는 없더라도 전혀 보지 못하는 희망은 아닐 것입니다. 바로 이 희망, 이 명석한 맹목이야말로 우리가 앓고 있는 '병의 약φάρμακον νόσου' 입니다. 희망은 헤시오도스에 따르면 판도라가 덮개를 열어버린 통의 바닥에 단 하나 남은 것입니다.[17] 죽음을 낳는 질병의 무리와 어두운 근심이('나쁜 처지에서는 사람은 빨리 늙는다 αἶψα γὰρ ἐν κακότητι βρότοι καταγηράσκουσι')° 온 세상에 퍼지는 동안, '희망'이라는 요정은 '미래'의 원리를 구하기 위해 우리 속에 머무를 것입니다. 희망이 반쯤 열어놓은 환기창을 통해, 미지의 부름과 장래의 빛이 인간에게까지 도달합니다. 반쯤 열림이란, 사실이 확실하기에 반쯤 닫힌 것이기도 합니다. 반쯤 닫힘이란 시각이 불확실하기에 반쯤 열린 것이고요. 인간의 삶이란 그런 것이죠. 폴 뒤카 Paul Dukas의 오페라 막바지에서, 반쯤 열린 환기창을 통해 푸른 수염의 지하실로 빛이 흘러 들어와 숨 막히는 폐쇄를 부술 때, 아리안이 여인들에게 보여주는 것은 자유의 길입니다.°°

문은 열려 있거나 닫혀 있거나 둘 중 하나일 수밖에 없다고 말하는 사람도 있을 것입니다. 그러나 방금 전처럼 죽음의 장벽 전체를 생각하는지 아니면 지금처럼 날짜의 불확실함을 보는지에 따라, 시간의 문은 닫혀 있으면서 동시에 열려 있습니다. 게다가 아주 살짝만 열려도 이미 열린 것이고, 심지어 아주 가느다란 빛줄기만 새어 들어와도 활짝 열린 것입니다. 가까스로 열린 희망의 문은 무한한 지평을 향해 활짝 열려 있는 것입니다. 아니 이렇게 말하는 것이 더 낫겠습니다. 불굴의 운명에 영영 가로막혀 있으면서도, 삶 전체는 미래를 향해 한없이 계속 열려 있다고요. 불확실한 시간 Hora incerta이란 이제 "어쩌면 당신이 생각하는 것보다 더 일찍, 어쩌면 곧바로"가 아니라, "언제든 간에, 어쩌면 훨씬 나중에 그리고… 모르지? 어쩌면 결코 오지 않을지!"를 의미합니다. 어쩌면, 어쩌면….

이 '어쩌면'은 반쯤 열린 창문을 암시합니다. 불확실함의 양의성이

° 희랍 속담.
°° 오페라 《아리안과 푸른 수염》의 3막.

그런 것이었음을 떠올립시다. 위험이 어슬렁거리며 걸음마다 우리를 노리고 위협하고 있는지, 아니면 불행이 불특정한 미래로 미뤄져 있는지에 따라 불확실은 다른 의미를 갖습니다. 공포와 전율, 그리고 불신이 속삭입니다. 때는 불확실하지만, 사실은 확실하니 모든 돌발 가능성에 대비하라. 그리고 이제 확신과 자신이 있는 인간은 생각합니다. '때가 불확실하다고? 잘됐다! 그렇다면 모든 희망이 허용된다.' 글자 하나 바꾸지 않고서도 지속의 의미를 변모시키는 진정한 전향으로 인해, 매 순간의 위기는 그 자리에서 매 순간의 연장으로 바뀝니다. 불가능-필연의 위태로운 갱신은 바로 읽으면 의기양양하게 연속된 긍정으로 나타납니다. 모든 것이 우리에게 죽음의 위험으로 보였었는데, 모든 것이 우리에게 집행유예가 됩니다.

비관론자의 관점에서는 사실의 확실성이 시간의 불확실성을 물들여, 죽음의 날짜도 죽음의 확실함만큼 확실한 것으로 보이게 만들었었지요. 그런데 이제는 모든 것이 거꾸로입니다. 시간의 희망적인 불확실성이 사실의 확실성에 영향을 미쳐, 그것을 조금 흐릿하고 부옇게 만들어 마침내 그 확실성을 거의 의심케 합니다. 죽음의 확실함은 날짜의 불특정과 우연적 성격에 흔들려 마침내 더 이상 그렇게 확실하지는 않게 되었습니다. 이리하여 우리는 시간의 우연성에 취해 세상에서 가장 확실한 것에까지 급기야 의심을 던집니다. 이런저런 병으로 이런저런 날짜에 죽는 것은 결코 필연이 아니기에, 무분별한 희망에 취한 인간은 죽는다는 게 무릇 그렇게까지 필연적인 건지 자문하기 시작하는 것입니다. 이번에는 '시간이 불확실하고, 죽음도 불확실하다Hora incerta, Mors incerta'고 말해야 하겠습니다. 전반적인 불확실성이 이제는 '사실'과 '언제'로 이루어진 전체에 드리워져 있는 것이죠. "날짜 없이sine die", 하물며 "시각 없이sine hora" 선고를 받은 사람이, 정말로 선고를 받은 걸까요?

겨우 불확실한 확실성이 거의 확실한 불확실성에 오염된 데서 비롯된 양의성이 죽음의 가능성 전반에 대해 의심을 낳고, 이 의심은 결코 완전히 사라지지 않고서 광적인 불사의 희망을 북돋습니다. 이런 문제에서는 작은 의심도 커다란 의심이니까요. 확실함과 불확실함의 혼합은 하나의 불확실함이니까요. 확실성이란 필연성과 마찬가지로 절대적이거나, 아니면 아예 아무것도 아닙니다. 일 밀리그램의 우연성만 더해져도 수상쩍게 되는 것이죠. 확실성에서 개연성으로, 그러고는 의심으로, 마침내는 반대의 확신으로, 아찔할 정도로 급강하합니다. 그렇습니다. 지불유예가 자주 갱신되어 대담해지다 보니 열렬한 희망이 커져만 갑니다. 누가 알겠습니까? 위기를 모면하고, 무기한 연기로 인해 운명의 만기일이 기적적으로 미뤄지던 나머지, 위험에서 위험으로 치닫던 나머지, 어쩌면 내가 죽음을 결정적으로 면하게 될지도. 어쩌면 나를 위한 특별한 예외가 공통의 운명에서 나를 제외시킬지도…. 누구의 마음속에나, 온갖 전투에서 총알을 피해 살아남은 나머지 마침내 자신을 불사신이라 믿게 된 운 좋은 고참병이 한 사람 있습니다. 만약 죽음이 나를 잊는다면? 죽음이 혹시 나를 원치 않는다면?

물론 이런 어이없는 희망은 반성이나 경험을 버텨내지 못하지요. 하지만, 그건 문제되지 않습니다. 나는 아마 죽을 테지만, 나중에 다른 곳에서입니다. 어느 날, 아주 막연히, 날짜도 다른 세부사항도 없는 어느 날, 결코 생각할 필요가 없는 어느 날. 어쨌든 지금은 아니고, 이 병으로도 아닙니다. 어쨌든 이번만큼은 아직 아닙니다. 차라리 다음 날, 늘 다음 날! 언제나 나중에, 언제나 내일… 그리고 만약 영영 그렇다면? 그래요, 나의 때는 아직 오지 않았습니다. 아니 내 차례가 오지 않았습니다. 어쩌면 결코 오지 않을지도…. 우리는 앞서 말했습니다. 모든 희망이 허용된다고, 심지어 가장 미친 희망조차도. 그래도 너무 강조하거나 깊게 파고들어 가지는 맙시다. 겨우 생각을 감행해 보는 참이니까요. 위협의 불특정 덕분에 이 점은 넘어가도 됩니다. 어쨌든 죽음은 결코 이번이 아니라, 언제나 다음번입니다. 나는 일반적으로 죽겠지만, 딱히 특별히는 아닙니다. 언젠가 이날이나 저 날이겠지만, 결코 오늘은 아닙니다. 먼 훗날, 그러나 결코 곧바로는 아니고, 결코 지금 여기서는 hic et nunc 아닙니다.

그리하여 살아있는 자는 삶을 견디기 위해, 피상적이고 막연한 상태로 있으면서 운명의 표면에만 머무르고 사물의 깊이로 들어가지 않기로 결정합니다. 죽음의 진리를 바닥까지 생각하고 그 위험을 실감하면 더 이상 살 수가 없을 테니까요. 일종의 자기보호적 적응에 해당되는 이 무관심은 파스칼이 기분전환이라고 부르고 셸러가 형이상학적 태평함이라고 부르는 그것과 무관하지 않습니다. 전체적으로 봐서 낙관주의는 유익한 무신경이며, 그 덕분에 근심하는 자가 자신의 걱정거리를 진지하게 받아들이는 일을 면하게 됩니다.

그리고 우리는 단지 위험이 임박했음을 생각하지 않으려 할 뿐만 아니라, 이 위험과 내 자신의 운명과의 관련성을 보지 않으려 합니다. 죽음은 무한정 다음번으로 미뤄지고 있을 뿐만 아니라 항상 타인들의 문제라는 것이죠. 앞서 삼인칭의 죽음에 관련해서 이 얘기를 했었죠. 곧바로 죽는 것은 바로 타인들인 것입니다. 일반 법칙으로서 죽음은 죽을 존재와 관련되지만, 나와 개별적으로 개인적으로는 관련이 없습니다. 독자적인 나 자신에게 법칙을 개별적으로 적용하는 일은 조심스레 배제되어 있습니다. 죽음을 다른 사람에게로 돌리고 죽음을 거듭거듭 시시각각 미루다 보니, 이미 그토록 문제가 되는 종말이 마침내 전혀 있을법하지 않은 일이 됩니다.

이런저런 날에 죽는 것은 결코 필연적인 일이 아닙니다. 그런데 화요일이든 수요일이든 다음 일요일이든 어느 특정한 날에 죽지 않는 자, 단지 일반적으로 죽어야만 하는 자에게, 죽음이 의미가 있을까요? 더욱이, 필연적이라고 하지만 결코 강제로 일어나지는 않는 사건이란 무엇인가요? 지금이나 나중이나 이제나저제나 도래할 가능성이 모두 제거된 사건이란 무엇인가요? 도래하지 않을 수도 있는 (게다가 무한정 그럴 수 있는) 사건이란 하나의 단순한 언어적 일반성, 추상적이고 공허한 법칙의 표현, 모든 실효성이 전혀 없는 이론적 관념입니다. 날짜도 장소도 없고, 역사와 지리의 범위 밖에 있는 사건은 사건이 아닙니다. 시간상의 어느 순간에도 공간상의 어느 곳에서도 일어나지 않는 사건은 더 이상 사건이 아닙니다. 아니, 하나의 사건이란 어쩌면 시간 좌표와 공간 좌표 위의 교차 이외에 아무것도 아닐지도 모릅니다. 물론 시간은 호적, 사망통지서, 부고란, 인명사전에서는 하나의 날짜입니다. 그러나 그것은 나에게 타인의 죽음 혹은 타인에게 나의 죽음인 경우일 뿐입니다. 당사자에게 자신의 죽음, 일인칭의 죽음은 결코 도래하지 않는 어떤 것이며, 따라서 말 그대로 '나에게는 아무것도 아닌 것 οὐδὲν πρὸς ἐμέ'입니다.

유명론 철학은 아마도 우리에게 더 나아가 보라고 촉구할 것입니다. 날짜와 모든 실질적 규정들이 확정되면, 더구나 사실성은 주어진다고 말입니다. 예를 들어 '언제'와 '어디'를 아는 사람은 하물며 '사실'은 더욱 알고 있다는 것입니다. 그러나 또 역으로 생각하면, '누구'를 모르면서 '사실'을 안다는 것은 아무것도 모르는 것입니다. 예를 들어 검사가 대체로 범인이 있다는 것을 알지만 누가 범인인지는 모르고, 범행을 저지른 자의 이름도 모른다고 합시다. 검사는 헛고생만 한 것입니다! 그는 사건의 첫 단어도 모른다고, 아니 더 정확하게는 "결정적 단어"를 모른다고 할 수 있을 것입니다. 그는 바로 문제의 전부인 이 적확한 '최종 단어'를 모릅니다. 결국, 오로지 '있다'와 '라는 사실'만을 아는 사람, 즉 벌거벗은 사실성만을 아는 사람은 아무것도 혹은 거의 아무것도 모르는 사람입니다. 더 정확히 말하자면, 그는 사람을 놀리고 있는 것입니다. 누가, 언제, 어디서, 어떻게를 모르면서 안다니, 그게 아는 것일까요? 그것은 차라리 말장난입니다.

마찬가지로 누구인지를 모르고 사랑한다니, 그것이 정말 사랑하는 것일까요? 직접보어가 없는 이 어정쩡한 사랑, 사랑의 목적어가 없는 이 사랑, 그것이 진지하고 열정적인 진정한 사랑일까요? '사실'은 알지만 '무엇'을 모르는 반쪽 식자는 반쪽 연인, 즉 다음 만날 날을 정하지 않고 조만간 다시 보자고 말하는 무성의한 연인을 닮았습니다. 언제를 말하지 않고 장래를 막연하게 두는 사람, 그는 다시 볼 의향은 없는 사람입니다. 그는 하루 날 잡아서 보자, 하고 말하지만 바로 그 날은 언급하지 않습니다. 그 친구는 아주 급하지는 않은 겁니다. 이런 막연함이 '사랑'의 열정적인 절박함보다는 '우정'이라는 관념적 상태의 특징이니까요.

그리고 마찬가지로 무릇 일어나지만 특정 날짜에 일어나지 않는 사건은, 적어도 관련 당사자에게는 '마치' 결코 일어나지 않을 것 같은 사건입니다. 이 사건은 그저 돌발 가능성인 것입니다. 이 사건은 그 자체로만 놓고 봐서는 단적으로 아무것도 아닌 것입니다. 제삼자의 눈에는 결국 어느 정확한 날짜에 특정한 장소에서 일어나는 일이지만요. 그러나 당사자 자신에게는, 이 무한정 늦춰질 수도 있는 미래는 아무것도 아닌 것과도 같습니다. instar nihili

요약해 봅시다. 죽음이 확실하다고 해도 그 날짜가 꼭 확실한 것은 아닙니다. 그러나 시각이 첨예하게 결정되어 확실하다면, 무릇 죽는다는 사실은 하물며 더 확실합니다. 일반적으로 어느 날 막연하게 죽어야만 한다는 것은 언제, 어디서, 어떻게, 누가 무슨 병으로… 하는 것이 말해지지 않는 한 특정된 것이 아닙니다. 일의적인 정확성과 일회적인 유일성을 가져오는 것은 바로 양태적 상황들입니다. 죽음은 오로지 누군가의 비할 데 없는 상황과 연결되고 단 한 번Hapax의 개별적인 유일함에 연결되어야만 현실의 사건이 됩니다. 이 연결이 끊어지면, 죽음은 불사와 구별되지 않으며, 적어도 "나에게는 아무것도 아닌 것"이 됩니다. 그리하여, 죽는다는 필연성이 궁극적으로는 마침내 피할 수 있는 것으로 보입니다. 달리 말해, 지금 필연으로 보이는 것이 점점 더 우연으로 보이게 됩니다. 어느 날이기는 해도 무한정 보류 중인 어느 날에 죽을 사람, 그리고 그 앞에 죽음의 미래가 늘 '아직 아님'으로 있는 사람, 그 사람은 그 자체로는 아니어도 적어도 자기 자신에게는 불사의 존재와 거의 구별되지 않습니다. 따라서 영원한 삶이란 말하자면 우리의 희망이 지칠 줄 모르고 항상 갱신하는 전세 계약의 지평선입니다.

요컨대 죽음 일반의 실제성과 그 양태 사이에 더 이상 차이가 없게 됩니다. 혹은 오히려 사실성 자체가 날짜나 병명처럼 하나의 양태가 되었습니다. 이런저런 날짜에 이런저런 방식으로 죽는 것이 결코 필연적이지 않듯이, 무릇 죽는다는 것도 결코 필연적이지 않게 되는 것입니다. 이렇게 해서 초경험적 '불안'은, 경험적 '두려움'과 광적인 희망의 밀물과 썰물에 자리를 내줍니다. 내가 "두려워하는" 것은 이 위험천만한 임무의 과정에서 바로 이번에 이 병으로 죽는 것이니까요. '죽음이라는 사실'이 여느 특정한 위험처럼, 완전히 피할 수 있고 회피해도 이상하지 않으며 언제나 속일 수 있는 것이 되었습니다!

5. 확실한 죽음, 불확실한 시간

아아! 해가 지날수록 죽음은 점점 더 있을 법한 일이 되고 건강은 점점 더 기적적인 일이 됩니다. 신체의 쇠약은 끊임없이 심해지고 살아남을 확률은 영으로 향하고, 죽음의 확실성은 백 퍼센트로 향해갑니다. 그 숙명의 사건을 결국 피할 수 없을 것 같아집니다. 사실의 확실함이 열린 시간을 계속 저당 잡고 있어 지불유예가 조만간에 끝날 테니까요. 물론 제삼자가 확인할 수 있는 죽음이 이처럼 진행되는 동안에도, 본인은 자기 자신을 불멸하는 존재로 느끼고 있습니다. 실제로 저러저러한 다른 날이 아니라 이러이러한 이날에 죽을 이유가 전혀 없으니까요.

이 불안정과 희망의 혼합이야말로 흥미진진한 모험의 상태가 아닐까요? 모험 또한 하나의 반쯤 열림이니 말입니다. 우리의 인생행로 전체가 반쯤 닫혀 있는 것은, 그 속의 잇단 모험들이 반쯤 닫혀 있는 것과도 같습니다. 말하자면, 삶 전체가 하나의 대모험이라면 개개의 모험은 큰 삶 속에 있는 이른바 강렬한 축소판 삶인 것이죠. 사람은 죽음을 일반적으로 고려해서 자신이 더 이상 없을 때를 위해 준비하고 조치합니다. 그러나 죽음의 특정 상황은 결코 고려하지 않습니다.

'확실한 죽음, 확실한 시간'이 절망의 경구이고 '확실한 죽음, 확실하지만 모르는 시간'이 불안의 경구이며 아예 반대로 '불확실한 죽음, 불확실한 시간'이 망상적 희망의 경구라면, '확실한 죽음, 불확실한 시간'이라는 비대칭적인 경구는 절망에서도 망상적 희망에서도 똑같이 먼 진지하고 전투적인 의지의 표어일 것입니다. 사실의 확실성과 시기의 불확실성이라는 불균형이야말로 일을 시작하는 데에 필요한 원동력과 도약을 우리의 삶에 주는 것이니까요.

막연한 어느 날에 죽는다는 일반적인 필연성만큼이나 죽음의 날짜가 확실할 때, 사람은 비극적 상황에 놓입니다. '절망'의 지옥이란 바로 그런 것이죠. 죽어야 할 당사자는 모르는 죽음의 날짜가 죽음의 사실 자체만큼이나 가차 없이 미리 결정되어 있다고 생각될 때, 사람은 '불안'에 휩싸입니다. 그리고 죽음이라는 사실이 그 날짜만큼이나 의심스러워지고 우리가 허울 좋은 영원에 처해졌다는 느낌이 들 때, 마침내 삶은 무관심과 '권태' 속으로 녹아들어 갑니다. 절망의 무력하고 메마른 시간 이후에, 불안의 자갈투성이 시간 이후에, 권태의 무정형의 시간 이후에, 행동주의의 비옥한 시간이 있습니다. 이미 도래한 미래 이후에 진짜로 도래할 미래가 있습니다. 폐쇄되어 기다리기만 하는 무능한 절망의 시간과 '진지한 자'의 반쯤 열린 시간 사이에는, 수동적 임박함과 능동적 절박함 사이만큼의 격차가 있습니다.

이제 행동의 관점에 서 있는 사람에게는, 확실한 죽음과 불확실한 시간의 비대칭은 본질적으로 자극을 주는, 말하자면 동력을 주는 비대칭으로 나타납니다. 우리가 알고 있는 것은 바로 우리가 어떻게 할 수 없는 것입니다. 여기서는 죽음의 사실성이 그렇죠. 그리고 반대로 우리가 모르는 것은 대체로 우리에게 달린 것입니다. 여기서는 상황의 양태가 그렇습니다. 달리 말해, 사람은 어떻게 할 수 없는 것은 알고, 모르는 것은 어떻게 할 수 있습니다. 아는 것, 즉 죽음의 넘을 수 없는 장벽은 우리 능력 밖에 있는 데 반해, 모르는 것, 즉 날짜는 어느 정도까지는 우리 손안에 있습니다. 식이요법, 위생, 절제 등에 달려 있는 것이죠. 다른 표현으로 하자면, 인식에게 열려 있는 것이 행동에게는 닫혀 있으며, 그 역도 참인 것입니다.

지식과 능력의 이 아이러니한 교착은, 인간의 유한성에 내재된 근본적인 양자택일의 한 형태이며, 우리는 이를 에워싸인 에워쌈이라는 양가적인 상태로 설명해야 할 것입니다. 둘 다 알고 둘 다 할 수 있는 것, 즉 예정된 죽음도 연기하고 죽음도 일반적으로 정복할 수 있는 것, 그것은 피조물의 양자택일을 넘어선 일일 것입니다. 전지와 전능의 이러한 병합은 생각할 수조차 없는 초인간적인 것이니까요. 둘 다 알고 둘 다 못 하는 것, 그런 절망적인 상황은 생지옥이나 다름없는 사형수의 처지일 것입니다. 둘 다 모르고 둘 다 할 수 있는 것, 즉 죽음을 초월할 수 있고 하물며 늦출 수도 있는 것, 그것은 천사나 할 수 있는 일일 것입니다. 실존의 반쯤 열림을 보전할 수 있는 유일한 상태는, 우리가 양자택일이라고 부른 비대칭적인 상태 혹은 짝이 안 맞는 상태뿐입니다. 한쪽은 아는 것(그에 대해 아무것도 할 수 없지만), 다른 쪽은 할 수 있는 것(그에 대해 아무것도 모르지만), 모르고서 할 수 있거나 못하고서 아는 것, 이것이 바로 행위에 도약을 주는 시소효과인 것입니다. 아는 무능은 모르는 유능을 돋보이게 하는 역할을 합니다. 반쯤 앎과 반쯤 할 수 있음은 따라서 결코 신비의 동일한 부분에 대한 것이 아닙니다. 사실을 아는 Scio quod 무력한 앎과 언제를 모르는 Nescio quando 무지한 힘이란, 말하자면 어떤 이성도 이해하지 못하는 하나의 전지전능의 상호보완적이면서도 분리된 두 절반입니다.

무력한 앎이, 죽음을 늦추는 우리의 능력에 절대적인 장애물인 것은 아닙니다. 무력한 앎이 한계를 부여해 한정하지 않으면 그 능력은 몽롱한 무관심 속으로 녹아버릴 테니까요. 따라서 그것은 오히려 기관-장애물입니다. 우리의 능력은 무한하지 않기 때문에 비로소 유효합니다. 지렛대가 하나의 받침점에 의지하여 무거운 것과 저항하는 것을 들어 올리듯이, 저지된 능력은 수정할 수 없는 운명에 의지하여 우리의 생명을 늘리고 자유의 영역을 넓힙니다. 따라서 변형시키고 진전시키는 우리의 활동에 의미와 소명과 일정한 방향을 부여하는 것은 바로 부정성입니다. 죽음의 막강함 그 자체입니다. 의학도 예술처럼 한 사람에게서 기적이 이루어졌다고 해서 갑자기 장애물을 없앴다거나 사라지게 했다고 주장하지 않습니다. 그런 휘황찬란한 사라짐은 돌팔이나 마술사의 전문분야죠. 그래서 우리의 죽을 운명은 단단한 동시에 무른 것입니다!

그럼에도 불구하고 죽음에 대한 인간의 행동은 일반적으로 그 명석함에 반비례합니다. 나는 모른다, 고로 아직 뭔가 할 것이 있다. 날짜를 우리가 모르는 덕분에, 우리의 삶에 바람이 통하고 확실한 죽음의 걱정이 가벼워져 숨을 쉴 수가 있습니다. 날짜를 지배하는 흐릿함 덕분에, 의지가 이 불확정 속으로 뛰어들어 거기에 영향을 미치고 운명이 작용하지 않는 부분에 힘을 가할 수가 있습니다. 그리하여 행동파 인간은 그에게 남겨진 희망의 여지와, 그에게 운을 시험해 보기를 권하는 가능성들을 이용하는 것입니다.

행동이 자연법칙과 무관하게 작용해서 사물의 모습을 마음대로 바꿀 수 있다는 것은 아닙니다. 행동은 결정론의 길을 따라가지, 제멋대로 마구잡이로 요리조리 가지는 않으니까요. 그러나 행동은 모든 숙명을 거부합니다. 적어도 그 점에서는 불확실성이나 우연성이야말로 행동을 불러일으키는 것이며, 역으로 필연성은 행동을 정지시키고 인간을 타고난 정적주의靜寂主義 속에서 마비시킵니다. 자유가 자기를 발휘할 방도를 찾는 것은 원칙적으로 생성의 세계 속에서입니다. 즉 잇따르는 형상들이 본질적으로 일시적이며 사람이 만드는 대로 될 유동적인 사회에서죠. 하라! 이 혁명적이고 격한 태도는 주어진 것이 완전히 다르게 될 수도 있고, 그것을 그대로 받아들여서는 안 되며, 그 형상의 변화를 지도하고 통솔해야 한다는 것을 상정합니다. 무엇보다도 의지는 역사적 시간의 작용에 협력하고, 미래를 현재로 인도하면서 장래의 모습을 빚어내고 수정합니다.

때때로 행위의 의지 속에는 세밀한 분석을 불허하는 것처럼 보이는 투박하고 대략적인 무언가가 있습니다. 종종 우리의 자유로운 힘은 무지의 밤 속에서 운명을 수정합니다. 참으로 용기 있는 모든 결정, 조금이라도 모험적인 모든 선택은 이렇게 몇 초간의 맹목을 요구합니다. 만일 1940년의 레지스탕스들이 전반적 상황과 당시의 세력관계만을 고려해서 가능성을 평가했더라면, 아마 결코 아무것도 시도하지 않았을 것입니다. 그들의 위험을 무릅쓴 참여는 확률을 이성적으로 평가한 데에서 나온 결과가 아니었습니다. 그들이 투쟁에 나선 것은 자신들이 가장 강하다고 계산했기 때문이 아니었습니다! 모든 상식을 거스르고 부조리한 희망에 차 있던 이들, 그들 또한 밤의 어둠 속에서 선택을 했던 것입니다. 자명함이라는 비극적 광명과 짓누르는 확실함이 우리에게 포기와 항복을 권유하는 바로 거기에서, 운명에 '아니다'라고 말하는 미친 희망은 불가능한 것을 가능하게 하고 비합리적인 것을 이치에 맞는 것으로 만듭니다. 이치에 어긋난 망상이 여기서는 부조리한 진리 이상으로 진실임이 드러난 것입니다.

6. 사실성의 감수: 사멸성, 고통성, 공간성, 시간성

피할 수 없는 것은 죽음이라는 사실입니다. 운명은 '안 돼' 하고 말하고 문을 닫습니다. 불확실한 것은 그 날짜입니다. 이번에는 운명이 '그래' 하고 말하고 닫힌 문을 살짝 엽니다. 그리고 우선 (시간으로 이야기를 시작하자면) 시간의 불특정이 우리에게 아직은 더 두고 보라고 넌지시 말합니다. 인간은 전능하지 않다고 해도, 즉 사물의 실체를 바꿀 수 있는 무한한 힘을 가지고 있지 않다고 해도, 적어도 사물의 양태를 변경하고 형태를 변형하는 한정된 힘은 지니고 있습니다. 그의 상대성에서 비롯된 이 한계 속에서 인간은 거의 전능합니다. 이러한 한계 속에서 인간은 언젠가 원하는 거의 모든 것을 할 수 있을 것입니다. 원한다, 고로 할 수 있다. 할 수 있다, 고로 할 것이다. 할 수 있는 것은 모두 해야 하니까. 가능하고 할 수 있는 것은 모두 허용되며, 시도되어야만 하고, 언젠가는 일어날 테니까. 그렇습니다, '사실'의 한계 속에서 모든 것은 가능합니다. 따라서 시도하고 감행하고 탐험하고 과감히 착수해야 합니다. '모든 것이 감행되어야 하니까πάντα γὰρ τολμητέον'° 기관은 사용되기를 요구하고 기능은 발휘되기를 요구하고 의식은 자각되기를 요구합니다.

   모든 일은 마치 자유가 제 능력의 끝까지 갈 권리를 (자유의 능력에 끝이 있다면요) 갖고 있기라도 한 듯이 진행됩니다. 자유는 자신의 변형작용의 사정거리를 무한히 넓힙니다. 양에서도 지속에서도 속도에서도 그 어떤 상황적 관계에서도 이 확장 능력을 한정하는 것은 없으며, 그 무엇도 우리의 한없는 기록 갱신을 방해하지 않습니다. 자유 덕분에 인간은 여유를 얻고 실존의 폭과 부피를 키우며, 자기를 확인하고 숨을 쉬기 위해 필요한 삶의 공간과 지속을 모든 차원에서 늘리고, 마침내 자신이 갇힌 좁은 독방의 벽을 가능한 한 멀리 밀쳐냅니다. 그리하여 열정을 불러일으키는 수많은 일들과 길고 즐거운 여정이 전

° 『테아이테토스』 196d.

진하려는 의지 앞에 열립니다. 연속의 상황과 양태들이 우리에게 부과하는 틀 속에는, 할 일이 많이 있으며 심지어 모두 다 무한히 있는 것이니….

따라서 덜 근본적인 것만이 '우리에게 달린 것τὰ ἐφ'ἡμῖν'이지만, 그러나 안심합시다! 그래도 그것은 가장 다채롭고 가장 흥미롭고 우리가 가장 크게 좌우할 수 있는 일입니다. 말하자면, 무궁무진하게 다양한 정도와 양태와 색조를 담고 있기 때문입니다. 비행기의 속도나 물질적 편의의 개선이나 인간 수명의 점진적 연장만이 문제라면… 잘 되고 있습니다! 근면한 인간에게 할 일을 주는 것도, 박애와 개선을 본질로 하는 문명의 노력을 정당화하는 것도 그럴만한 일입니다. 만일 우리의 문제가 '점점 더', 즉 항상 더 잘, 항상 더 강하게 더 높게 더 빠르게라면, 만약 우리의 문제가 인간의 능력을 끊임없이 높이고 개선하는 것이라면, 산업적 개량기술은 곧 좋은 날을 맞을 것입니다. 한계 없는 전망이 우리의 용기에 부응하고, 긴 행로가 진보적 희망에 약속되어 있으며, 우리가 자연을 변형하고 산을 뚫고 강줄기를 바로잡고 의학적·사회적·교육적 활동을 펼치기 위한 거대한 작업장이 밤낮으로 계속 열려 있습니다.

그리고 끝으로 (여기서는 이것이 우리의 주제이니) 사람은 죽음의 '언제'와 '어디서'에 관한 한 거의 전능합니다. 다른 날이 아니라 이런저런 날짜에, 다른 병이 아니라 이런저런 병으로 죽는 것이 결코 필연적이지 않기에, 어떤 특정 질병을 피하는 것이 결코 부조리하지 않기에, 운명의 날을 하루 더, 마지막 시각을 한 시간 더, 최후의 순간을 한 순간 더 연기하는 것이 결코 부조리하지 않기에, 의사에게 오늘 죽는다는 선고를 받은 환자가 내일까지, 그 내일의 다음 날까지 그리고 그렇게 무한히sic in infinitum 버티지 못할 이유가 없기에, 그리고 마침내 각각의 죽음이 아무리 자연스럽더라도 나름대로 돌연사이기에, 즉 연기 가능한 은근히 우발적인 죽음이기에, 환자의 생명을 말하자면 무한정 연장시킬 수 있는 모든 여지가 의사에게 남아 있습니다. 일반적인 죽음은 피할 수 없다 하더라도, 개별적인 죽음은 지금 여기에서는 피할 수도 있을 테니까요. 연장에 연장을 거듭해 계속 소생해 가서 수명이 늘다 보면 결국에는 불사에 이르게 되지 않을까요? 병을 고치고 평균수명을 연장하고 운명의 시간을 늦추다 보면 우리의 치료술이 죽을 운명 자체를 면하게 하지 않을까요? 시간을 벌다 보면 우리가 죽는 것을 잊고 슬그머니 영원을 얻게 되지 않을까요? 에드가 모랭Edgar Morin이 우리에게 희망으로 남겨준 것이 그런 것입니다.[18] 어쩌면 '언제'의 지연이 점근선에 가까워지다가 결국 '사실' 일반을 제거하게 되지 않을까요?

바로 이 '불확실한 시간'이 모든 의료윤리의 제1번 명령을 정당화합니다. 아주 간단한 명령이지만, 간단한 만큼 절박하고 무조건적인 명령이죠! 모든 환자는 명백한 불치의 환자조차도 고칠 수 있다고 여기고 보살펴야 하며, 그것도 마지막 숨이 끊기기 전까지 그래야 하는 겁니다. 어떤 숨이 마지막 숨인지 알 길이 없으니까요. 나중에 가서야, 더 이상 그 어떤 심장박동도 이어지지 않을 때에야 비로소, 그때 그 박동이 마지막 박동이었음이 밝혀지는 것입니다. 살아있는 자가 죽어가는 자였던 것이 되는 일은 사후에 달력 위에서이고, 마침내 죽음이 찾아오고 나서야 비로소 주위 사람들이 임종 순간을 소급해서 재구성할 수 있게 됩니다. 빈사자는 오직 전미래시제로만 빈사자인 것입니다! 지금 당장은 빈사자가 없습니다. 당장은 살아있는 자이자 나을 수 있는 자인 죽어가는 자가 있을 뿐입니다. 죽을병, 가망 없는 병은 따라서 사후에 되돌아볼 때에만 살아날 가망이 없던 것으로 밝혀질 것입니다. 죽기 일 분 전, 아직 살아있는 사람이 그 순간 죽음을 면하고 살아남을지 모릅니다. 구할 수 있는 가능성이 천에 하나뿐이라 해도, 이 보잘것없는 낮은 가능성 덕분에 모든 노력과 모든 도박이, 가장 초인적이고 미친듯한 시도조차 정당하게 됩니다!

믿을 수 없는 구출, 경이로운 치유, 극적인 회복 등 기적과 같은 일들을 보지 않았던가요? 형집행이 연기된 사형수에게는 짧디짧은 유예와 잠깐의 지연만으로도 엄청난 희망이 미래로 열립니다. 이렇게 살아서 겪게 된 존재의 긍정성이 너무도 귀중해, 이런 경우에는 최소한의 지연도 정말로 엄청난 것, 평가할 수 없는 은총, 구조원에게 거저 주어진 전대미문의 기회로 나타납니다. 보잘것없는 유예는 그때, 말하자면 운명에 대한 인간의 영향력의 초자연적 상징이 됩니다. 마테를링크가 정당하다고 여기는 듯한 "안락사"는[19] 포기로 보입니다. 그래요, 정말이지 생명의 약한 숨결이 입술과 가슴에 남아 있는 한은 아직 끝난 게 아닙니다. 마지막의 마지막 순간까지 계속 두고 봐야 합니다! 심장이 아직 약하게 뛰고 있다고요? 그렇다면 모든 희망이 허용됩니다.

미리 예측하고 지연시키는 현명한 행동 덕분에, 죽음에 쫓기던 인간은 여유를 얻고 한발 물러나 불확실한 시각의 촉박함을 느슨하게 합니다. 몰리던 인간이 운명이 확정하지 않은 기한을 가능한 한 멀리 밀어냅니다. 우리는 앞서 확실한 죽음에 대해 말하면서, 불시에 기습당하는 것이 두려워 불안해하는 인간이 어떻게 기도 속에서 이 무서운 방문객을 맞을 준비를 하는지를 이야기했었습니다. 그러나 대비하는 인간은 트라피스트 수도사처럼 깨어서 기다리는 데에만 그치지 않습니다. 적에 대한 저항을 적극적으로 조직하고 방어 수단을 마련하고 반격까지도 계획합니다. 발타자르 그라시안은 『신중함의 기술』

에서 '유예Mora'야말로 이성적인 인간의 진정한 품격이라고 말합니다. 전략가와 궁정인과 외교관에게 발타자르는 "때를 늦춤"[20]을 권면합니다. "시간을 두는 것이 언제나 좋은 일이다." 신중함이란 본질적으로 시간을 두는 일이 아닌가요? 시간을 늦추는 인간은 자신의 주위에 시간을 퍼뜨림으로써 주도권을 지키려 합니다. 더 정확히 말하면, 그는 미래를 앞으로 내던지고, 그렇게 하여 미래성이 죄다 풀리고 펼쳐져 현재화되어 고갈될 때 생겨날 절망에 맞서는 대비책을 마련하는 것입니다.

  때를 늦춤은, 내몰린 인간이 자기 앞에 조금의 여지를 갖기 위해 최후의 순간에 작은 미래를 되찾는 경우 가장 극적이게 됩니다. 혹은 그것은 며칠간의 변변찮은 미래를 환자에게 되찾아주고 환자 앞에 짧고 초라한 전망을 열어, 일시적으로 환자의 작은 계획을 다시 진행시켜 주는 약입니다. 죽음의 위험에 처한 환자에게는 이 기본적인 유예가 다른 모든 유예의 필수 조건이며, 그것 없이는 이 다른 유예가 아무 소용이 없게 되는 것입니다. 일단 살기. 우선 존재하기!primum esse 그러고 나서 여유가 있으면, 살아갈 방식에 대해 생각하기! 삶의 시간을 연장하는 것, 그냥 실체로서 존재하는 시간을 연장하는 것이 그 시간을 채우는 소일거리를 찾는 일보다 우선입니다. 식물인간 상태를 연장하는 것이 실존을 어떤 내용과 존재방식으로 채울지를 선택하는 것보다 우선입니다. 존재하라는 무조건적인 명령은 중대하고 긴급한 것일뿐더러 행복하게 잘 존재하라는 가언적 명령에 비해 절대적인 우선권을 가지고 있기 때문입니다. 자기보존 본능의 지엄하고 정언적이고 "공리"와도 같은 자명함이 바로 그러한 사실을 보여주고 있습니다. 일단 구해지고 나면 앞서 그 사형수는 잘사는 법, 행복, 가족의 화목 등등의 호사스러운 문제들에 할애할 여유를 얼마든지 가질 수 있을 것입니다. 그러나 무엇보다 먼저 사형수가 사면되어야 합니다. 교수대를 면해야 합니다. 거기에 다른 모든 것이 달려 있는 것입니다! 손발을 절단해 장애가 생기더라도 환자의 목숨만은 구해야 합니다! 그러면 다시금 희망의 문이 열리고 그 문을 통해 환희의 바람이 불어옵니다. 환희는 죽음이 막 늦춰진 사람을 사로잡는 기쁨이 아닐까요? '시간의 불확실함'이야말로 그토록 경이로운 승리를 가능하게 만듭니다.

날짜를 어느 정도 지배하더라도, 사람은 '사실'을 면하지는 못합니다. 아마도 죽는다는 필연성은 논리적 필연성은 아닐 것입니다. 혹은 역으로 (같은 것이 되겠지만) 죽는 것의 불가능은 논리적 불가능은 전혀 아닙니다. 즉 영원히 사는 일이 부조리도 모순도 아니라는 것은, 동일률의 위반이 부조리이자 모순이라는 그런 의미에서는 아닌 것이죠. 사고 전체의 기본 구성 규칙에 관련해서 보자면, 체념은 존재할 이유가 없을 것입니다. 무릇 "다르게Aliter"를 생각조차 할 수 없을 때, 다른 규칙의 가능성조차 생각할 수 없을 때에는 체념도 있을 이유가 없는 것이죠. 생각할 수 없는 것을 생각하고 싶어지는 사람은 없으며, 따라서 그 일을 시작할 수도 없습니다. 우리가 기도를 통해 바꾸려고 하는 것도 이런 필연은 아닌 것이죠. 아리스토텔레스가 말했듯 그것은 '설득으로 바꿀 수 없는 것ἀμετάπειστόν τι',[21] 완고하고 가차 없는 것이니까요. 신들조차도 어쩔 수 없다고 플라톤도 말합니다. '신들도 필연과는 싸우지 않는다.ἀνάγκῃ δ'οὐδὲ θεοὶ μάχονται'ᵒ 레프 셰스토프는 『아테네와 예루살렘』에서 즐겨 그 구절들을 인용합니다. 그런데 그 자신이 불사신인 신들은 죽을 운명 앞에서 체념한 것이 아닙니다. 아무도 뛰어

ᵒ 플라톤은 『프로타고라스』 345d에서 시모니데스 시의 이 대목을 인용한다.

넘을 생각을 못 하는 것은 선험적인 필연성이죠. 우리가 그런 희망을 생각하는 바로 그 순간에도 이미 우리의 의식은 그 필연성에 싸여 있고 그 법을 암묵적으로 전제하고 있으니까요. 이에 반해 우리는 죽음을 미루다 보면 언젠가 뛰어넘을 것이라는 미친 희망을 품고 있습니다. 이 무한정 미룸이 말하자면 머나먼 지평선을 향한 우리의 염원에 열망을 불어넣는 것입니다. 인간의 희망은 극한을, 아니 차라리 절대를 향합니다. 사실 불사란 파악할 수 없는 것이기보다는 상상할 수 없는 것이며, 생각할 수 없는 것이라기보다는 살 수 없는 것입니다.

물론, 끝나지 않는 삶, 끝없는 실존이라는 관념에는 부조리하고 살짝 괴물 같은 면조차 있습니다. 그러나 이런 점에서라면 죽음 자체도 못지않게 부조리하죠. 우리의 무한한 소명을 어이없이 난폭하게 저버리니까요. "영원한 삶"이 거의 둥근 사각형만큼이나 모순적이라는 것, 그건 그렇습니다. 그러나 앞으로 보겠지만, 개인의 소멸 쪽에도 뭔가 불가해한 것이 있습니다. 유한한 존재에게 절대적으로 한쪽 방향만 있는 것은 아니며, 그 죽음의 필연성도 절대적으로 일의적이지 않습니다. 한마디로 죽음은 "필연"이라기보다는 하나의 "운명"입니다. 초경험적인 운명이지 경험적인 불행이 아닙니다. 한쪽에는 경험계의 피할 수 없는 불행이 있고, 다른 쪽에는 (우리의 사유체계 그 자체이기에) 순수한 긍정성과 순수한 충만함인 분석적 필연성이 있고, 그 사이에 죽음이라는 운명적인 악의 자리가 있습니다.

이 운명적인 악 속에서 필요악이라는 역설적인 양의성을 다시 한번 들여다봅시다. 지옥, 즉 절망의 왕국에서 말고는 어떤 악도 결코 필연적이지 않습니다. 부조리하고 냉혹한 세상에서 말고는 어떤 필연성도 악하지 않을 것입니다. 불가사의하게도, 피조물의 죽을 수밖에 없는 운명 속에는 두 모순되는 것이 통합되어 있습니다. 악의 비극적인 우연성과, 필연성의 자연적 질서가 그것입니다. 죽음이 악이고 그 날짜가 언제나 임의적인 한, 인간은 그것을 열렬히 거부하고 온 힘을 다해 그것을 하루하루 멀리 밀어내며, 불확실한 시각을 한발 한발 뒤로 물러서게 합니다. 인간은 죽음의 불가피성을 결코 완전히 납득하지 않습니다. 이 악이 필수적인 한에서, 달리 말해 죽음이 삶의 긍정적인 조건이고 악 자체가 좋음의 한 성분이 되는 전체적 맥락 속에서 죽음이 의미를 갖는 한에서, 우리는 우리의 죽을 운명을 받아들입니다. 체념의 존재 이유, 그것은 우리의 유한성의 치유할 수 없는 성격인 동시에, 유한성의 정복을 생각할 수 있는 가능성, 즉 인간 수명의 연장과 '불확실한 시간'을 늦추려는 희망에 의해 끊임없이 되살아나는 가능성입니다. 우리의 불완전함은 더 큰 완전함을 생각하는 것을 막지도 않으며, 여기에는 부조리도 모순도 없는 것입니다.

　인간의 운명은 "유연합니다". 다시 말해 무한정 늘일 수 있습니다. 그러나 무한히는 아닙니다. 고무줄 같던 시간이 터지는 순간이 오는 것이죠. 따라서 사람이 죽을 것이라는 사실, 즉 죽음의 사실성은 실제로 피할 수 없는 운명이며 우리는 그것을 받아들여야만 합니다. 이르든 늦든 기한이 길든 짧든 언젠가 다들 죽는다는 필연성에 대해서 인간은 아무것도 할 수 없습니다. 그러나 날짜가 정해지는 것에 대해서는 모든 것을 혹은 거의 모든 것을 할 수 있습니다. 물론 본질적인 것을 제외한 모든 것을요. '사실'의 불확정성에는 손댈 수 없지만, '언제'는 대부분 인간의 노력과 힘에 달려 있습니다. '라는 사실' 달리 말해 우리의 불행한 운명의 핵은 "면할 수 없는" 요소를 나타내고, 제반 상황들은 그 핵 주변에 무한정 줄일 수 있고 "면할 수 있는" 주위를 형성합니다.

　신은, 죽을 존재가 이런저런 기일이 지나 복무를 다 마치면 반드시 사라져야 한다고는 결코 말하지 않았습니다. 무엇보다 나이를 정해 두지 않죠. 이를테면 시계가 시각을 가리키는 식으로 숫자를 말하지는 않습니다. 예컨대, 물고기자리 시각에 죽을 것이라고 말하지 않죠. 신은 인간의 삶이 유한하도록 결정했지만 그 길이를 정해두지 않았습니다. 이 유한한 삶이 전부 몇 년으로 이루어질지 말하지 않았습니다. 운명은, 만일 운명이 있다 해도, 이렇다 저렇다 말하지 않으며, 이런저런 해를 가리키지 않습니다. 신은 사소한 일에 관여할 겨를이 없는 대왕과도 같습니다. '하느님은 작은 일에는 신경 쓰지 않으시니de minimis non curat Deus…' 신은 세부사항에는 개의치 않는 것입니다! 세부사항은 피조물에게 맡겨 인간이 절반의 자유를 발휘할 기회를 갖도록 합니다. 신은 인간에게 양태를 맡기고, 사실성은 자신이 보유합니다. 신비란 이처럼 신이 주는 동시에 되가져가는 것입니다.

　살아있는 자가 생명력이 다했다고 해서, 혹은 말하자면 그 두루마리가 다 풀렸다고 해서 삶이 자동으로 멈추는 것도 아닙니다. 우리의 유한한 능력에 맞서 무한히 싸우고, 우리의 고갈된 힘에 고갈되지 않는 용기로 맞설 자유는 우리에게 남아 있습니다. 일이 벌어진 후에 보면, 누군가가 죽도록 결정된 연령은 아마 어느 특정한 해였을 것입니다. 그러나 죽기 바로 직전까지는 '언제'와 '얼마나'가 부분적으로 우리의 능력에 달려 있습니다. 신은 오로지 원칙만을 정했습니다. 신은 우리에게 일반적으로 그리고 날짜 없이sine die 죽을 의무를 부과했고, 그럼으로써 시간의 불특정이 자유의 활동범위로 바뀌도록 마련해 두었습니다.

　거꾸로, 모든 병은 치유될 수 있고 또 치유되어야 하지만, 우리가 앞서 근심과 관련해서 말했듯, 병들의 병이자 건강의 병, 병자들의 병이자 건강인의 병인 '사멸성'은 치유할 수 없습니다. 병"의 사실"이자 죽음 자체"의 사실"인 사멸성은 말 그대로 치유할 수 없습니다. 항생제와 소생술이 하루하루 한 시간 한 시간 그 때를 늦출 수는 있습니다. 모든 병은 마지막 순간까지는 치유할 수 있는 것으로 여겨져야 하니까요. 그러나 죽을병을 죽을 것으로 만드는 사멸성 그 자체는 병이 아닙니다. 혹은 설령 그것이 병이라고 하더라도, 그것은 말 그대로 가망 없고 선험적인 불치병입니다.

병적인 이상상태는 정상상태 혹은 평균상태와 관련해서 정의됩니다. 그러나 사멸성은 무엇의 이상상태인가요? 그 기준은요? 사멸성은 완전히 자연스러운 정상적인 비정상으로서, 모든 피조물의 유한성을 표현합니다. 사멸성은 전혀 병적인 것이 아니니, 치료해야 할 것도 찾을 수 없습니다. 요컨대 환자가 건강한 겁니다. 조금이라도 병이 있다면야 치료제를 쓸 기회가 있을 텐데…. 병이 있기라도 해야 의사가 고쳐볼 것 아닌가요? 병이 있기라도 해야 나을 수도 있을 것 아닌가요?

사멸성은 그러니까 교환할 수도 이전할 수도 없습니다. 이런저런 특정 상황하에서는, 지명된 희생자 대신 자신을 희생시켜 누군가 죽음을 면하게 할 수 있습니다. 그러나 누군가의 죽음 '자체'를 대신해서 죽을 수는 없는 것입니다. 그것은 스스로 해야만 하는 일이고, 그 일에서는 누구도 누구를 대신할 수 없습니다.

사멸성이 죽음의 숙명적인 핵이듯, 마찬가지로 "고통성"은 말하자면 고통의 운명입니다. 개별적인 고통은 모두 우연적입니다. 모든 고통은 개별적으로 보면 피할 수도 있지만, 아마도 '고통의 사실'은 무릇 필연적일 것입니다. 누군가가 어딘가에서 어느 때인가 고통을 겪고 있다는 것은 필연적일 것입니다. 이 누군가가 꼭 나나 너여야 하는 것은 아니더라도, 그 어딘가가 꼭 여기 이때여야 하는 것이 아니더라도 말입니다. 왜 저기가 아니고 여기, 왜 다른 사람이 아니고 그 사람이, 왜 지금 여기, 요컨대 왜 바로 이 고통, 바로 이런 형태와 이런 정도의 고통이어야 할까? 이런 물음에 대한 대답은 대부분 우리의 기술과 노력에 달려 있습니다. 고통을 줄이고 늦추고 옮기며 한 고통을 다른 고통으로 바꾸고 치환하여, 이를테면 두통을 류머티즘으로 바꾸고 좌골신경통을 치통으로 바꿀 수 있는 여지는 전부 우리에게 맡겨져 있으니까요. 운명은 사실의 틀 내에서 양태를 변형하고 성질을 재조정하는 것에는 반대하지 않지만, 이 사실의 사실성을 송두리째 뽑아내는 것은 허용하지 않습니다. 모든 고통은 고통스럽지 않게 될 수는 있지만, 고통성에 대한 진통제는 존재하지 않습니다. 끝없는 알리바이와 일종의 무한반복으로 사람들은 서로 공을 넘깁니다. 그리고 괴로움을 겪는 당사자 없는 괴로움이 되어버린 듯한 고통은, 이 사람에게서 저 사람에게 옮겨가며 다른 형태를 취해 다른 곳으로 달아납니다. 그럼에도 이 신출귀몰의 비참, 고통성 일반, 모든 이의 것이면서 어느 누구의 것도 아닌 고통, 아무나의 고통은 항상 누군가의 몸에 깃든 고통이 됩니다.

마찬가지로 우리는 '공간성'이 공간의 제거할 수 없는 사실성이며, 시간성이 시간의 흔들림 없는 사실성임을 확인하게 될 것입니다. 공간은 우리가 활약할 자유로운 활동무대를 제공합니다. 인간은 이 영역에서 점점 더 빠른 속도로 이동하고 "음속의 벽"을 깨며 지구의 인력을 벗어납니다. 그 눈부신 행동에는 그 어떤 선험적인 한계도 정해져 있지 않은 것처럼 보입니다. 하지만 여전히 우리는 동시에 모든 곳에 있지는 못합니다! 빛의 속도조차 여전히 경험계의 속도이며, 편재와는 무한히 먼 유한한 속도입니다. 공간 속에서 우리의 운동은 끊임없이 더 빨라지지만, 공간의 공간성은 단숨에 돌파할 수가 없습니다.

'여기 아니면 저기'라는 양자택일 때문에, 플로티노스의 말마따나 동시에 모든 곳에παντaχοῦ ἅμα 있도록 해주는 마법이나 요술 같은 편재는 인간에게 금지되어 있습니다. 한 곳에서 다른 곳으로 가려면 반드시 이동을 해야만 하는 겁니다. 따라서 만일 운동의 길이 우리 앞에 무한히 뻗어 있고 모든 길이 열려 있다고 해도, 힘들여 이동해야 하는 저주는 여전히 극복할 수 없는 것으로 남습니다.

앞서 우리는 공간이 어떻게 사람들을 분리하는 장애물인 동시에 그들을 이어주는 기관인지를 보았습니다. 이제는 이렇게 말합시다. 사람들을 서로 멀리 떼어놓는 장애물은 바로 공간성이라고. 공간성은 거리의 부동의 원리이며, 둘 이상의 존재자들이 같은 자리에 공존하는 것을 막는 방해물이니까요. 공간-장애물이란 서로 침투할 수 없는 각각의 존재자가 자기 자리를 차지하고 거기서 다른 존재자를 쫓아내는 것을 의미합니다. 그것은 더 줄일 수 없는 최소의 핵입니다. 그리고 반대로 공간이야말로 지형적으로 분리된 존재자들을 연결하는 기관입니다. 공간은 우리가 한 지점에서 다른 지점으로 갈 수 있도록 하늘과 땅과 바다로 수많은 길을 제공하는 것이죠.

마찬가지 방식으로, 시간의 '시간성'과 시간의 관계도 장애물과 기관의 관계와 같습니다. 균질한 공간의 유순함은 시간의 유순함에 비하면 아무것도 아닙니다. 시간이라 부르는 이 순종적이고 치우침 없고 중성적인 이상적 매질 속으로는 자유가 마음대로 뚫고 들어옵니다. 시간이 부드럽고 무르다고 말하는 것으로는 부족합니다. 시간은 무르기보다는 차라리 만질 수 없는 것이니까요. 그것은 그저 순종적인 것이 아닙니다. 더 정확히 말해, 시간은 완전히 비실존합니다! 공기보다 무한히 더 가벼운 이 매질의 실존하지 않는 실존은 인간의 자유를 말없이 부추깁니다. 그대가 원하는 것을 하라, 무엇이든 좋다.

거의 그런 뜻입니다. 모든 것이 가능하고 허용되며 따라서 그렇게 되리라는 것입니다.

이렇게 해서 미래의 양태와 모습과 조명照明은 우리의 노력과 시도에 달려 있게 됩니다. 미래의 모습은 정말이지 우리의 재량에 전적으로 맡겨져 있고 우리가 만드는 대로 될 것입니다. 인간이 "할 수 있을 수 있는peut pouvoir" 가능한 것들, 자연의 잠재성처럼 자동으로 현실화되는 것이 아니라 우리의 "할 수 있을 수 있음pouvoir pouvoir"의 결과로 현실화되는 것들이란 그런 것입니다. 게다가 경과시간이 단축되고 기한이 줄며 모든 과정이 굴절되고 가속될 수 있습니다. 시간 절약이란 기술적 효율의 면에서 보면 본질적으로 장애물에 대한 우리의 지배가 끊임없이 개량된 결과가 아닐까요?

그러더라도 명확히 해둡시다. 인간의 노동은 미래의 존재양태를 바꾸지만, 미래성이라는 사실성 자체를, 즉 무릇 미래가 있으리라는 사실을 바꾸지 않습니다. 마찬가지로 우리는 시간 속에서 작업의 지속 기간을 압축하지만, 시간 자체, 시간의 독자성, 시간성은 압축할 수 없는 하나의 운명입니다. 어떤 기획을 완수하기 위해서 필요한 시간의 기간들은 우리의 속도에 달려 있지만 이 기간들의 시간은 우리의 능력 밖에 있습니다. 소나타의 "템포tempo"는 메트로놈이나 연주자에 달려 있습니다. 그러나 모든 소나타의 모든 "시간들temps"을 담고 있는 보편적인 시간은 늦춰질 수도 가속될 수도 없이 언제나 같은 걸음으로 나아갑니다. 그렇습니다. 한 과정의 지속은 결코 완전히 쭈그러들거나 뭉개지지 않습니다. 아무리 엄청나게 가속되더라도 하나의 추이는 점 형태의 순간으로, 형이상학자들이 때로 '영원한 지금aeternum Nunc'이라고 부르는 지속 없는 순간으로 축소될 수 없습니다.

예를 들어 내일까지의 24시간은 시계를 보고 일 분씩 세면서 보내든, 낱말 풀이를 하며 보내든, 멍하니 앉아 있거나 그저 잠을 자며 보내든 어떤 경우에도 단축할 수 없는 24시간입니다. 다음 일요일까지의 일주일은 무슨 소일거리를 고르건 달력상으로 동일한 지속시간입니다. 기대의 시간도 그렇고, 권태로 차 있는 순수 시간성의 경우도, 즉 오로지 인내와 체념만이 요구되는 시간성의 경우도 그렇습니다. 위대한 철학자조차 아무리 급해도 설탕이 자기 컵에서 녹기를, 물이 끓기 시작하기를, 상처가 아물기를 기다려야 합니다. 발을 동동거려 봐야 소용없습니다. 용해 시간은 주어진 온도와 포화도에서는 일정하고, 끓는 시간은 주어진 기압에서 일정하며, 상처가 아무는 시간조차도 특정 연령에서 일정하니까요.

기다림의 이 순수한 맨시간 tempus nudum et purum, 이 압축할 수 없는 불활성 원原시간, 재촉할 수도 건너뛸 수도 없는 이 부정적 시간은 '시간 일반의 사실'이 아닐까요? 부가적인 지연 원인이 다 제거되었을 때에도 여전히 남아 있는 필수적인 최소한의 것이 있습니다. 그것은 우리가 그 너머로 갈 수 없고, 잇따르는 순간들을 추론적으로 연결하는 기능만 있는 시간성의 잔여물입니다. 시간성이라는 이름의 '뭔지 모를 것'이 우리의 기획에 맞서 부드럽게 흐르며 저항합니다. 일견 순종적이지만 근본적으로 압축할 수도 축소할 수도 없는 이 만져지지 않는 것은, 물리적으로 실존하지 않으면서도 저항하고, 아무것으로도 이루어져 있지 않으면서 존속합니다. 장애물이 거의 아무것도 아닐 때에는 우리의 의지는 저항하는 것에 도무지 힘을 가할 수가 없습니다. 붙잡을 수 없고 보이지 않는 적敵이, 몇 가지 작은 점에서는 양보하는 척하면서 본질적인 것에서는 더 완강하게 저항하고 있다고도 말할 수 있겠습니다.

인간이 빨리 일하건 느리게 일하건 달라질 것은 없습니다. 극히 짧은 기간, 미소한 기한, 백만분의 일 초만으로도, 목표를 순식간에 달성할 수 없는 우리의 무능력과 피조물로서의 유한성을 확인하기에 충분합니다. 미래의 측면에서는, 계속 잇따라 중간을 거쳐 "마땅한 단계를 통과해per gradus debitos" 가야만 한다는 사실 속에, 한마디로 기다림의 두께 속에, 운명적인 시간성이 벌거벗은 모습으로 나타납니다. 과거의 측면에서는, 무릇 지나버렸음의 사실이 운명을 나타냅니다. 이 경우 사실성은 '되돌릴 수 없음'과 '돌이킬 수 없음'이라고 불립니다. 되돌릴 수 없다는 것이란, 말하자면 회상이라는 무력한 비현실적 형태가 아니고서는 과거를 과거 그 자체로 다시 살 수 없다는 겁니다. 돌이킬 수 없다는 것이란, 말하자면 한번 저지른 잘못은 없앨 수 없다는 겁니다. 우리가 미래의 양태를 빚고 변경할 수 있지만 미래성 일반을 없앨 수는 없는 것과 마찬가지로, 잘못된 행동의 경험적인 결과와 흔적을 만회하거나 지우거나 이를테면 이후에 잘 처신하거나 장래에 잘 행동할 수는 있지만, 그 행동을 저질렀다는 '사실'을 없앨 수는 없습니다. 만든 것factum을 부술 수는 있지만, '만들었다는 사실fecisse'은 파괴할 수 없습니다. "한 일들res facta"을 개선할 수는 있지만, 모순을 일으키지 않고서는 "한 일factum"을 "하지 않았던 일infectum"로 만들 수는 없습니다. 회개가 미래를 향한 것이며 도덕적 행위자가 시간을 정비해 자신의 삶을 개혁할 수 있는 상태를 표현한다면, 되돌릴 수 없는 것에 대한 후회와 돌이킬 수 없는 것에 대한 회한은 오히려 시간성 앞에 선 인간의 무력과 절망을 표현합니다. 시간의 흐름을 거슬러 생성을 다시 오게 하겠다고 우기는 것이나, 중간에 있는 모든 순간을 단숨에 뛰어넘어서 미래를 즉각 현재로 만들기를 바라는 것이나, 둘 다 주제넘은 짓입니다. 이는 시간을 정비하는 일을 시간성을 없애는 일과 혼동하는 것, 즉 비시간성의 망상과 혼동하는 것입니다.

고통의 사실 즉 고통성, 그것은 죽음입니다. 시간의 사실 즉 시간성, 그것은 죽음입니다. 그리고 죽음의 사실, 그것은 사멸성입니다. 시간에 대한 우리의 행동과 죽음에 대한 우리의 행동이 반대방향을 향하는 것으로 보이더라도, 두 경우는 전적으로 비교 가능합니다. 우리는 시간을 압축하기 위해 노력합니다. 그러나 우리는 죽음은 밀어내려고 애씁니다. 모든 기한을 단축하고 매개를 최소한으로 줄이려고 애쓰는 그 사람이, 자신의 실존을 가능한 한 연장하고 죽음의 날짜를 무한정 늦추려고 애쓰는 바로 그 사람인 것입니다. 사멸하고 말 시간적 인간은 시간성을 없앰으로써 사멸성 자체를 벗어나겠다고 하고 있습니다! '시간'이라 부르는 부정성을 없앰으로써 즉각성에 도달하는 것이나, '죽음'이라 부르는 무를 제거함으로써 영원성에 도달하는 것이나, 같은 하나인 것이니까요. 결국, 인간은 시간, 불행, 죽음에 맞서 무엇이든 할 수 있지만, 우리가 시간성이라 부르는 이 "필연적 시간"에 맞서서는, 불행의 사실이자 불행 일반의 불행인 이 필연적 불행에 맞서서는 아무것도 할 수 없습니다.

인간이 경험적 공간과 시간에 가하는 조작들, 육체적 고통과 죽음에 가하는 조작들은 부분적이며 말하자면 "형용사적인" 성격을 갖습니다. 형태를 변형하고 양태를 변경하며, 보존법칙에 따라 물체를 이동시키고, 사건의 날짜를 연속의 원리에 따라 늦추고 앞당기는 것, 바로 이것이 인간의 일인 것입니다. 그리고 이 일은 알다시피 오로지 상황적인 존재방식들에만 관련이 있습니다. 우리에겐 공간적으로는 거리를 좁히고 먼 곳을 가깝게 만들고, 시간적으로는 10분을 절약하고 몇 초를 줄이고 시간표를 개선하고서 기뻐하는 그런 보잘것없는 진보로 충분합니다.

그리고 마찬가지로 인간은 비교급의 모든 단계를 통과해 조금씩 질병과 고통을 극복합니다. 그는 다음 상황 때까지 환자의 건강을 회복시키고, 확실한 불행의 불확실한 시각을 연기하며, 실존의 연속을 하루하루 연장하는 정도로만 야심을 갖습니다. 앞서 우리가 말했듯, 이 조정 가능한 이상상태가 병이라면, 이 되돌릴 수 있는 이상상태를 없애거나 상쇄하여 이 무질서에 질서를 되찾는 보정을 통틀어 치료라고 부를 수 있겠습니다. 운명에 닿을락 말락 한 조작, 사람이 시간과 공간과 자연의 표피에 가하는 작은 조작들은 베르그송의 용어를 빌리면 현상유지의 회복 혹은 기존 요소의 재조정으로 환원됩니다. 오직 말 그대로 기적적인 초경험적 조작만이 편재라는 보편적인 현존과 영원이라는 영원한 현재를 피조물에게 줄 수 있을 것입니다. 무엇이 어떠하다는 관계를 표현하는 우리의 문법에는 이런 조작을 표현할 마땅한 말조차 없습니다. 어중간한 얼치기 마법사에게는 그런 일을 해낼 힘이 없습니다.

  죽음에서는, 라이프니츠가 바라던 증감의 더와 덜이 아니라, 전부냐 전무냐, 존재냐 비존재냐 하는 양자택일이 문제이며, 죽음은 우리의 경험적 재조정과 이동과는 비교가 되지 않습니다. 앞으로 보겠지만, 죽음은 변형이나 변모가 아닙니다. 즉, 한 형태에서 다른 형태로의 이행이 아닙니다. 죽음은 무화입니다. 즉, 한 형태에서 그 어떤 형태도 없는 상태로의 이행입니다. 설령 죽음이 "변화"라고 하더라도 그것은 성질 변화라기보다는 오히려 실체 변화일 것입니다. 죽음은 존재자를 존재에서 뽑아버립니다. 그것도 뿌리째radicitus 뽑아버립니다. 무로부터의ex nihilo 창조만이 이 무로의in nihilum 탈창조, 즉 무화와 동급일 것입니다.

  그리하여 부활에 대한 모든 공상은 하나의 창조과정을 상정합니다. 부활은 회춘이기도 한데, 이는 이식을 통한 부분적이고 일시적인 회춘이 아니라 총체적 재생입니다. 이 재생이 신체적·정신적 마모를 극복하고, 가능성의 소진과 기억에서 비롯된 정서적 권태와 무감을 달래어, 생물학적 피로 때문에 태엽이 늘어진 생의 비약을 다시 활성화한다면, 그야말로 진정한 무상의 선물일 겁니다. 그런 것이 종말론적 희망이고,「묵시록」이 우리에게 새 하늘과 새 땅을 약속하며 지평선에 어른거리게 하는 영광스러운 앞날입니다. "죽음도 없을 것이고,[22] …시간도 더 이상 없을 것이다.[23]"

실제로 "영생"은 무한정 연장된 삶과는 전혀 다른 종류의 것입니다. 영생은 천상의 은총인 것이죠! 불사는 장수의 "극한"이 아닙니다. 편재가 속도의 극한, 즉 점점 가속된 운동의 극한이 아니고, 즉각성이 점점 단축된 기간의 극한이 아니듯이 말입니다. 빠르기건 연장이건 그 어떤 단계적 증가도, 어떤 계속된 '점점 더'도, 그 어떤 경험적 진전도 결코 우리에게 순간적인 것의 은총을 주지 않을 것입니다. 그런 은총은 갑자기 내려지는 것이지 여럿으로 나뉘어 오지 않는 것이니까요. 영원 자체가 하나의 '전부 아니면 전무'이니까요.

역으로, 절대적 장애물인 사멸성 또한, 장수의 길 위에 놓인 다소 어려운 육체적인 난관들과 경험적인 장애물과는 전혀 다른 차원에 속합니다. 한편에 죽음이라는 사실성과 다른 한편에 우리의 실존을 위협하는 육체적 원인은, 죽을병과 가벼운 병이 비교되듯이 그렇게 서로 비교될 수 있는 병이 아닙니다. 만약 비교될 수 있다면, 무릇 죽는다는 필연성은 여느 병들과 같은 차원에 있는 그저 하나의 병일 것이고, 치료할 수 있는 많은 병들에 비해 현재로서는 치료할 수 없는 병에 불과할 테니까 말입니다. 말하자면, 우리를 덮치는 질병들의 목록 속에 '질병의 사실' 자체를 넣어야 할 겁니다! 그렇다면 모든 질병은 치료 가능하지만 단 하나 일시적인 예외가 있다고 말해야 하는 걸까요? 즉, 올해의 개정된 유행병 목록 중에서 아주 잠정적이지만 아직은 치료할 수 없는 것으로 확인된 질병 하나는 '제외'라고 말해야 하는 걸까요?

진보에 대한 낙관론은 아마도 불사를 결정적으로 불가능한 것이 아니라, 당분간 그리고 단지 현재의 기술 수준과 생물학 연구 수준에서 불가능한 것이라고, 다시 말해 죽음을 막는 백신을 발견하기 전까지만 불가능한 것이라고 판단할 것입니다. 요컨대, 하나의 특수 증례가 다른 특수 증례와 구별되듯이 사멸성 일반이 죽을병과 구별될 것입니다. 그리고 죽을병은 체념하고 받아들이지 않더라도 사멸성은 잠시 체념하고 받아들여야 하는 처지라는 것이, 아무런 원칙도 걸려 있지 않은 체념적 경험론, 편의주의적 의료윤리, 체념의 결의론決疑論의 대상이 될 것입니다.

죽음을 "이긴다"는 희망 자체가, 힘의 관계를 의인화한 말 속에 사실성을 양태로 만드는 경향을 표현하고 있습니다. 사실 죽음은 인류가 힘을 겨루는 다른 적들과 같은 차원에 있지 않습니다. 시간만큼이나 잡히지 않고 시간보다 더 불가항력인 죽음은 결코 인간의 적수가 아닙니다. 우리는 누구와의 교전상태에 돌입하는 걸까요? 도대체 누구와 전쟁을 벌인단 말입니까? 누구와 전투를 개시한단 말입니까? 죽음과의 싸움은 상대가 없는 대결이며, 승리나 패배라는 관념 자체가 은유에 지나지 않습니다. 죽음의 "승리"는 하나의 의인법이지만, 사멸성의 전능은 우리가 그 준엄한 법을 피할 수 없다는 불가능성을 표현합니다.

죽음의 사실성과 죽음의 다른 원인들 사이의 관계는 오히려 초경험적인 형식과 경험적 내용 사이의 관계와도 같습니다. 우리의 능력은 원천적 결함으로 인해 안에서부터 선험적으로 제한되어 있고, 그 결함은 실제로 실존을 단축시키는 우연적인 요인들이나 구체적인 상황들과는 비교가 되지 않습니다. 오늘 이런저런 병으로 죽지 않는 것은, 국지적이고 잠정적인 상대적 어려움에 의해 제한된 가능성입니다. 그러나 무릇 결코 죽지 않는 것은 백 퍼센트 불가능한 불가능성, 절망적이고 극복할 수 없는 절대적 불가능성입니다. 이처럼 우리의 무력함과 이런 불가능성의 관계는 겉과 속 혹은 운명의 주관적 면과 운명의 객관적 면 사이의 관계와 같습니다. 이처럼 우리에게 달린 것τὰ ἐπ'ἐμοί과 우리에게 달려 있지 않은 것τὸ οὐκ ἐπ'ἐμοί 사이에는 어떠한 공통의 척도도 없습니다.

7. 인식할 수 없는 것, 불가능한 것, 치유할 수 없는 것

날짜와 사실성 간의 대립 덕분에 전혀 다른 두 가지 종류의 체념을 구별할 수가 있습니다. 하나는 후험적인 혹은 귀결적인 체념으로 이는 결코 완전히 결정적으로 체념하는 것이 아니며, 다른 하나는 선험적인 혹은 선행적인 포기입니다. "사후事後에post rem" 오는 '이후의' 체념은 경험의 교훈과 만남에서 배움을 얻은 체념입니다. 무엇을 체념해야 하는지, 어떤 해악을 어느 점까지 체념해야 하는지를 아는 일은 통계에 달려 있는 문제이고, 시대에 따라 관련 기술에 따라 수천 가지 다른 대답이 나올 수 있습니다. 일반적으로 대답할 수는 없는 것이, 다음 주면 상황이 바뀔 수도 있기 때문입니다. 이런 경우에는 진정한 체념이라기보다는 오히려 일련의 소극적 포기가 문제가 되는데, 이 포기에 의해 작은 운명의 윤곽선이 그려지고 끊임없이 변형되고 좁혀집니다. 선험적인 체념과 후험적인 체념 사이의 관계는, 체계적인 회의주의와 실패나 실망에서 배운 의심 사이의 관계와 똑같습니다. 지레 원칙적으로 포기하기에, 미리 앞서가는 체념은 실패에서 결론을 끌어내지도 않고 어쩌면 실패를 겪은 적도 없을 것입니다. 이렇게 말하는 편이 더 정확하겠네요. 그러한 체념은 일어날 수 있는 실패를 앞지른다고, 체념한 자는 운명을 맞닥뜨리게 되면 손을 떼고 물러나 자신의 잠재력을 버려버린다고요.

그러면 죽음에 대한 체념, 그것은 과연 포기일까요? 죽음과 계속 전투를 벌이며 사멸성에 맞서 싸우기를 거부하는 사람은 자기의 능력 하나를 내팽개치는 것일까요? 한편에는 우리의 운명인 사실성을 두고, 다른 한편에는 우리의 자유가 무한하고 능력도 무제한인 '어떠함'의 활동무대를 두어, 둘을 서로 구별하는 것은 정말 퇴행적이고 무지몽매한 정신의 표지일까요? 사실, 우리는 '사실'을 어떠함, 양, 질로 만든다는 이유로 박애적인 개선론을 비판했었습니다. 그러나 이번에는 역으로 "어떠한지"와 "언제"를 사실로 만드는 체념적인 비관론이 운명에 대한 잘못된 평가에, 혼동과 일방적 단순화에 기대고 있습니다. 죽음을 하나의 질병으로, 악을 하나의 불행으로 취급하는 지나친 열의가 있은 뒤에, 이번에는 질병과 날짜 자체를 하나의 운명으로 만드는 열의 없음이 있는 것입니다.

시간의 필요악과 죽음의 필요악은 일견 거꾸로지만, 여기서 정확히 대칭적이기도 합니다. "가능한 한 일찍, 가능한 한 빨리, 가능한 한 곧바로"를 표어로 삼는 성급한 열의와는 대조적으로, 성찰의 오솔길을 즐거이 느릿느릿 거닐며 중간에 있는 것들을 맛보면서 수단을 목적으로 삼는 수상쩍은 권모술수의 의지가 있는 것이죠. 이 악의적인 의지는 예상 기일을 최대한 절약해 놀리는 시간을 최소화하기는커녕, 기한을 늦추기 위해 마냥 늑장 부립니다. 따라서 그것은 가벼운 의향이라기보다는 집요한 의지이며 하지 않으려는 의지입니다. 쓸데없는 시간을 절약하기는커녕 쓸데없는 시간을 더하고 늘리고 "지연"시키죠.

그리고 역으로, 열의 없음은 죽음에 맞선 싸움을 필요 이상으로 더 빨리 더 일찍 포기합니다. 그것은 기한을 공연히 늘리고 태업해서가 아니라, 반대로 너무 일찍 단념하고 너무 서둘러 능력의 한계를 정하고 항복하기 때문에 스스로 운명을 만들어버리게 됩니다. 물론 우리는 포기하는 의지가 싸움을 그치고 능력 발휘를 그만두는 시점에 따라 체념의 잘못 정도를 생각해 볼 수도 있습니다. 시작하자마자 곧바로, 중간쯤 가다가, 운명의 문턱 바로 앞에서, 불가능의 한계 바로 앞에서, 등과 같은 시점에 따라서요. 그러나 어느 경우든 열의 없음은 1940년의 항복론자처럼° 너무 일찍, 너무 완전히, 너무 좀 재빨리 포기합니다. 자신의 힘이 닿는 극한까지 갈 생각도 안 하고서 이제 그만하면 됐다고 결정해 버리는 것이죠. 변증법적 상승을 추구하기를 포기하고 그만 애쓰고 멈출 수밖에 없다 ἀνάγκη στῆναι고 대놓고 선언하는 독단주의가 그렇습니다. 철저하게 의지하고 열정적으로 혼신을 다해 진지하게 진심으로 의지할 만한 충분한 기세가 없기 때문에, 이러한 박약한 의지는 길 위에서 제멋대로 서버리고, 계속 갈 힘이 있을 텐데

° 1940년 나치 독일이 프랑스를 침공하자 항복을 주장한 진영으로, 국무총리 필리프 페탱Philippe Pétain을 대표로 하여 6월 22일 독일과 휴전협정을 체결하고 페탱을 국가원수로 나치 독일의 협력국인 비시 프랑스를 수립한다. 장켈레비치는 1941년 프랑스 레지스탕스의 일원이 되어 비시 정권에 대한 저항운동에 참여하였다.

멈추고, 더 '할 수pouvoir' 있을 수 있을 텐데 '의지하기vouloir'를° 그만 두어 버립니다! 그저 의지하기만 하면 "할 수 있을 수 있을 텐데pourrait pouvoir" 말입니다!

우리의 능력 속에는, 여기서부터는 정도가 지나치고 남용이 된다는 그 어떤 경계 표시도 없습니다. 이 문턱을 넘으면 신성모독이 시작된다는 팻말도 없습니다. 우리에게 멈추라고 말하고 최대치의 기준을 정하는 것은 능력 자체가 아닌 것이죠. 이런 문제에서 진짜 신성모독은 오히려 우리에게 주어진 능력을 극한까지 쓰지 않는 일일 겁니다! 하지만 미신에 빠진 사람은 다르게 판단합니다. 나태와 영합과 어쩌면 권태의 도움까지 받아, 결손된 의지는 명분을 얻기 위해 그저 정당화하려는 핑계로 운명을 내세웁니다. 그것은 노력에 "변경 불가ne varietur"라는 한계를 지정해 두는 편이 편하다고 생각합니다. 이리하여 모든 사임과 모든 탈퇴가 미리 용서되는 것입니다. 패배주의적 의지는 가능과 불가능 사이에 넘을 수 없는 경계선을 긋습니다. 그것은 노력을 해가다가 특정 순간 갑자기 멈춥니다. 예를 들어 이런 저런 수나 양이나 특정 숫자를 미신처럼 정해두고, 그것이 불가능의 숙명적인 문턱이니 함부로 넘으려 했다가는 목숨을 잃게 된다는 식이죠!

그러나 유한성은 우리의 능력에 한정된 범위를 부과하지 않고, 우리의 자유를 미리 선이 그어진 영역 속에 가두지 않습니다. 게으른 자

° 프랑스어의 'volonté'는 행위를 일으키는 인간의 능력을 가리키며, 행위철학의 맥락에서 통상 '의지'로 번역된다. 이 명사의 동사형인 'vouloir'는 일상적으로는 바라고 원하는 심적 상태를 가리키는 말로 조동사와 주동사로 두루 사용되지만, 행위철학의 맥락에서 주동사로 쓰일 때에는 영어의 'will'의 경우처럼 의지를 발휘하는 활동을 가리키는데, 이를 관행적으로 '의지한다'로 번역한다. 한국어의 일상 어법과는 부합하지 않지만 이 책에서는 맥락에 따라 '의지한다'는 동사를 사용했다.

가 자기 능력의 범위를 한정하고 그 너머로 더 멀리 가는 일을 스스로 금하고, 불가능과 불치不治라는 미지의 땅을 바깥의 어둠 속에 영영 버려두겠다고 결정하는 일에는 아무 근거도 없습니다. 인간은 어떤 최고 속도, 어떤 한계 거리, 넘을 수 없는 어떤 연령의 "한도까지는" 운명을 지배할 수 있을 것입니다. 법적인 책임은 아마 어느 지점'까지의' 책임이겠지만, 의무와 사랑은 그 어떤 한계도 그 어떤 한도도 인정하지 않습니다. 숨이 넘어갈 때까지 무한 책무를 지닌 인간은 시각과 수를 말하는 쪽을 선호합니다. 딱 여기까지만hactenus, 더 이상은 안 돼! 항복하고 싶어 하는 의지는 여기서 운명이 시작된다고, 여기서부터는 싸우고 저항하고 반항해 봐야 소용없다고 선언합니다. 그런 의지는 절망하기로 작정하고서 출구가 없다고 목청껏 부르짖습니다. 그런데 그 열의 없음, 그 약한 의지는 어찌 그것을 알까요? 누가 말해 주었단 말인가요? 어떤 병이 나을 수 있는지 나을 수 없는지 신보다 더 잘 아는 것인가요?

인식할 수 없는 것, 불가능한 것, 치유할 수 없는 것, 사회악, 도덕적 잘못, 이것들은 위선이 커지는 순서로 늘어놓은 열의 없음의 다섯 가지 주요 나쁜 이유들이며, 고질적인 권모술수의 다섯 가지 변명을 설득력이 떨어지는 순서로 늘어놓은 것입니다.

먼저, 오늘 '인식할 수 없는' 것이, 사실 단순히 미지의 것이 아닌지 어떻게 알까요? 미지의 것이 마침내 인식되는 날, 우리는 그 인식할 수 없다는 것이 사실은 완전히 인식할 수 있는 것이었음을 사후적으로, 즉 후험적으로 더 확실하게 이해합니다. 어느 시대나 이처럼 그 시대의 일시적 무지를 멋대로 선언하고 미리 비준해 버리는 경향이 있습니다. 경험에 의해 반박되기 전까지는, 지금 알지 못하는 것을 그 어떤 경우 그 어떤 순간에도 알 수 없는 거라고 섣불리 선언해 버리는 것이죠. 사실 정말로 '인식할 수 없는' 것이 인식될 '수 없는' 것, 인식이 선험적으로 "불가능"한 것이라면, 이 인식할 수 없는 것은 특정한 어떤 사물이 아니라 말하자면 본성상 이른바 영물靈物임을 인정해야 할 것입니다. 모든 특정한 사물은 멀든 가깝든 일정 시기에 인식될 수 있으므로, 인식할 수 없는 것은 사물과는 전혀 다른 차원에 속할 수밖에 없을 테니까요. 이 '전혀 다른 차원'은 그야말로 사실성의 신비 그 자체가 아닐까요?

마찬가지로 '불가능한' 것은—어떻게 해도 인간이 이룰 수 없고 또 결코 이룰 수 없을 그런 것이라고 이해하면—대개 은밀한 저의, 실패의 숨은 의지로 귀착됩니다. 불가능은 운명으로 변장한 열의 없음입니다. 실제로 끈질기게 인간이 신체적으로 불가능한 것들을 극복하고 음속을 돌파하고 지구의 인력을 벗어나 우주공간을 침범해도, 신은 이 대담한 신성모독자를 벌하지 않습니다. 그러니까 음속의 벽은 성스러운 벽이 아니었고, 우주공간도 침범할 수 없는 것이 아니었단 말입니다! 신은 아마 우리가 할 수 있다면야 달에 가는 일을 전혀 나쁘게 보지 않을 것입니다.

신은 이른바 '불치'의 고통을 덜어주는 일도 결코 금지하지 않았습니다. 치료될 수 있는 병을 치료하는 것을 막지도 않았습니다. 그리고 모든 병은 치료될 수 있습니다! 잠정적으로 체념해야 할 때조차도, 체념을 말하고 패배를 받아들일 필요는 전혀 없습니다. 너무 빨리 공언한 체념은 본디 수상쩍은 법이니까요. 어떤 경우에는 죽음의 위험에 처한 환자를 돕지 않는 것도 그 의도로 보면 살인이 아닐까요? 안락사는 핑곗거리를 찾는 패배주의와 이 패배주의를 돕는 의료윤리에서만 양심의 문제가 됩니다. 중세 사람들에 의하면 "신성한" 병과 신이 내린 고통을 치유하려고 애쓰는 것은 신성모독이었죠. 그런데 성스러운 고통도 손댈 수 없는 병도 저주받은 병자도 인정하지 않고 그 어떤 금기도 존중하지 않는 근대인은, 나병과 간질을 치료하고 고칠 수 없는 병들을 고칩니다. 그렇다고 하늘의 불이 당장 내려와서 그들의 오만을 벌하지는 않지요.

하물며 인간이 만든 '사회 부정의'가 운명으로 간주될 수는 없습니다. 데카르트에서 마르크스, 그리고 오늘날의 혁명적 사상가들에 이르기까지, 참된 철학은 언제나 이 분야에서 비동의의 철학이었습니다. 기존 상태를 정당화하려고 끌어댄 운명은, 새로움을 혐오하는 수구주의자와 수탈자가 이용하도록 인간이 만들어낸 것입니다. 운명은 우리의 영합을 고백하기가 껄끄러워서 입에 올리는 핑계입니다.

사회악은 그것이 가져오는 결과를 보면 고통인 동시에, 그것을 일으키는 의도를 보면 도덕적인 잘못입니다. 잘못 자체를 운명으로 여기는 것은 용서받을 수 없는 것의 절정일 뿐만 아니라, 순수한 상태의 열의 없음입니다. 방금 전에 말한 열의 없음이 기존의 난점을 과장하는 것이었다면, 여기서는 실제로 있지도 않은 장애물을 완전히 날조해 냅니다. 앞서의 열의 없음은 명분을 얻기 위해 일부러 장애물을 원하고 키웠는데, 여기서는 열의 없음이 그 자체로 악의를 갖기를 원합니다.

암과 싸우는 것이 문제일 때에는, 의지가 당장 바로 능력이 되지는 않습니다. 사망률과 발병률을 보면 완전한 승리라는 것이 정말로 느리고 상대적임을 알 수 있죠. 그러나 지금 문제가 되는 것은 의도입니다. 지금 이 경우에는 이렇게 말할 수 있죠. "불가능"은 비윤리적이다! 여기는 의지가 곧 능력이고 능력의 범위가 의지의 무한한 범위와 같은 영역, 의지는 자기가 의지하는 것을 다 할 수 있고 자유가 전제적이고 전능한 영역입니다. 그런데 이런 영역에서 열의 없음이 자기모순도 겁내지 않고서, 자신이 지금 의지하고 있는 것과 달리 의지하는 것이 불가능하다고 핑계를 대고 있는 것입니다. 열의 없음은, 마치 거짓말이 우리가 자유의지로 하는 짓이 아닌 듯이, 뭔지 모를 거짓말의 숙명 따위를 내세웁니다. 그것은 언제나 전쟁은 있을 거라고 주장하면서, 전쟁이 지진이나 화산 폭발 같은 천재지변이 아니라는 사실을 망각합니다. 전쟁은 인간이 무력한 희생자나 망연자실한 방관자로서 넋을 놓고 체념하는 그런 재난이 아닌데 말이죠. 전쟁은 인간이 다른 인간에게 자유의지로 행하는 악입니다. 화산 폭발은 "파렴치한" 일은 아니죠. 그러나 본질적으로 인간적 참사인 전쟁은 파렴치한 일입니다. 하지만 거짓말도 파렴치한 일입니다. 거짓말쟁이가 자유롭게 저지른 죄인 거짓말은 고의로 저지르는 악의 전형입니다.

잘못에 대한 체념은 따라서 단지 잘못이 하나 더 느는 것만이 아닙니다. 열의 없음으로 인해서 생겨나는 악에 대해 체념하는 일은 그 자체로 악입니다. 혹은 더 간단히 말하면, 체념하고서 나쁜 것을 의지하기를 받아들이는 것, 그것이 이미 열의 없는 나쁜 의지입니다. 열의 없음에 대한 체념은 그 자체로 열의 없음입니다. 아니, 그것은 그저 열의 없음 바로 그것이며, 나쁜 이유를 꾸며내고 모든 것의 시작이 되며 최초의 의도인 그 선행적 열의 없음입니다.

따라서 사전공모가 죄를 더 무겁게 하듯이, 잘못의 "허락"이 그다음 "저지름"을 더 무겁게 한다고 말하는 것만으로는 부족합니다! 허락 자체가 바로 저지름이고, 최초의 저지름입니다! 또한 의도의 질적인 면에서 보면 허락도 원래 의미의 죄만큼이나 무겁습니다. 유혹에 영합하는 것이 이미 하나의 유혹이며 자신의 패배를 속단하는 일인 것과 마찬가지로, 죄에 대한 위선적인 체념은 성자와 사도의 탈을 쓴 위선적인 공범의 악의입니다. 실제로 존재하는 것이 아니라 체념 자체의 결과로만 비로소 존재하기 시작하는 악에 대해, 어떻게 체념하겠다는 걸까요? 이런 자기기만의 악순환은 권모술수가의 전형적인 궤변입니다.

그러나 악의는 빤히 들여다보입니다. 거짓말에 미리 핑계를 대느라 부득이한 척하는 사람의 속임수는 조잡하기 때문입니다. 어쩔 수 없었다는 핑계를 대더라도 자신의 악의만 증명될 뿐입니다. 이것이 바로 메가라학파°가 말한 "게으른 논증"입니다. 그 논증은 나쁜 의도를 가진 자가 제 손으로 만들어낸 사이비 운명에 대해 손 놓고 있는 체념을 정당화하는 데에 이용됩니다. 그 사이비 운명이, 가능한 것과 우연한 미래를 제거함으로써 모든 책임을 제거하기 때문입니다.

여기서 말할 수 있는 정말로 가차 없는 단 하나의 운명이 있다면, 그것은 의지했다는 사실만으로 의지의 내부에서 만들어지는 운명입니다. 이 내재적인 필연성은 동일률만큼이나 내재적입니다. 우리는 했으면서 동시에 하지 않았을 수는 없기 때문입니다. 일단 일을 하고 나면, '달리 했음'은 다른 맥락 속에 즉, 다른 사람의 역사 속에 기입되어야 할 것입니다. 이 불가능성은 (우리가 결정한 미래는 우연적이니) 다르게 할 수 없다는 불가능성이 아니라, 자유롭게 한 것을 안 한 것으로 할 수 없다는 것이며, 엄밀히 말해 구체적인 불가능성도 아니고 우발적인 장애물의 결과도 아닙니다. 그것은 오히려 우리의 능력 발휘는 언제나 역사 속의 사건이 될 수밖에 없다는 사실에 내재한 불가능성입니다. 차라리 그것은 뒤집어서 본 우리의 자유 그 자체라고 할 것입니다. 그것은 피조물로서 우리 능력의 선험적인 무능력이며, 모든 긍정성의 부정성입니다. 이 만져지지 않는 저주, 유한성의 이 미세한 형

° 메가라학파는 메가라의 에우클레이데스를 시조로 기원전 4세기 초부터 활동했던 철학 학파로, 가능성과 변화를 부정하는 논증을 전개하여 일종의 숙명론을 정당화한 것으로 알려져 있다. 6장 396~397쪽을 함께 참고.

식을 '양자택일'이라고 불러야 하지 않을까요?

우리는 시간의 되돌릴 수 없음에 대해 이야기하면서, 의지는 '만든 것'을 부술 수는 있지만, 만들었다는 '사실을' 부술 수는 없다고 말했습니다. 한 일은 파기할 수 있지만 했다는 사실은 fecisse 파기할 수 없습니다. 도덕적 의지는 의지하는 모든 것을 할 수 있는 한에서, 의지한 모든 것이 제 능력으로 가능한 한에서, 정말로 전능합니다. 반대로 전능한 의지도 자신이 '한 것'의 실제성에 대해서는 아무것도 할 수 없다는 점에서는, 초라하게도 무력한 것으로 드러납니다. 의지는 이 절반의 능력 때문에, 자기가 풀어준 힘에 자유를 빼앗겨 비참하게 휘둘리며 끌려다니는 도제 마법사와 닮아 있습니다. 한번 의지해 버리면 voluisse 결코 "의지하지 않은 것으로" 할 수 없다는 그것이야말로 '거의' 전능한 의지의 유일한 사실성입니다! 따라서 의지는 사실 '엄밀한 의미에서는' 전능하지 않습니다.

그러나 적어도 행위하고 있는 한, 적어도 자신의 행동에 대해서 말할 때에는 행위자는 그렇게 말하면 안 됩니다. 그것은 제삼자나 행위의 목격자에게 맡겨야 하는 일입니다. 철학자의 시각으로 본답시고 자신의 상황을 비스듬히 보는 행위자는, 면할 수 있는 것과 면할 수 없는 것을 병합하여 영합의 죄를 저지르는 유혹에 빠질 수 있으니···. 불행과 그 불행의 악 사이에 존재하는 구별을 너무 의식하면, 우리는 너무 이른 항복을 할 위험을 겪게 되지 않을까요? 천진함은 열의를 지닌 좋은 의지가 불가능한 것을 할 수 있도록 해주는 조건입니다.

치료할 수 있는 병을 피할 수 없는 죽음처럼 다루고, 사실성과 사멸성을 대하듯 날짜를 대하는 가짜 현명함이 존재합니다. 이 체념적 현명함은 살아있는 "지혜"에 의존하지 않고 "궤변"에 의존합니다. (여기서 문제가 되고 있는) 실체주의의 궤변론은 얼어붙은 '지혜'가 아닐까요? 실체주의는 '할 수 있음Posse'의 무한한 역동성보다는 '있음Esse'의 불변하는 실체를 믿습니다. 실체주의는 할 수 있음을 무시하면서, 인간을 필연성의 결정적인 경계선에 의해 윤곽이 그려진 정적인 사물로 여기고, 인간 행위의 한계와 범위를 영원히 고정해 버립니다. 이 점에서 실체주의는 진짜 허무주의이며, 그것이 우리에게 권하는 체념은 진짜 절망입니다. 그것은 자유를 사물화하고 그럼으로써 인간적인 것의 진실도 보지 못합니다. 인간적인 인격체에게는 정해진 형태도 현재 실현된 본성도 없기 때문입니다. 인간은 마냥 존재인 것이 아니라, 존재하게 함이자 할 수 있는 능력, 행위의 중심이며 행동할 자유, 계속 변형되는 형태의 무형의 자리이기 때문입니다. 인간의 활동은 공간 속으로 발산되고, 모든 모험의 행로인 시간 차원을 본성적으로 갖습니다. 사람은 모든 미완의 순간마다, 끊임없이 도래하고 그 소명이 항상 미래에 실현되는 하나의 '아직 아닌' 존재입니다. 우리의 힘의 약동은 우리를 언제나 저편으로, 끊임없이 저 너머 더 멀리로 실어갑니다. 겨우 '있는' 자, 바로 그가 무한히 '할 수 있는' 자이니까요! 거의 실존하지 않는 자가 운명의 한계를 무한히 밀쳐내는 것이니까요.

날짜의 측면에서 무한한 이 능력은 다른 한편 사실의 측면에서는 안타깝게도 무력합니다. 그 어떤 한계를 넘더라도 신성모독이 되지 않지만, '무릇 한계가 있다는 사실'은 뛰어넘을 수 없습니다. 이 한계라는 사실은 우리의 유한성에 다름 아니기 때문이죠. 이는 우주 내부의 현상들은 무한히 설명 가능하지만, 그러나 전체로서의 우주와 존재 일반의 자초지종은 파악할 수 없는 것과도 같습니다. 도대체 무엇을 위해 뭔가가 존재하는 것일까? 그리고 언제부터? 그리고 왜 아무것도 없지 않고 무언가가 있는 것일까? 이런 형이상학적 물음들은 쇼펜하우어에 따르면 실존의 부조리를 노출시킬 따름입니다. 우리는 이렇게 말합시다. 인간은 죽음의 바깥에 있으면서 동시에 안에 있다고. 인간은 죽음에 대해 초월적인 의식을 가짐으로써 그 바깥에 있지만, 사유하는 존재가 그 자체로 죽는 존재라는 점에서 그 안에 있습니다. 죽음에 대한 사유는 질병과 고통, 날과 시각을 좌지우지하지만, 사유하는 존재의 사멸성은, 그것을 초월한다는 이 존재를 머리에서 발끝까지 감싸고 있습니다. 사유는 죽음을 능가하지만 죽음의 선험성은 모든 사유에 앞서갑니다. 사실, 죽음에 대한 체념조차도 이미 자발적 주도이며 운명의 우위에 서는 방식입니다. 하지만 그럼에도 불구하고 체념한 자는 죽을 것입니다!

그렇기에 인간 조건은 단단한 동시에 무릅니다. 단단한 운명이자, 무른 숙명입니다. 그래서 유연합니다. 우리는 우리의 유한성의 윤곽을 더듬어 약한 지점을 찾아내고서, 결코 완전히 무화되지 않는 운명 속으로 무한히 파고들어 갑니다. 그 때문에 노년학은 끊임없이 진보하는데도, 죽음학은 아예 정체되어 있습니다. 인간의 평균수명이 한없이 늘어나고 있지만, 인간은 병에 대해서는 항상 더 잘 무장을 하면서도 죽음에 대해서는 늘 무력하기만 한 것입니다. 역으로, 죽음의 극복할 수 없는 사실성, 제거할 수 없는 사멸성은 끊임없이 희망을 꺾는데, 또 우리의 기술적 진보는 잠든 희망을 끊임없이 다시 깨웁니다. 체념이 희망을 숙명의 한계 내로 끊임없이 밀어내지만, 희망이 지칠 줄 모르고 틈을 다시 벌려 체념을 깨뜨리고 갇힌 인간에게 미래를 돌려줍니다. 겁쟁이가 서둘러 절망하는 건 미래를 너무 무서워하기 때문입니다. 희망이 너무 컸던 것이겠죠! 미래의 가능성과 기회를 탐색하지 않으려는 이 결심은 진정 살해 행위입니다. 시간의 살해인 것이죠.

그것은 희망의 절망….

 이리하여 우리는 체념하지 않은 희망에서 체념한 실망으로, 체념에서 미친듯한 희망으로 무한정 되돌아갑니다. 그리고 이 두 모순되는 것들이 번갈아 나타나 정신을 계속 진동시키는 대신, 양가적인 하나의 감정 속에서 동시에 나타나는 경우도 벌어집니다. 애매성의 결과인 양가성이 그러하고, 생성의 반쯤 열림에서 비롯된 내적인 양의성이 그러합니다. 레지스탕스의 영웅이 우리에게 예고하는 노래하는 내일, 베르그송이 라베송Félix Ravaisson에 대한 해제의 말미에서 말하는 미래의 환희의 노래는 무엇이 어떠한지에 대한 희망에만 관계가 있습니다.° 가브리엘 페리는°° '더 좋은 미래'를 위해 죽었지만, 그는 「묵시록」의 천사처럼 시간의 시간성이 다 풀리고 소진되고 완료될 것이라고 약속하지는 않았습니다. 죽음의 사멸성이 초월될 것이라고 약속하지 않았습니다. 그렇게 '사실'과 '어떠함'의 구별은 시간이라는 기관-장애물에서 그 모든 의미를 얻은 낙관론과 비관론의 이러한 혼합을 설명합니다. 우리의 탄력적인 운명은 실망과 터무니없는 야심을 한꺼번에 정당화합니다. 현자의 체념과, 의사와 기술자와 엔지니어의 '미치도록 합리적인' 야심을 동시에 정당화하는 것입니다.

° 베르그송, 『사유와 운동』 9장, 「라베송의 생애와 저작」.
°° 가브리엘 페리(Gabriel Péri, 1902~1941)는 프랑스의 공산주의 언론인이자 정치인으로, 나치 점령기 프랑스에서 레지스탕스 활동을 하던 중 처형되었다.

8. 종결과 시작

지금까지 우리는 종결에 대해서만 이야기하면 되었습니다. 종결만이 열림이냐 닫힘이냐를 결정하는 것이었습니다. 생성이란 본질적으로 미래가 현재로 되는 일이니까요. 정방향의 생성, 즉 미래를 향한 생성에서는 미래란 진행방향을 가리키며, 이 방향은 우선 지향과 방침, 소명과 목적성인 것입니다. 결말이 아아! 시작보다 더 중요합니다. 결말이 최종 발언권을 가질 것이니까요. 그래서 한 인간이 죽었을 때 우리는 그의 유년보다는 만년을 기억합니다. 그러니까 닫힌 문이 막은 것은 과거로 돌아가는 길이 아니라 앞으로 나아가는 길인 겁니다! 어느 날 삶이 시작되었고 그렇게 해서 출생일에 의해 시작 쪽이 막혔기는 하지만, 마지막 날짜가 정해져 있지 않은 한 삶은 여전히 반쯤 열린 채로 있습니다. 아주 가느다란 한 줄기 희망, 아주 작은 틈만으로도, 항상 실존한 것은 아니었던 하나의 실존에 바람이 통하고 커다란 미래가 재건되기에 충분합니다.

하물며, 만약 시작은 한정되어 있는데 종결이 날짜뿐만 아니라 사실성에서도 한정되어 있지 않다면, 삶은 반쯤 열린 것 이상이 될 것입니다. 삶은 활짝 열린 것이 되겠지요. 순수하고 단적인 '영원성'과는 대조적으로, '불사성'의 경우가 그렇습니다. 즉 어느 날 실존하기 시작했는데 일단 태어나서는 무한정 계속 존재하는 어떤 존재의 경우가 그렇죠. 그것은 과거에는 시작이 있었지만, 그러고 나서는 더 이상 삶을 멈추지 않는 것입니다. 이런 종류의 열림은 절대적으로 영원한 존재의 열림은 아닙니다. 말하자면 (앞쪽 뒤쪽) "양쪽으로" 그리고 "양 끝단으로" 영원한, 아니 (시작도 끝도 없는 영원은 시간에 대지도 않

3장 절반의 열림 **269**

을망정 "끝단"을 갖지 않으니) 단적으로 영원한 그런 존재의 열림이 아닙니다. 이런 열림은 "상대적으로 영원한" 또는 (만약 그렇게 말할 수 있다면) "어중간하게" 영원한 어떤 존재의 열림, 태어난 날 '영원하게 된' 어떤 존재의 열림입니다!

그런 희망은 자연적이면서 초자연적인 존재, 반신半神, 한마디로 인간 존재인 이 중간적 존재에 잘 어울립니다. "상대적으로 절대적"이지 절대적으로 절대적이지는 않은 존재는 사실은 영원하게 영원한 운명이 아니라, 시간적으로 영원한 혹은 시간적으로 비시간적인 운명을, 절반만 영원한 운명을 희망해야 했던 겁니다. 하지만 수천 년에 수천 년이 이어지다 보면 불사성이 영원성과 혼동되는 쪽으로 갑니다. 궁극에 가서는, 시작된 영원성과 시작된 적이 없는 영원이 구별되지 않을 것입니다. 하나의 무한은 다른 하나의 무한보다 더 크거나 작지 않으며, 동일한 하나의 무한성 속에서는 모든 무한이 서로 동등하니까요. 불사성은 이렇게 해서 '태어난 영원한 자', 즉 그 시작에서는 인간적이고 그 무한한 열림에서는 신적인 한 피조물의 소명을 이룩하게 될 것입니다.

그 반대의 경우, 우리가 '아득함'이라고 부를 수 있는 경우도, 끝이 단 하나라는 결정적 특성을 내보입니다. 이 아득한 것은 불사하는 것과 마찬가지로 반쯤 신적이지만 반대쪽 끝단에서 그러합니다. 그것은 가정상 항상 실존했다가 갑자기 존재하기를 그치고 어느 날 소멸해 버린 아득한 태곳적 존재입니다. 이는 순수하게 이론적인 가설적 존재입니다. 어떤 존재가 항상 실존했다면 아마도 보통은 시간 바깥에 있는 것일 테니까요. 그래서 그 무화라는 것도 부조리합니다. 어쨌든, 시작된 적이 없다고 해도 어느 날 끝나야 하는 실존은 어쩔 수 없이 닫혀 있는 것입니다. 아무리 "아득하다"고 해도 이 태어나지 않았지만 소멸될 수 있는 존재는 죽음이 선고된 존재입니다! 끝날지 안 끝날지 오로지 그것만이 중요하죠.

시간의 불확실로 인해 미래 쪽이 살짝 열린 우리가 살아가는 삶은, 다른 측면에서 보면 양쪽이 다 닫혀 있습니다. 종결 쪽에서는 '사실'의 확실성으로 닫혀 있습니다. 시작 쪽에서는 출생 날짜에 의해 단단히 잠겨 있습니다. 시작에서는 한정되어 있고 끝에서는 부분적으로 비한정인 살아가는 지속은, 마치 통풍장치라도 되어 있는 듯 미래를 향해 이끌립니다. 탄생과 죽음의 비대칭이 지향성과 "벡터"가 있는 우리 삶의 방향성을 설명합니다. 생성을 되돌릴 수 없고, 시작의 문턱이 한정되어 있듯 출구도 밀폐되어 있다면, 인생의 나그네는 그 문에 부딪히게 될 것입니다. 레오니트 안드레예프가 희곡 『아나테마』의 첫머리에서 묘사하는 숙명의 닫힌 문이 그렇습니다. 희망이 없는 실존이 닫힌 괄호 사이에 웅크리고 있는 것이죠.

시작이 한정되었어도, 존속에 대한 어떤 약속이든 문을 활짝 열고 중단을 계속으로 바꾼다면, 그때 살아있는 자는 거대한 미래에 붙들려 이 문으로 휩쓸려 들어가고 이 세상에 있으면서도 희망의 큰 날개를 타고 이 세상에서 날아갈 수 있을 겁니다. 요컨대 삶이 한쪽에는 출생 날짜라는 고정점에 붙어 있고, 다른 쪽 끝에서는 죽게 되지만 마지막 시각의 우연성 덕분에 반쯤 열린 채로 유지된다면, 그러니까 삶이 반쯤 자유롭다면, 그때는 우리의 계획을 한없이 갱신하는 것이 가능해집니다. 비록 최종 출구는 아아! 여전히 늘 똑같을지라도 말이죠. 불확실한 시간은 아무리 늙은 사람도 숨을 쉴 수 있도록 공기가 흘러 들어 오게 만들어둡니다.

생일은 나중에 사후에 있게 될 사망일과 사실상 다르지 않습니다. 신분증에 적힌 등록번호나 행정기관의 신상정보처럼 숫자로 표현된 고정된 수인 것이죠. 기원이란 그러니까 말하자면 미리 운명 짓는 것이니, 그것이 모든 실존의 탄생 지점과 시작 순간을 한정하기 때문입니다. 탄생을 그 장소와 시간 속에서, 즉 공간과 시간의 두 좌표에 따라 정확히 점으로 짚을 수 있는 것이죠. 온 우주와 인류의 역사 전체 속에서 단일한 개체이자 '이것'인 단 하나의 모나드가 '지금 여기'에 존재하기 시작한 겁니다. 단 하나의 삶의 행로가 어느 날 어느 때에 이 집과 이 요람 속에서 시작되었습니다. 여기 지금 이 순간에 모든 것이 시작되었던 겁니다! 시간과 장소의 한정으로, 달력과 지도상의 정확한 확인으로, 탄생이라는 사건은 우리의 운명이 특히 일의적이고 불변적으로 주어졌음을 나타냅니다. 사실 이 시작하는 사건과 더불어, 출발에서의 불리한 조건들과 실존의 연속에 부담을 지우는 운명적인 요소들이 주어집니다. 생물학적 숙명, 해부학적 결함, 유전, 거의 모든 것이 이 '확실한 시간'이라는 탄생 순간에 결정되고 매듭지어집니다.

역으로, 우리의 삶에서 희망적인 모든 것, 결코 현실로 주어지지 않는 것, 아직 두고 봐야 하는 것, 한마디로 가능한 것은 종결이라는 미래 주위에 모여 있습니다. 자신의 생일은 항상 호적상의 한 기록이었고, 항상 이력서의 한 항목이었으며, 늘 우리의 운명을 예정해 왔습니다. 그러나 내 자신의 사망 날짜가 나의 운명을 봉하여 생애를 마감하고 호적을 완결하는 것은, 회고적으로 그리고 남아 있는 사람들에게, 말하자면 전미래적으로 일어날 일입니다. 당사자가 살아있는 당시에는 자신의 전기는 언제나 미완의 상태로 남아 있습니다.

탄생과 죽음의 비대칭은 보통 과거와 미래의 비대칭으로 설명됩니다. 미래에서 현재로 불어오는 되돌릴 수 없는 공기의 흐름이 있기 때문입니다. 과거는, 있는 그것, 더 정확히는 있었던 그것이며, 동일률에 의해 그 운명적인 형상이 영원히 고정됩니다. 지나간 과거의 한정은 우리를 끊임없이 '아직 아님'의 양의성으로 돌려보냅니다. 그러니까 가장 먼 과거와 가장 먼 미래 사이에는 전체적인 비대칭이 있습니다. 죽음이 미래의 맨 끝이고 언제나 올 미래이며 우리 앞에 항상 매달려 있는 '아직 아님'이듯, 탄생은 과거의 맨 끝이고 우리의 삶의 가장 오래된 과거이기 때문입니다. (죽는 그 당사자에게 있어서의 죽음인) 자신의 죽음은 오직 남아 있는 사람들에게만 과거가 될 미래이며, 목격자들에게만 현재가 될 미래입니다. 죽음의 공포란, 영원히 미래로 남도록 만들어진 이 미래가 어느 날 현재가 되지 않을까 하는 두려움이 아닐까요?

그리고 반대로 자신의 탄생(나에게 나의 탄생, 너에게 너의 탄생)은 현재인 적이 없었던 과거, 하물며 부모에게가 아니면 미래일 수도 없었던 과거입니다. 그 어떤 기억보다 앞선 이 '이미 더 이상'은 늘 지나가 버린 것이며 돌이킬 수 없이 해묵은 것일 뿐입니다. 아마도 태어남과 태어나기 전의 영원과의 관계는 죽음과 죽은 뒤의 영원과의 관계와 같다고 말하는 사람도 있을 것입니다. (존재가 항상 있지는 않았으니) 존재하기 전 비존재의 까마득하거나 아득한 무와, (존재가 항상 있지는 않을 테니) 장차 비존재의 영원한 무 사이에는, 그런 의미에서 분명 일종의 대칭이 있을 것이라고 말이죠. 그러나 탄생과 죽음을 쌍둥이 같은 신비라고 하기에는 어려움도 없습니다. 시작이 문제냐 끝이 문제냐에 따라 비존재와 존재의 관계가 뒤집혀 있다는 사실 때문에 모든 것이 달라집니다. 시작할 때에는 비존재에서 존재로 이어지고, 끝날 때에는 존재에서 비존재로 이어지니까요. 처음 순간이 마지막 순간으로, 알파가 오메가로, 변이의 순서와 방향이 말 그대로 완전히 뒤집어집니다. 그렇습니다. 아직 있지 않았던 것이 존재로 도래하는 것과 이미 있었던 것이 비참하게 무화되는 것 사이에는, 그 어떤 상동성도 등가성도 없습니다. 비존재적 영원은 존재적 시간의 '이전'에 있느냐 '이후'에 있느냐에 따라 의미가 달라지는 겁니다.

태어난 날, 주위 사람들은 생겨날 새로운 존재를 생각합니다. 그들은, 이 서광이 빛을 던지는 캄캄한 밤을, 첫 울음소리가 깨뜨리는 침묵을, 이 새로운 현존이 채우는 황량한 빈터를 생각하지는 않습니다. 새로 태어난 자, 그 새로움의 출현이 비실존의 암흑에 생기를 불어넣을 때, 앞쪽으로 새로운 실존의 도래를 바라보지 않고 다 지나간 비실존 쪽으로 고개를 돌리는 것은, 비뚤어지거나 뒤집힌 비관주의일 겁니다. 똑바로 된 의식은 탈창조의 부정성이 아니라 창조적 긍정성의 플러스를 기쁨으로 맞이합니다. 그리고 사실 창조로부터 태어난 슬픔이란, 말 그대로 자연본성을 거스르는 것입니다. 그것은 흐름을 거슬러 역방향으로 가는, 즉 생성이 되돌아갈 수 없는 방향을 따라가는 것이기 때문입니다. 미래를 도래하게 하는 생성이란 되돌릴 수 없이 계속 미래가 현재로 되는 것이 아닌가요?

만약에 탄생이 불티처럼 사라지며 나타나는 출현이라면, 만약 탄생이 태어나면서 죽은 존재의 출생으로 축소된다면, 그것은 앞면을 보느냐 뒷면을 보느냐에 따라 낙관주의도 비관주의도 동시에 정당화할 텐데…. 그러나 실제로 탄생은 지속기간이 시작되는 순간이며, 수십 년의 연속이 개시되는 시작입니다! 출현의 뒤에 따라오는 것은 사라짐이 아니라 평탄한 안정이니…. 실제로 시작은 종결만큼 비극적으로 양의적이지는 않습니다. 죽음은 마지막 순간에 삶의 형태를 제시하지만, 이 형태를 제시하기 위해서는 이 삶을 부정해야만 합니다. '그래'와 '아니'를 동시에 말합니다. 반대로 탄생은 '그래'를 두 번 말합니다. 그것은 긍정하고 그러고 나서 긍정한 것을 확정하는 것입니다. 그러니까 삶을 이중으로 제시하는 셈이죠. 우선은 죽음과 마찬가지로 삶을 한정하는 한계이기 때문이고, 다음으로는 삶을 교살하는 대신 존재자를 존재하게 만들고 생명의 연속을 개시하기 때문입니다. 시작이 말하는 '그래'는 자신의 첫 번째 '그래'에 '그래'라고 말하는데… 그러나 날짜는 고정되어 있습니다. 죽음은 '아니'를 말하면서 '그래'를 말하지만, 그러나 그 시각은 결정되어 있지 않죠.

　시작과 끝이 마치 공간 속의 물체들처럼 현재의 양쪽에서 짝을 이루는 것은 사후에 개념어를 통해서 그렇게 되는 것입니다. 탄생과 죽음이 각자의 무無를 옆에 달고 오른쪽과 왼쪽처럼 대칭되는 것은 회고를 통해 이루어지는 일입니다. 되돌릴 수 없는 연속, 환원할 수 없는 계속, 예측할 수 없는 미래성이 그때는 칠판에 그어진 직선, 아니 오히려 미리 이야기 전개를 알고 있는 소설처럼 이미 그려져 있는 것이 됩니다. 그러나 삶은 거듭해서 읽고 또 읽는 소설이 아닙니다. 삶은 첫 음부터 마지막 음까지 외울 수 있는 어떤 소나타마냥 음반에 기록된 것도 아닙니다. 나 자신의 삶은 저마다 제각기 언제나 처음 읽는 책입니다! 우리가 당장 그때그때 살아가는, 생성 중에 있는 생성은 시간의 불확실함에서 비롯된 모험 가득한 비대칭적인 면을 지니고 있습니다. 피할 수 없는 사멸성과 무한정 늦출 수 있는 죽음을 안고서, 탄생이라는 결정적인 경계선과 죽음이라는 탄력 있고 헐렁한 경계선 사이에 들어 있는 우리 인생의 반쯤 열린 시간이란, 그야말로 하나의 모험이 아닐까요?

4

노화

1. 존재로의 도래, 쇠퇴에 의한 부인

  사람들은 노화 속에서 죽을 운명의 징후와 죽음 자체의 전조를 읽어내고 싶어 합니다. 살아있는 모든 것, 즉 죽게 될 모든 것에게, 노화는 죽음으로 어쩔 수 없이 제한된 생성이 긴 세월 동안 죽음 이편에서 취하는 형태인 것입니다. 노화는 일종의 묽어진 죽음, 순간이 연장되어 기간의 차원으로 확대된 것이 아닐까요? 노화라는 이름의 감속장치가 형언할 수 없는 순간을 시간의 과정 속에 녹이고 있는 것일지도…. 만약 죽음이 하나의 역사로 펼쳐진다면, 느긋하게 그것을 이야기할 수 있을 겁니다! 그렇더라도 이 역사에는 일종의 내적 모순이 있어, 그 역사는 복잡하고 애매하며 파악할 수 없는 부분이 있게 됩니다. 내적 모순이 그 역사를 구성하는 동시에 방해하고 있기 때문이고, 긍정하는 동시에 부정하기 때문이죠.
  앞서 우리는 삶의 생성에 기관-장애물이라는 역설이 있음을 살펴보았습니다. 삶의 생성은 존재로의 연속적인 도래이자, '바로 그대로'(추가적으로가 아니라 바로 그대로) 비존재로의 연속적인 노정입니다. 아니, 오직 그러한 노정인 한에서 도래인 것입니다! 단순한 전진도 단순한 후퇴도 아닙니다. 건설자인 동시에 파괴자인 살아있는 시간이란 그런 것입니다. 가능한 것이 부단히 드물어지기에, 불완전한 것이 끊임없이 완성되어 갈 수 있게 해주는 과정이 점점 까다로워져 갑니다. 후퇴가 전진을 상쇄하고, 전진으로 정복한 것들을 다시 되돌려놓습니다. 부수어지는 것을 통해 계속해서 무언가가 만들어지고 다시 만들어지면서, 그 역도 마찬가지로 진행됩니다. 삶은 재건할수록 파괴하며, 파괴하는 바로 그것을 건설합니다. 그것은 작품이 만들어지는 작업장이자 동시에 그 제작물이 숙명적으로 파괴되어 폐허로 변하는 황무지입니다. 후퇴 그 자체가 삶이 진행되는 과정의 행로입니다. 이렇게 매 순간 우리를 실현시켜 주는 것이 매 순간 우리를 조금 더 죽음에 다가가게 하는데….

이는 인생의 첫 단계에 둘째 단계가 이어지듯 성장 다음에 쇠퇴가 이어지는 그런 식이 아닙니다. 가능한 것들이 실현되는 도래는 이미 그 자체로 쇠퇴인 겁니다. 노쇠의 보이지 않는 징후들, 아주 먼 훗날의 쇠퇴의 전조들은 원칙적으로 초기 유년기에서도 읽어낼 수 있을 것입니다. 세상에 태어나는 일의 참으로 우스운 아이러니가 아닙니까! 신생아는 심장의 첫 고동부터 이미 무를 향한 첫발을 내디딘 것입니다. "우리에게 생명을 주었던 그 첫 시간이 그것을 거두기 시작했다Prima, quae vitam dedit, hora, carpsit"라고 말한 세네카와 아우구스티누스를 이어 몽테뉴는 말합니다.[1] "당신이 태어난 첫째 날은 당신을 삶으로 이끄는 것과 마찬가지로 죽음으로 이끌고 있다. 그대의 삶의 계속적인 일, 그것은 죽음을 짓는 것이다." 베륄Pierre de Bérulle의 말도 다르지 않습니다. 그리고 그 이전에 성 베르나르가 말했습니다. "우리가 처음에 살기 시작한다는 것이 죽음에 다가가고 죽기 시작하는 것이 아니면 무엇이란 말인가?Quid vero agirnus ex quo primum ncipimus vivere, nisi morti appropinquare, et incipere moni"

생의 전반기에 오르막길을 오르는 젊은이는 자신이 다가가고 있는 것에서 멀어져 가고 있는 겁니다. 이런 점에서 젊은이들은 눈부시게 피어나는 봄날을 보며 희망에 부풀어 있는 사람을 닮았습니다. 이 봄은 겨울과 멀어지지만, 여름은 다시 겨울로 다가가겠죠. 하지夏至가 이미 눈에 보입니다. 한 해의 정점이자 활짝 핀 계절인 이때를 지나면 아아! 쇠퇴가 시작되고 해가 짧아질 것입니다.[2] 그래서 인생은 성장인 동시에 퇴락이지만, 사람이 성숙기의 하지 이전에 머무르는 동안은 성장이 퇴락을 감추고, 생성의 내리막길에 접어들면 퇴락이 성장을 감춥니다.

달리 말해, 인생은 분명 하나의 의미를 갖지만 그 의미는 어떤 무의미에 의해 저지됩니다. 하지만 그 무의미는 의미의 조건입니다. 시간이 지날수록 의미 속에 함축된 노화의 반의미가 생성의 수면까지 더욱 끈질기게 차오릅니다. 그리고 노화된 조직의 복구가 점점 더 힘들어지고 부상에서 회복되는 것이 점점 더뎌지는 것과 마찬가지로, 낙관적인 희망은 거듭된 실패와 실망의 부단한 반박과 필사적으로 싸우면서도 날이 갈수록 확신이 줄고 해가 갈수록 버티기 더 힘들어집니다. 그렇습니다. 왜 사는지, 무엇을 위해 사는지, 그리고 이 모든 것이 도대체 무슨 의미가 있는지 갈수록 말하기 어려워집니다. 이론상으로는 가장 어린 나이에서도 볼 수 있는 삶에 내장된 부조리가, 이렇게 점차 강하게 덮쳐옵니다. 미래 전부를 앞에 두고 있는 신생아한테서는, 그 막대한 의미 속에서 극소량의 동종요법적 무의미가 검출될 수도 있을 것입니다. 거꾸로 노인들한테서는, 미래의 여백이 영(0)으로 수렴해 가면서 의미의 마지막 흔적들이 무의미의 대양 속으로 끝내 사라지고 맙니다.

"인생의 의미"는 이를 찾는 이들에게 의미와 방향을 동시에 함축합니다. 어떻게 죽음이 이 의미를 표현할 수 있겠습니까? 우리 존재의 허무, 즉 비-존재, 모든 장소의 허무, 즉 어딘가가 아니라 아무 데도 없는 것, 그리고 모든 연속의 허무인 죽음이 말입니다. 그렇습니다, 무에는 "의미"가 없습니다. 무는 오히려 의미의 부재, 즉 말 그대로 '무-의미'입니다. 그리고 '아무 데도 아님' 또한 "방향"이 아닙니다. 아무 데도 안 가는 운동을 운동이라고 부르는 것은 차라리 씁쓸한 농담일 겁니다. 그런 운동은 오히려 목적지 없는 행진, 맹목적 방황, 발길 닿는 대로 떠도는 방랑, 혹은 더 정확히는 하나의 부동입니다.

그리고 마찬가지로 아무것도 되지 않는 생성은, 생성이 없는 것입니다. (소멸은 "목적지"가 아니기에) 목적지가 없다는 것이, 부정을 전염시켜, 목적지로 이끈다는 운동 자체를 무화시킵니다. 생성하고 있지만 무엇이 되어가는지도 어떤 '다른' 것이 되어가는지도 말할 수 없는 것은, 생성하고 있지 않은 것이기 때문입니다. 그리고 더 이상 생성하고 있지 않은 사람은 더 이상 아무도 아니기 때문입니다. 만약 생성에 하나의 의미가 있다면, 달리 말해 생성하는 것이 무언가가 된다면, 그리고 만약 그 되는 것이 이것이나 저것, 즉 상대적으로 다른 것이 된다면, 이는 생의 기간 속의 유한한 연속 내에서 이 연속의 어느 시기에 경험세계 속의 관심사들과 내용과 관련해서만 가능한 일입니다. 그러나 생성 전체는 아무것도 되지 않으며 무엇에 대해서도 상대적이지 않습니다. 절대적으로 보았을 때 삶 전체는 오히려 부조리, 이미 쇼펜하우어를 경악하게 했고 비합리주의 형이상학의 절망을 빚어내었던 이 무목적적 부조리라는 부조리입니다.

이 무의미에 일견 하나의 의미를 되찾아줄 수단은, 개인의 삶을 초개인적인 역사의 틀 속에 넣고서, 그 한 순번, 한 계기, 한 고리 혹은 한 시절로 여기는 것밖에 없는 듯이 보입니다. 우리 세계가 우주 속의 한 소우주가 되고 우주 자체가 은하계라는 대우주 속의 소우주가 되듯이, 그와 같이 X나 Y의 생애는 인류의 유구한 거대 생명의 생애 속에서, 그 초경험적 초실존 속에서, 경험적인 한 일화가 됩니다. 고인이 후손이나 다가올 세대를 위해 일을 했다고 판단된다면, 더구나 삶이 내세의 서문이라면, 연속은 죽음의 무의미라는 공허를 넘어 재건될 것입니다.

종착지라는 의미의 끝이 목적이라는 의미의 끝과 일치하기 위해서는 끝이 '모든 것'의 끝이 아니어야만 할 것입니다. 그렇지 않으면 그것은 목적성 없는 끝이 될 테니까요. 그리고 결국 영원한 무에 바쳐진 모나드의 행로는 그저 그냥 출현한 것, 아무 의미도 없는 헛되고도 헛된 것에 지나지 않을 것입니다. 서글픈 결말은 그에 앞선 연속의 진지함에 소급적으로 의심을 던집니다.

노화는 노인에게 이미 이런 의심을 하루하루 더 무겁게 만듭니다. 다 흘러가서 이제는 막 그치려고 하는 실존이, 기한이 지난 일과 작은 소동과 지난 약속들이 적힌 작년 달력만큼이나 쓸쓸한 희미한 꿈처럼 나타납니다. 곧 흙 몇 삽으로, "이제는 영원히 안녕!" 굳이 태어나 지상에서의 이 실습을 마치고 이 부조리한 여행을 겨우 마무리한 것이, 정말로 여기에 다다르기 위해서였단 말인가?

따라서 살아있는 존재의 생성은 아무래도 좋은 변이, 아무 생성인 것이 아닙니다. 그것은 하나의 "지향"이 있는, 그리고 나쁜 지향이 있는 생성입니다. 우리가 살아가는 생성은 아아! 비존재의 방향으로 향해 있습니다. 살아가는 시간을 하나의 노화로 만드는 엔트로피가 그것입니다. 노화에서 그리고 노화로 인해, 시간성의 뭔지 모를 만질 수 없는 그 무언가가 구체적이고 뚜렷한 과정으로 눈에 보이게 됩니다!

이런 과정 자체는 내적으로 볼 때에는 어떤 막연하고 까닭 없는 권태의 경험에 해당하는데, 이 권태는 생물학적 피로와 생명 약동의 쇠퇴만으로는 충분히 설명되지 않습니다. 설령 생물학적으로 젊어질 수 있는 비법이 발견된다고 하더라도 나는 여전히 늙어갈 것입니다. 기관들의 노화가 억제되거나 지연되더라도 세월과 기억의 무게는 우리를 줄곧 늙어가게 할 것입니다. 사람이 자신의 생일을 잊고 해를 세지 않는다고 하더라도, 무언가가 노년의 가까움을 슬그머니 알려주고 나이를 귀에 속삭일 것입니다. 심지어 노인이 시간에 관한 아무런 관념도 갖지 않는다고 해도, 흘러간 시간이 여전히 그의 어깨를 짓누를 것입니다. 우리를 늙게 하는 것은 순수한 상태의 시간이니 말입니다. 순수 시간이란, 말하자면 점점 더 감각이 무뎌지고 신선함이 메말라가며 흥분과 열의가 모두 가라앉고 천진함이 다 닳아가는 것이니까요.

물론 쇠락의 경험은 한결같은 경험입니다. 하루의 해가 저무는 해넘이와 한 해의 계절이 저무는 가을은 인간의 우수에 끊임없이 새로운 자양을 제공합니다. 꽃이 활짝 피어난 뒤에 오는 시듦은 절정의 대가이지만, 죽음에 이르는 쇠퇴라는 서글픈 진실을 끊임없이 확인시켜 줍니다. 그리고 끝으로, 힘든 육체노동에 이어지는 피로에서 이러한 과정을 집약적으로 경험할 수 있습니다. 피로 곡선에는 상승국면과 하강국면 사이에 최고조가 있는데, 유기체 전체의 쇠퇴도 압축해서 도식화하면 그와 같지 않을까요? 그러나 천체의 주기와 화초의 시듦이 끊임없이 되풀이되는 것은 제삼자의 눈으로 볼 때나 그렇지, 일인칭으로 겪는 진짜 자신의 경험은 아닙니다.

게다가, 천체의 기욺과 화초의 시듦과 육체의 피로는 그저 끊임없이 반복되는 과정입니다. 그런데 내 자신에게 나의 삶이란 전기와 후기 사이에 끼어 있는 한 시기도 아니고, 이를테면 헤라클레이토스와 필롤라오스가 말하는 세계의 연령에서처럼 "대년大年"으로 끝나는 영원회귀의 주기적 순환도 아닙니다. 윤회의 낙관주의는 실제로 개인의 삶을 다음 환생 전까지 고리가 만들어지는 하나의 둥근 주기로 표상합니다. 그러나 그것은 죽음을 우주적 영원이라는 대양 속의 일시적인 일화로 만드는 것이 아닐까요? 사람들은 노년기를 인생의 가을이라고 말합니다. 하지만 그전 봄에 가을이 이어졌듯 다음 봄이 또 이어질 것입니다. 그래서 지난봄을 망쳐버린 사람은 내년 봄에는 좀 더 잘해낼 수도 있을 것입니다. 한 봄을 망쳤어도 앞으로 얼마나 많은 봄이 있는지! 무한정 바뀌는 계절은 언제나 우리의 기회를 보존해 주고 잃어버린 기회를 해마다 다시 잡을 수 있도록 해줍니다. 해마다, 만약 봄이 오기 전에 지쳐버리지 않는다면, 사람은 이 새로운 청춘을 즐길 수 있을 것입니다. 비관적으로 보면 봄은 우리를 겨울로 데려가지만, 낙관적으로 보면 겨울의 한복판에서야말로 먼 희망이 싹트는 것입니다. 되풀이되는 겨울이 지칠 줄 모르는 봄의 기운을 어떻게 꺾지 않았을까요?

더 분명히 말해봅시다. 시로 물든 가을의 달콤한 우수는, 만물의 쇠락 너머로 이미 우리에게 미소 짓고 있는 먼 봄의 희망으로 인해, 시로 물들고 달콤해진 것입니다. 사람은 떨어지는 낙엽 속에서 새싹의 약속을 어렴풋이 예감하고, 저녁의 우수 속에서 이미 머지않은 새벽빛을 느낍니다. 현재 너머로 미래가 비쳐 보입니다. 미래가 현재 위에 겹쳐 쓰여 있지는 않더라도요. 그리고 우리는 이 현재에서 이 미래로, 이 슬픔에서 이 기쁨으로 오가며 확실한 회복의 기쁨을 늦추는 것입니다. 이것이 바로 시의 놀이입니다.

이에 반해 자연의 질서에서는 그 어떤 암묵적 희망도 늙어가는 서

슬픔을 덜어주러 오지 않습니다. 이 쇠락은 아아! 참으로 진지하고 시정詩情이 전혀 없습니다. 이 쇠락은 단지 되돌릴 수 없을 뿐만 아니라 결정적이며 특히 일회적입니다. 그리고 어떤 경우에도 상쇄할 수가 없습니다. 노화는 평생에 단 한 번밖에는 오지 않는 쇠퇴이며, 피로와는 달리 다시 회복되어 활기를 띠는 종류의 것이 결코 아닙니다. 그래서 노화를 피로에 비유하는 것은 어림잡는 단순 유추일 뿐입니다. 피로는 정상적 조건하에서는 회복을 배제하지 않고 오히려 회복을 함축하고 있는 것일 테니까요. 그리고 세월이 흐르면서 피로 자체가 점점 더 회복이 어려워지는 경우에도, 그 책임은 또다시 노화의 불가역성에 있습니다. 조직이 더디게 아물고 재생이 늦어지는 것이 노화 때문이듯이, 유기체가 입은 손상이 더 불완전하게 복구되는 것도 노화 때문이니까요. 노령은 생물학적 결함을 두드러지게 만듭니다. 전체적으로는 회복되지만, 뇌출혈을 겪고 난 이후처럼 낮은 수준으로 회복되는 겁니다. 요컨대 수세에 몰린 유기체에게 모든 돌발사고는 결국 손상이나 퇴행으로 나타납니다. 따라서 가중되는 피로의 배경에는 언제나 노화의 시간성이 있습니다. 피로는 회복될 수 있지만 피로들의 피로, 피로들의 피로 가능성이라 할 노화는 회복 가능성 자체를 감소시켜, 결국 회복 불가능한 것이 영원히 자리 잡게 됩니다.

어떻게 피로라는 작은 노년과 노년이라는 큰 피로가 하나의 같은 법칙의 두 가지 개별 사례가 되는 것일까요? 살아온 시간의 전반적 엔트로피인 노화와 국부적이고 부분적인 쇠퇴인 피로는 사실 같은 종류가 아닙니다. 그것은 전체와 부분이 같은 차원이 아닌 것과도 같습니다. 노동자는 일하는 데 지칠 수 있고, 정원사는 삽질에, 대장장이는 쇠를 벼리는 일에 지칠 수 있습니다. 하지만 무릇 피조물이, 그리고 노인이 이러한 의미에서 은유적으로가 아니라 문자 그대로 사는 데에 "지치는" 것일까요? 존재하는 것도 생성하는 것도 엄밀히 말해 지치는 일이 아닙니다. 실존하는 일에 "힘이 드는" 게 아닌 것과 마찬가지죠. 어떤 병에 걸리면 숨 쉬는 데 힘이 들 수도 있지만, 존재를 이어가는 것은 그 자체로는 세상에서 가장 쉬운 일입니다. 실체로서 존재하는 데에 힘이 들거나 지치는 것이 아니라, 어떤 방식으로 존재하고 어떤 모습으로 생활할지가 힘들고 지치는 것이죠.

노화가 쇠퇴들의 쇠퇴이듯이, 노년은 병들의 병입니다. 그러나 병들의 병은 '일개' 병이 아닙니다. 그것은 이런저런 장기에 영향을 미치는 병이 아니며, 신체 전체에 이런저런 영향을 미치는 병도 아닙니다. 노년은 시간성의 병이며, 따라서 정상인 동시에 병적입니다. 노년은 죽음이 건강한 이들의 병인 것과 같은 의미로 정상적인 비정상입니다! 그런데 부위를 한정할 수 없는 이 형이상학적인 병은 퍼져 있다는 바로 그 특성 때문에 치유할 수 없는 병입니다. 진행을 일견 저지해서 늦추거나 지연시킬 수는 있지만 과정을 역전시킬 수는 없으며, 어떤 경우에도 가차 없이 계속 전진합니다. 사람들은 천천히 늙어가는 것 혹은 가능한 한 오랫동안 현 상태를 유지하는 것을 이미 행복이라고 여길 테지만… 어쨌든 노화는 결코 회춘으로 바뀌지 않을 것입니다! 생성을 되돌리고 시간의 흐름을 거스르는 것은 죽게 될 모든 이들에게 언제나 기적적인 치료의 전형이었고, 인간의 수단으로는 얻을 수 없는 초자연적인 치유였습니다. 젊음의 원천으로 돌아가는 것은, 영원이 현실화되는 것 이상으로 시간의 저주에 대한 승리이니 말입니다.(젊음이란 정의상 일시적인 것이니까요.) 정말로 형용모순인 영원한 젊음이라는 관념 자체가, 불가능의 실현을 그야말로 대표하는 것이 아닐까요?

2. 고행. 그리고 만일 삶이 계속된 죽음이라면

노화는 우리에게 죽음을 조금씩 들추어 보여주는 것일까요? 이러한 환상은 특히 성 베르나르나 베륄처럼 삶을 하나의 죽음으로 여기는 사람들에게는 정당한 것입니다. "우리가 살고 있는 이 삶은 죽음이기 때문이다"라고 성 베르나르는 말합니다. 『고르기아스』가 인용했고, 레프 셰스토프가 그의 「자명한 것의 극복」에서[3] 해설한 에우리피데스의 구절을 떠올려봅시다. '누가 알랴? 삶이 죽음일지, 죽음이 삶일지? Τίς δ᾿ οἶδεν, εἰ τὸ ζῆν μέν ἐστι κατθανεῖν, τὸ κατθανεῖν δὲ ζῆν' 여기서 이런 전도는 형이상학적 도착의 한 형태일까요? 역설논법이 상식을 반박하려고 동원하는 온갖 뒤집기 중에서, '산다는 것 그것은 죽는다는 것이다'라는 말은 어느 역설 못지않게 선풍적이고 경악스럽습니다.

삶과 죽음, 긍정과 부정의 이러한 역설적 전도는 이미 헤라클레이토스적 변증법에서 쓰였지만, 오라토리오회 창설자에게서는 일상적 명제가 됩니다. "우리는 오로지 죽기 위해서 삶을 갖고 있는 것처럼 보인다…. 이러한 종류의 삶은 삶이 아니라 죽음이다. 살면서 그리고 태어나면서 우리는 죽는 것이고, 삶으로의 첫걸음이 죽음으로의 첫걸음이기 때문이다…."[4] 몽테뉴를 따라 베륄은 "죽는 삶"을 완성하는 "사는 죽음"의 역설을 자주 언급합니다. "우리는 죽으면서 살고 살면서 죽어야 한다. 즉, 정말로는 죽음인 삶의 방식을 훈련하고, 정말로는 삶인 죽음의 방식을 견지해야 한다." 그리고 "자기희생"을 설교하는 다른 대목에서, "우리는 죽기 위해서 태어난다. 이 죽음에서 달아나려는 자는 삶에서 달아나려는 자이니, 이 죽음이 삶 자체이고 이런 종류의 죽음은 죽음인 동시에 삶이기 때문이다. 죽음을 껴안는 만큼 우리는 삶을 껴안는 것이다"라고 말합니다. 그는 재의 수요일 설교를 위해 이렇게 씁니다. "우리는 살아있다고 생각하나, 정말은 이미 지금부터 죽어있는 것이다. 신에게 우리는 죽어서 태어난다. 그리고 우리 자신에게 우리는 죽는다는 조건으로만 살고 있는 것이다."[5]

"살면서 죽는다" 하고 케베도Francisco de Quevedo는 말했습니다. 그리고 그라시안은 『독설가Criticon』에서, "사는 것은 매일 죽어가고 있는 것과 다름없다"고 말했습니다. 그리고 몽테뉴는 "그대들은, 삶 속에 있는 동안 죽음 속에 있다. 살아있는 동안 죽어가고 있는 것이다"라고 말했습니다. 몽테뉴는 이 점에서 부르달루Louis Bourdaloue의 설교와 뜻을 같이했던 것입니다! 우리의 늙어가는 삶 전체가 죽어가는 삶이고, 우리의 생애 전체가 끊임없는 죽음이자 계속적인 소실이니까요. 실제로 베륄은 생성의 강렬한 다산성에 눈을 돌리지 않습니다. 그리고 그는 이런 점에서 플라톤 계열에 속합니다. 삶은 "죽음으로의 항구적인 흐름일 뿐"[6]이며, 살아온 시간은 해체와 퇴행일 따름인 것이죠. 존재의 연속성에 대한 신뢰가 사라질 때 찾아오는 것이 바로 이것입니다. 과거는 더 이상 없고 현재는 사라지고 있는 중입니다. 미래는 당장은 아직 없고, 조금 있으면 정말 존재했던 적도 없이 존재하기를 그쳐버릴 것입니다. 유행하기도 전에 유행에 뒤처지게 될 것입니다. '이미 더 이상'의 비존재, '아직 아님'의 비존재, '지금'의 거의 아무 것도 아님, 이 세 가지 비존재는 우리를 유령 같은 실존으로 만듭니다. 삶의 시간은 하나의 꿈, 끊임없이 미뤄지는 시작, 결코 지켜지지 않는 약속입니다. 혹은 헤라클레이토스의 말을 빌린다면, 손가락 사이로 빠져나가는 멈출 수 없는 흐름입니다. 우리가 사는 시간의 비존재적 부실함이란 그런 것입니다.

육신을 죽이는 수행인 고행은 따라서 단지 금욕적 수련이 아닙니다. 그것은 날마다 가차 없이 진행되는 노화의 작업을 나타내고 있는 것입니다. 오히려 금욕이 하나의 체계적인 고행입니다. 『파이돈』에서 속인들의 '죽음ἀποθνήσκειν'에 대조되는 철학자들과 입회자들의 '죽고자 함θανατᾶν'이 그러하죠. 살아있는 자는 태어난 바로 그날부터 죽기 시작하고, 그 후 원래 의미의 죽음의 마지막 일격을 맞게 될 때까지 날마다 매 순간 자신의 고행을 계속해 갑니다.

때때로 다소 마니교식의 은유들이 노화의 이런 고행과도 같은 작용을 표현하기 위해 사용되어 왔습니다. 만일 무가 존재의 안쪽에 실체화된 반명제로 웅크리고 숨어 있다면, 만일 내재하는 부정성이 기관과 조직의 긍정성 뒤에 실제로 감춰져 있다면, 만일 숙명적으로 비존재가 예정된 살아있는 존재 속에 죽음의 병이 애초부터 서식하고 있는 것이라면, 해가 거듭될수록 존재적 긍정성의 두께가 조금씩 얇아져 마침내 삶 속에 들어 있는 죽음이 비쳐 보일 거라고 이해할 수도 있을 겁니다. 매일 입어 닳고 얇아진 옷의 씨실이 점점 더 드러나듯이, (해골을 죽음이라고 하면) 노인의 앙상한 살 아래로 해골이 점점 더 눈에 보이게 되는 거죠. 시간의 전개가 존재와 사물을 마모시키니까요. 시간은 해체의 차원이 되겠죠.

그러나 이런 식의 표상은 조잡한 은유가 아닐까요? 영혼이 육체라는 상자 속에 들어 있는 식으로 죽음이 삶 속에 들어 있을 수도 있다고 은근히 얘기하는 사람도 있습니다. "죽음은 삶 속에 박혀 있고, 삶은 죽음을 제 속에 가두고 있으며, 죽음이 삶에 삼켜져 있다"고 성 베르나르는 말합니다. 그러나 이는 "안에 있다inesse"의 이중적 부조리를 잊고 있는 것입니다. 안에 있다는 것은 공간적이고 지형적인 관계인 국지성을 표현하기에, 이 경우에는 통용될 수 없습니다. 게다가 속에 들어 있는 것이 순수 부정을 미리 실체화시켜서 죽음이라 부르는 것이라면, 이 들어 있다는 것은 갑절로 의미가 없게 됩니다. 육체라는 외피가 얇아져 간다고 해서 영혼의 본질이 점점 더 눈에 보이게 되는 것이 아니라면, 하물며 노쇠해 가는 유기체 속에서 노화 때문에 죽음이 점점 더 뚜렷해지지도 않을 것입니다. 그 어떤 순간에도, 죽음은 생명이 버리고 마는 이 앙상한 육체를 통해서는 전혀 나타나지 않습니다.

3. 점진적 마모. 사형수

생성을 하나의 죽어가는 삶으로 보는 것, 이는 진실의 절반만을 일방적으로 고려하는 것입니다. 그것은 노화를 육신을 서서히 죽임으로써 죽음을 점차 드러내는 단순하고 비변증법적인 과정으로 여기는 것입니다. 그러니까 그것은 "기관-장애물"이라는 깊은 애매성을 너무 가볍게 다루는 것이죠. 삶은 끊임없이 죽어가는 동시에 끊임없이 태어나고 있습니다. 그것을 후퇴적 전진이라고 불러봅시다. 삶의 무한 축소인 순간이라는 불티와도 같이, 삶은 나타나는 사라짐입니다. 혹은 역으로, 나타남의 사라짐에 의해 나타남은 끊임없이 복잡해집니다. 나타남은 그 자신의 사라짐 속에서만 나타나니까요. 죽어가면서 태어나는 삶의 양의성이 어떻게 낙관론과 비관론을 정당화하지 않겠습니까? 일방적 독해를 이중 독해로 바꾸어봅시다.

우선 자명하면서도 슬픈 객관적 진리가 하나 있습니다. 노화는 우리를 죽음에 다가가게 한다는 거죠. 그것도 신체적으로, 글자 그대로 말입니다. 노화는 단지 믿음일 뿐이고 죽음은 단념일 뿐이며 죽어가는 사람은 그저 포기하는 것일 뿐이라는 그런 얘기는 아아! 어림도 없으니까요. 물론 죽음이 덮쳐올 때에는 일종의 동의가, 살려는 의지의 단념이 있게 마련이고, 자크 마돌도 노인을 마지막 포기로 이끄는 무한한 지겨움이 있다고 지적하기도 했습니다.[7] 그러나 그저 포기만으로는 아무도 죽지 않을 것입니다. 표현만 그렇게 할 뿐이지, 늙어가는 인간은 악마의 제안에 넘어간 희생자가 아닙니다! 네, 조직과 혈관의 경화, 뼈의 점진적 약화, 심장의 피로 및 노안은 "제안"이 아닙니다. 그것은 분명 무기력이 침범해 오고 있다는 예고 신호입니다. 생명의 기능이 저하됩니다. 세포와 동맥이 노화됩니다. 독소가 날마다 조금씩 더 체성분을 오염시킵니다. 결국에는 몸 자체가 구부러집니다. 마치 죽음의 향지성이 몸을 이미 무덤 쪽으로 끌어당기고 있는 듯이, 마치 그 자신의 무게로 이미 몸이 땅속 깊은 곳 저 아래쪽으로 기울어지고 있는 듯이 말입니다. 시간이 지날수록 혈관 파열의 확률이 점점 높아지고, 심정지의 위협이 점점 커지며, 손상된 조직의 회복이 점점 더 불확실해지고, 우리 존재의 연속이 점점 위태로워집니다. 노화가 죽을 확률을 높이고 생존 가능성을 떨어뜨린다는 것은 하나의 사실이니까요. 해가 거듭됨에 따라 실존을 갱신하는 것이 기적적인 일이 되어갑니다. 쇠퇴가 진행되면 이 실존은 한 오라기 실에 달려 있게 됩니다. 통계적 확률과 큰 수의 법칙에 의해 끊임없이 확인되는 진리란 그런 것입니다. 그래서 비관론적 예측이 이 점에서는 정당화되지요.

　유한한 생성의 비가역성과 연속은, 노화라 부르는 가차 없는 마모 과정에 실제로 그 모든 의미를 부여합니다. 나는 오늘 어제보다는 조금 더 많이 죽어있고, 내일보다는 조금 적게 죽어있습니다! 혹은 결국 같은 이야기지만, 삶의 어떤 순간에 있든지 인생이라는 행로의 어느 좌표에 있었든지 (그리고 누구에게든 언제든 이 행로에서의 전진은 출생 날짜에 달려 있는데) 그때 우리는 아직 덜 늙었던 겁니다. 우리의 '지금'이 어느 날 어느 때든 그 지금은 아직 죽음에 덜 가까웠고요. 달력 위의 날짜, 시계의 시와 분이 어떻든 그때는 아직 끝에 덜 가까웠던 거죠. 그래서 언제나 지금 우리의 나이가 가장 많은 나이인 것입니다. 이렇게 하루하루는 우리와 죽음 사이의 간격을 바로 이 순간에도 조금 더 줄이고 짧게 만들고 있습니다. 하루하루 가차 없이 수축되어 갑니다. 성 베르나르가 말하는 '가까워짐appropinquare'은 이런 점에서 전적으로 옳습니다.

동일률은 우리의 돌이킬 수 없는 운명을 영원히 봉하는 생성의 비가역성을 더욱 완강하게 만들었습니다. 이미 살아온 것은 더 이상 살 것이 아니며, 각 존재에게 부여된 총 햇수에서 말하자면 공제됩니다. 매일 매시간 매분 살아온 만큼이 삶의 시간에서 감해집니다. 살아온 시간은 '그만큼 살아온' 것입니다! 그만큼 덜 살 것입니다! 밥을 한 끼니 먹을 때마다 먹어야 할 밥이 한 끼니 줄어드는 것입니다. "사는 만큼을 삶에서 뺀다. 그게 삶의 비용이다"라고 몽테뉴는 말합니다.[8] 생존 신용의 선금으로 살아온 것입니다. 우리는 삶을 지출하며 삽니다. 혹은 바꿔 말하면 살아있는 자들은 그들이 '살게 될 것'을 써서 살아가고 있는 것입니다! 매시간이 흐를 때마다 우리는 끝에 가까워지고 우리에게 남은 살 기일이 그만큼 줄어드니까요. 이미 살아온 시간이 갱신되지 않는 한, 현실화된 가능성들이 벌충되지 않는 한, 아직 살 수 있는 삶의 여백은 이미 살아온 삶에 침식되어 가차 없이 줄어드는 것입니다.

무진장 후한 창조주는 무한한 자원을 가지고 있기에, 무언가를 주고도 그것을 여전히 갖고 있습니다. 하지만 피조물은 준 것을 더 이상 갖고 있지 않습니다. 그에게 증여는 유한한 소유 장부에 지출로 기록

되니까요. 마찬가지로 만약에 사람이 영원히 산다면야 시간을 아낌없이 써버릴 테지만, 세월은 귀하고 잃어버린 시간은 영영 잃어버린 것입니다. 살아갈 미래와 살아버린 과거는, 유한한 작업에서 '만들어야 할 것faciendum'('만들어지지 않은 것infectum')과 '만든 것factum'이 그렇듯, 말하자면 한정된 불변의 총량을 이루지만, 이는 후자가 전자의 지출로 계속 커지고 미래가 과거를 위해 계속 빈곤해지는 그런 식입니다. 전체가 유한한 닫힌 체계의 양자택일 체제에서는 보존법칙이 효력을 발휘해, 한쪽의 증가를 대가로 다른 쪽이 감소되기 때문이죠. 혹은 다른 비유를 들자면, 한쪽 실타래에서 다른 쪽 실타래로 실을 옮겨 감는 기계처럼, 죽음은 두루마리의 끝에 이른 삶입니다. (전통적인 비유를 들자면) 물시계와 모래시계가 늙어가는 인간의 단골 이미지였습니다. 사람들은 흔히 미래와 과거를 서로 연결된 두 개의 그릇이나 항아리로 상상합니다. 미래의 내용물이 비어가면서 과거가 채워지는 식이죠. 마치 과거와 미래 사이에 실제로 대칭이 있는 것처럼, 시간이 희망이라 부르는 그릇의 내용물을 기억이라 부르는 그릇 속으로 흘려보내는 것입니다. 그렇게 옮겨 부어지면서, 희망은 기억으로 계획은 아쉬움으로 변합니다. 생성은 미래를 가지고 기억을 만들고, 이 기억은 시간의 흐름의 앙금이 되어 쌓입니다. 이렇게 다가오는 미래는 그 활력을 잃어가고, 그 덕분에 지나버린 과거는 끊임없이 무거워지며 노령으로 인한 쇠퇴가 점점 더 돌이킬 수 없게 됩니다.

노쇠로 끝나는 이 되돌릴 수 없는 노화란 그런 것입니다. 처음에는 모든 것이 희망이며 아직 아무런 아쉬움이 없습니다. 그리고 마지막에는 모든 것이 아쉬움이며 더 이상 아무런 희망이 없습니다. 처음에는 최대의 미래와 최소의 과거였습니다. 마지막에는 최대의 과거와 최소의 미래입니다. 처음에는 과거가 없는 나이, 청춘입니다. 거대한 미래가 젊은 시절을 끌어당기고, 뭔지 모를 부양력이라도 있는 듯이 들어 올리죠. 미래에서 불어오는 바람, 희망찬 도약, 가능성들의 이끌림이 아주 짧은 과거와 아주 긴 미래를 가진 나이에 힘찬 활력을 불어넣습니다. 청춘의 '지금'이란 온통 '아직 아님'이 아닐까요?

성인은 양극단의 중간에서, "우리네 인생길 한가운데에서nel mezzo del cammin di nostra vita"° 과거와 미래가 균형을 이루고 있는 사람입니다. 성인은 여정의 반을 마쳤습니다. 기억의 회고적 힘으로 뒤쪽으로 당겨지고 미래의 매력으로 앞쪽으로 끌린 채 양 끝에서 같은 거리에 있으면서, 성인은 말하자면 현재의 현실성 속에서 정체되어 있습니다. 이는 정오의 태양이 천정점에서 정지한 것처럼 보이는 것과도 같습니다. 인생의 중앙에 자리 잡은, 즉 시작에서도 끝에서도 똑같이 떨어진 중년은 특히나 균형 잡힌 연령이 아닐까요?

일단 인생의 정점이 지나면, 불균형의 방향이 뒤바뀌어 과거 쪽으로 기울어집니다. 점진적인 경화의 결과로 시간이 조금씩 석화되고, 기억의 무게로 의식이 구부러져 땅 쪽으로 기울어진다고도 말할 수 있습니다. 지평선에 아직 남아 있는 희망의 가장자리가 점차 가늘어집니다. 우리의 계획에 남겨진 잠재성의 여백, 우리의 자유와 행동의 폭이 더욱더 제한됩니다. 경기가 다, 혹은 거의 끝났고, 우리의 운명에서 아직 무르고 가능성 있는 부분들이 말라서 굳어버리려 합니다. 마침내 온통 기억만이, 희망 없는 기억, 절망적인 기억만이 되어버리는 사람, 이 사람은 따라서 살기를 그칠 것입니다. 희망의 마지막 가닥이 아쉬움으로 전환될 때, 마지막 가능성이 현실화되었을 때, 재생의 마지막 여지가 없어지고 미래의 마지막 한 방울이 물시계의 수반에 떨어졌을 때, 죽음이 도래합니다. 이렇게 해서 사람은 이 세상에서

° 단테, 『신곡』의 첫 행.

"자신의 시간을 끝내"는 것입니다. 달리 말하면 인간은 태엽이 다 풀리면 멈추는 시계와도 같다고 할 수 있을 것입니다. 노인을, 아주 얇은 미래로 가장자리를 두른 기나긴 과거라고 한다면, 죽은 자는 이 과거로 완전히 환원된 존재입니다.

하지만 미래가 없는 과거에 과연 과거라는 이름이 어울릴까요? 과거를 "느낄" 순간이, 나아가 되새기거나 서성거릴 순간이 일 분이라도 일 초라도 더 남아 있지 않다면 과거는 과거이기를 그칩니다. 아무리 가볍더라도 과거화가 희망에 미래의 도약력을 불어넣듯이, 아무리 짧더라도 미래성이 과거를 기억과 교훈으로 만들기 때문입니다. 미래성이 고갈된다는 것은 동시에 과거화가 끝난다는 것입니다. 갱신이 모두 끊어진 과거는 흙이 되어 무기력하게 끝납니다. 더 이상 새로운 것이 쌓이지 않는 퇴적은 일개 침전물이 되어버리고 맙니다. 보존은 상응하는 창조에 의해 더 이상 풍요로워지지 않으면 단순한 저장에 지나지 않게 됩니다. 과거 자체가 미래와의 관계에서만 과거였으니까요.

'다 만들어진 것'이 '만들어지고 있는 것'과 '만들어야 할 것'에서 끊어질 때 바로 그런 일이 일어나는 것입니다. "일"도 미래도 없는 '이미 만들어진 것'은 질식되고 맙니다. 손쓸 수 없이 사물화된 지나간 과거는 굶어서 죽습니다. 과거가 거의 없는 방대한 미래를 생각할 수 있다고 해도(유년기의 경우가 그렇지 않을까요?), 절망한 사람과 사형수를 제외하고는 누구도 미래가 전혀 없는 과거를 가질 수는 없습니다. 미래를 매 순간 현재로 만들어주는 미래성은 따라서 과거를 과거로 만들어주고 있던 정확히 바로 그것입니다! 그뿐만이 아닙니다. 생성이 더 이상 뒤로 밀어낼 미래를 찾지 못할 때에는, 떠올릴 회상도 더 이상 없습니다. 그때는 더 이상 생성조차 없기 때문입니다. 미래가 영(0)이 될 때까지 몰린 생성은 그냥 생성이기를 그쳐버립니다. 완전히 "과거가 되어버린" 시간은 시간성을 잃은 것이기도 하니까요.

서로 구별되는 세 시제를 더 이상 갖지 않는 시간을, 온통 과거인 시간을 여전히 시간적이라고 말할 수 있을까요? 끝까지 다 지나간 시간은 오히려 공간적입니다! 살아있는 시간의 세 시제는 분할할 수 없습니다. 최소한의 선취도 없이 조금의 예견도 없이는, 현재도 과거도 생각할 수 없습니다. 시간의 각 시제는 다른 두 시제와의 상관관계에서 그 모든 의미를 갖습니다. 시간이란 한 순간을 다른 순간에 첨가해서 완성되는 것이 아닙니다. (존속이든 사전 형성이든) 세 시제가 각각에 연속적으로 내재함으로써 생성이 이루어지는 것이죠. 어느 순간 어느 연령에서건 살아있는 사람은 서로 결속된 세 시제를 가지고서만 살고 있는 겁니다.

이러한 관점에서 보면 '비극'이란 사람을 갑자기 "노화된" 상태로 만드는 일련의 상황입니다. 보통은 느껴지지 않을 정도로 미미했던 노화현상이 갑자기 정신없이 빨라지고 폭주하는 것입니다. 비극은 보통은 긴 세월에 걸쳐 분산된 옅어진 과정을 며칠 혹은 몇 시간으로 응축합니다. 죽음을 향한 행진의 완만한 리듬이 어지러울 정도로 빨라지고, 그 무시무시한 질주가 견딜 수 없는 절망을 낳습니다. 인생을 특징짓던 막연한 기다림의 체제가 고뇌의 경직경련으로 바뀝니다. 앞서 우리가 반쯤 열림에 대해서 말하면서 "확실한 죽음, 확실한 시간"이라는 문구로 요약했던 사형수의 경우가 그것입니다. 톨스토이의 이반 일리치에게서는 거의 희망 없는 불치병의 몇 달에 집중되었던 노화가, 빅토르 위고, 도스토옙스키, 레오니트 안드레예프의 사형수들에게는 몇 시간 사이에 들이닥칩니다. 긴장이 가장 첨예해진 것이죠. 사형수는 자신이 전진하고 기대하고 착수할 수 있도록 앞쪽에 남아 있던 집행유예와 연기의 여지가, 가차 없이 사라지는 것을 봅니다. 예견하는 능력은 의식意識의 위엄에도 걸맞지만, 전망하고 전진하는 행위의 사명에도 걸맞지 않을까요?

'확실한 시간hora certa'이 취소될 때 사형수는 삶의 미래성을 돌려받습니다. 그래서 마지막 순간의 감형은, 늦었다고 절망한 이에게 기적이자 정말로 무한한 은총과도 같습니다. 형을 감면받은 자에게 이렇게 부여된 전망 없는 변변치 못한 연속은 아마도 슬픈 선물일 테지만… 그렇더라도 이는 굉장한 선물입니다. 이 생명의 지불유예는 존재의 중단이 무한정 연기되고 '날짜 없이sine die' 나중으로 미뤄진다는 것을 나타내니까요. 어쨌든 이번에는 아닌 것이죠! 그때 존재의 계속은 그 계속되는 존재가 어떤 것이든, 설령 갤리선의 죄수가 되어 사슬에 묶여 고통과 굴욕을 당하고 있더라도 무한한 값을 갖습니다. 단순히 존재한다는 것이야말로 그 어떤 안락이나 복지 향상과도 상관없이 헤아릴 수 없는 가치를 갖는 것입니다. 이 점에서 몇 순간은 일생과도 같은 가치를 가질 수 있습니다.

형장에 도착하는 순간 사형수가 뒷걸음치는 모습을 우리는 어렵지 않게 상상할 수 있습니다. 아마도 문제가 되는 것은 무서운 형구 앞에서 느끼는 경험적인 공포만이 아니라 초경험적인 공황일 것입니다. 미래의 소멸 때문에 압박된 의식이 새로운 지평선을 되찾아 시간성과 볼품없는 작은 행로라도 재건하려고 필사적으로 애쓰고 있는 것입니다. 의식은 되돌릴 수 없는 것을 되돌리려는 희망을 품고 과거를 향해 달아납니다. 후퇴를 통해 자기 앞에 연속이 다시금 펼쳐지게 하려 합니다. 비록 이 연속이 골고다 언덕을 오르는 고통일지라도요. 형장을 향한 걸음도, 처형을 늦추고 수형자로서의 이 실존을 일시적으로 연장하는 일로 본다면, 그 자체로 하나의 산책이 됩니다. 이 작은 연장을 적선받음으로써, 모든 희망이 절망한 이에게 허용됩니다. 확실한 시각이 갑자기 불확실하게 보이는 데에는 일 분이면 충분하죠. 그래서 절망한 이는 미래라는 산소를 찾으며 부르짖습니다. 숨 좀 돌립시다! 집행관님 단 일 분, 단 일 초만 더, 그저 소원을 빌거나 조촐한 계획을 세울 시간만이라도…. 그리고 어쩌면 때때로 희망을 이뤄주는 거대한 기적이 이 작디작은 보류의 틈 속으로 밀려들어 와 조금의 유예를 커다란 미래로 만들 수도 있을 것입니다. 사형집행인의 돌이킬 수 없는 동작 직전에, 해방의 천사가 끼어들지 누가 알겠습니까!

아아! 사형수는 헛되이 발버둥치고 있습니다. 그에게는 이 기본적인 자유가 거절되어 있습니다. '조금 뒤에'라고 말하며 시시하기 짝이 없는 계획이라도 갱신할 수 있는 이 힘이, 전부 거부되어 있습니다. '내일' 아침이라고 막 말하려다 그는 몸을 떱니다. '아니, 내일은 없겠지….' 사실 사형수 최후의 날이란, 한 방울 한 방울 떨어져 흐르며 마지막 기일을 가차 없이 소모하는 셀 수 있는 순간들의 총합이 아닐까요? 시곗바늘은 멈추지 않고 돌아가고 사형수와 숙명적 종점 사이에 있는 유한한 시간은 조금씩 영(0)에 가까워집니다. 빅토르 위고는 한 시간마다가 아니라 일 분 일 분 커져가는 불안의 이러한 진행을 잊지 못할 표현으로 이야기했습니다. 생명이 일단 미리 결정되고 예정되고 주어진 하나의 양으로 환원되고 나면, 아직 지나가야 할 간격은 기한이 완전히 소멸될 때까지 가차 없이 착착 소모되어 갑니다. 형집행을 앞둔 사형수는 편집증 환자가 자신의 호흡과 심장박동을 세듯이, 수집가가 우표나 안전핀을 세듯이, 수전노가 동전을 세듯이 시계의 재깍 소리를 셉니다. 소심이 병이 되면 종종 계산벽으로 바뀌지 않습니까? 구두쇠가 셈에 집착해 동전을 세고 또 세는 것과 마찬가지로, 죽음의 불안증은 자신의 마지막 순간들의 재고를 조사합니다. 어느 쪽 경우든 극도의 세분화와 목록 집착증은 생명력의 결핍으로 설명됩니다. 생명력이란 후한 베풂이기도 하니까요! 봄의 자연은 데이지꽃의 수를 세지 않고 새싹 하나에 개의치 않습니다. 마찬가지로 자기 앞에 영원을 갖고 있다고 믿는 성인은, 전성기의 절정에 있는 성인은 순간을 아끼지 않고 한 시간쯤은 개의치 않는 것입니다.

그러나 살 시간이 몇 시간 남지 않은 사형수에게는 단 몇 분도, 사막에서 길을 잃은 여행자에게 물병 바닥의 물 몇 방울만큼이나 귀합니다. 더 정확히 말해, 완전히 양量이 되어버린 시간, 시와 분을 세는 시간은 이제는 공간에 다름 아닙니다. 레오니트 안드레예프는 기차 안에서 쫓겨 객차에서 객차로 도망치다가 마지막 칸에 이르러 피할 수 없는 죽음에 내몰리게 된 도둑에 대해 이야기합니다. 그의 생존 기한은 열차의 길이 딱 그만큼입니다! 그 남자의 희망은 길이 백 미터! 일 미터도 허비하면 안 되는 것입니다. 삶의 세월을 거쳐 산책을 마칠 때, 시각이 확실한 사형수도 시각이 불확실한 노인도 유한한 여정을 지나가는 여행자와 닮아 있습니다. 여행자는 목적지에 가까워짐에 따라 심장이 뛰고 긴장이 높아지는 것을 느낍니다. 그는 황급히 짐을 챙깁니다. 지나간 역의 수를 세고, 점점 더 짧아지는 남은 거리를 계산하고, 시계를 보며 도착 시각과 시곗바늘 사이의 각도가 점점 더 좁아지는 것을 확인합니다. 지나쳐 온 인생 여정은 그것을 이루는 토막들의 총합과 같습니다. 그러니까 인생은 한 운동체의 경로와 조금도 다르지 않은 것입니다. 어쩌면 사물화란 '확실한 시간Hora certa'에 의해 활력을 잃은 이 생성의 질병에 붙여야 할 이름일 것입니다. '날마다 삶은 소모되고 더 작은 부분이 남는다Καθ' ἑκάστην ἡμέραν ἀπαναλίσκεται ὁ βίος καὶ μέρος ἔλαττον αὐτοῦ καταλείπεται'고 마르쿠스 아우렐리우스는 말합니다.[9] 날마다 그대는 삶을 소비한다. 주의하라! 잔고가 고갈되어 가니….

4. 두 가지 시각視覺: 살아온 것, 살도록 남아 있는 것

사형수는 살도록 남겨진 아직도 가야 할 길을 끔찍스럽게도 마주한 채 자신의 삶의 관찰자가 되어 미칠 듯이 두려워하고 절망합니다. 하지만 "날짜 없이" 그리고 "정해진 시간 없이" 사형에 처해진 것과 다름없는 일반인은 자신의 삶에 대해 이중의 시각을 갖고 있습니다. 그리고 바로 이 이중의 시각 때문에 우리가 반쯤 열림을 말했던 것입니다.

개관하거나 회고하거나 혹은 삼인칭의 관점에서 볼 때, 노화는 가능성의 유한한 재고가 점차 고갈되는 것으로 여겨질 수 있습니다. 잇따르는 사건들의 자취를 따라 땅을 기지 않고 생성 전체를 위에서 내려다보는 조감의식이 보면, 삶의 행로는 마디가 있는 하나의 기간으로 여겨지고 실제로 조금씩 소진되어 가는 것입니다. 지속을 공간상의 공존으로 대체하고 시간상의 연쇄를 비시간적인 조감도로 대체하는 초월적인 반성의 눈에는, 가능성들이 현실화에 의해 끊임없이 희박해져 갑니다.

이런 점에서 회고는 개관하는 시각과 방향이 같습니다. 실제로 회고는 이미 지나간 길이 어떻게 점차적으로 도정 전체를 잠식해 가는지를 우리에게 보여줍니다. 게다가 모든 회고가 그 자체로 어느 정도는 조감이듯, 모든 조감은 이미 그 자체로 회고적입니다. 실존을 개관하는 관점은 반드시 이 실존의 종료를 내다보고, 주기가 완료되어 일생이 끝나고 시간이 다시 닫혀 생성이 마감되었다고 가정하기 때문이죠. 삶의 행로 전체를 조감하는 것, 이는 미리 사후事後에 자리를 잡고서 전미래의 상상을 취해 생성을 다 펼쳐진 것으로 여기는 일입니다.

요컨대 죽은 뒤에 조감하는 의식은 (결국 같은 것이지만) 삼인칭의 의식입니다. 그것은 자기 자신의 삶을 남의 관점에서, 마치 그것이 남의 삶인 것처럼 바라봅니다. 생성하는 자가 자신의 생성 안에 머물러 있기는커녕 이 생성의 관찰자나 목격자가 되어버립니다. 그는 자신의 삶의 광경을 제삼자의 시선으로 바라봅니다. 그때 죽게 되어 있는 자는 타인입니다. 모두들 알죠. 남일 뿐이다, 내가 아니라⋯. 이처럼 인간이 자기 자신에 대해 갖는 관계는, 죽음에 처해 있음을 아는 근심하는 의식이 이를 모르는 순진한 자에 대해 갖는 관계와 같습니다.

생애 전체를 내려다보는 조감의식, 이미 생성된 생성에 대한 뒤늦은 의식, 자기 자신을 하나의 대상으로 관조하는 자의식, 이 세 가지 의식은 하나의 의식일 따름입니다. 이들 세 가지 의식은 각각의 관점에서 삶의 궤도가 가차 없이 줄어들고 있음을 확인합니다.

그러나 다른 한편, 사람은 자신의 운명 내부에 있으며, 그 운명을 안쪽에서 살고 있습니다. 조감도를 모두 없애고 당장 그 순간만 보면, 일어나고 있는 것에 대한 동시적인 의식은, 즉 조감의식 없는 의식은 노화를 전혀 알지 못합니다. 그때그때 사는 현재는 끝을 갖지 않은 현재죠. 살아있는 현재와 객관적인 연대기 사이의 이 대조는 저마다 자기 안에서 경험할 수 있습니다. 시간은 사후에는 빨리 지나간 것처럼 보여도 그 현장에서는 느리게 지나가는 법입니다. 흘러간 삶은 우스울 정도로 짧아 보이지만, 흘러가고 있는 중인 삶은 끝나지 않을 듯이 보입니다. 시간은 길어 보이고, 인생은 짧아 보입니다! 살아가는 아다지오와 조감된 프레스토를 대립시키는 이 관점의 모순은 우리의 푸념의 양가적 성격을 설명해 주지 않을까요? 조감의식이나 회고의식에게 시간은 그 시작과 끝 사이에서 응축될 것입니다. 그러나 지금 당장 우리 앞에서는 아득히 길어집니다. 우선은 권태, 잃어버린 시간, 영원한 현재. 그러고 나서는 번민!

보들레르의 번민과 제논의 궤변은 동일한 시간 복합체의 두 극단적 경우를 나타낸다고 말할 수도 있겠습니다. 한쪽에는 제논의 무한분할이 있습니다. 다른 한쪽에는 아아! 각 존재에 부여된 한정된 시한이…. 시계의 째깍 소리가 점 찍고 있는 잇단 순간들이 우리 삶의 몫을 갉아먹고 있습니다. "사람마다 제 계절 내내 허락된 달콤한 즐거움을, 순간순간이 네게서 한 조각씩 먹어치우지…."° 시간이라는 벌레가 갉아먹는 우리 삶의 실습기간은 머잖아 아무것도 남지 않을 것입니다! 낮이 짧아지고 밤이 길어집니다. 물시계가 비어갑니다. 허비해 버린 분초를 세어보다 당황한 인간은 생성을 되돌리고 시간의 비상을 중단시키고 싶어, 달아나는 시간에 헛되이 매달립니다. 지속을 잘게 쪼개는 이런 계산벽의 번민은 거꾸로 된 엘레아학파 같지 않습니까?

운동을 소진될 수 있는 하나의 총체로 보느냐, 아니면 무한소의 움직임들로 무한히 분할할 수 있는 것으로 보느냐에 따라, 운동의 분해로부터 두 가지 반대되는 번민이 생길 수 있습니다. 첫째 번민은 너무 빨리 지나간 시간, 너무 빠른 생성, 너무 짧은 인생, 아주 가까운 죽음에 대한 번민입니다. 둘째 번민은 차라리 하나의 혐오라 할 만한 것으로, 너무 느린 운동과 너무 먼 길에 대한 번민입니다. 그러나 공간에서는 느림이 결코 목표에 다다르지 못하고 가까이 가지도 못한다는 절망으로 느껴지고, 제자리걸음에 대한 두려움으로 느껴지는 것임에 반해(운동의 이상은 상공비행으로 조감하는 것, 따라서 생성을 공간화하는 것이 아닐까요?), 시간에서는 느림이 오히려 불사의 막연한 약속으로 체험될 것입니다.

° 보들레르, 「시계」, 7~8행.

삶 전체를 보자면, 우리는 끝내기 위해 그다지 서두르지 않고, 딱히 빨리 가려고도, 종착점에 빨리 도착하려고도 하지 않습니다. 차라리 우리는 산책이 끝이 없기를 바랍니다! 그렇게 되고 나면, 운동을 달리기경주로 만든 제논의 궤변도 더 이상 두렵지 않죠. 제발 아킬레우스가 거북이를 결코 따라잡지 못하기를! 그러면 소크라테스가 죽음의 문턱을 넘지 않을 수도 있었을 텐데…. 헛된 기다림이나 지루하기 짝이 없는 일이라고 해도, 요컨대 꾸물거리기만 하면 될 것입니다. 혹은 더 정확히 말하자면, 각 지속기간은 따로 떼놓고 보면 우리에게는 일종의 공간상의 경로여서 우리는 그것을 가능한 한 빨리 해치우려 합니다. 하지만 지속들의 지속은, 즉 삶 전체는 우리에게 결코 충분히 긴 것으로 보이지 않습니다. 실제로, 삶은 운동체가 목적지에 도달하듯이, 변화가 다른 것으로 귀착되고 변이가 새로운 것에 다다르듯이, 어느 날 죽음에 이를 것입니다. 그리고 각각의 하루, 국면, 기간 혹은 시기가 다음 기간에 자리를 내어주려고 완결되는 것과 마찬가지로, 기간들의 '기간', 즉 삶도 어느 날 완결될 테지만, 자리를 내어줄 것은 아무것도 없습니다.

그러나 자기 자신을 향한 내적 의식은, 연속적인 생성을 구성하는 무수한 무한소의 순간들의 우글거림 속에서 말하자면 영원한 현재를 찾아냅니다. 이런 점에서 음악적 시간은 생명적 시간을 양식화한 모형과도 같습니다. 전개를 조감하고 결말을 선취하는 조감의식에게, 다시 말해 이미 그 소나타를 알고 있는 사람에게 소나타는 30분 후에 결말에 이를 것입니다. 그러나 그 영원한 30분의 매혹에 빠진 청중은 그 소나타 이외의 것, 그 소나타의 지속을 잴 수 있게 하는 모든 것들을 다 잊어버립니다. 순진한 황홀은 걱정도 모르고, 콘서트의 끝도 스케줄도 전혀 알지 못하고 있으니까요.

『죽음의 집의 기록』의 하숙생은 두 가지 시각視覺을 동시에 알았습니다. 옴스크의 도스토옙스키는 사형집행일까지 남은 날을 셉니다. 하지만 동시에 도스토옙스키는 미쉬킨 공작의 증언에서[10] 세세한 사정이나 세부 속으로 깊이 들어가 현미경적인 시각을 우리에게 가져다줍니다. 미래 전체가 귀중한 5분 안에 담겨 있는 사형수가 그 5분을 잘 써서 무엇을 할 수 있는지는 아무도 모릅니다! 친구들에게 작별을 고하는 데에 2분. 마지막으로 다시 한번 나 자신을 생각하고, 내 주위의 사물들의 모습을 보고, 햇빛에 빛나는 저 교회의 금빛 둥근 지붕을 바라보는 데에 2분…. 사형수의 마지막 반의 반 시간 속에 들어 있는 것을 죄다 펼쳐놓는다면, 몇 세기나 지속되지 않을까요? 처형대로 걸어가는 것과 '발사'라는 말이 울려 퍼지는 순간 사이의 이 마지막 반의 반 시간은 세계사 전체만큼 길지 않을까요? 순간 속에 압축된 지속은 모래 한 알의 원자들 속에 잠들어 있는 에너지에 비할 수도 있습니다. 빅토르 위고를 읽었던 도스토옙스키는 호송차에 실려 처형대로 가던 사형수를 떠올립니다. 딱 세 거리 떨어져 있다. 이제 광장 모퉁이의 마지막 빵집…. 왜 그토록 많은 하찮은 세부사항이 죽으러 가는 사람의 주의를 끄는 건지? 첫 줄에 선 저 구경꾼 이마에 난 사마귀, 마지막으로 사형집행인 웃옷의 녹슨 단추 하나. 몰려드는 지각들, 부풀어 오르는 회상들…. 죽어가는 왕에 대해 이오네스코는 다음과 같이 말합니다. "충만한 한 시간은 태만한 몇 세기보다도 가치가 있습니다. 오 분이면, 자각 있는 십 초면 충분합니다. 폐하께는 한 시간이나 있습니다. 육십 분, 삼천육백 초… 운이 좋으신 거죠."° 아아! 이는 썩은 시간입니다. 그것은 사형수의 유예이니까요….

불안의 유예기간에 대해 진실인 것은 매일의 이완된 지속에 대해

° 이오네스코, 『왕은 죽어간다』.

서는 더욱 진실일 것입니다. 자신의 삶의 행로를 조감하기를 그만두고 즐거움으로 가득 찬 현재의 두터움 속에 감미롭게 파묻히는 자는 일종의 영원한 청춘을 맛볼 수 있을 것입니다. 결코 끝나지 않을 이 '지금Nunc' 속에, 이 나날의 '오늘' 속에, 어디에나 중심이 있고 어디에도 경계가 없는 이 무형의 연속 속에 잠겨, 그는 알파와 오메가 사이로 한정된 생성 따위는 전혀 모르는 것입니다. 이 생성의 아이! 마지막 미래인 비존재에 대한 이야기를 그는 들어본 적이 없습니다. 죽음의 근심이란 그래서 그에게는 낯선 것입니다.

어떤 의미에서는 영원한 현재의 긍정적 충만함과 경험의 적극성을 체험하는 일이, 노인이라고 젊은이보다 더 적은 것은 아닙니다. 노년은 생명력의 쇠락이기는 하지만, 이 쇠락하는 생명력은 어쨌든 하나의 살아있는 생명력인 것입니다. 그래서 노인의 생명력은 그 양적인 밀도로는, 즉 존재의 양과 무게로는 성인의 생명력과 다르지 않으며, 다만 질적으로 그리고 생명의 색조에서만 다릅니다. 유명론적인 경험으로 보면, 과거와 미래는 현재의 변종이고 현존의 양상들인 것과 마찬가지로, 청춘과 노년도 생명의 활력의 변종이고 실존의 이질적 양태들입니다.

베르그송은 "정신물리학"을 비판하면서 더와 덜이 있는 자극과, 질이 달라지는 감각을 혼동하지 않도록 우리에게 권고합니다.° 정도가 증대하거나 감소하는 것과, 양태가 변하는 것 사이에는 그 어떤 공통 척도도 없기 때문입니다. 증가와 변화 사이에서도, 규모와 존재방식 사이에서도 그러합니다. 그리고 마찬가지로 노화에 대해 말할 때에도 객관적 계열과 체험적 계열을 혼동하는 것을 피해야 합니다. 전자는 이를테면 회복시간이나 반응시간의 길어짐, 반사속도의 저하처

° 베르그송, 『의식에 직접 주어진 것들에 관한 시론』 참고.

럼 수나 양으로 나타나는 몇몇 요인들의 단계적 진행이지만, 후자는 체험된 경험의 질적인 변화이기 때문입니다. "변질"은 의식이 '다르게' 되는 과정입니다. 다른 것이지, 덜한 것이 아니지요!

그래서 노화는 존재가 희박해지는 것과도 생명의 두께가 줄어드는 것과도 아무런 관계가 없습니다. 노년은 그러니까 청춘이나 중년처럼 하나의 존재양식입니다. 그리고 존재양식은 개관하는 조감의식이 보기에만, 그것도 바깥에서 비교하고 측정하고 판단하는 조건에서만 결함이 있는 것일 뿐입니다. 안쪽에서 살면서 겪는 노년의 현재는, 청춘의 현재가 젊은이에게 텅 빈 것이 아니라면, 나이 든 사람이라고 해서 더 비어 있는 것은 아닙니다. 그저 또 다른 걸음걸이, 또 다른 리듬, 또 다른 템포일 뿐입니다. 색조가 다른 것입니다. 그리고 은퇴자가 은퇴의 즐거움을 갖고 은퇴자의 계획을 세우고 나름의 소일거리를 찾듯이, 병원의 환자들이 병원생활의 작은 기쁨과 근심을 겪듯이, 그렇게 노인은 노인의 존재방식 속에 노년의 현재 속에 몸을 담그고 살아갑니다. 그리고 이 노년의 현재는 느릿느릿 겪기는 해도, 살아갈 수 있는 완전한 현재이며 모든 현재와 마찬가지로 나름대로 절대적입니다. 노년의 현재는 성인의 현재만큼이나 그 자체로 충분합니다.

"사람들은 건강할 때, 아프면 어쩔 뻔했는가, 하며 감탄한다"고 파스칼은 말합니다.[11] 이는 우리가 "우리가 처한 상태를 우리가 처해 있지 않은 상태에 대한 감정과" 연결시키기 때문입니다. 그러나 병에 걸리면, 이제 사람은 환자로서의 현재에 부합하는 욕구밖에 모릅니다. 보통은 노년이 되면 활력이 떨어지는 동시에 삶에 대한 열망도 약해집니다. 죽음이 참을 수 없고 소멸이 생각할 수 없는 일로 보일 수 있는 것은 스무 살 때나 그런 겁니다. 청년이 노쇠와 노쇠로 증가한 죽음의 확률을 예상해 그 속에 자기의 젊은 생명력을 투사할 때나 그렇죠.

자연은 생명과 욕구 사이에 거의 일정한 비율을 유지하고 그렇게 해서 우리가 공황에 사로잡히지 않도록 안배하는 듯이 보입니다.

인생을 전혀 조감하지 않는 노인이 자신의 나이를 모르고, 즉 인생 행로의 이정표상의 실제 위치를 모르고 늘 젊어 있을 수 있다면, 인생의 자초지종을 너무 의식해 자신의 생애를 지나치게 조감한 젊은이도 늘 늙어 있을 수 있습니다. 셸러는 나이와 호적과는 무관한 일종의 "형이상학적" 노화를 믿기까지 했습니다. 사람은 25세 때에 75세 때보다도 더 늙어 있을 수 있다는 겁니다. 노망든 젊은이의 경우가 그렇죠. 한 인간이 시간적으로는 죽음에서 아주 멀리 떨어져 있으면서도 질적으로는 아주 나이 든 경우가 있으니까요. 정신연령은 누구나 알다시피 살아온 햇수와 늘 일치하지는 않습니다. 노년은 전혀 죽음의 임박이나 근접에 따라 측정되는 것이 아닙니다! 멀고 가까움은 공간적 이미지이며 사회적 개념이 아닌가요? 그렇습니다, 노화는 달력 위의 한 날짜로도 도로상의 거리 표시로도 환원되지 않습니다.

결국, 살아가는 생성은 살아야 할 지속에서 공제되면서도 공제되지 않는 것입니다. 앞서 우리가 말했듯, 유한한 작업에서는 이미 한 일이 앞으로 해야 할 일에서 갈수록 공제되어 남은 부분이 점점 더 줄어갑니다. 이런 분야에서는 모든 진전이 결정적으로 획득된 것, 즉 되돌릴 수 없는 것이니까요. 따라서 얻은 것은 얻은 것이며, 지옥의 형벌처럼 즉시 다시 잃게 되는 것은 아닙니다. 시시포스의 헛된 노동, 다나오스의 딸들의 절망적인 일은° 저주받은 노역을 표상하지 않습니까? 토목공이 일정 길이의 도랑을 판 만큼, 방적공이 일정량의 실을 뽑아낸

° 아르고스의 왕 다나오스의 딸들은 첫날밤에 신랑을 칼로 살해하는 죄를 지어, 지옥에서 밑이 빠진 항아리에 영원히 물을 채워 넣어야 하는 벌을 받았다.

만큼, 그만큼씩 매일의 작업이 진행된 것입니다. 직공은 직공인 한에서는 실제로 자신의 업무의 끝에 다다를 수 있기 때문입니다. 그러나 인간으로서의 직공, 인간으로서의 여자, 인간으로서의 남자 등과 같은 '으로서의 인간'이 아닌 그냥 인간, '로서quatenus'가 없는 인간은 무한히 자기를 실현합니다.

바깥에서 보면, 사람의 실존은 토목공의 도랑과 비슷합니다. 그리고 이 실존은 하나의 경력, 혹은 단계적으로 승진이 이어지다가 퇴직으로 한정되는 하나의 이력일 따름입니다. 반대로 안쪽에서 겪을 때는, 이 똑같은 실존은 무궁무진하고 마르지 않으며 말 그대로 다 쓸 수 없는 현재 속에서 전개됩니다. 조감된 시간과 그때그때 사는 시간 사이의 거리는 그런 것입니다. 살아있는 바로 그 자신에게는, 사는 일은 아직 살아지지 않은 것입니다. 사는 일은 살도록 남겨져 있습니다. 살도록 그리고 지칠 줄 모르고 다시 살도록 말입니다.

살아온 삶은 이런 점에서 의무나 사랑과도 같은 경우입니다. 의무부터 이야기해 보죠. 우리에게 부과된 의무는 무한히 우리에게 부과되어 있습니다. 도덕생활에서 우리가 행한 일은 결코 행해진 채로 있지 않고 바로바로 해체됩니다. 따라서 행해진 것은 해야 할 것으로 그리고 계속해서 다시 해야 할 것으로 남아 있습니다. 마치 결코 아무것도 행해진 적이 없던 것처럼 말이죠. 도덕에서 행해진 것factum은 늘 행해져야 할 것faciendum이니…. 행해진 동시에 행해야 할 일은 바로 그 때문에 '행해지고 있는' 일입니다.

목격자, 관찰자 혹은 제삼자, 개입하지 않은 조감의식이나 타인의 양심을 지도하는 자는, 의무가 사실 한정된 과업이라는 것을 알고 있습니다. 그는 우리의 유한성을 고려하고 육신의 나약함을 감안합니다. 어쩌면 성 바울의 하느님처럼 우리가 자기의 힘이 닿지 않는 시련

4장 노화 **309**

을 겪지 않도록 신경 쓰는 것이기도 합니다. 하지만 자기의 의무 속에 있는 행위자 자신, 행위의 중심에 얽혀 있는 행위자, 자신을 관찰자로만 여기지 않는 행위자는 그러한 고려들을 할 필요가 없습니다. 목격자의 관대하고 객관적인 관점을 도용해 제삼자의 개관하는 시각을 제 것으로 삼고 싶어 하는 경향이 안 그래도 너무 크니까요. 물론 행위자는 약하고 능력도 부족합니다. 그러나 그렇게 말하고 그렇게 아는 일은 행위자가 할 일은 아닙니다. (어쨌든 진리이기는 하니) 이러한 진리에 우리가 우쭐댈 수는 있어도, 행위하고 있는 중인 당사자의 일은 아닙니다. 우리의 짐을 덜어주고 우리의 공적을 재는 일은 제삼자의 몫으로 남겨두는 편이 나은 것입니다.

순진무구한 행위자들이 감안해야 할 것은, 의무는 무제한이고 능력은 전능하며 의지는 무한하다는 것뿐입니다. 조감의식은 오로지 가능한 것만 의지해야 한다는 것을 알고 있습니다. 그러나 행위자는 의지가 곧 능력이라고 믿고 있습니다. 열정에 불타는 투사는 원하는 모든 것을 할 수 있으니까요! 의무는 시간상이나 공간상의 그 어떤 제한도 받아들이지 않고, 열정에 찬 지칠 줄 모르는 천진한 의지를 위해 무한히 재건되며, 의지는 마지막 피 한 방울까지 다 바쳐 온 힘을 쏟아 붓습니다. 이런 의지는 남을 위해 살기를 죽도록 의지합니다.

마찬가지 방식으로, 사랑하는 이에게 변함없는 사랑을 맹세하는 연인은 자신의 사랑이 변하지 않고 영원할 것이라고 진심으로 확신할 수 있을 것입니다. 하지만 사랑에 취한 수많은 맹세를 목격한 심리학자가 새 연인들을 바라볼 때에는 환멸과 빈정거림이 섞인 헛웃음이 새어 나오게 마련입니다. 조감하는 의식은 고칠 수 없는 우리의 변덕스러움과 경박함을 잘 압니다. 그 의식은 사랑이라 부르는 이 몹시 잠정적인 영원과 일시적인 절대성의 자초지종을 헤아리기에 딱 좋은 자리에 있습니다. 실제로 사랑의 모든 맹세에도 불구하고 열정은 끝날 것입니다. 그리고 계속 다시 살아나는 사랑 덕분에 한 생애에서 여러 번 열정이 끝나고 다시 시작되고 할 수도 있죠.

그럼에도 불구하고 자신의 사랑에 대해 초연한 관찰자나 신학자 같은 비개인적 관점을 취하는 연인은 아마도 아주 미적지근한 연인일 것이며, 헤어질 구실과 핑계를 찾는 아주 한심한 위선자일 것입니다. 도덕적 행위자가 구경꾼들을 곁눈질하며 자기 자신을 신경 쓰고 의무감은 조금도 없이 자기만족적인 속셈을 품고 있는 경우도 마찬가지입니다. 아마 도덕적 행위자를 타락시키고 확신이 약한 연인을 낙담시킬 수 있는 조감의식은 하찮고 초라한 조감의식일 것입니다. 아마 낙담한 연인은 용기를 잃기만을 바라고 있었을 겁니다. 아마 자기기만에 사로잡힌 행위자는 포기와 열의 부족을 정당화할 길을 찾고 있었을 겁니다. 영원한 현재의 평온함을 잃지 않으면서도 자신의 짧은 삶이라는 슬픈 진실을 조감하는 현자를 생각할 수 있듯이, 명철한 동시에 열정적인 초-의식super-conscience도 물론 생각할 수는 있습니다. 그러나 보통은 평온함과 명철함은 서로 반비례하는 법이죠.

방금 전 의무와 사랑에 관해 말했을 때, 일을 대충하려고 조감의식의 관점을 취해 내려다보는 데에는 위선과 간계함이 있다고 했습니다. 그런데 거꾸로 노화가 문제가 될 때에는, 우리는 쇠약이라는 개관된 진실을 무시하고 영원한 지금aeternum Nunc의 내재성 속에 머리를 파묻는 데에 오히려 관심을 갖게 되는 듯합니다. 모래시계를 보지 않기 위해 "즐거이 눈을 파내는"[12] 데에, 귀에 들러붙는 시계의 재깍 소리를 듣지 않기 위해 다소곳이 귀를 막는 데에 관심을 가지게 되는 것입니다. 눈을 감고서 일인칭 환상의 특권과 온갖 완곡어법과 눈속임으로 만들어진 온갖 은근한 오해에 자신을 맡깁니다.

하지만 또한 자기 자신에 대해 제삼자가 되어, 비존재가 약속된 이 짧은 삶을 측정하지 않을 수가 있을까요? 어떻게 의식이 자각하는 일을 막을 수 있겠습니까? 공통의 법칙에서 자신을 제외하는 바로 그 사람이 모든 이에게 유효한 잣대를 자기 자신에게 갖다 댑니다. 그는 마치 자신이 죽음과는 상관없는 듯이 행동하지만, 그런 허구에 근거가 있다고 확신하지 않고 누구보다 먼저 그 진실성을 의심하는데…. 만약 그가 남의 삶에 대해 초연한 방관자로 있는 그만큼 자신의 삶에 대해서도 완전히 초연한 방관자였다면, 완전히 냉정하게 자신의 삶의 유한성을 주시했을 것입니다. 만약 그가 자기 자신의 생성을 결코 조감하지 않고 그 생성 속에 머물러만 있다면, 완전한 충만함과 태평함 속에 살고 있을 테죠. 하지만 실제로는 조감하는 의식과 자신에게 내재하는 상태 사이를 왔다 갔다 합니다. 전자는 그에게 초연함의 평온한 맑음을 보장하고, 후자는 그를 맹목적 투신의 어두운 밤 속에 잠기게 하고….

찢겨진 반쪽짜리 의식의 괴로움이란 절망의 동의어가 아닐까요? 아니 차라리 희망이 절망 속에서 끊임없이 다시 태어나듯, 절망이 희망 속에서 끊임없이 다시 태어납니다. 동물은 쇠락하지만 자신의 쇠락을 지켜보지 않습니다. 인간은 쇠락하는 동시에 자신의 쇠락을 지켜봅니다. 자신의 의무에 대해 거리를 두는 인간도 자기 자신의 죽음을 마주하고서는 완전히 초연할 수 없는 것으로 드러납니다. 그는 안에 있는 동시에 밖에 있는 것입니다! 밖에서 자신을 바라보는 자는 그만큼 안에 머물러 있습니다. 안에 있는 자는 아아! 밖에서 자기를 보지 않을 수 없습니다.

늙는다는 의식은 따라서 엄밀히 말하면 직접 경험이나 추론에서 비롯된 것이 아닙니다. 직접 경험은, 진정한 경험이라면, 우리에게 결코 쇠락에 대해서 말하지 않습니다. 그것이 우리에게 드러내는 것은 충만함이 양적으로 희박해지는 것이 아니라 질적으로 변화되는 것뿐입니다. 생성의 소박한 경험은 미리 상정되지도 중간에 재구성되지도 않으며, 언제나 현재의 긍정적인 연속 속에서 겪게 되는 것입니다. 그리고 객관적인 추론은, 자주 졸음이 오고 이름을 잊어버리고 시력이 감퇴하고 계단 오르기가 힘들어지는 것 등을 노화의 신호로 해석합니다. 신호에서 의미로 결론을 내리는 이런 추상적인 추론은, 그것만으로는 우리를 설득하기에 충분하지 않습니다. 이런 점에서 노쇠는 직접적인 진정한 경험이라기보다는 오히려 하나의 해석이며 판단입니다.

  정상적인 상태에서는, 객관적 시각과 체험된 경험 사이, 고인의 약력이라 할 전기와 살아있는 자의 삶 자체 사이에는, 뭔지 모를 형이상학적 한가로움이 작용한 듯 뚫고 들어갈 수 없는 장벽이 솟아 있습니다. 즉, 사후에 전기작가가 쓴 (이야기하는 자와 이야기되는 자가 서로 다른 두 사람인) 일대기와, 예측할 수 없이 이어지는 나날 속에서 당사자 자신이 현장에서 바로바로 겪으며 사는 삶 사이에는 두꺼운 장벽이 있는 것입니다. 객관적 시각은 삶의 기간의 유한성을 받아들이지만, 이 유한성을 오직 타인에게만 유효한 진실로 보려고 합니다. 살아가며 겪는 경험은 나에게 유효하지만 그것은 죽음을 받아들이지 않죠. 늙는다는 의식은 정상적인 상태에서는 분리되어 있는 이러한 경험과 이러한 시각이 서로 간섭할 때 생겨납니다. 고갈되고 소모되는 시간이라는 슬픈 진실을 자기 자신에게 적용하는 인간은, 의사가 자신이 전문인 바로 그 병에 걸렸다는 사실을 발견하게 되는 것과 같은 처지가 됩니다.

확실히 두 개의 계열이 있습니다. 하나는, 날마다 한 걸음씩 앞으로 죽음을 향해 착착 나아가는 객관적인 시간. 다른 하나는, 하루하루 시시각각 죽음에 가까워지는 것이 아니라 어느 날 불쑥 죽음과 코를 맞대는 영원한 현재. 이 두 계열은 결국 같은 기간 동안 지속된다는 의미로는 분명 서로 외연이 같습니다. 그러나 그들의 평행관계는 전혀 병렬적이지 않으며, 불규칙하고 어긋나고 제멋대로입니다. 영혼과 육체의 평행, 사유와 두뇌의 상응, 감각과 자극의 관계, 의미와 기호의 혹은 음악과 말의 대위법이 어긋나고 제멋대로인 것처럼 말이죠. 베르그송은 감각의 질적 변화가 자극의 증가단계를 조금도 반영하지 않음을 지적했습니다. 마찬가지로, 기억은 대체로 뇌에 의존하지만, 회상은 대뇌피질의 서로 다른 부위에 말 그대로 위치를 정할 수가 없습니다. 의미는 무릇 단어들의 연속에 내재하지만, 각 단어에 의미의 조각이 "점 대 점으로" 대응한다는 것은 진실이 아닙니다. 그리고 또 한 사람의 질적인 노화가 인생길 위의 전진을 하루하루 세세하게 옮겨놓은 것이라는 생각도 진실이 아닙니다. 세부적으로 맞는 것이 아니라, 간접적으로 대체로 맞는 것이죠. 감각과 체온계 사이의 관계와 마찬가지로, 노화와 달력 사이의 관계는 어림잡아 맞는 것일 뿐입니다. 불안이 한 시간 한 시간 규칙적으로 증가하며 점점 더 견디기 어려워진다는 것은 사형수에게나 있는 일입니다. 무엇보다 이 평행관계는 사후에, 말하자면 전미래시제로 '지나보니 맞았던' 일이 될 것입니다. 이 평행관계는 매일의 생활일지에 의해 계속 반박되지만 결국에는 회고적으로 정당성을 얻게 될 것입니다. 탄생과 죽음 사이의 기간 동안 이 두 연대기가 마주치는 것은 드문드문 있는 일이고⋯.

우리가 말했듯, 생성은 그 깊이와 강도에서는 무한한 연속이지만 그 행로의 외연은 유한합니다. 삶은 일시적인 영원, 사실은 언젠가 고갈되고 말 무궁무진한 것입니다! 끝이 없는 현재에 잠겨 있으면, 이 잠정적인 영원은 그저 우연한 기회에 조감될 뿐입니다. '진지하게 받아들임'이 바로 이 점에 있다는 걸 떠올려봅시다. 사람들은 시간을 이따금씩만 의식할 뿐입니다. 아니 오히려, 언제나 사람들은 시간을 생각하지 않습니다. 연속적인 시간에 대한 의식은 불연속적인 의식이니… 생성에 대한 주의, 생성에 대한 주시는 대체로 잠들어 있습니다!

바꾸어 말하자면, 신체의 연속적 변모는 드문드문, 즉 이따금씩 간헐적으로 의식됩니다. 노화는 점진적이지만 노화에 대한 자각은 그렇지 않으며, 갑작스런 발견 후에, 뜻밖의 변곡점과 역설적인 태평함의 아이러니를 알게 되는 일이 일어납니다. 불안의 크레셴도에서는 밀물과 썰물이 자주 바뀝니다. 죽기 전날 밤 갑자기 몸이 좋아지는 것을 느끼는 환자처럼, 때로 노인이 전날 거울 속에서 수척한 얼굴과 늙은 몸을 보았었는데 다음 날에는 젊게 느껴지는 경우가 있지요.

하지만 과장하지 맙시다! 해가 거듭됨에 따라 늙는다는 의식은 전체적으로 그리고 평균적으로 연령이 가리키는 대로 확인하는 경향이 있습니다. 몸이 쇠약해짐에 따라, 가끔 드문드문 생기던 자각이 점점 더 자주 되풀이됩니다. 객관적인 시간 쪽을 곁눈질하지 않기가 점점 더 어려워집니다. 영원한 현재라는 우리의 허구를, 속이 빤히 보이는 우리의 완곡어법을 갈수록 더 변호하기 어려워집니다. 매주 노인의 입에서 나오던 '다음 일요일에 봐'라는 말의 울림에 확신이 줄어듭니다. 낙관적인 관습을 끝내 불가능하게 하고 점잖은 오해를 유지하기 어렵게 만들어 우리의 가짜 안전을 공황상태로 만드는 것은, 나이라는 슬픈 증거와 달력의 거친 진실입니다.

노화는 아주 특수한 과민성을 유발합니다. 사람은 극도로 예민해지고 아주 작은 변화도 위태로운 신호로, 수상쩍고 곤란하며 결과가 무한히 무거운 징후로 받아들이게 됩니다. 유아의 첫 젖니가 이를 본 모든 사람들에게 성인의 광활한 미래를 알려주듯, 그렇게 성인의 첫 흰머리는 그 자신에게 죽음으로 위협받는 미래를 알려줍니다. 머리털 한 가닥 색깔이 달라지는 정도의 표면적이고 가벼운 변화가 어떻게 갑자기 그토록 중요성을 띠는 걸까요? 늙는다는 의식 속에 감춰진 씁쓸한 아이러니란 그런 것이기 때문입니다. 그저 머리털 한 가닥이 하얘졌다는 사실이 의미와 예감과 불안의 한 세계를 짊어지고 있는 것이죠. 관자놀이의 이 은색 머리털이 갑자기 우리 운명의 전조이자 예고 신호, 인간 조건의 요약이자 이른바 상징이 됩니다. 감각으로 파악된 이 표징을 바닥까지 깊이 파고들어 간 곳을 죽음이라고 부르는 것입니다!

 이처럼, 거울 속을 들여다보던 미인은 갑자기 눈가에서 계시적인 작은 주름을 발견합니다. 어느 날 아침 별생각 없이 있다가 거울 속의 자신을 마주 보게 되어 자기 나이의 씁쓸한 진실 앞으로 이끌려가고, 더 일반적으로 자신이 처한 상황의 엄중함을 알게 됩니다. 그는 이해해야 할 모든 것을 한번에 다 이해했습니다. 시들어버린 미인이 걱정스럽게 거울을 들여다보며 무슨 상념에 잠겨 있는지는 누구나 압니다. 그 상념은 차마 그 이름을 말하지는 않지만 죽음에 대한 상념인 것입니다. 그리고 또한 하나의 주름이 무엇을 암시하는지도 누구나 압니다. 주름은 죽음의 암시인 것이죠. 주름의 무언의 말은 아아! 보편적인 언어이며, 누구나 배우지 않고서도 이해합니다. 죽음에 대한 암시는 성에 관한 암시와도 비슷합니다. 성에 관한 일이라면 아무리 둔한 사람도 머리가 잘 돌아가고, 말귀가 어두운 사람도 믿을 수 없을 정도로 잘 알아듣지요.

 우리는 이런 '진지하게 여김'의 자각을, 처음으로 시간의 마멸을 알아차리게 되는 이런 노화의 의식을 "실감"이라고 불렀습니다. 실감은 살아가며 겪은 시간과 조감된 시간의 첫 충돌, 인간과 운명의 첫 마주침입니다. 이중화된 주체가 자신의 객관적 이미지를 이렇게 처음 마주하는 일이 거울 앞에서 벌어집니다. 실감하는 것, 이는 문자 그대로 (이를테면 계획을 실행한다는 의미로) 현실이 아니었던 것을 현실로 만드는 것이 아니라, 어떤 신호들의 참된 의의와 중요성을 발견하는 일입니다. 더 분명히 말하면, 이는 이미 찾았던 것을 발견하고, 이미 알고 있던 것을 이해하고, 늘 보아왔던 것을 마침내 깨닫는 것입니다.

예컨대, 아마 오래전부터 진행되었을 테지만 오늘에서야 의식의 문턱을 넘은 어떤 고통을 자각합니다. 지금까지 느끼지 못했던 옆구리 통증이 갑자기 환자가 걱정해야 할 만한 징후가 됩니다. 환자는 그것이 무엇을 의미하는지 아는 것입니다. 여러 해 동안 아무렇지도 않게 인사를 주고받던 이웃의 개성을 갑자기 발견하듯이, 매일 쳐다보지도 않고 지나가던 광장의 아름다움을 갑자기 느끼게 되듯이, 수없이 바라본 경치에 갑자기 새로운 눈길을 던지게 되듯이, 늙어가는 사람은 그처럼 어느 날 아침 잔인한 현실을 알아차립니다. 그는 어느 날 아침 그동안 건성으로 바라봤던 자신의 주름진 얼굴을 알아채고는, 걱정스럽게 그 전조 신호를 바라보며 생각에 잠깁니다. 주름진 그 얼굴을 말없이 바라봅니다. 마치 한 번도 본 적이 없다는 듯이, 오늘 처음 보는 듯이!

사실 그는 어떤 의미에서는 처음으로 진실을 발견하는 것입니다. 그는 사람들이 오래전부터 알았던 것을 이제야 자기 자신에 관련해 재발견합니다. 그렇습니다, 세상이 생겨난 이래로, 늙어가는 사람은 조만간 거울 앞에서 전혀 뜻밖이 아니었던 사실을 발견합니다. 더구나 그는 거기에 언제나 깜짝 놀랍니다. 이 얼마나 대단한 발견인가!

하고 말할 것입니다. 그걸 모르고 있으셨단 말인가? 네, 우리는 모르고 있었던 겁니다! 이 너무 잘 알려진 진실, 이 아주 케케묵은 신기한 일, 이 공공연한 거대한 신비에 대한 앎의 사실은 몰이해였던 겁니다. 「창세기」에서 말하고 있는 개안開眼이란 이미 찾았던 것의 발견을 그 나름대로 말한 것이 아닐까요? 순진무구한 인간은 눈이 있었지만 볼 수 없었던 것이죠! '너희들의 눈이 밝아질 것이다.'° 엄밀히 말해 아담은 뭔가 새로운 것을 알게 된 것이 아니라 자신의 나체를 깨닫고 선과 악의 구별을 의식하게 된 것이죠. 마찬가지로 늙어가는 사람은 모르던 것을 알게 되는 것이 아니라, 새로운 차원에서 새로운 조명 아래에서 슬픈 진리를 발견하게 됩니다.

앞서 우리는 실감이라는 것을 세 가지 측면에서 살펴보았습니다. 첫째로, 죽음의 추상적 개념이 갑자기 사람에게 '실제적인 사건'으로 드러납니다. 추상적인 개념을 평정하고 관념적인 앎의 대상으로 만들어 이른바 등록해 두는 것은 놀라운 일이 아닙니다. 다들 알고 있듯 기억술의 방식이 다 그런 것이니까요. 그렇다면 어떤 실제적인 사건이 그 사건과 아주 닮은 역사기록 속에서 "실감되는" 것 또한 놀라운 일이 아닙니다. 획득된 지식이 단순한 가능성들의 저장이라고 하더라도, 지식의 획득이란 엄연히 도래하는 어떤 것이니까요. 자각의 경험적 실제성은 죽음의 실제성에 걸맞습니다.

둘째로, 늙어가는 인간이 실감을 통해 전조와 자기 자신의 죽음 사이의 연결을 파악하지 못한다면, 몰개성적인 상투적인 말과 공손한 진부함의 영역을 벗어나지 못할 것입니다. 이미 다 만들어져 있는 앎은 딱히 누구와도 관련이 없는 앎입니다. 일인칭으로 몸소 겪은 '체험된 관여'가 '진지하게 받아들임'의 본질적인 조건이며, 하물며 "비극

° 「창세기」 3장 5절, 뱀이 하는 말.

으로 받아들임"의 본질적인 조건입니다. 이 일인칭의 관여가 추상적인 모나드론이나, 비인칭적인 인격주의나 또 다른 어떤 종류의 '주의'로 되돌아가지 않는다는 것에 주목합시다. 문제가 되고 있는 것은 '나라는 것'이 (자아라는 것이) 아니라 '나이기' 때문입니다. 바로 지금 이 순간 '내가'라고 말하는 나 자신 말입니다.

끝으로 셋째, 나의 개인적인 문제인 이 현실은 시간적으로는 임박한 것으로서 나타납니다. 늙어가는 이는 자기 자신이 죽는 날짜를 문자 그대로 (시계 위의 시와 분, 달력 위의 월과 일로) 아는 것이 아니라, 그 '임박함'을 강렬하게 경험하는 것입니다. 당장의 죽음에는, 즉 지연되지도 않고 중개자가 끼어들거나 중간에 거쳐야 하는 일도 없이 "가장 가까운 것proximum"에 맞서는 일이 문제가 될 때에는 특히나 용기가 반드시 필요해집니다. 용기란 전초병의 덕목이 아닙니까?

실감의 이 세 가지 측면은 물론 노화의 경험에서는 서로 분리되지 않습니다. 죽음이 나에게 실제적 사건인 것은 오로지 그것이 나의 사적인 문제이기 때문이고 그 기일이 가까운 장래에 관련되어 있기 때문입니다. 죽음이 내가 몸소 관여된 일인 것은 오로지 그것이 실제적 사건이며 가까운 장래인 한에서죠. 죽음이 가까운 장래인 것은 오로지 일인칭으로서 그리고 실제적 사건으로서 그런 것이고요. 그렇지 않다면 죽음은 미래 중에서 가장 멀고 가장 추상적이고 가장 개념적인 것이 될 테니까요.

어쨌든 개연성에서 사건을 발견하고 사멸성에서 나 자신의 죽음을 발견해, 자신의 죽음의 전조 증상들을 우리가 갑자기 감지하게 되는 이 실감이라는 것은, 추론도 아니고 엄밀히 말해 다가올 무를 단순히 경험하거나 직접 해독하는 것도 아닙니다. 실감이란 오히려 양자의 중도에 있는, 직관이라 불러도 좋을 일종의 실험적 의식이며, 말하자면 우리의 숙명적 유한성을 형이상학적으로 언뜻 보는 일입니다. 전조 신호를 직접 해석하는 이 언뜻 봄은 또한 예견이자 예언이기도 합니다. 민간신앙에 따르면 천사의 기능이 미래를 알리는 것이라니, 이렇게 말할 수도 있겠습니다. 이 신호들을 통해 말하고 우리를 날개로 스치고 있는 자는, 눈에 보이지 않는 죽음의 천사라고. 소식을 전하는 사자가 여기서 알리고 있는 것은, 탄생이나 시작이 아니라 종말이니까요.

2

죽음 순간의 죽음

이야기할 수 없는 순간에 대한 부끄러움

 알다시피 『파이돈』은 '죽음ἀποθνήσκειν'과 '죽어있음τεθνάναι'의 구별을 모르지 않았습니다. 전자는 죽는 순간을 가리키고, 후자는 죽은 자들의 처지에, 이미 죽어서 묻힌 죽은 자의 상태에 관계됩니다. '이편'의 문제들과 '저편'의 신비 사이에 있으니, 죽음의 순간은 어쩌면 신비적인 문제 혹은 문제적인 신비 같은 어떤 것을 나타내고 있는 걸까요? 다시 말해 봄과 보지 못함 사이에 놓인 언뜻 봄을 위한 절호의 기회를 나타내고 있는 것일까요? 존재가 있어 죽음을 생각할 수 있지만 죽음이 없어 신비가 없는 '이전'과, 죽음이 완전히 와 있지만 죽음을 생각할 살아있는 존재가 더 이상 없는 '이후' 사이에 있으니, 죽음의 순간은 때맞춰 현장에서 포착된 '동안'이 아닐까요? 삶의 대낮과 죽음의 캄캄한 한밤 사이에 있기에, 죽어가는 죽음은 계시의 번쩍이는 불꽃, 한 줄기 빛, 요컨대 밤 속의 낮이자, 칠흑 같은 한밤의 순간적인 한낮인 섬광이 아닐까요?
 우선 죽는 순간의 철학이 왜 불가능하고, 왜 이 불가능성이 죽음 이편의 철학과는 전혀 다른 의미를 갖는지를 떠올려봅시다. 이편의 철학에 없는 것은 소재가 아닙니다. 그러나 이 철학은 문제에서 완전히 벗어나 있습니다. 경험세계의 견실한 두터움과 기간의 연속성은 아마도 우리의 이야기와 논술과 추론에 기꺼이 소재가 되어줄 것입니다. 그러나 그것이야말로 철학적 말장난이 아닐까요? 예를 들어, 노화를 논하고 시간의 작용으로 인해 늘어나는 권태와 소모를 논할 수는 있습니다. 그러나 노인이 경험하는 노년의 현재는, 젊은이가 경험하는 청춘의 현재만큼이나 실한 것입니다. 그 충만함 속 어디에서도 우리는 죽음의 부정이나 비존재의 공허를 읽어낼 수 없습니다. 부재 또한 현존과 현재의 한 형태이며, 우리의 유한성 자체도 조감의식이 섞여들지만 않는다면 영원한 현재로 살아집니다. 삶은 우리에게 무에 대해 말하지 않습니다. 삶은 우리에게 삶에 대해서만 말하는 것입니다!

이에 반해 죽는 순간의 철학은 신비의 중심을 똑바로 겨냥하는 것일 터입니다. 만일 그것이 가능하다면 말이죠. 그러나 그것은 불가능합니다. 살 수 있을 만한 견실함이 없기 때문이고, 지속성이 없기에 말할 거리도 없고, 그 무의미로부터 결론을 끌어낼 만한 것도 전혀 찾을 수 없기 때문입니다. 이편의 철학은 아무리 말이 많아도 죽음에 대해서는 그 어떠한 계시도 우리에게 가져다주지 않습니다. 반면 그 순간의 경험은 어쩌면 우리에게 "메시지"를 가져다줄지도 모르겠지만, 우리는 그것이 쓸모가 없다는 것을 뒤에서 확인하게 될 것입니다. 죽어가는 인간의 직관이 그 정의상 결코 동시적이지도 공존하지도 않는 섬광이나 신호를 어떻게 붙들 수 있겠습니까?

물론 우리는 일종의 찰나 같은 동시성을, 죽는 순간과 자의식 사이의 점 같은 합치를 생각으로 떠올릴 수는 있습니다. 그러나 그러한 동시성은 전혀 쓸모가 없는 것입니다. 그 이후의 순간에, 아니 바로 그 순간에는 의식도 없고 의식 있는 존재도 없으니 말입니다. 우리가 익히 아는 동시성이란 일정 기간을 함께하거나 함께 사는 것이고, 합치란 공존하면서 죽 함께 지내는 일입니다. 그러한 동시성은 보통의 삶을, 즉 하루하루 계속되고 갱신되는 일상을 내포하는 것이죠. 목격하는 의식은 펼쳐지는 '동안'의 현실성을, 계속되는 '동안의' 지속을, 도래하고 '있는 동안의' 현재를, 돌고 '있는 중인' 시곗바늘을, 눈앞에서 이루어지고 '있는 중인' 역사를 지켜봅니다. 그러나 이 경우 목격하는 의식은 단지 이루어지고 있는 것과 동시적이기만 한 것이 아니라, 회상으로 뒤처지고 예견으로 앞서고 합니다. "그때그때"는 이 경우에는 ("그날그날"처럼) 조금 전, 그리고 특히 조금 후를 의미합니다. 임박한 즉시이자 막 달아난 즉시의, 다가오는 순간과 지나간 순간의 두 가지 "방금"은, 날카로운 직관을 부풀리고 말하자면 두껍게 만듭니다.

그러나 죽어가는 인간에게 죽음의 순간에 대한 직관은, 만약 그런 것이 존재한다 해도, 어떤 접촉이라기보다는 오히려 측정할 수 없는 접점과 훨씬 더 비슷할 것입니다. 왜냐하면 직관은 그 순간을 스치듯 지나가지만 닿지는 않을 것이기 때문입니다. 직관이 천천히 스며들 수 있도록 계속 나란히 있는 것, 시간의 길 위에서 길벗으로 지내는 것, 함께 지나간 여정, 공생의 수평적 평행관계, 그리고 회고의 뒷맛까지, 이 모든 것이 죽어가는 자에게는 거절되어 있습니다. 자기 자신의 죽음과 의식과의 이러한 관계는, 타인의 죽음의 경우에도 그리 다르지 않습니다. 산 자들은 빈사자의 마지막 순간 동안 그 '곁에 있고', 마지막 머무르는 때까지 그 죽음에 '동행합니다'. 그러나 죽어가는 바로 그 사람과는 아무도 동행하지 않습니다. 그가 마지막 걸음을 홀로 내딛는 동안에는 아무도 그를 호위하지 않는 것입니다. 그렇습니다, 죽는 순간은 그 어떤 식으로도 인식의 대상이 될 수 없고, 사색이나 추론의 소재도 될 수 없습니다. 순간의 차원에까지 좁혀져 결국에 없어져 버리는 찰나적인 동시성은, 어떤 식으로도 심리적 경험과 의식의 경험으로 체험되지 않습니다. 모든 의식은 앞서든가 늦든가 하기 때문입니다. 죽음의 순간은 어떤 식으로도 어떤 '것^{Res}'이 아닙니다. 만약 그것이 "어떤 것"이었다면, 그 부분은 보거나 말하거나 할 대상이 되었을 테니까요. 그러나 그렇게 되면 그것은 더 이상 순간이 아닐 것입니다.

죽음이 우리에게 불러일으키는 어떤 부끄러움은 죽음의 순간을 생각할 수 없고 이루 말할 수 없다는 점에서 비롯됩니다. 생물학적 연속에 대한 어떤 부끄러움이 있듯이, 초경험적인 중단에 대한 부끄러움도 있습니다. 생리적 욕구의 주기적인 반복에 뭔가 점잖지 못한 것이 있다면, 혈전 하나에 갑자기 삶이 중단된다는 사실에도 나름 볼썽사나운 면이 있는 것입니다. 이별하는 일의 어려움 속에서도 우리는 '작별'에 대한 공포증을 읽어내고, 우리의 본성적 연속주의가 마지막 순간 앞에서 보이는 소심함을 읽어낼 수 있을 것입니다. 시작하려고도 끝내려고도 하지 않는 사람은 처음과 마지막을, 말하자면 창피스러워하는 것입니다!

'죽음'이라는 금기어는 특히 노골적인 낱말, 발음하기도 차마 입에 담기도 어려운 낱말이 아닐까요? 그래서 중간만 가는 것에 적응된 평균인은 점잔 빼면서 단정하고 관례적인 완곡표현으로 그 말을 포장해야 하는 것 아닐까요? 희망의 여지도 없이 너무 건조하게 거절하는 '아니'를 좋게 에둘러 말하며 희석시키고, '아무것도 아님'을 온갖 종류의 뉘앙스로 완화시키며, 부정의 대답에 앞뒤 사정에 대한 말을 잔뜩 덧붙이듯이 말입니다. 죽음이라는 짧은 낱말에 대한 혐오, 표현을 부풀리고 형용사를 잔뜩 붙이는 경향은 통속어에서 특히 발견됩니다. 이런 말 많음은 흔히 소심함의 한 형태입니다. 그래서 어지럽게 잔뜩 말을 늘어놓아 정신을 딴 데로 돌리려고 하는 거죠! 짧은 말에 대한 혐오와 순간에 대한 혐오는 어쩌면 하나의 같은 혐오일 것입니다. 사건의 난폭한 단순성 때문에 그렇게 얼버무리고 말을 이리저리 돌리는 것이죠. 주변사정과 완곡어법은, 아마도 플로티노스나 베르그송을 생각나게 하는 말로, 결정적 '지점'과 '아슬아슬한 순간'의 주위를 에둘러 가는 지성의 우회를 연상케 하지 않습니까.° 우리는 양심에 다소 가책을 느끼고 있는 자기기만적인 사람, 혹은 상상으로 자신의 성공과 염복艶福을 이야기하는 허풍쟁이와 닮았습니다. 가짜 돈 후안이 요컨대 자신이 하지도 않은 일을 말하는 것이죠.

진정한 사랑과 용기는 그렇게 떠벌이지 않습니다. 반대로 그것은 사람을 오히려 침묵하게 하거나, 적어도 간결하게 말하도록 합니다. 묵묵히 행함이란, 중간만 하면 된다는 자장가 소리에 달래지지 않고 극한 상황에 맞설 준비가 되어 있는 사람의 천부적 금언입니다. 우리는 생존자들이 죽음을 아주 가까이에서 보았던 만큼 스스로 침묵 속으로 들어가는 것을 봅니다. 그들의 무언을, 깊은 속셈이나 암시나 숨은 뜻이 있어 일부러 말하지 않는 것으로 해석해서는 안 됩니다. 그렇게 되면 많이 알고 있으면서 조금밖에 말하지 않는 과묵의 경우가 되어버릴 테니 말입니다. 더구나 죽음을 가까이서 보았던 생존자는 전혀 아무것도 보지 못한 것입니다. 살아남았으니까요! 관건은 차라리 일종의 아는 무지, 불가사의하게도 무지한 앎입니다.

한편, 그 역도 부정할 수 없습니다. 아는 것이 적은 사람일수록 말이

° '주변사정'과 '완곡어법'으로 옮긴 'circonstance'와 'circonlocution'은 모두 'circon'으로 시작된다. 그 어원은 라틴어 'circum'으로 '둘레에', '빙 둘러'를 뜻한다.

많은 것이죠. 점과 같은 순간에 대한 수치심 때문에, 뾰족한 끝을 뭉개고 죽음의 날카로운 칼날을 무디게 만들려는 논설을 늘어놓게 되는 것입니다. 수사修辭로 감추기, 수사에 녹이기, 이것이 아마도 극도의 순간에 대한 극도의 간략 어법을 피하는 수단일 것입니다. 혹은 다른 비유를 든다면, 타르튀프가 하녀 도린의 가슴 위에 손수건을 덮듯이, 새침데기는 죽음의 얼굴 위에 논설의 베일을 덮는데⋯ 이 외설적인 죽음이 나한테 보이지 않도록 가려주세요!

죽음의 순간을 감추는 첫 번째 방법은 이를 이야기와 신화적 요소 속에 녹이는 것입니다. 하지만 서사가 이야기하는 것은 사건들의 연쇄입니다. 그리고 단 하나의 사건을 이야기할 때조차도, 예컨대 보로디노 전투를° 이야기할 때조차도, 큰 사건이 몇 개의 이어지는 작은 사건들로 분해되고, 그것도 다시 잡다한 사건사고와 세세한 일화들로 한없이 쪼개집니다. 역사적 대사건을 서술할 수 있는 것은 이 잠재적인 분할 가능성 때문입니다. 이렇게 무한히 작은 이야기들의 북적거림 덕분에 역사소설이 만들어집니다. 이 무한한 분할 가능성 덕분에, 자잘한 상황과 얄궂은 순간이 얼기설기 엮여 있는 덕분에, 멀리서 크게 본 유명한 전투나 혁명의 하루가 만들어지는 것입니다.

하지만 죽음의 순간은 분석해 봐도 소용이 없습니다. 그 속으로 깊숙이 파고들어 최대한 가까이 다가가 눈을 부릅뜨고 현미경이나 가장 강력한 한외限外현미경을 들이대 봐도 소용이 없습니다. 거기서는 죽는다는 단적인 사실 말고는 아무것도 발견되지 않습니다. 죽음의 순간은 이 마지막 일격의 "사실성" 혹은 불가분의 실제성으로 환원되

° 나폴레옹의 프랑스군이 1812년 9월 7일 모스크바 서쪽 보로디노 마을 근처에서 러시아군과 맞붙은 전투. 나폴레옹의 러시아원정 최대의 격전으로 톨스토이의 『전쟁과 평화』에 잘 묘사되어 있다.

는 원소 사건입니다. 그 이상 더 환원하려는 어떤 시도도 '라는 사실'을 속절없이 동어반복으로 확인하는 일에 그칠 뿐입니다. 수다스러운 철학은 실제성의 주변상황 쪽으로 방향을 돌리려 합니다. 그러나 그래 봤자 고작 주변에 머무르는 수밖에 없습니다. 그것은 "죽음이 무엇인가?" 하는 물음에 대답할 수 없습니다. 순간이란 실제로 닥쳐옴이라는 텅 빈 순수 사실이 아닐까요?

  죽음의 순간은 상황적인 내용 없이 그 본질만 보면, 달력상의 날짜와 시계의 초로 환원됩니다. 그래서 이 분할되지 않는 순간에는 이야기할ἱστορεῖν 것도, 담화를 펼칠 외연도, 목록 조사를 할 넉넉한 깊이도 전혀 없습니다. 여기서는 이전과 이후가 한 점으로 일치합니다. 가장 단순한 사건에 대한 가장 짧은 서사는 따라서 시작과 동시에 끝납니다. 담화는 즉시 바닥납니다. 여기서는 간격이 없어집니다. 존재의 중단이라는 이 무한히 작은 사건 속에는 미시 사건이 없습니다. 깊이도 넓이도 없는 이 무無 위에서 문답은 잡을 곳을 찾지 못하고 미끄러집니다. 얘기할 것이 없어 모든 서술이 좌절되고, 이야기 꾸미기가 모조리 이미 얼어붙습니다. "업적록"도 연보, 일지, 시간표와 같은 연대기도 없어, 순간에 대한 이야기와 소설은 먹을 게 없어 굶어 죽습니다. 무화의 철학에서는, 선재先在의 철학이 너무 가늘어져 제풀에 사라져 버립니다. 백만분의 일 초에 대한 소설은 계속 얇아지다가 임종 순간의 끝점만큼이나 가늘어져 침묵의 무 속에서 그 또한 소멸되지 않을까요? 순간에 관한 담화는 들리지 않는 속삭임이 되어 사그라집니다. 요컨대 그것은 마지막 한숨과 함께 사그라지는 것입니다. 페트라르카가 "짧은 한숨"이라고 부른 죽어가는 사람들의 입에서 나오는 그 한숨입니다.

이편과 저편 사이의 문턱을 담화로 옮길 수 없다면, 우리는 죽은 자의 전기나 다름없는 이편의 이야기와 종말론이나 환상 이야기 같은 저편의 소설 중에서 선택해야 하는 걸까요? 어찌 됐든 사람은 순간을 상태로, 죽음을 죽은 자로 대체하려는 유혹을 받는데…. 이야기나 논변이 없는 경우에는, 장례식이 그 "볼 수 없는" 순간을 가리는 일을 합니다. 어쩌면 "고인 약력"을 읽는 순서가 종말론적인 몽상보다 더 효과가 있을지 모르죠? 예식은 파악할 수 없는 순간을 오페라의 마지막처럼, 늘임표의 최고조에서 영속시키고 그 장엄한 울림을 연장시킵니다. 자칫하면 알아채지 못하고 지나칠 암시를, 조종弔鐘이 끈질기게 알리고 경의를 표하며 부풀리는 것입니다. 이번에는 아르켈이 "나는 아무것도 듣지 못했다"고 말할 수 없을 테죠.° 이미 더 이상 아무것도 없는데, 장례 무도극의 장長이 지휘하는 일종의 죽음의 춤이 숙명의 찰카닥 소리 너머로 사건의 연속을 유지합니다. 그 울림을 영속시키는 장례 연설 덕분에, 오르간의 장엄한 소리 덕분에, 마지막 한숨은 이른바 영원한 한숨이 됩니다. 거의 알아차릴 수 없는 그 짧은 한숨의 뒤를 이어, 성당의 둥근 천장 아래로 베를리오즈Hector Berlioz의《레퀴엠》이 광풍처럼 휘몰아칩니다.

그러나 가끔은 순간이 빛의 광채 속에 머무르기도 합니다. 성대한 장례식의 장엄한 행렬과 화려한 의식에 의해, 순간이 순간성의 밖으로 넘쳐 나와 그 뾰족한 첨단의 주위로 태양처럼 빛을 뿌립니다. 지각할 수 없는 순간 대신에 찬란한 순간이 있는 것입니다. 가브리엘 뒤퐁의 안타르는°° 말 위에서 죽지만 그 갑옷은 태양 빛에 번쩍거립니다.

°   드뷔시의 오페라《펠리아스와 멜리장드》의 5막.
°° 6세기 아라비아의 기사이자 시인으로, 가브리엘 뒤퐁은 1924년 그를 주인공으로 오페라를 작곡했다.

여름날 해 질 녘에 하늘을 끝없이 붉게 물들인 황금빛 긴 석양이 그러합니다. 지각할 수 없다던 순간은 어떻게 된 것일까요? 지각할 수 없는 순간은 더 이상 없습니다. 그 순간은 가득 쌓인 꽃과 찬가 아래로 사라져 버린 것입니다.

《영웅 장송곡》의 위대한 편곡자 리스트는 순간이 지체되고 영원해지는 장례의 이 음산한 화려함을 애호했습니다. 아마도 리스트의 《타소》의 화려한 "죽음의 승리"를, 신의 숨결만큼 은근하고 감지되지 않는 멜리장드의 죽음이나, 〈죽음이 배회한다〉는 제목의 가브리엘 뒤퐁의 감탄스러운 대목과 비교하는 것으로 충분할 것입니다.[1] 죽음은 소리를 내지 않습니다. 한숨은 소리를 내지 않습니다. 심장의 멈춤은 소리를 내지 않습니다. 피아니시모와 극도의 간결함의 시인인 드뷔시에게 순간은 정말로 곧바로 사라지는 잠깐이었습니다. 그러나 죽음의 장엄함에 특히 경의를 표하는 낭만파 음악가들에게서는, 순간이 강조되고 팽창되어 하나의 영원성이 됩니다. 질량도 부피도 없는 것이 엄청나게 부풀어 오릅니다. 죽음의 피아니시모 같은 신비는 웅장한 찬가 속으로 사라집니다.

그리고 이것으로도 아직 충분치 않은 듯이, 살아남은 사람들은 이 순간의 기념일을 정기적으로 경건하게 기립니다. 충실한 기념 덕분에, 단 한 번 일어나는 일이 주기적인 일이 됩니다. 달력은 "일회적인" 신비를 반복적이고 거의 익숙한 사건으로 만들죠. 예식은 너무 짧은 순간의 반복을 표현합니다. 그리하여 신도들은 성금요일마다 그리스도의 영원한 마지막 숨을 꾸준히 기념합니다. 그리고 그 다음다음 날 다시금 신실하게 부활을 축하하며, 비극적일 순간이 결국 익숙한 예배생활과 긴밀하게 섞이게 되죠. 아마도 주기성은, 순간을 영구적으로 지속시킬 수 없고 애도의 숭고함을 오랫동안 지탱하지 못하는 인간의 경박함을 보완할 것입니다. 주기적인 제전이든 연장된 제전이든, 제전은 죽음의 순간이 나날의 삶과 친숙하게 함께 있을 수 있도록 합니다. 죽어가는 이는 더 이상 죽는 것으로 끝나지 않습니다. 마지막 숨을 쉬는 데에 한순간, 이 숨을 계속하는 데에 영원 전체⋯.

물론 이 전적으로 상징적인 행사들은 지속 없는 순간을 영속시키지 않습니다. 사회적 동요를, 그것도 살아남은 사람들에게만, 영속시킬 뿐입니다. 선명한 균열을 흐릿하고 희미하게 만드는 데 도움이 되는 것이죠. 마지막 숨을 내쉰 뒤의 복잡한 예식과 상징이 터무니없이 많다는 것은 무엇보다 우리의 처량한 무능력을 증명합니다. 살아남은 자들은 무엇을 해야 할지, 무엇에 마음을 써야 할지 모르는 것입니다. 끝난 건지, 마지막 숨을 내쉬고 나서 영원한 무가 결정적으로 뒤따르는지, 죽음이 확실히 '아니'라고 말했는지, 듣지 못할 것입니다. "그렇게 빨리, 그렇게 빨리⋯ 아무 말도 없이 가버리다니⋯."°

살아있는 이들은 적어도 한순간이라도 더 늘리려고 애쓸 것입니다. 검은 상복은 비극적인 떠남 이후에도 오랫동안 남는 것이죠. 혹은 무덤 앞에서 무엇을 해야 할지 전혀 몰라, 사람들은 꽃을 바칩니다. 고인을 앞에 두고 이상하리만치 할 일이 없는 생존자들에게는 그것이 적어도 하나의 일이 되는 것이죠. 꽃향기로 가득한 땅의 생명이 피어나는 이미지가 무의 불길한 공허를 덮을 것입니다. 묘석이라 부르는 이 대리석 늘임표 앞에서 우리는 긴 묵념을 합니다. 애도란 따라서 살아있는 자들 사이의 일입니다. 산 자들은, 순간을 호사스러운 전시로 바꾸느라 분주합니다. 죽은 자로 말하자면, 알다시피, 모든 일에서 물러나 있습니다.

° 《펠레아스와 멜리장드》 5막.

5

죽음의 순간은
범주를 벗어나 있다

1. 죽음의 순간은 양적인 최대가 아니다

  비교할 만한 짝이 없는 사건인 죽음의 순간은 그 어떤 개념화도 받아들이지 않습니다. 우리는 죽음 일반을 어떤 하나의 범주에 집어넣고서 그것을 생각하려고 시도하고 있었습니다. 그러나 우선 양과 질의 분리는 경험세계에서만, 그리고 상대적인 증가와 변형에서만 의미가 있습니다. 무화는 감소의 궁극적인 극한인 동시에 변화의 궁극적인 극한이죠. 이제 양의 범주 또한 죽음의 순간에 적용할 수 없다는 것을 확인합시다.
  죽음의 순간은 하나의 최대인 것일까요? 그것은 고통의 가장 극심한 정도, 혹은 병의 가장 극도의 "강도"에 상당한다고 말하는 사람들이 있습니다. 예를 들어 고통이 어떤 수적인 최대치를 넘어설 때 죽음을 가져오게 된다고 말입니다. 모든 경험의 최종 항에 상응하는 죽음, 즉 죽는다는 사실은 분명 하나의 "한계"를 나타냅니다. 죽음은 우리가 한 가지 경험에서 인간에게 허용된 테두리의 끝까지 갈 때, 중간에서 멈추지 않고 그 경험을 파고들어 갈 때 만나게 되는 것이죠. 죽음은 깊이의 가장 밑바닥, 높이의 최고 절정, 모든 거리의 마지막 종점, 한마디로 모든 경험에서 사람이 다다르는 넘을 수 없는 절대적 한계입니다. 죽음은 모든 큰길을 어느 방향으로든 한없이 연장해 갈 때 그 끝에 있습니다. 그리고 파리의 대로를 동서남북 어디로나 뻗다 보면 조만간 바다를 만나듯, 마찬가지로 사람이 한 감각이나 감정의 강도를 점진적으로 늘리면 죽음을 만납니다. 한 가지 경험을 마구 팽창시키면 마침내 터져서 무로 사라져 버립니다. 실이 끊어지는 순간이 오는 겁니다! 어떤 점을 넘어서면 고통은커녕 기쁨조차 견딜 수가 없게 되고, 계속 커지면 우리를 죽일 수도 있으니… 기뻐서 죽는 일도 있지 않습니까? 죽을 수밖에 없는 인간 심신의 실존은 그토록 덧없고, 그 존속은 불안정하며, 그 조직은 허약하고 그 가슴은 좁습니다. 죽음이 신체라는 구조물의 모든 틈새와 이음매를 통해 우리 안으로 침입할 수 있기 때문이죠.

불사의 철벽 갑옷을 입은 죽지 않는 존재에게는 위험은 의미가 없으며, 용기도 모험도 의미가 없습니다. 어쩌면 천사는, 여느 사람들처럼 모험을 떠날 수 있다면 죽어도 좋다고 생각할지도 모르겠습니다. 천사는 아아! 죽지 못해 죽을 지경입니다. 결코 위태로워지지 않는 데에 진력이 나 있는 것이죠. 죽음은 모든 고통에서 고통스러운 것, 모든 위험에서 위험한 것, 모든 모험에서 모험적인 것, 불행과 병의 나쁨 그것입니다. 병은 살짝 난 상처, 아주 가벼운 두통이라고 해도 이론적으로는 그 병으로 죽을 수 있기 때문에 병입니다. 종기 하나라도 죽음의 가능성이 아닐까요? 위험은 죽음의 가능성이 있는 한에서만 위험한 것입니다. 죽을 가능성 자체가 이미 제거되어 있는 위험, 그런 위험은 심각한 위험이 아니라, 장난인 위험, 그런 척하는 위험, "참여" 문학가를 위한 놀이입니다. 마찬가지로 생환이 이미 보장되어 있는 모험은 전혀 모험이 아닙니다. 그것은 오히려 허세죠! 모험은 어디까지 갈지를 모르기 때문에 모험인 것입니다. 혹은 오히려 온갖 추측이 난

무할 수밖에 없기 때문에 모험인 것입니다. 모험은 예외 없이 유한한 모든 인간들이 죽음이라 부르는 이 극단까지 우리를 데려갈 수 있습니다. 그리고 용기를 용기 있는 것으로, 영웅적 행위를 영웅적인 것으로 만들고, 희생을 비극으로 만드는 것은 요컨대 죽음입니다. 열정에 불타는 용기는 기탄없이 조건도 저의도 없이 "가리지" 않고 전적인 희생을 받아들입니다. 다시 말해 경우에 따라서는 '죽음까지usque ad mortem' 받아들입니다. 영웅의 모든 진정성과 진지함은 이 '까지'에 달려 있습니다. 영웅이 마지막 순간에, 아니 마지막 바로 전 순간에, 말하자면 11시 59분에 어떤 구원의 손길이 내려와 그를 구할 것임을 이미 알고 있다면 그것은 속임수죠. 그때 영웅은 영웅이 아니라 어릿광대가 됩니다. 이를 영웅적이라 말하는 것은 수사적 표현, 아니 더 정확히는 허풍입니다.

만약 영웅이 죽음은 '제외하고서' 죽음"까지" 자신을 희생한다면, 초경험적 희생이라기보다는 경험적 헌신이라고 말해야 할 것입니다. 죽음"까지" 자신을 바치지만 죽음은 밖에 두는 현자의 차안의 헌신과, 죽음을 포함해 죽음"까지" 자기희생을 하는 성자의 피안의 헌신 사이의 차이가 그런 것입니다. 양쪽 모두 죽음까지ἕως θανάτου이지만 한쪽은 죽음의 이편에 머물고 다른 쪽은 완전히 초자연적으로 저편을 겨냥합니다. 피안의 헌신은 삶의 마지막 순간까지, 즉 죽음의 첫 순간까지 자신을 희생합니다. 차안의 헌신은 완전히 이 세상의 것이며, 근본적으로 비극성이 결여되어 있습니다. 그것은 '이만!hactenus' 하고 말합니다. 여기까지, 더 멀리는 안 된다며 죽음의 문턱에서 멈춥니다. 이에 반해 희생이라는 어마어마한 일에서, 순교자는 타인을 위해 죽는 것을 받아들입니다. 이런 전적인 선물은 사람이 줄 수 있는 최대의 선물입니다. 어떤 사람도 자기 자신의 존재 이상의 것을 줄 수 없기 때문입니다. 우리가 줄 수 있는 것 중에 자기 자신과 자신의 생명보다 더 큰 것은 없으니까요. 설령 마지막 순간, 아니 마지막 바로 전 순간에, 전혀 예상치 못하게 신의 사자가 내려와 희생의 칼을 물리친다고 해도 그 선물은 그래도 변함없이 전부를 주는 것입니다. 마지막 순간에 천만다행으로 극적으로 구해지더라도, 죽음을 완전히 순수한 마음으로 아무런 계산 없이 받아들인 것으로 충분합니다. 주인공이 자신의 행위의 모든 귀결을 죽음까지 포함해 받아들이겠노라고 사전에 결심한 순간부터 희생은 속임수가 아닙니다. 진정으로 피안을 겨냥했으면서도 실제로 결국에 이 세상에 남게 되었으니, 그는 한순간 두 세계의 접점을 알게 되었을 것입니다. 누가 알겠습니까? 그의 절망이 어쩌면 기적의 (충분조건은 아니더라도) 필요조건이었을지.

　더 간단히 말해봅시다. 죽음은 모든 희생의 진지함, 모든 우여곡절의 판돈, 모든 모험의 소금입니다. 많은 경우 고통 자체도, 거기에 겨우 느껴질까 말까 한 만큼의 죽음이라도, 말하자면 동종요법처럼 극미량의 죽음이라도 함유되어 있어야, 우리를 괴롭게 합니다. 죽음의 위험이 천에 하나의 확률일 뿐인 경우에도, 이 몹시 작은 확률에 대한 두려움, 아주 멀고 희박한 가능성에 대한 걱정이 위험을 위험스럽게 만들고 제비뽑기를 흥미진진하게 만드는 것입니다. 책으로 배운 개념이 분명한 위협으로 바뀌는 날, 추상적인 먼 가능성이 일어날 법한 긴박한 사건이 되는 날, 우리는 이를 잘 이해하게 됩니다.

　우리 존재의 비존재란 따라서 극한 경험의 극단에서 닥쳐옵니다. 그러나 이 극단 자체가 극단적인 것은 오직 피조물의 지속이 유한하고 모든 차원에서 한정되어 있기 때문입니다. 열, 빛 혹은 소리의 크레셴도는 물리적으로는 무한정일 수 있지만, 인간의 생명은 너무 일찍, 크레셴도가 그 최고점에 도달하기 훨씬 전에 끝납니다. 모험가의 덧없는 삶이 예상되는 모험의 끝보다 훨씬 앞서 끝나버리는 것이죠! 우리 삶의 실질을 사방에서 에워싸고 옥죄는 공간, 시간, 수, 세 겹의 무한 속에서, 사람은 그 일부를 잘라내 자신을 위한 제한된 영역을 마련합니다. 진동의 무한한 음역에서 우리의 감각에 할당된 중간지대가 그러한 것이며, 그것이 감각의 "범위"를 나타내는 것이죠. 그 이편과 저편에는 감각 이하와 감각 이상, 시각 이하와 시각 이상, 청각 이하와 청각 이상이라는 두 가지 무한이 한없이 펼쳐져 있어, 감성의 영역을 양쪽으로 막아 경계를 짓고 한정합니다. 감각의 최대와 최소는 두 개의 한계를 가리키지만, 거기서부터 양쪽으로 감각으로 포착되지 않는 무정형의 대양이 시작됩니다. 보이지 않는 거대한 밤, 들리지 않는 한없는 침묵, 빛과 소리가 없는 어둠 속에서 사람은 눈과 귀가 멉니다. 더 일반적으로 말해 피조물의 유한성은 요컨대 영원이라 불리는 이 시간의 무한 위에 문양을 짜 넣는 것입니다. 그리고 대륙이 대양 위에 섬처럼 떠 있듯이, 우리의 유한성의 시초와 최후를 영원성이 에워싸고 있습니다. 이전의 영원으로부터 떠올라 이후의 영원에 의해 흡수되는 한 인간의 일생은, 무를 배경으로 탄생과 죽음 사이에서 죄어져 있습니다. 인간은 여기저기로 막혀 경계로 차단되어 한정되어 있습니다. 삶이라 부르는 작은 사이, 짧은 막간극이 어찌 우리를 끊임없이 겸손과 절도로 되돌려놓지 않겠습니까?

죽음은 숨겨진 깊이이기 이전에, 그러니까 어떤 최대치에 상응합니다. 그리고 이 최대치는 수를 매길 수 있는 하나의 양으로 표현됩니다. 최적이 (이를테면 온대기후가) 최대와 최소 사이에서 삶에 가장 적합한 평균 조건을 나타내는 것이라면, 열과 고통과 피로가 극심해져 삶이 불가능해지는 지점도 마찬가지로 존재합니다. 고통의 정점에서는 실존 자체가 깨어지죠. 그것은 아마 여느 모든 정도와 마찬가지로 하나의 정도이며, 연속된 단계 가운데 하나의 크기이며, 체온계 위의 하나의 눈금에 해당하는 정도일 것입니다. 용량이 어느 일정한 수에 도달하면 약이 치명적인 독이 됩니다. 그러나 그 수 자체는 아주 평범한 수이며, 그 너머로도 용량의 무한한 단계가 숱하게 있는데… 다만, 여느 수와도 비슷한 이 유한한 수만은 치사량을 나타내는 것입니다! 열 방울의 독으로는, 다소 문제가 있기는 하겠지만 생명은 유지됩니다. 열한 방울로, 그러니까 한 방울 더의 작은 차이로 살아있는 사람이 쓰러져 죽습니다. 열 번째 방울과 열한 번째 방울 사이에 무슨 일이 일어난 걸까요? 열하나가 "임계 용량"일 테니…. 더구나 사람에 따라, 또 같은 사람이라도 때에 따라 용량은 달라지는데. "그것으로는 작은 새도 죽지 않을 겁니다" 하고 멜리장드를 돌보는 의사는 말하죠…. 어떤 주파수의 진동이 '파 샤프' 음을 청각으로 들을 수 있는 물리적 조건인 것과 마찬가지로, 특정한 수와 특정 정도는 죽음이라 부르는 형이상학적 대이변이 일어나는 물리적 부대조건입니다. 자극이 양적으로 증가하면 감각이 질적으로 달라지듯이, 침몰 신호를 내는 임계 정도에 다다를 때 무릇 실존이 끝납니다. 따라서 유한한 규모의 경험적 연속과, 삶과 죽음의 경계를 가리키는 어떤 특수한 단계의 초경험적이고 정말로 무한한 크기는 완전히 불균등합니다. 한편은 자기 자신의 죽음이라는 파국, 그리고 다른 한편은 끝이 없는 연속입니다.

    어떤 이의 죽음은 하나의 우발적 사고이며, 한없는 연쇄 속의 고작 하나의 고리입니다. 그러나 내게 있어서 나 자신의 죽음은 마지막 순간의 비극입니다. 세상의 끝, 역사의 끝, 한마디로 모든 것의 끝입니다. 그 자체로는 전혀 시간의 끝이 아닌 것이 나에게는 시간의 끝인 것이죠. 이 두 시각의 대조에는 꽤 쓸쓸한 아이러니가 있지 않습니까? 무가 되는 순간은 연속의 목을 죄어, 우리가 전혀 다른 차원에 도달했다는 것을 표시합니다. 적어도 이 점에 관해서는 죽음의 최상급은 경험세계의 비교급과 비교할 때 비교할 수 없는 것으로 드러납니다. 이런 점에서 "치사 정도"는 다른 모든 정도와 척도를 달리합니다. 따라서 만일 죽음이 증가단계의 이런저런 양에 상응한다고 해도, 그 의미는 완전히 애매한 것입니다.

2. 죽음의 순간은 질적 변화가 아니다

 죽음은 변이인 한에서는 질적 변화의 범주에 속하는 것으로 보이기도 합니다. 질은 변화 속에서만 차이가 드러나는데, 이는 질이 변질을 통해서 질의 자격을 얻기 때문입니다. 그리고 성질들이 서로 계속 이어지게 만드는 미분적인 변화가 시간과 운동을 채웁니다. 그렇게 해서 변화가 생성에 구체적인 내용을 주는 것입니다. 따라서 죽음을 변화로 볼 때, 죽음은 순간이라기보다는 기간이고, 날짜가 있는 사건이라기보다는 연속입니다. "언제"라는 문제가 아니라, 변화의 성격이 논점이 됩니다. '변형'이라는 원리는, '보존'의 원리는 그대로 살리면서 색조와 부드러움을 주어, 죽음의 무화가 우리 안에 일으킨 걱정과 불안을 사라지게 할 것입니다. 아무것도 소멸되지 않습니다. 따라서 루크레티우스가 스스로 납득하려고 애썼듯, "아무것도 무로 돌아갈 수 없습니다!in nihilum nil potest reverti" 전혀 아무런 교환도 없는 손실, 절대로 상쇄할 수 없는 제거를 어떻게 상상할 수 있겠습니까?
 하지만 말만 그렇지, 죽음에 의한 무화를 일개 "변화"와 똑같이 볼 수는 없습니다. 물론 생성도 죽음처럼 불가역적인 것이기는 합니다. 그러나 그 불가역은 어디까지나 있는 것 속에서의 일입니다. 생성은 성숙이든 노화든 어쨌든 연속되는 변화이니까요. 이에 반해 죽음의 무화는 존재에서 비존재로의 이행이며, 급격하고 불연속일 수밖에 없습니다. 모든 죽음은, 더없이 오래전부터 준비된 죽음이라고 하더라도, 그야말로 돌연사라고 말할 수 있는 것입니다! 죽음을 반어적 의미 없이 "변화"라고 부르는 건 자유지만… 그러나 이 얼마나 이상하고 기괴한 "변화"란 말입니까! 무엇보다 우선 이 변화는 설명할 수 없는 것이니, 그것은 우리의 언어가 그에 맞게 재단된 경험적이고 부분적인 관계들과는 규모가 다르기 때문입니다. 죽음이라 불리는 임계 변이는 언어의 척도에 맞지가 않는 것이죠. 예를 들어 우리의 모든 동사는 부분적이고 표면적인 조작을 표현합니다. 즉, 한 곳에서 다른 곳으로 이동하는 것, 한 대상을 한 장소에서 다른 장소로 옮기는 것, 한 문서를 한 언어에서 다른 언어로 번역하거나 옮겨 쓰는 것, 한 음악을 한 조에서 다른 조로 조바꿈하는 것 등등, 이런 조작에서 변화는 한 기체基體를 기준으로 해서만 변화이며, 변동은 변하지 않는 배경을 상정하고, 변이는 불변하는 것들과의 관계에서 정의됩니다.

더 일반적으로 말하자면, "변형, 변모, 변신"은 한 형태에서 다른 형태로 혹은 하나의 모양에서 다른 모양으로의 이행을 연상케 하는데, 이는 결국 변장으로 환원됩니다. 변장이란, 사람 그 자체는 바꾸지 않고 인물을 바꾸는 복장의 "교체"가 아니면 무엇이겠습니까? 프로테우스는° 많은 모습으로 바뀌지만 오인되는 일은 없습니다. 한 오페라 가수가 그웬돌린, 페넬로페, 멜리장드, 아리아드네, 야로슬라브나와

° '바다의 노인'이라고도 불리는, 그리스신화의 해신海神. 모습을 자유자재로 바꾸는 능력을 지녔다.

페브로냐로 잇달아 여러 인물로 분하는 동안에도, 스타일의 통일성은 언제나 알아봐집니다. 예복을 입든지 평복을 입고 암행을 하든지 왕은 늘 같은 왕인 것처럼, 가수는 그 역할과 의상이 바뀌어도 여전히 같은 가수 그대로입니다. 한 사람이 경관, 주교, 주방보조원, 개구리, 왕자로 차례로 분장해도 변장은 본질은 건드리지 않습니다. 겉의 색깔이 달라져도, 말하자면 새로운 가죽을 둘러쓴다고 해도 자기의 실체는 그대로입니다.

"수식修飾"이라는 개념이 이를 더욱 분명히 가리킵니다. 표현할 수 있고 기술할 수 있는 모든 변화는 하나의 "수식"입니다. 즉 실체의 모양을 꾸미지만 실체 자체에는 영향을 주지 않는 겁니다. 전개에 따라 존재의 양식은 바뀌지만 그 존재는 건드리지 않습니다. 음악가의 상상력이 어떻든 간에, 곡의 주제는 그것을 수식하는 여러 형태의 변주를 거쳐 전개되어 가면서도 그대로 남아 있습니다. 가장 선풍적이고 가장 인상적이고 가장 환상적인 변신, 종種을 기묘하게 뒤섞고 외모를 완전히 바꾸는 변신조차도 아직 형용사적 수식이며, 말하자면 껍데기의 변화일 뿐입니다. 오비디우스와 샤를 페로가 말하는 경이로운 기적도 겉모습만 변장할 뿐 본질의 층은 그대로 유지되고 있습니다. 외피에만 관련되지 존재의 중심과는 관련이 없는 것입니다.

윤회의 신봉자들에게 죽음이 여느 현신 가운데 하나의 현신인 것도 그런 식입니다. 다른 것이 된 자는, 만일 상대적으로 같은 것으로 남아 있지 않다면, 변형된 형태와 원래의 형태를 비교할 수 없다면, 가늘어도 연속된 실이 변신 이전과 이후를 계속 이어주지 않는다면, '다른 것'일 수조차 없을 것입니다. "변變"과 "전轉"이라는 접두사는 변화라는 것이 그 기체基體에 대해 추가적이고 이차적이라는 점을 표현하는 말이 아닐까요? 삶에서 내세로의 이행도 죽음의 이편과 저편에서 삶의 실체가 영속한다는 의미를 담고 있을 것입니다.

베르그송의 역설논법은, 수많은 면모가 있지만, 우선은 순수 변화라는 임계 관념으로의 전환이었습니다.[1] 양태의 변화를 넘어, 근본적 변화가 생성의 진짜 마술을 나타낸다는 것입니다. 생물변이설 혹은 차라리 형용사적 변형주의는 실체주의를 숨기고 있는데, 어설퍼서 티가 납니다. 돌연변이설은 겉은 그럴싸하지만 잠재적인 부동설입니다. 순수 변화를 실체화된 변화 개념과 혼동해서는 안 됩니다. 변화의 개념은 변하지 않는 것이니까요. 그리고 또 변화와 "변화하는 자"를 혼동해서도 안 됩니다. 어떤 것이 변화할 때, 주어, 즉 동사의 받침대는 변이작용보다 앞서는 것입니다. 달리 말해 변이는 문법상의 명사에 대해 이차적입니다. 그렇습니다, 의식은 '생성하는 존재자'가 아니라 그 자체로 온통 생성이며 온통 자유입니다. 물은 강바닥을 흐르지만, 의식의 내용은 시간 차원이라는 텅 빈 매질 속을 흐르는 게 전혀 아닙니다. 여기서는 양태들이 실체 자체입니다. 따라서 생성이 우리의 존재 그 자체이며, 우리의 유일한 존재이고 우리의 존재 전부입니다. 사실 우리에게는 '됨'이 아닌 '임'은 없습니다. 그리고 요컨대 사람임이란—요한의 요한임, 안드레의 안드레임, 각자의 자기 존재는—그 자체가 온통 살과 뼈를 지닌 생성입니다. 이러한 총체적인 변이, 부분적인 작은 진화가 아니라 존재의 초경험적인 진화를 어쩌면 "변체trans-substantiation"라고 불러야 할 것입니다. 그것은 요컨대 생성이며, 그 덕분에 존재가 자신의 핵 밖으로 적출되어 존재 전체가 확 바뀝니다. 여기서는 생성이 창조이며 연속된 갱신입니다. 이 경우는 부분적 변경이 아니라, 질적 변조가 관건이 아닐까요?

하지만 변체는 형이상학적이라고 해도 여전히 경험세계의 형용사적 변화에 가깝습니다. 사실 그것은 실존하는 것의 연속과 충만함 속에 등록되어 있는 것이죠. 그러나 죽음의 무화는 바로 이런 연속의 목을 비틀어버립니다. 조직 분해에 조직 형성이 잇따르면서 한 형태에서 다른 형태로 이행하는 것이 변형이고, 존재 전체가 새로운 존재로 이전되는 것이 변체라면, 죽음은 형태에서 형태의 완전한 부재로 혹은 형상에서 비형상으로 이행하는 것이자, 존재에서 비존재로 이행하는 것입니다. 그것은 양태와 실체를 동시에, 형용사와 그것이 수식하는 존재를 동시에 제거합니다. 여기서는 '이전'과 '이후' 사이에 어떤 마법이 일어났는지 말할 수 없습니다. 엄밀히 말해 '이후'가 없는 것이니까요!

살아있는 자가 시체로 변형된다는 것은, 죽음으로 인한 파괴의 이러한 "극대성"을 약화시키는 것이 아니라 오히려 확인시킵니다. 그것은 그저 육체에 관련될 뿐만 아니라, 이 육체를 무정형의 것으로 변형시키니 말입니다. 시체는 지독한 혼돈이며, 날 질료, 유기적 형태가 없는 물체가 아닐까요. 전혀 아무것도 아닌 것으로의 이러한 변형은 따라서 아예 변형이 아닙니다. 기형화조차 아닙니다! 이 "변형"은 오히려 무화입니다···. '어떤 것에서 다른 것으로의ἐξ ἄλλου εἰς ἄλλο' 이행인 양태의 변형 혹은 한쪽에서 다른 쪽으로의 변이를 넘어, 총체적인 변화 혹은 하나가 전적으로 다른 하나로 변환되는 근본적 변체를 넘어, 죽음이라 불리는 "무로의 변전mutatio in nihilum"은 '존재 전체를 아무것도 아닌 것으로' 떨어뜨리고 그것을 '전적으로 아무것도 아닌 것' 속으로 내던집니다. 이 음산한 혁신이 만들어낸 신제품이 바로 시체인 것입니다.

뭔가 다른 것으로의 변형인 상대적 갱신 너머에, 하나의 완전히 새로운 존재의 창조인 절대적 혁신 너머에, 거꾸로 된 혁신이라 할 죽음의 탈창조가 있습니다. '하나'가 '다른 것'과 상관관계에 있고, 이 상대적으로 다르면서도 상대적으로 같은 이 '다른 것'과 비교할 수 있는 것은, '다른 것'이 '하나'와 같은 차원에 있기 때문입니다. 그러나 절대적으로 다른 '전혀 다른 것', 그저 다른 것이 아니라 거듭제곱된 무한히 다른 것의 경우에는, 그것은 다른 것과는 전적으로 다른 차원에 있으며, 그 다른 것과는 어떤 공통점도 없으면서도, 그것과 조금도 모순되지 않습니다. 죽음의 무화가 바로 이런 부정입니다.

그래서 "전면적인" 죽음과 노화를 이루는 미소한 혹은 부분적인 죽음 사이에는 정말로 형이상학적인 차이가 있습니다. 만약 생성을 생성하게 하고 미래를 도래하게 하는 미세한 변형들이 모두 작은 죽음이라고 하면, 달리 말해 만약 삶 전체가 연속되는 하나의 죽음이라면, 죽음은 이제 여느 모든 변화들과 같은 하나의 변화일 터입니다. 하지만 그것은 그저 말만 그런 것입니다. 머리가 세고 주름이 지고 동맥이 경화되고 혈액 구성이 변하고 내분비와 신진대사를 전반적으로 달라지게 만드는 노화는 갱년기와 마찬가지로 신체조직에 일련의 미세한 수정과 세부 변형을 가져옵니다. 그러나 죽음은 그 모든 것을 지워버립니다! 죽음은 모든 기능을 단번에 정지시킵니다. 호흡도 혈액순환도 심장박동도 그리고 모든 신진대사도 다 정지시킵니다. 무의 칼날이 모든 문제를 일거에 결판내어 버리는 것입니다. 우리는 '죽음'이라 불리는 거절에 대해 이야기했었습니다. 그것은 총결산, 총동원령의 대대적 해제, 병자를 제거함으로써 모든 병을 '한번에' 고치는 근본적 치료입니다. 이런 관점에서 보면 색전증은 분명 하나의 "해결책"입니다. 결정적인 만큼 어리석고, 근본적인 만큼 단순한 해결책입니다. 모든 문제를 지고 있는 존재를 쓰러뜨림으로써 그 존재의 모든 문제까지 한꺼번에 "풀어버립니다". 죽음의 날 선 순간은 무한정의 노화도 이룰 수 없는 일을 단숨에 해결합니다. 따라서 죽음의 소멸과 노령에 따른 변화 사이의 차이는, 그 변화가 동맥경화와 같은 심부의 것이든 탈모 같은 표면적인 것이든, 정도의 차이가 아닙니다. 다시 말해 많고 적고의 차이가 아니라 본성적 차이입니다. 소멸은, 심부의 변화가 그렇듯 표면의 변화에 대립됩니다. 그러나 그것은 심부의 변화 자체에도 대립됩니다. 소멸은 엄밀히 말해 여느 변화 가운데 "하나의 변화"가 아니기 때문입니다. 아무리 혁명적인 대란이나 근본적인 격변이라 해도 무화에 대한 희미한 관념밖에 주지 못합니다! 부분들의 단순한 재배열이나 이동은 죽음에 의한 소멸이 아닙니다. 존재를 송두리째 뒤엎는 변형이라 해도 그 소멸은 아닌 것입니다.

우리가 이야기했듯, 죽음은 양적인 문제도 아니고 질적인 변화도 아닙니다. 그리고 또 죽음은 어떤 것이 다른 것으로 변이하는 것이 아니듯, 큰 것에서 작은 것으로 축소되는 것도 아니고, 라이프니츠가 말하는 안으로 말려들어감도 아닙니다. 일단 소멸이 부분적 제거와 대립됩니다. 자신의 존재 전체와 그 전체의 한 부분 사이가 무한히 멀다면, 나 자신의 전체의 비존재와 각 부분의 비존재 사이도 역시 무한히 먼 것이니까요.

부분을 비교하고 단면을 측정하고 조각을 계량할 때에는 한 부분이 다른 부분보다 더 크거나 작을 수 있습니다. 그리고 전체 자체도 중립적인 초월적 입장에서, 즉 삼인칭적 입장에서는 그 각 부분들과 같은 척도로 잴 수 있습니다. 예를 들어 사회의 눈으로 보면 한 사람의 생명은 그 사람의 팔이나 다리보다 더 중요하고 더 비중이 크며 더 귀중합니다. 그 때문에 살인이 상해보다 더 엄하게 처벌받고, 외과의사는 괴저 위험이 있는 환자를 살리기 위해 다리를 포기합니다. 그럴 때에는 다리를 절단하는 쪽이 훨씬 덜 나쁘기 때문이죠. 여기서는 소유주와 소유물이 비교 가능한 상태에 있습니다.

그러나 나 자신 전체는 나 자신으로서는 그 어떤 비교기준으로도 비교할 수 없습니다. 나 자신 전체는 그 부분들 가운데 어느 하나보다도 더 클 뿐만 아니라, 그것들과는 전혀 다른 차원에 속하는 것입니다. 나의 전체는 나의 삶 자체, 대신할 수 없는 삶이며, 유일하고 단 한 번뿐인 것으로서 무한한 가치를 갖기 때문입니다. 아니 그보다, 나의 존재는 삶의 모든 좋은 것들의 근본적 조건이며 그것만이 모든 가치들을 가치 있게 만들지만, 그 자체는 가치를 갖지 않습니다. 따라서 (둘 다 결국 같은 것이니까) 마음 놓고 이렇게 말할 수 있습니다. 가치를 부여하는 것에는 값이 없다고, 모든 가치들에 가치를 부여하고 그 토대가 되는 것은 엄청난 값, 무한히 비싼 값, 말 그대로 헤아릴 수 없고 평가할 수 없는 값을 가지고 있다고 말입니다. 사회적 인간이 협약으로 적당한 가격을 매기려고 해도, 그 값을 숫자로 나타내기가 불가능하다고…. 근데 생명보험은 들지 않습니까?

우리 존재의 무는, 이 존재 자체를 양으로 잴 수 없는 것과 같이, "말로 표현할 수" 없습니다. 이런저런 기관의 퇴화와는 달리 무는 글자 그대로 삶 전체의 죽음인 것입니다. 죽음은 '존재의 어떤 것', 즉 한 부분이나 한 곳을 없애는 것이 아니라, 존재 전체를 없앱니다. 그리고 죽음은 이 총체를 무화함으로써 비로소 죽음을 가져옵니다. 존재 전체의 비존재, 또는 글자 그대로 전혀 아무것도 아닌 것… 이는 무의 정의 자체가 아닐까요? 그것이 절단과 소멸 사이의 차이입니다. 즉, 보존이나 연속을 바탕으로 한 부분적 절제와, 있는 것이 없어지는 혹은 개인적 존재가 사라지는 마술 사이의 차이입니다. 죽음은 결핍된 부분을 가리키거나, 절제수술로 전체 속에 만들어진 국소적 공백을 가리키지 않습니다. 죽음은 사람의 사라짐으로 인해 생겨난 메울 수 없는 절대적 공백을 가리킵니다. 그래서 시체는 다리를 절거나 팔을 잃었거나 "안면 부상" 같은 단순한 불완전 형태가 아니라, 비형태인 것입니다. 죽음은 독자성을 잃은 한 형태의 전적인 붕괴를 초래합니다. 어찌 이 대체할 수 없는 자기 존재의 돌이킬 수 없는 무화가 달랠 수 없는 애도의 기원이 되지 않겠습니까?

자기 생명의 희생이 무한한 희생이며, 혹은 더 간단히 말해 영웅적 행위인 까닭도 그 때문입니다. 어떤 것을 주면서 다른 것을 남겨두어 보존하는 행위가 부분적이고 경험적인 행위, 따라서 인간적인 연속성 수준의 행위라면, 자신을 주는 것, 즉 자신의 존재를 주는 것은 "전부를 줌"이라는 엄청난 모순과 역설을 가능하게 합니다. '남을 위해 죽는ὑπεραποθνήσκειν' 결정인 희생은, 연속 내의 작은 헌신이나 부분적인 포기 혹은 세부적인 작은 상실과는 전혀 다른 차원의 것입니다.

죽음이 고통의 극치가 아니고, 고통이 죽음의 경험적 축소판이 아닌 것도 같은 이유에서입니다. 물론 신체 형태의 큰 변형과 특히 그 형태가 일그러지는 심각한 훼손에는 고통이 동반되며, 새 아담의 큰 회심과 큰 회개의 서막이 되는 위기들에도 고통이 동반됩니다. 생물학적 변태와, 변태가 응축된 출산 자체가 거의 언제나 고통의 경련 속에서 일어나지 않습니까? 혁명적 혁신은 언제나 고통스러운 일종의 입문을 포함하지 않습니까? 어쩌면 변화의 철학자 헤라클레이토스가 민간전승에서는 울고 있는 철학자로 등장하는 것도 그 때문일 겁니다. 생성이라는 이름의 연속적 변화가 하나의 긴 고통으로 귀착된다면, 죽음은 있을 수 있는 가장 큰 고통 이외의 아무것도 아닐 것입니다.

그러나 먼저 출산의 고통부터 이야기하자면, 사람을 안심시키려는 상쇄의 철학이 그렇듯, 그 고통은 탄생과 죽음 사이의 대칭을 받아들이는 경우에만 죽음의 고통과 비교될 것입니다. 그런데 탄생의 변형은 조금도 초경험적이지 않습니다. 격렬한 변형을 겪으면서도 종의 연속을 존속시키는 모체의 조직에도 그렇고, 태어나기 전에 이미 출생 전의 삶을 살고 있던 자손에게도 그렇습니다. 발생학은 아직 실존하지 않은 어떤 존재자가 출생 이전에 먼저 실존하고 있음을 밝히면서 출생 사건을 해소하고, '이전 부분으로부터a parte ante' 각 운명의 발생적 연속성을 재수립하는 데에 기여하지 않을까요?

게다가 세부적인 작은 수정의 축적은 죽음과 다르며, 그것도 무한히 다릅니다. 죽음은 수족 하나의 절단, 어금니 한 개의 발치, 신장의 부분 절제와는 척도를 달리합니다. 절단 후에도 여전히 전체는 축소된 상황에 재적응할 수 있고, 신체장애를 지닌 생활방식을 취해서 유기체로서의 자신의 형태를 재생할 수가 있으니까요. 한 부분을 잘라내었다거나 전체적으로 찢어졌다거나 하는 식으로는 죽음에 대한 최소한의 관념도 얻을 수 없습니다. 우리가 사용할 수 있는 용어는 어떤 것이든, 항상 경험계의 유한한 구분을 가리킵니다. 큰 어금니의 철학은, 죽음을 자기 자신의 존재로부터 존재 전체를 뽑아내는 것이라고 말하고 싶어 하지만, 그러나 이것도 표현방식만 그런 것일 뿐입니다! 죽음을 존재 전체가 통째로 뜯겨 나가는 일이라고 주장하는 것은, 그 사람이 분리되는 더 근본적인 어떤 존재의 생존과 존속을 인정하는 것입니다. 그것은 죽음을, 살아있는 사람에게서 그의 실존 자체를 절단해 내는 최대의 절제 같은 무언가로 만드는 것입니다.

결국 계속 같은 지점으로 돌아옵니다. 죽음은 단적인 소멸이고, 그점에서 초경험적입니다! 존재의 뿌리가 근절되는 것이니까요. 모든 변형이 고통스럽게 이루어지는 것이라고 하더라도, 그토록 생각하기 어려운 변형에 들어 있는 초자연적인 고통을 어떻게 우리가 미리 상상할 수 있겠습니까. 이 고통은 전례도 없고, 또 뒷맛도 없을 것입니다. 여기서는 아무것도 내다볼 수 없고 아무것도 떠올릴 수 없습니다. 그뿐만이 아닙니다. 경험계의 고통은 손상 뒤에 올 뿐만 아니라, 이전 형태에서 벗어났지만 새 형태에서 곧바로 안정을 찾지 못해 두 형태 사이에 떠 있는 유기체에게서 일정 시간 지속됩니다. 한 형태에서 다른 형태로의 이런 생물학적 이행이 바로 고통입니다. 지속적인 고통은 잇따르는 미세한 변이들로 분해되는데, 이것이 아물어가는 구축 작업을 추진하고 재생 절차를 발동시킵니다. 발작으로 몸이 오그라드는 데에도 일정 기간이 있습니다. 그런데 모든 것을 단숨에 결정짓는 죽음의 전격적인 순간과, 고통스러운 연속의 한없이 오래 끄는 확산된 현재 사이에서 어떤 공통 척도를 찾을 수 있겠습니까?

우리는 어떤 "절대적" 고통에 대해서 말하고는 합니다. 그러나 모순어법이나 다름없는 이 단어 조합에 의미가 있을까요? 상대적이지 않은 고통이 있을까요? 너무 심한 손상을 견딜 수 없는 유한한 유기체의 육신이 뒤틀리는 고통도 그야말로 중간적 경험입니다. 능동과 수동의 혼합인 고통은 기간의 한가운데에 있는 불행한 중간성이며, 그 점에서 고통은 심리적인 중간 사건, 아니 경험계의 사건입니다. 유한한 내용으로 메워진 경험계의 기간, 우여곡절이 많고 동요와 고난으로 차 있으며 밀물과 썰물이 드나들고 예기치 못한 일들이 가득한 파란만장한 기간, 그것은 종종 시련의 연속이자 끊임없이 갱신되는 고통의 재발이 아닐까요? 하나의 고통 다음에는 또 하나의 고통이 오거나, 아니면 새 사람의 회복기가 시작되지만 그것도 잠정적일 뿐입니다. 회복되어 가는 병처럼, 고통에도 이전과 이후가 있으며, 고통의 강도에는 온갖 정도와 층이 있습니다.

이에 반해 죽음은 초경험적 위기이며, 증가도 감소도 모르고, 오로지 전부냐 전무냐 하는 문제입니다. 죽음은 혼합된 경험세계에 단적으로 마침표를 찍습니다. 그러한 위기를 "경험했다고" 혹은 그저 겪었다고 말할 수 있을까요? 죽음은 우리에게 오지만, 우리는 엄밀히 말해 '죽음 자체'를 겪지는 않습니다. 최후의 궁극적인 사고事故인 죽음 자체에 대한 경험은 생겨나면서 갑자기 끊겨버리는 경험입니다. 더 정확히 말하면, 죽음의 관념을 끔찍한 것으로 여기고 그것을 절대적 수준의 고통의 경험으로 평가하는 것은, 우리가 경험의 형태로 유추해서 생각하기 때문일 것입니다. 만약 목이 잘리는 고통이 손가락을 베는 고통과 같은 차원이라면, 만약 전자를 후자로부터 이해한다면, 정말이지 이성이 아찔해질 것입니다. 노화에서 오는 아픔의 경우에도, 죽음과는 전혀 급이 다르며, 따라서 이 최후에 대해 아무것도 가르쳐주지 않습니다.

뻔한 이치도 아니고 가소로운 위로도 아닌 말을 한마디 덧붙이겠습니다. 고통받는 자는 고통받는 동안 아직 살아있는 것입니다. 고통받는 동안에는 삶에 약간 우위의 여지가 있으며 그 덕분에 긍정적인 힘이 비존재보다 우세합니다. 건강하지 않더라도, 고통은 감수성의 표시이며, 적어도 그 점에서 상대적 성공과 조그마한 희망까지도 나타내니…. 비관론의 궤변은 따라서 쉽게 뒤집힐 수 있습니다. 고통을 겪다 = 느끼다 = 살아있다! 그래서 의사들은 때로 조직 재생을 촉진하기 위해 환자가 고통을 겪도록 거들기도 합니다. 고통이 조직 재생의 징후인 것이죠.

반면 죽음은 고통과는 전혀 다른 차원에 속할 뿐만 아니라, 오히려 결과적으로 우리를 고통에서 해방시킵니다. 마테를링크는 이런 해방적 면모를 강조했습니다. 죽음은 종교적 위로에서 흔히 고통 없는 실존으로의 입문으로 나타나고, 최후의 시련이 그러한 실존에 대한 보증으로 이야기됩니다. 약속은 당장 지켜집니다. 마지막 숨을 내쉬는 바로 그 자리에서 지켜집니다. 죽음은 환자에게 최상급의 고통이자 고통 없는 실존의 첫 순간입니다.『파이돈』에서, 죽음은 정화입니다. 죽는 자는 어중간한 탁함과 극도의 순수를 가르는 문턱을, 중간의 삶과 궁극의 내세 사이를 가르는 문턱을 넘습니다. 그러나 이 넘어감은 이주도 변형도 전혀 아닙니다. 서거逝去는 지나감이 결코 아닙니다!

고통이 변형의 징후라면, 그리고 죽음이 변형이 아니라면, 그때는 다음 둘 중의 하나입니다. 고통으로부터는 그 어떤 괴로움보다도 더 격심한 괴로움이라는 관념을 전혀 얻을 수 없거나, 아니면 죽음이 괴로움과는 전혀 다른 차원의 것이며 그 경우에는 죽음은 아픔을 주지 않는 것입니다! 괴로움을 겪는 데에는 시간이 필요하고, 죽는 자에게는 글자 그대로 괴로움을 겪을 시간이 없기 때문입니다. 그렇습니다. 죽음은 어떤 식으로도 변형이 아닙니다. 작은 변형도 큰 변형도 아니고, 부차적 변형도 주요한 변형도 아니며, 엄밀히 말해 최대치의 변형조차 아닙니다. 죽음은 이런저런 규정을 버리는 것이 아니라 모든 형태를 버리는 것입니다. 게다가 단지 형태 전체를 버리는 것만이 아니라, 그 형태를 떠받치는 실체 자체를, 그리고 이 받침대의 받침대 자체를 버리고, 그렇게 끝없이 버리는 것입니다.

3. 죽음의 순간은 시간적인 달라짐이 아니다

죽음은 시간적 연속이라는 관점에서 보아도 변형이 아닙니다. 라이프니츠에게서는 "연속주의"와 "변형주의"가 경험계의 내재성에 결부되어 있지만, 양쪽 모두 죽음의 운명적 순간은 건너뛰고 있습니다. 존재의 연속 혹은 지속원리와 소유의 보존원리는 이 점에서 서로 보충하는 것이 아닐까요? 그러나 죽음은 단지 말로 표현할 수 없고 묘사할 수 없는 것만이 아니라, 서술할 수 없는 것입니다. 죽음은 모든 연속을 중단시키니 말입니다.

다름이 없으면 달라짐이 없습니다. 미래가 없으면 도래가 없으니, 바로 이 미래를 도래시키는 것이 생성의 기능이며, 이 미래를 향해 미래성은 기울어져 있습니다. 한마디로, 생성이 있으려면, 생성에 의해 예고되고 변화의 귀착점으로서 언제나 강세를 지니는 어떤 속성이 있어야 하는 것입니다. 생성은 그 정의 자체로 다름의 연속 혹은 연속된 다름이며, '다르다'라는 형용사와 '되다'라는 동사를 결합한 '다르게 된다'는 말은 중복어법이나 마찬가지입니다.

이런 점에서 죽음은 달라지는 척만 하는 것입니다. 그 달라짐에는 '다른 것'이 없으니까요. 죽음은 어떤 것이 되는 척하는, 이 경우에는 다른 것이 되는 척하는 생성입니다. 그것은 아무것도 되지 않으며, 그것이 낳는 것은… '미래가 아닌' 것이니… 가짜 생성이며 가짜 임신입니다! 미래를 과거 쪽으로 당기기는커녕 이 가짜 미래성은 불발에 그칩니다. 혁신은 약속하는 것 같던 새것을 낳지 못하고, 「전도서」의 순환적 시간이 되돌아가던 옛것도 낳지 못합니다. 이런 변모는 형태의 면에서는 무형에 이르고, 이런 터무니없는 혁신은 새로움 면에서는 비존재만 낳을 뿐이죠. 죽음의 생성은, 만약 생성이 있다면, 분명 어떤 것을 예고하지만, 그 어떤 것은 도래하지 않을 것이며, 그 어떤 것은 아무것도 아닌 것입니다! 변이는 약속하자마자 물러납니다…. 생성의 본래 사명은 다가올 것을 생성된 것으로 변형하는 것인데, 이 사명이 거부되고 갑자기 차단되어 순식간에 파기됩니다. 죽음은 그야말로 실패라고 우리는 말하고는 합니다. 비참한 대실패, 실패 중의 실패, 급격한 위축은, 유산流産이나 다름없는 이 소멸에서 비롯되는 것이 아닐까요? 이 생성의 침몰에서 오는 것이 아닐까요?

죽음으로 인한 변이는 비존재의 공허에, 존재의 영도零度에 다다릅니다. 변형의 이쪽 빗면은 저쪽 빗면으로 연결되지 않을 것입니다. 균형에 맞게 '이전'에 '이후'가 이어지지도 않습니다. 이 가짜 변이에서 빠져 있는 것은, 그야말로 '이후'라는 결정적 순간입니다. 모든 미래성의 존재 이유인 변형된 형태도 변양된 양태도 생성된 미래도 우리는 볼 수 없게 되는 것입니다. 이 갑작스런 묵언이 과정을 단축시키고 사후死後 비존재라는 커다란 암흑의 침묵을 가져옵니다. 잘려 나가 절뚝거리는 비대칭적인 변화, 미래 없는 미래성은 허무로 떨어집니다. "죽은 '이후'에 '우리'는 '무엇'이 될까?"라고 테오필 모뢰Théophile Moreux 사제는 그의 유명한 저술 중 하나에서 묻습니다.° 하지만 물을 것도 없습니다. 죽은 자는 전혀 아무것도 "되지" 않습니다. 보어는 비실존이고, 주어에 해당하는 것은 실존을 멈추며, '이후'는 하나의 "이후"조차 아니어서, 이렇게 이 셋 모두 생성의 의도를 반박하고 파기하는 것입니다!

무화의 신비와 창조의 신비는 따라서 서로 정반대입니다. 창조적 긍정의 신비에서는 창조자로 불리는 '이전'도, 창조물로 불리는 '이후'도 똑같이 감지될 수 있습니다. 다만 엄밀한 의미의 창조 그 자체인 '동안'의 순간만은 파악될 수 없습니다. 두 빗면, 두 연속, 두 "존속"의 경첩인 이 현재는 아무것도 아닌 것이 아니라, 거의 아무것도 아닌 것, 하나의 섬광입니다. 사라져 가는 나타남입니다. 또 다른 관점에서 보면, 창조에서는 무가 항상 선행한다고, 그리고 강세는 언제나 '이

° 『우리는 어디로 가는가?*Où Allons Nous?*』, Bonne-Presse, Paris, 1913.

후'에 실린다고 말할 수 있겠습니다. 즉, 창조된 사물의 충만함 속에서 창조의 자취를 찾을 여유가 충분히 있는 것이죠. 탄생 또한 창조처럼 미래를 향해 있으며, 탄생에 대해 철학하는 의식은 살아있는 긍정성과 항상 때를 같이합니다. 태어나기 전의 비존재는 그 정의 자체로 그러니까 항상 과거의 것이죠. 정반대로 죽음에서는, 연속의 긍정성은 지나간 뒤쪽에 그리고 죽기 전의 존재 속에 있습니다. 무는 전부 미래에 있고요.

한편, 우리는 무화가 전체적일 뿐만 아니라 결정적이라고 말했습니다. 결코 더 이상 다른 그 어떤 것도 도래하지 않을 것입니다. 죽음은 변화할 가능성 자체와 변화하는 실체 전체를 영영 제거하고, 가변적인 존재의 불변하는 본질까지도 소멸시키는 변화입니다. 따라서 죽음의 변형은, 만약 변형이라는 것이 있다면, 틀림없이 마지막 변형일 수밖에 없습니다. 경험계의 모든 변형은 뒤따르는 변형들의 가능성을 열어두고, 그것이 개시한 다른 변형들과 연쇄적으로 이어집니다. 모든 변모는 다른 변모들을 연속적으로 촉발합니다. 그래서 이교도들도 잇따르는 윤회와 환생의 연속 속에 종종 기적을 삽입합니다. 첫 번째 기적만 일어나면 됩니다! 변형의 긍정적 충만함에서는 모든 희망과 모든 갱신과 모든 보상과 모든 재출발이 허용됩니다!

하지만 최후의 변모는 무너져 가라앉고 맙니다. 따라서 그것은 변모가 아닙니다…. 실제로 죽음의 허무 속으로 가라앉는 것은 재도약을 모두 배제합니다. 희망의 수단을 빼앗는, 절대로 상쇄되지 않는 이러한 제거를 종교가 어떻게 감수하겠습니까? 제우스가 일련의 멋진 변장과 그림 같은 현신과 신기한 암행 후에 원래의 형태로 돌아가는 것은, 죽은 자의 부활에 비하면 자연적인 일이나 마찬가지일 것입니다!

모든 변화 중에서 가장 근본적인 변화를 보이지 않게 감추고 싶었던 라이프니츠는―자연은 "비약"하지 않기 때문에―죽음 속에서 여느 것과 같은 하나의 변모를 찾아내어야 했습니다. 아르노에게 보낸 편지에서[2] 유기체의 "퇴화"를 옹호하며 레이우엔훅Leuwenhoeck과 스바메르담Swammerdam을 원용하고 있는 라이프니츠는 "정신"은 제외하고 "엔텔레키"만을° 고려하고 있습니다. 그러나 그가 몰아내려는 망령이 죽음의 초경험적 불연속이라는 점은 분명합니다. 몸을 옮겨간다는 설명만으로는 너무 거칠다고 생각했는지, 라이프니츠는 동물이 줄어들거나 말려들어 가는 식으로 가사상태의 생으로 돌아간다고 주장합니다. 폭포가 강의 흐름이 연속되는 것을 막지는 않는다고 라이프니츠는 씁니다.[3] 덧붙이자면, "유실된" 후 강은 잠깐 지하에 있다가 다시 땅 위에 나타난다고 이해할 수 있겠습니다. 그러나 죽음은 이런 의미에서는 삶의 흐름의 "유실"이 아닙니다. 그것은 생성의 일식日蝕도 아닙니다. 라이프니츠는 다른 곳에서 음악의 종결부에 대해, 즉 선율의 선을 멈추게 하는 것으로 보이는 카덴차에 대해 말하고 있습니다. 죽음은 '음악의 종결부' 같은 어떤 것일까요? 라이프니츠가 늘 고심했던 것은 근원의 무에 정숙한 베일을, 도덕성과 지혜의 베일을 덮어, 종언의 저편과 시작의 이편 사이에 연속을 되찾는 일이었습니다. 본질적으로 "연속주의"였던 그의 철학은 따라서 모든 "엄밀한 의미의" 파괴에 항의하고, 소멸을 축소로 환원합니다.

하지만 아무리 신중을 기해도, 죽음이 나타내는 파열은 감출 수가 없습니다. 단절은 변모의 흐름 속에 녹아내리는 것이 아닙니다. 생성은 분명 보충되는 달라짐이고, 대체를 통해 계속 벌충되는 연속적 분리이며, 이는 대체할 수 없는 최후까지, 죽음의 순간까지 계속됩니다.

° 감각이 없는 아주 낮은 등급의 모나드.

4. 죽음의 순간은 모든 지형학을 거부한다

죽음은 변화로도, 더와 덜이라는 용량으로도 생각할 수 없듯이, 모든 시간학과 모든 지형학을 거부합니다. 그래도 숨이 멈춘 것은 달력상의 어느 날짜, 시계의 몇 시 몇 분에 일어난 일이 아니냐고 지적하는 사람도 있을 것입니다. 죽음의 순간을 확실히 예측할 수는 없더라도, 이 사건은 어쨌든 '언제'라는 물음에 답하는 것으로 보인다는 겁니다. 죽음은 확정된 불확정이라는 것이죠. 그러나 이 마지막 시간의 마지막 순간은 새로운 영겁을, 사후의 영원인 새로운 비시간적 세기를 엽니다. 이 점에서 죽음은 시간과 비시간 사이의 문턱입니다. 그것은 두 세계에 동시에 속해 있으며, 두 우주에 각각 한쪽씩 발을 딛고 있습니다. 죽음은 경험적이면서 동시에 초경험적인 것이 아닐까요? 죽음은 달력상으로는 하나의 역사적 사건이지만, 이는 절대적으로 마지막인 사건이기에 다른 사건들과는 다릅니다. 개개인에게 비실존의 끝없음을 개시하는 이 순간이 정말로 개시의 순간이자 혁신의 시작일까요? 계속에 속한 한 사건이면서 계속 전체에 마침표를 찍는 사건이 그저 시간적 연쇄의 일부분일까요? 자신의 죽음은, 적어도 당사자에게는, 시간이 삭제되는 시간의 한순간입니다.

죽음은 '어느 주어진 순간에 도래하며', 바로 그 순간부터 고인에게는 역사가 없고 사건이 완전히 텅 빈 영원이 시작됩니다. 마찬가지로 죽음은 '어딘가'에, 말하자면 지금 여기에 "자리를 갖고" 벌어지고, 그리고 당장 그 자리에서 바로 초공간적 신비가 됩니다. 죽음이라는 사건은 단지 시간상의 어떤 날짜에 일어나는 것이 아니라, 가로 좌표와 세로 좌표로 특정된 공간의 어떤 지점에서 일어납니다. 이런 다양한 좌표의 교차가 실제성을 확립하여, "…에 있다"는 표현이 알리는 모든 사건의 위치를 탐지할 수 있는 것입니다. 이런 의미에서 "사망"에는 하나의 장소, 하나의 주소가 있어, 호적의 신고서가 법의학자의 보고서처럼 '언제'라는 물음만큼이나 '어디'라는 물음에도 답을 합니다. 그래서 이 세상에서는 죽음의 위치를 정할 수가 있습니다. 위도와 경도로 나타낼 수 있는 장소에서 죽음을 현장에서 포착할 수 있는 것입니다. 사람은 우리 가운데에서 우리 중의 한 사람으로 죽습니다. 그러나 다음 순간에 아니 오히려 바로 그 순간에 (결합된 두 순간은 하나의 같은 순간일 뿐이니) 우리는 살아있는 존재의 자취를 잃습니다.

안심을 주는 연속의 철학은 변형을 말할 때처럼 이주나 이전을 말하고 싶어 할 것입니다. 『파이돈』은 이주ἀποδημία 또는 우리를 여기에서 저기로ἐνθένδε ἐκεῖσε 데려가는 여행πορεία을 말합니다.[4] 단지 거주지가 바뀌는 것, 이사μετοίκησις라는 겁니다. 죽음은 하나의 '이주'일까요? 아니요, 죽음은 이주가 아닙니다. 죽음은 결코 끝나지 않는 추방입니다. 추방이라는 것도 말만 그런 겁니다. "어떤 곳"에서 죽는 사람은 "아무 곳으로도" 망명하지 않습니다. 죽음은 아무것도 되지 않는 하나의 "생성"이듯, 아무 데로도 가지 않는 "이동"입니다. 그런데 이러한 생성은 불변과 뭐가 다를까요? 이러한 이동은 부동과 뭐가 다를까요?

우리는 죽어가는 인간을 삶의 가장자리 끝까지, 비존재의 문턱이기도 한 마지막 순간까지, 마치 탑승객을 활주로 끝까지 배웅하듯 동행합니다. 그 날카로운 가장자리를 넘어서면 먼 비행의 탑승객은 동행을 남겨두고 영영 사라집니다. 여행자를 찾아보세요! 더 이상 여행자는 없습니다. 주소도 남기지 않고 보고 있던 사람의 눈앞에서 없어져 버린 것입니다. 러시아어로는 '쁘로빨!'이라고 하죠. 몰래 가로채간 듯 증발해서 마법처럼 사라져 버리는 것입니다. 땅속으로 확 꺼진 듯이 말입니다!

도대체 무슨 요술일까요? "그는 침대 아래, 벽난로 안, 장롱 속을 들여다보았다. 아무도 없다. 어디로 들어왔고 어디로 도망쳤는지 알 수 없었다."[5] 스카르보의° 장난이 아닐까요? 못된 정령의 성가신 마력인가요? 돌팔이 약장수의 궤변이 무너지듯, 마술사의 속임수는 들통날 수 있습니다. 그러나 누가 죽음의 감추기 마술을 무산시킬 것인가요? '엄청난 마법사이자 마술사이자 소피스트'라는 디오티마의 말은°° 에로스가 아니라 타나토스에게 적용되어야 할 것입니다. 비할 바 없는 마술사이며, 눈속임의 대가大家! "나는 아무것도 못 봤다… 확실한가?"라고 아르켈은 의사에게 묻습니다. "나는 아무것도 못 들었다. 그렇게 빨리, 그렇게 빨리… 갑자기… 아무 말도 없이 떠나다니…."[6] 멜리장드는, 여느 사람들처럼, 클레망소와 사라 베르나르처럼,°°° 마지막 말조차 남기지 않고 가버렸습니다. 그래서 클로드 아블린의 모음집에도 실려 있지 않습니다.

멜리장드는 어디에 있을까요? 그녀는 어떻게 되었을까요? 사라진 멜리장드는 다시 돌아올 수 없고 영영 찾을 수 없습니다. 멜리장드는 말하자면 피아니시모로 살며시 사라졌습니다. 마술이 이루어졌습니다. 죽음의 영원한 마술은 언제나처럼 성공입니다! 죽을 인간은 순식

° 서유럽 전설에서 전해 내려오는 장난꾸러기 요정.

°° 『향연』 203d.

°°° 클레망소 Georges Clemenceau는 벨 에포크 시대의 프랑스 정치가이자 언론인으로 제3공화국의 총리를 지냈으며, 제1차세계대전을 프랑스의 승리로 이끈 인물이다. 그는 작가로도 활동해 『행복의 베일』이라는 희곡 작품을 썼는데, 여기에 가브리엘 포레가 곡을 붙였다. 사라 베르나르 Sarah Bernhardt는 클레망소와 동시대에 활동한 프랑스의 유명 여배우로, 1907년에 남장을 하고 펠레아스를 연기한 것으로 유명하다.

간에 휘리릭 믿을 수 없는 변이를 해내고, 그 일은 가장 가벼운 산들바람의 숨결보다도 더 가벼운 신의 영靈이 찾아오듯이 일어납니다. 죽음의 천사가 열린 창문으로 들어온 것입니다. 그 날개가 임종을 맞는 방 안에서 소리 없이 부드럽게 퍼덕입니다.

그 순간부터 '어디에?'라는 물음에는 대답이 없게 됩니다. 비유는 다 접어둔다면, 사실 죽은 자는 여행을 떠나는 것이 아닙니다. 여행자가 자신의 거처를 떠나 공간 속에서 다른 장소로 자리를 옮긴다는 그런 뜻에서는 말이죠. 죽은 자는 몇억 광년 떨어진 곳이든, 오리온자리든 세상 끝에 있다는 낙원의 섬이든, 아득히 멀리 떠난 것이 아닙니다. '가깝다', '멀다', '광년'은 여전히 경험계의 거리를 나타내는 것이니까요! 그러니까 죽은 자는 상대적으로 부재하는 것이 아닙니다. 만약 실제로 상대적으로 부재하는 것이라면, 죽은 자는 "다른 곳에" 있을 것입니다. 즉, 이곳이 아닌 다른 곳에, 여기가 아니라 저기에 있을 것입니다. 다른 곳이기는 해도 어쨌든 어딘가에 있겠지요. 장소의 논리에 의해, 여기에 있는 것은 다른 어디에도 없으며, 역으로 여기에 없는 것은 그것이 발견되는 곳에 분명히 있으니…. 그러나 죽는 것은 그런 의미에서 부재하게 되는 것이 아닙니다! 죽음은 '절대적 부재'입니다. 즉 여기나 저기가 아닌 다른 곳이 아니라, 그 어느 곳도 아닌 다른 곳에 있는 것입니다. 다른 데에 있는 것이 아니라 아무 데도 있지 않는 것! 그러니까 사실 죽음은 부재하고 있는 것도 아닌데…, '있지 않음μὴ ὄν'과 '부재함ἀπών'은 다른 것이니 말입니다. 부재의 극한은 비존재가 아닐까요?

"떠난" 사람은 "돌아올" 수가 있습니다. 죽은 자들을 "와 있게" 하고 '안녕'을 '또 만나요'로 만드느라 애쓰는 강신술사들이 바로 그런 식으로 이해합니다. '안녕'은 우리의 희망으로는 기나긴 시일 후의

'다시 만남'을 의미하지 않을까요? 이별의 아픔과 기다림의 초췌함이 《고별 소나타》에서는 발을 동동 구르며 기뻐하는 '돌아옴'에 이르지 않습니까?º 망자의 "유령"ºº에 대한 믿음은 결국 돌아옴, 재회, 다시 만남에 대한 이런 희망에 다름 아닙니다. 만약 부재자가 그냥 공간 속에서 자리를 바꾼 것이라면, 이 부재자의 부재는 시간 속에서 일시적일 뿐일 수도 있을 것입니다. 그러나 '아무 데도 아닌 곳으로' 떠난 사람은 (아무 데도 안 갔다고 말하면 틀린 말이 되겠지만) 영영 떠난 것입니다. '어느 때도 아님Nunquam'과 '어느 곳도 아님Nusquam'은 그래서 연결되어 있습니다. 무한히 멀리 있는 자는 언젠가 돌아올 수도 없이 영원히 떠난 것입니다. 달리 말해 무한한 거리는 결정적인 이별을 의미합니다. 돌아옴이 선험적으로 불가능하며, 돌아올 가능성 자체가 없습니다. 만약 죽은 자가, 접근하기 어려운 어떤 장소에 물러나 있는 것이 아니라 아무 데도 아닌 곳에 있다면, 그곳에서 돌아오는 데에는 무한한 시간보다 더 무한히 시간이 걸릴 것입니다. 이러한 거리에 비하면 무수한 광년쯤은 아무것도 아닙니다. 이 대출발을 시작하는 사람들은 일시적으로 부재하는 것이 아니라 시간상으로 비실존하게 될 것이며, 이는 "세세토록 무궁히" 그러할 것입니다.

절대로 상쇄될 수 없는 이 절대적인 부재(초자연적으로만 상쇄될 수 있을 테니까요), 이 초경험적이고 글자 그대로 종말론적인 부재는, 그저 생각할 수 없는 것일까요? 어쩌면 형이상학적인 대大이주는 무화라고 말하는 것이 고작일 겁니다. 그곳으로 옮겨가더라도 아무에게도 결코 '여기'가 될 수 없을 "거기"라는 장소에 우리는 '피안'이라는

º 베토벤의 피아노 소나타 26번을 가리키는 것으로 짐작된다. '고별', '부재', '재회'의 세 악장으로 이루어져 있다.
ºº 유령을 뜻하는 프랑스어 'revenant'은 어원적으로 돌아온다는 의미를 담고 있다.

이름을 줍니다. 신플라톤주의에서는 지성적인 거기ἐκεῖ의 피안에, 모든 '거기'를 넘어선 저 너머ἐπέκεινα가 있습니다. 이 피안은 단지 초경험적이고 형이상학적인 것이 아니라 초논리적인 것입니다. 이 피안은 이 세상을 벗어난 딴 곳, 다른 곳들의 딴 곳입니다. 그것은 무한히 다른 곳인 딴 곳, 절대적으로 저편인 "저기 저편"입니다. '저 너머'는 이것이나 저것의 너머, 예를 들어 관례로 정해진 어떤 한계 너머, 대기나 중력장, 태양계, 은하계 너머가 아니라, 모든 한계 전체, 모든 크기 너머, 무한한 공간과 시간 너머입니다. 한마디로 그것은 그저 '저편' 입니다! 어떤 우주선으로도 결코 다다르지 못하는 이 모든 지형의 너머를 왜 "유토피아"라고 부르지 않겠습니까?

죽음으로 인한 사라짐에는 뭔가 애매한 것이 있습니다. 죽은 자는 어떤 의미에서는 떠난 것입니다. 심지어 무한히 멀리요. 그러나 다른 의미에서 그는 그 자리에 남아 있습니다. 더구나 그 둘은 아마도 결국 같은 사람일 것입니다! 살아있는 자가 자기 침대에서 움직이지도 않고 떠났습니다. 그러나 이 설명할 수 없는 기적으로 인해 그 살아있던 자 대신에 있는 것은… 하나의 죽은 자입니다! 유령-이주자는 연막 뒤로 달아나면서, 자기가 아직 거기 있다고 믿게 하려고 자기 대신 생명 없는 마네킹을 남겨놓았습니다. 죽은 자는 아직 거기에 있으면서 더 이상 거기에 없는 것인데…[7] 도대체 무슨 일이 일어난 것일까요?

연속주의적인 자연법칙에 따르면 분명히 무언가가 존속합니다. 비극을 물리적인 보존법칙으로 설명할 수 있게 하는 무언가가 말입니다. 아무것도 상실되지 않고, 장소는 항상 점유되어 있습니다. 자연은 진공은 몰라도 적어도 무는 혐오하니까요. 따라서 죽은 사람이 글자 그대로 흔적도 없이 사라졌다고 말할 수는 없습니다. 바로 "흔적들" 이 남아 있으니까요! 사람들이 조심스레 말하듯, 유해가 남아 있습니다. 살아있는 존재였던 것의 거죽 또는 덮개가 남아 있습니다. 이 "남은 것들"은 유기체였던 것의 불쌍한 잔해이자, 감추기 마술의 남은 증거, 무화의 변이에 의해 현장에 버려진 마지막 잔여물입니다.

보이는 자가 마술처럼 증발해서 안 보이는 자가 된 것이 아닙니다. 죽은 자는 엄밀히 말해 안 보이게 된 것이 아닙니다. 그가 뒤에 남긴 시체라고 부르는 이 형언할 수 없는 것은 적어도 눈에 훤히 보이니까요. 유해는 눈에 보이지만 볼만한 것이 아닙니다. 엄밀히 말해, 보라고 있는 것이 아닙니다. 육신에 어떤 의미가 있다고 해도, 시체는 더 이상 아무것도 의미하지 않기 때문이죠. 시체는 말 그대로 무의미입니다. 그래서 살아있는 자는 끔찍스러워하며 얼굴을 돌립니다. 이제는 소용없게 된 얼굴 위에, 감정을 표현하기 위해 만들어졌지만 영영 무덤덤하고 말없는 무표정한 이목구비 위에 우리는 베일을 덮습니다. 자동인형의 이상야릇함에 끌리는 동시에 거부감을 느끼듯, 그렇게 우리는 우리 쪽을 쳐다보지만 우리를 보지 않고, 보지 못하는 눈길과 죽은 눈동자로 우리를 쳐다보는 시선 없는 얼굴의 이상야릇함에 밀쳐지는 동시에 끌립니다. 하지만 시체에 비하면 자동인형 따위야! 자동인형은 인간 기교의 걸작이지만 결코 살아있는 것이 아니었습니다. 게다가 그 형태는 일정하고 변하지 않습니다. 밀랍이나 천으로 된 이런 정교한 모조품은 따라서 장난감에 지나지 않는 것입니다. 자동인형 제작자는 마치 살아있는 듯 꾸며 겁을 주면서 좋아라 하죠. 하지만 시체는 방금까지도 살아있는 존재였습니다. 우리는 그 육체의 겉모습만 보면 친근감이 들어 마음이 끌릴 수도 있을 것입니다. 그러나 이 사람이 생명력 없는 물체라는 느낌이 우리를 밀쳐냅니다. 가짜 생명체의 면모 때문에 우리의 타고난 소통 욕망이 그 자리에서 얼어붙고, 꺾이고 부서져 혐오감으로 바뀝니다.

이런 섬뜩한 모조품에는 일종의 신성모독적인 비웃음이 있는 것이 아닐까요? 신성을 본뜬 인간의 외모, 이 가장 성스러운 외모가 여기서 괴상하게 위조되어 있습니다. 그래서 우리는 초자연적인 것을 흉내 내는 나쁜 천사인 사탄을 비난합니다. '선善'의 희화이며 뒤집힌 정신이라 할 모방꾼이자 "모조품"의 왕인 사탄을 기꺼이 비난하는 것입니다. 죽음의 사기극을 피하기 위해 우리는 시체의 얼굴을 꾸미고 숭배하기를 좋아합니다. 미라 애호, 데스마스크 숭배는 시체 애호적인 경건의 한 형태지만, 거기서는 죽음의 애매함을 마주한 죽음 혐오의 양가성도 뚜렷이 읽을 수 있습니다. 생명력의 상실이 유기체의 형태를 불안정하게 만들기에, 우리는 방부조치로 그 형태가 분해되는 것을 저지하려 합니다.

인간이 불순한 것 앞에서 느끼는 병적 매력과 혐오의 복합 감정은, 죽음의 경우에는 이 수상쩍은 감춤에서 비롯됩니다. 살아있는 사람들 사이에서 누군가가 슬그머니 사라졌는데, 무슨 일이 벌어졌는지, 이 마술이 어떻게 일어났는지 정확히 말을 못 합니다. 영혼이 단순한 "육체 탈출"을 통해 날아가 버린 것일까요? 생명력 상실 뒤에 유해가 남은 것일까요? 여기에 있는 누더기는 생명의 원리를 잃은 유기체의 잔류물일까요? 사실 그 원리는 결코 보였던 적이 없었습니다. 하지만 그것이 바로 살아있는 신비이며, 그 만질 수 없는 뭔지 모를 무언가가 유기체의 형태를 유지시키고 있었던 겁니다. 신비를 잃은 형태는 일그러지고 비정형의 유체가 됩니다. 이 비정형의 형태는 더 이상 누군가 아닌 무언가입니다. 이 무언가는 아무도 아닌 자ούτις입니다. 멜리장드가 일단 마지막 숨을 내쉬면 사람들은 그녀를 없는 사람으로 취급합니다. 아직 거기에 있기는 하지만 "하나의 현존"이기를 그쳤으니까요.

두 가지 상반되는 방향에서 삶과 죽음은 현존과 부재의 분리를 희미하고 모호하고 흐릿하게 합니다.[8] 살아있는 자는 이미 조금 부재하는 현존이었습니다. 기억과 상상력을 갖춘 자유로운 인간은 생각을 마음속에 숨기고 말하지 않을 수 있어서 몸이 있는 곳에 완전히 현존하고 있지 않으니까요. 영혼 자체가 부재하는 동시에 현존하는 것이 아닐까요? 대체로 몸의 현존 속에 들어 있지만, 그 어떤 위치 확인도 거부하면서? 내 앞에 있는 상대방의 생각은, 어떤 존재자가 하고 있는 생각인 한에서 지리적으로 분명 여기에 있습니다. 그러나 그것은 먼 생각을 통해 다른 곳에 있고, 사색을 통해 무한히 먼 곳에 있습니다. 요컨대 공간 위를 비행할 수 있는 의식은 아무 데도 자리해 있지 않습니다. 반면, 죽은 자는 그 반대방향으로 현존이자 부재이니, 그것은 겨우 현존하는 부재이기 때문입니다. 죽음은 우리가 분리되지 않고 분해되지 않는다고 늘 생각하던 두 가지 모순되는 것들을 분리합니다. 눈으로 보고 손으로 만질 수 있는 물체의 물리적 자연성과, 이 물체를 "하나의 현존"으로 만드는 만져지지 않는 신비를 말입니다. 말하자면 무엇인가가 줄곧 현존해 있고, 이런 점에서 존재의 연속은 중단되지 않습니다. 그러나 본질적인 것이 빠져 있습니다. 정확히 뭘까요? 누구나 이 초자연적인 감추기에서 죽음의 신비한 암시를 알아보지만, 아무도 그것을 말할 수 없습니다.

살아남은 사람들은, 도둑이 훔쳐간 왕관의 빈자리를 조사하고도 아무것도 얻지 못하는 탐정을 닮았습니다. 탐정이 확인할 수 있는 것은 이것뿐입니다. 보석함은 확실히 비었고, 거기에는 더 이상 왕관이 없다는 것 말입니다. 그리고 그는 뭔지 모를 것을 측정하고, 이른바 지문 채취를 하며 아주 바쁜 체를 합니다. 부재에 대한 조서는, 속아서 헛물만 켠 탐정의 우스꽝스러운 실패를 나타낼 뿐…. 죽음이 이 도둑입니다. 죽음은 살아있는 자를 주위 사람들이 보고 있는 눈앞에서 훔칩니다. 우리는 무엇을 추리해야 할지도 모른 채, 생각할 수도 없는 한 가지 같은 사실을 돌려보고 뒤집어보고 합니다. 차갑군, 명백해, 더 이상 움직임도 없고 대답도 없고, 게다가 더 이상 여기에 없군. 여기 있는 자… 여기 있는 '이'자는 그 사람이 아니야. 법의학자의 일은 이 '라는 사실'의 확인에 한정됩니다. 가족들은 살아있는 존재가 있던 곳을, 그리고 지금은 더 이상 아무도 없는 그 자리를 생각에 잠겨 바라보는데…. 미안합니다! 여기에 이 흉한 물건이 있지만, 이 뭔가는 '뭔지 모를 어떤 것' 조차도 아닙니다. 부재하게 된 자가 그 자리에 남아 있지만, 그 자리에 현존해 있는 것은 아무것도 아닙니다. 그리고 거꾸로, 앗아간 것은 '거의 아무것도 아닌 것'이지만, 그러나 이 '거의 아무것도 아닌 것'은 전부라….

부재자의 애매한 현존을 부각하고 생각을 붙들어두고 초경험적 신비를 공간 속에 짚어두기 위해 우리는 하나의 상징적인 장소를 택합니다. 이를테면 임종의 침상 같은 곳입니다. 우리는 찾을 수 없는 것을 찾지 못하는 무능력을 감추기 위해서 몇 가지 의식을 치르지만, 그것은 그만큼이나 소용없는 몸짓입니다. 생존자들은 부단한 역사의 갱신을 담당하여, 방금 전 누군가가 차지했고 말하자면 아직도 무언가가 있지만 누군가가 아닌 무언가의 자리 앞에서, 더 이상 아무도 아니고 아무것도 아닌 누군가가 있는 그 자리 앞에서 묵념을 계속합니다. 헛되고 헛된 무언가 (얼마나 초라한 것인지!) 앞에서. 그러고 나서 조금은 우스꽝스러운 장례행렬이 이 아무것도 아닌 것을 소위 마지막 거처라는 묘지까지 따라다닙니다. 이는 아무것도 아닌 것이 아무 데도 아닌 곳으로 가는 아주 공허한 이동을 양식화하여 격식에 맞게 천천히 되풀이하는 것과 같습니다. 그래서 행렬은 느리고, 박자를 주는 장송행진곡도 느립니다. 아무도 아니고 아무 데도 가지 않고 그래서 자기 앞에 영원을 가지고 있는 이 누군가, 이 '아무도 아니' 씨는 그다지 바쁘지 않으니까요. 그는 바쁘지 않을 뿐만 아니라, 자기 일을 하러 가느라 바쁜 사람들까지도 느리게 합니다. 이 걸음은 무슨 일을 하러 가는 것도 아니고, 어느 장소에 가는 것도 아니고, 형제를 역이나 구청이나 병원이나 대학에 데려다주는 것도 아닌, '아무 데도 아닌' 곳으로 가는 사람의 걸음입니다. 묘지는 분명 "어딘가"에 있지만, 실존하지 않는 자의 새 주소는 어디에도 없습니다. 이 "비-장소"는 거기로 향하는 행렬 자체만큼이나 가소로운 것입니다.

이 상상의 지형도에서는 무엇보다 무덤이 순례의 대상이 됩니다. 모든 장례의식이 벌어지는 회합과 만남의 관습적 장소가 됩니다. 생존자들은 텅 빈 위령비만큼이나 비어 있는 직사각형 주위에 모입니다. 그들은 마치 죽음의 신비가 실제로 '여기에' 있기라도 하듯이, 바로 이 자리에서 그 위치를 확인하고 가리킬 수 있기라도 하듯이 묵념하는 시늉을 합니다. "여기 잠들다", 누군가였던 무언가. 그러나 인형도 미라도 누군가는 아닙니다. 우리를 신비로부터 분리하고 있다는 이 대리석 판 앞에서 참석자는 무엇을 해야 할지 도무지 모릅니다. 어찌할 바를 모르는 절망하고 무력한 생존자들은 묘비에 말을 건네지만, 그 아래에는 아아! 아무것도 없습니다. 병 속에 포도주가 들어 있듯 죽음이 관 속에 들어 있단 말입니까? 신비가 정말 이 상자 속에 담겨 있단 말입니까? 경건한 손이 몇 그램의 형체 없는 재를 고이 담았던 이 항아리 안에? 우리는 사라진 사람을 붙들어둘 수 있다고 믿고서, 보통의 먼지와 다를 바 없는 이 남은 잔해를 정성껏 따로 담아둡니다. 마치 그 재가 흙, 원소, 광물과 섞여 커다란 '전체'로 되돌아가지 않기라도 할 듯이 말입니다.

모든 내재inesse, 모든 "안에 있음"의 가소로운 공허함이 여기서 명백하게 드러납니다. 부재하는 현존의 신비는 형언할 수 없는 모든 초공간적인 것들에 공통된 신비입니다. 영혼은 인간 전체에서 발산하기에 몸에 전체적으로 현존한다고 우리는 말했습니다. 하지만 그것은 흩어져 있거나 퍼져 있는 상태일지라도, 그 몸의 어떤 특정 부분이나 유기체의 어떤 기관에서도, 심지어 유기체 자체 속에서도 위치를 정할 수 없습니다. 영혼은 말 그대로 뭔지 모를 어떤 것입니다.

무엇보다 신이야말로 모든 곳에 있으며 어디에도 없습니다. 편재하면서 편부재합니다. 특별히 마련된 신전이나 이 신전의 지성소至聖所에 신을 모시는 것은, 묘지에 죽은 자를 두거나 두뇌에서 기억의 자리를 찾는 일처럼 은유에 지나지 않습니다. "성스러운 장소"는 신의 집이 아닙니다. 신은 어딘가에 거하고 있지 않고 제단에 있다는 것도 상징일 뿐입니다. 신은 거처가 없습니다. 톨스토이와 안데르센은 자연이 온통 신의 교회라고 말합니다. 림스키-코르사코프의 《키테즈》에서 페브로냐는 브세볼로트 이바노비치 공의 물음에, 숲이 신의 보편적인 신전이라고 대답합니다. 이런 점에서 키테즈는 「묵시록」의 천상의 예루살렘만큼이나 실존하지 않는 것입니다.[9] 사실 신의 내재적 초월성에서는 죽어야 할 존재의 양면성을 생각할 수 없습니다. 생명력의 밖에 있는 동시에 안에 있는 사멸성의 양면성도 생각할 수 없습니다.

실제로 신은 결코 어딘가에 있었다고 할 수 없는 반면, 죽어야 할 존재는 적어도 살아있는 동안은 세계 어딘가에 현존해 있었습니다. 죽음 그 자체도, 그것이 닥쳐올 때에는 공간의 특정 지점에서, 죽음이 덮친 피조물이 있는 정확히 그 지점에서 실현됩니다. 그러고 나선… 이제 더 이상 피조물은 없습니다. 이제 어디에도 없습니다! 그래도 이

묘석 밑에는 아직 무언가가 있고, 이런 의미에서 그 만져지지 않는 것은 이 세상에 대응하는 지점이 있는 것입니다. 확실히 이 지점은 상징적인 만큼이나 공허한 구실이지만, 아무려면 어떤가요. 다른 곳이 아니라, 여기에 어떤 육체의 유해가 누워 있는데. 그럼에도 이 누워 있는 것은 존재했던 그 사람이 아닙니다. 그 사람은 더 이상 아무도 아니니까요!

아무튼 죽음의 애매함은 감춤의 애매함입니다. 죽음은 아무 데도 아닌 어딘가로 가는 이행이며, 어떤 장소에 있다가 모든 장소를 떠나는 것으로 이어지니까요. 반대로 신은 태곳적부터 어디에나 있으며 아무 데도 없습니다. 신에게 편재와 "아무 데도 없음"은 똑같이 아득한 일입니다. 신이 동시에 모든 곳에 있는 것은 바로 아무 데도 있지 않기 때문입니다! "어디든지"는 사실 "어디에"라는 물음에 대답하지 않는 한 가지 방식이고, 장소의 배치를 뒤죽박죽으로 만들고 모든 위치 결정을 애매하게 하는 방식이기 때문입니다. '어디든지'와 '아무 데도'의 모순은 그야말로 '유토피아'입니다. 이 유토피아는 '아토피아ἀτοπία'°, 즉 극심한 부조리이며, 모든 "장소 표기"를 파괴합니다. 물론 죽음은 이런 의미에서 편재하지는 않습니다. 죽음으로 인해 절대적 부재가 되는 한정된 현존은 편재가 될 수 없기 때문입니다. 하지만 죽음도 위치 탐지를 따돌립니다. 그것이 '아무 데도 아닌 어딘든' 있기 때문이 아니라, '어딘든 아무 데도 없기' 때문입니다. 스베덴보리는 죽음의 "어딘가που"를 은근히 말합니다. 아무 데도 없는 어딘가이지만, 영을 본다는 이 자는 간단히 '어딘지 모를 곳'이라고 정의하고 싶어 했습니다.[10]

○ 자리에서 벗어나 있다, 그래서 기이하고 터무니없다는 뜻의 희랍어 형용사 ἄτοπος의 명사.

다시 말해야 할까요? 죽음은 분명 두 세계에 속합니다. 한편으로는, 위치를 확인할 수 있는 현상 혹은 호적상의 사건이라는 점에서 이 세계에 속합니다. 다른 한편으로는, 망자가 즉시 육체와 영혼을 잃고, (그러나 완전히가 아니라) '거의' 잃고, 살아남은 모든 사람들에게서 영영 상실된다는 점에서 "다른" 세계에 속합니다. 공간의 측면에서도 시간의 측면에서도, 죽음은 이편과 저편의 접점에 자리하고 있습니다.

5. 죽음의 순간은 관계를 갖지 않는다

끝으로, 죽음의 순간은 관계의 범주로 생각할 수 없다고 말할 수 있겠습니다. 우리의 전 존재의 허무인 죽음의 비존재는, 타자와의 모든 관계나 소통을, 모든 "말 걸기"의 가능성을 배제합니다. 그런 관계는 오직 실체주의나 의인화된 종말론에서만 존재할 것입니다. 전자는 죽음을 삶의 내부에서 실체화하려고 골몰합니다. 후자는 무를 환영들로 메우고 죽음의 암흑을 밝은 밤처럼 투명한 것으로 만들어 피안을 차안의 희미한 사본으로 삼아, 산 자들과 망령들 사이의 알 수 없는 교류를 상상합니다.

우리는 이렇게 말합시다. 비실존을 단순한 부재와 혼동하지 않는 한, 상대적으로 현존하는 어떤 부재와 혼동하지 않는 한, 우리는 그 어떤 식으로도 더 이상 아무도 아닌 누군가를 '대하지' 않는다고. 그런 부재와 관련해서 상징적이거나 은유적인 행동을 생각할 수 있기는 해도요. 사람은 이인칭으로 '말을 건네고', 말을 건넴으로써 상대방이 이인칭이 됩니다. 그러나 삼인칭으로 "말을 건네지는" 않습니다. 게다가 제삼자는 잠정적으로만, 단지 오늘만 제삼자입니다. 제삼자가 직접 말을 거는 범위 밖에 있는 것은 지금 상황에서 당분간만 그런 거니까요. 또한, 나에게는 그인 제삼자는 다른 사람들에게는 너일 수도 있습니다. 그러나 죽은 자는 결코 이인칭이 되지 않을 삼인칭입니다. 죽은 자는 영원히 제삼자로 있을 것입니다. 게다가 죽은 자는 아무에게도 '너'가 아닙니다. 말을 걸 수 있는 모든 범위 밖에 있기에, 그는 보편적으로 '그'이며 결정적으로 '그'입니다. 멜리장드가 마지막 말을 한 순간부터, 사람들은 그녀에 대해 이제 삼인칭으로만 말을 합니다. 그러나 '그녀에게'는 더 이상 말을 걸지 않습니다.

　죽은 자는 관계를 갖지 않습니다. 당연히 그것은 '절대적인 것'이 관계를 갖지 않는다는 그런 적극적인 의미가 아닙니다. 죽은 자는 오히려 "비관계적"인 것입니다. 하나의 전체와 그 요소들 사이에는 부분의 관계가 있을 수 있지만, 전체 자체와 (또는 그 요소들과) 그 전체의 허무 사이에는 어떤 관계도 있을 수 없습니다. 여기서는 상대자가 없어서 관계도 없고, 상대자가 "허무"여서 관계가 허무하게 되는 것입니다. 존재와 비존재와의 관계는 관계의 제로이기 때문이죠.

　피안을 철저한 허무로 보지 않고 절대적으로 다른 것으로 보더라도, 우리의 상황은 역시나 전혀 비관계적입니다. 관계란, 척도는 같지 않더라도 적어도 비교 가능한 두 상대자를 상정하는 것입니다. 동등한 수준에 있지는 않더라도 같은 차원에 있는 두 상대자를 상정하는 것입니다. 예를 들어 황제와 백성 사이에, 대사와 양치기 사이에는 상호관계가 가능합니다. 둘 다 하느님 앞에서 불쌍한 피조물이고, 죽음 앞에서 동등하기 때문입니다. 하지만 차안과 피안 사이에는 그 어떤 상호성도 생각할 수 없습니다. 어떤 것이 관계를 갖는 상대는, 닮았으면서도 다르고 닮았기 때문에 다른, 상대적으로 다른 것입니다. 그러나 전적으로 다른 것, 절대적으로 다른 것, 심지어 그 다른 것과도 다를 만큼 엄청나게 다른 것과는, 최소한의 공통점도 비교 항목도 없습니다. 신적인 '절대자' 앞에 있는 피조물의 경우가 그렇습니다. 그럼에도 어떤 형태의 대화, 어떤 형태의 종교적·신비적 혹은 직관적 관계들은 인간과 숭고한 타자성의 대면에서 반드시 배제되는 것은 아닙니다. 반면에 살아있는 존재와 이 존재의 비존재적 피안 사이에는 선험적으로 그 어떤 종류의 그 어떤 관계도 생각할 수 없어 보입니다.

죽은 자는 아무와도 관계를 갖지 않습니다. 그래서 이 죽은 자의 죽음은 절대로 전달 불가능한 것입니다. 익사자를 흔들어 이름을 불러도 소용이 없습니다. 익사자는 더 이상 대답하지 않습니다. 부재자는 결코 더 이상 현존하지 않을 것입니다. 장례식에서 들리는 "죽은 자를 위한" 종소리에는 내내 아무런 메아리가 없습니다. 애절한 나팔 소리에도 죽은 자는 응답하지 않습니다. 침통한 음률은 여인들의 흐느낌 가운데 침묵 속으로 사그라집니다.

6

'거의 아무것도 아닌' 죽음의 순간

1. 『파이돈』에서의 죽음. 죽음의 문턱이 감춰지다

희랍인들은, 죽는 순간을 최소화하기 위해, 이를 어떤 변형이나 생성 속에 녹이려는 수고조차 하지 않았습니다. 이미 보았듯이, 플라톤은 죽음ἀποθνήσκειν과 죽어있음τεθνάναι을 아주 잘 구별할 줄 알았지만,[1] 그 순간에 대해서는 망설임이 없지 않았습니다. 『파이돈』의 소크라테스는 희망ἐλπίζειν과 용기θαρρεῖν를[2] 조금도 혼동하지 않습니다. 희망은 피안의 보상에 관련된 것이지만, 영혼과 육체의 연결을 푸는 일에는, 즉 최후의 순간에 맞서는 데에는 용기가 필요한 것이죠. 게다가 몇몇 표현을 보면,[3] 플라톤은 죽음 이후가 전혀 다른 차원의 절대적 저편이라는 생각을 아주 뚜렷하게 했다고 보입니다. 그럼에도 '죽은 사람들에게 무언가가 있다εἶναί τι τοῖς τετελευτηκόσι'는,[4] 이 삶의 저편에 무언가가 있을 것이라는 조짐이 있습니다. 이 무언가가 우리가 희망을 갖는 이유입니다. 희망이란 기본적으로 존재가 계속 존재할 것이라는 보장에 바탕을 둔 것이 아닐까요? 따라서 죽음이란, 그 생각만으로도 우리를 불안으로 채우는 그 아찔한 무화가 아닐 것입니다.

이에 반해 이미 죽은 죽음이 아니라 죽어가는 죽음이 문제일 때에는, 플라톤은 에피쿠로스와 같이 오히려 죽음이 '아무것도 아닌 것οὐδέν', 순수한 결여적인 부정이라고 생각합니다. 불안한 것은 죽음의 순간뿐이며, 그 순간은 『파이돈』에서는 공들여 감춰져 있습니다. 그래서 불연속은 모두 메워지고, 찢어진 곳은 모두 다시 꿰매어질 것입니다. 『파이돈』은 구김살도 주름도 하나 없이 담담하고 평온한 인물을 그립니다. 그것을 모델로 삼은 에릭 사티Erik Satie의 완벽하게 침착한 《소크라테스》도 그만큼 평온합니다. 사티의 곡에서 서창의 모범적인 연속성과 이를 지탱하는 화음의 규칙적인 진행이, 너무 갑작스러운 곡절이나 급속한 격동을 모두 배제하듯이, 『파이돈』의 조용한 서주 또한 그 어떤 비장한 불협화음도 용납하지 않습니다. "마지막이네요" 하는[5] 탄식 소리에도 힘찬 정신은 어깨를 으쓱할 뿐입니다. 감수성이 예민한 영혼들이 불협화음을 내는 것πλημμελεῖν을[6] 듣지 않으려고, 모든 잘못된 음정을 없애려고, 소크라테스는 격정적인 아폴로도로스를 꾸짖고 눈물에 젖은 아내를 집으로 돌려보냅니다. 크산티페처럼 우는 것이나 아폴로도로스처럼 격분하는 것ἀγανακτεῖν은[7] 정말이지 죽음의 순간이라는 이 외관에 속는 것입니다. 부끄러움 때문에 우리는 비극적인 불연속 아래에서 차안과 피안 사이의 깊은 연속성을 찾게 됩니다. 절망이나 번민과는 거리가 먼 아폴로도로스의 격분에조차 죽음이라는 이 파렴치한 사건의 진지함에 관한 어떤 불신이 담겨 있습니다. '조용히들 있게나.Ἡσυχίαν ἄγετε'[8] 소크라테스는 고요한 바다, 평탄한 역사, 기복 없는 사건들이 우리 안에 만들어내는 그런 평온함을 갖도록 권유합니다.

『파이돈』의 끝부분에는 단 하나지만 분명 "불협음"이 있습니다. 마치 사티의 《소크라테스》에 제자리 C음과 올림 C음 사이에 마찰이 있는 것과도 같습니다. 이 불협음은 그 순간을 나타내는 일회적 동사, 죽음의 경련을 가리키는 "몸을 떨었다ἐκινήθη"입니다. 불사에 관한 긴

논의에 이어, 그 논의와는 불협화음을 이루는 부정不定과거 "몸을 떨었다"는9 아마 『파이돈』에서 유일한 사건일 것입니다. 그러나 이 사건은 거의 눈에 띄지 않고 지나갑니다. 죽음이 소크라테스의 감방에 들어오자마자 이미 소크라테스의 눈길은 움직이지 않습니다. 시작도 하기 전에 모든 것이 끝났습니다. 《펠레아스와 멜리장드》의 끝부분처럼 모든 것은 슬그머니 말하자면 발끝으로 소리 없이 지나갔습니다. 아무도 아무것도 보지 못했고 아무것도 듣지 못했습니다. 아무도 아무것도 알아차리지 못했습니다. 요컨대 소크라테스는 죽는 일 없이 죽은 것입니다!

그래서 소크라테스의 죽음은 영원한 죽음이며, 대리석으로 조각된 순간, 살라미스 해전과 테니스 코트의 서약처럼 전범이 되는 사건입니다. (다비드의 그림에서처럼) 사형집행인의 손에서 독배를 받는 소크라테스, 강심제라도 마시는 듯 얼굴빛도 바뀌지 않고 독약을 마지막 한 방울까지 들이켜는 소크라테스, 죽음을 기다리며 누워 있는 소크라테스. 이 모든 것들이 '역사'에 의해 결정적으로 확립된 범례적인 정지 장면들입니다. 죽음의 비통한 성격을 모두 제거하려고 소크라테스 자신이 어떻게 자기의 죽음을 비꼬는지 보세요. "비극의 등장인물이 할법한 말인데 말이야. 운명이 나를 부르는구나. 자 그럼, 목욕하러 가볼까?"10 실제로 오늘 저녁 여섯 시에 죽는 게 아니라고, 모든 게 장난이라고 말하는 것 같습니다. 그의 마지막 말은 더없이 시시하고 하찮습니다. '아스클레피오스에게 닭 한 마리 바치게'라는 말이었습니다. 바로 이것이 그의 유언, 마지막 말, 최후의 의지입니다! 숙명의 여섯 시가 다가왔을 때, 그래 그 말밖에 할 말이 없었던 것일까요?

현자의 죽음은 어떻든 고독한 죽음과는 정반대입니다. "그는 외로이 죽지 않았다"라고 파이돈은 말합니다. "사람들이 곁에 있었습니다. 그것도 많이요."¹¹ 파스칼은 이와 반대로, 사람은 홀로 죽는다고 말합니다. 그리고 발레리는 말합니다. "태어날 때에는 여럿이었는데, 죽을 때에는 혼자야."° 즉, 아무리 사람들에게 둘러싸여 있어도, 아무도 대신할 수 없고 저마다 각자 스스로 맞서야 하는 이 불안한 통로를 오로지 혼자 건너가야 합니다. 죽어가면서 바라보라고 사제가 사형수에게 내미는 십자가조차도, 사형수가 몸소 겪을 무시무시한 시련을 면해주지는 않습니다. 십자가의 상은 죽음까지usque ad mortem, 문턱까지, 최후의 지점까지 죽는 자와 함께 가지만 그 너머로는 가지 않습니다. 문턱 자체는 가슴을 에는 듯한 고독 속에서 넘을 수밖에 없습니다. 사제들은 예수가 인간의 구원을 위해 죽었다고 말하지만, 사제들마저도 예수가 베드로와 바울이 죽지 않도록 베드로와 바울 '대신' 죽었다고까지는 말하지 않습니다. 일인칭에 대해 이야기하면서, 우리는 종교의 "구원"은 죽어가는 사람이 삶의 마지막 발걸음을 혼자서 내딛는 일을 면하게 해주지는 않는다고 말했습니다. 각자 일인칭으로 겪게 되는 그렇게 첨예하고 가느다란 경험은 안타깝게 홀로 내버려진 상태로 겪을 수밖에 없는 것이죠.

리스트의 만년 작품들에서 반주 없는 서창, 저음부 없는 오른손은 밤과 눈 속을 걷는 고독한 여행자를 연상시킵니다.《장송 곤돌라》의 뱃사공도 손님과 이야기를 나누기 위해 거기 있는 것은 아닙니다! 소크라테스는 사람들에게 둘러싸여 죽었죠. 하지만 톨스토이는 영혼의 불멸성에 대해 한담을 나누면서 정신적 위로와 우애 어린 격려를 해줄 친구들 속에 있지 않았습니다. 그는 야스나야 폴랴나에서°° 달아나 도둑처럼 길을 달리다가 결국 작은 시골 역에서 기댈 사람 하나 없

° 폴 발레리의 1921년 작,『건축가 에우팔리노스』중 소크라테스의 대사.
°° 톨스토이가 태어난 영지.

이 홀로 죽어갑니다. 이 아스타포보 역이야말로 희랍인들은 알지 못한 그 극도의 고독의 상징입니다. 그래서 플라톤은 순간이라는 모험적인 문턱을 감춥니다. 당사자 자신은 죽음의 순간에 혼자입니다. 그런데 그를 결코 혼자 두면 안 됩니다. 그래서 이 차안의 친구들이 소크라테스를 삶의 극한까지 호위해서 그를 올바르고 지혜로운 피안의 친구들에게 직접 넘겨줍니다. 복자福者들의 단체가 지상의 모임을 즉각 이어받아, 살아서도 죽어서도 소크라테스가 결코 홀로 있지 않도록 합니다. 마지막까지 그리고 그 마지막 너머에서도 소크라테스의 삶과 내세의 삶은 우애와 자유로운 발언 속에서 펼쳐집니다. 이 세상에서의 대화가 죽음을 넘어 끊어지지 않은 채로 죽은 사람들의 대화로 이어집니다. 복자들의 섬에서는 지상에서 시작된 대화가 세세토록 계속될 수 있을 것입니다.

물론 이렇게 대화 속에 죽음의 순간이 가려져 있는 것을 비겁함 때문이라고 말할 수는 없습니다. 왜냐하면 또 다른 의미에서 아이러니스트 소크라테스는 오히려 간결함의 영웅이자 수사학의 철천지원수이니 말입니다. 하지만 소크라테스의 운명이, 죽음의 양쪽에서 순간의 단절을 뛰어넘으려는 비非단절주의 철학과 닮은 것도 사실입니다. 이 영원한 대화의 대화자들은 자기들의 불안을 생각하는 것을 잊어버립니다. 그들은 마치 아무 일도 없다는 듯이, 그 현자가 오늘 밤 죽지 않을 것처럼, 사형수의 이 마지막 날이 전혀 마지막이 아닌 것처럼, 사형수가 자신의 시간을 고스란히 앞에 가지고 있기라도 한 것처럼, 말하고 또 말합니다. 소크라테스의 죽음이 임박한 죽음이고 소크라테스가 "죽으려 하는 참이며",[12] 죽음의 순간에 있음에도, 불멸성의 문제는 추상적이고 먼 대상처럼 문제로 바라볼 수 있는 거리에서 파악됩니다.

죽음에 대해 사유한 많은 철학자들도 일단 자신의 마지막 때가 되면, 극도로 당황하면서 경망스럽게 일을 당합니다. 그런데 현자가 현자인 것은, 자신이 죽는 그날 밤이 되어 죽음의 문턱 앞에 섰을 때에도 평생 죽음이 멀리 있던 때와 똑같이 처신하기 때문입니다. 당장 만기가 된 기한을 기간이 남은 것처럼 대하면서, 현자는 사건의 굴욕적이고 모욕적인 급박함을 느슨하게 풀어 마지막 시간이 평생의 반영이 되도록 합니다. 세네카, 마르쿠스 아우렐리우스, 기독교도들에게 죽을 준비가 되어 있다는 것, 그것은 매일을 마지막 날처럼 생각하는 일일 것입니다. 그러나 플라톤은 오히려 마지막 날을 마치 마지막이 아닌 것처럼 생각합니다. "시간은 촉박하고 그대들은 그 날과 그 시를 알지 못한다. 따라서 모든 우발적 가능성에 준비가 되어 있어야 한다." 파스칼과 니콜은 복음서의 이런 경고를 강렬하게 느끼며 살았습니다. 반면 플라톤이 보는 현자는 시간이 촉박하다는 것을 알지 못합니다!

사실, 내일의 철학 또는 마지막 이전 순간의 철학이라고 부를 만한, 지연하는 지혜도 있기는 합니다. 알리바이의 철학이라고 불릴 만한 일종의 추상적 관념론이 있듯이 말이죠. 후자는 사건을 한쪽에서 다른 쪽으로 한곳에서 다른 곳으로 보내고, 전자는 기한을 다음 날에서 또 다음 날로 밀어냅니다. 죽음은 이러한 무한정 연기에 부응한다고 말해야 하겠습니다. 그 날짜가 늘 미루어질 수 있기 때문이죠. 하지만 끝에서 두 번째 순간의 철학은, 소크라테스의 구름 한 점 없는 맑음, 동요 없는 평정을 설명하기에는 충분하지 않을 것입니다. 다음 날로 연기하는 것은 우리를 불안정 속에 남겨두는 것이니까요. 하루하루 미루는 것은 그날그날 이럭저럭 미루는 일이기도 합니다. 말하자면, 아주 일시적인 지불 연기이며 끊임없이 갱신되고 끊임없이 다시 문제시되는 기적적인 운입니다.

급박함이라는 비극적 긴장이 소크라테스에게 존재하지 않는다면, 그것은 일반적으로 사건의 순간성이 그에게는 생소한 것이기 때문입니다. 엄밀히 말해, 『파이돈』에서는 아무 일도 '일어나지' 않습니다. 따라서 죽음은 결코 일어나지 않는 그 무엇입니다. 죽음의 순간은 모든 상황을 빼고 생각한 순수상태의 사건이 아닐까요? 실제로 비존재로부터 출현한 존재 속에는 존재가 중단될 가능성이 들어 있습니다. 그러나 플라톤의 '이데아'는 발생하는 어떤 것이 아니기 때문에 죽는 일이 없습니다. 도래하지 않는 진리도 영원합니다. 이데아의 철학자가 진리 없는 순간, 실제로 일어나는 도래, 비이성적 사건의 역사적 발생에 정말로 혐오감을 느꼈다는 것도 이해가 됩니다. '카이로스 καιρός'는 리시포스 같은 조각가가 석조상으로 만들었을 때 비로소 존재하기 시작하는 것입니다!º

2. 작은 죽음들의 누적인 죽음

죽음의 순간을 평범한 것으로 만들고 최소화하고 완전히 줄여버리는 방법은 분명 존재합니다. 그리고 모든 금욕철학은 그 방법을 알고 있습니다. 그것은 삶을 항구적인 죽음으로 만들고 살아있는 자를 사

º 희랍어 카이로스는 기회, 적기를 의미한다. 기원전 4세기 희랍 조각가 리시포스는 카이로스를 조각으로 형상화했다. 앞머리는 무성하지만 뒷머리는 대머리이고, 왼손에는 저울을 오른손에는 칼을 쥐고 있으며, 어깨에는 커다란 날개가 발에는 작은 날개가 달려 있는 모습을 하고 있다.

생아는 아니더라도 적어도 죽어가며 태어나는 존재로 만드는 것입니다. 금욕주의자에게 산다는 것은 서서히 죽는 것이 아니면 무엇이겠습니까? 금욕주의자에게 실존이란 일종의 긴 철학적 혼수상태가 아니면 무엇이겠습니까? 이 경우 죽음은 이제 더 이상 삶의 마지막 순간에 닥쳐오는 단일한 사건이 아니라, 실존의 과정에서 매 순간 끼어드는 부단한 현상입니다.[13] 그래서 죽음은 살아있는 동안 매시간과 매분에 나뉘어 배분되어 있습니다. 요컨대 삶은 그침 없이 그쳐가는 것입니다. 인간의 존재는 멈춤을 멈추지 않습니다. 인간의 존재는 부단히 중단됩니다! 더 분명히 말하면, 일반적으로 연속이란 연속된 정지에 다름 아닙니다. 끊임없이 연속되는 것은 단 하나뿐이니까요. 그것은 바로 정지 그 자체입니다. 죽는다는 것만이 (그러나 죽기 위해서는 존재해야 하지 않을까요?) 그래서 우리에게 유일한 한결같은 것입니다!

사정이 이렇다면 죽음을 죽음 이전에 파악하겠다는 이편의 성찰을 두고 너무 이르다거나 때를 잘못 맞추었다고 할 수도 없을 것입니다. 그런 성찰은 사건에 앞서가는 것도 아니고 시작이 너무 이른 것도 아닙니다. 그렇기는커녕 어느 시기에 이루어지든 항상 알맞은 때이고, 그런 점에서 때를 고르기가 어려울 정도입니다! 살아있는 자는 항구적으로 죽어가고 있는 자이고, 이 살아있는 자의 삶은 수십 년에 걸쳐 늘여진 아주 느린 점진적 죽음이기에, 수없이 되풀이된 이 마지막 한숨 속에서는 언제나 죽음을 읽어낼 수 있는 것입니다. 사람이 생의 마지막 순간에 단 한 번 죽는다고 공언할 때에는, 죽음이 일회적이고 현장에서 벌어지는 명백한 사건으로 이해됩니다. 그래서 그 불길한 순간을 공중곡예로 포착하려면 굉장한 묘기가 필요하죠. 반대로 산 자가 늘 죽어가는 것이라고 판단할 때에는, 이 산 자의 죽음은 늘 해독할 수 있는 것이 됩니다. 그러면 죽음은 살아있는 기간과 외연이 같고, 철학자는 목격자가 되어 어떤 순간에도 계속 죽음과 동시적으로 있게 될 것입니다.

그렇다면 산 자에게 있는 모든 시간이 준비하는 시간입니다. 그가 평생 조금씩 죽는 것이라면, 죽는 데에 시간을 쓰고 있는 것이라면, 원래 의미의 죽음은 더 이상 그 어떤 특별한 의미도 없게 됩니다. 만약 삶이 연속된 죽음이고 희석된 죽음이라면, 궁극의 순간에는 더 이상 궁극적인 것이 전혀 없게 될 것입니다. 아주 평범하게 그저 마지막 순간일 뿐이며 장엄함을 다 잃을 것입니다. 만약 우리의 삶이 죽어가는 삶이라면, 마지막 한숨은 마지막 한숨이라는 특권을 잃고 여느 다른 한숨 중의 하나가 될 것입니다. 그것은 그저 계열의 마지막일 뿐입니다. 마지막 한숨이라는 데에 뭐가 그렇게 특별한 것이 있겠습니까? 왜 마지막 시간이 마지막이라는 구실로 특별대우를 받겠습니까? 마지막 순간에서는 우리가 일생 동안 수천억 번 경험하고 살아온 것 말고는 아무것도 찾을 수 없습니다. 평생에 걸쳐 소량으로 희석된 이 죽음, 그리고 태어날 때부터 잠재적으로 현존하고 있던 이 죽음은, 엄밀한 의미에서의 마지막 순간의 값을 떨어뜨립니다. 죽음이 죽음 이전부터 존재하는데, 왜 죽음에 깜짝 놀라겠습니까?

그래서 금욕주의에 따르면 삶이란 생의 기간 동안 한 방울씩 증류되어 가는 죽음입니다. 그리고 사람은 때론 늙어가는 자신을 바라보며 이를 고뇌 속에서 되새기고 때론 흐뭇한 마음으로 남몰래 맛보고 음미합니다. 늙어가는 자는 이렇게 해서 자기 자신의 생성을 홀짝홀짝 마십니다. 인생이라는 술잔이 물시계마냥 점점 비어가죠. 요컨대 그야말로 죽음이란, 단적으로 말한 죽음이란, 삶의 과정의 모든 순간마다 닥쳐오는 평범한 사건들의 특수한 경우일 것입니다. 그리고 이 특수한 경우는 연속되는 매일의 죽음보다 그다지 더 첨예하지도 않습니다. 마지막에 등장하는 큰 죽음도 이미 오래전부터 예고되었던 일입니다. 그것은 일상의 수많은 작은 죽음들이, 큰 죽음의 전조인 미세한 사망들이 계속 예고해 왔던 일이죠. 탈모, 새치, 약해진 치아는 모두 축소판 죽음들이고, 이 축소판 죽음들은 모두 전면적인 죽음의 신호이며 전조인 것입니다.

공교롭게도, 때로 죽음의 순간을 정확히 가리키는 데에서 겪는 어려움 때문에 그 순간이 흐려지고 맙니다. 그래서 법의학자도 "공식적" 사망시간을 결정하는 문제에서 가끔 난처해집니다. 다스트르는 법의학자의 법적 보고서는 오히려 하나의 예측이라고 지적합니다.° 겉으로 드러난 환자의 사망 뒤에도 생명력의 어떤 잔재가 존속할 수 있기 때문이라고 말입니다. 누구나 알듯이 시신의 머리카락이나 손톱은 한동안 계속 자랍니다. 마치 마지막 신호를 듣지 않고 아예 무시하기라도 하는 듯이 말이죠. 쿨랴브코는°° 사망한 지 몇 시간이 지난 죽은 사람의 심장을 다시 뛰게 만들었습니다. 기적적으로 성공한 소생들이 오늘날 "전신 사망"의 중요성을 떨어뜨리는 데에 기여하고 있지 않을까요?

저절로 일어나는 노화를 더욱 효과적인 것으로 만들기 위해, 금욕주의는 우리에게 노화를 주도하고 촉진하기를 권합니다. 그것은 고

° 알베르 다스트르Albert Dastre는 19세기 말 20세기 초에 활동한 프랑스 생리학자로, 여기서 장켈레비치는 『삶과 죽음La vie et la mort』(Flammarion, Paris, 1907)을 언급하는 것으로 보인다.

°° 알렉세이 쿨랴브코Alexey Kulyabko는 20세기 초 러시아 생리학자로, 1902년에 최초로, 사망한 지 스무 시간이 지난 심장을 다시 뛰게 만든 것으로 알려져 있다.

행이라고도 부르는 죽음 수련을 통한 철학적 노화입니다. 플라톤 자신은 '죽고자 한다θανατῶσι'와 '죽는다ἀποθνήσκουσι'¹⁴를 구별합니다. 한쪽은 입교자들과 현자의 죽음 수련이고, 다른 쪽은 지팡이를 들고 다니는° 속인들의 그저 그렇게 죽는 평범한 죽음입니다. 하지만 『파이돈』의 비시간적 평온을 '조금씩'의 철학과 혼동해서는 안 될 것입니다. 즉, 소크라테스는 꺼져가는 것이 아닙니다. 사형집행인의 등장 전 대화 끝 무렵의 소크라테스가 그 대화의 시작 때보다 더 죽어있는 것은 아닙니다. 이성적인 영혼은 이 세상에서부터 영원합니다. 지성의 인간은 차안에 있을 때부터 사유를 통해 피안에서 살고 있습니다. 차안에 있는 그의 존재에 비존재가 섞여 있더라도 말이죠. 그래서 죽음은 하찮은 사건일 뿐입니다. 죽음 수련이란 영혼과 육체의 끈을 최대한 느슨하게 만들어 마지막 순간에 매듭이 풀리기 쉽도록 하는 일입니다. 즉 이생에서부터 이성적인 부분을 격리해서 정화시켜 '끈vinculum'을 헐겁게 하여 죽음을 대비하는 것입니다. 그것은 죽음의 대작전을 거듭 연습해, 그 순간이 왔을 때 죽음의 대작전이 이제 보잘것없는 장난에 지나지 않게 만드는 일입니다. 죽음 수련의 참된 수행이란, 큰 죽음의 예비과정이 되는 작은 죽음들의 잇따름에 따라 실존을 점차 약화시키는 일에 있다고 하겠습니다.

일상적 삶의 수많은 미시적 죽음이라는 생각은 은유와는 다른 것일까요? 비관론자는 역방향으로 읽어, 연속 속에서 중단이 계속 누적되는 것만을 보려합니다. 이는 시간 속에서, 해체과정뿐만 아니라 존재의 적극적인 건설도 읽어내는 정방향의 읽기를 너무 헐값으로 보

° 『파이돈』 69d 참고. '지팡이를 들고 다니는 자들ναρθηκοφόροι'은 겉으로는 신자인 척 그럴듯한 행세를 하고 다니지만 진정한 믿음이나 깨달음은 없는 사람들을 의미한다.

는 일입니다. 중단이 무언가를 중단시킬 수 있는 것은 그것 자체가 동시에 재도약이고 재시작이어서 그렇습니다. 따라서 삶 내부의 혹은 연속 계열 내부의 작은 중단들, 즉 다른 어떤 것의 갱신에 의해 언제나 즉시 벌충되는 중단들과, 연속 전체를 목 졸라버리는 벌충되지 않는 대大중단 사이에는 아무런 공통 척도가 없습니다. 유기체의 반응과 재적응을 통해 즉각 상쇄되는 작은 죽음과 원래 의미의 죽음은 서로 비할 바가 아닙니다. 조금씩 아물어가고 더구나 흔적도 남기지 않는 상처인 작은 죽음과, 큰 죽음의 무한한 손상은 비교가 되지 않습니다. 치아 하나의 소실, 분비선 하나의 위축은 죽음과는 유한과 무한만큼이나 다릅니다. 달리 말해 일회적 대大죽음을 부단히 반복한다고 하는 잦은 소小죽음들을 죽음이라고 말하는 것은, 그저 말만 그런 것일 따름입니다. 단순히 죽는다는 것 그리고 다른 보충설명 없이 그냥 죽는다는 것은, "감각이" 죽었다거나 "속세를" 떠난다거나 탈속이나 회심이나 고행으로 날마다 조금씩 죽는다는 것과는 전혀 다른 차원입니다. 오후가 되면 스무 번씩 죽는다는 사람은 사실 죽는 것이 아니니까요. 이는 "큰" 죽음도 "작은" 죽음도 없고, 아무 형용어구 없는 그냥 죽음만이 있다는 것이 아니면 무엇을 의미하겠습니까? 죽음은 아아! 언제나 "큽니다". 그리고 전면적인 죽음, 전체적인 죽음 외에 다른 죽음은 없습니다.

 사람은 더 죽거나 덜 죽는 것이 아니며 점점 더 죽는 것도 아닙니다. 조금 죽거나 많이 죽는 것도 조금씩 죽는 것도 아닙니다. 사람은 서서히 죽지 않습니다. 데크레셴도가 무한정 계속되면 죽음에 이르게 될 거라고요? 생명이, 가물거리며 사그라지다 마침내 완전히 꺼지고 마는 마지막 불꽃을 닮았다고요? 아닙니다. 생명은 그런 꺼져가는 불꽃이 아닙니다. "점차로 gradatim" 더 많이 죽어가고 더 적게 살아있는 거라고 말하는 사람들은 양으로 잴 수 없는 과정에 또다시 양의 범주를 갖다 대고 있는 겁니다. 그러나 여기서 문제가 되고 있는 것은 비교급의 단계가 아니라 전부냐 전무냐 하는 것입니다. '더'와 '덜'의 분량을 재는 것이 아니라, 예스냐 노냐 하는 대답만이 문제인 것이죠. 죽음이냐 삶이냐! 한쪽 전부냐 다른 쪽 전부냐! 최후통첩이란 그런 겁니다. 양자택일이 단호하며 선택지가 엄격히 분리되어 있으니까요.

존재와 비존재의 배타적인 대립처럼, 죽음 없는 삶과 삶 없는 죽음의 모순은 분명 대각선상에 있는, 최상급이자 최대의 대립입니다. 그 때문에 우리는 죽음을 하나의 변형으로 보기를 거부했던 것입니다. 어떤 것이 그것과 모순되는 것으로 변하는 것은, 어떤 것이 또 다른 것으로 바뀌는 것과는 비교가 되지 않습니다. 게다가 같은 계열 내에서 한쪽 극단에서 다른 쪽 극단으로 이행하는 것과도, 따라서 한쪽이 반대쪽으로 변형되는 것과도 비교가 되지 않습니다. 어떤 것이 허무가 되는 아찔한 변이는 그래서 철저한 부정이며, 그 일은 급격한 역전에 의해 일격에 벌어집니다. 하나의 같은 시간에 uno eodemque tempore 공존할 수 없는 모순되는 것들은 중간 과도기 없이 뒤따를 수밖에 없으니까요. 먼저 한쪽, 그다음에 다른 한쪽! 하나 다음에, 오로지 다음에 다른 하나! 그래서 철저한 변이는 과도기와 중간단계를 배제합니다. 삶과 죽음 사이에는 그 어떤 중간도 없습니다. 삶이면서 동시에 죽음인 혼합지대나 인접지대도, 죽음도 삶도 아닌 중립지대도 존재하지 않습니다. 존재냐 비존재냐? 양립할 수 없는 이 두 극단 사이에서 햄릿은, 실존의 혜택과 비존재의 휴식을 병합해 삶의 고통과 무의 공포를 피할 제3의 해결을 찾지 못했습니다.

만약 삶이 죽음으로 빚어져 있고, 실존이 존재와 비존재의 혼합으로 환원되는 것이라면, 비존재는 점점 존재보다 우세해져 마침내 불순한 존재를 순수한 비존재로 변형하게 될 것입니다. 만약 그렇다면 왜 이 세상에 있으면서부터 죽음이 직관될 수 있는지, 점점 더 단순해져 가는 복합물 속에서 죽음의 성분이 더 많은 자리를 차지해 감에 따라 왜 이 직관이 점점 더 정확해질 것인지도 잘 이해가 됩니다. 그러나 그렇게 되면 왜 삶도 죽음도 없게 되는지는 훨씬 더 잘 이해됩니다. 거기에는 일종의 살아있는 죽음, 존재와 비존재로 이루어진 이름 붙일 수 없는 어떤 곤죽, 항상 둘 사이의 중간이지 결코 어느 한쪽은 아닌 무언가가 있습니다. 결코 단호하게 딱 잘라 이쪽이다 저쪽이다 판가름되지 않는 무언가가 있는 것입니다. '양쪽 다Utrumque'는 '이쪽도 저쪽도 아닌Neutrum' 것이죠!

노화를 비존재가 존재에 침입하는 일처럼 보는 사람은, 비존재를 다소 『소피스테스』의 '존재가 아닌 것μὴ ὄν'과 같은 식으로 생각하고 있습니다. 죽음이 존재와 다른 것, 즉 존재와 상대적으로 다르고 상대적으로 동질인 것이며, 따라서 존재와 섞여, 살아있는 죽은 자를 만들어낼 수 있다는 것입니다. 이렇게 해서 고대 철학자들은 생성을 존재와 비존재의, 존재적 긍정과 비존재적 혹은 결여적 부정의 "혼합"으로 만들었던 것입니다. 마치 '아무것도 아님'이 존재와 섞일 수 있는 어떤 성분인 것처럼 말입니다. 그것은 '아님'을 사물화하고 실체화하는 것이 아닐까요? 그렇게 해서 우리는 살아있는 사람의 몸에 들어와 사는 것 같은 죽음의 현존이라는 관념으로 되돌아갑니다.

존재와 비존재 사이에는 모든 중간적 해결책이 배제되어 있다고, 한창인 삶에 무無의 냄새란 단지 비유일 뿐이라고 말하는 것은, 삶은 그 가장 마지막 끝자락까지 살아있다고 말하는 것입니다. 마지막 시각의 마지막 초까지 마지막 초의 마지막 순간까지, 살아있는 자는 차안의 시민이며, 게다가 피안 쪽으로는 조금도 열려 있지 않은 것입니다. 그리고 또 이 살아있는 자의 경험은 끝에서 끝까지 "이편의" 경험이고 저편으로는 조금도 열려 있지 않습니다. 우리는 직접적으로는 달의 한쪽 면밖에 관찰하지 못하지만 기발한 기술 덕택에 적어도 간접적으로 다른 면을 사진에 담을 수 있게 되었습니다. 결국 달의 숨겨진 면도 이 세상에 속한다는 점에서는 파드칼레주州보다 더하지도 덜하지도 않습니다. 이에 반해 우리 운명의 숨겨진 면은 속절없이 우리에게서 배제되어 있습니다. 아무리 기발한 술책을 써도 저편의 초경험적 면을 관찰하거나 그 비밀을 간파할 수가 없습니다. 이 비밀은 그래서 하나의 신비입니다. 물론 영靈을 소환하는 탁자 따위를 믿지 않는다면 말이죠…. 그리하여 우리가 지각하거나 생각하고 확인하거나 결론지을 수 있는 모든 것은 삶의 적극성의 한 요소입니다. 존재와 무 사이의 경계선이 되는 낭떠러지를 따라 있는 이 세상의 아찔한 가장자리까지도 포함해서 말입니다.

거의 다 됐다고, 탐구자가 과녁에서 일 밀리미터 앞에 있다고, 한순간이면 끝이라고, 이제 막 발견하려고 하는 참이고 거의 발견했다고 하는데… 하지만 아닙니다! 이 '거의'는 이편에 머물러 있습니다. 거의라고 하나, 실은 전혀 아닙니다. 거의 죽은 자는 죽지 않았습니다. 거의 죽은 자는 살아있습니다. 간발의 차로 무 앞에 서 있는 사람은 거의 알 뻔했던 것이라고요? 사실 그는 첫 글자도 알지 못했습니다. 우리는 선험적으로 균열 없는 충만함과 생명력의, 말하자면 포로인 셈입니다. 이른바 무의 경험에 대한 베르그송의 비판은, 우리 자신의 존재의 비존재이자 우리 실존의 비실존이며 우리 전체의 허무인 죽음에도 잘 적용됩니다.

그리고 삶과 죽음 사이의 본성적 차이가 모든 타협과 혼합을 배제할뿐더러, 살아있는 존재의 "존재 밀도"는 노화에도 불구하고 거의 한결같습니다. 이미 우리가 보았듯이, 노화되어 간다고 해서 존재에 구멍이 더 많아지는 것도 아니고, 더 가벼워지거나 공백이 더 커지는 것도 아닙니다. 희박해지는 것이 아니라 질적으로 변합니다. 비존재의 공허와 바람이 들어오기는커녕, 유기체는 "줄어들지언정" 매 순간 생존 가능한 하나의 총체입니다. 그래서 죽음을 향해 한 걸음씩 걸어간다는 관념은 그 자체로 공간적 이미지에 불과합니다. 죽음과 가깝든 멀든, 살아있는 자는 어떤 의미에서는 그가 살아있는 순간부터 그리고 살아있는 한 언제나 똑같이 멀리에 있는 것입니다. 여행자가 경계선에 다가감에 따라 비존재의 냄새가 점점 더 뚜렷해지는 그런 식이 아닙니다. 이 여행자는 도대체가 다가가지를 않으니까요. 게다가 무에는 냄새가 없기에 무의 현존은 멀리서도 가까이에서도 느껴지지 않습니다. 이런 현존은 실은 부재가 아닐까요?

  끝에서 두 번째 한숨에 이른 노인은, 아직 숨을 쉬고 있는 한 신생아만큼이나 죽음에서 멀리 있습니다. 그는 이제 삼 초밖에 살지 못하지만, 우리는 일이 벌어지고 나서야 그 사실을 알게 될 것입니다. 노인은 적어도 이 점에서는 젊은이만큼이나 죽음에서 멀고, 젊은이도 노인만큼 죽음에 가깝습니다. 가깝든 멀든 그들은 모두 똑같이 젊습니다. 젊었든 늙었든 그들은 다 똑같이 멀리에 있습니다! 플라톤 자신도 쓰는 표현이지만, 점차 다가간다는 생각을 시사하는 '가까움'이란[15] 따라서 단순히 하나의 은유일 뿐입니다. 시간 계산으로는 죽음에 그토록 가까이 있어도 형이상학적으로는 아주 멀리 있습니다. 그리고 죽음에 대해서는 어린아이만큼이나 아무것도 모르고 있습니다. 이것이야말로 경험계와 초경험계를 혼동하여 정열적인 희망의 폭주를 억제하지 못하는 돌팔이 약장수에게 주는, 진지함과 겸허와 소박함의 좋은 교훈일 것입니다.

어떻게 실존의 마지막 지점과 곳에 다다르는데도 피안의 비밀에 더 정통하지 않고, 그 암호를 풀지도 못하며 무언가 얻어들은 것도 없을 수 있을까요? 어떻게 그토록 멀리에 머물면서 그렇게 가까이에 이를 수 있을까요? 더없이 형이상학적인 대답을 대중의 상식 속에서 발견할 수 있습니다. 하나 마나 한 말이지만, 죽음 일각 전에는 아직 살아있었다는 겁니다. 일각뿐만 아니라, 일 초 전, 백만분의 일 초 전에도! 이 동어반복은 그러니까 보기보다 그렇게 동어반복은 아닙니다. 그것은 존재와 비존재의 혼합이 부조리의 극치이며, 죽음과 삶 사이의 중간지대는 없고, 삶의 끝에 닿았다 해도 여전히 끝까지 이편에 머물러 있음을 표명하고 있는 것입니다. 정말이지 당연한 얘기지만, 죽은 자는 갑자기 죽은 것입니다.

그러나 제3항 배제의 엄격함은 겉보기에 점진적인 죽음의 경우에도 조금도 느슨해지지 않습니다. 점점 더 충격이 심해지더라도, 컵이 깨지지 않은 한, 컵은 절대적으로 안 깨진 것이며 멀쩡한 컵과 구별되지 않습니다. 점진적 마모의 경우에도 변이는 여전히 갑작스럽습니다. 더 세게 당겨 결국 실이 끊어지지 않는 한, 실은 절대적으로 끊어지지 않은 것이죠. 그렇기에 가장 희박해진 삶과 무 사이에, 최소 존재와 비존재 사이에는 심연이 있는 것입니다. 노인의 호흡이 거의 감지되지 않을 때, 그에게서 삶의 숨결이 거의 느껴지지 않을 때, 흔히 사람들은 그 죽어가는 사람이 "겨우" 살아있다고 말합니다. 그러나 그것은 분명 은유일 뿐입니다. 극단적으로 약화된 현존도 부재는 아니듯, 죽음은 지쳐빠진 삶이 아니며, 지옥에 있는 흐릿한 망령들처럼 어렴풋하게 된 삶이 아닙니다. 죽은 자를 산 자의 그림자처럼 여기는 것은 『오디세이아』에서나 그런 것이고, 비실존을 최소 실존으로 보는 일은 라이프니츠나 그러는 것이죠.

3. 죽음의 사건은 아무것도 아닌 것이 아니라, 거의 아무것도 아닌 것이다

 알다시피 메가라학파는 '조금씩'의 연속을 부조리한 것으로 보았습니다. 엘레아학파의 제논이 운동은 목적지에 도달할 수 없다고 말했듯이, 디오도로스와 그 일파는 속성 부여의 가능성과 더 일반적으로는 모든 누적과 이행의 가능성에 이의를 제기합니다. 밀의 더미가 하나의 더미가 '되는' 데에는 얼마나 많은 낱알이 필요할까? 몇 알부터일까? 그 어떤 특정한 수를 지정할 수 없으니, 더미는 최초의 낱알 하나부터 시작된다고 생각하거나, 아니면 십억 알조차 더미가 되지 않는다고 생각해야 하는 것일까? 메가라학파가 자주 사용한 궤변은, 허울 좋은 이 연속성 아래에 감춰진 균열이 느껴지지 않게 만들어, 불연속적인 사유의 운동이 연속으로 받아들여지도록 합니다. 균열을 찾아보세요! 이러한 수사학의 장황한 궤변의 연속성 안에서, 갑옷의 틈을 찾아내 보세요!
 우리로서는 메가라학파의 수수께끼와 난문難問의 언어를 빌려 이렇게 말합시다. 고행 같은 죽음 수련의 철학은 그야말로 연쇄 추리, 궤변의 대가大家라고 말입니다. 소크라테스가 점진적으로 쇠약해 감으로써 한없이 죽어가는 것이라면, 그때는 둘 중 하나일 것입니다. 아킬레우스가 결코 거북이를 따라잡지 못하는 것과 마찬가지로 소크라테스가 결코 죽지 않거나, 아니면 살았던 적이 없고 태어날 때부터 죽어 있거나. 영구히 죽으면서 결코 죽지 않거나, 아니면 (똑같은 것이지만) 한없이 살면서 그 이름에 걸맞은 삶을 살지 못하거나. 왜냐하면 삶은 점차적으로 죽음이 되는 것이 아니며, 또한 죽음이 삶에서 조금씩 생겨나는 것도 삶 속에서 여물어가는 것도 아니기 때문입니다. 그럼에도 그는 죽습니다! 소크라테스는 '끝내' 죽습니다. 아킬레우스는 목적지에 다다르고 죽은 자는 실제로 죽는 데 성공합니다. 적어도 이 점에서는 난문이 만만치 않습니다. 그러나 메가라학파는 변화를 부정하고 모든 점진적 이행을 거부하면서 '전'과 '후'를 병치상태로 봅니다. '먼저 낱알, 그다음에 더미. 먼저 삶, 그다음에 죽음. 그리고 둘 사이에는 아무것도 없음. 방금 전 일 초 전까지만 해도 소크라테스는 아직 살아있었다. 그리고 단번에, 중간단계 없이, 어떻게 그런지조차 모르게, 그는 이미 저쪽에 있다.' 죽어가는 자가 죽은 지 오래고 죽어서 땅에 묻혀 있는데도, 메가라학파는 그가 어떻게 죽을 수 있었는지 그가 어떻게 삶에서 죽음으로 건너갔는지를 여전히 의아하게 생각합니다. 엘레아의 제논이 아킬레우스가 어떻게 했기에 거북이를 따라잡을 수 있었는지를 자문하듯이 말입니다.

먼저 살아있고 그다음에는 죽어있지만 엄밀한 의미로 '죽지' 않는 이 소크라테스는 결국 『파이돈』의 소크라테스와 닮았습니다. 죽을 시간을 갖기도 전에 그는 이미 죽어있는 것입니다! 죽어있기 위해 죽을 필요가 없었던 것…. 그는 죽은 적이 없는데 어느 날 아침 깨어보니 죽어있습니다. 죽음이라 불리는 속임수의 달인이 도대체 우리에게 어떤 멋진 술수를 보이는 것인지! 더없이 솜씨 좋은 마술사에게 어울리는 마술입니다. 감추기 마술의 걸작이에요. 이 마술 같은 무화는 나름대로 하나의 "궤변"입니다. 중간단계를 다 거치는 자는 어떻게 결과에 다다를지 잘 알지만, 실제로는 결코 거기에 다다르지 못할 것입니다. 궤변의 마술에 수긍하는 자는 어떻게 다다랐는지 모르고서 갑자기 코앞에 결말을 마주하게 됩니다. 창조의 기적이 정확히 그러합니다. 우리가 보는 것은 '전'과 '후', 창조자와 창조물뿐입니다. '동안'

의 신비는 빠져 있습니다. 죽음은 창조의 희화, 진정한 탈창조, 거꾸로 된 기적 마술이 아닐까요? 어쨌든, '사이'의 부정은 희랍인들에게 죽음의 공포에 대한 훌륭한 해독제였습니다. 생성의 과정 중에는 삶과 죽음이 서로 만나는 장면은 존재하지 않는 것이죠.

그런데 바로 그러한 만남이라는 생각이야말로 그리고 그것만이 우리의 공포를 설명합니다. 조감의식은 죽음 위로 다리를 놓고 차안과 피안 사이에 상상적인 연속성을 복구합니다. 목격자인 의식은 사실 거대한 혼합기와도 같습니다. 자기 자신의 무화를 응시하는 의식은, 조난자이자 동시에 조난의 목격자, 당사자이자 제삼자, 주체이자 객체이며, 천진스레 비존재 속으로 가라앉을 줄을 몰라 몹시 당황하는데…. 의식은 삶으로부터 본 죽음의 모습으로 허수아비 도깨비를 만듭니다. 모순되게도 의식은 그 자신이 전복된다고 느낍니다. 베르그송이라면, 의식이 죽는다고 믿으면 믿을수록 의식은 더욱더 살아있는 것이라고 지적할 법합니다! 주체의 의식은 살아있을 때와 죽었을 때로 둘로 나뉘고서, 죽음이 자기 안에 들어 있다면서 떱니다. 의식은, 우리가 단말마의 고통 속에서 맞서 싸우게 된다는 바로 그 죽음이 자기 안에 들어 있음을 살아있을 때부터 느낍니다. "단말마"라는 말은 노화되거나 병든 유기체 속에 자리 잡은 뭔지 모를 적과의 싸움이라는 생각을 떠올리게 하지 않습니까?

비존재가 존재에 내재함을 부정하는 사람들은 따라서 환각적인 불안에 치료약을 가져다줄 수 있다고 믿습니다. 그러니까 죽음과 나는 결코 함께 있을 수 없다는 겁니다. 죽음과 나는 서로 배척하며, 서로 쫓아냅니다. 내가 있는 한 죽음은 부재하며, 죽음이 현존하는 한 나는 더 이상 없고…. 이런 양자택일에 관해서 에피쿠로스, 루크레티우스, 에픽테토스, 소피스트 프로디코스는 모두 생각이 일치하는 것으로 보입니다. 죽음은 우리에게는 아무것도 아닌 것οὐδὲν πρὸς ἡμᾶς,[16] 죽음은 우리에게는 결코 현존하지 않는다는 것입니다! 네, 이전에도 (가정에 따라 죽음이 아직 닥쳐오지 않았으니까) 이후에도 (죽음에 관련된 사람이 더 이상 없으니까) 죽음은 결코 아무와도 관련이 없습니다. 장 카수Jean Cassou는, 아무도 "나는 죽는다"고 말할 수 없다고 했습니다. 그것을 말하는 자는 버젓이 살아있고, 그 말을 함으로써 스스로를 반박하고 있다는 겁니다. 내 주위에 있는 다른 사람들은 죽겠지만, 그러나 나는, 나 자신에게는, 결코 죽지 않는 겁니다.

하지만 디오도로스 크로노스와 프로디코스의 평면적이고 정적인 공간의 논리가 생성과 변화, 잠복성과 잠재성, 깊이와 원근을 제거해도, 우리의 불안은 절반밖에 가라앉지 않습니다. 모순되는 것들을 무기력하게 병치한 덕분에 죽음의 환각을 변증술을 통해 몰아내고, 죽음이라는 이 일이 결코 나의 일은 아니라고 말할 수는 있습니다. 그런데 모순되는 것들의 병치는 연속은 아닐지라도 또 진정한 불연속도 아닙니다. 그것은 오히려 하나의 인접인 것입니다. 생의 경계란 적극적이고 기본적인 원리인데도, 사람들은 마치 단순한 소극적 중단처럼 여깁니다. 그러니까 우리의 유한성을 정의하는 그 소급적 힘을 무시하는 것이죠. 이런 분별력을 갖고 보면, 존재와 비존재의 두 우주를 가르는 구분선은 두께가 없는 한계선입니다. 가느다란 금 혹은 눈에 잘 보이지 않는 솔기보다도 훨씬 더 가늡니다. 그 이편과 저편 사이에는 혼합지대가 없고, 문지방조차 없습니다. 그리고 죽음은 더 이상 경험계와 초경험계가 연결되는 경첩 같은 것이 아닙니다. 그렇습니다! 죽음은 '이전'과 '이후' 사이의 분할할 수 없는 절단면이고 삶의 충만과 죽음의 공허의 교차점입니다. 한쪽이 끝나는 곳에서 다른 쪽이 시작됩니다.(비존재를 시작이라고 말할 수 있다면요!) 죽음은 삶의 끝이고, 삶의 끝은 비非삶의 시작… 혹은 그것을 믿는 사람에게는 내세의 시작입니다. 그저 그뿐입니다.

그런데 뭔가가 빠져 있습니다! 아무것도 아닌 무언가, 그러니까 거의 아무것도 아닌 무언가가 말입니다. 아무것도 아닌 무언가, 전부인 무언가, 전부인 동시에 허무인 파악할 수 없는 무언가. 피안의 허무와 차안의 전체 사이에 있는, '거의 아무것도 아닌 것'이 여기서 우리의 관심사가 아닙니까? 이 거의 아무것도 아닌 것이란 '순간', 즉 통과의 사실 자체이자 이 통과라는 사건입니다. 그러니까 바로 '순간'이 빠져 있었던 겁니다. 이를 표현할 말도 사고할 개념도 없어, 희랍인들이 전혀 모르고 지나쳤던 바로 그것 말입니다. 이행 자체가 빠져 있었던 것이죠. (단계의 철학에서처럼) 중간단계인 이행이 아니라, 문턱을 넘는 것과 같은 이행 말입니다.

메가라학파의 철학자는 소크라테스를 언제 생각하든, 둘 중 하나입니다. 소크라테스가 살아있거나 죽어있거나. 소크라테스는 결코 한 상태에서 다른 상태로 넘어가지 않았습니다. 이런 의미에서 소크라테스는 결코 서거逝去하지 않았습니다. 그리고 운동을 추진하는 동력을 엘레아학파가 모르고 있었듯이, 그러한 생성을 진행시키고 미래가 오게 만들며 죽음의 무화를 초래하는 요인을 메가라학파는 알지 못하고 있었습니다. 마지막 순간을 꿀꺽 삼켜 숨겨버린 것이죠. 존재와 '더 이상 존재하지 않음'을 나누는 중단은 중간단계 혹은 제3의 것과는 완전히 반대입니다. 그러나 존재의 중단을 절대적으로 아무것도 아닌 것이라고 말하는 것으로도 아직 부족합니다. 우리는 존재의 중단을 '거의 아무것도 아닌 것'이라고 말합시다. 이 '거의' 덕분에 '순간'과 허무 사이에 큰 차이가 있고 무한히 무한한 거리가 있는 것입니다. 순간은 하나의 사물도 아니고, 아무리 짧더라도 (전혀 지속하지 않으니) 하나의 간격도 아니지만, 그럼에도 불구하고 무한소의 간격처럼 여겨질 수 있습니다. 중단은 순수한 부정성이 아니라, 그 자체로 하나의 사건입니다. '아무것도 아닌 것'과 '더 이상 결코 더 이상 아무것도 아닌 것'이 같은 하나인 것과 마찬가지로, 만약 존재하는 것과 계속 존재하는 것이 같은 하나라면, 따라서 존재하기를 그칠 이유가 존재 내에는 없다면, 중단하는 데에는 특별작용과 추가 동력이 필요하거나, 아니면 중단이 우발적 사건에서 유래하든가 해야 합니다.

중간단계라는 것에서 생기는 골칫거리를 극복한 이성적인 인간도 그래서 아직 순간의 불안은 정복하지 못한 것입니다. 현자가 우리를 이런 말로 안심시키려 해도 소용없습니다. '이행은 아무것도 아니고, 죽음의 배를 타고 삼도천을 건너는 일은 더더욱 아니다. 따라서 이행의 문제는 존재하지 않는 문제다, 따라서 이 문제에 대한 불안은 상상적인 두려움이다. 그것은 독배를 마시거나 아픈 이를 확 뽑는 시간처럼(숨을 돌리기도 전에 치아는 이미 빠져 있다.) 거쳐야 하는 힘든 순간조차도 아니다. 그것은 찰나의 일조차 아니다. 그것은 절대적으로 아무것도 아니며, 그대는 아무것도 느끼지 못할 것이다. 그대는 아무것도 아닌 것을 무서워할 수 없고, 존재하지 않는 것을 염려할 수 없고, 조금도 위험하지 않은 것을 두려워할 수 없다.'

아아! 왜 이런 안심시키는 말이 우리를 거의 납득시키지 못하는 걸까요? 왜 이러한 위로가 미덥지 않은 걸까요? 그것은 까닭 없는 감정이라 할 불안이 '실존하는' 것에서가 아니라 '닥쳐오는' 것에서 연유하기 때문입니다. "사물"이 아니라 사건의 도래에서 말입니다. 아마도 도래라는 순수하고 만져지지 않는 사실성에는 두려워할 것이 실질적으로 그리고 문자 그대로 "아무것도 없을" 것입니다. 그리고 우리는 적어도 이 점에서는 "근거 없이" 겁을 먹고 있는 것입니다. 궁극적 순간에 대한 이러한 공포증은 아마도 논리적으로는 비이성적일 것입니다. 그럼에도 불구하고 이러한 추상적인 고찰은 우리의 진짜 문제는 건드리지 않고 있습니다. 왜냐하면 각자에게 순간이란 그야말로 겪어야 하는 사건으로 남아 있기 때문입니다. 이를테면 외과수술 직전의 환자들은 수술 후의 고통보다는 마취 순간의 의식 상실을 훨씬 더 불안해합니다. 또한 집 안에 틀어박혀 있기를 좋아하는 사람은 새로운 장소보다 이동 자체를 훨씬 두려워합니다. 그리고 일반적으로 새것 혐오증은 새로운 것에 대한 이유 있는 경험적인 두려움이라기보다는 혁신 자체에 대한 초경험적이고 까닭 없는 공포증입니다. 마치 이처럼 죽음의 불안은 보기와는 달리 지옥과 영원한 형벌에 대한 말로 할 수 있는 공포이기보다는, 마지막 순간의 허무에 대한 말로 할 수 없는 공황입니다. 자크 마돌 역시 "통과"의 공포를 강조하지요.[17]

그러나 종말에 관한 이야기는 무궁무진한 반면, 순간에 대해서는 할 말이 없어집니다. 그래서 피안, 내세, 사후의 삶에 대한 전통적인 공포가, 순간에 대한 불안을 입에 올리지 않는 구실이 됩니다. 말할 수 있는 '이후'의 연속성이, 말할 수 없는 순간의 알리바이로 쓰이는 것이죠. 나와 관련해서는 아무것도 아니다, 하고 현자들은 주장하는데… 이 만질 수 없는 텅 빈 순간이, 아무것도 아닌 것이라고요? 천만의 말씀! 죽음은 나에게 '거의' 아무것도 아닌 것 $\sigma\kappa\epsilon\delta\grave{o}\nu$ $o\grave{u}\delta\grave{\epsilon}\nu$ $\pi\rho\grave{o}\varsigma$ $\grave{\epsilon}\mu\acute{\epsilon}$입니다. 그러나 또 여기서는 이 '거의'면 충분하니… 따라서 죽음은 나에게 전부입니다! 나에게 죽음보다 더 개인적으로, 더 비극적으로, 더 가깝게 관련된 일은 없습니다. 맞서기 위해 그보다 용기가 더 많이 필요한 일이 없는 것입니다. 둘 사이의 간격에서 고통의 연속을 견디기 위해서는 영혼의 힘과 인내로 충분하다고 해도, 허무의 입구에서 순간의 문턱에 맞서기 위해서는 용기가 필요하기 때문입니다. 고통을 겪으려면 인내가, 죽으려면 용기가 있어야 합니다. 아무도 나에게 이 고독한 시련을 면하게 해줄 수 없습니다. 점차적 소멸이라는 시스템과, 존재와 비존재의 단호한 양자택일(먼저 하나, 그다음에 다른 하나)은 마치 같은 편안함으로 진정한 안락사를 우리에게 약속하고 있었습니다. 하지만 이제는 불안의 문턱을 어쩔 수 없이 '넘어야' 한다고 하니, 그렇다면 우리에게는 안락사가 거절되어 있다고 결론지어야 하는 걸까요?

통과 자체가 없으면 그러므로 새로운 상태에 이를 수가 없습니다. 순간을 가로지르지 않으면, 가변적인 존재도 이행 없이 영원히 이쪽 아니면 영원히 저쪽일 것이고, '한쪽에서 다른 쪽으로' 옮겨가는 일은 없을 것입니다. 출발하지 못해 한쪽에 머물러 있거나, 애초부터 늘 다른 쪽이 되어 있어서, 후자의 경우에는 처음부터 기정사실이 생성을 무용한 것으로 만들 것입니다. 순간이야말로 새로운 연속의 단계로 가는 길을 열어주는 것입니다. 「고린도전서」에서 말하듯이, "순식간에 눈 깜짝할 사이에ἐν ἀτόμῳ, ἐν ῥιπῇ ὀφθαλμοῦ"[18] 실제 변이가 일어납니다. 레오파르디는 인상적인 표현으로 같은 이야기를 합니다.[19] 앞에서 우리는 메가라학파가 운동을 추진시키는 움직임κινήματα을 몰랐다고 비판했습니다. 그런데 바로 『파이돈』에서 이 최후의 움직임을 고려하고 있음을 떠올려봅시다. '그의 몸이 떨렸다ἐκινήθη' 이 부정과거형의 불협화음 뒤에는 더 이상 대화가 없습니다. 불멸에 관한 사색은 생각하는 존재의 죽음을 알리는 경련 후에는 존속하지 않습니다. 생각하는 존재의 사유는 시간을 차별하지 않지만, 생각하는 존재는 여느 사람들처럼 이 "나폴레옹의 걸음"°을 결국 내딛습니다. 이로써 이성의 영원한 수련이 설명할 수 없게 종결됩니다.

° 이 장 414쪽의 각주 참고.

4. 죽는 법을 배우지 않는다

　사실 죽음의 순간과 노화 사이의 관계는 양의적입니다. 우리가 이미 지적했듯, 죽음의 확률은 유기체가 마모되어 감에 따라 객관적으로 커집니다. 그럼에도 불구하고 내적인 의식은 현재를 영원한 현재로 살아갑니다. 사람은 신체의 쇠약이 점점 심해짐에 따라 노화해 가며 죽음에 조금씩 가까워지다가 마침내 죽습니다. 그러나 모든 현재가 다른 현재만큼 가치 있는 한, 산 자는 죽지 않은 것이며 더구나 최후의 순간까지 죽지 않아 살아있는 것인 한, 죽음은 늘 단호하고 초월적인 죽음입니다.

　우리는 이러한 양의성 덕분에 "금욕주의자", 즉 정신적 "수련"의 수행자의 일상적 관심사인 "죽음에 대한 준비"의 애매함을 더 잘 이해할 수 있을 것입니다. 『파이돈』에서 '연습μελέτημα', '죽음 수련μελέτη θανάτου' 혹은 '수행πραγματεία'[20]이라고 부르는 금욕은 우리를 죽음의 훈련, 죽음의 예비과정, 철학자들의 일상활동인 일종의 정신적 운동으로 초대하는 것처럼 보입니다. 더욱이 플라톤은 점진적 죽음의 철학자들처럼 하나의 '여정'에 대해 이야기합니다. '준비하기παρασκευάζεσθαι'란 본질적으로 새로운 '습관 들이기ἐθίσαι'로,[21] 이 경우에는 육체의 사슬을 풀고, 눈 없이 보며, 감각기관 없이 지각하고, 본질을 순수한 사유와 순수한 성찰로 파악하는 훈련을 하는 것입니다. 사실 플라톤은 교육자로서는 훈련 만능에 대해, 특히 덕의 훈련에 대해 때로 더 조심스러운 입장이기는 했지만요. 세네카도 『인생의 짧음에 관하여』에서 "평생 동안 죽는 법을 배워야 한다Tota vita discendum est mori"고 말합니다.[22] 그리고 니콜도 이 점에서는 세네카와 한목소리를 냅니다. 신비주의적인 면이 전혀 없는 몽테뉴도 죽음의 훈련을 철학적 수련과 동일시하고, 「철학하는 것이란 죽는 법을 배우는 것이다」라는 제목의 에세이를 씁니다.

그러나 죽는 법을 배우는 것이 평생의 일이며, 이 공부는 기술훈련과는 달리 끝이 없어 언제나 미완에 머무른다는 사실 자체가, 이러한 "준비"의 지지부진한 성격을 증명할 수도 있을 것입니다. 세네카는 더없이 영감에 차 있던 어느 날 루킬리우스에게 보내는 편지에서 '의지함은 배우는 게 아니다Velle non discitur'라고 썼습니다. 이를 본떠 '죽음은 배우는 게 아니다Mori non discitur'라고 말하면 어떨까요. 죽음에 대한 준비란 어쩌면 단순한 허풍일 뿐일지도 모릅니다. 훈련생이 실제로 무엇을 연습할 수 있다는 말일까요? 분할할 수 없는 단순한 동작은 배울 수 없습니다. 사람이 배울 수 있는 것은 서로 다른 요소들로 분해되거나 한 부분씩 터득할 수 있는 움직임들입니다. 그러나 부분이 없으며 그 어떤 분석도 거부하는 죽는다는 작용은 단 한 번에 즉흥적으로 이루어집니다. 말하자면, 순간적인 것은 배울 수가 없는 것입니다. 우리는 눈 깜박임을 배우지 않습니다. 눈꺼풀을 부딪치는 일도 배우지 않습니다.

우리는 계속함을 배우는 것이며, 일련의 운동을 매일매일 계속해 근육을 강화함으로써 개선되어 가는 겁니다. 그러나 우리는 시작함은 배우지 않습니다.Incipere non discitur 시작은 사랑과 마찬가지로 스스로 시작하며, 시작이자 동시에 끝이기 때문입니다. 그리고 이는 최후의 끝에 대해서는 더욱 그러합니다. 그 배움은 시작하자마자 끝납니다. 여기서 인간은 끝으로 시작하고 시작으로 끝납니다. 인간은 끝마침으로 시작하는 것입니다! 끝, 절정과 발단, 오메가와 알파가 일치합니다. 그리고 사람은 고통, 질병, 죽음의 특수한 상황을 견디는 훈련은 할 수 있습니다. 매일 힘들게 운동을 해서 단련하듯이 말이죠. 그러나 죽는 것은 전혀 고된 일이 아닙니다. 죽음 그 자체에는 장애물도 저항도 훈련할 거리도 없습니다.

또한 여기에는 온갖 예비교육을 우습게 만드는 또 다른 이유가 있습니다. 사람은 한 번밖에 죽지 않는다는 것입니다. 죽음의 돌이킬 수 없는 성격 때문에, 모든 훈련의 특징이자 향상의 조건인 수정, 재개, 계속적 반복 그리고 시험이 배제됩니다. 따라서 개선도 없고 노하우가 점차 쌓이는 일도 없습니다. 과거의 경험에서 축적된 교훈과 습관과 기억을 새로운 경험에 쓸 수가 없습니다. 이러한 대모험의 세례를 받은 입문자는 영원히 풋내기일 수밖에 없으며 즉흥적으로 해내야 하는 수밖에 없는 것입니다.

그리고 마지막으로, 미안한 말이지만, 절대적으로 "전대미문인" 사건을, 본 적도 겪은 적도 없는 사건을 도대체 어떻게 준비한단 말입니까? 이 세상 어느 누구도 전혀 알지 못하고 사전에 그 본성을 실감할 수 없는 순간을 어떻게 준비한단 말입니까? 부지런한 피아니스트가 음계 연습으로 기술을 연마하듯 자기 말로는 매일매일 그날의 작은 죽음을 죽고 있다는 사람들은 죽음 수련을 완성하도록 놔둡시다. 이들은 아마도 점점 더 잘 죽고 다시 죽고 할 것입니다. 이들은 사정에 아주 정통하니까 자기가 준비하고 있는 것이 어떤 종류의 시련일지 알고 있을 테니…. 하지만 우리는 저편에서 전달받은 것도 없고 무슨 비밀을 쥐고 있는 것도 없는데, 무엇을 "준비한다"는 말입니까? 준비하려면 위험을 미리 맛보고 위험이 어느 방향에서 올지 막연하게라도 예측할 수 있어야 할 텐데… 그런데 우리는 그 사실성밖에는 예견할 수 없습니다. 날짜라든가 다른 모든 상황들은 제외하고 죽어야 한다는 단적인 사실만을 예견할 뿐입니다. 그리고 이미 보았듯이, 삶

시간에 이루어지는 이 사실성은 어떤 예비교육에도 맞지가 않습니다. 여기서는 변증법적인 단계별 교본을 사용할 수 없습니다. 짐승과는 달리 우리에게는 자신의 죽음에 대한 예감도 예측 행동도 없습니다. 우리는 우리가 어떻게 죽는지, 어떤 모습으로 죽음을 맞을지, 어디서 마지막 순간을 기다릴지 알지 못합니다. 누워서? 일어서서? 안타르처럼 말을 타고서? 아니면 그저 (릴케처럼 말해) 책상과 창문 사이에서?°

 죽음이 절대적 고통, 무한한 고통이든, 아니면 (좀 같은 얘기가 되겠지만) 경험적인 고통과도, 게다가 무통과도 비교할 수 없는 것이든, 두 경우 모두 죽음은 그 어떤 준비도 허락하지 않습니다. 유한에서 유한으로 나아가는 점진적 진전은 훈련을 통해서 이룰 수 있지만, 그 어떤 경우에도 '절대적으로 다른 것'에는 훈련으로 다다를 수 없기 때문입니다. 도대체가 사람은 죽음에 익숙해지지가 않습니다. 죽음은 생명체가 결코 적응할 수 없는 유일한 생물학적 사건입니다. 그렇기 때문에 어떻게 주의를 기울이더라도 죽음은 늘 우리를 불시에 기습합니다. 부르달루를[23] 비롯한 설교자들은 모두 죽음에 허를 찔려 놀라는 일이 없도록 신자들에게 권고합니다. 그러나 허를 찔리지 않는다는 것은 신학적으로는 특히 최후의 노자성체路資聖體를 받아 모시고 기독교적으로 죽는다는 것을 의미합니다. 그러나 이런 "준비"를 한다고 해서 우리가 떠나야 할 모험에 조금이라도 익숙해지는 것은 아닙니다. 우리는 그 모험에 여전히 전혀 무방비한 상태입니다. 이런 준비는 우리를 기습으로부터 보호하기는커녕 시련의 문턱에서 사무치는 고독 속에 우리를 버려둡니다. 어떻게 하더라도 사람은 늘 부지불식 중에 기습을 당할 것입니다. 적은 언제나 예기치 못한 순간에, 물론 예

° 릴케, 『말테의 수기』 참조.

상보다 더 빨리, 찾아올 것입니다. 세네카에서 라 퐁텐에 이르기까지 모럴리스트들은 이 아이러니하고도 아주 간단한 진리를 지칠 줄 모르고 이야기합니다.

죽음보다 더 예상되는 일이 뭐가 있을까요? 죽는다는 필연성보다 더 잘 알려진 것이 있을까요? 사람들은 다 얘기를 들어보면 그런 필연성을 믿어 의심치 않는다고들 말은 합니다. 그러나 마음속 깊이 납득하고 있는 사람은 극히 적습니다. 단단히 주의를 받아 오래전부터 폭발을 예상하고 있던 사람도 막상 그 폭발음에 소스라쳐 펄쩍 뛰는 것과 마찬가지로, 우리는 여느 사건 중에서도 특히 평범한 사건에 깜짝 놀라도록 되어 있습니다. 그렇다면 언제나 허를 찌르는 죽음이라는 이 평범한 일에, 너무도 예견된 이 예기치 못한 일에, 혹은 알랭Alain의 말처럼, 이 예상된 뜻밖의 일에 우리가 어떻게 깜짝 놀라지 않겠습니까?

일인칭으로 '진지하게 받아들이는 것'에 대해 이야기하고, 그다음으로 노화에 대해서 이야기하면서, 우리가 말했죠. 우리는 이미 알고 있는 것을 배울 수 있다고, 그리고 천 번째가 첫 번째인 것 같은 그런 식으로만 깨우칠 수 있다고요. 만일 모든 실제적 사건 중에 상대적으로 예측 불가능한 새로운 요소가 있다면, 그리고 이 요소가 기존의 생각에 상상 못 하고 예상 못 한 참신한 무언가를 항상 덧붙인다면, 하물며 이는 죽음에 대해서는 더더욱 그러할 것입니다. 왜냐하면 자신의 죽음이란 그 정의 자체로, 죽는 당사자에게는 한 번도 전례가 없던 일이기 때문입니다. 그래서 마지막 시간이 다가올 때 사람들의 태도에서 새로운 면모를 보거나 실망을 느끼는 일도 매우 자주 벌어지는 것입니다. 경험적인 상황에서 연속의 시련과 어려움을 가장 잘 견디던 사람이라고 해서, 마지막을 알리는 시계 종소리가 울릴 때 반드시 가장 용기 있는 것은 아닙니다. 역으로, 겁이 많던 사람이 깊은 나락의 가장자리에 이르러서는, 사람에게 가능하다고 믿을 수 없는 영혼의 강함을 갑자기 보여주기도 합니다. 수많은 재난상황에서 그러하듯이, 사이비 영웅의 타고난 소심과, 겁쟁이로 여겨지던 자의 생각도 못했던 영웅적 면모를 죽음이 최후의 순간에 밝혀내는 것입니다.

그리고 마찬가지로, 가장 잘 준비한 것이, 때가 되자 희한하게도 준비가 안 되어 있는 것으로 확인됩니다. 빅토르 위고의 사형수는 "나는 준비가 안 되어 있다, 그러나 각오는 되어 있다"고 감탄스럽게 말합니다.[24] 그는 준비 없이 각오가 되어 있습니다. 자기 말로는 준비가 되어 있다고 하지만 결코 각오가 안 되어 있는 허세꾼들과는 다릅니다. 그토록 죽음 수련을 하고도 결국 안쓰럽게 갈팡질팡! 베르나노스 Georges Bernanos의 『카르멜회 수녀들의 대화 Dialogue des Carmélites』가 주는 겸허함의 교훈도 그러한 것을 간접적으로 말하고 있습니다. 더없이 열정적으로 진지했던 이들에게도 죽음에 대한 준비가 결국 아무런 도움이 되지 못하는 것입니다. 죽음의 즉흥성은, 죽음을 준비하는 금욕주의자들의 파탄과 죽음에 무신경한 독학자들의 용기를 종종 확인시켜 줍니다.

5. 점진적인 갑작스러움

여기서는 전체가 애매하기에, 죽음을 향한 전진이 우리를 죽음에 전혀 가까워지게 하지 않는다고 간단히 일방적으로 말할 수가 없습니다. 아마도 사람은 인생길에서 간헐적으로 급격하게 나아갔다가 이따금씩 물러섰다가 할 것입니다. 그 행보는 불규칙적이고 불연속적이며 예견 불가능하고, 그 귀착은 제멋대로입니다. 하지만 전체적으로는 아아! 다가갑니다. 그래서 죽는 방식이 사멸성에 대한 성찰과 아무런 관계가 없다고 주장하는 것도 과장일 것입니다. 애매성이란 요컨대 모든 종류의 훈련의 특징입니다.

이미 플라톤이 이러한 애매성의 문제를 거론했습니다. 사람은 갖고 있는 것을 찾을 수 없고(갖고 있는데 왜 찾겠습니까?), 갖고 있지 않는 것도, 따라서 전혀 모르는 것도 찾을 수 없다는 문제입니다. 영원한 궁핍이냐 영원한 풍요냐 하는 딜레마를 받아들이지 않는 한, 이렇게 생각해야 하지 않을까요? 부유한 동시에 가난한 사람은 잠재적으로 소유하고 있는 것을 획득하고, 이미 알고 있던 것을 나름대로 깨닫는다고 말입니다. 상기想起 혹은 회상이란 아마도 이런 앞선 앎, 앎과 모름의 화합물인 무지한 지식일 것입니다. 그래서 사람들은 이미 발견했던 것을 찾아다닐 수 있고,[25] 마치 한 번도 본 적이 없었던 듯이 그것을 재발견할 수 있습니다.

『니코마코스 윤리학』은 학습이라는 난문이 어떻게 행위 속에서 실제로 근본적으로 해결되는지를 보여줍니다. '기타 연주를 하면서 기타리스트가 된다고? 그러나 기타를 연주하려면 이미 기타리스트여야 하고, 따라서 기타리스트가 되려면 이미 기타리스트여야 하는 것이다!' 이런 순환논법 앞에서 메가라학파의 최후통첩은 우리에게 둘 중 하나를 택하라고 촉구할 것입니다. 연주할 줄 모르는 경우라고 합시다. 하지만 그 경우에는 어떻게 배울까요? 붙들 곳이 전혀 없는데 어디서부터 배울까요? 아니면 연주할 줄 아는 경우라고 합시다. 그런데 그 경우에는 배울 것이 없는데 배우는 것이 무슨 소용일까요? 따라서 중간과정 없이 아무것도 없는 것에서 모든 것으로 넘어가는 식으로, 사람이 갑자기 천재적으로 기적처럼 기타를 연주하기 시작한다고 받아들여야 할 것입니다. 아르페지오의 은총이 내린 겁니다. 마치 성령이 임하듯이 말이죠. 하지만 나날의 아르페지오와 음계 연습을 통한 성장의 효과를 인정하지 않는 것은 명백한 사실을 부정하는 것입니다. 연습생은 암중모색으로 노력을 기울이고 그러다가 어느 날 아침, 자신도 어떻게 된 것인지 모른 채로 신의 선물을 받습니다. 바로 그날 쳇바퀴는 깨어지고, 연습생은 명인이 되어 그때까지 붙들려 있던 "당장 아니면 결코"라는 양자택일에서 벗어납니다. 학생은 마치 평생 그렇게 해왔던 양, 과거의 미숙함은 마치 하찮은 오해였다는 듯이, 갑자기 기타를 연주하기 시작합니다. 절묘한 기교는 아침저녁으로 나누는 인사만큼이나 간단한 것이 되었습니다. 이처럼 아르페지오의 은총은 모순적이게도 '준비된 은총', '응당한 은총'인 것입니다!

훈련과 신들의 은총을 함께 믿었던 플라톤은 이 '점진적인 갑작스러움'의 애매성을 오래전부터 예감하고 있었습니다. 디오티마는 신비의 양가적 언어에 대해 말하면서 변증법의 단계들은 한 계단씩 차근차근ἐφεξῆς, 즉 "정해진 수순을 밟아per gradus debitos" 올라가야 하지만, 이 상승의 끝에서는 갑자기ἐξαίφνης 뛰어올라야 한다고 말합니다.[26] 모든 불연속을 보이지 않는 연속의 내재성 속에 흡수하려고 하는 "연속주의"는, 갑작스러운 이 순간을 뭔지 모를 숨은 과정의 귀결로 해석할 것입니다. 즉, 마지막에 훤히 드러나기는 했어도, 부화와 성숙의 모든 작업이 깊은 무의식 속에서 다 이루어졌다는 것입니다. 그러나 그것은 단계적인 진전과 불연속적인 도약 사이에, '차근차근Ephéxès'과 '갑자기Exaïphnès' 사이에 성립하는 복잡하고 애매한 관계를 너무 단순화하는 것입니다. 모험으로 가득 찬 "갑자기"의 돌연함을 "차근차근"의 점진이 무용하게 만들지는 않습니다. 이 점진이 우리에게 그 모험을 면제해 주지 않는 것입니다!

『국가』 제6권에서 엿볼 수 있는, 모든 변증법 너머에 모든 단계를 지나서 있는 '저 너머ἐπέκεινα'는 아마도 최고의 전향의 대상일 것입니다. 여기에 도달하려면 엄청난 도약이 필요합니다. 물론 플라톤은 후에 『필레보스』에서 중간단계를 거치지 않고 한번에 바로εὐθὺς 27 상승한다고 주장하는 협잡꾼들의 반反변증법적인 야심을 비난하지만···. 그러나 중간매개 자체는 위험한 도약에 의해서만 유효하며, 매개는 그 도약의 서곡입니다. 인간은 산의 정상까지 힘들여 오른 뒤, 몸을 던져 초경험적인 피안으로 도약합니다. 매개만으로는 본질적인 것이 이루어지지 않은 채로 남습니다. 매개만으로는 모든 것이 아직 이루어지지 않은 채로 남는 것입니다. 우리의 수행을 완결하는 결정적 시련이 없이는 아무것도 이루어지지 않은 것입니다. 매개만으로는 엄밀한 의미의 모험은 아직 시작되지 않은 것이고, 최고의 위험도 아직 오지 않은 상태입니다. 연습생들이 꾸준히 수업을 받고 연수기간을 성실히 마쳤어도 마지막 순간에 눈을 감고 허공에 몸을 던지지 않는 한 헛수고일 뿐입니다. 아무것도 하지 않은 것이나 다름없습니다. 책 속에서 추상적으로 이론을 공부한 낙하산 훈련생이 강하 순간이 되자 뛰어내리기를 주저하는 것과 비슷합니다. 그 마지막 도약이 없다면 매개는 무력한 꿈, 가설적이고 이론적이며 관념적인 연속입니다. 키르케고르라면 아마 오직 "질적 도약"만이 꿈과 환상 같은 가능성을 실제적인 것으로 승급시킨다고 말했을 것입니다.28 모험에서 분리되어 진지하지 않게 된 이러한 허망한 매개는 결실 없는 장난, 하는 척만 하는 변증법일 뿐입니다. 영원히 예비과정인 이러한 준비는 전혀 아무런 준비가 되지 못합니다. 불연속적인 도약만이 변이의 필요충분조건입니다. 따라서 그것만이 "필수 불가결한" 조건, 직접적이고 결정적인 절대 조건입니다. 이에 반해 단계적인 변증법은 결코 변이의 충분조건이 아니며, 항상 필요조건인 것도 아닙니다. 어떤 변증법도 없이 탈피가 이루어지는 일이 있기 때문입니다. 하물며 이 조건은 필요조건일 때에도 항상 소극적인 성격을 지닙니다. 불충분한 조건에 추가적 도약이, 르누비에Charles-Bernard Renouvier의 말을 빌리면 "박동하는" 순간이 필요한 것입니다.

직관이 논증적 작업과 맺고 있는 양가적 관계가 바로 그런 것입니다. 물론 열심히 작업하고 열성적으로 탐구한 자들에게만 직관이 보답한다는 것은 대체로 사실입니다. 그러나 노력해서 자격을 얻었다고 해서 응당 보답으로 직관을 자동으로 갖게 되는 것이 아니라는 점도 사실입니다. 누구도 영감을 얻을 권리란 없으며, 헛된 노력을 했다고 불평할 수도 없는 노릇이기 때문입니다. 직관은 이런 보답을 너무 믿지는 않았던 사람들, 고생에 대한 보상을 악착같이 생각하지는 않았던 이들에게 특히 보답할 것입니다. 요컨대 직관이라는 예견할 수 없는 은총은 탐구자들에게 어떤 순진함을 요구합니다. 이 은총은 억지로 얻어지지 않습니다. 성사극聖史劇의 마지막 장면에서처럼, "비의秘儀 전수자" 전용인 마지막 계시는, 입문에서는 예견할 수 없고 이편에 들어 있지 않은 절대적으로 '그 이상'인 것을, 즉 전혀 다른 차원에 속하는 완전히 새로운 무언가를 가져다줍니다. 물론 그렇다고 해서 입문이 꼭 헛수고는 아닙니다만…. 논리적 추론으로 알아낼 수 없는 무언가가 입문에서 빠져 있어 이 입문이 무용하면서도 필수적인 연옥이 된 것은, 어떤 성가시고 역설적인 아이러니 때문일까요?

아마도 죽음은 예견할 수 없는 은총의 정반대일 것입니다. 아마도 죽음은 영감이라기보다는 오히려 저주일 것입니다. 그리고 어쩌면 우리가 죽음을 직관에 비유하는 것을 보고, 어둠 속으로 사라짐을 빛의 나타남에 비유하는 것을 보고 놀라는 사람도 있을 것입니다. 하지만 준비와 마지막 순간 사이의 관계는 두 경우에서 분명 같습니다. 위험한 도약이 변증법적 상승을 완성하지만 그 속에 들어 있지는 않듯이, 죽음의 도약은 노화가 한없이 연장되어도 결코 완수할 수 없는 것을 일격에 해냄으로써 노화를 완성합니다. 연속주의는 차안과 피안 사이에 가교를 놓아, 생시몽이 나폴레옹의 걸음이라고° 부르는 이 결정적 도약을 우리에게 면하게 해주려고 시도합니다. 하지만 연속주의자들의 기법은 허술하기 짝이 없어 균열이 크게 벌어진 빙하 위에 덮인 눈의 다리와도 같습니다.

결국, 서로 반박하는 것처럼 보이면서도 동시에 참인 두 가지 진리가 있습니다. 한편으로는 노화된 유기체의 마모가 죽음의 확률을 끊임없이 늘려 죽음을 점점 더 일어날 법한 것으로 만듭니다. 그런 것이 자크 마돌이 말하는 "무한소의 작업"으로, 섬유조직을 마모시켜 하나하나 끊는 작업입니다.[29] 그러나 다른 한편으로는 새로운 사실이 없다면, 즉 때로는 극히 작아 진단하기조차 어려운 사건, 이를테면 작은 혈관의 파열 같은 것이 없다면, 사람은 결코 죽지 않고 무한정 노화해 갈 것입니다. 실제적인 운동이 없다면, 엘레아학파의 아킬레우스의 움직임은 결코 목적지에 도달할 수 없습니다. 마지막 손상이 없다면 죽어가는 자도 죽지 않을 것이고, 그 임종은 영원히 예비단계에, 임

° 생 시몽의 『19세기 과학 연구 서설 Introduction aux Travaux Scientifiques du Dix-neuvieme Siecle』(1808) 1권 xvii쪽에 등장하는 표현이다. 생 시몽은 프랑스의 과학이 이전까지의 축적을 바탕으로 새로운 도약을 해야 한다고 역설하면서 '나폴레옹의 걸음'이 필요하다고 말한다. 기존 작업의 단순한 축적으로는 달성할 수 없는 새로운 단계로의 도약을 의미하는 말로 이해하면 되겠다.

종의 첫머리에 머무를 것입니다. "시작하는 방식, 같은 것의 연장, 더욱이, 이어서 되풀이"[30]라고 사티는 쓰고 있습니다! 그러니까 단호한 결말이 서두에 종지부를 찍고 일을 재촉해, 마지막 바로 앞 순간이 마지막을 선언하도록 강제해야 합니다. 이 세상의 삶 속에는 절대로 현존하지 않는 이 새로운 사실은 최후의 최후에만 도래합니다. 이 최후의 사건이 죽음의 의향을 드러내지 않는 한, 노화 자체는 노화라는 단순한 가설적 가능성일 뿐입니다. 아니면 노화라는 단순한 개념이라고 하는 것이 더 나을지도 모르겠습니다.

이런 점에서 모든 죽음은 가장 완만한 것조차도 비교적 급작스럽고 우발적인 죽음입니다. 모든 죽음은 어느 정도는 난폭한 죽음입니다. 아니 차라리 죽음은 난폭함 그 자체입니다. 창조하는 '이루어지라'가 비존재를 존재로 만들 듯이, 죽음은 파괴하는 순간이니 말입니다. 거꾸로 이루어지게 하든 바로 이루어지게 하든, 순간이란 변화를 결정하는 것이 아닌가요? 무화하는 순간은 엄밀히 말해 그 자체로는 변형이 아니며, 시간의 우연성은 이런 갑작스러움의 결과라는 것을 우리는 충분히 보았습니다. 죽음은 어떤 것이든 항상 살육, 난폭한 끝입니다. 그리고 이런 점에서는 단검의 일격과 노환의 조용한 죽음 사이에, 돌연사와 점진적 죽음의 아다지오 사이에 본질적인 차이가 없습니다. 5막에서 그토록 조용히 스러지던 멜리장드조차 어느 순간에 죽습니다. 멜리장드의 부드러운 죽음마저도 가뭇없이 급작스러운 죽음입니다. 그러니 모든 죽음은 어찌 보면 요절입니다. 한없이 느리게 천천히 죽는 백 세 노인의 안락한 죽음조차도 요절입니다. 백 세 노인도 그 나름으로는 급사하는 것이니까요! 믿을 수 없을 정도의 장수라 해도 죽음의 때 이르고 제멋대로인 성격은 거의 줄어들지 않습니다. 더할 나위 없는 자연적인 죽음도 그다지 자연스럽지 않습니다. 법의학자의 의심 많은 조서가 이를 분명하게 말해주고 있죠.

삶은 당면한 그 순간에는 하나의 열린 총체로 체험되고, 그리고 그렇게 마지막 순간까지 계속되기에, 원칙적으로는 이 삶의 종료가 줄곧 연기될 수 있습니다. 그렇습니다, 불치병에 걸려 모든 의사들에게 사망선고를 받은 환자가 한 시간 더, 그리고 조금씩 더해서 일주일 더 사는 것에는 결코 부조리한 점이 없습니다. 물론 모든 삶은 실제로 사후에 보면 한정된 삶이었다고 할 것입니다. 그리고 적어도 그 점에서는 우발적 현상도 자연스러운 과정의 당연한 결과입니다. 그러나 삶의 연장이 무한정일 수는 없다고 해도, 우리가 보았듯 죽음의 날짜는 불확정인 채로 남아 있으며, 모든 희망을 허락해 주는 이 불확정이 의료윤리의 토대가 됩니다. 죽음은 아무리 늦게 오더라도 언제나 너무 일찍 다다릅니다. 죽음은 늘 일을 중단시키고 작업이 한창 진행 중인 때에 닥쳐옵니다. 작가가 다 말하지 않았는데(적어도 그는 그렇게 믿고 있는데), 예술가의 작품이 아직 끝나지 않았는데, 가장 소박한 인생에도 아직 실현시켜야 할 작은 계획들이 있는데…

바꿔 말하면, 4분의 3 이상 죽은 사람도 죽음에 이르기까지는 아직 무한한 거리가 남아 있습니다. 겨우 살아있기는 해도 엄연히 살아있어 회생할 수 있는 사람이 죽음에 이르려면 (결국, 삶과 죽음은 서로 약분되지 않고 서로 완전히 모순된 채로 머물러 있기 때문에) 무한한 거리를 뛰어넘어야 합니다. 그리고 이 거리를 뛰어넘기 위해서는 마지막 도약, 고통을 덜어주는 최후의 일격이 필요합니다. 이미 해진 실도 완전히 끊어지려면 마지막 충격이 필요하듯이 말이죠. 마지막 수고가 없이는 '사실상 거의 완성된' 다시 말해 (결국 같은 것이지만) '절대적으로 미완성인' 작품을 끝맺을 수가 없을 것입니다.

"모든 시간이 우리를 갉아먹지만 마지막 시간이 우리를 죽인다.Vulnerant omnes, ultima necat" 루이 오베르Louis Aubert는 바스크 지방 유휴니으Urrugne 마을의 시계 문자반에 새겨진 이 문장을 읽었습니다.[31] 항아리에 물이 차면 끝내는 넘칩니다. '어느 날' 그릇이 다 찹니다. '어느 날 아침' 술잔이 가득 찹니다. 팽팽하게 당겨진 밧줄이 '일순간' 마침내 끊어집니다. 그러나 임계점에 훨씬 더 일찍 다다를 수도 있습니다. 최종적으로 파열을 결정하는 작은 변화들이 축적되기 전에도 그럴 수 있습니다. 그리고 신체가 쇠약해졌어도 고비가 훨씬 더 늦게 찾아올 수도 있습니다. 곧이어 뇌졸중으로 쓰러질 것을 짐작하지 못하던 사람도 위기 반 시간 전에는 아직 살아있었고, 뜻밖의 사고가 없다면 몇 달이고 더 생존할 수 있었던 것입니다. 그런 식으로 낡은 밧줄은 치명적인 잡아당김 일 초 전까지는 끊어질 듯하면서도 아직 멀쩡하고, 그런 채로 무한정 있을 수 있는 것입니다. 하지만 다른 의미에서는 동맥의 노화는 분명 동맥류 파열을 용이하게 하는 것이므로 위험도는 시시각각 높아져 갑니다.

  죽음의 순간과 노화 사이의 관계에 대한 모든 주장은 반대되는 명제에 의해 반박된다는 것을 우리는 알 수 있습니다. 사람은 늙어가는 '바람에' 죽음으로 '끝납니다'. 그렇지만 죽음은 노쇠의 종착점이기는 해도 글자 그대로는 그 결론이 아닙니다. 노쇠한 채로 아주 오랫동안 죽지 않고 있을 수도 있고 노화하기 훨씬 전에 죽을 수도 있으니까요. 심장은 쇠약해져 고동을 멈추기도 하지만, 전혀 쇠약해지지 않고서 멈추기도 합니다. 그러니까 엄밀히 말해 아무도 노령으로 인해 죽지는 않는 것입니다. 마찬가지로, 그릇을 넘치게 하는 물방울은 여느 물방울과 같은 한 방울이지만, 동시에 그것은 다른 물방울과 같지 않은 한 방울입니다. 그것이 새로운 사건을 결정하기 때문입니다. 그 물방울은 그것 없이는 아마도 결코 넘침이 일어나지 않을 그런 결정적

한 방울인 것입니다. 다른 물방울에 더해지고 다른 것들과 섞이는 이 마지막 한 방울은 단순히 연속된 동질적인 작용의 최대치가 아닙니다. 그러니까 마지막 물방울은 마지막 순간의 중요성과 장엄함을 지니고 있는 것입니다. 분명 마지막 순간은 다른 순간들과 같은 순간이지만, 여느 순간과 같은 순간이 아닙니다. 다른 순간들과 구별할 수도 없고 그 순간만을 특별히 가리키는 시계도 없습니다. 그러나 이전 순간과 조금도 구별되지 않는 이 마지막 순간은 다른 한편으로 완전히 예외적인 순간이고, 말하자면 특권적인 순간입니다. 그리고 이 순간에는 뭔가 특별한 것이 있음에 틀림없습니다. 그래서 우리가 그 순간을 "지고의" 순간이라 부르는 것이죠.° 그것은 다른 순간 이상의 것이 전혀 아니면서도, 무한히 그 이상입니다.

애매성의 차원에서는 모든 것이 그런 식입니다. 피아니시모는 '데크레셴도'의 결과로 침묵에 다다르지만, 침묵은 전혀 다른 차원에 속합니다. 암흑은 '디미누엔도'의 도달점이면서도 아닌데, 빛의 감쇠와 약화는 결국 감쇠되고 약화된 빛으로 남아 있기 때문입니다. 부동성은 '랄렌탄도'의 결과이면서도 아닌데, 점점 더 느려지는 운동도 언제나 운동이니까 말입니다. 끝으로 비존재는 원한다면 최소 존재의 마지막 단계라고 할 수 있지만, 영(0)이 하나의 양이 아니듯 이 최소 존재는 존재가 아니며, 이 마지막 단계는 하나의 단계가 아닙니다. 감소가 무를 향한 길을 열더라도 무에 도달하지는 않는 것과 마찬가지로, 죽음 수련은 죽음을 수월하게 해준다고 해도 죽음에는 이르지 못합니다. 그렇기 때문에 죽음은 어떤 관점에 서는가에 따라 배울 수 있는 것이기도 하고 배울 수 없는 것이기도 합니다. 그래서 양쪽의 진리

° 프랑스어로 임종의 순간을 'instant suprême'이라고 부르기도 한다. 글자 그대로는 최고의 순간을 뜻한다.

를 고려하려면 갑작스러운 소멸과 급격한 정지의 철학을, 어스름과 여명, 수많은 단계의 철학과 결합해야 합니다. 의식과 무의식의 딜레마를 라이프니츠의 잠재의식, 반의식, 반의 반의식의 이론과 결합해야 합니다. 키르케고르의 불연속적 도약을 베르그송의 연속성과 결합해야 합니다. 전부냐 전무냐 하는 무화를 중간단계들의 무지개와 동시에 받아들여야 합니다.

죽음으로의 입문은 한없이 늘어지는 결말이지만, 죽음 자체는 눈 깜짝할 사이에 마법처럼 일어나 우리의 접근을 아예 괜한 일로 만들어버립니다. 그러니까 결국 접근은 "한계 통과"로 끝나야 하는 것이고, 그것이 없으면 노화는 하염없이 지속될 것입니다. 이 마지막 돌진 혹은 가속은 음악의 전개 말미에서의 "코다"와 같은 역할을 합니다. 사람은 자신의 노화를 미리 생각하면 할수록 더 그 결말을 벼락치기로 해치웁니다. 자신의 마지막 숨을 계획하다가 마침내는 부랴부랴 아무렇게나 쓰러지는 것입니다. 한계를 통과하는 것은, 경계선이라는 보이지 않는 줄 위에서 곡예사처럼 균형을 잡고 서서 인접한 두 땅 어느 쪽에도 발을 디디지 않고 경계선을 따라 걷는 것이 아닙니다. 한계선의 이쪽 편에 머무른 채 한계선 가까이에서 따라 걷는 것도 아니고 그 접선이 되는 것도 아니며, 더욱이 그것에 닿는 것도 아닙니다. 한계 통과는 경계선을 넘는 것이고, 차라리 삼도천이라 부를 이 루비콘강 너머로 실제로 침투하는 것입니다. 그래서 넘을 수 없는 한계를 넘는 그 일이 이편 둑에 머물러 있는 산 사람의 눈에는 뭔가 신성모독적인 것으로 비치는 것입니다.

시간이 불확실하지 않느냐고요? 그러나 시간은 무한정 불확실한 것으로 남아 있지는 않습니다. 시간이 불확실한 채로 있는 것은 시간이 갑자기 아찔하리만치 확실해지는 그 전격적인 순간까지만입니다.

그때가 되면 더 이상 접근이란 없으며 모든 것이 완수되는 것입니다. '죽음까지ἕως θανάτου'는 현자들의 세속적 헌신에서처럼 죽음을 제외한 죽음까지를 의미하는 것이 아닙니다. "죽음까지"는 영웅, 성자, 순교자의 희생처럼 죽음 너머까지, 죽음을 포함한 죽음까지를 의미합니다. 차안의 '까지Usque'에는 죽음 자체는 포함되지 않습니다. 이 "까지"는 하나의 거의인 것이죠! 반대로 피안의 '까지'에서는 최후의 근접이 갑자기 무효가 됩니다. 죽는 척하는 죽음이 아니라 실제적이고 진지한 죽음이 문제가 될 때에는 '까지'의 애매성이 일격에 영영 해소됩니다. 우리가 지고의 희생에서 감당하는 것, 그것은 다른 많은 순간 뒤에 보내야 하는 마지막 순간, 일각 더, 일 분 더가 아닙니다. 그것은 엄밀한 의미의 모험인 죽음의 도약인 것입니다.

7

되돌릴 수 없는 것

1. 공간 속에서 가고 돌아오는 것은
시간 속에서는 가고 돌아오지 않는 것

　이편의 존재와 저편의 비존재 사이에 눌린 죽음 순간의 '거의 아무 것도 아님'은 두 세계의 문턱입니다. 그 순간은 불현듯 이 두 세계에 속하지만, 동시에 그 어디에도 속하지 않습니다. 양쪽 다utrumque인 동시에 어느 쪽도 아닌neutrum 것입니다. 그것은 전기傳記상의 한 날짜이지만 모든 연대기를 소멸시키는 것이기도 합니다. 그러므로 이 순간을 삶과 죽음의 종합으로 생각해서는 안 됩니다. 삶과 죽음은 결코 공존하지 않으니까요. 죽음의 순간은 직관처럼 사라지는 나타남입니다. 나타남과 사라짐 사이의 중간에 있는 무언가가 아니라, 당장 사라지는 나타남이며, 그것도 사라짐이 결정권을 갖는 그런 방식인 것입니다. 그렇지만 순간성 그 자체로는 죽음의 찰나를 특징짓기에 충분하지 않습니다. 실제로 많은 사건들이 연속의 과정에서 갑자기 발생하고 또 되풀이되지만, 그래도 죽음과는 아무런 공통점이 없으니까요. 실존의 흐름 속에서는 많은 섬광이 나타나고, 사라지고 다시 나타납니다!
　죽음의 갑작스러움을 예외적인 것으로 만드는 것, 그것은 그 돌이킬 수 없고 "일회적인" 성격입니다. 죽음의 갑작스러움을 비통한 일로 만드는 것, 그것은 우리가 그 방향을 뒤집을 수가 없다는 것입니다. 이러한 불가능은 바라보는 면에 따라 '되돌릴 수 없는 것'이라거나 '돌이킬 수 없는 것'이라고 우리가 부를 수 있을 것입니다. 물론 되돌릴 수 없음은, 순간성도 그렇듯, 그 모든 경우가 다 죽음인 것은 아닙니다. 그것은 무릇 시간의 고유한 성격입니다. 되돌릴 수 없음이 시간의 여느 속성 중의 하나일 뿐이라고 말할 수도 없습니다. 마치 그런 특성이 없는 시간을 생각할 수 있기라도 한 듯이 말이죠.

생성은 우리 실체의 한 양태가 아니라, 우리의 존재 전체이며 우리의 유일한 존재방식입니다. 마찬가지로, 되돌릴 수 없음은 시간 그 자체, 시간을 시간이게 하는 것, 시간성의 본질입니다. 되돌릴 수 없음이 시간의 시간성 자체라고 말하는 편이 더 낫겠네요. "생성"이라는 단어 자체가 살아가는 시간의 돌릴 수 없는 방향을 이미 가리키고 있습니다. 확실히 생성은 항상 앞쪽으로, 과거에서 미래로 나아가는 것입니다. 그 효과는 애매하더라도(우리가 이미 보았듯, 그것은 긍정적이면서도 퇴행적이기에), 시간이 일반적으로 지향하고 있는 방향은 분명히 일방향一方向입니다. 더구나 이 짝이 없는 일방향은 역류로 상쇄되거나 방해를 받는 일도 결코 없습니다. 생성의 소명은 어떤 것이 다르게 되도록 하는 달라짐이 아닐까요? 생성의 소명은 미래가 연속해서 도래하도록 하는 미래의 현재화가 아닐까요? '다르게 됨'의 강세는 '다름'에 실립니다!

제멋대로 되돌리고 마음대로 뒤집을 수 있는 시간이라면 그것은 공간이 아닐까요? 대칭적이든 아니든 사물은 공간 내에서 "하나의 방향"을 가질 수 있습니다. 즉, 그 공간적 형태에 때로 전후좌우가 있습니다. 그러니까 때로 사물은 우리가 그것을 공간 속에서 접하는 방식과 무관하지 않습니다. 그래도 여기서 "방향"이란 여느 특성 가운데 하나일 뿐입니다. 이에 반해 생성의 "방향"은 이 생성의 유일한 "의미작용"입니다. 그뿐만이 아닙니다. 공간 속에서 사물은 전체가 한꺼번에 눈앞에 주어지므로, 잇따름을 겪는 경험을 배제합니다. 진정한 되돌릴 수 없음은 오로지 시간에만 특유한 속성이며, 그렇지 않다면 그것은 아무것도 아닙니다. 무엇보다도 그것은 뒤로 되돌아갈 수 없다는 불가능성이며, 따라서 어떤 운동을 실행하는 것, 혹은 차라리 어떤 경험을 (거꾸로) 사는 것이 금지되었음을 함축합니다. 역순 금지, 거꾸로 잇따름 금지라는 시간적 성격이 "도치"를 부조리한 일로 만드는 것입니다.

사실을 보자면, 공간의 공간성이란 "되돌릴 수 없는" 것이 아니라 "압축할 수 없는" 것입니다. 공간성은 무화할 수 없습니다. 그러한 무화를 인정하는 것은 피조물에게 편재의 능력을 주는 일이 될 테니까요. 어쩌면 속도를 무한정 높이는 일은 가능할 것이고, 이는 출발점과 도착점 사이의 거리를 점점 더 좁히는 것처럼 보일 것입니다. 하지만 장소를 주파하고, 먼 곳을 가깝게 만드는 것도 공간을 집어삼키는 일은 아닙니다! 반대로, 뒤로 되돌아가는 일은 이 공간이라는 유순한 매질에서는 마음대로 할 수 있지요. 온갖 방향으로 가로지르고 누비고 다닌다 해도 공간은 경로에 전혀 무관심하니까요.

그러나 시간의 시간성은 공간의 공간성처럼 단지 압축할 수 없어서가 아니라 되돌릴 수 없다는 점에서 완강한 것입니다. 시간 자체는 압축 가능하지 않습니다.(시간은 사실 결코 더 빠르게도 더 느리게도 흐르지 않고, 우리의 기술은 시간 위에서 속수무책으로 미끄러지지요.) 압축 가능한 것은 시간 속에서 인간의 작업이고, 공간을 가로지르는 데 드는 시간, 어떤 결과에 도달하거나 일을 완수하는 데 필요한 작업기간입니다. 불필요한 시간은 절약하고, 불가피한 시간은 감수합니다. 미래성이라는 가속할 수 없는 사실성은 무엇보다도 인내를 요구하는 것이죠!

공간과 시간의 인접지대에서는, 특히 주파 속도를 최대로 가속하고 통과시간을 가능한 한 단축하는 것이 문제일 때에는, 기술이 전능합니다. 그러나 이 기술상의 가능성도, 편재 그 자체라는 절대적 속도의 초경험적인 불가능을 가능한 것으로 만들지는 못합니다. 간격은 아무리 압축하더라도 여전히 간격이며, 그 두 양극은 결코 한 점으로 합치되는 데까지 가까워지지 않습니다. 속도라는 관념 자체에 이 줄일 수 없는 최소치가 내포되어 있는 겁니다. 우리의 유한성이 우리에게 부여한, 여기와 다른 곳에 동시에 있지 못하게 하는 최소치가요. 따라서 순식간이라는 마술은 우리에게 거절되어 있습니다. 설탕 덩어리를 녹이거나 자연의 변화과정이 끝나거나 미래가 도래하는 데에 필요한 최소한의 시간은 으깨서 없애버릴 수 없으니…. 모든 압축 가능한 과정 너머에 있는, 인간의 작업이 그 속에서 잇따르는 압축 불가능한 시간성은 그 자체로 공간성의 압축 불가능한 중심핵을 표상합니다. 이 순수한 시간성을, 우리는 심심파적으로 느껴지지 않게 할 수 있고, 생각과 합리적 예견으로 조망할 수는 있지만, 그것을 무화할 수는 없습니다.

게다가 그리고 무엇보다도, 우리는 시간을 뒤집을 수 없습니다. 기대라는 텅 빈 지속을 무화하여 미래를 즉각 현재로 만드는 것도 불가능할뿐더러, 그전부터 살아온 지속을 없었던 것으로 간주하고 과거로 돌아가는 것 또한 불가능합니다. 이런 점에서 시간과 공간은 완전히 비대칭적입니다. 문자반을 도는 시곗바늘의 진행, 눈에 보이는 공간상의 운동인 그 진행은 뒤집을 수 있습니다. 그러나 하루 24시를 산

시간, 눈에 보이지 않고 손에 잡히지 않는 그 시간은 그럴 수가 없습니다. 바늘을 오른쪽에서 왼쪽으로 돌리는 데 필요한 시간도 살아온 시간의 방향으로 오롯이 기입됩니다.

파리에서 루앙으로 간 사람은 왕복 차표가 있다면 출발점으로 되돌아갈 수 있습니다. 돌아옴이 가는 것에 겹쳐서 상쇄되는 것이죠. 그러나 시간에서는 돌아옴이 가는 것에 잇따르고, 가는 일의 후속이 되기에, 이 여행을 했었다는 '사실'을 없애지 못합니다. 이동한 결과는 지워진다고 해도, 이동했다는 사실성은 지울 수 없기 때문입니다. 돌아옴은 감의 효과는 상쇄하지만, 갔다는 실제성을 없애지는 않습니다. 집에 돌아온 이 여행자는 그러니까 '마치' 결코 떠나지 않은 것과도 같습니다만, 그러나 그저 "마치"일 뿐입니다! 루앙에서 돌아온 여행자와 루앙에 가본 적 없는 사람 사이에는, 방탕한 아들과 골방에 틀어박힌 아들처럼, 보이지는 않지만 그래도 근본적인 차이가 있습니다. 그리고 이 뭔지 모를 것의 흔적은 (망각이 지워버릴 수도 있으니) 기억 속에는 아닐망정, 적어도 무의식 속에, 당사자의 숨겨진 과거 속에, 무릇 시간성 속에 아로새겨져 있습니다. 공간의 관점에서는 방탕한 아들과 그렇지 않은 아들은 결국 같은 점에서 만나고, 그런 의미에서 구별되지 않습니다. 그러나 시간을 생각하면, 모험을 한 바퀴 돈 사람은 이 모험 이전의 상태를 집에서 되찾을 수 없을 것입니다. 증인들은 시련과 고생이 그에게 "자국"을 남겼다고 말합니다.

'가고 돌아오는' 것은, 무엇을 하든 어디를 가든 시간의 측면에서는 항상 그저 가는 것입니다. 돌아옴 없이 가는 것입니다. 이는 모든 것이, 공간에서의 이동까지 포함해, 시간 속에 혹은 시간 안에 있다는 것이 아니면 무슨 뜻이겠습니까? 아리스토텔레스, 성 아우구스티누스, 특히 플로티노스를 비롯한 몇몇 고대 철학자들은[1] 이 역설을 어렴풋이 알았습니다. "모든 변화와 모든 운동은 시간 속에 있다Πᾶσα μεταβολὴ καὶ πᾶσα κίνησις ἐν χρόνῳ ἐστίν"고 아리스토텔레스는 말합니다. '시간 속에ἐν χρόνῳ'는 플로티노스에게서 꾸준한 주제로 후렴처럼 재등장합니다. 시간은 정말로 '그 안에 있는 것τὸ ἐν ᾧ', 보편적인 그릇, 모든 것을 담고 운동을 감싸는 편재하는 매질입니다. 따라서 '그 바깥에는ἔξω αὐτοῦ' 아무것도 없는 것입니다! 천체의 운행이 멈추고, 더불어 우주의 모든 시계가 멈춰도, 해와 계절이 무無 속으로 가라앉아도, 결코 흐름을 멈추지 않는 시간은 그 여정을 계속해 갈 것입니다. 되돌릴 수 없는 부단한 시간은 지구의 거주자들보다, 인류의 달력과 연대기보다 더 오래 존속할 것입니다. 텅 빈 시간이 지속을 계속하면서 역사의 뒤를 그저 이어갈 것입니다. 더 정확히 말하자면, 이 보편적인 내재성은 고대인들이 '내재ἐνεῖναι', inesse, 즉 "안에 있음"이라고 부른 것에서 모든 두드러진 의미를 결국 들어냅니다. 왜냐하면 '안에 있다'는 것은, 담는 것과 담기는 것 사이의 관계가 그렇듯이, '밖에 있고' 외재할 수 있는 것에 관계해서만 의미가 있기 때문입니다. 그런데 시간의 선험성은 모든 것에 전제되어 있습니다. 시간은 절대적으로 선행하며, 아리스토텔레스에 따르면 그것을 재는 정신보다도 앞섭니다. 이 세상에서 일어나는 일은 모두 시간적으로 일어나는 것이니까요! 그래서 시간에 관한 모든 정의는 거의 반드시 순환논법이 되고 맙니다.

2. 다시 젊어진다? 다시 산다? 노화를 멈춘다?

생성의 불가역성이란 무엇보다도 돌아올 수 없다는 것입니다. 이 뒤집을 수 없는 일방향 앞에서 우리는 너무도 무력하기 때문에, 설령 시간이 둥글게 돌고 이미 살았던 시기가 주기적으로 회귀한다고 하더라도, 직선적인 시간 속에서 순환이 계속 더해지는 것일 뿐입니다. 설령 노인이 기적적으로 젊어졌다 하더라도, 모종의 숨은 권태가 그에게 일러줄 겁니다. 제2의 청춘은 제1의 청춘의 오롯한 재생이 아니라, 애써 데우고 기운을 불어넣어 연장한 청춘이라고 말입니다. 기적을 얻은 노인이 어떻게도 인생을 영에서 다시 시작하지 못하도록 그동안 퇴적된 기억이 막는 것이죠. 이런 새로운 청춘은 조금 늙은 젊음이 아닐까요? 네, 회춘한 노인은 마법처럼 젊어진 것이 아닙니다. 회춘한 노인은 그저 겉만 젊어진 늙은이일 뿐입니다. 멋쟁이 노파의 새 단장은 근근이 화장으로 꾸민 겉모습일 뿐입니다. 그리고 설령 레테 강의 물이 이미 살았던 과거를 망각시켜 준다고 하더라도, 첫 번째 생애의 흔적이 모두 지워지고 그 흔적의 흔적까지 새로운 천진함과 새 탄생의 샘 속에서 지워진다 해도, 재시작은 사실상 다른 사람의 시작일 것입니다.

그러나 같은 한 사람이 정말로 문제라면, 기억이 과거와 현재의 연속을 보장하는 것이 필수적입니다. 음악 전개부의 되풀이와 "다 카포$^{da\ capo}$"에서처럼, 재현부의 반복은 '뒤를 잇는' 것이며, 두 번째라는 사실 자체가 그 의미를 갱신하는 것입니다. 두 번째가 첫 번째 "같다"고 하더라도 상관없습니다. 그래도 그것은 첫 번째와 동일하지 않습니다. 그것은 차례 2번이고 첫 번째의 뒤를 잇는 것이며 첫 번째 뒤에서 이미 과거를 지니고 생성의 사실성에 의해 풍부해져, 글자 그대로의 재판再版과는 전혀 다른 것이니까요. 두 번째가 첫 번째 '같다'고 말하는 것, 그것은 단지 두 번째가 첫 번째를 닮았다거나 첫 번째의 재판이라는 뜻이 아닙니다. 그것은 또한 (그리고 바로 그래서) 그것이 글자 그대로 첫 번째가 아님을 뜻합니다. 두 번째라는 바로 그 이유 때문에 두 번째 자체가 첫 번째 그 자체일 수는 없지만, 그러나 그 자체로 보면 첫 번째, 제1회, 둘째 첫 번째인 것입니다! 그것은 시간상 앞섰던 것이 나중 순간에 있는 것이지만, 그래도 이 앞섰던 것 자체는 아닙니다. 그리고 만일 기적적으로 과거가 깨끗이 망각되고 두 번째가 첫 번째와 정확히 똑같다고 하더라도, 두 번째는 여전히 나중에 그리고 다른 상황과 관련해서 올 것입니다. 설령 그것이 앞선 선창을 오롯이 그대로 하나하나 반복하거나 메아리처럼 따라하더라도, 이 새 첫 번째는 이미 또 다른 번째입니다. 혹은 다른 첫 번째는 이미 첫 번째와는 '다른' 것이라고 말해도 무방합니다. (시간상 다른 순간에 도래하여) 날짜만 다를 뿐이더라도, 순수 시간성이 "그 사이에" 있어 다음 순간이 이전 순간으로부터 딱 구별된다는 이유뿐이더라도, 두 번째는 이미 새로움이라는 성격을 가지고 있습니다. "새로운 중세"라고 베르자예프가 말하지 않았습니까? 이 중세 제2번은 아마도 중간기라기보다는 오히려 최신일 겁니다….

집에 돌아온 뒤의 탕자와 떠나기 전의 탕자를 영영 구별 짓는 요인이 있다고 얘기했는데요…. 그래서 '해 아래 새것은 없다'라는 「전도서」의 말은 옳지 않습니다. 그러기는커녕 모든 것이 해 아래 항상 새롭습니다. 재시작조차도! 역설적이게도 「전도서」의 저자가 절망하는 것은, 주기적인 반복의 단조로움 때문이지, 불가역성 때문이 아닙니다. 보편적 흐름이 우리에게 불어넣는 불안이 반복 덕분에 치유되기도 하겠지만요. 다시 나타나는 것들이 글자 하나하나까지 똑같더라도 다시 나타나는 방식의 기운은 끊임없이 변합니다. 가죽부대가 그대로라도 포도주는 늘 새롭습니다. 모든 것이 다 말해지고 보이고 들리고 조사되었다고요? 그러나 우리가 끊임없이 같은 것을 다시 본다고 해도 우리는 항상 다르게 봅니다. 부사로 표현되는 '어떻게 보느냐'가 보이는 대상의 표면적인 획일성보다 더 중요한 사안입니다. 우리는 앞에서 이렇게 말하지 않았습니까? 사람은 이미 알고 있는 것을 날마다, 그것도 마치 몰랐던 듯이 배운다고 말입니다. 끊임없이 사랑에 빠지는 사람은 다시 다른 이를 사랑하기 시작할 때 첫사랑의 새롭고 천진한 마음으로 사랑하고, 새봄에게 이 세상의 첫 봄인 듯이 인사를 보냅니다. 마찬가지로 자신의 레퍼토리 한 곡을 천 번째 연주하는 위대한 예술가는 아직 한 번도 그 곡을 연주해 본 적이 없는 듯이 연주합니다…. 그렇습니다, 사람은 결코 같은 강에 두 번씩 몸을 담그지 않습니다. 몸을 담그는 사람 또한 같은 사람이 아닙니다. 사람들은 재시작의 실망스러움에 선수를 치느라 종종 말하고는 합니다. 베니스는 보고 죽자고…. 그래도 딱히 죽을 필요는 없죠. 어쨌든 똑같은 베니스를 다시 보게 되지는 않을 테니까요. 그리고 설령 다시 보는 것이라 해도 다시 보는 그 사람은 다른 사람일 테니까요.

이처럼 무엇을 하든 "돌아옴revenir"은 생성devenir에 잇달아 기입됩니다. 추억souvenir도 뒤집힌 미래avenir이기는커녕 생성devenir의 흐름 속에서 덮쳐오는survenir 것입니다. 떠올림이란 우리에게 현재 사건 아닌가요? 이런 의미에서, 추억은souvenir "덮쳐오는survenir" 것이기도 합니다. 이런 의미에서는 돌아옴은 닥쳐옴의 한 방식이기도 합니다. 과거는 '돌아올revenir' 때조차 '닥쳐오는advenir' 것이니까요! 네, 거꾸로

가고 있다고 생각할 때에도, 시간은 늘 바로 가고 있습니다. 뒤쪽으로 거슬러 올라간다고 생각할 때에도, 항상 앞쪽으로 향하고 있습니다. 이를테면 전통주의자가 추구하는 과거가 도약 없는 미래이기는 해도 그 또한 하나의 미래입니다. 그리고 진보주의자는 발걸음 가볍게, 의고주의자擬古主義者는 마지못해 억지로, 모든 사람이 영락없이 역사의 방향으로 나아가듯이, 모든 것은, 역방향으로 있는 것까지 포함해, 생성의 방향으로 향해 있습니다. 장래가 현재가 되는 자연스러운 방향을 가리키는 미래는 직접적으로, 반대방향으로 돌아 있는 듯 보이는 회상은 간접적으로, 모든 것이 생성의 방향으로 향해 있습니다.

"되돌아옴revenir"의 불가능은 '되re'라는 접두사의 이중적 의미에서 되삶revivre의 불가능에 다름 아닙니다. (모든 후퇴는 좋든 싫든 간에 전진이기에) 우리는 뒷걸음쳐 되돌아가며 살 수도 없고, (두 번째 삶은 이전의 삶을 상정하고 있다는 것만으로도 이미 새로운 삶이니) 한 번산 삶을 두 번 살 수도 없습니다. 그리고 상영된 필름을 거꾸로 되감는 것처럼 이미 살았던 삶을 "거꾸로 살거나 지울" 수도 없는 노릇입니다. "시간이 왔던 길을 되돌아가기를. ─20년 전이라면. ─지난주라면. ─어젯밤이라면. 시간아 돌아가라, 시간아 돌아가라…." 외젠 이오네스코의 『왕은 죽어간다』에서 왕 베랑제와 왕비 마리는 시간에게 그렇게 애원합니다.[2] 그러나 시간은 아랑곳하지 않죠! 그렇습니다, 사람이 시간의 길을 되돌아가 자신의 발자국을 따라 인생행로를 거슬러 올라간 적은 한 번도 없었습니다. 노인이 하루하루 흰머리가 줄고 더 짙어지면서 더 싱그러워지는 일도 없었습니다. 그런데 사람들은 다시 젊어지기를 꿈꿀 때 이런 말 그대로의 역전을 생각합니다. 아침마다 주름이 하나 줄고 아침마다 더 눈에 생기가 도는 것을요.

강물이 상류로 역류하는 것은 시간이 시원始原으로 역류하는 것에 비하면 아주 평범한 기적이며, 마법 같지도 않은 일입니다. 중력에 대한 승리는 적어도 생각할 수 있는 일인 반면, 역행할 수 있는 시간이라는 관념은 모순이고 거의 부조리이며, 네모난 원처럼 그저 생각할 수 없을 뿐만 아니라 아예 살아갈 수도 없는 것이니까요. 게다가 거꾸로 산 연대기는 거꾸로 연주한 곡처럼 알아들을 수 없는 웅얼거림이고 형편없는 불협화음일 것입니다. 이런 거꾸로 된 시간의 마술, 마지막 숨으로 시작해 첫 호흡으로 끝나는 생성의 기형학은 정말이지 "불가능한 가정"입니다. 웰스º 취향의 과장된 유토피아 혹은 힌데미트Paul Hindemith의 《왔다갔다Hin und zurück》와 같은 유쾌한 익살이며, 더 말하자면 하나의 무의미이자 글자 그대로 반反의미입니다.

시작과 끝을 뒤바꾼다고 생각하는 사람도 실은 삶의 경험을 이루는 일련의 장면들의 순서를 뒤집는 것일 뿐입니다. 지속의 각 국면, 각 구획 내부에서는 경험이 정방향 그대로 남아 있습니다. 생성의 순간 순간을 연속되는 방식으로 역행시키려면, 말하자면 순간의 결을 반대방향으로 쓸어 올리려면 초인적인 끈기가 필요할 것입니다. 되돌려진 시간의 이러한 "시간착오"는 뭔가 아찔하지 않습니까?

거꾸로 되돌아가는 것이 불가능하기에, 일단 먼저 젊어지고 나서 삶을 정방향으로 다시 시작해 새 출발을 하는 것도 역시 불가능합니다. 다시 어린이가 되어도 이 유년기 제2호에서 시작해 인생의 모든 나이를 다시 거쳐갈 수는 없습니다. 따라서 역행할 수도 없을뿐더러 그러고 나서 앞으로 다시 나아갈 수도 없는 것입니다!

끝으로, 생성을 어떤 하나의 현재 속에 영원히 고정시켜, 이를테면 가장 좋은 나이를 골라 늙어가지도 젊어지지도 않게 영구히 그렇게

º 『타임머신』, 『우주전쟁』, 『모로 박사의 섬』 등 SF 소설로 유명한 영국 소설가 허버트 조지 웰스Herbert George Wells를 말한다.

머물러 있게 할 수도 없습니다. 어쩌면 우리는 그만하면 됐다고, 오늘로써 생성이 모두 다 생성되었다고 선언할 수 있으면 좋겠다는 생각을 할 수도 있을 겁니다. 만일 여든 살에 그대로 머물러 영원히 더 이상 늙지 않을 수 있다면 여든 살이 되는 것도 괜찮은 일이라고 생각할 사람도 아마 많이 있을 겁니다. 많은 이들은 그 정도 대가로 죽음이 면제되는 것이면 만족스럽다고 평가할 것이고, 어쩌면 쉽게 난국을 벗어났다고 판단할 것입니다! 그러나 아아… 시간은 우리가 뒤로 되돌아가는 것을 금하면서, 달아나는 시간을 멈추는 것조차도 허락지 않습니다. 기껏해야 그 달아남을 겉보기에 아주 일시적으로 늦추는 것을 용인할 뿐입니다. 그러니까 반격할 수 없을 뿐만 아니라 단순한 방어도 할 수 없는 셈이죠. "오, 시간이여! 비상을 멈추어라…. 호시절이여 흐름을 멈추어라…."° 그러나 시간은 비상을 멈추지 않습니다. 그러기는커녕 시간의 비상이 더디어 보일 때조차도 시간은 냉정하게 비상을 계속하고 있습니다. 귀를 막고 있습니다, 시간은! 시간은 갑니다, 시간은 갑니다. 그리고 그 시간 동안 우리도 갑니다. 그건 똑같은 것이니까요.

    시작으로 되돌아갈 수도, 삶을 다시 시작할 수도, 방금 다다른 현재에 영원히 멈춰 있을 수도 없는 인간은, 하물며 시간성 일반을 무화할 수도 없습니다. 설령 노화로 인한 생물학적 소모를 상쇄한다고 하더라도, 시간 그 자체에 내재한 형이상학적 마모에 대해서는 속수무책일 것입니다. 인간은 여전히 자신의 나이를 알 것이고, 무한 장수로 누적된 햇수를 세어보며 두려워할 것입니다. 생성은 결코 생성을 그치지 않으니까요! 흘러간 시간이 결코 흘러간 것이 아니라고 선언해도 소용이 없습니다. 일어났던 사건을 전혀 일어나지 않은 것으로 만

°   알퐁스 드 라마르틴의 시 「호수」의 22~23행.

들 수는 없습니다. 벌어졌던 일들을 벌어지지 않았던 것으로 만들 수는 없습니다. 그저 '마치' 그런 것처럼 할 뿐이죠. 이 둘을 구별해서 우리가 사실성을 받아들이는 체념의 한계를 확정할 수 있었던 것을 기억하실 겁니다. 인간은 사건의 결과를 지우고 추억까지도 '지울' 수 있지만, 사건이 일어났었다는 사실을 '없앨' 수는 없습니다. 모순되는 것들의 동일성도 이 마술적인 없앰보다 더한 기적은 아닐 것입니다.

3. 되돌릴 수 없음의 운명적 객관성

불가역성은 시간의 진정한 객관성입니다. 실제로 우리의 어떤 시도에도 난공불락이고 굽힘이 없으며, 아리스토텔레스의 말을 빌리자면 '가차 없는 것ἀμετάπειστον'으로,° 그래서 우리의 의지에 달려 있지 않은 것입니다. 시간은 우리 마음대로 할 수 없습니다. 다룰 수 있는 대상이란 우선 우리가 방향을 바꿀 수 있는 대상입니다. 그런데 생성 중인 자는 생성의 내부에서 자유롭게 여기저기로 돌아다니지 못합니다. 토스카나 지방이나 도피네 지방을 이리저리 누비고 다니면서 온 길을 되돌아갔다가 여기저기 섰다가 다시 내키는 대로 길을 떠나는 관광객들과는 다른 것이죠. 운동하는 물체에 이동의 자유를 보장하는 것은 삼차원과 동서남북 및 수많은 방위각을 지닌 공간입니다. 그러나 시간은 직선처럼 상반된 두 방향조차도 갖고 있지 않습니다. 시

° 'ἀμετάπειστον(아메타페이스톤)'은 어원상으로, 설득에도 흔들리지 않는다는 뜻이다.

간은 두 "방향sens"밖에 가능하지 않는데, 그나마 그중 하나는 금지되어 있는 것이, 흐름을 거슬러 갈 수가 없기 때문입니다. 따라서 이 되돌아갈 수 없는 생성은 전혀 차원을 갖지 않는 것이나 다름없습니다. 같은 너비로 포갤 수 있는 등가적인 방향과 역방향을 가진 것은 실은 지나온 공간이지, 지나오는 데 걸린 시간이 아닙니다. 생성 중인 자는 일방향의 과정 속에 붙잡혀 있고, 그 과정은 미래의 현재화이자 현재의 과거화입니다. 어떤 선택도 허용되지 않는 것이죠. 생성을 아무 쪽 끝에서나 상관없이 파악할 수는 없습니다. 생성은 어떤 상황에서도 강제적인 방향과, 바꿀 수 없는 순서를 우리에게 부과합니다.

이처럼 시작과 끝, 알파와 오메가, 탄생과 죽음은 서로 교환될 수도 없으며 대칭적이지도 대응되지도 않습니다. 왜냐하면 과거가 거꾸로 된 미래가 아니고 미래가 바로 된 과거가 아니며, 황혼이 역전된 새벽이 아니듯, 그처럼 죽음은 뒤집힌 탄생이 아니기 때문입니다. 삶의 시간의 반쯤 열림이 이미 이를 알리고 있었습니다. 확실히 첫 번째와 마지막 번째는 짝을 이루지 않습니다. 짝이 맞지 않고 질적으로 비교할 수 없는 이 둘 사이의 격차는 공간과 시간 자체의 격차만큼이나 전적인 것입니다. 추의 양쪽으로 서로 짝을 이루는 샹들리에와는 달리, 과거와 미래는 현재의 양쪽에서 짝을 이루지 않습니다. 공간적 상像이자 시각적 배치인 대칭은 한눈에 즉각 파악되지 않습니까? 벽난로 장식품의 모습은° 그래프 양식처럼 공간적인 투영의 결과, 즉 은유의 기능 그 자체인 옮겨놓음의°° 결과가 아닐까요? 은유는 이런 점에서 시

° 벽난로 장식품garniture de cheminée은 벽난로 위에 놓이는 장식으로, 대개 시계를 가운데 두고 한 쌍의 장식 촛대나 화병이 좌우에 놓인 모양으로 되어 있다.

°° '은유'로 번역되는 프랑스어 métaphore는 희랍어 'μεταφορά(메타포라)'에서 왔다. 이는 옮겨놓는다, 자리를 바꾼다는 뜻의 동사 'μεταφέρω(메타페로)'의 명사형이다.

간을 가벼이 여기며, 무시해도 좋은 변수로 취급합니다. 그러나 시간을 무시하고 무사할 수는 없습니다. 시간이라는 이 뭔지 모를 것은, 아무도 보지도 만지지도 흐름을 직접 느끼지도 못하고, 모양도 색깔도 냄새도 없으며, 어떠한 사유로도 이해하지 못하고, 차원도 형태도 범주도 아니고 그래서 거의 실존하지 않지만, 그럼에도 불구하고 모든 본질적인 것 가운데에서도 본질적인 것입니다. 형언할 수 없을 만큼 보이지 않고 만질 수 없는 이 요소를 고려하지 않는다면, 우리는 더없이 심각한 오산에 빠질 것입니다. 시작과 끝은 결코 한꺼번에 주어지지 않습니다. 한쪽에서 다른 쪽으로 시간은 잇따라 펼쳐지기에, 우리가 첫 번째를 경험할 때에는 두 번째는 아직 없습니다. 그리고 우리가 마지막을 살 때에는, 첫 번째는 (있었으나) 이제는 더 이상 없습니다. 잇따름이란 이 양자택일 그 자체인 것입니다!

"운명은 원하는 자는 데리고 가고, 원하지 않는 자는 끌고 간다Ducunt fata volentem, nolentem trahunt"라는 말은 요컨대 이런 것을 의미합니다. 불가역성이 결정적으로 우리의 "운명fatum", 인간 조건의 운명적 선험성이라는 것이죠. '원함과 원치 않음volens-nolens'에 따라서 달라지는 것은, 나아가는 방식과 진전의 양태뿐입니다. 기꺼이 나아가든 억지로 나아가든 어느 경우든 사람은 나아갈 수밖에 없습니다. 좋아서든 마지못해서든, 따라가든 끌려가든 사람은 흐름 속으로 내려와 그 추세를 따라야 합니다. "잘" 늙든 "못" 늙든, 즉 평온하게든 불안하게든, 어쨌거나 사람은 좋든 싫든 늙어갑니다. 역사의 방향을 긍정하고 그 방향을 타고 가든, 아니면 그 방향이 못마땅해 반발하든, 역사는 아랑곳없이 그 흐름을 이어갑니다. 마치 좌석에 쭈그려 앉은 무기력한 여행자의 불안과 초조를 조금도 고려하지 않고 열차가 계속 달려가듯이 말입니다. 열의도 마지못함도, 체념도 반항도 여기서는 본질적인 것을 전혀 바꾸지 못합니다. 우리가 동의한다고 생성이 가속되지도 않고 우리가 반대한다고 생성이 늦춰지지도 않습니다.

실제로 사람이 매일의 시간 양상을 바꾸어도 이 시간의 사실성 혹은 시간성을 도려낼 수는 없으며, 라이프니츠식으로 말해, 불가역의 삼도천을 이겨낼 수는 없습니다.° 그래서 시간에 대한 우리의 자유는 순전히 "형용사적"이고 표피적인 차원에 머물러 있습니다. 때때로 구체적인 역사적 생성을 늦추는 반복조차도 피상적인 반복입니다. 반복은 더 일반적인 시간과 관련해서 정의되는데, 그 더 일반적인 시간은 항상 같은 방향으로 같은 보폭으로 흐르고, 결코 길을 되돌아가지 않는 것입니다. 이 단조로운 염불은 언제나 같은 후렴을 되풀이하며, 시간성의 가차 없는 선험성을 그대로 두고서 우리가 늙는 것을 조금도 면해주지 않습니다.

이런 불가역의 선험성은 매우 긴밀하게 우리의 삶을 구성하고 있고 삶과 불가분의 것이기 때문에, 우리는 그 필연성을 공기의 무게처럼 느끼지 못하고 지나갈 수도 있습니다. 그러나 사실은, 굽힐 수 없는 운명은 다른 의미에서는 우리의 자유의 활동무대입니다. 무게를 잴 수도 없고 만질 수도 없는 생성이 세월의 무게, 과거의 누적, 너무 무거운 기억에서 그 무게가 간접적으로 나타난다고 하더라도, 생성 그 자체는 무게가 없습니다. 생성은 죽음과 마찬가지로 이겨낼 수가 없는 것이지만, 그럼에도 불구하고 무한히 유순합니다. 달리 말해 생성은 그것을 '가지고서' 원하는 것을 만들 수는 없지만, 그 '속에서는' 원하는 모든 것을 만들 수 있는 매질입니다. 이는 결국 선험적인 것의 애매함 그 자체가 아닐까요? 선험적이라고 하는 것은 인식을 가능하게

° 라이프니츠, 『변신론 *Théodicée*』, §122, "스틱스강의 법칙은 위반할 수 없다." 참조.

하는 인식할 수 없는 것, 사유를 가능하게 하고 작동하게 하는 사유할 수 없는 것을 말합니다. 그리고 시간 역시도 그 속에서 우리가 모든 것을 할 수 있지만, 그 자체는 생각할 수도 없고 그 사실성을 없앨 수도 없는 것이죠. 시간에는, 죽음처럼, 생각할 것이 아무것도 없습니다. 시간은 그것을 생각하도록 만들어진 것이 아니라, 우리가 시간적으로 생각하도록 만들어진 것입니다. 시간은 결코 '생각하다' 동사의 직접목적어가 아닙니다. 시간은 그것을 생각하는 척하는 사유를 없앱니다. 마찬가지로 시간은 결코 우리가 조작할 수 있는 대상이 아니지만, 그럼에도 불구하고 우리의 일에 끝없는 활동무대를 제공합니다. 불가역적인 것을 되돌릴 수 있는 기술은 없지만, 죽음을 밀어내고 노화를 늦추는 기술은 있습니다. 외유내강. 이 대조법의 표현으로, 순종적인 만큼이나 저항하는 매질의 탄력성을 특징지을 수 있지 않을까요? 시간 속에서는 모든 것이 허용됩니다. 그러나 시간 그 자체, 텅 빈 시간은 섬멸할 수 없습니다.

4. 상대적 불가역성

연속의 과정에서 살아가며 겪는 경험적인 불가역성으로부터, 죽음이라는 최후의 불가역성을 생각할 수 있을까요? 죽음 이전의 경험과 최후의 사건의 아찔한 도약 사이에 공통 척도가 있을까요? 우선 경험적 불가역성은 상대적인 불가역성입니다. 과거화가 미래의 현재화를 끊임없이 상쇄하고, 생성을 혁신적이면서도 보수적인 시간으로 만듭니다. 생성은 기억에 의해 부분적으로 "과거화되는" 미래죠. 가능한 것으로서 이미 현존하는 미래의 사전 형성과, 기억으로서 아직 현실적인 과거의 존속이, 앞으로 미는 힘의 예측 불가하고 불안정하고 덧없는 성격을 완화합니다. 이러한 내재성 덕분에 지속은 실제로 상대적으로 "지속될 수 있는" 것이 될 수 있습니다. 이러한 내재성 덕분에, 같은 것이 상대적으로 다른 것이었던 것처럼, 다른 것이 상대적으로 같은 것이 될 수 있습니다! 이 애매한 시간, 창조인 동시에 재시작이며, 달아나는 동시에 영속하고, 그래서 연속인 이 양날의 생성이란 그런 것입니다. 시간의 병이란 이런 애매성의 한 면만을 봄으로써 비롯되는 것이 아닐까요? 쇄신 없는 천편일률을 생각할 때 권태가 있습니다. 반복을 모두 제외하고 불가역을 생각할 때 불안이 있습니다. 그러니까 그 무엇도 절대적으로 새롭지도 절대적으로 낡지도 않은 것입니다.

설령 새로운 것이 날짜뿐이라고 하더라도 반복이 어떤 식으로 항상 어느 정도는 혁신인지를 이미 살펴보았으니, 이제는 어떻게 새로움 자체가 이미 살아온 과거에 대한 충실함으로 인해 새로운 것인지를 설명해야 하겠습니다. 새로운 포도주에 대해 강조했으니, 이제 우리는 가죽부대가 늘 같다는 것을 떠올려야 할 것입니다. 사람은 이미 알고 있는 것을 끊임없이 배운다고 했죠? 그러나 역으로 바로 그 때문에, 은연중에 미리 아는 식으로, 방금 배운 것을 옛날부터 알고 있었던 것입니다. 시간의 흐름을 거슬러 올라가는 것은 절대로 불가능하며, 현재와 과거를 겸하는 것도 절대로 불가능합니다. 그러나 회상은 이 이중의 불가능을 겉보기에 완화해 줍니다. 회상 덕분에, 도저히 불가능한 것은 향수에 젖은 불가능한 것, 즉 관념적으로 가능한 것이 됩니다. 절망이 절대적 불가능 앞에서 우리의 무력함을 나타낸다면, 아쉬움과 향수는 차라리 상대적 불가능 앞에서 우리의 우울을 표현하는 것이니까요. 아닌 게 아니라 회상에 의해 과거로 돌아감은 불가역을 상징적으로 상쇄할 수 있습니다. 과거와 현재의 겸유는 양자택일을 관념적으로 상쇄할 수 있습니다.

가역성부터 이야기를 시작해 봅시다. 과거가 더 이상 체험된 현실의 살아있는 알맹이가 아니라 해도, 그러한 현실의 부실한 부산물이라 해도, 과거로 인정된 과거는 그래도 증언을 합니다. 물론 회상은 은유적이고 유령 같은 방식의 되돌아감이지만, 그럼에도 미래의 현재화를 어느 정도 상쇄하고 늦춥니다. 이는 불행한 상쇄라 할 것입니다. 역류는 결코 흐름과 가치가 같지 않고, 회상은 상쇄라기보다는 오히려 위안이니까요. 기억은 우리가 살았던 것의 창백한 망령을 우리에게 돌려주지만, 창백한 망령은 어쨌든 그래도 일종의 현존입니다. 과거로 꼭 역행하지 않고서도, 갑작스런 소환이 확 일어나 우리를 단번에 과거 한복판으로 옮겨다놓습니다.

한편으로는 과거에 빠짐, 현실감의 상실, 결핍감이 아쉬움의 달콤한 우울을 설명합니다. 향수는 실제로 하나의 "아픔"이고 아쉬움은 하나의 우울함인 것이죠. "상기想起"의 비현실적이고 무력하고 꿈꾸는 듯한 성질이 바로 매력이 아닐까요? 모든 회상에는 결핍의 씁쓸한 감정도 회상한 과거를 한껏 제대로 다시 살고 싶다는 욕망도 있습니다.

다른 한편으로는 추억의 원천이, 아쉬움 속에 있는 구체적인 풍요, 향수 어리고 비애에 젖은 매력을 설명합니다. 잃어버린 행복, 사라져버린 청춘, 지나간 봄에 대해 우리가 간직하는 추억 때문에 회한이 질적인 색조를 띨 수 있게 되는 것이죠. 기억 없는 계속의 공허 속에서 이전과 이후를 비교할 수 없는 순진한 의식은, "회상Ricordanza"과 그

시적인 뒷맛에 대해 아무것도 알 수 없을 것입니다. 먼 세월, 어제 하루, 이전 순간에 대한 망각은 우리를 무관심과 절망의 양자택일로 몰아넣을 것입니다. 따라서 비록 사실성이, 즉 시간의 시간성과 과거의 과거성이, 무릇 존재했다는 살았다는 사실이 불가역의 극한을 나타내고, 까닭 없고 막연한 달랠 수 없는 초경험적 회한을 이유 있고 특정한 달랠 수 있는 경험적 회한으로부터 구별한다고 하더라도, 우리는 청춘의 실낙원으로 가는 모든 길이 우리에게 막혀 있다고 결론지을 수는 없을 것입니다.

그리고 마찬가지로, 유년시절의 싱싱함과 성인의 의식을 함께 갖는 것은 관념으로만 가능하지 향수를 통해서는 불가능합니다. 향수에 젖은 사람은 잇따름을 되돌릴 수 없다는 데에 항의할 뿐만 아니라 양자택일에 대해서도 항의합니다. 양자택일은 앞선 순간을 앗아감으로써만 현재 순간을 주는 것이니까요. 향수에 젖은 이는 자신의 삶을 다시 시작하기보다는 과거를 현재 속에 붙들어두고 싶어 하는 것입니다. 요컨대 향수에 젖은 이는 모든 이점을, 양립할 수 없는 이점조차도, 동시에 가지고 싶어 합니다. 미래성의 모험과 참신함을 포기하지 않으면서도 과거의 풍요를 고스란히 보존하고, 어른으로 있는 채로 다시 젊어지고, 경험과 순진성을 겸유하고 싶어 합니다. 그는 존재했던 것과 존재하는 것을 한꺼번에 바랍니다. 아니, 만약 계속 나아가면서도 지나간 시절과 다음 시절을 그러모아 이전과 이후를 독차지할 수 있는 방법을 안다면, 만약 잇따르는 계기들을 동시적인 것으로 만들어 어제와 오늘을 공존하게 만들 수 있다면, 그는 아마도 생성과 노화도 받아들일 것입니다. 불가능한 기획이죠! "계기moments"는 그 정의상 잇따르는 것이 아닙니까? 잇따름이란 정확히 말해, 공존하기는 거부하지만 차례대로 나타날 수는 있는 상태들을 먼저 하나 그리고 다음 하나로 차례차례 지나가도록 만들어져 있는 것이 아닙니까? 나이를 먹는다는 것은 나였던 것을 포기하고, 나였던 것을 나인 것으로 교체하는 일입니다. 노화는 이런 포기와 다름없으며, 그렇지 않으면 노화가 아닙니다!

 기억의 보존이라고 해도, 양자택일이 분리한 것을 말 그대로 재결합할 수 있게 해주지는 못합니다. 그런 보존은 살았던 현실의 알맹이를 빼고 이미지만 남기는 것이니까요 우리가 추억의 감미로움에 빠지는 것은 시간적 물러남 때문이지 않습니까? 그래도 이미지는 현재와 공존할 수 있고, 이 현재의 다성多聲적 두께 속에서 존속할 수 있으며, 부재하는 현존과 지나간 현재의 시적 환영幻影을 우리에게 만들어줄 수 있습니다. 어쨌든 현존과 부재의 대위법은, 아래에 감춰져 있는 암묵적이고 무의식적인 과거의 현존은, 양자택일에 대한 일종의 승리를 나타냅니다. 잇따르는 계기적 순간들을 영원한 '지금' 속에 누적하지는 못하지만, 우리는 존재를, 존재했던 것이라고 부르는 존재의 이 그림자와 재결합시킬 것입니다.

5. 연속 중의 첫 번째와 마지막 번째

 경험적 생성의 불가역성은 그러니까 언제나 상대적 성격을 지니고 있을 뿐입니다. 불가역이라는 것은 각 순간이 유일하다는 것을, 즉 처음이자 마지막임을 나타냅니다. 그러나 횟수의 반복으로 이루어진 등질적 계열 속에서는, 처음이지만 마지막이 아닌 첫 번째와, 마지막이지만 처음이 아닌 마지막 번째, 그리고 처음도 마지막도 아닌 가운데 번째들이 있습니다. 일단 먼저, 가운데 번째들은 기계적 반복 혹은 유기적 반복을 더듬거리며 주절주절 무한정 연장합니다. 계열의 내부에서는 각 번째가 앞 번째와 뒤 번째 사이에 끼여 다른 번째에 앞서고 또 다른 번째에 뒤따르고 있습니다. 서수에 의해서만 구별되는 이 개별적인 번째는 수축이든 이완이든 한결같다고 주저 없이 말할 수 있습니다! 그리고 실제로 실존의 생물학적 주기성은 이러한 반복에 기초하고 있습니다. 심장박동의 연속적인 반복, 들숨과 날숨의 리듬은 출생과 죽음 사이의 전 기간을 채우고 있고, 삶의 바탕에 그 단조로운 씨실을 엮습니다. 사람은 추시계의 똑딱거림에 마비된 듯이, 반복의 끊임없는 자장가에 다독여집니다. 그리고 이 한결같고 균질적인 시간을 의식한다고 해도, 그 몽롱한 상태에서 벗어나면 무거운 권태를 느낄 뿐입니다. 죽음을 수련하는 철학자들은 알다시피 시계추의 똑딱거림과 심장박동에 의해 잘게 잘린 순간들로만 죽음을 생각합니다.

그러나 서로 구별이 안 되고 교환 가능한 순간들의 계속 속에서, 조금 더 장엄한 어떤 순간들이 부각되는 일도 있습니다. 체험된 지속이 마디로 연결된 분절된 계열, 주기, 국면, 경과시간을, 시작과 끝이 자르는 겁니다. 이들 특권적 사건들은 계열 내적인 동시에 계열 외적입니다. 삶의 계열 내부에 있고 연속 중에서 체험된다는 점에서 계열 내적이며, 그럼에도 불구하고 삽화적 한 사건, 실존의 한 장, 한정된 시간의 한 단락을 시작하거나 끝마친다는 점에서 계열 외적입니다. 사실 첫 번째란 여느 것과는 다른 번째인 것으로 보입니다. 착수할 용기와 시작의 불안 그리고 그 불안을 이겨내려는 열정적 호기심이, 결심의 문턱을 넘어 결행의 루비콘강을 건너는 그 순간에 모순적으로 우리 안에 생겨나기 때문입니다. '감행하다'는 동사는 습관적인 적응을 깨뜨리고 솔선의 아찔함에 맞서는 데 필요한 추가적 에너지를 표현하지 않을까요? 끝맺음은 그 자체로 다른 것의 시작으로서, 주저하는 이를 즉석 대처라는 즉흥적 위험 앞에 다시금 놓아둡니다. 입구의 문턱을 넘자마자 다음 장면으로 열리는 문을 지나야 하는 것이죠. 그래서 우리는 간격의 한복판에 머무르려고, 양 끝과 두 모험으로부터 멀리 떨어져 있는 온화한 중간지대에 머무르려고 술수를 늘립니다.

첫 번째와 마지막 번째는 단지 특권적인 것만은 아닙니다. 그 특권은 각기 서로 반대로 되어 있기도 합니다. 생성의 불가역성이 이런 근본적인 비대칭을 설명합니다. 비교급의 우선이 문제인지 최상급의 우위가 문제인지에 따라, 한 계열의 단순한 시작을 생각하는지 모든 계열들로 이루어진 큰 '계열'의 가장 첫 번째를 생각하는지에 따라, 첫 번째는 상대적으로 과거가 없는 한 번으로 보거나, 과거 전체를 통틀어 절대적으로 처음인 한 번으로 봐야 합니다.

상대적인 첫 번째는 거의 기억이 없고 미래성의 부름만을 알 뿐이며, 회상의 평형추는 최소한으로 축소됩니다. 처음 두 발로 선 것에 스스로 놀라면서도 그런 움직임을 시작하는 것에 조금 겁먹은 아이의 첫걸음이 그러합니다. 그렇게 의식의 첫 주름도 눈을 뜨고 나서 순수와 지복의 동산에서 나와 첫발을 내딛는 긴 역사를 개시합니다. 그렇게 결국 첫 번째 운동은, 결심이 바뀌어 이 용감한 도약의 자발적 충동이 물러가기 전에, 다시 말해 순진함을 잃고 좁스러운 자기 이익으로 되돌아가기 전에, 아무 속셈 없이 그다음 운동을 불러옵니다. 그러나 설령 첫 번째가 '앞쪽으로는' 무겁게 짓누르는 과거 전체에서 벗어나 있다고 하더라도, '뒤쪽으로는' 되풀이와 재개의 긴 미래 쪽을 향해 있습니다. 그래서 첫 번째는 싱싱하고 가벼우며 날개를 펴고 날아올라 하늘을 향하는 동경인 것입니다. 첫 번째는 한 해의 봄처럼, 혹은 긴 하루의 새벽처럼 약속과 희망으로 넘칩니다.

과거가 없이 혹은 거의 없이 긴 미래가 기약되어 있는 것, 우리가 계열 외적이며 동시에 계열 내적이라고 말한 첫 번째란 그런 것입니다. 반대로 상대적인 마지막 번째에는 미래가 거의 결여되어 있고, 방대하고 깊은 과거가 무겁게 실려 있습니다. 첫 번째에는 전승된 것이 희박하여 기억이 거의 없는 가능성밖에 들어 있지 않듯이, 마지막 번째에는 말하자면 가능성 없는 기억밖에 없습니다. 첫 번째가 계열의 토대를 놓는 반면, 마지막 번째는 계열의 전반적인 의미를 끌어냅니다. 따라서 첫 번째는 창설자인 것입니다. 마치 사계절의 "첫 시간primum tempus"이자 여름의 약속인 봄이 창설자이듯이 말이죠.° 아마도 봄의 시작은 시절을 이룰 것입니다. 이 "시절"이 꼭 새로운 시대는 아니라고 해도요. 마지막 번째는 그것이 종결이자 결론이 되는 계열을 소급적으로 하나의 총체로 규정합니다. 그렇게 열두 시 종의 열두 번째 종소리가 지금이 자정이라는 사실을 봉인하고 확정하는 것입니다. 그렇게 교수의 마지막 강의가 아직 미완결인 생애의 내부에서 하나의 '이력'을 마무리 짓는 것입니다.

첫 번째가 뒤따를 미래를 놓는 것이라고 하면, 마지막 번째는 앞서 지나간 것들을 걷어서 거기에 과거라는 역사적 공인을 사후에 부여합니다. 그래도 이 서로 역이면서도 비대칭적이고 짝이 맞지 않는 이 두 가지 회차 사이에는 일종의 대응이 있습니다. 첫 번째가 처음이고 마지막 번째가 마지막인 것은 종종 사후에 전미래로, 즉 생성을 조감하는 목격자의 초월적 시각에서 그러한 것입니다. 생성하는 중인 생

° 'primum tempus'는 첫 번째, 첫 계절 등을 뜻하는 라틴어로, 봄을 뜻하는 프랑스어 'printemps'의 어원이다.

성하는 자는 그 순간에는 첫 번째가 처음이라는 것을 항상 알고 있는 것은 아닙니다. 현재를 조감하지 않고 이루어지고 있는 것으로 겪고 있을 때에는, 현재가 서수를 갖지 않기 때문입니다. 이 경우에는 적어도 두 번째까지 기다려야만 소급적으로 그 이전의 것이 첫 번째였음을 알게 됩니다. 그리고 마찬가지로 우리는 마지막 번째가 마지막이라는 것도 언제나 그 순간에 알지는 못합니다. 일이 있은 뒤에야 그랬던 것이 되는 겁니다. 마지막 순간을 끝항으로 하는 전체 연쇄를 의식이 사후에 재구성하는 것이죠.

우리는 첫 번째가 처음으로 도래하는 순간에는 거의 기억을 갖지 않는다고 말했습니다. 역으로 그것은 나중에 우리의 회상 덕분에 조금씩 첫 번째가 됩니다. 뜻밖의 첫 순간에 첫 번째였던 것은 그 후 추억의 아다지오 속에 오래 머뭅니다. 첫 번째는 딱 한 번 처음이었지만, 그 순간은 과거로 밀려나 그 우선성의 지속적인 추억을 우리에게 남깁니다. 시작이 일단 지나고 나면, 첫 순간의 추억을 우리에게 스며들게 하고, 그 맛을 끌어내어 증류시키며 그 여운을 길어지게 하고, 지속되는 진동을 영속시키는 데 필요한 모든 연속을 우리는 갖게 됩니다. 혁신의 순간이 일단 지나면 우리 앞에는 충만이 가득 있어서, 병적인 되새김에 빠지고 천천히 과거에 젖어들 수 있는 여유가 충분합니다. 이러한 지연 덕분에, 그 자체로 과거가 없는 첫 번째는 그 후 내내 과거의 것이 될 것이고, 역으로 그 자체로 미래가 없는 마지막 번째는 항상 와야 할 마지막이 될 것입니다. 마지막 번째는 마지막 날까지 장래의 것입니다. 마지막 순간까지 '아직 아닌Nondum' 것입니다. 예견을 통해 앞당겨 미완의 기억으로 만들 때에만 마지막 번째가 어제의 것이 됩니다.

결국, 연속 중의 시작과 끝은 계열 외적일 뿐만 아니라 계열 내적인 것이기도 합니다. 시작은 무엇보다 하나의 후속을 갖지만, 실제로는 선행자도 몇 개 갖고 있습니다. 그리고 결말은 무엇보다 선행자들을 갖지만, 일종의 다음날 또한 갖게 될 것입니다. 첫 번째가 미래를 놓는 것이라고 해도, 그래도 역시 그것은 어느 정도 예상되고 미리 상상됩니다. 계열의 끝은 우선 예상되는 것이라고 해도, 그래도 역시 기간 중에 끼어들면서 일종의 울림이나 메아리를 일으킵니다. 예견하는 조감의식, 즉 전前의식에게는 뒤따르는 계열의 시작은 실제로 다음 미래일 수 있습니다. 우리는 시초를, 무엇보다 다시 느끼는 것이라고 하더라도, 종종 예감하고는 합니다. 첫 번째가 남기는 뒷맛이 오랫동안 느껴지는 것이라면, 첫맛도 예감할 수 있었던 것일 테니까요. 그리고 역으로 마지막 번째는 오랫동안 예감된 것이지만, 마지막 번째를 대상으로 하는 예감은 사후에 우리가 다시 갖게 될 느낌을 미리 짓누르지는 않습니다. 미리 느껴지는 끝의 맛은, 그 끝이 끝 중의 끝이 아니라 계열의 작은 끝일 때에는, 뒷맛 속에서 연장될 것입니다. 이 점에 대해서는 형언할 수 없는 것과 말할 수 없는 것의 대립을 떠올려봅시다. 요컨대 시작이든 끝이든 모든 특권적 순간에는 그 전과 후가 있습니다. 회상되는 동시에 예상되는 점 같은 순간은 기간의 충만함 속에서 자기 주위에 일종의 빛무리를 발산합니다.

시작은 마지막이 아닌 처음이며, 심지어 처음조차도 아닙니다. 끝은 처음이 아닌 마지막이며, 심지어 마지막조차도 아닙니다! 시작은 한편으로 결코 전혀 준비되지 않은 것은 아닙니다. 역사적 결정론을 분석하는 사람이 보기에, 시작은 생성의 전반적인 연속성 속으로 녹아드는 것입니다. 첫 번째는 그 자체보다 먼저 존재하며, 그 절대적 우위성은 어렴풋한 근사치의 범위 밖에서 생각할 때 완전히 상대적인 우선성에 지나지 않습니다. 바꿔 말하면 이번 생에서의 시작은 결코 첫 시작이 아니라, 기껏해야 둘째 시작이거나 혹은 재시작입니다. 그리고 마찬가지로 시작은 끝도 아닙니다. 그것은 아마도 누누이 반복될 것이기 때문입니다.

역으로, 끝나가는 한 시대의 끝은 전체의 끝이 아니라, 다소 늘어진 마지막 번째입니다. 첫 번째가 이전 시기의 마지막 것들 속에 그 자체보다 미리 존재하는 것처럼, 앞선 계열의 마지막 번째가 그 자체보다 더 오래 살아남아 다음 계열의 첫 번째 속에 있게 되는 것입니다. 그리고 시작이 결코 첫 시작이 아니듯, 마찬가지로 끝은 결코 마지막 끝이 아니라, 차라리 끝에서 둘째입니다. 실제로 이 세상에서 아무것도 시작된 적이 없다면, 결코 끝나지도 않을 테니까요! 그렇다고 해서 끝이 시작인 것은 아닙니다. 적어도 겉으로 보기에는 그렇습니다. 마지막 번째는 어떤 의미에서 도래하기 전에 이미 누누이 일어났던 것 아닐까요? 그렇기에 진정한 마지막도 아닌 이 마지막 번째는 처음도 아니니….

6. 상대적인 처음이자 마지막(일회성): 둘째와 끝에서 둘째

그러나 다른 의미에서는 생성의 불가역성 때문에 각 첫 번째가 또한 하나의 마지막 번째이며, 각 마지막 번째가 하나의 첫 번째가 됩니다. 아니, 이렇게 말하는 것이 더 낫겠습니다. 생성이 되돌아올 리가 없기에 이 생성의 각 순간이 첫 번째이자 동시에 마지막 번째가 됩니다. (뒤를 보느냐 앞을 보느냐, 보는 것이 과거 쪽이냐 미래 쪽이냐에 따라) 각 번째는 앞선 계열의 마지막이고, '동시에' 다음 계열의 처음입니다! 앞서 우리는 시작은 시작한 후에 반복되고, 끝은 끝나기 전에 반복된다고 말했습니다. 그러나 시작은 마지막 번째까지도 여전히 시작한다고, 역으로 모든 것은 첫 번째부터 끝난다고 말하는 것이 더 정확했을 겁니다. 끝은 처음부터 시작했기 때문입니다. 혹은 같은 얘기지만, 시작은 시작하는 것을 끝까지 멈추지 않기 때문입니다.

생성은 보는 면에 따라 연속되는 종결이거나 시작의 연속이 아닐까요? 그러니까 이 '처음이자 마지막'인 것은 단지 시작의 끝과 끝의 시작만 그런 것은 아닙니다. 첫 번째들 중의 마지막과 마지막 번째들 중의 처음만 그런 것이 아닙니다. 각 번째가 이 처음이자 마지막인 것입니다. 그렇습니다, 한 시기의 시작과 끝처럼 장엄하고 궁극적인 것이든, 아니면 진부한 일상의 중간에 있는 보잘것없는 것이든, 각 번째는 그 분야에서 유일하며 글자 그대로 '처음이자 마지막primultime'입니다. 이는 각각의 시작이 하나의 끝이고 각각의 끝이 하나의 시작이라는 이유 때문입니다. 시초와 최종이라는 엄밀한 의미에서의 시작과 끝이 갖는 특권은, 똑같이 예외적이면서 독자적인 연속의 모든 순간들보다 겨우 조금 더 두드러지는 정도일 뿐입니다.

처음이자 마지막은 단지 "단 하나Hapax"인 것이 아닙니다. '단 하나'란 이 세상에서 사례가 하나밖에 없다는 말이니까요. 처음이자 마지막 번은 시간 속에서 단 한 번밖에 일어나지 않는 사건입니다. 처음이자 마지막은 '일회적' 도래입니다. 실제로 단 한 번 유효하다는 말이지, 사례가 단 하나라는 말이 아닌 것입니다! 예를 들어 한 인간이 유일하다, 바로 이 사람이다, 하는 것이 '단 하나'인 것이라면, 각 인간의 경험 하나하나는 일회적인 것입니다. 그리고 개인의 삶의 사실성은 영원을 통틀어 유일한 것으로, '단 하나'의 무한히 귀중한 유일성과 처음이자 마지막 사건의 일회성을 함께 지니고 있습니다. 동질적인 계열조차도 잇따라 겪을 때에는 질적으로 이질적인 연속으로 체험되며, 거기에서는 기억이 오래된 것을 새것 속에 과거를 현재 속에 붙잡아두면서 각 순간의 얼굴을 끊임없이 바꾸고 매 순간 나중의 것이 이전 것과 달라지게 합니다.

이런 것들을 이해하는 데 베르그송이 도움이 될 수 있을 것입니다. 자정을 알리는 열두 번의 종소리는 서로 구별되지 않고, 일견 호환 가능해 보입니다. 그럼에도 그 종소리 각각은 앞선 종소리 뒤에 울리면서 그것이 우리 안에 남긴 기억에 합쳐져 한 시간이 지났음을 가리키고 종소리 전체의 의미를 바꿉니다. 그리고 열한 번째 종소리 뒤에 오는 열두 번째 종소리가 그 뒤의 종소리 없이 침묵 속에서 사라져 갈 때, 종의 사그라지는 진동은 계열 전체의 의미를 끌어냅니다. 물론 열두 음의 음색과 음조를 달라지게 하는 바람의 방향이나 거리의 소음은 여기서 논외로 하고요.

그러니까 매 순간마다 새로운 의식이 순수의 동산 밖으로 나와 새로움의 세례를 받습니다. 매 순간 알파와 오메가, 시작과 고별이 뒤섞입니다. 구체적 시간 속에서는 '처음'과 '마지막'이 서로 좁혀져 일치하고, 단 한 번의 기회, 단 하나의 일회적 상황, 단 하나의 투명성만을 형성합니다. 그때는 유일한 기회가 전 계열과 맞먹습니다. 시작과 끝이 서로 겹쳐져 한 점에서 일체가 되는 것이죠…. 한 번밖에 일어나지 않는 사건의 경우가 그렇습니다…. 삶의 양 날개에서조차 순간은 모두 '처음이자 마지막' 번째입니다. 물론 유년기에 갖게 되는 인상은 그 성성한 새로움으로 우리에게 "마지막"보다는 "처음"으로 보입니다. 하지만 그런 형태로는 우리가 그것을 마지막으로 겪는 것이 아닐까요? 퇴직 전 교수의 마지막 수업, 영원한 이별 전의 고별인사는 처음보다는 마지막인 것으로 보입니다. 그러나 다른 의미에서는 그것을 하는 그날 처음으로 하는 게 아닐까요?

그런데 첫 번째이자 마지막 번째의 이 처음이자 마지막이라는 성격은 처음의 시초성과 마지막의 최종성이 그랬듯 상대적인 것입니다. 연속의 충만함 속에서는 불가역이란 그저 각각의 존재양태가 질적으로 유일하다는 것과 각 순간이 상대적으로 새롭다는 것을 표현할 뿐입니다. 생성은 연속되는 일회성이죠. 그러나 살며 겪은 기간의 소재를 뚫고 잇따르는 내용의 두께를 가로질러 나타날 때, 이 일회성은 일회적인 만큼이나 빈번합니다. 불가역적인 것은 연속의 흐름 안에서는 아무리 진부한 것이라도 모든 사건이 나름대로 첫 번째이자 마지막 번째, 즉 유일한 한 번임을 의미하지만, 동시에 이 처음이자 마지막은 아무리 독창적인 것이라도 이미 예전에 일어났던 것이며 다시 누누이 일어날 것임을 의미합니다. 처음이자 마지막 번째는 그러니까 다른 점에서 보면 n번째인 것입니다.

그리고 기간의 첫 번째는 일단 그 전에 꼭 닮은 것이 없었다는 이유에서 처음이며, 미래에 꼭 닮은 것이 더 이상 없을 것이라는 이유에서 마지막입니다. 내가 무엇을 말하든 무엇을 하든, 어떤 의미에서는 나는 그것을 처음 말하고 처음 하는 것입니다. 보고 겪은 것이 어떤 것이든, 또 얼마나 보잘것없는 것이든, 우리는 그것을 결코 그 이전에 본 적도 겪은 적도 없었고, 적어도 이런 형태로 이런 상황에서 이런 조명과 이런 배경에서 보는 일은 앞으로 더 이상 없을 것입니다. 지금의 상황이 가장 작은 세부사항까지 그대로 재현될 가능성이 십억분의 일도 없기 때문입니다. 바로 이 순간 오페라 광장의 자동차와 행인의 정확한 상황이 언젠가 그대로 재현될 가능성이 거의 없는 것과 마찬가지죠. 같은 별자리가 돌아오는 것은 이 경우 기적이나 엄청난 우연의 일치일 것입니다! 영원한 시간이 불가역적인 것의 회귀를 가져오는 데에는 무한이 걸릴 것입니다. 누군가의 죽음은 그 자체로 이 항상 새로운 다반사가 아닐까요?

사랑과 자비는 각별한 경우입니다. 첫사랑이 또한 마지막 사랑인 것은, 바로 이런 사랑으로 사랑하는 일은 이번이 평생에 마지막이기 때문이니… 첫 경험은 언제까지나 유일하고 반복 불가능한 것이 아닐까요? 아니 그보다, 사랑에 빠진 사람은 그것이 백 번째 사랑이라도 마치 처음인 것처럼, 아직 그렇게는 사랑해 본 적이 없는 것처럼, 그리고 어떤 의미로는 더 이상 사랑하지 않을 것처럼 사랑하는 것입니다! 그처럼 모든 봄이 우리에게는 지구상의 처음이자 마지막 봄이며, 지치지 않고 우리 안에 똑같은 감동을 일으킵니다. 자비심이 처음이자 마지막으로 발동하는 일도 그러합니다. 자기애의 꿈쩍없는 이기심과는 반대로, 자기 본위로 입장을 바꾼 두 번째 발동과 반대로, 좋은 쪽으로 확 일어나는 천진함의 발동은 기억도 예견도 없이 자기 나름으로 발동하는 것입니다.

생성은 그러므로 확실히 처음이자 마지막 번인 것들입니다. 즉 '아직 아닌'을 보면 처음이고 '이미 더 이상은'을 보면 마지막인 것들의 연속입니다. 인간은 같은 강물에 연이어 두 번도, 따로 두 번도 몸을 담글 수 없습니다. 어느 번도 다른 번과 비슷하지 않으니까요. 무의 망령과 죽음의 불가항력을 거부했던 베르그송은, 생성을 충만의 연속과 찢어지지 않는 긍정성으로 생각한 베르그송은, 불연속적인 출현, 순간의 돌출, 창조적 새로움을 체험된 시간의 두께 자체 속에 담아두었습니다. 덧붙여 말하면, 생성은 단지 연속된 처음이자 마지막이 아닙니다. 생성은 처음이자 마지막 번들의 잇따름에 의해서만 생성하는 것이죠. 처음이자 마지막인 이 무수한 순간들은 항상 혁신하는 즉흥이며 끊임없는 모험입니다.

하지만 다른 한편 이 처음이자 마지막 번들은 결코 근본적으로 새롭고 절대적으로 최종적인 것은 아닙니다. '처음이자 마지막 번'과 '마지막이자 처음 번'은 기간이 있는 소재의 두 절단면입니다. 이 둘 모두 희망과 후회, 예언과 회고, 예감과 유감을 실어 나르는 연속의 두께를 가리킵니다. 처음이자 마지막 번은 순진무구하고 기억이 거의 없는 한 "번"이면서도 극미량의 회상과 향수를 담고 있을 수 있습니다. 아무리 미간未刊의 새로움이더라도, 이전 판과 다소 닮은 재판再版으로 보이는 것이죠. 그러나 무엇보다 반복의 긴 미래를 예고하지 않는 새로움은 없습니다. 갱신의 막연한 약속이 없는 혁신도 없습니다. 전대미문의 시작이라도 항상 어느 정도는 이미 보고, 이미 듣고, 이미 살고, 이미 말했던 것을 연상시킵니다. 그러나 무엇보다 시작은 한없는 일련의 재시작을 알리고 개시합니다. 시작은 하나의 연속에 시동을 겁니다. 첫 번째는 다른 번째들의 수문을 엽니다. 이번이 처음이라면, 분명히 다른 많은 번째들도 있을 것입니다. 첫 번째 죄, 첫 번째 거짓이 기폭제가 되어 무수한 거짓과 무수한 죄가 쏟아져 나와 역사를 이룹니다. 첫 번째만 힘을 들이면 되는 것입니다!

경탄은 때로 재인식이고 눈에 띄지 않게 준비된 놀라움입니다. 그러나 무엇보다도, 경탄 자체가 반복에 의해 습관으로 변할 것입니다. 놀라움이란 태어나고 있는 흔함입니다. 마찬가지로, 창조가 어느 정도는 재생산이라고 한다면 그것은 더욱이 미래의 설립입니다. 솔선이 모방의 긴 후대를 창설하는 것이죠. 아마도 베르그송이라면 이렇게 새로움이 그 자신보다 먼저 존재하는 것을, 순간이 기간의 지속성 속에서 존속하고 반향하는 것을 기억과 선취로 설명할 것입니다. 기억은 과거에 대한 충실이자, 미래에 대한 다짐이 아닐까요? 생성의 내재성 속에서 역사가는 항상 유사한 것을 찾아 의미관계와 연관성을 엮어내는데, 이로써 첫 번째의 우선성에 보이지 않는 그 선조를, 새로움에 그 선례를 복원하고, 선구자의 선구자를 밝혀냅니다. 그러나 무엇보다도 첫 번째는 이어지는 무수한 번째들의 연쇄를 놓습니다. 모든 창시의 귀결이자 후예인 연쇄입니다. 이렇게 해서 처음이자 마지막 번은 시간을 조건으로 갖는 것들의 연속 속에서 용해됩니다. 아마 절대적으로 처음은 아닐 이 첫 번째는 무엇보다도 마지막이 아닌 것입니다.

또한 마찬가지로 아마 절대적으로 마지막은 아닐, 마지막이자 첫 번째는 어쨌든 처음이 아닙니다. 전혀 아닙니다! 그것이 마침내 닥쳐왔을 때, 사실은 온갖 시도가 그것을 준비하고 있었고 온갖 예고가 그것을 알리고 있었습니다. 만약 마지막이자 첫 번째가 부차적으로 미래를 암시한다면, 무엇보다 그것이 앞선 번째들의 긴 과거를 전제하고 있기 때문입니다. 사람의 고별은 후속에 대한 남모를 기대와, 작은 연속에 대한 은근한 희망을 품지 못할 만큼 그렇게 절망적인 것은 아닙니다. 최후의 뒤편으로는 연속을 연장하고 끝을 미루는 유예의 몽환적 지평선 같은 것이 있습니다. 꼭 다시 만나자는 맹세를 나눈 이별은 당분간만 결정적일 뿐! 영원할 것만 같은 작별에서 사람은 일단 '영영 안녕'이라고 말합니다. 그러고 나면 작별은 일시적인 것으로 드러나고 계획의 갱신과 약속의 재개가 허용됩니다. 작별을 부끄러워하는 것은 마지막 번의 장엄함이 우리에게 안겨주는 혐오증에서 비롯된 것이 아닐까요? 최종과 초경험적 가장자리에 대한 공황에 사로잡힌 사람, "사물의 끝 선ultima linea rerum"에 공포를 느끼는 사람은 마지막 번이 마지막이 아니라 적어도 끝에서 둘째인 것처럼 모든 일을 합니다. 그 어떤 모험도 없는 곳에서, 알파에서도 오메가에서도 가능한 한 멀리, 연속의 한가운데에 몸을 꼭 웅크리고 포근히 있으려고 노력하는 것입니다. 그러나 무엇보다도 경험계의 마지막 번은 마지막이기 때문에 계속 이어져 온 재시작들의 전통을 전제합니다. 이번이 마지막이라면, 이에 앞서 수많은 번이 있었기 때문이고, 마지막으로 말하기 전에 우리가 누차 그 말을 했었기 때문이니까요.

따라서 생성은 작렬하는 새로움의 분출도 아니고, 똑같은 반복도 아닙니다. 그러한 분출의 연속은 순수한 천재성일 것이고, 지속의 그러한 더듬거림은 그저 앵무새 같은, 말하자면 순전히 자동적인 반복일 테니까요. 혹은 (같은 얘기지만) 서로 모순되는 다음 두 진리는 모두 참입니다. '무엇을 하든 나는 그 일을 전에 결코 해본 적이 없고, 더 이상 다시 하지도 않을 것이다. 무엇을 하든 나는 그 일을 전에 이미 했었고 몇 번이고 다시 할 것이다.' 모든 것은 되풀이입니다. 그러나 가장 닳고 닳은 흔한 일이라도 그 나름대로 아직 한 번도 듣도 보도 못한 일입니다.

이러한 모순은 다시금 생성의 애매성을 훤히 드러냅니다. 앞에서 우리는 어떻게 해서 낙관주의와 비관주의가 같은 텍스트를 서로 반대로 읽은 것인지 살펴보았습니다. 이제는 유일함과 흔함이 같은 하나의 불가역적인 시간에 대한 두 관점이라는 이야기를 덧붙여야 할 것입니다! '처음이자 마지막' 번째와 n번째의 중간 길인, 두 번째와 끝에서 두 번째라는 것은, 전자는 두 번째라는 점에서 후자는 끝에서 두 번째라는 점에서 진부한 독창성이라는 애매함을 고스란히 집약하고 있을 것입니다. 이인칭이 삼인칭의 진부함과 일인칭의 독창성을 그 속에 겸비하고 있는 것도 그런 식이죠. 이인칭이란 나를 제외한 첫 번째 남, 나에게 가장 가깝고 가장 직접적인 남이 아닐까요? 모든 계열은 다소간 두 번째부터 시작된다고 말해도 과언은 아닙니다. 동시에 이는 첫 번째는 항상 둘째이고 두 번째가 항상 첫째라는 것을 의미합니다!

한편으로는, 생성의 부드러운 연속에 의해 운반되는 첫 번째는 언제까지나 상대적인 처음일 뿐입니다. 그러니까 오히려 두 번째인 것입니다. 두 번째가 앞 번의 뒤를 잇는 것은, 결국 그것이 같은 차원에 속하기 때문입니다. 두 번째는 처음과 같은 한 번이며, 단지 그 순서의 자리와 숫자가 다를 뿐입니다. 이런 의미에서 두 번째는, 서른 번째든 마흔 번째든 시간상 차례나 순위가 다른 여느 번보다 더 특별하지 않은 것입니다. 두 번째와 그 밖의 번째들은, 두 개의 비교급 '보다 앞prius'과 '보다 뒤posterius'가 그것을 포함하는 공통 계열 내에서 비교될 수 있듯이, 완전히 비교 가능합니다. 달리 말해, '처음πρῶτον'과 '마지막ἔσχατον'이라는 최상급이 한 계열의 양극단으로 서로 대립한다면, '첫 번째πρότερον', '두 번째δεύτερον'라는 비교급은 계열 내부의 두 계기로서 수 관형사에 의해서만 서로 구별됩니다. 두 번째는 첫 번째를 떠올리게 하고, 두 번째에서 첫 번째를 알아봅니다.

우리는 머뭇거리고 늑장 부리는 "연속주의"가 급박함, 임박함, 직접성을 싫어해 실제성의 만기일을 끊임없이 뒤로 미룬다고 말했었지요. 그리하여 말려들어감의 이론가인 라이프니츠는 중단의 겉모습 속에서 존재의 연속성을 재발견하고, 불연속적인 도약 위로 무한소의 이행과 유동이 스치고 지나가도록 하는 데에 골몰합니다. 끝이 그 뒤에도 존속하도록 하는 갱신이라는 체계가 있듯이, 새로움을 전부터 있던 것이게 하는 새것 기피증도 있습니다. 예견할 수 없는 것이

7장 되돌릴 수 없는 것 457

미리 형성되어 있다고 하면, 시작과 개시를 피하고 그 충격을 완화하는 데에 도움이 되는 것입니다. 지불유예 명령이 갑작스러운 종료를 감춰주고, 당황하는 의식에게서 종말적 순간의 아찔함과 최후통첩의 고뇌를 덜어주는 것과 마찬가지죠.

결국, 맨 끝에서 마감하기를 피하는 '끝에서 두 번째'의 철학과 맨 처음에서 시작하는 것을 피하는 '두 번째'의 철학은, 전자는 끝마침 전에 떠나고 후자는 첫머리 후에 도착하지만, 둘 다 같은 공황의 산물입니다. 시작의 갑작스러움과 최후의 희생을 직면하기 위해서는 용기가 필요하기 때문입니다! "끝"과 "시작"의 절벽, 즉 양극단에 맞서지 않고 우리는 연속의 가운데로 달아납니다. 마지막을 멀리하고 그 긴급함을 느슨하게 하기 위해 "다음 날"의 철학은 중턱에서 몸을 사립니다. '감행'하지 않는 사람은, 모든 사건이 둘째이자 마지막 이전이고 끝이 끝에서 둘째가 되며 가능하다면 끝에서 셋째가 되는, 첫 번째도 마지막 번째도 결코 없는 중간지대를 거처로 택합니다.

그러나 다른 한편으로는, 만약 두 번째가 그 앞과 비슷하고 끝에서 두 번째가 그다음과 비슷하다면, 두 번째가 거의 첫 번째고 마지막에서 두 번째가 거의 마지막인 것도 마찬가지로 진실입니다. 둘째는 그 나름으로 거의 처음입니다. 둘째임의 '거의'도, 끝에서 둘째임의 '거의'와 마찬가지로, 소극적인 근사치가 아니라 접선처럼 이해해야 합니다. 사건은 일회성의 한계에 가까워지거나 (이런 이미지가 낫다면) 유일성이라는 첨점尖點과 합치할 때까지 가늘어지는 것입니다. "처음인 것처럼"은 되풀이를 의미하지 않는다고 우리는 말했습니다. "처음인 것처럼"은 '또 다른 처음'을 의미하는 것이죠! 시간이라는 사실 때문만으로도 이미 새로운 번이 지난번을 정확히 반복하지 못합니다. 내용상의 차이가 전혀 없이 시간이라는 사실성만으로도 어떤 경우에나 두 번째의 일차성이 보장됩니다. 재시작 혹은 두 번째 시작은, 설령 처음의 시작과 구별되지 않는 것일지라도, 더 이상 결코 있지 않을 것을 남깁니다. 말하자면 형이상학적 아쉬움과 가책이라고 할 만한 것을 남깁니다. 회상의 우울은 이러한 결핍과 부족에서 비롯됩니다. 되돌릴 수 없음은 위로할 수 없음의 원리이니까요.

우리는 기억이 달아나는 과거를 붙들어둔다고 말했었습니다. 그러나 기억은 또한 있었음의 지울 수 없는 색깔을 담습니다. 그리고 그렇게 함으로써 기억은 과거화가 밀어낸 과거의 불가역적인 성격을 봉인합니다. 아니 그보다, 과거를 붙드는 동시에 기억은 그 이후 도래한 시간상의 변화들도 잡아둡니다. 기억은 단지 향수 어린 대과거를 아주 뒤쪽에 보존하고 있을 뿐 아니라, 대과거가 우리의 현재였을 때 그 대과거의 미래였던 좀 전의 근近과거를 오늘이라는 하루의 바로 뒤에 보존합니다. 각각의 현재는, 마치 그 도래라는 하나의 작용으로 과거를 발산하듯이 자기 자신의 과거를 밀어내면서, 자신의 뒤에 첫 번째 과거와 그 전前과거를 남깁니다. 여러 층으로 조직된 이 깊은 과거는 낡고 오래된 사물의 가라앉지 않는 향기를 회상에 더해주는 것이 아닐까요? 기억의 여신 므네모시네는 이런 점에서 불가역성을 완화하기보다는 오히려 더 굳고 깊게 만듭니다.

여기서부터는 시간성 일반의 불가역성과 죽음의 불가역성 사이에 이제 거의 차이가 없습니다. 삶의 내부에서는 모든 것이 재개되고 되풀이되고 다시 시작될 수 있습니다. 그러나 삶 그 자체는, 삶 전체는 다시 살 수 없습니다. 아주 일부분의 경험도 글자 그대로 반복할 수 없는 것은 우리 삶의 이 총체적 일회성 때문입니다. 계속되는 두 경험이 똑같고 구별할 수 없을 때에도 그 날짜와 순서가 서로 다른 것이니까요. 그래서 닮은 것들 사이의 다름도 생애 전체의 환원할 수 없는 시간적 요인으로 설명됩니다. 평생 한 번밖에 도래하지 않는 것은 무한한 값을 갖습니다. 아니, 값을 매길 수 없다고 하겠습니다. 그리고 생애 그 자체도 값을 매길 수 없습니다. 그런데 값을 매길 수 없는 것은 상환받을 수가 없습니다. 그러니까 회춘이 부조리인 것도, 단지 각각의 경험이 일회적이어서가 아니라 삶 전체가 한 번뿐이기 때문인 것입니다.

경험적인 불가역성이 그대로 죽음을 함축하는 것은 아니고, 엄밀히 말해 노화라고 부르는 쇠퇴의 경향을 함축하는 것도 아닙니다. 이론적으로 보자면 생성은 불가역적이면서도 비존재에 이르지 않을 수 있습니다. 사실 불가역성에 대한 감정은 단지 달아나는 순간들과 소모되는 실존에 대한 불안이 아닙니다. 되돌릴 수 없는 것에 대한 감정은 예측할 수 없는 것에 대한 놀라움이기도 한 것입니다. 또한 불가역성은 회춘은 아니더라도 적어도 갱신을 의미합니다. 마르지 않는 갱신과 연속되는 재시작입니다. 물론 노화는 항상 불가역을 함축하지만(어떤 지점에서 멈추거나 혹은 일정 시간 동안 늦추어져도, 노쇠는 대체로 같은 방향으로 계속 진행되니까), 불가역이 항상 노쇠의 증가를 함축하지는 않습니다.

만약 모두 제각기 독특한 우리의 경험이 무한히 다양화되고 우리 실존의 연속이 무한히 계속된다면, 삶의 지속은 불가역적인 동시에 영구적이게 될 것입니다. 불가역적이지만 무한한 지속이, 비록 되돌릴 수는 없어도, 모든 놓쳐버린 기회에 새로운 기회를 무진장 제공할 것입니다. 불가역성이 번민이 되는 것은 유한성 때문입니다. 되돌릴 수 없음의 감정이 아픈 감정이 되는 것은, 우리 생의 시간이 한정된 지속의 여정이기 때문입니다…. 죽음의 전격적인 불가역성은 살아온 생성의 전반적인 불가역성의 압축입니다. 그것은 죽음의 회복할 수 없는 성격을 봉인합니다. 매일의 평범한 불가역성을 사람이 깨닫지 못한다 하더라도, 달아나는 시간은 회복할 수 없다는 것을 누군가의 죽음이 상기시켜 줄 것입니다. 이 점에서 죽음은 우리가 시간을 진지하게 여기도록 돕습니다.

7. 처음이자 마지막인 죽음, 사라지는 나타남

연속의 모든 사건처럼, 중간에 있는 모든 순간처럼, 경험적인 연쇄의 고리 하나하나처럼, 기간의 모든 국면처럼, 죽음은 처음이자 마지막입니다. 그러나 죽음의 처음이자 마지막은 절대적이고 단적인 의미로 이해해야 하지, 상대적인 의미가 아닙니다. 여기서는 삶 속의 선후가 아니라, 최상급의 우선성과 최상급의 궁극성이 문제가 되고 있으니까요. 한 계열의 첫 번째와 마지막 번째가 아니라 마지막 번째들 중에서 가장 마지막이 문제가 되며, 이는 계열들의 계열과 기간들의 기간에 종지부를 찍으며 처음으로 도래하는 것이기도 합니다. 계열들의 계열의 끝들의 끝은 딱 한 번 도래하는 것으로, 작은 끝처럼 단지 다른 순간들과 다를 뿐만 아니라 '완전히 다른' 것으로 드러납니다. 따라서 여기서 첫 번째는 처음이자 마지막이라기보다는 '완전히 마지막'이며, 이 최후의 번째는 또한 처음이기도 합니다. 죽음은 정말이지 그것을 겪을 때는 항상 처음 겪는 일이며, 이 처음은 사실 그 자체로 그리고 정의상으로 마지막입니다. 이 가장 새로운 새로움이 바로 가장 결정적인 끝마침이 됩니다. 죽는 것은 죽어가는 자가 아직 한 번도 해보지 않은 일이며, 결코 더 이상 다시 하지 않을 일, 선례도 없고 다음도 없는 일입니다. 죽음은 더없이 자연스럽고 보편적인 생물학적 현상이지만, 자기 자신의 죽음은 예견할 수도 없는 만큼 되돌릴 수도 없는 사건입니다. 생명체가 존재하여 무진장 갱신되고 변함없이 제거되어 오는 동안 죽음이 몇천억 번 반복된다고 하더라도, 자신의 죽음은 죽어가는 것 자체에게는 항상 처음이자 마지막이며 영원토록 단 한 번뿐이니까요!

그런데 출산의 경우도 다소 그러합니다. 까마득히 오래전부터 이어진 고통을 겪을 차례가 된 여인은 자기가 처음이라고 주장할 수는 없습니다. 하지만 모든 피조물이 태어나기 위해 인류가 존속하기 위해 꼭 필요한 태곳적부터의 이 평범한 일 속에서 새로움의 깊은 신비가 실현되는 것을 여인은 막연하게 느낍니다. 시작이라고 할 수도 없는 이 행위는 방대한 계열 안의 몇 번째에 속하는 일이기는 합니다. 하지만 당사자인 여인에게는 미증유의 독특한 일이 닥쳐옵니다. 그래서 성서와 호메로스의 시가 이미 말했듯, 여인들은 저마다 이 말할 수 없는 고통과 늘 처음인 이 평범한 일을 천지개벽 이래 처음으로 자기만 홀로 겪는 느낌이라고 말합니다. 출산은 사랑이나 죽음처럼 이렇게 평범과 최초라는 양자택일을 초월합니다.

출산은 그래도 나중에 반복될 수 있습니다. 그리고 생명을 부정하는 것이 아니라 생명을 내어놓는 것이므로, 본질적으로 반反비극적입니다. 그러나 죽음은 그 어떤 준비도 배제하듯이 반복도 모두 배제합니다. 죽음의 처음 번은 새로운 계열을 창출하지 않으며, 따라서 마지막입니다. 죽음의 마지막 번은 일련의 시도의 귀착점이 아니며, 따라서 처음입니다. 한편으로, 죽음의 처음 번은 적어도 경험적 차원에서는 재개의 원리도 아니고 또 어떤 갱신의 기폭제도 아닙니다. 그리고 다른 한편으로, 신기종 비행기의 제어를 향상시키기 위해 비행 횟수를 늘리는 테스트 파일럿처럼, 몇 번이고 다시 시도해 더 잘 성공하도록 아침마다 죽음을 다시 시작해서 저녁마다 더 우아하게 "다시 죽으며" 죽음의 기술을 향상시킬 수도 없습니다. 죽는 것은 한 번뿐이니까요! "한 번뿐이다Non piu d'una volta"라고 페트라르카는 말하죠[3]…. 이런 분야에서는 "앙코르"가 불가능할뿐더러 부조리하지 않을까요? 죽음은 죽음 수련과는 차원이 전혀 다릅니다. 훈련이나 고행을 죽음과 비교하는 것이 얼마나 터무니없는지를 우리는 이미 충분히 이야기하지 않았습니까?

계열 내의 순간들, 하나가 다른 하나에 잇따르며 기대는 순간들, 양극의 중간에 끼어 있는 고만고만한 순간들과는 대조적으로, 완전히 마지막은 괴물의 모습을 하고 있습니다. 물론 탄생의 순간인 완전히 처음도 마찬가지입니다. 하지만 '반쯤 열림'이 우리에게 알려주고 '되돌릴 수 없는 것'이 확인시켜 주었듯, 똑같이 짝이 안 맞아 절뚝이는 이 두 번 사이에는 아무런 대칭도 없습니다. 완전히 처음 번은 그 전에 아직 한 번도 없었고 그 뒤에는 다른 많은 번이 있을 그런 번이지만, 반대로 완전히 마지막 번은 그 전에는 다른 많은 번이 있었지만 그 뒤에는 더 이상 한 번도 없을 그런 번이니까요.

그런데 탄생의 순간처럼 내 뒤가 텅 빈 것과 임종 순간처럼 앞쪽이 텅 빈 것은 전혀 같은 것이 될 수 없습니다. 문제되는 것이 사후의 무인지 생전의 비존재인지, 끝나고 나서 무인지 시작 전의 비존재인지에 따라, 상황은 완전히 달라집니다! 선행하는 비존재와 후속하는 비존재가 가치도 전혀 다르고 서로 교환할 수도 없는 것이라면, 그것은 생성이 하나의 방향을 갖고 있기 때문이고, '전'과 '후'의 잇따름이 불가역적인 방향을 따르는 잇따름이기 때문이며, 따라서 살아가는 시간이 미래의 현재화이고, 생성이 미래의 연속된 도래이기 때문입니다. 분명 마지막은 그 전에 있는 실존 전체로 떠받쳐지고 있지만, 처음은 포문을 열며 말하자면 허공에 떠 있습니다. 그러나 생성의 미래를 향한 소명은 끝을 아찔하게 만들고, 시작보다 더 아픈 것으로 만듭니다. 전진하고 있는 인간은 앞쪽으로 기울어 자신의 앞을 응시하고 있고, 그렇게 앞쪽을 향하고 있어 죽음의 문턱에서 공허를 발견하는 것이니까요. 그리고 역으로, 시작하는 이의 눈앞에 아득히 펼쳐져 있던 기분 좋은 충만함을, 죽어가는 인간은 생성의 퇴적물로 자기 뒤에 남깁니다. 처음의 무한한 미래가 과거와 생성된 사물로 전환된 것입니다. 처음 이전의 과거가 이제 마지막 이후의 미래입니다.

달리 표현하자면, 탄생은 아직 존재하지 않았던 누군가에게 도래하는 사건입니다. 시작하는 이가 정신을 차릴 겨를조차 없이 시작의 연속이 이미 개시되었습니다. 신생아는 이미 생의 한가운데로 던져진 것입니다! 죽음은 이미 형성된 한 사람인 누군가에게 찾아옵니다. 오래전부터 실존하고 있으며 이 삶의 끝을 예견하고 이해할 수 있도록 자신의 전 생애를 가지고 있던 이에게 찾아옵니다. 죽는 이는 이미 실존하고 있었기에 죽는 것이죠! 그렇지 않으면 끝이 무엇의 끝이겠습니까? 연속의 충만함은 중단이 가져오는 파열의 고통을 더욱 힘들게 합니다. 시작하는 데에 한순간, 그리고 그 후 시작에 대해 이야기하고 왈가왈부하는 데에 평생. 완전히 처음인 미래란 그런 것입니다. 그리고 이제 마지막 단계입니다. 기간이 다 소진되는 것을 불안 속에서 기다리는 평생이었지만, 그 후에는 회고하며 뒤를 돌아볼 당사자가 더 이상 없습니다.

첫 번째가 완전히 처음인 것, 즉 탄생이 되는 것은, 그 자신의 가능성이 자신보다 먼저 존재하지 않을 때입니다. 혹은 그때까지 실존하지 않던 존재가 이 개시일에 자신이 처음으로 실존하기 시작할 때입니다. 그리고 마지막 번째가 완전히 마지막, 즉 죽음인 것은, 그 잠재력 자체가 없어질 때입니다. 혹은 이미 실존하던 존재가 이 최후의 날에 마지막으로 실존하기를 그칠 때입니다. 더 정확히 말하자면, 중간에 있는 사건들이 처음이자 마지막인 것은, 그 사실성에서가 아니라 그 성질이나 양태에서 그런 것입니다. 즉 그 각각이 여타의 사건들과는 '다른' 차원에 속한다는 의미에서 그러한 것입니다. 반면 탄생이 마지막인 것은, 이후의 사건들과는 '완전히 다른' 차원이기 때문입니다. 그러나 또한 탄생은 모든 시작들의 시작이기 때문에 존재적으로 완전히 처음입니다. 역으로 죽음이 처음인 것은, 그 전의 우여곡절들과는 '완전히 다른' 차원이기 때문입니다. 그리고 죽음이 끝들의 끝이기 때문에, 존재양태의 변경이 아니라 우리 전 존재의 비존재이기 때문에, 비존재라는 면에서 완전히 마지막입니다.

이 처음이자 마지막에서 처음의 부분과 마지막의 부분을 더 분명하게 구별해 봅시다. 차안의 관점에서 삶으로부터 바라볼 때 죽음이 처음인 것은, 죽음의 이상야릇함을 미리 상상하는 것이 불가능하기 때문입니다. 마지막 순간이 희한한 미증유의 전대미문인 것은, 단지 삶의 과정에서 비슷한 것이 아무것도 없고 하물며 글자 그대로 똑같은 것이 없었다는 그런 의미가 아닙니다. 그것은 또한 일상적인 평범한 일이기도 하니까요. 마지막 순간은 경험계의 사건과 비교할 수 있는 잣대조차 없다는 의미에서 특히 전대미문입니다. 크기의 문제도 규모의 문제도 아니고, 엄밀히 말해 성질의 문제조차도 아님을 우리는 이미 보았습니다.

더 나아가 봅시다. 죽음의 순간이 아무리 기습적이고 뜻밖의 것이더라도 그것은 하나의 "새로움"일까요? 새로운 것은 경험적인 연속의 충만 속에서는 옛것에 대조해서만 정의됩니다. 이전과 이후를 비교할 수 있는 덕분에 변화의 크기를 잴 수 있는 것이죠. 예를 들어, 해마다 새롭게 자연이 주기적으로 다시 젊어지고 다시 싱싱해지는 "새봄renouveau"은° 몹시 기대했던 기분 좋은 놀라움을 인간에게 가져다줍니다. 오래전부터 예견하고 있던 이 지칠 줄 모르는 재시작에 우리는 매년 똑같이 경탄하고, 매년 이 봄이 마치 이 세상의 첫봄인 것처럼 맞이합니다. 새봄은 요컨대 그야말로 오래된 갱신이며 무엇보다 평범하고 단조로운 혁신입니다. 이미 본 것의 친근함과 옛정의 감미로움이 놀라움의 환희에 섞인 사라진 봄들의 추억입니다. 이에 반해 죽음의 순간은 우리가 겪었던 그 어떤 것과도 닮지 않았습니다. 말만 그렇게 할 뿐, 징후도 전조 증상도 없습니다. 그래서 우리에게 남겨진 방편은 마지막 순간의 이 '아직 아닌' 것을 의인법이나 활유법의 도움을 받아 지레짐작해 보든가, '아무것도 아닌 것'을 '무'로, 말할 수 없는 것을 형언할 수 없는 것으로 변형하여 시화詩化하는 것밖에 없습니다.

죽음의 순간은 우리가 아직껏 비슷한 것을 한 번도 겪어본 적이 없기 때문에 처음이고, 자신이 죽는 순간부터는 당사자가 무릇 존재하기를 그치기 때문에 완전히 마지막입니다. 죽음의 절대적으로 처음이자 마지막은 따라서 예감이 없고 하물며 뒷맛도 전혀 없습니다. '마지막인 완전히 처음'(탄생)에 상대적으로 뒷맛이 없고 절대적으로 예감이 없다면, '처음인 완전히 마지막'(죽음)에는 상대적으로 예감이

° 봄이 다시 찾아옴, 새봄을 의미하는 프랑스어 'renouveau(르누보)'는 어원상 다시 새로워진다는 뜻을 담고 있다.

없고 절대적으로 뒷맛이 없기 때문입니다. 일이 있기 전에는, 죽음의 완전히 다른 차원은 전혀 표상할 수가 없습니다. 우리는 아직 살아있고 살아있는 자는 원칙적으로 자신의 죽음이 오는 것을 볼 시간이 있으니까, 적어도 우리가 죽음을 의식할 여유는 충분히 있지만요. 그리고 일이 있은 뒤에는… 아니, 아닙니다! '일이 있은 뒤' 따위는 없습니다. 에필로그는 결코 없습니다. 에필로그를 말할 사람이 아무도 없으니까요. 에필로그는 없고 단지 긴 프롤로그만이, 혹은 라마르틴에 이어 프란츠 리스트가 작곡한 《전주곡》이 있습니다. "우리의 삶은 죽음이 최초의 장엄한 음률을 노래하는 이 미지의 노래에 대한 일련의 서곡이 아닐까?"° 죽음은 상상 불가이기에 미리 느낄 수 없습니다. 미리 느낄 수 없을뿐더러 되돌아볼 수도 없습니다. 죽음을 되돌아볼 사람이 더 이상 존재하지 않으니까요!

바로 여기서 중간의 여러 순간들이 양태적으로 처음이자 마지막이라는 사실과, 죽음이 실체적으로 처음이자 마지막이라는 사실 사이의 차이가 나타납니다. 연속의 사건들만이 이것이거나 저것일 수 있고, 이렇거나 저렇거나 할 수 있습니다. 나는 올해 이 장소에서 내 나이와 상황이 빚어낸 삶의 맥락과 배경 속에서 보는 이 봄과 똑같은 봄을 결코 다시는 보지 못할 것입니다. 그러나 일반적으로 봄은 그 밖에도 많이 있을 것입니다. 기간 속의 각각의 번이 처음이자 마지막이고 단 한 번뿐인 것은, 이 각각의 번이 비길 데 없는 단 하나의 유일한 것이기 때문이며, 그런 조명 아래에서 그런 형태로는 더 이상 비슷한 것이 없을 것이기 때문이고…. 비슷한 것도 비교할 수 있는 것도 더 이상 없겠지만, 그러나 있습니다! 아무렴, 다음번이 있습니다…. 사실, 다

° 알퐁스 드 라마르틴 Alphonse de Lamartine의 시 「전주곡」에서 제목을 가져온 리스트의 교향시 《전주곡》의 악보 서문에 실린 문구. 종종 오해되는 것과는 달리 라마르틴의 시구절은 아니다.

른 것의 다름은 같은 것과의 관계에서만 다르니까요. 불가역이란 여기서는 단지 한 사건을 완전히 충만하게, 즉 구체적으로 삶의 색채와 온기와 긴장을 가진 것으로 되살릴 수 없음을 말합니다. 그러나 만약 과거의 망령으로도 만족한다면 소생은 물론 가능하고, 그것이 바로 회상이라 불리는 겁니다.

  반면 죽음의 불가역은 무릇 다시 태어나는 것이 불가능함을 뜻합니다. 죽음의 치명타가 한 번뿐이라는 것도 존재방식에 관련된 것이 아니라, 그 모든 방식들의 존재 자체에 관련된 것입니다. 우리는 말했습니다. 죽음은 형언할 수 없는 것이라기보다는 말할 수 없는 것이라고! 죽음의 마지막 "번"이라는 것은 단지 그 종류에서 마지막 번이라는 것이 아닙니다. 단적으로 마지막 번, 마지막 '이상 끝, 이것이 전부'라는 것입니다. 패자부활전도 추신도 없습니다. 그 어떤 재개도 없습니다. 조건부 재개조차도 없습니다. 최소한의 보호조항도 없는 것입니다! 바로 이번이 마지막인 것은 잠정적으로 일시적으로가 아닙니다. 은퇴 후에 다시 복귀하는, 따라서 진짜로 떠났던 것은 아닌 퇴직자와는 다릅니다. 이번이 마지막인 것은 겉으로만 그런 척, 말로만 마지막이 아니라, 정말로 마지막입니다. '결정적인 끝'이기 때문입니다. 이번에야말로 결정적으로 마지막입니다. 그 뒤에는 시간의 끝까지 모든 미래를 통틀어, 다시 말해 영원무궁토록 다음번은 더 이상 없을 것이기 때문입니다. 이번 뒤로는 더 이상 전혀 "번"이 없을 것이고, 그 뒤로는 더 이상 아무것도 없을 테니까요. 영원히 마지막! 그런 종류의 상황이 마지막인 것이 아니라, 그 사실 자체로 마지막입니다. 생성 일반의 미래성이 끊어지고 없어져 비존재 속으로 영영 가라앉습니다. 죽음은 이런저런 것으로서 이러저러한 관점에서가 아니라, '단적으로 $\dot{\alpha}\pi\lambda\tilde{\omega}\varsigma$' 즉, 절대적으로 존재를 그치는 것입니다. 그래서 죽음은 살

아닌 자들에게는 보상될 수 없는 상실이자 위로받을 수 없는 아픔입니다. 그렇습니다, 그런 비탄은 아무도 위로할 수 없습니다!

양자택일은 때로 우리에게서 행복을 가져가고서 부족하나마 무언가 작은 선물로 이를 보상합니다.[4] 이러한 득실의 "청산", 생성에 의해 항상 갱신되는 이러한 교역은 아자이스Pierre-Hyacinthe Azaïs가 말한 보상의 법칙에 부응하는 것이 아닐까요? 존재하는 것의 한 부분이 폐기되어 다른 부분을 위해 비존재 속으로 밀려나고, 이 다른 부분의 도래가 앞부분의 희생 덕분에 존재로 승급합니다. 이것이 생성이라는 이름의 연속된 갱신의 원리이며, 앞쪽을 향한 이 열림의 원리는 뉘우침이라 불립니다. 다른 것이 있겠지, 더 잘할 수 있을 거야. 연속의 희망은 이미 그 안에 위로의 확신을 품고 있습니다. 그리고 또한, 이미 벌어진 일에서 우리가 아쉬워하는 것은, 경험의 불가역적인 성질과 그 독특한 맛입니다. 아쉬움이란 연속의 충만함 속에서 두 음영과 색조를 서로 대보았을 때 나타나는 차이에서 느껴지는 것이니까요.

그러나 내 자신의 죽음은 전 존재의 비존재입니다. 앞선 순간과 비교할 수 있는 것이 더 이상 아무것도 없을 뿐만 아니라, 비교할 사람도 더 이상 없습니다. 과거를 아쉬워할 사람도 더 이상 없고, 마지막을 향해 "네가 마지막이구나!" 하고 말할 사람도 더 이상 없습니다. 사라진 것은 단지 늙은 사람으로서의 그 사람이 아닙니다.(늙은 사람은 새로운 젊음을 맛보게 될 수도 있을 테니까요.) 영원히 무화된 것은 그냥 그 사람입니다!

상대적인 처음이자 마지막은 결코 그 순간에는 당장 그러한 것으로 인식되지 않습니다. 그 일이 지나고 나서 아쉽게 되돌아볼 때에야 그렇게 인식됩니다. 그래서 현재 인식하지 못하고 지나친 것을 훗날 과거를 다시 인식함으로써 부분적으로 보상하는 것입니다. 그러나 죽음의 처음이자 마지막은 결코 어떤 식으로도 인식되지 않습니다. 아니 그보다, 살아남은 이들이 타인의 죽음을 두고 따져볼 수는 있더라도, 이 타인 자신은 더 이상 없기에 자신의 죽음을 두고 따져볼 수가 없습니다.

단 한 번뿐인, 즉 처음이자 마지막인 사건은 아무도 때를 같이할 수 없는 잡히지 않는 현재입니다. 이 현재는 말하자면, 한창때도 호시절도 누리지 못하고서 철이 지나버린 것입니다. 그전에는 너무 이르고, 나중에는 너무 늦고…. 그렇기는 하더라도 예감과 뒷맛의 가능성 덕분에 계열 내 사건들의 현재에는 결국 맛 비슷한 것이 있게 됩니다. 시작들의 시작과 관련해서는 때 이른 인식이 가장 심한 시간착오일 것입니다. 탄생 후에는 탄생 순간이 이미 지나버린 것이라면, 탄생 전에는 존재가 아직 태어나지도 않았으니까요. 끝들의 끝과 관련해서는 뒤늦은 의식이라는 점이 가장 비참한 시간착오일 것입니다. 죽기 전에는 죽음을 자각하기에 너무 이르지만, 나중에는 너무 늦습니다! 죽고 나서의 의식의 "너무 늦음" 속에서 우리는 한탄스럽고 비통한 무언가를 간파합니다. 결정적으로 상실된, 영영 놓쳐버린, 영원히 되찾을 수 없는 기회가 거기서 표명되고 있는 것 같은 느낌이 듭니다. 우리는 이렇게 말했었지요. 내 자신의 죽음은 평생토록 미래형이라고, 이 미래는 결코 현재가 되지 않을 것이라고, 그리고 살아남은 사람들에게가 아니면, 하물며 결코 과거형이 되지 않을 것이라고….

사실 제삼자의 관점에서 보면, 미래는 현재였던 적도 없이 갑자기 과거가 됩니다. '아직 아님'이 이행단계 없이 '이미 더 이상은'이 되어버립니다. 이행단계 없이, 즉 눈 깜짝할 만큼 짧은 순간에 말입니다! 따라서 종말적 순간은 여느 다른 순간들처럼 '아직 아니Nondum'와 '더 이상 아니Jam-non'의 섬광 같은 일치이며, 이런 의미에서 '사라지는 나타남'이라고 부를 수 있습니다. 그렇기는 해도 이 경우에는 사라짐이 나타남보다 우세합니다. 이 사라짐은 이후에 그 어떤 다시 나타나고 반복되는 일도, 하물며 그 어떤 회상도 불가능하게 만들기 때문입니다. 되돌릴 수 없는 것에 대한 아쉬움은 쓰디쓴 것이죠!

8. 완전히 마지막: 더 이상 영영 아무것도 아님

최후라는 것 자체가 마지막 순간에 날카롭고 매서운 비대칭이라는 성격을 부여합니다. 탄생의 순간도, 과거는 없으나 방대한 미래를 예고하고 있기에, 방향은 거꾸로지만 나름대로 "비대칭적"입니다. 따라서 이 두 비대칭은 그것들 사이에서도 비대칭인 것입니다! 창조와 무화 사이에서 무슨 상동관계를 찾아낼 수 있겠습니까? 죽음의 비대칭의 비통하고 애절한 성격을 설명하는 것은 생성의 진행방향이고 이 진행방향의 불가역성입니다. 생성은 미래의 현재화이며, 장래의 도래니까요.

그런데 우리는 죽음의 순간이 '다른 것' 없는 달라짐, 미래 없는 미래의 현재화, 장래 없는 도래임을 이미 보았습니다. 죽는 것, 그것은 엄밀한 의미로 "존재하지 않게 되는 것", 따라서 아무것도 아니게 되는 것입니다. 아무것도 아닌 것이 되는 사람은 무릇 생성하기를 그치기 때문입니다. 모든 다름의 부정, 궁극의 달라짐의 귀착점이라고 할 이 다름의 부정은, 소급적으로 달라짐 자체를 무화시킵니다. 죽음의 변이는 그래서 변모의 지향 자체를 부인합니다. 죽음의 최종성은 그 어떤 사건도 낳지 않는 도래, 도래하는 척하다가 갑자기 무산되어 불발하는 도래입니다. 혹은 이렇게 말해도 좋다면, 죽음의 최종성은 출구가 없는 미래성입니다. 이 미래성은 그냥 척만 합니다. 무언가에 도달하는 척, 무언가를 계속하는 척…. 사람은 마지막에 당면해서도 중얼거리지 않을 수 없습니다. 그리고 다음은? 그런데 '다음'이 없습니다. 미래성이 곧바로 무너져 내리는 것이죠! 미래의 현재화는 어떤 '쪽으로' 향해 있지만, 이 "쪽으로"는 미래의 현재화가 낳은 무에 의해 곧바로 부인됩니다.

미래에 막 다다르려 하는 가짜 미래성은 즉시 약속을 다시 하고, 따라서 우리 안의 욕망에 불을 붙이지만 곧 실망이 이어집니다. 죽음의 최종성이 때로 인간에게 불어넣는 열렬한 호기심과 공포의 양가적 혼합이 이로부터 생겨납니다. 완전히 마지막이라는 것이 죽어가는 이의 주변을 갑자기 분열된 상황으로 몰아넣습니다. 몸소 죽어가는 당사자로서는 그런 모순으로 찢겨진 느낌을 느낄 시간조차 없으니까요. 완전히 마지막 번은, 다음번을 불러오거나 알린다는 "번"의 소명을 저버리는 것이죠. 이번은 여느 번과 마찬가지로 다음번의 전조를 보이면서도 그 자체로 끝입니다. 실제로, 비존재의 시작이란 존재의 끝이 아니라면 무엇이란 말인가요? 아무것도 아닌 것으로 통한다는 것은, 아무것으로도 통하지 않는다는 것이고, 따라서 통하지 않는 것입니다.

모든 내일을 갑자기 결정적으로 빼앗긴 연속의 중단은 망망한 대양을 향해 튀어나온 대륙의 깎아지른 듯한 곶과도 비슷합니다. 최후의 순간이란 이 맨 끝의 가장자리가 아닐까요? 아니 차라리 존재와 비존재의 문턱은 '허무'를 향한 발코니와 닮았습니다. 발코니는 어떤 경치와 풍경을 바라보기 위해 만들어졌습니다. 그러나 무는 하나의 풍경이 아니며, 이 무의 아무것도 없음은 바라본다는 행위 자체를 소멸시킵니다. 하나의 문턱은 어딘가로 가는 길을 엽니다. 그러나 피안은 "어딘가"가 아니고, 최후의 순간은 그 어디로도 길을 열어주지 않습니다. 운명의 이쪽과 저쪽이라는 두 비탈 사이로 난 산등성이 길에 도착하면, 죽어가는 자는 지나온 생애 전체를 조감하게 된다고 사람들은 말합니다. 그러나 다른 쪽 비탈에는 캄캄한 구렁텅이뿐입니다. 최후의 순간이 그 시초인 척하던 사이비 미래성은 따라서 사산된 미래에 이르고, 이 미래를 제시하는 동시에 바로 그 순간 즉각 부정하며, 그리하여 이 미래를 약속했던 생성을 파탄에 이르게 합니다. 생성은 고꾸라져서 비존재 속으로 갑자기 굴러떨어지는 것입니다.

여기서 다시 떠올려봅시다. 완전히 마지막 순간의 완전히 마지막이 알려오는 것, 그것은 단지 '더 이상 아무것도 아님'이 아닙니다. 그것은 '더 이상 결코 아무것도 아님' 그리고 '더 이상 영영 아무것도 아님'입니다! 파스칼은 말합니다. "결국 머리 위에 흙이 덮인다. 그리고 이렇게 언제까지나."[5] '결코 더 이상'은 사실상 무의 초시간적인 문구입니다…. 조만간 무이기를 그치는 무, 언젠가 결국 무언가가 되살아나는 무는 전혀 아무것도 아닌 것은 아닐 것입니다. 어림도 없죠!

안으로 말려들어감에 대한 라이프니츠 이론에서라면, 이런 비존재는 맹아적 혹은 가사상태의 존재, 잠복상태가 되고 무한소 상태로 축소된 존재였음이 나중에 증명될 수도 있을 것입니다. 죽음이 일종의 겨울잠이 되어 부활이 이제는 기적이 아니게 될 것입니다. 이런 경우에 부활은 잠을 자고 나서 깨어나는 것 이상의 초자연적인 일이 아니죠…. 그러나 죽음은 일부 기능의 일시중지도 잠정 중단도 아닙니다. 죽음은 연속을 기본 바탕에 두고 주변부가 부분적으로 정지하는 것이 아닙니다. 그 어떤 보이지 않는 연속도 죽음이 연속성에 낸 커다란 단절을 메우러 오지 않습니다. 무화의 결과인 '무', 허무화의 결과인 '허무'는 여기서 절대적인 최상급입니다. 죽음이 정말로 죽음이려면, 죽음의 무화는 아래에 깔린 연속이나 은밀한 보존을 모두 배제해야 합니다. 그러고 나서 무는 (시작된 것이니) 영원하지는 않더라도 적어도 (끝나지 않을 테니) 결정적이어야 합니다. 무는 오늘 밤 시작됩니다. 그리고 언제까지나 지속될 것입니다! 사람은 한 번밖에 죽지 않습니다. 그리고 그것으로 영영 끝입니다!

'영영'라는 이 두 글자의 의미가 이해됩니까? 이성은 그것을 어렵지 않게 개념으로 파악합니다. 하지만 그러한 생각을 실감할 때, 다시 말해 진지하게 받아들일 때에는 전율하지 않을 수 없습니다. 그것은 바로 이 지점에서, 불가능한 영원성이 살아있는 이들과 우리 사이의 개인적인 관계 속으로 파고들어 와 이 관계를 끊어놓고 강렬한 애착을 깨뜨리기 때문입니다. 그래서 "네버모어nevermore"와 불가역적 시간의 비장한 경험은 그야말로 우리의 현대성 그 자체라고 할 삶의 비극적 감정을 표명합니다.

무에 대한 체념과 가슴을 에는 비탄이라는 양자택일을 피하기 위해 사람들은 온갖 것을 생각해 냅니다! 탄생과 죽음을 되풀이되는 사건으로 여기는 윤회론은 '안녕, 잘 가'를 '다시 만나'로 만듭니다. 내년에 봐, 다음 일요일에 봐! 찬란한 다음 생에 대한 희망은 비장하고 장엄한 헤어짐을 평범한 일로 만들고 그런 점에서 위안이 됩니다. 예를 들어 소크라테스는 고별의 종말을 비극적으로 받아들이지 않고 내세에서 친구들과 다시 만나기를 약속합니다. 자신의 소소한 떠남을 극적으로 만들지 않으려고 소크라테스는 남은 사람들에게 '곧 만나'라고 말하는데, 이 "곧 만나"에는 내일 아침을 기다리는 '안녕, 잘 자' 이상의 장엄함은 없습니다. 『파이돈』은 알다시피 독약을 마시는 사건으로 겨우 멈춘 긴 대화입니다. 소크라테스는 "유언의 마지막 말ultima verba" 대신에 여태껏 현자가 죽음에 즈음해 남긴 말 중 가장 무의미한 마지막 말을 하고서 일시적으로 사라진 존재가 됩니다.

페늘롱은[6] 무사무욕無私無慾을 설교하면서, 애통해하는 사람들을 위로하기 위해 가까운 재회의 희망을 말합니다. "우리가 날마다 다가가고 있는 하나의 조국이 있어 우리를 모두 한데 모이게 할 것입니다…. 죽은 사람들은 고작 몇 해 동안 어쩌면 몇 달 동안 부재할 뿐입니다. 언뜻 그들을 잃는 것처럼 보이지만, 이로써 우리는 모든 것이 상실되는 이곳을 싫어하고, 모든 것이 서로 다시 만나는 저곳을 더욱 사랑하게 될 것입니다." 따라서 이별은 일시적이었고, 살아남은 자의 애도는 이런 희망으로 상쇄되어 가능한 한 비극적이지 않게 됩니다. 이런 약속은 그야말로 종교적인 위안이 아닐까요?

그럼에도 불구하고 몇 번을 다시 말해도 부족한 것은 마지막 번째는 완전히 예외적인 번째라는 사실입니다. 그 뒤로는 더 이상 아무것도 없고, 연속을 형성하는 차례들의 계열은 이제 지나온 뒤쪽에 있지 앞쪽에는 더 이상 없으며, 이 계열에는 과거는 있어도 더 이상 미래가 없고, 최후의 순간은 존재가 중단되는 맨 끝에 있으니까요. 사람들이 특히 소중한 이번에 특별한 인사를 보내려고 마음 쓰는 것도 전혀 놀랄 일이 아닙니다. 우리는 예식의 늘임표가 최후의 순간을 증폭시키는 데에 어떻게 도움이 되고, 마지막 번째가 죽음의 한없는 피날레에서 어떻게 영속되는지를 이미 보았습니다.

마지막 순간은 다른 많은 순간들과 비슷하지만, 그래도 다른 모든 순간들과 다릅니다. 심장의 마지막 박동은 여느 박동과 같으면서도,

사실 그것은 마지막이기에 다른 어느 박동과도 다른 박동입니다. 마지막 한숨은 여느 한숨과 같은 평범한 한숨이지만, 그렇다고 다른 모든 한숨과 같은 한숨은 아닙니다. 바로 마지막 한숨이기 때문이죠. 게다가 마지막 헐떡임에 특징이 있다고 하더라도, 그것이 마지막이라는 것은 오로지 사후에야, 더 이상 숨이 없다는 것을 확인하고서야 비로소 알아볼 수 있는 것입니다.

모든 게 그런 식입니다. 아무리 평범한 말이더라도 죽어가는 사람의 마지막 말을 우리가 경건하게 받아들이는 것은, 그것이 마지막이며 이 무의미한 말들 뒤에는 커다란 영원한 침묵이 이어질 것을 예감하기 때문입니다. 곧 침묵이 죽어가는 이의 입술 위에 영원히 내려앉게 될 것이고, 마지막 말은 이 침묵의 심연 가장자리에 매달려 있으니까요. 그리고 마찬가지로, 죽어가는 이의 마지막 바람이 우리에게 신성한 것으로 보이고, 그 뜻을 거스르는 것이 신성모독으로 여겨진다면, 이는 한 인간이 바람을 영원히 그치기 전 마지막 바람이기 때문입니다. 그래서 평생 동안 동료의 뜻에 반대해 왔던 사람도 동료가 남기고 떠난 갑작스러운 바람을 그것이 마지막이라는 이유만으로 삼가 존중합니다. 마치 유언이, 사라진 사람의 최후의 의지를 죽음을 넘어서까지 성화聖化하는 것처럼 일이 진행됩니다. 몹시 무딘 사람들도 고인의 마지막 뜻이라는 금기에 대해서만큼은 미신적이 되는 것을 보면 뭔가 희극적이지 않은가요? 되돌릴 수 없기에 앞으로는 달리 받들 수도 없는 그 최후의 뜻을 광적으로 충실하게 받드는 도리밖에 없는 것이죠.

고별로 흘리는 눈물에는 그래도 그럴만한 이유가 있습니다. 마지막 차례가 영영 달아나기 전에, 마지막 순간과 영원히 작별하기 전에, 우리는 그 정열을 열정적으로 다 쓰고 싶어 합니다. 마지막 순간이 꼼짝없이 바쳐진 비존재와 맞서 싸우려면, 조만간 그 순간을 삼켜버리고 말 망각과 맞서 싸우려면 어떻게 하겠습니까? 어떻게 우리는 마지막 순간의 집약적 충만함을, 뒤에 이어질 광활한 영원에 필적하게 할 수 있을까요? 기나긴 여행을 떠나는 사람은 영원한 부재 속으로 현존을 가져가고 싶을 것이고, 혹은 역으로 장래의 무한한 방대함을 마지막 여행 주머니 속에 담아두고 싶을 것입니다. 초경험적 여행을 떠나는 경험계의 여행객은 막 걸음을 내디디려 할 때 자신의 최후 순간을 신에게 맡깁니다. 영원한 침묵과 끝없는 암흑의 대양이 바로 이 순간에 시작되니까요! 이별의 순간에, 더구나 죽음의 경험적이면서 초경험적인 문턱을 넘는 순간에, 죽어가는 사람'에게' 보내는 고별은, 때로는 죽어가는 자'의' 고별은, 뭔가 잘라내는 방식을 띱니다. 고별은 유한한 경과시간이 무한한 영원 내부를 오려내는 방식인 것입니다. 한 번의 마지막 포옹, 마지막 입맞춤, 마지막 악수, 마지막 면회, 마지막 대화 그리고 그 마지막 대화의 마지막 말 속에 무한을 담는 것이 문제이니 말입니다.

물론 생성 자체가 인생의 시작부터 끝까지 고별의 연속이기는 합니다. 사람은 매 순간 그 일회성을, 따라서 그 무한한 가치를 바닥까지 실감한다면, 값을 매길 수 없을 "단 한 번"과 헤어지고 있는 것입니다. 그렇습니다, 일 분이 흘러갈 때마다 무한히 귀중한 무언가가 어김없이 멀어져 갑니다. 이 무언가는 어린 시절의 순진무구함처럼 영원토록 단 한 번뿐인, 그래서 값을 매길 수 없는 것입니다. 이제 다른 기회는 오지 않을 것입니다. 어떻게 우리는 이 마법 같은 순간을 붙들 수 있을까요? 어떤 시詩가, 어떤 입맞춤이, 어떤 눈물이 결코 비길 데 없는 유일성에 필적할 수 있을까요? 이별, 그리고 특히 친한 사람의 죽음은 마지막 번의 비할 데 없는 가치를 각별한 몇 순간 속에 갑자기 응축합니다.

 분명 늘 과거가 되겠지만, 연속 가운데 있을 때는 이 과거를 되돌아보고, 아쉬워하거나 비교하고, 우리 앞에 펼쳐진 광대한 미래를 향해 눈길을 돌릴 여유가 얼마든지 있습니다. 반대로 나 자신의 죽음이 문제일 때는, 미래, 과거, 현재가 함께 허무 속으로 가라앉습니다. 타인의 마지막 순간이 문제일 때는, 떠나는 이의 대신할 수 없음과 결별의 결정적 성격이 작별을 특히 가슴 아프고 쓰라린 일로 만듭니다. 소중한 존재와 헤어질 때, 우리는 위태로운 현존의 맛과 위협적인 부재의 예감을 둘 다 동시에 느낍니다! 같은 것이 우리에게는 동시에 현존하고 부재하며, 그 현존은 이미 부재의 그림자로 흐려져 있는 것입니다. 영원히 부재하려 하고 있는 참인 부서지기 쉬운 현존이죠!

9. 고별, 그리고 짧은 만남에 대해

 불가역적인 연속에 대해 말할 때, 우리는 가고 돌아오지 않음이 상쇄되지 않는 비대칭적인 성격을 지녔음을 보았습니다. 그러나 상쇄되지 않는 이 달아남 때문에 사람이 안타까운 상태가 된다고 해서, 늙어가는 인간에게 모든 상쇄가 박탈된 것은 아닙니다. 변화의 충만성은 계속해서 다른 것을 도래하게 만듭니다. 현재를 끊임없이 과거로 만드는 생성은 새로운 미래를 현재로 만드는 일을 그치지 않습니다. 반면 소중한 존재의 마지막 순간은 우리를 단지 안타까운 상태가 아니라 침통한 상태로 만듭니다. 이는 '가고 돌아오지 않음'의 연속된 불가역이, '떠나고 돌아오지 않음'에서 극도로 첨예해지기 때문입니다.

잇따름은 하나 대신에 다른 하나를, 하나와 바꾼 다른 하나를 기대하게 합니다. 이 하나와 다른 하나가 아무리 대체할 수 없는 것이더라도 말입니다. 그러나 죽음은 더 이상 그 어떤 "이어서"를 알리지 않는 "끝으로"입니다. 아니 오히려 죽음이 알리는 "너머"는 엄밀히 말해 "이후에"가 아닙니다. 경험계의 관점에서 보면 죽음의 무화는 '완전히 다른' 하나의 '다른' 것을, 혹은 차라리 하나의… '전혀 아무것도 아닌 것'을 우리에게 주는 것이며, 따라서 우리에게 아무것도 주지 않는 것입니다.

화성으로 향하는 최초의 우주선이 출발할 때도, 불투명하나마 귀환은 예정될 것입니다. 죽음을 각오한 희생적인 사명에서조차 생환의 작은 기대는 암묵적으로 남아 있습니다. 자살이나 다름없는 가장 위험한 모험에도 작디작은 희망이 들어 있습니다. 사후의 영광밖에는 기대할 수 없을 때라도 말입니다. 오디세우스처럼 귀환을 결심하고 떠나든, 콜럼버스처럼 귀환을 기약하지 못하고 떠나든, 모든 영웅은 마음속으로 가까운 이들에게 막연하나마 암묵적으로 작은 약속을 합니다. 나는 언젠가 돌아올 것이다. 일 년에 한 번은 편지를 쓰겠다… 등등.

오직 죽음의 모험만이 절대적으로 열린 모험입니다. 그래서 이별의 순간에 우리 안에서 명확히 인식되는 고별이라는 생각은 참으로 견디기가 어려운 것입니다. 우리는 그저 깊게 들어가지 말고 특히 실감하지 말자는 조건으로 이 생각을 견딥니다. 이제 왜 고별이 오래전부터 애가와 서정시의 주제였는지를 이해할 수 있을 겁니다.[7] 고별은 죽음의 암시이기 때문이죠. 이별이라는 많은 작은 죽음들이 죽음이라는 커다란 이별의 축약판이기 때문입니다. 고별은 인간관계를 정열적으로 만들고 그 관계에 소설적이거나 비극적인 팽팽한 긴장을 부여합니다. 이별의 결과로 비롯된 부재가 비극으로 불릴 수 있다면, 부재의 전주곡이 되는 이별은 비극적인 것 그 자체, 이 비극의 비극적인 것이니까요. 비극이란 어느 정도는 사람이 비극적인 것 속에 자리 잡는 일이 아닐까요?

떠남과 부재의 관계는 실제로 사건과 상태, 혹은 순간과 만성적 상태의 관계입니다. 그러니까 부재라는 비극에 앞서, 고별이라는 비극적인 것이 있었던 겁니다. 헤어져 지내는 우울에 앞서, 이별의 찢어지는 아픔이 있습니다. 죽음의 애도와 제사에 앞서, 존재가 뜯겨져 나가는 격렬한 고통이 있습니다. 떠남을 알리는 고별, 결별 전의 마지막 만남, 은퇴를 앞두고 '다음 해에'라는 말도 못한 채(내년은 없을 테니까요.) 가슴이 메는 교수의 마지막 수업, 이 모든 마지막들은 최후의 마지막의 우울한 선취입니다. 네, 이 모든 마지막들은 최후통첩의 큰 최후에 비하면 끝에서 두 번째입니다.

에우리피데스는 '고별'의 비극을 처음으로 발견한 이들 중 한 사람입니다. 이상한 일이지만…《고별》의 낭만적인 소나타는 귀환의 재회로, 부재가 갈라놓은 연인들의 재결합으로, 희망의 실현으로 끝납니다. 그리고 라신은 『베레니스』에서 고별의 쓰라린 고통을 집약합니다. 장 카수는 라신이 "말하자마자 숨이 다하는 궁극에 다다른 말을 만들어낸다"라고 말합니다. 그리고 이 고별의 말 속에서 사랑 자체가 절정에 이릅니다.[8]

어떻게 해서 『베레니스』 전체가 5막으로 이루어진, 말하자면 마지막을 다루는 비극인지 보도록 합시다. 티투스와 베레니스는 오늘 밤 헤어집니다. 일주일이 아니라 영원히, 몇 년간이 아니라 영영 이별입니다. 베레니스는 떠나려 하고, 마침내 떠납니다. 게다가 안티오쿠스도 떠납니다. 여기서는 모든 이가 떠남을 일삼습니다. 물론 그런 척하는 것도 아니고요! "왜 늘 떠난다는 말을 하시나요?" 마테를링크의 극 제4막에서 멜리장드는 펠레아스에게 그렇게 묻습니다. 떠납니다, 늘 떠납니다! 『베레니스』는 떠남과 헤어짐만이 문제가 되는 원심적 드라마입니다. 주인공들은 함께 머무를 수 없으며 반드시 흩어져야만 합니다. "그래서 나는 당신에게 영원한 이별을 고하러 왔습니다. 떠나야 합니다, 부인. 적어도 내가 당신의 규칙에 따른다는 것은 기억해 주세요. 그리고 당신이 내 목소리를 듣는 것이 이번이 마지막이라는 것도." 그리고 이제 티투스가 말합니다. "나는 그에게 마지막으로 이야기를 하러 갑니다. 나는 영영 헤어질 겁니다." 또 이렇게 말합니다. "떠나세요, 그리고 더 이상 보지 말아요. 하지만 오늘 떠나야 합니다. 당신과 이별해야 합니다. 그리고 내일 떠나시는 겁니다. 그리고 영원히 안녕! 영원히…. 떠난다는 이 잔인한 말은 사랑할 때 얼마나 끔찍한지! 당신을 더 이상 보지 못할 겁니다…." 그리고, 끝으로, "폐하, 마지막 작별입니다." 여기에 안티오쿠스는 그저 "아아!" 하고 답할 뿐입니다. 이것이 이 마지막 말들 중의 마지막 말입니다.[9] 마지막으로 베레니스가 "마지막"이라고 말하는 것입니다.

고별은 사실상 이 최후라는 것의 비극을 사로잡고 있는 강박관념과도 같아서, 여기서는 하나하나의 대사가 마지막 말이며, 말하고 행동하는 모든 것이 마지막으로 말해지고 행해지며, 일어나는 모든 일이 마지막으로 일어납니다. 마치 데이비드 린David Lean의 영화 〈짧은 만남Brief Encounter〉의° 애절한 마지막 장면과도 같습니다. 두 연인의 이 만남은 마지막 만남, 이 산책은 마지막 산책인 것입니다. 안녕! 이

° 한국에서는 〈밀회〉라는 제목으로 개봉했다.

말이 장엄한 이별의 가슴 아픈 후렴입니다. 티투스와 베레니스는 더 이상 '곧 만나요'라고 말하지 않고, 굳이 세련된 완곡어법이나 위로의 우회법도 쓰지 않습니다. 애써 겉으로 꾸미지도 않으며, 뭔지 모를 재회, 귀환 혹은 갱신의 계획으로 자신을 속이는 일도 그만둡니다. 중간에서 재개하여 기간의 든든한 연속을 연장해서 이어가고, 마지막을 무기한 집행유예로 만드는 통상적인 만남의 기약은, 풀 수 없는 비극 속에서는 더 이상 통하지 않습니다.

그래도 다음 날의 철학, 끝에서 둘째의 철학, 다음번을 말하는 낙관주의 철학이라면 연인들에게 온갖 지연의 구실과 유예의 공상을 제공했을 것입니다. 고별의 당사자들은 (죽음의 침상에 있는 병자처럼) 이별이 미뤄지는 것을, 마지막이 연기되는 것을 믿는 척할 수도 있었을 것입니다. 마지막 번은 누구나 알다시피 결코 이번이 아니고, 오히려 다음번, 언제나 다음번이니까…. 하지만 아닙니다! 그들은 더 이상 임박함을 늦추려고, 그 자리에서 바로 그 순간 일어나는 이별의 절망을 가라앉히려고 애쓰지 않습니다. "그럼 영원히 안녕!" 기간의 연쇄는 고별의 충격으로 끊어지고, 이 고별을 누그러뜨리거나 상쇄할 그 어떤 약속도 없습니다. 마지막이라는 이 말은 이미 여러 번 말해졌습니다! 그러나 마지막 순간의 마지막 찰나 뒤로 영원한 심연이 시작될 때, 이별의 손수건이 길모퉁이에서 사라지고 홀로 텅 빈 역, 인적 없는 거리로 돌아올 때, 그 말은 되뇌고 또 되뇌어집니다.

"아아!" 하고 안티오쿠스는 탄식합니다…. 마지막 행行 끝에 불협화음처럼 던져지는 이 공허한 말은, 막이 내리고 나면 시작되어 영영 끝나지 않고 연년세세토록 지속될 캄캄한 비존재의 메아리입니다. '아아'는 집행유예 없는 최후의 절망과 비탄의 말입니다. 체호프의 『벚꽃동산』의[10] 끝부분에서 류보비 안드레예브나는 목메어 울며

외칩니다. "아, 나의 다정한 동산이여, 나의 아름다운 동산이여! 아아, 나의 삶, 나의 청춘, 나의 행복이여, 안녕! 마지막으로 한 번, 담장에, 창문에 눈길을….". 류보비와 사람들은 이렇게 그들의 옛 생활과 헤어집니다. 그리고 모두가 떠났을 때 커다란 침묵이 텅 빈 집에 내려앉습니다.

처음 번과 마지막 번 사이에 끼어 있는 모든 "짧은 만남"은, 가장 처음과 가장 마지막 순간이라는 두 극단으로 경계 지어진 삶이라는 일회성 모험의 축소판으로 나타납니다. 모험의 짧은 삶이 인생이라는 긴 모험을 끊임없이 요약하는 것입니다. 체호프와 이반 부닌은[11] 고별의 최종성에 대해서뿐만 아니라 덧없는 만남의 임의적이고 신비로운 성격에 대해서도 잊지 못할 말을 찾아냈습니다. 이 점에서, 원심적 비극이자 풀 수 없는 사랑의 비극인《펠레아스와 멜리장드》는 귀환과 재회의 오페라인 포레의《페넬로페》와 대조됩니다. 이리하여 만남 후의 이별은 이별 후의 만남과 짝을 이룹니다. 오디세우스와 페넬로페는 '우리는 살 것이다' 하고 노래합니다. 하지만 멜리장드와 펠레아스는 함께 살 수 없습니다. 멜리장드와 펠레아스는 마지막 시간이라는 절망에 처해 있습니다.

《펠레아스와 멜리장드》는 전체가 이 부조리한 모험의 드라마입니다. 1막의 숲 속에서 골로와 멜리장드의 숙명적 만남과 4막 끝의 멜리장드와 펠레아스의 마지막 만남이 서로 메아리칩니다. 마지막이라는 비극적 도취가 처음의 기묘함에 답합니다. "마지막 밤이로군… 마지막 밤… 마지막으로 그녀를 만나 마음 깊은 곳까지 봐야 해… 나는 영원히 떠나야 합니다." 연인들은 마지막으로 부둥켜안습니다. 짧은 만남의 마지막 자정의 이 종말론에서, 더 이상 결코 없을 행복의 이 마지막 순간에 연인들은 '다음 일요일에!'라고 말하지 않습니다. 이들은 모든 유한한 기한을 배제하는 초경험적인 말을 합니다. '안녕, 영원히!' 연인들은 음유시인이 말하는 '새벽빛'°의 끝을 보지 못할 것입니다. 문이 닫히고 그들의 운명은 영원히 봉해집니다. 멜리장드와 펠레아스는 풀 수 없는 사랑의 덫에 걸린 것입니다! 밤하늘이 그들의 머리 위에서 기울어집니다. "아! 별이 모두 쏟아져 내리고 있어요…." 별이 가득한 창공이, 혜성도 별자리도 함께, 마지막 포옹 위로 무너져 내립니다.

° 'alba'. 하얗게 동이 터오는 모습을 뜻하는 오크어. 함께 밤을 보내고 새벽이 오면 헤어져야 하는 연인들의 안타까움을 노래하는 오크어 음유시가의 한 장르를 가리키는 말이기도 하다.

8

돌이킬 수 없는 것

1. 있었다는 것의 되돌릴 수 없음,
하였다는 사실의 돌이킬 수 없음: '행해진 것'과 '했음'

'있었음'에 대해서 우리가 말했던 것은 '했음'에 대해서도 유효합니다. 되돌릴 수 없는 것에 대해 해당되는 것은 돌이킬 수 없는 것에 대해서도 마찬가지로 해당됩니다. '있었음Fuisse'을 되돌릴 수 없듯이, '했음Fecisse'은 돌이킬 수 없으니까요. 생성의 연속은 항상 되돌릴 수 없지만, 생성에 의해 이루어진 사실은 전부 돌이킬 수 없는 것이 됩니다. 되돌릴 수 없는 것은, 생성이 항상 같은 방향으로 흐르고 우리가 뒤로 되돌아갈 수 없으며 이미 살았던 삶을 나중에 다시 살 수 없음을 표명하는 것이었습니다. 우리는 시간의 강을 거꾸로 거슬러 올라갈 수도 없고, 생애의 처음을 그 한 조각이라도 나중에 다시 시작할 수 없습니다. 연속적으로 변하는 변화의 성격 그 자체라고도 할 수 있는 불가역성은 그 정의 자체로 되돌아감의 금지를 함축합니다.

"행위"는 시간의 자연적인 불가역성에 복잡함을 한층 더합니다. 인간의 결정이 역사의 흐름을 바꾸거나 인위적으로 가속합니다. 인간의 주도와 선택이 시간의 연대기에 격한 방향전환을 일으키고 속도를 높입니다. 가뜩이나 귀환의 길이 이미 불가역적인데, 우리의 의

도적인 결정들이 한껏 인위적 장애물을 세워 불가능을 배가할 것입니다. 생성이 강제한 것도 아닌데, 우리는 어이없게도 제 손으로 자발적으로 돌이킬 수 없는 것을 만들어냅니다. 그리고 이것이 되돌릴 수 없는 것을 더욱더 복구할 수 없는 것으로 만들어 우리를 과거에서 결정적으로 차단합니다.

존재와 행위의 관계는 바로 그대로 불가역적인 생성과 변형시키는 행동의 관계가 됩니다. 생성은 사람이 아무것도 하지 않더라도 저절로 흘러갈 것입니다. 다음 일요일이든 2천 년 후든, 미래는 사람이 잠든 채로 시간을 보낸다고 하더라도 저절로 도래할 것입니다. 미래의 현재화와 과거화는 여러분이 일을 하든 마냥 허송세월을 하든 상관없이 현재를 과거로 만들 것입니다. 그러나 이에 더하여 생성은 매 순간 우리의 행위 때문에 솟아난 온갖 돌기들로 울퉁불퉁해집니다. 돌이킬 수 없는 것이 되돌릴 수 없는 것을 강화하는 것이죠!

물론 다시금 이 되돌릴 수 없는 것은 돌이킬 수 없는 것을 만들어냅니다. 되돌릴 수 없는 연속과 돌이킬 수 없는 순간 사이에는 온갖 종류의 이행이 있습니다. 돌이킬 수 없는 것 그 자체는, 확산된 되돌릴 수 없음의 응축일 따름입니다. 역으로 되돌릴 수 없는 기간 자체가 되돌릴 수 없게 되는 것은, 미소한 순간들, 무한소의 움직임들, 미세한 결정들이 과거를 밀어내면서 생성을 추진해 끊임없이 기정사실이나 기성의 상황을 창출해 내는 효과를 발휘하기 때문입니다. 그러니까 종종 "변이"가 잠재적인 "운동"인 것이죠. 그러나 우리가 되돌릴 수 없음을 특히 더 이야기하는 것은, 인간이 주도한 혁명적 변형과 돌진이 원래 의미의 과거화와 시간의 달아남보다 더 앞설 때입니다. 그때 강세는 '행해진 것'과 '있었음'이 아니라 '하다'와 '있으라'에 실리는 것입니다!

향수의 원천이 되는 되돌릴 수 없음의 우울이, 과거를 되살리고 살았던 것을 되살며 과거에 나였던 그 내가 다시금 되고 싶은 욕망을 우리에게 준다면, 돌이킬 수 없는 것에 대한 절망은 오히려 과거가 없어졌으면 하는 바람을 우리에게 줍니다. 부재하는 것을 현존하게 하는 것이 문제가 아니라, 너무나 현존하는 하나의 현존을 없애는 것이 문제인 것입니다. 복귀하는 것이 아니라 철회하는 것이 문제입니다. 노화와 죄라는 이중의 장애물에 의해 본래의 순진무구함에서 멀어진 죄인은, 전과거를 황금시대라는 대과거로 밀어내는 근접과거를 없애고 싶어 할 것입니다. 가책에 사로잡힌 사람은 자신의 낙원을 두 번이나 잃어버린 낙원으로 만드는 근접과거를 청산하고 싶어 할 것입니다. 죄를 지은 것은 먼 과거의 이쪽에 있는 이 가까운 과거이니까요…. 여기서는 다시 살아보려는 열정과 충실보다 수치심이 더 우세합니다. 되돌릴 수 없는 것은 형이상학적 불행 혹은 저주이며 계속이라는 순수 사실에서 비롯됩니다. 그러나 돌이킬 수 없는 것은 우연히 빚은 물의이며 더구나 우리의 자유가 낳은 것입니다.

되돌릴 수 없는 것과 마찬가지로 돌이킬 수 없는 것에서도 경험적 주변부와 초경험적 중심부를 구별할 수 있습니다. 확실한 죽음의 불확실한 시간, 피할 수 없는 죽음의 미룰 수 있는 날짜가 똑같은 양면성을 특징으로 한다는 점과 운명과 숙명 사이의 이 중간 체제를 우리가 "반쯤 열림"이라고 불렀음을 떠올려봅시다. 죽음은 그 사실성에서는 면할 수 없는 것인 만큼, 죽음의 상황과 양태에서는 무한히 면할 수 있는 것이었습니다. 바로 이 사실을 지금 다시 한번 말할 필요가 있습니다.

"있었음"이 되돌릴 수 없는 동시에 되돌릴 수 있는 것이듯, "했음"

은 복구할 수 없지만, 그럼에도 "했음"은 상대적으로는 복구할 수 있습니다. 과거는 실제로 물질적으로는 아니지만 적어도 이미지와 꿈으로는 기억으로 되돌릴 수 있습니다. 회상이 우리에게 남아 있었기에, 결코 두 번 살지 못할 것을 환영으로나마 되살 수 있는 것입니다. 그러나 모든 것을 떠올리고 회상하고 심지어 다시 시작할 수 있다고 하더라도, 우리 청춘의 신선함과 스무 살의 영혼을 되찾는 것도, '있었던 것'이 다시 지금 현실로 '있는 것'이 되도록 만드는 것은 우리가 전혀 할 수 없는 일입니다. 절대적으로 되돌릴 수 없는 것, 그것은 시간의 시간성입니다. 사람은 과거를 마치 현재인 양, 두 번째를 마치 처음인 양, 재간再刊을 마치 신간인 양 다시 살 수는 없는 것입니다. 게다가 실존 전체를 거꾸로 돌려 새로 살 수도 없습니다. 하나의 개인적 경험 속에 회상을 보존하는 일 자체가 다른 모든 경험들과는 다른 이 경험을 독자적인 성질로 채색하기 때문에, 이미 살았던 삶을 물리적으로 고스란히 다시 사는 것을 방해할 것입니다. 과거 흔적의 지속이 뒤로 되돌아갈 수 없음을 확고히 하는 것입니다!

"했음"에 대해서도 사정은 다르지 않습니다. 복구할 수 없고 돌이킬 수 없는 것을 운명의 부드러운 부분이 보형제처럼 삼키기 쉽게 감싸고 있어서, 그 덕분에 이 돌이킬 수 없는 것의 쓰고 딱딱한 씨가 느껴지지 않게 됩니다. 다른 비유를 들어보자면, 돌이킬 수 없는 것의 신비를 둘러싸고 무제한의 수리 공장이 있으며 그것은 또한 적극적 변형의 작업장이기도 한 것입니다. 이는 사멸성 혹은 죽는다는 사실성을 치료할 수 없음을 둘러싸고 온갖 병을 개선하는 완화 치료의 분야가 있는 것과도 같습니다. 죽음 일반의 사실을 결코 극복할 수 없다는 절망은, 고통을 치유하고 사람들의 수명을 연장시킬 수 있다는 무한한 희망으로 우리에게서 감춰지는 것이 아닐까요?

인간의 힘으로 복구할 수 없는 인재人災는 없습니다. 만들어진 것은 모두 부술 수 있습니다. 부서진 것은 모두 다시 만들 수 있습니다. 그리고 더 잘 만들 수도 있고, 다른 것을 만들 수도 있습니다. 그러나 만들었다는 사실 만큼은 부술 수 없습니다. '했다는 사실'은 도저히 해체할 수 없습니다. 달리 말해 '행해진 것'은 없앨 수 있지만, '행했음'은 무화할 수 없습니다…. 그러니까 행한 것을 해체하는 일은, 설령 그것이 결과를 없애고 모든 흔적과 회상까지 지운다고 하더라도, 행한 것을 '행하지 않은 것'으로 만드는 것은 아닙니다. '일어났다'는 사실은 글자 그대로 말소할 수 없습니다. 맥베스의 손에 묻은 핏자국은 지울 수 있습니다. 그러나 죄지음이 영혼 속에 남긴 보이지 않는 얼룩은 지워지지 않습니다. "한 것은 한 것이다"라고 맥베스 부인은 말합니다. 아니, 한 일을 돌이킬 수 없다는 것이 아닙니다! 했다는 사실이 돌이킬 수 없는 것이며, 하려고 생각했다는 사실만으로도 돌이킬 수 없는 것입니다. 일단 생각했다는 것으로 충분합니다. 그저 하려고 생각했다는 것만으로도 넘칩니다! "한 것이 안 한 것이 될 수는 없다."[1]

상처는 아문다고, 불의의 사건들도 시간이 흐르면 완전히 동화되고 소화된다고 사람들은 말할 것입니다. 그러나 무난하고 평화롭게 종합되어 새로운 총체 속으로 통합된다는 것 자체가, 이전 상태로 돌아갈 수 없다는 것을 증명한다고 하겠습니다. 손상이 보상되고 회복되어도, 후유증 하나 전혀 보이지 않더라도, 트라우마는 개인이 살아가는 전반적인 역사 속에 보이지 않아도 지울 수 없는 각인을 새깁니다. 우리는 이미 말했죠. 유혹에 빠졌다가 속죄하는 탕자의 상태와, 유혹에 빠져본 적 없는 얌전한 아이의 상태는 같지 않다고요. 속죄한 죄는 흔적을 남기지 않고 사라졌어도, 회개한 사람의 양도할 수 없는 한 부분이 되어 도덕적 경험의 영원한 성분이 되는 것입니다.

마찬가지로 노화의 흔적도 모두 다소나마 지울 수 있습니다. 머리를 염색하거나, 늙은 안면을 깎고 바르고 칠하고 금을 메우고 주름을 펴서 세월의 피해를 어지간히 복구할 수 있지만…. 아아! 살았다는 이 기정사실에 맞서서는 아무것도 할 수 없습니다. 그 사실과 세월의 피해 사이의 관계는, '했음'과 '산출된 것' 사이의 관계와도 같습니다. 세부 보수를 전문으로 하는 미용시술도 지난 세월을 바꾸지 못합니다. 늙은 여인은 마법처럼 젊어진 것이 아닙니다. 늙은 여인은 시든 소녀, 퇴락한 님프가 된 것입니다. 회상의 무게를 덜어주고 새로 단장한 노인에게 생명의 약동을 돌려주고 권태와 무감각을 치유하는 데에는 기적이 필요할 텐데….

기적은 무슨 기적이란 말입니까! 기계가 낡은 경우라면 고칠 수 있는 것은 다 고칩니다. 그러나 연령의 "고칠 수 없는 훼손"인 시간성 그 자체는 복구할 수가 없습니다. 총체적 연속의 돌이킬 수 없음은 이 점에서는 죽음의 초경험적 불가역성만큼이나 치유할 수 없고 냉혹합니다. 다시금 강조합시다. 모든 실패는 복구할 수 있고, 모든 불행은 보상할 수 있으며, 모든 상실은 대체할 수 있고, 모든 슬픔은 위로할 수 있습니다. 그러나 잃어버린 시간만은 어떻게도 대체할 수 없고 보상할 수 없습니다. 산 자는 한 번밖에 살지 않으니까요.

잃어버린 시간을 돈으로 보상받으려 해도 소용없습니다. 손해는 같은 가치의 배상금으로 보상할 수 있고, 크든 작든 자산 손실도 손해배상으로 메울 수 있습니다. 입은 손해를 고스란히 무효화할 수 있는 것이죠. 약탈당한 시민에게는 똑같은 것을 돌려줄 수 있고, 게다가 잃어버린 세월까지 환산해서 돌려줄 수 있습니다. 새로운 상황을 고려해서 정확히 같은 형태의 것으로 돌려줄 수 있죠…. 그러나 가버린 청춘은 누가 되돌려주겠습니까? 그렇기에 잃어버린 시간은 잃어버린 것입니다. 그렇기에 잃어버린 청춘은 치유할 길 없이 잃어버린 청춘입니다. 누가 우리에게 잃어버린 청춘을 되찾아줄까요? 내 업무, 내 직장, 내 재산은 돌려받을 수 있더라도, 허비한 세월은 돌려받을 수 없습니다. 인간 세상의 그 어떤 법정도 과거를 반환해 줄 수 없습니다. 상실과 복권復權이 같은 순간에 일어나지 않는다는 이유만으로도, 부당 행위 후에 다소 시간이 지나 현상 복구가 된다는 이유만으로도, 그리고 결정적으로 같은 것을 같은 형태로 돌려받은 사람 자신이 이미 같은 사람이 아니라는 이유만으로도, 배상받은 시민은 영원히 침해받은 사람으로 남게 됩니다. "되돌려주는" 행위가 부당함을 바로잡고 박탈을 그 완전한 반대인 원상회복으로 보상하고 "백지화"한다고 해도 소용없습니다. 돌려주는 행위는 역사 속에 또 다른 날짜를 가지며, 차후의 일이라는 것도 "이차적인 일"이라는 것도 숨길 수 없습니다.

루이스 데 레온Luis de Leon은[2] 종교재판소의 감옥에서 5년을 보낸 후에 강의를 재개하면서 다음과 같은 말로 조용히 이야기를 이어갑니다. '우리가 어제 말했듯이… 내가 지난 강의에서 말했듯이…', '시간'이라고 부르는 초라한 우연성은 루이스 데 레온의 눈에는 아무것도 아니었던 겁니다. 확실히 비시간성의 철학자는 5년간의 감옥생활이 아무것도 아니었던 것처럼 행동할 수 있을 것입니다. 하지만 이 세상의 어떤 힘이 이 시간을 흐르지 않은 것으로 만들 수 있겠습니까? 1944년, 프랑스 해방 임시정부는 4년의 악몽 동안 프랑스에서 계속된 모든 법률, 칙령, 결정을 무효라고 선언했습니다. 단 하나의 법령이 산더미 같은 불공정을 일소했던 것입니다. "다 카포"로 일을 다시 시작해, '마치' 그 사이에 아무 일도 일어나지 않은 것처럼 했죠. 하지만 아아! 그 사이에 아무 일도 일어나지 않았던 '것으로' 만들 수는 없었습니다. 4년간의 굴욕과 굴종과 고통이 지울 수 없는 각인을 우리에게 새겼던 일이 없던 일이 되지는 않았습니다. 사람들은 일어났던 일을 무효라고 선언할 수는 있습니다. 힘이 있으면 사건의 결과를 백지화할 수도 있습니다. 그러나 그 사건이 일어났다는 '사실' 자체를 없앨 수 있는 힘은 누구에게도 없습니다. 독일이 범한 씻을 수 없는 죄는, 영원히 무궁토록, 설령 그 모든 물질적 결과들이 오늘날 보상된다고 하더라도, 일단 저질러진 것으로 남아 있을 것입니다. 이 차마 말로 형용할 수 없는 일도 일단 일어날 수 있었던 일로 남아 있을 것입니다.

돌이킬 수 없는 것의 복구할 수 있는 주변부가 문제가 되는 경우에는 의무에 대해서 이야기했던 것처럼 말할 수 있습니다. 행해진 일은 언제까지나 행해진 것은 아닙니다. 행해진 것은 해야 할 것으로, 그리고 무한히 다시 해야 할 것으로 남아 있습니다…. 고치든 부수든! 시간이 가진 종합하는 기능은 행해졌던 것을 나중에 고치거나 부수는 일을 허락합니다. 그러나 사실성이 문제일 때에는 반대로, 행했던 것은 행했던 것이라고, 돌이킬 길 없이 행했던 것이라고 말해야 합니다. 여기서는 하나 마나 한 말이 맞습니다. 뻔한 이치가 비극적인 진실입니다. 그것은 바로, 했으면서 동시에 안 했을 수는 없다는 것입니다. 동일률은 행해진 것이 행해지지 않았던 것이기를 금하기 때문입니다! 우리는 한 사물의 존재와 비존재를 동시에 긍정할 수 없고, 이 사물의 존재를 "동일한 시간에" 주장하고 부정할 수 없습니다. 시간은 모순되는 것들을 유연한 계속적인 흐름 속에 차례대로 흘려보냄으로써 모순을 유체화합니다. 먼저 하나, 다음에 하나. 이처럼, 공존하면 폭발하는 두 숙적을 번갈아 출전시킵니다. 따라서 우리는 시간적 용해와 '했음'의 치명적이고 파괴할 수 없는 동어반복 중에서 선택해야 하는데… 어느 경우든 우리에게 가역성만큼은 거절되어 있습니다.

생성을 부정하는 가역성은, 도래하는 동시에 도래하지 않는 사건이라는 부조리를 더욱더 현저하게 만들 테니까요. 그래서 우리는 마음대로 만들고 부수고 다시 만들 수 있지만, '했음'을 부술 수는 없습니다. 우리는 양태를 빚고 수정할 수 있지만 사실을 무로 만들 수는 없습니다.

이런 힘과 무능력의 불균형은 뉘우침과 회한 사이의 거리를 보여주는 것이 아닐까요? 뉘우침은 행한 일에서 없앨 수 있는 부분, 망친 일의 고칠 수 있는 부분을 대상으로 하기 때문입니다. 수리야말로 뉘우침의 전문분야죠. 뉘우침은 '행해진 것'에 대해서 뉘우치지만, 회한은 '했음'을 지우지 못해 절망합니다. 그리하여 보수할 수 있는 것을 모두 보수했을 때에도, 아직 잔류하는 불가능성이 있습니다. 그 사이에 시간이 흘렀다는 사실에서 비롯된 줄일 수 없는 여분이 남아 있습니다. 이것이 바로 회한입니다. 우리의 치유할 수 없는 회한입니다!

이 잔류물을 무시하여, 회개한 죄인을 죄 없는 사람과 구분하지 않을 수도 있습니다. 그 경우에는 회복된 양심과 타락 이전의 양심을 실제로 서로 교환될 수 있는 것으로 볼 수 있을 것입니다. 그러나 관례적으로 대강 "마치 그런 것처럼 하는 것"은 아직 "그런 것을 하는 것"이 아닙니다. '마치 그런 것처럼'과 '그런 것' 사이의 괴리에서는, 인간적 보상이 지닌 허구적이며 가소롭고 은유적이며 안쓰럽도록 상징적인 성격이 드러납니다. 인간적 위로의 타고난 무능함과 한탄스러운 무력함이 잘 드러납니다. 사실성을 가볍게 여기고, 시간의 시간성인 만져지지 않는 그 뭔지 모를 무언가를 무시하는 '마치 …처럼'은, 향수에 젖은 인간이 복구나 회복, 반복이나 역행의 모든 시도 앞에서 실망과 비탄에 빠지도록 내버려둡니다. 보상받았지만 언제까지나 침해되었고 가득 채워졌지만 끝없이 불안해하는 사람의 달랠 수 없는 무한한 불만, 그것은 그야말로 향수가 아닐까요?

단단한 운명과 말랑한 숙명의 이 애매한 혼합 덕분에 우리는 철학적 체념의 윤곽을 그릴 수 있었습니다. 사람이 체념하는 '돌이킬 수 없는' 일은 어떤 경우에도 어떤 식으로 어떤 형태로도 어떤 순간에서도 조금도 수선할 수 없습니다. 이 불가능한 일의 불가능성은 세분할 수도 없고 분량을 조정할 수도 없습니다. 사실성은 모든 뉘앙스를 배제하니까요. 수선이란 더와 덜의 법칙, 단계적 진전의 법칙의 관할에 속하는 것이죠.

했다는 사실을 만들 수는 있어도 없애지는 못하는 인간은 그래서 반#창조자입니다. 신은 자기의 자유에 대해 자유롭습니다. 이는 절대적으로 창조적인 창조주는 거듭제곱의 자유, 무한한 자유를 누린다는 것을 의미합니다. 그러나 창조하는 피조물, 창조된 창조자는 자유롭다고 해도 곧바로 자신의 그 자유 자체의 노예가 됩니다. 단지 자신의 자유로운 결정의 결과가 자기에게 되돌아오고, 자기를 앞지르고 끌고 간다는 이유 때문만은 아닙니다. 피조물에게는 의지할 자유가 있고 의지의 결과를 없애려 의지할 자유도 있지만, 결정한 후에는 자신이 의지한 것을 의지하지 않은 것으로 할 자유는 없습니다. 사람에게는 자신의 행위 때문에 일어난 일을 일어나지 않았던 것으로 만들 자유는 없습니다. 달리 말해, 사람은 의지하거나 의지하지 않을 자유는 있지만, "의지했음"은 그가 선택한 순간부터 개인의 과거의 파괴할 수 없는 구성 성분이 되어 역사 속에 영원히 새겨집니다.

결정은 돌이킬 수 없는 운명이 되어 결정의 주인을 지배합니다. 주인이 포로에게 생포되는 셈입니다. 운명이 인간이 만들어낸 것이며 모일 모시에 주인의 결의에 의해서 시작되는 것인 한, 주인은 분명히 주인입니다. 반대로 이 운명이 완전히 운명적인 것이고, 이 생성된 필연이 이제는 필연적이며, 이루어지라는 명령이 '이루어진 것' 속에 파묻히는 한, 주인은 단순히 도제에 지나지 않습니다. 그래서 사람과 신의 관계는 도제 마법사와 완벽한 마법사의 관계와 같은 종류입니다. 자신이 만들어낸 것에 끌려다니는 반半마법사는 비대칭적인 반쪽짜리 능력만을 갖고 있습니다.° 그는 모든 일을 할 수 있지만, 오로지 한 방향으로, 생성의 방향으로만 할 수 있습니다. 되돌리는 방향으로는 무능합니다. 시간을 거슬러서는 더 이상 아무 일도 할 수 없습니다. 그는 영원을 수립하지만, 그것은 '영원하게 되어버린' 영원입니다. 시작된 (그리고 결코 끝나지 않을) 영원이며 따라서 영원이라기보다는 차라리 불멸이라고 할 영원입니다. 피조물은 무한한 미래를 내어놓지만 그것을 취소할 수 없어 신에 필적하기에는 역부족입니다. 이 점에서 피조물은 반신半神입니다. 마음대로 만들고 부수는 장난을 '가지고 노는' 것이라고 한다면, 시간을 가지고 노는 일은 금지되어 있다고나 할까요.

2. 죽음의 돌이킬 수 없고 회복할 수 없음. 덫과 밸브

경험적 연속의 기간에서 돌이킬 수 없는 것은, 돌이킬 수 없더라도 동화될 수는 있습니다. 근본적으로 동화될 수 없는 것은 죽음뿐입니

° 괴테가 1797년에 발표한 발라드 「마법사의 제자」의 내용으로, 1897년 프랑스 작곡가 폴 뒤카가 괴테의 발라드를 바탕으로 교향시를 작곡하여 더 널리 알려졌다.

다. "너머"가 더 이상 없기에, 사람이 죽음을 넘어서 갈 수 없는 것이죠…. 죽음은 돌이킬 수 없고 회복할 수 없는 것의 응축, 흘러간 삶의 총체를 되돌릴 수 없게 만드는 극도의 응축입니다. 죽음은 우리를 삶 전체에서 떼어놓고, 아쉬워할 시간조차 남겨주지 않으니까요.

유기체의 변화도 모두 어떤 의미로는 돌이킬 수 없는데, 그 변화는 실존을 보편적으로 감싸고 있는 텅 빈 맨시간 속에서 새겨지는 것이기 때문입니다. 그러나 돌이킬 수 없는 것이 모두 다 반드시 회복할 수 없는 것은 아닙니다. 젊음과 생명력의 표징인 재생이 손상된 형태를 재건하려고 일하고 있으니 말입니다. 그래도 "중요" 조직이 훼손된 손상은 특히 치료하고 복구하기가 더 어렵습니다. 예를 들어 호흡중추 피질의 손상은 결코 되돌릴 수 없습니다. 게다가 특히 인간 존재에게서는, 회복할 수 없음이 노화의 작용으로 인해 가중되는 경향을 보입니다. 상처가 아무는 과정이 더디고 힘들며, 골절에서 회복되는 것도 점점 더 느려집니다. 장 로스탕은 인간의 기관 이식이 참으로 성공하기 어렵다는 사실을 지적합니다.°

돌이킬 수 없는 것과 회복할 수 없는 것이 노화의 끝에 죽음에서 합치합니다. 변모의 첨예하고 절대적인 극한인 죽음은 생성의 다른 모든 우연한 사건들과 마찬가지로 그 사실성을 취소할 수 없습니다. 하지만 이에 더해 죽음의 경우에는 그 생리학적인 결과도 회복할 수 없습니다. 극도로 심한 손상, 다른 것보다 강한 최후의 일격을 상상해 봅시다. 이 경우 유기체는 살아남을 수 없고 원상복구도 이제는 불가능해졌습니다. 바로 그 때문에, 돌이킬 수 없고 회복할 수 없는 것이 이제는 사라진 "단 한 번"의 대체 불가, 비교 불가, 모방 불가의 성격을

° 장 로스탕Jean Rostand, 『어느 생물학자의 생각Pensées d'un biologiste』, Stock, 1954.

봉인하고 확립합니다.

실제로 죽음은 "용서"가 없고, 그래서 아리스토텔레스가 필연에 대해서 말하듯, 굽힐 수 없는 것입니다. 왔던 길을 되돌아가고, 만든 것을 부수라고 설득시킬 수 없는 것입니다.° 살아있는 사람은 용서합니다. 죽음이라는 적과 달리 굽혀집니다. 용서는 이런 점에서 회개와도 닮아서, 상대적인 재출발을 가능하게 하고 모든 부활을 허락합니다. 소망의 신덕송信德頌은 그 어떤 생성도 결정적이지 않음을 표명합니다. 그리고 보상할 수 없는 것에 대해서는 용서의 누그러짐에 기대를 걸 수 있습니다. 이 세상에서는 아무것도 결코 끝나지 않았으니까요! 모든 개선 가능성과 희망의 재개에 퇴짜를 놓는 사형은, 복구와 개선을 가져올 미래성을 미리 좌절시키는 것이 아닐까요?

죽음의 돌이킬 수 없음은 덫에 비유할 수 있습니다. 즉, 인간의 반半자유를 이용해 인간을 예속시키는 장치에 비유할 수 있습니다. 가능성은 현실화되면 과연 잠재성을 잃고 하나의 힘이기를 그칩니다. 우리의 자유로운 선택은 선택함을 통해 운명을 이룹니다. 인간에게는 의지하거나 의지하지 않을 자유는 있지만, 의지하지 않았을 자유는 없기에, 덫의 술책은 자유롭게 동의했다는 한마디를 얻어내는 데에 있습니다. 나머지는 운명이 맡습니다! 유혹에 넘어간 인간은 손가락을 쥐덫에 넣어보고 싶어집니다. 미끼에 끌려 사람은 행동을 결심합니다. 이 행동이 없이는 운명도 그 자체로는 어쩔 도리가 없죠.

마법의 원 속으로 들어간 사람은 더 이상 빠져나올 수 없습니다. 역으로 거기를 떠난 사람은 일단 숙명적인 경계선을 넘어가면 다시는 거기로 돌아갈 수 없습니다. 강제로 모험가가 된 도제 마법사는 한번 몸

° 7장 435쪽 각주 참고.

을 담근 모험을 더 이상 좌지우지하지 못합니다. "문이 닫혔어요…/ 우리는 더 이상 되돌아갈 수가 없어요! 들려요? 빗장 소리… 무거운 쇠사슬 소리? 너무 늦었어요, 너무 늦었어! 이젠 우리 마음대로 어떻게 할 수가 없어요!…" 펠레아스와 멜리장드는 4막의 끝에서 되돌아갈 수 없다는 것을, 주사위는 던져졌고 운명의 자물쇠가 채워졌다는 것을 깨닫고서 어둠 속에서 그렇게 속삭입니다. 그러니까 원한다면 한계를 넘어서세요. 인간은 선택하기 전에는 모든 것이 가능하니까요. 그러나 선택 후에는 의견을 바꾸기도 너무 늦고, 한 말을 취소하기도 너무 늦을 것입니다. 모든 것은 가능했는데, 이제는 모든 것이 소진되었습니다. 돌아오는 배는 모두 불탔고, 돌아오는 다리는 모두 끊어졌습니다. 그래서 이제는 취소의 말도 때가 늦었습니다. 보후슬라프 마르티누Bohuslav Martinu가 오페라 《다리 위의 코미디》에서 다루었던 주제가 그러한 것이죠.

이런 자유와 예속의 비대칭이 우리의 "책임성"을 표상합니다. 그리고 한순간에 영원한 미래를 결정하는 결정들, 그만큼 결과가 무거운 그 결정들은 정말 아찔하지 않습니까? 뜬금없는 결정이 세상의 흐름을 바꾸는 것입니다! 죄를 짓는 자유로운 결정을 한 뒤 낙원에서 쫓겨난 아담에게는 돌아가는 길이 막혀버립니다. 동산 입구에는 신이 세워둔 천사들이 불타는 검을 들고 서서, 일방성과 불가역성을 받들고 돌이킬 수 없는 것의 엄격함을 지킵니다. 역사라는 강제노동에 처해진 피조물에게, 이 화염검은 잃어버린 순진무구를 되찾을 수 없음을 표명합니다.

마찬가지로 사람은 언제든 자살할 자유는 있지만, 그 후에 다시 태어날 자유는 없으며… 무릇 태어날 자유도 없습니다. 그래도 이런 능력을 행사하고 싶어지는 때는 드뭅니다. 그래서 죽어가는 사람도 덫의 끌어당기는 유혹보다는 매력 없는 불가역성의 기계장치에 걸려드는 것이죠. 사실, 죽음은 보통 우리 의견을 묻지 않으니까요. 이런 가장 만회할 수 없는 일을 과소평가하는 것은, 사형집행 조금 뒤에 생각을 바꾸는 어리석은 사형집행인과 닮았습니다. 모두들 그에게 말할 것입니다. '당신의 후회는 때를 놓쳤다. 좀 더 일찍 생각했어야 했다. 지금은 생각을 바꾸기에는 좀 늦었다. 형벌을 취소하기에는 너무 늦었단 말이다!' 이런 식의 사후 취소는 일종의 음산한 농담입니다.

죽음의 변이가 일방향이라는 것은 뭔지 모를 기발한 밸브 장치를 생각나게 합니다. 불투과성 막이 이쪽과 저쪽을 나누고 가름막이 전혀 샐 틈이 없어, 이 세상과 "저세상" 사이에는 삼투가 전혀 불가능하다고 말하는 것만으로는 충분치 않습니다. 삼입滲入은 불가능해도 삼출滲出은 가능하니까요! 확실히 통행은 한 방향으로만 자유롭습니다. 삶에서 죽음으로는 되지만 그 반대는 안 되는 것이죠. 죽음이라고 부르는 이토록 물샐틈없이 꼼꼼하고 세심하게 짜인 이 양자택일의 가장 성가신 면이 그런 것입니다.

실제로 사람은 경계의 다른 쪽으로 넘어갑니다. 그리고 경계는 이런 의미에서는 전혀 밀폐된 것이 아닙니다. 이 세상에서 저쪽 세상으로 이전하는 것은 "다다르는" 일인 것입니다. 비존재가 하나의 도착점이라면요. 이런 이동이 어딘가로 통하는 것이라고 확신한다면, 불가역이 일방적이라고도 말할 수 있을 겁니다. 죽어가는 사람은, 열쇠 없이 집을 나왔는데 닫힌 문이 안쪽에서만 열리는 문이어서 더 이상 집으로 들어가지 못하는 사람의 처지와 비슷한 것이죠. 나가는 것만 허용됩니다. 단 모든 책임은 자기가 지고!

레오니트 안드레예프의 이야기에서 악마 아나테마가 피안으로 들어가지 못하도록 막는 철문은 요컨대 오직 귀환을 원하는 사람들에게만 잠겨 있습니다. 그런데 우리에게 중요한 것은 바로 돌아옴입니다! "돌아온 유령"만이 우리에게 제보할 테니까요! 아아… 어쩌면 살아있는 이들은 죽고 나면 피안에서 차안의 소문이나 비밀을 이야기할지도 모르겠습니다. 하지만 죽은 자가 피안의 신비를 밝히러 차안으로 되돌아온 적은 결코 없었습니다. 어떤 인간도 숙명적 문턱을 양방향으로 넘는 왕복 여행을 마치고 이승으로 돌아와 친구들에게 저승에 관해 전해준 적이 없습니다. 삶과 죽음을 가르는 막은 가는 쪽으로만 투과할 수 있고, 투과할 수 있다 해도 투명하지도 않지만, 돌아오는 쪽으로는 투과할 수 없기 때문입니다. 벽 너머에서는 아무 소리도 들리지 않고, 벽을 통과해서 볼 수도 없습니다. 분리의 기밀과 불투명이 완전무결합니다.

『일곱 사형수 이야기』라는[3] 훌륭한 작품에서 레오니트 안드레예프는 삶의 신비와 죽음의 신비를 태곳적부터 덮고 있던 베일이 불경한 손에 의해 벗겨져 세르게이 골로빈에게 드러났다고 이야기합니다. 그러나 세르게이 골로빈은 곧 죽고 우리는 그가 무엇을 보았는지를 결코 알지 못할 것입니다. 이런 식으로 산 자들이 수없이 많이 지나갔고, 항상 같은 방향으로 이 세상에서 저세상으로 지나갔습니다. 그러나 반대방향으로는 아무것도 스며 나오지도 새어 나오지도 않습니다. 중얼거림 하나도, 빛줄기 하나도.

"인류는 산 자보다 더 많은 죽은 자로 이루어져 있으며",° 두 세계는 태곳적부터 나란히 존재하고, 이웃인 망자들이 우리 마을 한복판의 발아래 몇 미터에서 잠들어 있는데, 우리는 아무것도 모른다니! 신비 속에 살면서 아무것도 모르는 것, 참으로 속 타는 희한한 일입니다. 인간이 세상에 존재하고 죽고 했을 때부터, 즉 시간이 시작된 이래로,

° 오귀스트 콩트Auguste Comte의 유명한 말을 조금 변형한 것이다.

어떻게 비밀이 누설되지 않았을까요? 마침내 한계에 이른 나머지, 죽어가는 산 자가 결국 무언가를 눈치채게 될지도… 조만간 누출 확률이 무한히 증가하여, 죽어야 할 피조물이 수수께끼의 열쇠를 찾아 신호를 가로챌 수 있을지도 모르죠.

하지만, 아닙니다. 우리는 아무것도 알 수 없을 것입니다. 아무것도요. 죽음이 얼마나 친숙한 것이며 우리의 무지가 얼마나 전적이고 결코 어떠한 누출도 없었다는 점을 생각할 때, 비밀은 잘 지켜지고 있다고 인정하지 않을 수 없습니다.

3. 재생, 환생, 소생

돌이킬 수 없는 것의 일방성과 일회성은 우리에게 열정적인 호기심을 갖게 합니다. 지칠 줄 모르고 다시 불이 붙지만 번번이 실망하고 마는 호기심이죠! 아무튼, 일방향이기는 하지만, 적어도 '하나의 방향'이기는 합니다. 그리고 우리의 정신은 자연스레 이 방향으로 촉진되고 있습니다. 즉, 기간의 흐름 속에서 미래가 현재가 되는 방향으로 이끌리듯이, 변이의 방향으로 촉진되고 있는 것입니다. 일방향은 우리를 저편으로 인도합니다. 그래서 모든 희망이 허락되는 것입니다. 그러나 돌아옴은 없고 관계는 상호적이지 않습니다. 그래서 모든 불안이 정당화되는 것입니다. 불안은 끊임없이 희망으로 치유되고, 희망은 계속해서 불안으로 어두워집니다!

죽음의 취소할 수 없는 체계는 다음과 같은 방식으로 정의할 수도 있겠습니다. '양방향 중 한쪽'만 됨(다른 한쪽은 금지), '양쪽 다 안 됨'은 아님, 그렇다고 '이쪽저쪽 모두'도 아님. 만약 차안과 피안이 영원히 평행하면서 영원히 분리되어 영원히 교류할 수 없는 두 세계를 형성하고 있다면, 그리고 죽음이라 부르는 (밸브는 그래도 일종의 출구이니까) 일방적인 교통이 이쪽에서 저쪽으로 있는 것이 아니라면, 우리는 다른 쪽에서 벌어지는 일을 알려는 생각도 하지 않았을 것입니다. 즉, 이쪽 기슭에는 죽음의 강을 결코 건널 일이 없을 불사의 산 자들이 거주하고, 다른 쪽 기슭에는 한 번도 살아본 적이 없는 죽은 백성들이 거주하는 식이었을 것입니다. 한편에는 결코 죽지 않을 산 자들, 그리고 건너편에는 일찍이 죽은 일 없이 옛적부터 죽어있던 주민들로 이루어진 죽은 자의 왕국, 양쪽 다 서로를 모르고서 말입니다. 각자가 제 나라에 있는 것이죠!

이와 정반대로, 윤회의 철학은 돌이킬 수 없음이라는 망령을 쫓기 위해 삶과 죽음 사이의 교류를, 말하자면 영구적인 왕래를 상상합니다. 영혼이 오가는 이 숙명적인 문턱에는 더 이상 숙명적인 구석이 전혀 없으며, 영혼은 한 세계에서 다른 세계로 자유롭게 돌아다니는 것이죠. 제집 드나들듯 죽은 자의 나라에 들어가고, 또 거기서 나옵니다. 오르페우스교의 말을 빌려, 『파이돈』은 우리에게 '되갚음antapodose' 혹은 보상에 대해 말하는데,[4] 그 목적은 죽음을 재생으로 균형을 맞추는 것입니다. 죽음을 향한 걸음이 반회전을 해서καμπὴν ποιεῖ, 존재를 위협하는 전반적인 엔트로피가 중화되는 것입니다. 플라톤이 말하기로는, 이런 순환운동이κύκλῳ περιιέναι 없이는, 혹은 우리가 선호하는 말로 이런 왕복운동이 없이는, 죽음이 이 세상의 모든 생명을 일찍이 파괴해 버렸을 것이고, 생명은 더 이상 갱신되지 않아 어느새 정체 상태가 지구를 지배했을 것이라고 합니다.

똑바로 같은 방향으로 나아가 결코 길을 되돌아오지 않는 ('똑바로… 오직 한쪽에서 그 반대쪽으로만 εὐθεῖα… ἐκ τοῦ ἑτέρου μνον εἰς τὸ καταντικρύ'[5]) "발생", 즉 윤회가 없는 발생은 요컨대 일종의 상호성이 없는 관계이자, 짝이 없이 절뚝이는 χωλή[6] 관계입니다.『테아이테토스』에서 선이 그와 상반되는 ὑπεναντίον[7] 악을 필연적으로 부르는 것과 마찬가지로,『파이돈』에 따르면 그처럼 삶과 죽음은 필연적으로 양방향의 상관관계에 있는 것이니 말입니다. 헤라클레이토스가 "우리의 삶은 그들의 죽음에서 나오고 그들의 삶은 우리의 죽음에서 나온다. 그리하여 우리는 죽어야 하는 자이자 죽지 않는 자이다"[8]라고 썼을 때, 그는 아마도 그런 진자운동을 생각하고 있었을 것입니다. 불사의 사멸자에게 죽음은 따라서 당분간의 죽음일 뿐입니다. 고별은 숱한 일일 뿐이며 아주 일시적인 은퇴의 서곡일 따름입니다.

탄생과 재생 사이의 이 막간에, 라이프니츠적인 "연속주의"가 하나의 내용을 줍니다. 모나드는 파괴되지 않기에 죽음은 절멸이라기보다는 오히려 "안으로 말려들어감"입니다. 무화라기보다는 감소, 무로 돌아간다기보다는 무한소 혹은 미시적 판형으로 축소되는 것입니다. 사라짐은 단계적으로 점점 희미해지는 것이며, 실체는 비존재가 되는 것이 아니라 보이지 않게 됩니다. 죽음의 일식日蝕은 따라서 단순한 약화일 따름입니다. 달리 말하자면, 라이프니츠는 비존재의 공허를 극소 존재의 충만으로 메웁니다. 외견상의 죽음 뒤에 잠재적인 실존이 살아남습니다. 죽음의 부재란 그러니까 희박하고 섬세한 영기靈氣 같은 현존입니다. 충만성의 철학자는 어떤 상황에서도 항상 불연속과 비약에 대한 혐오에 이끌리고, 존재의 연속이 빠져들 위험이 있는 갈라진 틈에 대한 공포에 이끌리는 것이 아닐까요? 불연속은 피상적인 겉모습일 뿐, 더 면밀히 분석하면 그 아래에서 모든 것의 깊은 연속성이 발견됩니다. 존재의 영속, 확고부동, 보존은 이렇게 보전됩니다. 따라서 죽은 자는 그다지 죽지 않았고, 죽은 것처럼 보였을 뿐 사실은 그렇지 않았던 것이며, 잠자는 숲속의 미녀처럼 그저 혼수상태에 빠진 것뿐이라고 생각해야 합니다. "곧 종소리가 깨어날 시간을 알려올지 아무도 모르니⋯."[9] 아무튼 잠에 빠져 있던 공주는 어느 날 눈을 뜰 것입니다! 동면상태에 있는 이 살아있는 죽은 자는 어느 날 다시 살아날 것입니다. 그러나 재생과 부활은 같지 않습니다.

잇따르는 환생은, 어떤 윤회 이론가들이 보기에는, 단 하나의 연속을 형성합니다. 때로는 뚜렷하고 때로는 감춰진, 말하자면 두 생의 중간 기간에 점선으로 기입된 것 같은 연속상태죠. 죽음은 작은 개개의 삶을 포괄하는 보편적인 큰 생의 내부에서 녹아서 지워집니다.

"소생"의 경우에는, 죽은 자가 막 넘어간 문턱을 역방향으로 다시 지나오는 것처럼 보입니다. 하지만, 라이프니츠가 생각하고 있던 "회생"의 경우와 마찬가지로, 오늘날 우리가 그 놀라운 성공을 목도하고 있는 소생은 겉보기로만 부활일 뿐입니다. 소생은 살아있는 자를 되살리는 것이므로 부활과는 다릅니다. 숨이 멈춘 자를 되살리는 이 기적은 생명력의 마비를 푸는 일 이상의 것을 하지 않습니다. 죽지 않는 사람을 소생시키면서 기적을 행한다고 주장하는 것은 속임수나 허풍이 아닐까요?

소생은 죽음의 단절이 우리가 보통 가리키는 정확히 그 순간에 위치한 것이 아님을, 가령 심장박동의 정지와 일치하지 않음을 증명하는 것에 불과합니다. 심정지는 생명력이 중단되었다는 가장 두드러진 표징일 뿐입니다. 죽음의 순간을 잴 수 있는 신호는 종종 미묘하게 감춰져 있습니다. 그래서 전신의 사망은 보통 생각하는 것보다 더 늦게 옵니다. 멈춘 심장은 중단이 너무 길지 않으면 다시 활동할 수 있습니다. 그러나 죽은 자는 되살릴 수 없습니다. 다만 심장박동이 멈춘 인간이 죽지 않은 경우는 있을 수 있습니다. 죽음과 심정지 사이에는 무한한 차이가 있으니까요. 그리고 혼수상태도 죽음은 아닙니다. 뇌 조직의 손상이 아직 회복 가능할 때에는 마지막 숨이 결국 마지막이 아니었고, 그 후에 다시 호흡이 돌아오는 경우가 있습니다. 그러나 그것은 지나고 나서 돌아보면서야 알게 되는 일입니다. 어쩌면 우리는 사망 확인을 너무 서두르고 있었던 것일지도 모르겠습니다!

사실 현대의 소생 기술이 아무리 놀랍더라도, 부활의 형이상학적인 불가능은 조금도 극복하지 못하고 있습니다. 불가능은 이전에도 이후에도 불가능으로 남아 있는 것이죠. 알다시피 바로 이런 불가능을 돌이킬 수 없는 것이라고 부릅니다. 노인학, 위생학, 사회의학이 인간의 수명을 연장해도 인간에게 불사를 주거나 선험적인 유한성을 깨뜨리지 못하는 것과 마찬가지로, 응급의가 최후의 순간에 빈사상태의 인간을 죽음에서 구할 수는 있어도, 죽은 자들 가운데에서 한 사람을 되살리는 일은 결코 없습니다. 운 좋게도 우리는 돌이킬 수 없는 사태를 아주 일시적으로 모면할 수는 있습니다. 그러나 경험계에서 인간 생명의 작은 연장은, 불사성이라는 초경험적인 무한과는 비교할 바가 못 됩니다. 그리고 묘기라고도 할 수 있는 소생은, 마법과 요술이라고도 할 수 있는 부활과는 비교할 바가 못 됩니다.

소생은 아직 죽지 않았다는 조건하에서만 빈사상태의 인간을 되살리는 일입니다. 생의 가장자리에 이미 아무리 가까워도, 여전히 숙명적 문턱의 이쪽에 머물러 있다는 조건에서만입니다. 아슬아슬하지만 이쪽인 것이죠! 다시 살아난 죽어가던 사람은 이미 '거의' 죽어있었습니다. 빈사상태에 빠져 죽음까지 갔었으나, 딱 죽음 미만까지입니다. 막 죽으려고 하던 참에 가까스로 회복 불가능한 일격을 피한 것이죠.

일 초만 더, 일 밀리미터만 더 갔다면, 철커덕 돌이킬 수 없는 일이 벌어져 소생은 불가능했을 텐데…. 아니면 기적이었겠지요. 비극적 모험극으로서는 실로 흥미진진한 "서스펜스"! 이 작디작은 문턱, 돌이킬 수 없는 이 극미한 균열이 '기회'에 통렬한 의미를 부여하고, 요행에 비장감을 줍니다. 균열 전까지는 아직 시간이 있습니다. 그러나 일 초만 늦으면 자신의 운명이 그리고 아마 세상의 얼굴이 바뀔 테니….

소생이든 변모든 윤회전생이든 모두 보존과 연속의 원칙에 따라 일어납니다. 소생은 비존재가 되기 일보 직전의 곡예 같은 회복입니다. 그러나 이 회복은 유례없는 행운과 절묘한 기술 덕택이지 기적은 전혀 아닙니다. 다시 작동하는 기계는 실은 기능이 중단되지 않았던 겁니다. 물에 빠진 사람이 다시 살아난다면, 어쨌든 생명을 잃지는 않았던 것이죠. 아니 이렇게 말하는 것이 더 낫겠습니다. 소생이란 조금이라도 살아있는 사람을 건지는 것이지, 캄캄한 호수에 빠져버린 사망자를 건지는 것은 아니라고요.

그러나 무로부터의 재출현은 그야말로 기적이라고 할 것입니다. 동방정교회에서는 부활절 입맞춤의 희열 속에서 이를 맞이합니다. 부활은 죽은 자가 돌이킬 수 없는 것을 돌이키고, 결코 양방향으로 넘을 수 없는 이 운명의 문턱을 다시 건너오는 불가능하고 이해할 수 없는 사건이기 때문입니다. 환희의 할렐루야는 단지 창조를 찬양하는 것만이 아니라 비극 이후에 죽음에서 벗어난 재창조를 찬양하고 있는 것입니다. 흙먼지의 사람들이여, 깨어나서 기쁨으로 노래하라![10] 이 점에서 림스키-코르사코프가 《러시아 부활절 축제 서곡》에서 찬미한 기적적인 부활은, 스트라빈스키가 《봄의 제전》에서 인사하는 새 봄, 겨울잠 뒤 불멸의 자연이 해마다 깨어나는 새봄의 찾아옴과는 다릅니다. 영원한 청춘의 자연과는 대조적으로, 부활은 가장 깊은 無

의 밖으로 솟아나는 일입니다. 마법의 말, 부조리한 명령이 갑자기 부활을 일으킵니다. 라자로여 일어나라! 그리고 망자는 즉시 암흑의 밤에서 빠져나옵니다.

아아! 시작할 때 탄생의 신비와 끝날 때 죽음의 사라짐 마술 말고는 이 세상에 "기적"이란 없습니다. 그리고 이 둘째 기적은 결코 "무로부터의ex nihilo" 기적이 아닙니다. 그것은 반대로 무가 되는 것이니까요. 그리고 이들 두 신비, 시작의 신비와 끝남의 신비는 어떤 경우에도 그 순서가 뒤바뀔 수 없습니다. 산 자가 무로 되돌아가는 것과 그가 비존재에서 빠져나오는 것은 완전히 비대칭이지 않습니까?

사실 윤회의 철학은 다음과 같은 딜레마에서 빠져나오지 못합니다. 일종의 연속이 계속되는 실존들 사이를 잇고 있는 경우라면, 죽음은 더 이상 죽음이 아니라 단순한 작은 휴지기이고 "부활"은 트릭일 뿐입니다. 아니면, 죽음의 크게 벌린 공허가 새 삶과 옛 삶 사이에 메울 수 없는 균열로 들어 있는 경우라면, 실제로 기적이 있게 됩니다. 그러나 그때는 왜 '재'탄생이라고 부르지 않는 것일까요? 여기서 재탄생을 단순한 탄생과 구별할 수 있게 하는 것은 아무것도 없습니다. 그리고 여기서 두 번째라고 할 이유도 전혀 없죠…. 이 두 번째 탄생은 사실 절대적으로 첫 탄생이며, 이른바 부활한 자는 (저기 근데 왜 "부활했다"고 하는 건지?) 완전히 새로운 사람입니다. 실제로 누군가가 태어났지만, 이 누군가는 같은 사람이 아니라 다른 사람입니다! 그리고 또 재시작은 같은 것의 재시작이 아니라 진짜 첫 시작입니다. 딜레마의 첫째 가정에서는 되살아난 자가 이전과 같은 사람이었고, 따라서 "부활"은 없었습니다. 둘째 경우는 되살아난 자가 실제로 완전히 다른 사람입니다. 그런데 왜 '다시 부復' 자가 붙어 있는 것일까요?

윤회의 철학자들은 종종 죽음의 불연속성과 불가역성을 아주 중시합니다. 이들에게 되살아난다는 것은 단지 죽음의 문턱을 넘은 뒤에 "탈脫죽음"을 하는 것이 아니라, 새로운 실존을 위해 다시 태어나는 것입니다. 되살아남은, 다시 눈을 뜨고 살아난 익사자나 라자로처럼 단지 놓았던 실존의 끈을 다시 붙잡는 것이 아닙니다. 라자로가 되살아났다고 할 때에는 다시 숨을 쉬고 심장이 다시 뛰기 시작한다는 말입니다. 아니, 실신 후에 라자로의 심장이 예전의 박동을 이어간다고 말하는 편이 더 낫겠네요…. 하지만 윤회는 아주 다른 것입니다. 이 경우 재탄생은 처음부터 삶 전체를 다시 시작하는 것이며, 첫 아침처럼 깨어나는 것입니다. 재탄생은 따라서 옛 생의 단순한 연장이 아닙니다. 그래서 영혼은 다시 환생하기 전에 낡은 삶을 레테 강물에 씻어서 잊었다고 상정해야 하는 것이죠. 그러나 이 또한 우리가 바라는 것은 아닙니다. 우리는 기억만이 우리의 개인적 연속성을 보장한다고 생각하며, 우리가 되살아났음을 기억의 기능 덕분에 느끼기를 희망합니다. 새로운 삶을 살며 옛 삶을 떠올리고, 겹쳐지는 추억을 누리는 것은 되살아난 자에게 그 얼마나 감미롭고 풍요로운 일인가요! 아아! 망각과 무구의 강은 우리에게서 기억을 씻어내고, 겹쳐지는 추억이 주는 기쁨과 비교를 통해 얻는 행복을 앗아갑니다.

그래서 우리는 시작과 연속 사이의 중간적인 무언가를 막연히 찾습니다. 말 그대로 '재'시작을요. 이렇게 말하는 것이 낫겠네요. 인간은 무엇보다 재창조를 바라는 겁니다. 재창조는 창조와 연속의 혼합이라고 할 수 있기 때문이죠. 그리고 '재'와 시작이, '재'와 창조가, '재'와 탄생이 서로 모순되어도 상관없습니다. 부활 덕분에 실현되는 불가능한 일이란 바로 그런 거니까요. 살아가던 중에 다시 태어난 경우와도 같이, 그러나 이번 경우에는 상상을 통해, 우리는 옛것의 포근함과 새것의 기쁨을 함께 갖습니다. 우리는 실제로 모든 이점을 동시에 원합니다. 한편으로는 연속의 이점을 원하면서, 다른 한편으로는 첫 삶의 기쁨을 원합니다. 죽음의 단절과 그로 인한 기억상실 덕분에 그 천진난만한 원래의 성격이 고스란히 유지된 첫 삶의 기쁨을 원하는 것입니다.

어쩌면 오직 신만이 위에서 내려다보는 의식이고 증인이며, 죽음이 갈라놓은 이 잇따르는 여러 삶들의 초월적인 기억일 것입니다. 연쇄적인 환생의 목격자인 동시에 실질적 주체가 된 사람은 신처럼 초-기억이 된 것을 느끼며, 자신인 동시에 타인인 나의 감미로운 현기증을 만끽합니다. 여기서는 실제로 어렴풋한 달콤한 현기증이 다시 생겨납니다. 어쩌면 영혼이 망각의 강에서 미역을 감을 때 모든 것을 잊지는 않았을지도…. 만약 완전히 씻기지 않았다면? 만약 이전 삶에 대한 뭔가 막연한 기억이 남아 있었다면?

아주 오래된 머나먼 전생의 과거라는 신화는, 종종 그 과거를 살았던 것 같다는 착각이 됩니다. 플라톤이 상기라고 부른 초심리적 기억을 예로 들자면, 우리는 경험 속에서 회상할 수 없는 일종의 초경험적 추억을 상상합니다. 회상의 날짜와 장소가 없는 이 텅 빈 기억, 저장도 불러오기도 없는 이 기억, 이것은 재인식의 순수한 사실, 더구나 재인식될 과거가 없는 재인식의 순수한 사실로 환원된 기억입니다. 혹은 차라리 기억해 낸 과거 그 자체가 '지금-여기'를 갖지 않는 순수한 과거성으로 환원됩니다. 그리고 이 태어나기 전 역사의 사건들은 "지성으로 파악되는" 사건들이고, 현실의 인간에게는 결코 일어난 적이 없는 사건들이기에, 곧바로 인정하는 편이 낫습니다. 나는 그것들을 영원히 잊어버렸다. 신만이 내 안에서 그것들을 다시 떠올린다!

이전의 삶은 따라서 공상적이고 몽환적인 "회상"이며, 이 상기가 떠올리는 것은 '아득한 회상'입니다. 이는 절대적이고 무한한 이전以前의 삶입니다. 즉 단지 현재의 이전도 아니고 이런저런 과거의 이전도 아닌, 모든 산 경험에 앞선 삶입니다. 이런 선행성의 '이전'은, 연속의 상대적이고 경험적인 "이전"들이 그렇듯, 이것의 앞과 저것의 뒤가 아닙니다. 표면적인 연속성의 단절과 깊은 균열조차, 죽음이라는 전혀 깊이를 잴 수 없는 심연에 비하면 일시적인 작은 중단에 지나지 않을 것입니다. 무의 쩍 벌어진 공허는 이전의 삶을 역사 이전과 시간 이전의 선행성 속으로 밀어 넣기 때문입니다. 이후의 삶이 모든 저편의 저편에 있듯이, 이전의 삶은 모든 이편의 이편에 있습니다. 이후의 삶이 불사와 결정적 존속이라는 희망의 대상이 되는 데 반해, 이전 삶의 생존과 기억의 환상은 간접적으로 환생이라는 불확실한 희망의 토대가 됩니다. 여기서 불확실한 희망이라고 한 것은, 현재의 생이 탄생의 수레바퀴에서 마지막일 수도 있을 테니까 그런 것입니다.

어쨌든 우리는 미래를 향해 우리의 회상을 투사합니다. 모든 것이 "질서와 아름다움"인 잃어버린 낙원의 향수는 그 끝에서는 종말론적인 미래의 예감과 뒤섞입니다. 이리하여 우리는 죽음을 넘어, 불연속적인 것의 연속성을 긍정합니다. 그것도 종의 영속이 아니라, 완전히 같은 사람도 완전히 다른 사람도 아닌 개인적 생명의 영속을 필사적으로 긍정합니다. 환생에서 끝은 더 이상 끝이 아닐 것입니다. 그것은 그저 페이지가 넘어가고 장이 끝나는 것이며, 숱한 우여곡절 가운데 하나, 줄줄이 등장하는 삽화 가운데 하나일 뿐입니다. 그래요, 이 돌이킬 수 없는 것을 슬쩍 넘어가기 위해 무슨 방법인들 다 좋지만, 돌이킬 수 없는 것은 결코 되풀이되지 않을 거라서….

4. 무화시키는 허무

결국 인정할 때가 되었습니다. 최후의 순간은 차안으로 돌아올 가능성을 결정적으로 봉합니다. "다시 죽는다"는 사람은, 죽지 않았던 겁니다! 사람은 한 번밖에 죽지 않으니까요. 이오네스코의 말처럼 "유급생"은 없는 것입니다! 따라서 죽은 사람은 일단 죽으면 정말로, 결정적으로, 이번을 마지막으로 죽은 것입니다. '단 한 번$\dot{\epsilon}\varphi\acute{\alpha}\pi\alpha\xi$'이라고, 복음서에 이어 셸링은 예수의 일회적 희생을 디오니소스의 반복되는 계속적인 죽음과 대조하며 말합니다. '결정적인 죽음'… 그러나 죽음의 무에 대해 온갖 얘기를 다 하고 나서 그런 중복어법이 굳이 필요했던 걸까요?

실제로 바로 이 살아남는 것이 불가능하다는 점에서 진짜 죽음이 가려내지는 것입니다. 가장 큰 재난도 예외를 허용하고, 우연과 공모해 기적적으로 몇몇 생존자를 남깁니다. 그러나 무에서 구조된 생존자는 여태껏 없었고 앞으로도 결코 없을 것입니다. 무에서 빠져나와 (하지만 출구가 있을까요?) 다시 일어서는 일은 없습니다. 불치병이라고 할 무를 지나 회복되는 일도 없습니다. 무를 딛고 다시 뛰어오르기는커녕 반대로 그 속에 처박힙니다. 죽음과의 접촉이 그 자체로 죽음인 것은 고압선에 닿아 당장 죽는 것과도 같습니다. 찰나의 순간이라도 죽음에 스치면 돌이킬 수 없이 비존재에 처해집니다. 그는 말하자면 자신이 닿은 이 비존재에 의해서 감전사합니다. 일 밀리미터만 더 가고 일 초만 더 지나 죽음의 무와 더없이 가볍게 살짝 닿아도, 막 죽은 사람과 이 세상과의 교류는 모두 순식간에 끊어집니다. 유보나 일시 중단이 아니라 영원히 끊어집니다.

만약 플로티노스가 말하는 황홀이나 베르그송의 직관이 기적에 의해 결정적인 것이 된다면, 죽음의 돌이킬 수 없음도 어떤 식으로는 그에 비교될 수 있을 것입니다. 플라톤 변증법의 먼 지평인 '존재의 너머ἐπέκεινα τῆς οὐσίας'는 실제로 신플라톤주의가 항상 겨냥하고 있는 목표가 됩니다. 물론 황홀은 늘 간헐적입니다. 베르그송의 직관이 언제나 점과 같고 항상 순간적이듯…. 어렴풋한 일별은 아직 관조와는 무한히 멉니다. 그러나 극한까지 가봅시다. 이 절대적 높이를 향한 이 도약이 영원한 관조와 성스러운 변모에 이른다고 가정해 봅시다. 더 이상 낙하도 없고 순환 여행도 없는 겁니다! 신이라면 지상에 소풍 내려와 남몰래 산책하고는 다시 천공으로 올라가고 다시금 내려오고, 그렇게 한없이 할 수 있습니다. 그러나 바로 그런 사실 때문에, 저세상에서 돌아왔다고 주장하며 이승에 내려온 자칭 신격화된 피조물은 저세상에 간 적이 없었음을 고백할 것입니다. 이 반신半神의 여행은 확실히 허풍일 겁니다. 이 반신은 피안의 가장자리에 닿은 적도 엿본 적도 없었던 것입니다. 만약 거기에 갔다면 돌아오지 않았을 테고, 바로 그 사실에서 죽음이 인정되는 것이니까요. 지구의 인력과 중력장에서 벗어나서 지구 주위를 도는 우주비행사는 대기 속으로 재하강할 수 있습니다. 그러나 존재의 장을 벗어난 뒤에는, 죽은 자는 어떤 경우에도 되돌아올 수 없습니다. 우주공간의 여행자는 로켓에 올라타면서 이미 영광스러운 귀환을 생각합니다. 그러나 죽어가는 자는 팜필리아 종족의 에르처럼° 돌아오는 자가 될 수 없습니다. 죽음은 이 죽은 이를 붙잡아 움켜쥐고 먹이를 놓아주지 않습니다.

    결국, 산 자는 자신의 죽음의 순간을 단 한 번 겪고, 또 겪는 중에 죽

°   플라톤의 『국가』 10권에 등장하는 신화 속의 인물이다. 죽은 뒤에 되살아나서 자신이 겪은 사후세계에 대해 이야기를 들려준다.

습니다. 곧바로 죽지 않으면서 죽음을 겪을 수는 없으니까요! 우리는 죽어가면서 죽음을 겪고, 그것을 겪음으로 해서 죽습니다. 죽음을 겪음으로써 죽는 사람은, 최후의 순간에 마치 벼락에 맞는 것처럼 즉사합니다. 사실 이 순간에 그는 사는 동시에 죽습니다. 마지막 숨을 내쉬는 동시에 죽는 것입니다. 사람은 죽음에 닿아서 죽고 그리고 이어서 글자 그대로 죽어서 죽습니다.

말하나 마나 한 뻔한 소리라고 할 사람도 있을 것입니다. 죽어서 죽는다니, 그건 그냥 죽는 것 아닌가? 그렇더라도 이 두 "죽다"의 차이에 주목해 주세요. 앞의 말은 무화nihilisation의 순간적인 타격을 가리키고, 뒤의 말은 "무Nihil"의 영원성을 가리킵니다. 이 무화와 무의 일치가 바로 돌이킬 수 없는 것이라고 부를 만한 것입니다. 그러나 또한 역으로 죽음이라고 부르는 이 허무는 그 자체가 무화시키는 것이기도 합니다. 죽음의 비존재는 그저 휴지상태의 효력 없는 형식적인 부정이 아닙니다. 그것은 파괴하고 살육하는 비존재인 것입니다. 자유가 본질적으로 자유롭게 만드는 것이고 존재하게 함이 창조하는 작용이며 그 본질이 존재를 정립하는 것이듯, 죽음의 비존재는 원리나 실체가 아니라 소멸시키는 작용으로 완전히 환원됩니다. 이 무는 주위에 죽음을 퍼뜨리는 무서운 전염성 페스트 환자처럼 그것이 닿는 모든 것을, 심지어 그것을 생각하는 사유조차도 없앱니다. 사유의 대상인 죽음이 주체에게 되돌아가 이 주체의 실제 죽음이 되는 것입니다.

여기서는 한 사람이 다른 사람을 죽이는 것이 아닙니다. 존재의 연속을 정지시키고, 그것도 영원히 정지시키는 것은 죽음의 비존재입니다. 인간은 살인자의 본성을 가지고 있지 않지만, 죽음은 온통 말살이며 무화이니까요. 죽음의 무Nihil, 무의 작용이자 그 귀결인 무화, 이

작용의 결정적이고 부정적인 성과물인 영원한 무 혹은 존재의 무효, 이 어이없는 작용의 어이없는 성과, 이 모든 것이 하나의 허무를 이룹니다. 그리고 이 허무 안에서 영원을 결정하는 것은 바로 돌이킬 수 없는 순간입니다.

5. 최후의 사라져 가는 메시지

우리가 말했듯, 돌이킬 수 없는 것은 단 한 방향으로만 이행을 허용하며, 우리의 호기심을 버리고 극도로 타오르게 합니다. 끊임없이 호기심을 깨우고 끊임없이 실망시킵니다. 게다가 이 호기심에는 항상 불안이 더해집니다. 아니, 호기심은 이 불안 자체에 의해 자극됩니다. 호기심의 양가성은 접점, 즉 우리와 한계 사이의 접촉의 애매성을 반영합니다. '죽음에 이르기까지Usque ad mortem'에서 차안과 피안의 양의성을 우리는 발견하지 않았던가요?

물론 연속 중에서 앞뒤로 서로 잇따르는 분리에서 죽음의 돌이킬 수 없음을 예감할 수는 있습니다. 그러나 그저 예감일 뿐입니다. 노인에 비해 젊은이가 순진하다는 것은 순전히 상대적인 것이니까요. 젊은이는 노년을 예감할 수 있고, 노인은 청춘을 떠올립니다. 만약 생성을 되돌릴 수 있다면, 즉 길이 두 겹이어서 지나온 길에 바짝 다가가 재어보고 확인할 수 있다면, 우리는 시간을 인식할 수 있을 것입니다. 그것도 완전히 객관적인 앎으로 인식할 수 있을 터입니다. 그런데 시간은 늘 같은 방향으로 달아나고, 우리의 앎은 대상을 감싸서 잡아두지 못합니다. 그래서 민첩함과 기회를 포착하는 감각이 필요합니다. 한창 벌어지고 있는 일과 늘 같은 시간에 있지도 않고, 잃어버린 기회를 되찾지도 못하는 날렵하지 못한 정신을, 어쨌든 회상으로 예측으로 보충할 수 있지 않을까요?

그러나 죽음에 의한 무화의 돌이킬 수 없음은 전과 후 사이에 차단막을 칩니다. 그리고 전자를 차안, 후자를 피안으로 하여 둘 사이의 모든 비교를 금합니다. 돌이킬 수 없음이라 부르는 이 기발한 술책과, 우리가 알지 못하게 하려고 특별히 놓은 이 덫에 대해, 사람은 나름대로 꾀를 쓰고 싶어 합니다. 우리가 그 술책보다 더 꾀를 낼 수 있다면, 강제로 알아낼 수 없는 이 비밀을 어쩌면 뒷거래로 "스리슬쩍" 얻어낼 수도 있을 겁니다. 이렇게 해서 자기 자신의 죽음의 비밀을 알아내려는 사람은 무엇보다 위험한 실험을 시도하고, 운명의 순간에 가능한 한 가까이 다가가려 하면서 스스로 함정에 빠질 위험을 무릅쓸 것입니다. 그리고 이 위험은 죽음을 가지고 노는 자가 시행착오를 거듭하는 과정에서 다소나마 회복할 수 있는 그런 실패가 아닙니다. 이 위험은 회복할 수 없는 발작, 무화의 치명적인 발작입니다. 나 자신의 죽음의 순간은 실제로 하나의 "카이로스", 영원을 통틀어 유일한 기회입니다.

혹시 다른 사람들의 죽음이 문제인 경우에는 목전의 기회를 포착하는 것이 더 쉬울까요? 입회인은 한 가닥 실에 매달린 생명이 비존재 속으로 결정적으로 가라앉으려는 순간까지는 빈사상태의 사람과 함께 갑니다. 입회인은 혹시라도 있을지 모를 메시지를 포착하기 위해 임종의 마지막 순간까지 최대한 바짝 다가가려고 합니다. 궁극적인 모든 것, 마지막 한숨, 종부성사 그리고 무릇 최후의 순간들, 하나하나 헤아리는 귀하디귀한 순간들, 죽음이 다가오면 도래하는 그 모든 것이 우리에게 특히 극적인 긴장을 줍니다.

바로크 예술은 이 순식간에 달아나는 것들을 열정적으로 탐구했습니다. 마지막 숨을 내쉬는 순간에 포착된 예수의 얼굴, 아찔한 추락의 순간 공허 위로 기울어진 남자, 낭떠러지 끝에서 금방이라도 심연 속으로 떨어질 듯 기우뚱거리며 불안정한 균형을 이룬 형상들. 카라바조는 라자로의 부활이 이루어지는 순간의 현장을 포착하고, 아브라함의 희생제사의 가장 결정적인 순간을 포착합니다.° 치켜든 칼날을 이삭에게 내리치려 하는 순간, 살육을 저지르려는 그 팔을 천사가 저지하기 바로 전 순간을 그립니다. 비극적 "서스펜스"와 팽팽한 긴장은 극단의 순간에 있는 모든 것을 노리는 예술의 특기죠.

그러나 돌이킬 수 없는 순간의 포착을 노리는 것은 비단 바로크 예술만이 아닙니다. 도스토옙스키는 『백치』의 앞부분에서 단두대의 칼날이 머리를 잘라내기 바로 전, 목이 바구니 속으로 굴러 떨어지기 천분의 일 초 전, 급격한 죽음의 찰나의 한순간 전 사형수의 얼굴을 정확히 포착해 그려낼 수 있을 만큼 기민한 초상화가가 되고자 합니다. 만일 우리가 곧 죽을 사람의 모습을 생생하게 그려낼 수 있다면, 만일 우리가 그 표정을 해석할 힘이 있다면, 이해는커녕 알았다고 말하지는 못해도, 어쩌면 그 커다란 비밀의 적어도 몇 조각을 포착할 수 있을지도요? 톨스토이 또한 해독을 시도하며 『안나 카레니나』와 『세 죽음』에서 임종을 맞는 사람의 얼굴을 탐색했습니다.

이마 비극성은 덜하더라도, 우리는 마지막 말을 듣기 위해 기다리며, 죽음의 순간을 맞아 실존의 끝에 닿은 사람의 최후의 뜻을 유심히 살핍니다. 마지막 말은 인생이라는 긴 요설의 가장자리 맨 끝이 아닐

° 이탈리아 초기 바로크의 화가 카라바조Michelangelo da Caravaggio의 그림 〈라자로의 부활〉과 〈이삭의 희생〉.

까요? 억수같이 쏟아져 나오는 말의 끝에, 무덤까지 말을 그치지 않던 사람의 말 많은 인생이 끝날 때, 최후의 말은 적어도 뭔가 조금 이상하고 각별한 울림을 갖게 됩니다. "최후의 말"은 확실히 유언보다 저세상에 더 가까운 것입니다! 이미 그렇게 끝에 가까운데, 숙명적 문턱에서 손가락 두 개만큼, 피안에서 머리카락 한 가닥만큼 떨어져 있는데, 막 죽으려는 인간이 뭔지 모를 메시지를 알아차리고 신비로운 세계의 뭔지 모를 메아리를 들으리라고 어찌 기대하지 않을 수 있겠습니까?

그리하여 살아있는 사람들은 두근거리는 마음으로 귀를 쫑긋 세우고, 죽어가는 사람의 최후의 메시지를 듣습니다. 그것은 외국으로 갈 여권이 없지만 최대한 국경 가까이 가서 국경 푯말, 세관원, 다리 저쪽의 신비로운 마을을 구경이라도 하려는 사람과도 같습니다. 그곳에서는 이미 미지의 언어를 말합니다. 다리 건너편, 즉 다른 세상, 저편 기슭에서는 말입니다. 여권이 없는 구경꾼은 국경의 이쪽 편에 붙잡혀 오랫동안 저편의 마을을 바라보지만, 그곳에서는 고양이조차 신비에 싸여 보입니다. 톨스토이는 『전쟁과 평화』에서 전초병들과 적진을 갈라놓는 불안한 무인지대에 대해서 말하고 있습니다. 최전선과 낯선 군대의 군복이 보이는 백 미터 앞의 불가사의한 지대 사이에는, 죽음이 어슬렁거리고 있죠. 국경은 통과할 수 있고 양방향으로 넘어갈 수도 있으며, 국경 가까이에서 사는 사람들은 맞은편 나라에 대해 아주 잘 알고 있을 수도 있습니다. 그러나 죽음의 갑작스러운 순간은 하나의 경계가 아닙니다. 죽음의 순간은 존재와 비존재라고 불러야 할 두 개의 모순되는 것들의 교차점입니다. 사람들은 죽음의 순간은 산 자의 삶도 죽은 자의 죽음도 아니며, 죽는 중인 죽어가는 자의 죽음 바로 그것이고, 삶인 동시에 죽음, 죽어가는 자의 삶이자 살아있는 자의 죽음이라고 대답할 것입니다. 그런데 이 '하는 중'은 어떠한 연속도 배제하는 갑작스러움입니다. 색전증으로 쓰러져 죽는 사람은 쓰러지는 순간에 살아있는 것일까요? 죽은 것일까요? 아마도 어느 쪽도 아니거나 (마찬가지가 되겠지만) 동시에 둘 다일 것입니다. 아직 살아있으면서 이미 죽은 것입니다.

메가라학파의 궤변가들에게는 이 얼마나 멋진 아포리아인가요! 그러나 순간에 대해서 아무것도 몰랐던 메가라학파의 궤변가들은 살아있는 죽은 자를 혼종의 괴물로 여겼을 것입니다. 이 순간은 겨우 이편이면서 이미 거의 저편인 차안, 겨우 저편이면서 아직 거의 이편인 피안입니다. 죽음은 그토록 가깝고, 그토록 멉니다!《트리스탄》에서 말하듯 "가까운 만큼이나 멀었소! 먼 만큼이나 가까웠소!Wie weit so nah! So nah wie weit"° 머나먼 가까움, 가깝디가까운 멂, 바로 이것이 죽음의 가장 당황스러운 면입니다. 이 역설적 모순은 순간을 일별할 때 기적처럼 단순하게 해소되지 않을까요?

만들 것의 저쪽과 만든 것의 이쪽에서 베르그송은 "만들어지고 있는" 것의 직관을 인정합니다. 그렇다면 이번에는 왜 "부서지고 있는" 것이 존재 저쪽과 부서진 것 이쪽에서 직관의 대상이 되지 못하겠습니까? 두 경우에서, 순간은 존재적인 동시에 비존재적입니다. 두 형용어구의 지향은 정반대이지만요. 넓은 접촉과 접촉이 전혀 없는 것 사이에는, 만질 수 없는 경계를 닿지 않고 스치는 측정할 수 없는 접점 같은 무언가가 있지 않을까요? 메가라학파의 최후통첩이 순간이라는 것을 몰랐다고 하더라도, 플로티노스는 영혼의 첨점과 불현듯 합치하는 뭔지 모를 것의 이 첨점을 어렴풋이 보았습니다. 논리학자는 하나의 점이 하나의 첨단과 이렇게 접한다는 생각은 이율배반적 사

° 바그너의 오페라《트리스탄과 이졸데》2막 2장 중 트리스탄의 대사.

고라고 말할 것입니다. 우리는 오히려 곡예 같은 사유라고 말합시다. 그 덕분에 직관이, 사라지는 나타남을 공중에서 파악하고, 달아나는 기회를 공중곡예로 낚아채니까요.

내적 성찰을 할 때 어떻게 같은 것이 주체인 동시에 대상이 될 수 있을까요? 이는 어떻게 사람이 거울 속에서 자신이 눈을 감고 있는 모습을 언뜻 보고 포착할 수 있는지를 묻는 것이나 마찬가지입니다. 자신의 모습이 보인다면, 눈을 뜬 것이고, 눈을 감고 있다면 아무것도 안 보인다는 것입니다. 적어도 정상적인 양자택일은 그러합니다. 이 분리 속에는 아무리 작은 중간 항도 끼워 넣을 수 없을 것처럼 보입니다. 그럼에도 눈을 감는 순간에, 사람은 눈이 감겼을 순간의 얼굴을 언뜻 엿봅니다, 아니 예감합니다. 눈 깜짝할 시간에 딜레마가 걷히는 것입니다!

죽음의 직관인 경우에는, 그리고 적어도 자신의 죽음이 문제가 아닐 때라면, 곡예의 어려움이 하나 덜어진다고도 말할 수 있습니다. 이 경우에는 인식 대상과 주체가, 죽어가는 자와 죽어가는 자를 보는 자가 별개의 두 사람이니까요. 만일 이렇게 말할 수 있다면, '죽음의 현장'을 포착하는 것은 즉각성 철학의 그야말로 묘기가 아닐까요?

아아! 줄어든 어려움이 다른 더한 어려움으로 대체되고, 이것이야말로 해결이 불가능합니다. 죽음의 순간은 여느 것과 같은 순간이 아닙니다. 그것은 무화하는 순간이기 때문입니다. 그렇습니다, 죽음의 직관이란 없습니다. 모든 존재를 분쇄하는 무화가 어떻게 직관의 대상이 되겠습니까? 그런데 사라지는 나타남의 명멸하는 찰나를 포착하는 게 직관 아니냐고요? 그러나 죽음의 순간에서는 사라짐이 나타남보다 우세하고, 그것도 무한히 우세합니다. 그것은 결정적이기 때문입니다. 죽음의 '사라진다는' 사실성과 '희미해져 가는' 빛들 사이에는 아무런 공통점이 없습니다. 희미해져 가는 빛들은 끊임없이 꺼지고 되살아나며 연속해서 사라지고 다시 나타나 우리에게 잃어버린 기회를 되찾아 다시 한번 더 잘해볼 가능성을 언제나 남겨주는 것이니까요.

태어나는 앎인 직관은 개화와 희망과 미래의 도래 쪽으로 완전히 향해 있습니다. 이 점에서 직관은 하나의 약속입니다. 그러나 죽음의 명령에서는 무언가가 만들어지는 동시에 부수어지고, 마침내 파괴되어 영원히 그렇게 있습니다. 그러니까 무가 최종 승자가 되는 것이죠. 곧바로 그리고 영원히 주저앉아 버리는 사건의 도래란 무엇일까요? 우리는 이미 죽음의 말할 수 없음을 시적인 신비의 형언할 수 없음과 대조했었습니다. 다시 나타날 희망도 없고 미래나 재개의 약속도 전혀 없는 죽음에 의한 사라짐은 이런 의미에서는 정말 말할 수 없는 것이죠. 그것은 학문도 논의도 개시하지 않습니다. 쓰러진 자는 흔적도 없이 사라집니다. 그것으로 영영 끝입니다.

어떻게 직관이 언제까지나 사라지는 나타남과 정확히 합치할 수 있을까요? 즉각적이라는° 것이 하나의 시간적 의미를 갖는 한, 즉각성의 철학은 동시성과 때맞춤이라는 책무를 갖는데, 이는 기습으로만 충족시킬 수 있습니다. 잘 겨냥해서 너무 이르지도 늦지도 않게 도달하여 완벽한 동시성을 획득하고, 자유의 "도약점punctum saliens"과 일치하여, 창조자와 피조물 사이에서 창조의 신비에 다다르는 것은 그것만으로도 이미 어려운 일입니다. 때맞춰 도달하려면 섬세한 정신과, 견줄 수 없는 민첩성이 필요합니다.

° 'immédiat'는 매개성에 대립되는 직접성이 아니라, 여기서는 지속성에 대립되는 시간적 의미를 갖는 즉각이다.

그러나 그런 말만으로는 부족합니다. 여기서는 직관이 시간착오를 하거나 때를 맞추지 못할 수 있다는 것을 떠올리는 것만으로는 충분치 않습니다. 여기서 겨누고 있는 순간은 죽음의 돌이킬 수 없는 순간이고, 우리는 결코 '제때에' 도달하지 못하는 것입니다. 그러므로 여기서 즉각성의 철학의 위험이란, 단지 가까움을 넘어 최근접을 추구하다가 인식이 인식론적인 거리를 없애고 인식되는 것과 섞여버리는 위험만이 아닙니다. 그것은 단지 섬세함이 부족한 직관이, 최대 근접과 최소 거리두기가 일치하는 최적점을 놓치게 되는 위험이 아닙니다. 즉, 앎을 희생시켜 우리를 항상 더 가까이 끌어당기는 현실의 요구와, 현실을 희생시켜 우리를 뒤로 밀쳐내는 앎의 필연성 사이에서 분열되는 위험이 아닙니다. 여기서의 위험은 죽음이라 불리는 결정적 무화입니다. 위기의 순간 일 초 전, 붙잡을 수 없는 죽음의 카이로스 일 초 전, 우리는 아직도 존재의 긍정성과 생명만을 알고 있습니다. 일 초만 더 있으면 무입니다. 언제나 근사치인 거의 동시성이 아니라, 직관과 사건이 한 점으로 첨예하게 동시적이 되는 정확히 그 순간에는, 이제 더 이상 아무것도 없습니다. 죽음의 현실성, 그리고 임종 순간의 '지금', 그리고 이 '지금'의 '오늘'과, 이 '오늘'의 현재 순간은, 따라서 희랍인들의 말대로 '현장에서는 ἐπ'αὐτοφώρῳ', 말하자면 주머니 속에 손을 넣어 살아있는 자에게서 그 존재를 빼내고 있는 바로 그 현장에서는 결코 포착될 수 없습니다.°

여기서 죽는 당사자가 보는 자신의 죽음과 입회인이 보는 타인의 죽음을 다시금 구별합시다. 자신의 죽음을 겪는 자는 존재하기를 그친다고, 아니 차라리 그 순간에 비존재 속으로 소멸되어 버린다고 우

° 희랍어 ἐπ'αὐτοφώρῳ는 '현장에서'에 해당하는 관용구이나, 'αὐτόφωρος'는 도둑질하는 중에 들통이 나는 것을 의미한다. 낱말의 뒷부분 'φώρ'가 도둑을 뜻한다.

리는 말했습니다. 그러니까 이제 어려움은 내가 무엇인지를 아는 것이나 내가 아는 것이 나인 문제가 아닙니다. 이런 어려움은 자기 안의 개인적인 문제이기에 어쨌든 극복할 수 있는 것이니까요. 그것은 살아있는 자들에게나 있는 사치스러운 어려움인 것입니다. 우리는 이 인칭에 대해서 말하면서 안겔루스 질레지우스를 인용했었습니다. "내가 무엇인지 나는 모르고, 내가 아는 것은 내가 아니다." 그런데 이제는 더 이상 인식과 존재를 병합하는 것이 문제가 아닙니다. 병합은 확실히 어렵지만 불가능하지는 않습니다! 관건은 이중으로 불가능한 불가능, 거듭제곱의 불가능입니다. 인식과 비존재를 병합하는 것이 문제인 것입니다.

여기서부터는 선택을 해야 합니다. 『파이돈』에서 말하듯 앎이냐 비존재냐 '둘 중의 하나δυοῖν θάτερον'[11]입니다. 결코 둘을 함께 가질 수는 없습니다. 그리고 플라톤은 덧붙입니다. '그 전에는 알 수 없을 것이다.πρότερον δ᾽ οὔ' 자기 자신의 존재는 극복할 수 있는 어려움이지만, 자기 자신의 비존재는 극복할 수 없는 장애물입니다. 내가 무엇인지는 알기 어렵지만, 내가 더 이상 존재하지 않을 때에는 아는 것이 불가능합니다. 존재하지 않는 자는 하물며 알지도 못하는 것입니다. 존재를 없애는 무화는 하물며 인식도 못 하게 하니까요! 더 이상 알 것도 없고 알 사람도 없습니다. 아무것도 아무도 없으며, 완전히 무입니다!

직관은 어디에도 가닿지 못합니다! 일별이 차단되는 것도 물론입니다. 태어나기 시작한 앎은 요람 속에서 목 졸려 죽습니다. 죽음에 대한 앎은 태어나자마자 바로 그 죽음 자체에 의해 질식사합니다. 혹은 다른 비유가 낫다면, 알기를 갈망하는 죽어가는 자는 촛불 주위를 미친 듯이 도는 나방처럼 자신의 죽음에 조마조마하게 다가갑니다. 그 불꽃의 본질을 속속들이 알려면 그 속으로 들어가야 합니다. 그러나 그때는 영혼의 날개가 불타버리겠죠. 따라서 영혼은 계속 알고자 한다면 적당한 거리에 머물러서 타오르는 불꽃의 식어버린 영상을 멀리서 보는 것에 만족하거나, 혹은 자신이 불꽃이 되어 인식 대상 속에서 불타서 사라지는 수밖에 없을 것입니다. 타오르는 불에 가까이 간 덕분에 어쩌면 결국 알게 될 수도 있겠지만, 그 때문에 죽게 되는 것입니다. "거의 다 왔는데 불타서"° 결국 죽고 맙니다.

우리는 거리를 넘어 근접을, 근접을 넘어 인접을, 그리고 마침내 인접을 넘어 합치까지 찾아왔습니다. 따라서 우리는 진퇴양난에 처해 있습니다. 추상적이고 먼 인식과 죽음과의 합치 사이에 끼어 있는 것이죠. 멀리서 남 일처럼 알든가 몸소 죽음을 안에서 겪으며 소멸하든가, 그런 딜레마입니다. 죽음의 불꽃에 닿아 타 죽은 영혼, 무화의 소각을 경험한 영혼, 재가 되어버린 영혼이 우리에게 전할 메시지를 가지고 있을까요? 혹은 가지고 있었을까요?

물론 우리는 그것을 결코 모를 테지만… 그 사람, 죽어가는 그 사람은 어쩌면 뭔가를 알 것입니다. 그것도 그 안쪽에서 말입니다.(무언가를 알려면 아직 누군가가 있어야 한다는 조건이 있기는 하지만요.) 그러나 그가 아직 말을 할 수 있었던 그 순간에는 아무것도 모르기에, 그리고 그가 우리에게 알려줄 무언가를 어쩌면 갖게 되었을 그 순간부터는 살아남은 사람들과 모든 접촉을 잃어버리기에, 그의 메시지는 어떻게도 전달할 수 없고 따라서 우리에게 소용이 없습니다. 설령 죽기 백만분의 일 초 '전에' 죽어가던 사람이 아직 살아있는 채로 돌연 죽음의 계시를 받아 불현듯 직관을 갖게 되었다고 가정하더라도, 그는 아무에게도 그 직관을 나누어줄 수 없습니다. 그러나 이런 종류의 직

° 'brûler'는 일차적으로 불에 탄다는 뜻이지만, 놀이나 수수께끼에서 '거의 다 찾았다', '답에 다 왔다'는 뜻으로 쓰인다.

관이란 아예 존재하지 않는다는 쪽이 가장 그럴듯합니다. 왜냐하면 죽어가는 사람이 죽기 전에ante mortem 아주 잠시라도 죽음의 계시를 받을 수 있다면 사람들은 천지개벽 이래 결국 뭔가를 눈치챘을 테니까요.

그러니 죽어가는 자는 막 발견하는 순간 (그러나 도대체 발견하기는 하는 걸까요?) 캄캄한 호수에 빠져 발견한 것을 가지고 사라져 버리는 겁니다. 저마다 자기가 발견한 것을 가지고 떠나버립니다. 발견이 있다면 말이지만요. 그리고 타인의 죽음에 대해 추론하는 우리 살아남은 자들은 그 순간이 찾아오면 태초부터 죽어온 모든 죽은 이들을 따라할 겁니다. 죽을 차례가 되어 목격자이기를 멈추고, 어느 날 자신의 죽음을 죽으면서 이 죽음의 비밀을 무덤 속으로 가져갈 것입니다.

메시지를 '막' 넘기려는 '순간', 죽어가는 자는 자신의 죽음을 죽습니다. 메시지는 결코 없을 겁니다. 혹은 무용할 겁니다. 이 메시지를 '막' 받으려는 '순간', 살아남은 증인은 그것을 놓치고 맙니다. 그래서 무용한 메시지는 또한 파악할 수도 없는 것입니다. 우리는 죽어가는 사람을 앉은자리에서 빼앗깁니다. 우리가 궁금해하던 대상을 죽음의 발톱이 획 낚아채 단숨에 삼켜버립니다. 그 순간은 이미 내게서 멀리 있습니다! 달리 말하면, 참관인이 바짝 붙어서 지켜보고 있는 순간에 신비한 메시지를 전할 자가 눈앞에서 사라져 버린 것입니다. 참관인이 이제 곧 알게 될 거였는데… 참관인이 막 알리는 참인데… 아니, 참관인은 이미 알고 있는… 하지만 아닙니다, 그는 아무것도 모릅니다! 그는 단지 안다고 믿었던 겁니다. 일 초 전에 그는 알아야 할 것을 거의 다 알고 있었습니다. '거의' 다, 즉 바로 본질적인 것을 빼고 다 말입니다. 여기서 '거의'는 가까움이 아니라 어림잡음을 가리킵니다. 성공이 임박한 것이 아니라 실패입니다.

결국, 참관인은 목표를 놓쳤습니다. 신비의 말을 그는 알지 못하게 되는 것입니다. 그 말이 나오려는 순간, 전송이 갑자기 중단되고 연락이 끊깁니다. 그것도 영원히. 드디어 인식을 얻으려고 하는 순간에 영원히 도로 가져가 버립니다. 이는 일종의 탄탈로스의 형벌이 아닐까요? 그러니까 그것은 전혀 인식이 아니었던 겁니다! 죽어가는 자에게 그러한 인식이 허락된 적이 한 번도 없었기 때문입니다. 그러니까 확인할 수도 없는 가정을 제멋대로 한 것이 아니고서는, 메시지가 우리에게 전달되려는 참이었다는 것을 어떻게 알 수 있겠습니까? 이 점에서는 자신의 죽음과 닮은 타인의 죽음에도 '이전'과 '이후'와 '동안'이 없습니다. 그러나 특히 거기에는 현재가 없습니다. 그 죽음은 그 순간에 파악할 수 없는 것입니다.

만약 한 존재의 특성들이 그 존재가 지속 중에 차지하는 위치에 따라서 달라진다면, 그 특성들이 시간 순서에 의존한다면, 최후의 순간은 아마 그렇게까지 실망스럽지는 않을 것입니다. 이는 많은 점에서 정말 그런 것처럼 보입니다. 늙었느냐 젊었느냐, 인생을 많이 살았느냐 아니냐에 따라, 한 존재는 똑같은 존재가 아닌 것이죠. 그러면 왜 마지막 순간이라는 각별한 위치가 그 자체로 신비를 계시하지 않을까요? 왜 그 순간이 마지막이라는 것이 우리에게 아무것도 가르쳐주지 않을까요? 왜 마지막 말과 마지막 순간의 마지막 숨에 메시지가 담겨 있지 않고, 왜 만약 메시지가 있다면 시와 초 그리고 이 마지막 초의 마지막 순간이, 최후의 순간의 마지막 찰나가 가까워짐에 따라 그 메시지가 점점 더 명확해지지 않을까요?

우리가 이미 보여주었듯, 연속의 모든 순간은 나름대로 상대적인 마지막이지만, 단 하나 그리고 그 하나만이 절대적인 마지막입니다.

이 유일한 순간은 이런 의미에서 마지막일 수 있는 단 하나의 순간입니다. 마지막 순간은 그 정의 자체로 단 하나뿐입니다. 그 뒤에도 하나가 더 있으면 마지막 이전일 테니까요. 마지막 번이 여느 것과 같은 한 번이 아닌 한 그것은 아무쪼록 우리에게 무언가를 가르쳐주어야 할 것입니다. 정말이지 그것은 단 한 번 중에서도 '단 한 번'입니다. 그야말로 '단 한 번'입니다. 레프 셰스토프가 "생의 접경"이라고 부르는 그 경계지대의 극점입니다. 사람이 막 죽으려고 하는 이 예언적 지대야말로 가장 강렬한 긴박함과 커다란 모험이 있는 곳이 아닐까요?

그러나 정반대로도 말할 수 있습니다. 여느 것과 다른 이 마지막 순간은 다른 모든 순간들과 같은 순간이라고 말입니다. 게다가 그 마지막 순간이 마지막이든 어쨌든, 아니 마지막이라는 바로 그 이유 때문에 그것은 결국 "하나의 순간"입니다. 게다가 순서 형용사가 붙은 명사 자체가 그것을 표명하고 있는 것입니다. 마지막 순간의 예외성은 말하자면 형용사적입니다. 각별한 것은 이 마지막 번째의 서수序數와 계열 속의 차례뿐입니다. 생의 계열이 전부 다 이편에 있다는 것 말고는 무슨 말할 것이 있겠습니까? 마지막 숨까지도 포함해서 전부 다, 그래, 끝에서 끝까지 마지막 심장박동까지도 포함해서 전부 다 이쪽에 있다는 것 말고는! 이미 썼던 표현을 다시 가져오자면 "죽음까지"는 실제 죽음에서처럼 운명의 문턱까지 그리고 그 문턱 너머까지라는 의미는 아닙니다. 메시지가 문제일 때에는 "죽음까지usque ad mortem"는 죽음 자체의 이편인 죽음까지를 의미합니다. 죽음까지이지만 사실상 살아있는 동안입니다.

결국 죽음은 두께도 폭도 없는 한계, 길이가 없는 점, 어떤 것과 아무것도 아닌 것을 나누는 공간적 위치도 지속도 없는 순간, 존재와 비존재를 자르는 날카로운 단면이자 거의 존재하지 않는 선입니다. 그러나 이쪽저쪽 사이로는 그 어떤 계시의 빛도 새어 나오지 않습니다. 차안과 피안의 경계에 대해서 명상하는 사람 자신은 어디까지나 차안에 있습니다. 그리고 이 순간 우리 자신도 이쪽 편에 있습니다. 비존재에 대해 우리가 아는 모든 것, 우리가 보고 듣고 만지는 모든 것은 여전히 존재와 생의 긍정성에 속합니다. 그리고 이 긍정성 자체는, 노화에 대한 탐구에서 우리가 보았듯이, 마지막 기슭과 마지막 곶에 다가감에 따라 점점 더 투명해지는 것도 아닙니다. 이 영역에서는 가까움이 우리에게 아무것도 가르쳐주지 않습니다. "가깝다"거나 "멀다"고 말하는 것은 시간성을 공간에 투영한 것이죠! 한순간만 지나면 죽게 될 사람도 죽음에서 가장 먼 젊은이보다 더 멀리 있는 것일 수 있습니다. 그리고 그 가장 멀리 있는 자나 가장 가까이에 있는 자나 죽음에 대해서 아는 것은 똑같습니다.

6. 마지막은 아무런 비밀도 감추고 있지 않다

우리의 존재가 해마다 점차 얇아지고 옅어져 피안의 비밀을 투명무늬처럼 읽어낼 수 있게 되려면, 우선 초경험적 신비가 경험세계 속에 거처를 잡아야 하고, 초자연적인 것이 자연계 속에 가로세로 좌표로 위치를 정할 수 있어야 하며, 특히 피안의 메시지가 알비십자군의 보물처럼 여기나 저기 어딘가 은신처에 숨겨져 있어야 할 것입니다. 장소를 정해 세워둔 우상, 즉 영적인 신비를 공간 속에 옮겨놓은 것은 어떤 끈덕진 편견에 부응합니다. 생명의 실체를 무한히 작은 곳까지

들여다볼 수 있는 현미경과 초현미경은 생명의 소재지를 지정하거나 가리키려는 이 욕구를 부추깁니다. 세포가 아니라면, 세포핵이다. 아니면 그 핵의 염색체거나, "유전자" 혹은 그것을 구성하고 있는 화학물질 중 하나다. 그런 식이죠. 사람들은 '여기다'라고 말하며 그 자리를 가리킬 수 있을 때까지는 그 일을 그만두지 않을 것입니다.

그런데 학자들은 그 자리가 결코 "여기" 같은 곳이 아님을 알고 있습니다. 생명의 생명력은 언제나 저편에, 언제나 다른 곳에 있는 것입니다. 생명은 물질 없이, 생명 발현의 필요조건인 (충분조건은 아니지만) 물리화학적 현상들 없이는 살 수 없을 테지만요. 회상을 대뇌피질의 여러 구역에 분산시키려 했던 뇌 지도라는 신화에 베르그송은 결정적인 타격을 가했습니다. 기억이 전체적으로 하나의 해부학적 기질에 의존하더라도, 회상은 대뇌피질 조직의 특정 뉴런에 말 그대로 들어 있지 않다는 것입니다. 마찬가지로, 의미는 문장 속에서 낱말 하나하나로 나뉘어 말해지는 것이 아니며, 음악의 마법 주문도 멜로디 속에 음표 하나하나로 읊을 수가 없습니다. 비록 전자는 문법적인 음소로 후자는 청각적 음으로 반드시 구현될 수밖에 없기는 하지만 말입니다. 의미의 지도와 마법 주문의 카드라는 말은 기억의 지형도만큼이나 은유적인 말입니다.

더 나아가 봅시다. 천재의 천재성은 그것이 나타나는 그 어떤 징후에서도 완전히 읽어낼 수 없습니다. 천재의 글씨에서도, 그 원고의 모양에서도, 그 얼굴 생김새에서도, 두개골 형태에서도 마찬가지입니다. 필적학이든 골상학이든 징조와 선을 읽어내는 기술은 언제나 자의적인 짐작임이 드러납니다. 『고리오 영감』을 쓰는 데 사용된 펜대를 아무리 들여다봐도 소설 창작의 신비에 대해서는 아무것도 알아낼 수 없고, 라스코에서 발견된 부싯돌을 아무리 들여다봐도 선사시대의 비밀은 볼 수도 읽어낼 수도 없을 것입니다. 그리고 마지막으로 (신비 중의 신비로 끝맺자면) 아무리 주의를 기울이고 아무리 깊은 명상을 해도, 눈을 부릅뜨고 정신의 힘을 다 짜낸다고 하더라도, 신의 존재는 빛나는 별들 속에서도 우주의 거대한 밤의 침묵 속에서도 읽어낼 수 없습니다. 밤하늘의 광활함과 은하수가 무릇 모든 곳에 있으면서 어디에도 없는 신의 영광을 분명히 말하고 있다 하더라도 말입니다.

이런 점에서 죽음의 신비는 신의 신비 혹은 창조 일반의 신비와 똑같은 경우에 해당합니다. 죽음의 신비는 감각적 신호에서 읽어낼 수 없는 것입니다. 우리는 독일군에게 총살당한 레지스탕스의 젊은 영웅 뤼시앵 르그로가 죽기 전 부모에게 썼던 숭고한 편지를 미어지는 가슴으로 눈물을 글썽이며 읽습니다.° 이 편지는 한 시간 반 뒤에 죽게 되는 청년의 글이죠. 하지만 이 편지 자체는 죽음의 비밀을 감추고 있지 않습니다. 우리는 죽음의 성찰에 대해서는 아무런 단서도 주지 않는 비극적 기호의 표면적인 깊이에 사로잡혀 있는 것입니다. 죽음의 신비는 감절로 읽어낼 수 없고 이중으로 해독 불가능합니다.

창작은 아무리 신비롭다고 하더라도 적어도 생산물을 남겨 감상자가 같은 시간에 있을 수 있습니다. 창조적 신비의 이 생산물이 창작물이라고 불리는 것이죠. 그리고 창작의 순간이 하나의 작품으로 살아남을 때 우리는 이 작품을 살펴볼 시간을 갖게 되어, 그 증거 물품을 이리저리 돌려보고, 그 증거 소설을 읽고 또 읽고, 끊임없이 성찰을 되풀이하고 성찰하다가 잠이 들기까지 합니다. 늘 손 닿는 곳에 있는 이 신비는 연속의 인간 곁에 머뭅니다. 영혼의 신비가 일상의 곁에 머무

° 파리의 고등학생이었던 뤼시앵 르그로Lucien Legros는 1942년 4월 레지스탕스의 일원이 되었다. 이듬해 5월 그는 독일 공군에 체포되어 사형을 선고받았다. 프렌 감옥에서 1년 동안 수감된 뒤 총살당하기 전 부모님에게 마지막으로 편지를 썼다.

르듯이, 일상의 신비가 삶 전체와 함께하듯이 말이죠. 그러나 죽음 순간의 신비는 성찰할 시간을 좀처럼 주지 않습니다. 죽어가는 자는 장소도 바꾸지 않고, 게다가 전혀 움직이지도 않고 갑자기 사라지기 때문입니다. 죽어가는 자의 메시지는 산산조각으로 부서져 우리 손가락 사이로 빠져나갑니다!

　탄생은 죽음만큼이나 생물학적인 현상인 동시에 초경험적인 신비라고 우리는 앞서 말했습니다. 둘 다 자연과 초자연이 일치하는 지점에서 도래하죠. 그러나 반쯤 열림과 되돌릴 수 없는 것에 대한 논의에서, 그리고 처음이자 마지막인 것 두 가지 사이의 불균형에 대한 논의에서 우리가 알게 되었던 것을 여기서 다시 말해야 할까요? 탄생의 이편에서는 그 어떤 명확한 사정도 다 빠져 있습니다. 그래서 그 이편은 무가 아니라, 오히려 비존재이고 그 결과 존재의 희망이며 약속이기까지 했습니다. 탄생은 어느 날짜에 어딘가에서 도래하고, 그 뒤로는 모든 미래가 존재의 연속과 실존의 긍정성으로 있는 것입니다. 반대로 죽음에서는 그 저편이 무에 처해 있습니다. 비존재라기보다는 무라고 분명히 말해둡시다. 탄생의 과거가 비존재였듯이, 죽음의 미래는 사후의 혹은 "이후로 영원한a parte post" 이 무, 기대가 아니라 체념인 이 무입니다. 그리고 비존재가 하나의 '아직 아닌' 것이었듯이 무는 '더 이상 아무것도 아닌 것'이라고 불러야 할 것입니다.

　탄생의 신비에 대해서는 그래서 우리가 평생을 두고 성찰할 수 있습니다. 이 신비 자체가 살아있는 그 사람을 지속적인 증거로 남기기 때문이죠. 그러나 죽음은 그 뒤에 살아남은 사람들에게 모호한 암호, 읽을 수 없는 기호, 불가해한 문자밖에 남기지 않습니다. 사람들은 왜 이제야 자세한 사정을 애걸하러 오는 것일까요? 딱하게도 터무니없이 늦은 것이 아닌가요? 사후에 수여되는 레지옹도뇌르 훈장만큼이나 늦습니다. 이런 훈장은 오히려 살아남은 사람들의 만족이고 그들의 무거운 양심을 가볍게 하는 수단인 것이죠. 죽은 자 자신과는 거리가 멉니다!

마찬가지로, 죽어가는 자의 마지막 숨이 마지막 생명 신호라고 하더라도, 제삼자에게는 완전히 공허한 메시지일 뿐입니다. 그리고 우리가 이 헐떡임을 끈질기게 분석해 보아도, 이 깊이 없는 신호를 한없이 파고들어도, 있는 그대로의 것 이상의 어떤 것도 거기서 찾지 못합니다. 그저 다른 많은 호흡들 뒤에 오는, 여느 호흡과 같은 하나의 호흡일 뿐입니다. 그 뒤에 더 이상 호흡이 없다는 사실이 그것에 무슨 특별한 울림을 주지도 않습니다. 그 호흡이 확실히 마지막이라는 것을 (일이 벌어진 후에) 확인하기 위해서는 아직 몇 분 더 기다려야 하죠. 그렇더라도 마지막 한숨은 다른 숨보다 더 장엄하고 의미와 암시로 가득 찬 더 의미심장한 것이어야 할 텐데…. 하지만 아닙니다. 형이상학적인 숨 같은 것은 없습니다. 그렇습니다, 죽음의 비밀은 마지막 순간의 내용 속에 있는 것이 아닙니다. 일단, 순간에는 내용이 없기 때문입니다. 게다가 내용 없는 이 순간부터 앞으로 비밀은 영원히 발견될 수 없게 됩니다. 그러니 최후의 순간은 오히려 마지막 받침대, 존재가 영원히 무無 속으로 사라지기 위해 뛰어오르는, 말하자면 도약대입니다.

그러나 상식이라는 인간중심적 사고는 미신처럼 마지막 순간에 계시의 효력이 있다고 굳게 믿고 그것을 놓으려고 하지 않습니다. 죽어가는 사람이 이 땅에 있는 마지막 순간에야말로 죽음의 메시지를 들을 수 있다는 생각을 포기하지 않습니다. 죽어가는 자가 무덤 속으로 비밀을 갖고 영영 떠난다는 생각, 이런 생각은 아주 흥미진진하며 상상력을 활발히 자극합니다. 우리에게 남겨진 짧은 순간을 이용해 그 예외적인 기회의 머리끄덩이를 잡으라고 권유합니다.° 그러나 가령 세르게이 프로코피에프Sergey Prokofiev의 "마지막 작품"¹²이 치명적인 울혈이 덮친 날 쓰였다고 해서 무슨 비밀을 우리에게 털어놓겠습니까? 그것을 믿는 것은 순전히 미신일 것입니다.

 죽어가는 자가 아무 말 없이 죽을 것인가? 마지막 순간에 역사적인 말을 할 것인가? 죽기 일 초 전에 죽음에 대한 말이기도 한 끝에 관한 그 말을 할까, 하지 않을까? 끝 중의 끝에 관한 이 말, 우리가 그토록 기다려왔고 소중히 거둬들일 것이며 낭떠러지 가장자리에서 가까스로 붙잡아야 하는 최후의 끝에 대한 이 말을? 기자, 사진가, 철학자 여러분 달려오십시오. 마지막 말과 유언 수집가들 달려오세요. 위대한 죽어가는 자 주위에 둘러서세요. 위대한 죽어가는 자께서 말하려 하십니다! 그리고 모두가 두근거리는 마음으로 달려가 숨을 죽이고, 신탁을 받으려고 마음을 졸이며 귀를 세우는데…. 아아! 위대한 죽어가는 자는 조마조마해하고 있는 사람들에게 말합니다. "아스클레피오스에게 수탉 한 마리 바치시게."°° 이런 말이나 듣자고 숨죽이고 현자의 입술에 온 신경을 쏟았단 말인가!

 결국 현자도 여러분이나 나보다 죽음에 대해 더 잘 알지는 못했던 겁니다. 허탕만 친 살아남은 자들은 그래서 모르는 채로 머물 것입니다. 최후의 말은 신비화된 것이었습니다. 죽어가는 사람은 임종 시에 안녕이라고 말하고 우리를 빈손으로 남겨둡니다. 죽어가는 소크라테스가 살아있는 소크라테스에 못 미친다고, 마지막 순간이 마지막 오후에 걸맞지 않다고, 마지막 대화가 이 마지막 말로 용두사미로 끝난

° 기회의 신 카이로스는 앞머리는 무성하지만 뒷머리는 대머리이다. 눈앞에 있을 때 앞머리를 잡지 못하고 보내면, 다시 잡을 뒷머리가 없는 것이다. 6장 385쪽 각주 참고.
°° 『파이돈』118a.

다고 생각해야 할까요? 오히려 우리는 소크라테스가 얼렁뚱땅 그 순간의 장엄함을 익살스럽게 대했던 거라고 말합시다. 피안에 대한 질문을 받고 소크라테스는 차안 쪽으로 몸을 돌려 친구들에게 가장 시시하고 가장 평범하고 가장 세속적인 권고를 하는 것입니다.

확인해 본바, 현자에게서 기대할 만한 것은 아무것도 없었습니다. 죽음이 마지막 순간에 우리에게 마련해 놓은 것은 영원한 실망이 아닐까요? 죽음은 최후의 순간이라는 이 각별한 순간 속에 웅크리고 숨어 있지 않습니다. 끝에서 두 번째, 끝에서 세 번째 순간이라고 해도, 무슨 교리를 전수하는 것처럼 마지막에 완전히 밝혀질 신비를 서서히 계시하는 단계가 아닙니다. 사형 애호가들도 헛수고만 할 것입니다. 교수형에 입회한 자들도 전혀 아무것도 못 보고 끝날 것입니다. 그들의 병적인 호기심은 실망을 겪을 겁니다. 죽음에 놀림당한 것이죠!

만일 우리가 비밀과 신비를 더 잘 구별할 줄 알았다면, 아마도 우리의 탐색이 조금 덜 실망스러웠을 것입니다. 그러나 우리는 죽음의 영적인 신비를 쉽사리 현실적인 비밀로 여기고서, 문 뒤에서 듣거나 열쇠 구멍으로 들여다보거나 바구니를 뒤져서 알아낼 수 있는 것처럼 생각합니다. 만약 신비가 은신처에 숨긴 물건처럼 위치가 있는 것이라면, 다시 말해 감각적인 매체에 깃들어 있다면, 어쩌면 주의를 집중하고 열심히 분석해서 결국 그것을 발견할 수 있을 것입니다. 작은 실마리라도 있을까 살피고 노리고 지켜보며 귀를 기울이는 자들, 셜록 홈즈처럼 캐묻고 조사하는 눈길로 눈을 부릅뜨고 곳곳을 돌아다니는 자들은 모두 숨겨진 것을 조만간 발견하도록 되어 있습니다. 그리고 탐정은 단지 비밀을 알아내는 일만이 아니라, 수수께끼 해독에도 전문입니다. 메시지가 숫자로 되어 있거나 암호문이나 모호한 경구의 수수께끼 같은 형식을 띠고 있는 경우도 있으니까요. 그러나 암호화된 메시지도 암호를 풀어내고 나면 보통 문장의 메시지 이상으로 분명합니다. 찾는 자는 발견하게 될 것입니다. 발견은 탐구의 끝에 얻은 보상인 동시에 쟁취인 것이죠. 그것은 발견하려고 노력하는 이에게, 말하자면 노획물이나 전리품으로 주어집니다.

이와는 정반대로, 신비의 열쇠를 찾는 자들은 그것을 발견하지 못할 것입니다. 신비란 지하 동굴 같은 곳에 숨겨진 것이 아니어서 "열쇠" 따위가 없기 때문이죠. 만약 신비가 발견 불가능한 것이 아니라면 차라리 이렇게 말해야 할 겁니다. 사람들이 그것을 찾는 까닭은 어떤 면에서는 그것을 이미 발견했기 때문이거나 어쩌면 찾지 않았는데도 발견되기 때문이라고요. 비밀은 그것을 찾아 나섰기에 그것에 대한 권리를 가진 사람들에게 '베일이 벗겨집니다.' 그러나 신비가 늘 모호하고 형언할 수 없는 식으로나마 '계시되는' 것은 "알기"를 주장하지 않는 사람들에게서나 있는 일입니다. 실제로 알아야 할 것이 아무것도 없으니까요.

우리는 화성에 대해서 아마도 점점 더 정확한 정보를 얻을 수 있을 것입니다. 미지의 행성도 가까이 다가가서 볼수록 더 잘 알 수 있게 될 테니까요. 그러나 죽음은 가까이서 봐도 그 자체에 대해 말 그대로 아무것도 알게 되지 않습니다. 가까이라고 해서 멀리서보다 더 잘 알 수 있는 것이 아니죠…. 하지만 도스토옙스키처럼 죽을 뻔했던 사람, 그러나 그럴 '뻔했을' 뿐 마지막 일 분의 마지막 일 초에 무시무시한 기슭에서 기적처럼 빠져나온 인간의 엄청난 경험을 상상해 봅시다. 그는 소위 멀리서 돌아온 것이며,° 죽음을 거의 눈앞에서 똑바로 쳐다봤

° '멀리서 돌아온다'의 프랑스어 'revenir de loin'은 위기나 중한 병에서 겨우 살아나는 것을 의미하기도 한다.

던 겁니다. 하지만 그래도 그는 전혀 아무것도 보지 못했습니다. '안다'는 말의 사전적인 의미에서, 그는 아무것도 '알지' 못합니다. 아무런 정보도 가지고 돌아오지 못했습니다.

탐험가의 수다와 우주비행사의 소감을 모으는 일에 익숙한 기자들은 실망할 것입니다. 무릇 죽음의 수용소의 생존자들은 좀처럼 말이 많지 않고 오히려 이상하리만치 과묵합니다. 멋진 여행과 신나는 모험이 사람을 수다스럽게 만든다면, 지옥문으로 가는 여행이라 할 아우슈비츠로의 여행은 입을 다물게 만듭니다. 언젠가 화성에서 돌아온 여행자를 에워싸고 그가 본 것을 듣고 그가 가져온 사진을 보려고 하는 날이 있겠지만, 강제수용소에서 돌아온 사람은 에워싸 봐야 소용이 없습니다. 증오와 고통과 죽음의 무시무시한 신비는 어떤 행성의 잠정적인 미지의 비밀과는 아무런 공통점이 없으니까요.

그리고 지옥에서 살아남은 사람이 말할 수 없는 것을 이야기하겠다고 승낙할 때에도, 들어야 하는 것은 그 이야기가 아닙니다. 오히려 그 침묵에 귀 기울여야 할 것입니다. 다른 세상에 대해서 아무것도 모르기는 해도, 그는 삶과 죽음의 접점을 맛보았습니다. 그는 자신이 무엇을 아는지 모르고, 그가 안다는 것조차 모릅니다. 그 남자는 메시지를 갖고 있지 않습니다. 그의 존재 전체가 바로 메시지니까요. 베르그송에 따르면 영웅적 정신의 가르침이란 영웅인 바로 그 사람이듯이, 증거가 되는 것은 그 사람 자체입니다. 그러니까 그 사람이 말하는 것을 해석할 것이 아니라, 그가 누구인지를 이해해야 합니다. 뭔지 모를 모호하고 아득한 어떤 투명함, 연속의 이해관계에 대해 뭔가 좀 경멸하는 듯한 초연함, 물질적 존재양식은 그대로면서도 그 정신을 단순화하는 진지함, 삶의 의미의 어떤 신비로운 변화가 아마도 그때 우리의 시선에 드러날 것입니다.

이 시선은 조사하고 캐내고, 세부사항에 주의를 쏟는 시선이 아닙니다. 죽음의 "메시지"는 시간상으로 잴 수 없고 공간상으로 위치를 정할 수 없기 때문입니다. 이 메시지는 어디에나 있고 어디에도 없습니다. 거의 들리지 않는 피아니시모의 작은 속삭임도 아니고, 거의 보이지 않는 광선도 아니기에, 이를 파악하기 위해서는 가장 예민한 귀와 날카로운 눈보다도 무한히 더 민감하고, 초고감도의 수신기보다 무한히 더 뛰어난 것이 필요합니다. 직관이라 하는 영혼의 시선과 영혼의 귀가 필요하며, 게다가 순간의 은총에 자기를 내맡기는 것도 더불어 필요한데, 이는 직관만이 할 수 있는 일이죠.

우리가 임종의 침상에서 징조를 찾고 마지막 숨소리에서 뭔지 모를 상상의 비밀을 뽑아내려고 악착같이 구는 것은 어쨌든 이해할 만한 일입니다. 이 마지막 숨을 내쉬는 일이 한 존재가 공간과 시간 속에 마지막으로 현존하는 것이며, 한 존재가 비존재가 되기 바로 전에 마지막으로 존재하는 일이니까요. 이렇듯 모호하고 이렇듯 애매한 '단 한 번'이 우리의 마지막 기회인 것만 같지요. 그리고 바다 한가운데에서 표류하는 뗏목에 조난자가 매달리듯이, 우리는 이 작은 시공간적 실존의 조각에 필사적으로 매달립니다. 무정한 원소들의 광막함 속에 나무판자 몇 개, 이것이 조난당한 선원에게 남겨진 생명, 희망, 인간성의 전부입니다. 영원한 무가 모든 것을 휩쓸어버리기 전에 죽음에 대해 우리가 붙잡을 수 있는 것은 이 마지막 순간뿐입니다. 그리고 우리는 순간이라는 무한소의 실존 속에 아직 생각할 거리가 있다고 믿는 체합니다.

아아! 그러나 이 실존의 작디작은 조각, 이 모래알, 이 티끌, 이 지속의 원자, 이 거의 아무것도 아닌 것, 이것은 아직 차안의 일부입니다.

더욱이 차안의 마지막 순간은 피안의 첫 순간이 전혀 아니므로, 애매한 방식으로 암시적으로 그리고 거의 표현 불가능하게가 아니고서는 이 피안을 조금도 해명해 주지 않습니다. 차안의 마지막 순간은 차안에 속할 뿐만 아니라 차안밖에 해명하지 않습니다. 이것은 일종의 숙명성이 아닐까요? 죽음 자체도 죽음을 이해시키지 않습니다. 죽음은 삶을 이해시킵니다. 혹은 이렇게 말하는 것이 더 낫다면, 죽음의 순간은 죽음의 숙명에 대해서는 아무것도 말하지 않습니다. 죽음의 순간은 살아온 삶만을 말하고, 거기서 의미를 끌어낼 따름입니다. 그것은 있었던 일을 설명하지만 있을 일을 예고하지는 않습니다. 그래서 죽음의 순간이 무언가를 해명한다 해도, 그것은 경험계의 최후 그 너머에서 시작되는 초경험적인 저편이 전혀 아닙니다. 그것은 이편의 삶 그 자체이며, 그 결말입니다. 조명은 역행적이고 빛은 회고적입니다. 그리고 이 회고는 소급하는 일은 물론이고 하물며 되돌리는 일도 하지 않음에도, 그 당시에는 예측할 수도 이해할 수도 없었던 것을 마지막 순간에 간추려 돌아봄으로써 불가역성의 효과를 어느 정도는 완화합니다.

이리하여 사람은 무엇에 대해서 사색하든 이 차안으로 되돌려보내집니다. 그리고 이 차안은 경우에 따라서는 감옥이기도 하고 조국이기도 해서 사람은 좋든 싫든 그것과 묶여 있습니다. 죽음의 순간에 가장 바짝 다가가더라도 여전히 우리는 늘 삶과 동시적입니다. 처음부터 우리는 죽음을 삶으로부터 삶의 눈으로 고찰하는 것을 멈춘 적이 없습니다. 우리는 "동안"이 아니라 "이전"에 있었던 것이죠. 이렇게 우리는 하나의 원 안에서 돌고만 있습니다. 마지막 순간은 빛을 차안으로 되비춥니다. 그러니까 이 마지막 순간은 저세상의 광경과 우리 운명의 이면을 볼 수 있게 하는 투명한 유리가 아니라, 오히려 그 자신의 영상을 이 세상에 되돌려보내는 거울입니다. 어떤 경우에도, 돌이킬 수 없는 것은 이 삶 속으로 다른 삶의 빛이 넘어오도록 두지 않습니다…. 설령 그러한 빛이 존재한다 하더라도.

7. 전혀 다른 차원

    되돌릴 수 없는 것, 더구나 돌이킬 수 없는 것은 냉엄하게 인간을 진지함으로 불러들입니다. 돌이킬 수 없는 것은, 되돌아옴의 불가능성을 실제로 하나의 사건이나 사고에, 결정이나 선택에 집약합니다. 그리고 이는 희박해지거나 점진적 단계나 이행단계를 거치는 식이 아니라, 갑자기 불연속적으로 이루어집니다. 존재의 포기 혹은 옛 삶의 단념이 그 자리에서 당장 결정적인 비준을 받는 것이죠. 자신의 선택을 진지하게 여긴다는 것은 그것이 가져오는 회복할 수 없는 결과를 실감하고, 거기서 시작되는 무한이나 영원에 대해 자신이 책임이 있다고 느끼는 것이 아닐까요?

    죽음의 돌이킬 수 없고 일회적인 성격을 슬쩍 감추는 일은, 사실 가장 흔한 형태의 경박함이고 철학적 정신쇠약입니다. 그리고 초경험적인 '전혀 다른 차원'을 경험계와 동일시하는 것, 자연과 초자연 사이에 부단한 소통과 교류가 가능하도록 (소통이란 공통성을 전제하니까) 삶과 죽음 사이에 공통분모를 인정하는 것은 형이상학적 진지함이 결여되었음을 나타내는 표시입니다. 차안과 피안을 연결하여 망자의 유령을 불러내는 일을 하는 "영매"라는 생각은 죽음의 진지함을 잘못 이해할 때 어떻게 되는지를 잘 보여주죠. 심령술과 미신적 행위에 이르게 되는 것입니다. 다른 점에서는 견고하고 심오하고 명석한 훌륭한 정신의 소유자들이 적어도 이 점에서는 돌이킬 수 없는 것의 엄숙함을 과소평가하는 경우가 종종 있습니다. 그들은 보통 이런 몰이해를 가져오는 의인화擬人化나 의생화擬生化, 의아화擬我化에 맞서 싸우는 일에서 첫째가는 사람들인데도 말이죠.

죽은 자와 산 자 사이의 연결은 어떤 낙관적인 주장이라고 할 수도 없습니다. 그것은 마법 같은 소원입니다. "원격통신, 원격유도, 원격조종"을 통해 언젠가 먼 행성과 교류하거나 그 신호를 수신하는 일은 생각할 수가 있습니다. 그러나 저세상은 어떤 먼 세상이 아니고, 피안은 원거리의 극한이 아닙니다. 그곳으로부터 전보를 받은 사람은 아무도 없습니다. 그곳과 특별한 끈으로 이어져 있다고 주장하는 사람들도 다른 사람들보다 나을 게 없습니다. 그것은 어떤 의미에서는 절대적 불연속성 속에 일종의 연속성을 비이성적으로 복구하는 것이고, 신을 불러 차안과 피안 사이에 다리를 놓는 일입니다. 신이 자연적인 것과 초자연적인 것을 하나의 같은 내재성 속에, 하나의 같은 신성한 영기靈氣 속에 품습니다. 산 자가 그러니까 신 안에서 피안과 소통하는 것이죠. 하지만 그가 피안과 '소통'하는 것은 간접적입니다. 직접적으로는 신과 '교감'하는 것이니까요. 그리고 이 교감이 이 소통의 기초가 되는 것이죠. 피조물이 신성 속에 잠기든, 신을 향해 기도로 말을 걸든, 어느 경우든 신이 죽음 너머의 신비와 피조물 간의 관계를 매개합니다. 그러니까 종교가 차안과 피안을 동여매는 진짜 끈이 되는 것이죠.°

그러나 이쪽과 저쪽을 다 담고 있는 신적인 매질을 빼고 생각한다

° 'religion'의 어원을 '묶다'를 의미하는 라틴어 'religare'로 보는 설이 있다.

면, 철학자는 삶과 죽음 사이가 복구할 수 없이 분리되어 있음을 확인할 수밖에 없습니다. 아니, 이 점에 관해서는 모든 유비를 과감히 버리고 절대적 상이함을 존중하지 않고서는, 형이상학적 정신이라 할 수 없습니다.

물론 "상이함"은 죽음과 삶을 대립시키는 대척적이고 첨예한 모순이라는 생각을 희미하게 줍니다. 그러나 일상어의 낱말들은 근본적 비교 불가보다는 오히려 상대적 대립을 표현하도록 만들어져 있습니다. 즉, 상이한 것들은 서로 조금 닮았기 때문에 서로 상이한 것이죠. 상이성은 적어도 잠재적인 유사성과 관계해서 정의되고, 이질성은 잠재적인 동질성과 관계해서 정의됩니다. 같은 종류의 범위 내에서 서로 멀리 떨어져 있고 차이 나는 것과 비교되기에, 다른 것은 결국 상대적으로는 같은 것입니다.

그러니 이렇게 말합시다. 죽음은 삶과 다른 것ἕτερον이 아니라 전적으로 다른 것, 절대적으로 다른 것이라고 말입니다. 존재를 '적은 존재'와 대립시키는 것이 아니라 존재를 비존재와 대립시키는 절대적 타자성이라는 이 괴물은 논술을 좌절시키고 서술을 패퇴시키도록 되어 있습니다. 죽음과 삶이 그저 서로 다를 뿐이라면 뭐든 논술할 것이 있게 마련입니다. 이를테면 죽은 자는 아직 살아있지만 그 실체가 유령처럼 가볍다거나, 반대로 산 자는 (삶에는 온통 죽음이 스며 있어 비존재에 의해 희박해지고 있으니) 이미 죽었지만 조금 무거운 죽은 자임을, 짙은 유령임을 보여줄 수 있을 것입니다. 이런 유치한 생각을 사람들에게 불어넣는 것은 바로 본질적 차이에 대한 병적인 두려움입니다. 무엇보다도 연속성에 신경 쓰는 라이프니츠는 존재와 무 사이에 이행단계를 늘립니다. 순간의 절단면에 다소곳이 베일을 씌워 생명의 긍정성과 죽음의 부정성이 동시에 희미해지게 한 것이죠.

죽음의 절대적 초자연성을 보장하는 것은 마지막 순간의 돌이킬 수 없음입니다. 죽음의 신비가 영원히 우리로부터 분리되어 영원히 보이지 않도록, 돌이킬 수 없는 것이 그렇게 꾸며져 있습니다. 죽음 순간의 고별이 다시 만남의 한계이듯이, 죽음 너머가 부재의 한계입니다. 부재자의 이 부재는 일시적이지 않고 영원합니다. 그러니까 (같은 얘기지만) 부재자가 '무한한 시간의 끝까지' 자리를 비워버린 겁니다.

여기서 되돌아옴의 불가능은 정확히 시간적인 형태로 이해해야 합니다. '귀환' 혹은 희랍 서사시에서의 '귀향'은 뒤집을 수 없는 불가역의 시간에 대해서는 아니더라도 적어도 공간에 대한 인간의 상대적인 승리를 나타냅니다. 운명이 만든 것을 인간이° 부수는 것입니다. 트로이 성벽 아래에서 헛되이 싸우며 시간을 잃어버리고 난 뒤, 그는 조국으로 돌아가 결코 떠나지 말았어야 할 아내와 재회합니다. 나이가 들어 돌아오지만, 그래도 돌아옵니다. 반대로 죽음의 강을 건너는 자는 결코 귀국할 수 없을 것입니다. 아내도 집도 되찾을 수 없습니다. 그렇기 때문에 우리는 돌이킬 수 없는 것을 '굽힐 수 없는' 것이라고 말했던 겁니다. 힘으로 구부릴 수도, 생각으로 돌이킬 수도, 기도로 누그러뜨릴 수도 없습니다. 어른이 아이의 달콤한 환상과 동화를 영영 버렸을 때 마주해야 하는 쓸쓸하고 진지한 진실이란 그런 것입니다.

° 내용상 오디세우스를 가리키지만, 『오디세이아』의 첫 대목에서 호메로스는 오디세우스를 '인간'이라는 말로 첫 등장시킨다.

3

죽음 저편의 죽음

산 자의 관점에서 볼 때 죽음 순간과 피안의 차이가 '거의 아무것도 아님'과 '아무것도 아님'을 구별하는 차이이기도 한 까닭을 다시금 설명할 필요는 없겠지요. 아무것도 아님과 거의 아무것도 아님의 차이가 그저 '거의'일 뿐이라고 말하는 사람도 있을 겁니다. 거의 아무것도 아닌 것이 아무것도 아니게 되기 위해 필요한 것이 정확히 거의 아무것도 없다는 말이죠. 허무든 거의 허무든, 사실상 마찬가지라는 겁니다!
 그러나 바로 이 '거의'가 모든 것을 바꿉니다. 그것은 비존재가 되기 전 존재의 마지막 기회이며, 마지막 찰나에 둘 사이의 무한한 차이를 나타내는 것이니까요…. '거의 아무것도 아닌 것'은 아무것도 아닌 것 같지만, 사실은 아무것도 아니지 않습니다. 그리고 역으로 그것은 하나의 '것'이 아니지만, 그럼에도 그것은 어떤 것입니다. 무화의 순간이라고 하더라도, 이 순간은 엄연히 하나의 사건이고 하나의 도래입니다. 그것은 존재와 비존재의 경계에서 일어나는 무한소의 사건이며, 우리는 이를 불티 혹은 사라지는 나타남이라고 불렀지요.
 '거의'는 무의 암흑 속에 희망의 서광, 가느다란 빛줄기가 새어들게 합니다. 만약 우리의 정신이 충분히 섬세하고 예민하고 우리의 감각이 그 섬광을 포착할 만큼 충분히 민감하다면, 어쩌면 우리가 진리를 몇 조각 거둬들일 수도 있을까요? 그러나 마지막 틈새가 다시 막히고 나면, 깜박이던 마지막 빛이 영원히 꺼지고 나면, 이제는 그야말로

"그" '아무것도 아닌 것'과 어둠 외에는 아무것도 남지 않습니다. 칠흑 같은 어둠! 이 '거의'가 없는 '아무것도 아닌 것'은 태어나는 앎을 뚝 끊어버리는 단적인 무입니다. 이 무뚝뚝하고 난폭한 '전혀 아무것도 아닌 것' 앞에서는, 태어나는 앎이 알게 될 '뻔'했노라고 말할 수조차 없습니다. 죽음에 대한 앎은 태어나는 순간에 죽어있는 것입니다.

우리는 결코 죽음과 동시적으로 죽음을 생각할 수 없을 것입니다. '이전'에서 '동안'으로 '동안'에서 '이후'로 우리의 무지는 단지 형태를 바꾸었을 뿐입니다. '이전', 즉 우리가 살아있는 동안은 너무 이릅니다. '동안'에는 아직도 너무 이르거나 이미 너무 늦습니다. '이후'에는 너무 늦습니다.

인간은 결코 자기 자신의 죽음과 같은 시간에 있을 수 없습니다. '이전'은 실제로 우리의 현재이지만, 이 현재는 죽음의 과거입니다. 그래서 삶 속에서 죽음을 읽고자 하는 앎은 늘 이릅니다. 한편, '동안'은 정말로 죽음의 현재일 테지만, 이 현재는 우리의 미래입니다. 자신의 죽음은 평생 동안 미래에 머물러 있으니까요. 그래서 이 두 번째 앎은 자신의 죽음이 문제가 되는 경우에는 첫 번째처럼 늘 이르고, 타인의 죽음이 문제가 되는 경우에는 때론 이르고 때로는 늦는 것입니다. 이 죽음에 대해서는 우리가 때로는 예견하고, 때로는 뒤늦게 혹은 사후에 인식하기 때문입니다. '이후'에 대해서는, 이것은 필연적으로 우리의 대大미래plus-que-futur입니다. 우리가 그것에 대해 가지고 있다고 주장하는 인식은 그래서 어느 경우에도 그 대상보다 이릅니다.

'이전'에 대해서는 말할 것이 많지만, 어디까지나 죽음과는 다른 것에 대해 비스듬히 말하는 한에서, 즉 문제의 핵심을 벗어나서 말하는 한에서 그러합니다. 그래서 사람들은 죽음에 대해 이야기한다고 믿으면서 삶에 대해 이야기합니다. 이는 마치 사람들이 자연의 경이로움을 들먹이면서 그것이 신의 영광을 말한다고 하고, 그 속에 신이 새겨져 있다고 이야기하는 것과도 같죠. 바늘 끝만큼이나 뾰족한, 말로 할 수 없는 순간은 모든 논술을 배제합니다. 오직 곡예 같은 직관만이 이 아찔한 첨단에서 균형을 잡을 수 있을 것입니다. '이전'이 알려지고 너무 알려져 있는 것이라면, '동안'이 알려진 동시에 알려지지 않은, 따라서 '겨우' 알려진 것이거나, 거의 알려지지 않은 것이라면, '이후'는 전혀 알려지지 않은 것이라고 말해야 할 것입니다. "거의 알려지지 않은 것fere ignotum"을 안쪽에서 엿보기 위해서, 하물며 알기 위해서는 나 자신이 죽어야 하겠지요. 그러나 절대적인 미지의 땅을 알기 위해서는, 산 자는 아무도 털끝만치도 모르는 땅을 알기 위해서는, 완전히 죽어서 몸소 죽음의 백성이 되어야 하는 것입니다.

  마지막 탐구의 문턱에 들어서서 드디어 주제에 착수해야 하는 지금도, 우리는 그 어느 때보다 가진 게 없습니다. 주제 주위를 도는 것은 충분히 했습니다. 어떤 핑계로 어떻게 둘러대야 결정적인 순간을 더 늦출 수 있겠습니까? 둘러말하고 늑장 부리는 장章은 끝났습니다. 마지막 사물들의 신비로운 침묵의 숲이 맞은편 기슭에 펼쳐져 있습니다.

9

종말론적 미래

1. 피안은 하나의 장래인가?

우리는 삶에 관해서는, 추상적 속성을 나타내는 '죽게 되어 있음mortalis'과 미래와 소명을 가리키는 '죽을 것임moriturus'에 대해서 다루었습니다. 다음으로 죽음의 순간에 관해서는, "막 죽으려 함moribundus"에 대해서, "죽고 있는 중moriens"에 대해서 다루었습니다. 이제 우리는 하나의 "상태"를 가리키는 '죽어있음mortuus'에 대해서 다루어야 하겠습니다.

그런데 죽은 자의 상황은 하나의 상태이자 "처지"일 뿐인 걸까요? 상태가 순간에 대립되듯 죽은 자들의 죽음이 '죽는다("죽기mori")'에 대립된다고 생각하지 않도록 조심합시다. 그러니까 죽는 사건을, 삶의 영속과 죽음의 영속을 나누는 날카로운 모서리 같은 형태로 생각하지 않도록 조심해야 합니다. 우리는 이미 알고 있죠. '이전'과 '이후'가 '동안'의 양쪽에서 대칭적이지 않으며, 이는 과거와 미래가 현재의 양쪽에서 대칭적이지 않은 것과 마찬가지라는 것을 말입니다.

삶이, 연속의 충만이며 삶을 생동하게 하고 끊임없이 다양화시키는 사건들로 가득 찬 구체적인 생성인 한, 우리는 삶의 영속성에 대해서 말할 수 있습니다. 연대기, 일력, 시간표의 시간적 연쇄만이 영속성에 하나의 방향을 부여하지요. 그러나 죽음 너머에서는 어디서 사건의 역사적 계속을 찾겠습니까? 절대적으로 아무 일도 일어나지 않는 이 '이후'에는 죄악 이전 낙원의 따분한 지복보다도 훨씬 더 사건 사고가 텅 비어 있습니다! 죽음 뒤에 시작되는 것은 그래서 산 자들의 관점에서 보면 시기와 국면들로 분절된 영속이 아니라, 무정형의 영원이며 비존재의 영원입니다. 여기서부터는 모든 달력이 무효가 됩니다.

단적인 '저편', 절대적인 의미의 '저편'은, 연속의 상대적인 작은 저편과는 달리, 이것의 저편이자 저것의 이편이 아닙니다. 여기 이 지상계에서는 저쪽의 것도 모두 똑같이 이쪽의 것입니다. 이 세상에서는 모든 저쪽에 그 "뒤"가 항상 있죠. 그러나 절대적인 '저편'은 다른 것의 이편이 아닙니다. 모든 것의 저편은 그 어떤 것의 이편도 아닌 것입니다!

아리스토텔레스에게 형이상학적인 것은 물리적인 것의 승화일 따름이지만, 플라톤에게는 그렇지가 않습니다. 그럼에도 플라톤과 플로티노스에 따르면, 상像에서 원형을 읽을 줄 알고 상에서 원형으로 올라갈 수 있도록 변증법적 사다리를 다룰 줄 아는 철학자에게는 '여기ἐνταῦθα'와 '저기ἐκεῖ'가 비시간적으로 함께 주어집니다. 땅에서 하늘까지의 거리는 영혼에게 전향轉向이라는 시련을 부과하지만, 이 '저기'는 조금도 저편이 아니며 아직 여기에서부터 접근할 수 있습니다. 한편 기독교의 '저편'은 예측 불가능한 미래로 영원히 멀어집니다. 그것과 우리의 현재 사이에 역사의 시간이 놓이는 것이죠.

우주에는 '아래'도 '위'도 없지만 지구상에서는 중력이 '위'와 '아래'라는 양극을 결정하듯, 그처럼 방향성 있는 삶의 시간성과 생성의 전반적인 방향이, 달리 말해 미래의 현재화가 사후의 피안을 '하나의 미래'로 만듭니다. 이는 사실 이 새로운 "시대"가 죽음 후에 시작되기 때문이고, 각자에게 자기 자신의 죽음이 모든 미래의 궁극적인 미래이기 때문입니다. 그렇기는 해도 엄밀히 말해 피안은 하나의 '장래'가 아닙니다. '시간'의 세 시제가 의식에 상관적이라는 것이 진실이라면, 그리고 미래가 현재의 어떤 상상적 양태라는 것이 진실이라면, 즉 아직 아닌 것의 비존재를 표상하고 이 비존재의 존재를 선취하는 어떤 방식이라는 것이 진실이라면, 그 경우에 피안의 "미래성"은 생의 모습을 본뜬 단순한 투영일 뿐입니다. 그리고 피안에 대해서가 아니라 차안 그 자체에 대해서 증언합니다.

게다가 미래는 나중에 현재가 될 것이기 때문에 비로소 미래인 것입니다. 미래는 내일의 오늘이죠! 그런데 결코 현재가 되지 않을 미래를 어떻게 장래라고 부를 수 있겠습니까? 결코 '지금'을 갖지 않을 미래를요. 실제로, 이 장래가 도래했을 때에는 '오늘', '이제', '지금'이라고 말할 의식은 더 이상 없을 겁니다. 과거를 떠올리고 그것을 현재와 비교할 의식도 더 이상 없고, 다음 미래를 예견할 의식도 더 이상 없을 겁니다.

경험세계의 미래는 연속된 연장과 연기로 다음 날에서 다음 날로 갱신되는 미래입니다. 우리의 기획은 생성의 내부에서 끝없이 새로운 국면을 맞지요. 이러한 시간 내부적 미래와는 반대로, 피안이라 부르는 종말론적 미래는 영원히 앞으로 다가오기로 되어 있습니다. 이 세상 쪽에서 볼 때, 현재도 미래도 없는 이 미래, 닻줄이 없는 이 미래는 저쪽 바다를 표류하는 배처럼 떠다닙니다. 이것은 시간의 괴물입니다!

미래는 결국 그것이 즉각적인 것이 될 때 도래하며 현재화됩니다. 그리고 도래 자체는 막 도래하고 있는 사건, 도래가 진행 중인 사건,

태어나 아직 세례반 위에 있는 사건이 아니면 무엇이겠습니까? 가장 넓게 펼쳐졌던 미래는 도래 속에서 하나의 점이 될 때까지 가늘어지고 응축되어, 바로 그 점에서 미래의 가능성이 현재의 현실성이 됩니다. 왕의 대관식이 진짜 치세의 개시가 될지 항상 확실하지는 않듯, 도래 중인 사건이 하나의 진짜 사건이 될지도 항상 확실치는 않습니다. 그래도 도래는 분명 임박한 사건의 약속이고, 역으로 사건은 이미 닥쳐온 도래입니다.

그러나 죽음이 어떤 사건들의 도래일 수 있겠습니까? 비존재의 영원이란 사건의 불모지대이고, 아무것도 도래하지도 닥쳐오지도 않는 거대한 암흑과 미지의 커다란 침묵이며, 생성도 회상도 그 어떤 종류의 "옴"도 없는 영겁이 아닐까요? 가장 찬란한 미래이든 지성으로 파악되는 미래이든, 피안에서 하나의 "미래"를 보는 자는 죽음의 문턱을 그 미래의 경험적인 도래로 여깁니다. 그러나 만일 피안이 하나의 미래가 아니라면, 비존재의 영원 속에서 아무 일도 "일어나지" 않는다면, 이 영원에 도달하더라도 새로운 삶의 길로 이어지지 않을 것입니다. 어떤 경우든 도래가 여기서 일련의 사건을 개시하지 않는 것이죠.

게다가 도래는 "모험"의 서곡도 아닙니다. 모험이란 한 사건의 도래가 열정적이고 파란만장한 최고 강도에 이르렀음을 말하는 것이지 않습니까? 그렇지만 아무리 비장하고 색다르고 전대미문의 모험이라 해도, 일상적 경험의 사건들과 비교될 수 없는 것은 아닙니다. 가장 환상적이고 가장 발칙한 몽상에서도, 공상가의 상상력은 여전히 평범한 삶으로부터 모험을 지어냅니다. 걸리버가 릴리퍼트에서 발견한 것도 인류와 다르지 않은, 그저 축소된 인류일 뿐입니다. 크기는 다르지만 상대적인 비율은 조금도 달라지지 않았던 것이죠. 요컨대 단지 크기나 규모의 문제입니다. 확대나 축소, 거대화나 왜소화입니다. 즉, 괴상야릇한 환상은 요컨대 단지 양적인 환상이자 과장이나 부풀림이며, 따라서 전혀 다른 차원과 절대적 무질서 속으로 질적으로 비약하는 일은 결코 없는 것입니다. 모험의 예외성은 일상성의 규칙을 공고히 합니다. 그래서 모험이 가장 이상하게 생각되는 순간에야말로, 모험은 가장 일상에 속하는 평범한 일이 되는 것입니다.

반대로, 피안의 이상함과 일상의 경험 사이에는 모든 연관이 끊어져 있습니다. 이 이상함을 가리킬 말도, 그것을 묘사할 말도 더 이상 없습니다. 이상함과 친숙함이란 결국, 같은 종류 내의 상반되는 것들처럼, 같은 차원 내에서 서로 떨어져 있는 것일 뿐이니까요.

그러니 사람들은 상상할 수 없는 것을 상상하기 위해 얼마나 노력을 기울이는 것인지요! 여기서부터는 가장 환상적인 공상, 가장 근거 없는 소설, 가장 부조리한 허구, 온갖 사색이 다 허용됩니다. 죽은 자가 우리를 반박할 일도 없고, 요설가들의 허풍에 항의하려고 죽은 자가 이 세상으로 돌아올 일도 없을 테니까요. 아는 게 적을수록 말이 많게 마련이죠. 호메로스와 베르길리우스의 지옥 강하부터 단테의 서사시까지, 제멋대로 마구 만들어낸 환상들이 어쩌면 그렇게 꼼꼼하고 면밀한지! 알지 못하는 것의 세부사항이 어쩌면 그리 많기도 한지! 플라톤의 『국가』 제10권에는 팜필리아 사람 에르에 관해 "되살아난 그는 거기서 본 것을 이야기했다Ἀναβιοὺς δ'ἔλεγεν ἃ ἐκεῖ ἴδοι"라고 쓰여 있습니다. 그런데 사실 그는 전혀 아무것도 보지 못했습니다. 거기에 갔던 적이 없기 때문이죠. 그의 이야기는 모두 그때그때 지어낸 거고요…. 그러나 바로 그런 이유 때문에, 에르는 무진장 이야기를 할 수가 있는 것입니다. 어쨌든 플라톤이 이야기한 것은 하나의 신화, 즉 알레고리였습니다.

종말론적 소설을 쓰거나 저세상의 지도를 작성하는 사람들은 경험계의 형상을 본떠서 초경험적인 차원을 묘사하고, 승화된 차안에 불과한 피안을 짓습니다. 현재를 따라 궁극의 미래를 상상하는 순진한 유토피아주의자들처럼, 의인화된 종말론은 차안의 유한한 선을 피안 속으로 점선으로 연장하여, 초자연을 자연으로 만듭니다. 하지만 그 어떤 세계와도 다른 이 "딴" 세계는 엄밀히 말해 하나의 다른 세계도 아니며 세계조차도 아닙니다!

또 때로는 이 세상에서 빌려온 요소들을 위아래를 뒤바꿔 다소 기묘하게 재배치하여 사후의 삶을 나타내기도 합니다. 빅토르 위고의 사형수는 그런 식으로 통상적인 관계를 정반대로 뒤집은 세계를 상상합니다. 저세상이 플로티노스의 '악'처럼 거꾸로 된 세계인 것이죠. 이 거꾸로 된 세계는 하나의 전혀 다른 차원일까요? 아니면 차라리 같은 차원을 뒤집은 것이 아닐까요? "하늘은 그 자체의 본질로 빛나고 별들은 거기에 어두운 얼룩을 만든다. 산 자들의 눈에는 별이 검은 벨벳 위의 금모래처럼 보이겠지만, 그러나 이 별들은 황금 비단 위의 검은 점처럼 보일 것이다."[1] 피안이 요컨대 차안의 음화陰畵인 것이죠. 그러나 물론 빅토르 위고의 작품 속에서 이 말을 하고 있는 남자는 아직 살아있으며 산 자의 언어를 말하고 있습니다.

저편의 삶에서 일련의 사건들과 우여곡절을 다시 찾으려 하는 산 자는, 때로 그것을 여행으로 생각합니다. 꼭 "낙원 여행"은 아니지만 환상적인 여행으로요! "죽은 뒤에 우리는 어떻게 될까?" 도스토옙스키는 『우스운 자의 꿈』에서 그것을 이야기하려고 시도합니다.[2] 이를 위해 그는 온갖 환상을 다 펼쳐놓는데, 순전히 삶을 모방한 인간중심적인 환상입니다. 죽은 자가 만약에라도 무언가가 된다고 한다면, 자살한 뒤에는 단테의 지옥환과 닮은 끝없는 구렁을 지나간다고 합니다. 저세상에서 그의 삶은 환상적인 광경이 펼쳐지는 가운데 첫 번째 삶의 연장이 되는 셈이죠.

2. 순간에 대한 불안과 피안에 대한 공포

'거의 아무것도 아닌 것', 죽는 순간의 '최소 존재'가 우리의 불안의 대상이라면, 의인법적인 방식으로 차안의 한 변형으로 생각된 피안, 미지의 위험과 위협을 동반한 피안은 공포의 대상입니다. 희랍문명과 몇몇 구원종교는 모두 이 불안보다는 오히려 공포를 알고 있었습니다. 순간에 대한 혐오와 피안에 대한 공포 사이의 관계는, 용기와 인내 사이의 관계와 같습니다. 시작하는 용기든 끝마치는 용기든, 용기는 그야말로 '감행'하는 사람의 덕성입니다. 즉, 순간의 갑작스런 변이에 맞서는 사람의 덕성이죠. 용기는 가까이 다가온 위험을 마주한 긴급의 상태입니다. "감행하지" 않는 소심함이 불안과 그만치 관계가 있는 것이 그 때문이죠. 이 점에서 불안은 소심함과 부끄러움에 공통된 요소입니다. 순간에 대해서는 뭔가 부끄러움이 있지 않습니까? 이를테면, 혁신은 차라리 불안의 대상이고, 새로움은 오히려 두려움의 대상입니다. 우리가 사건의 문턱에서는 불안해하며 걱정하지만, 이 변화가 창출한 새로운 질서에 대해서는 불안 없이 두려워하니까요. 그리고 또 마찬가지로 국경을 넘는 것은 우리에게 불안을 불러일으키지만, 낯선 나라에서 우리를 기다리고 있는 위험은 우리에게 두려움을 불어넣습니다. 이와 같이, 죽는 사건에 대한 불안과 죽어있는 상태에 대한 공포가 각 사람 안에서 대립합니다. 불안은 죽음의 순간이 임박할 때 우리를 사로잡아 제정신이 아니게 만드는 공황입니다. 그러나 이 세상에서 상상한 것과 같은 저세상의 삶은 두려움의 대상이자 분명 하나의 먼 위협입니다. 그것은 죽음의 문턱을 넘은 곳에서부터 시작되는 것이기 때문이죠.

무엇보다, 순간에 대한 불안은 까닭 없는 감정입니다. 그리고 실제로 지속도 두께도 내용도 없는 순간은 엄밀히 말해 두려움을 느낄 "이유"가 못 되며, 메가라학파는 이를 잘 알고 있었습니다. 순간에는 두려워할 것이 말 그대로 '아무것'도 없습니다. 기껏해야 지나가는 힘든 잠깐일 뿐! 삶을 잘라내는 일은, 도래라는 점을 제쳐두고 본다면, 치아를 하나 뽑는 것과 비슷합니다. 알아차릴 시간조차도 없을 겁니다. 우리와 관련해서는 아무것도 아닌 것이며, 그 자체로는 거의 아무것도 아닌 것이죠!

사실 이성을 가진 동물인 인간은 거의 아무것도 아닌 것을 무서워한다고 선뜻 인정하지 않습니다. 거의 아무것도 아닌 것을 무서워하는 것은 이성적인 동물답지 않으며, 이유 없이 걱정하는 것은 어처구니없는 일이니까요! '까닭 없는' 것에 대한 불안은 그래서 '말 못 할' 일일 것입니다. 하긴 불안해하는 사람은 무언가를 걱정하지만, 그것은 하나의 '것'이 아니고 말 못 할 어떤 것이고, 거의 아무것도 아닌, 설명할 수 없는 '뭔지 모를 무언가'입니다. 그래서 그는 두렵지 않은 것을 두려워하는 척합니다. 설명할 수 있는 어떤 두려움을 느낀다고 우기면서 그쪽으로 주의를 돌림으로써, 설명할 수 없는 불안을 감추는 것입니다. 자기 자신도 아주 납득한 것은 아니면서도 그냥 그렇게….

지나가야 할 힘든 순간을 앞두고 용기가 부족함을 털어놓고 싶지 않은 사람, 실존하지도 않은 불안의 순간을 두려워하는 모습을 보이고 싶지 않은 사람은, 아주 점잖게 자신의 사후의 숙명에 대해 가장 큰 걱정을 드러낼 수 있습니다. 그런 염려는 그 사후의 숙명을 드높입니다. 불안해하는 사람은 그래서 스스로를 안심시키기 위해 순간에 대한 텅 빈 걱정을 피안의 실질적인 위험으로 대체합니다. 전쟁 중 박해받은 유대인들이 자신들의 말 못 할 비참함과 그들을 괴롭히는 특별한 저주와 그들을 노리는 미지의 끔찍한 운명을 너무 많이 생각하지 않으려고 애쓰고, 큰 확신 없이도 세상 사람들의 친절하고 따뜻한 배려와 전쟁 중인 다른 민족들의 명예로운 관심을 요구했던 것도 그런 것이었습니다. 또한 식량난과 난방 부족과 공습 때문에, 몰살에 대한 말 못 할 불안이, 말할 수 있고 입에 올릴 수 있는 걱정으로 대체되었습니다. 논리적으로 설명되고 공포를 정당화할 수 있는, 근거 있는 걱정으로 대체되었던 것입니다.

사람이라는 이름에 걸맞은 사람은 두려워할 만한 것만을 두려워해야 하죠. 더 말하자면, 사람이 논리적 인과적 근거가 있는 합당한 공포를 느낄 때, 공포의 원인은 공포스러운 대상입니다. 공포스러운 것에 플라톤, 아리스토텔레스, 스토아학파는 '무서운 것$\delta\epsilon\iota\nu\acute{o}\nu$'과 '두려운 것$\phi o\beta\epsilon\rho\acute{o}\nu$'이라는 이름을 붙였습니다. 그래서 『파이돈』의 언어로 말하면, 죽어있는 망자$\tau\epsilon\theta\nu\acute{\alpha}\nu\alpha\iota$의 운명은 두려워할 만한 것입니다. 죽는 일$\dot{\alpha}\pi o\theta\nu\acute{\eta}\sigma\kappa\epsilon\iota\nu$ 자체에 대한 불안으로 말하자면, 그것은 아무것도 아닌 것이죠.

마찬가지로, 민간신앙과 종교는 일반적으로 순간의 '거의 아무것도 아닌 것'을 두려워하는 것이 아니라, 우리의 사후 상태에 대한 걱정과 지옥의 영원한 형벌의 위협을 두려워합니다. 죄인에게는 자신이 응당 받을만한 초자연적 형벌을 두려워할 만한 이유가 있지 않습니까? 이유도 내용도 없는 불안의 근거 없음에 공포와 전율의 윤리적 성격이 대립되고, 까닭 없는 부끄럼에 이유 있는 수치심이 대립됩니다. 영혼의 구원과 사후의 숙명, 천당과 지옥의 양자택일, 이것이야말로 판돈이 딱 맞는 내기가 아닌가요? 모든 규모의 경험적인 상황에 대한 걱정은 영적인 사이비 근심 속에서 거대한 비율로 다시 발견됩니다. 우리는 어디로 가는 것일까? 얼마 동안 연옥에 있을까? 우리에게 무슨 일이 일어날까? 어디, 얼마 동안, 어떻게?Ubi, quamdiu et quomodo 이야기하고 추리할 거리가 잔뜩 있습니다. 도덕교육이 순간의 쾌락보다 일생의 행복을 우선시하도록 가르치듯이, 종교교육은 가장 지속적인 행복 위에 영원한 지복에 대한 관심을 두도록 가르칩니다.

불확실하지만 영원한 구원을 확실한 지상의 행복보다 선호할 수 있다는 것, 무한과 유한을 같은 척도로 잴 수 없다는 것, 이것이 바로 파스칼의 내기의 원동력입니다. 마찬가지로 우리의 무한한 미래는 그 문턱인 순간과 같은 척도로 잴 수 없습니다. 순간은 그야말로 한순간밖에 지속되지 않습니다. 사후의 미래는 이 '거의 아무것도 아닌 것'보다 무한히 더 중요하고 더 크고 더 무겁습니다. 영적인 숙명의 더 높은 관심사들이 그 속에 담겨 있기 때문이죠. 거의 있지도 않은 짧디짧은 이 고통 속에서 영원한 지복의 회랑 안을 언뜻 들여다본 사람이라면, 누구인들 임종 순간의 크나큰 고통도 한순간의 언짢음으로 받아들이지 않겠습니까?

그럼에도 불구하고 "동안"에 대한 혐오와 "이후"에 대한 두려움은 서로 색이 옮기도 합니다. 확실히 어떤 구원종교에서는 피안이 거의 경험적인 성격을 띠고 있는 덕분에, 죽어가는 자가 죽는 일의 불안에 면역될 수가 있습니다. 차안이 이미 상대적으로 피안에 있듯 피안이 아직 조금 차안에 있어, 죽음에 의한 변이는 생각할 수도 없는 괴물 같은 변이가 아니고, 다른 변화와 비슷해서 딱히 더 근본적인 변화가 아닌 것입니다. 산 자가 죽은 자로 변형되는 일에는 점진적인 변형처럼 제법 비교 가능한 전과 후가 있다는 것이죠. 자연적인 인간이 초자연적으로 되는 것이 비록 불연속적인 일이기는 해도 우리가 숙명의 문턱을 불안 없이 넘는 데에는 도움이 됩니다.

그러나 삶과 유사한 모습의 피안을 상정하지 않은 더없이 심오한 종교도, 인간적 삶과는 비교가 될 수 없는 영원을 대개는 인정합니다. 초경험적인 영원이 경험적인 연속과 극히 모순되고 완전히 반대되는 한, 죽어가는 자는 죽음의 찰나의 날카로운 칼날을 피할 수 없는 것입니다. '전혀 다른 차원'이 차안의 극단적 부정인 한, 가장 태연자약한 현자도 이행의 미칠듯한 파열의 순간을 느낄 것입니다. '전혀 다른 차원'이 하나의 "차원"이라고 하더라도 일단은 '전혀 다른' 것이니까요. 그리하여 피안의 공포는 그 시작이 되는 경계의 불안과 뒤섞입니다. 그리하여 사람이 내쉬는 마지막 숨은 눈에 띌 수밖에 없습니다.

순간의 철학에는 그 반대가 성립합니다. 만일 '이후'가 없거나 (같은 것이지만) 이 '이후'가 무라면, 죽음은 상쇄되지 않는 무화, 말하자면 거꾸로 된 창조, 마법 같은 사라짐일 따름입니다. 그리고 우리는 한 존재의 존재 전체가 떨어져 나가는 생각도 못 할 일을, 감히 미리 상상조차 하지 못합니다. 그러나 역으로 무화하는 순간에 대한 불안한 걱정은, 이 순간에 의해 개시되고 이 순간에 이미 다 주어지는 비존재의 영원에 대한 두려움과 뒤섞입니다. 만일 이 순간이 그저 기간 중에 한 사건이 갑자기 도래하는 것에 불과하다면, 이 순간이 그 자체로 불안을 주지는 않을 것입니다. 우리가 죽음의 순간을 걱정하는 것은 그 순간이 우리가 조금도 짐작하지 못하는 비존재의 영원을 개시하기 때문이니 말입니다.

그것은 경험적인 감정도 마찬가지입니다. 이별의 괴로움을 걱정하는 것은, 작별의 순간에 이미 담겨 있는 부재를 두려워하는 것입니다. 그리고 부재를 두려워하는 것은, 부재가 시작되고 부재가 계속 머물게 되는 그 애끊는 마지막을 걱정하는 것입니다.

더 간단히 말하자면, 죽음에서 걱정하는 것은, 이유 있는 두려움의 대상인 지옥만이 아니고, 불안의 거의 존재하지 않는 대상인 죽음의 순간도 아닙니다. 그것은 불안한 두려움의 혹은 두려운 불안의 대상입니다. 이 대상은 소멸의 결과인 무이거나, 혹은 영원한 허무에 이르는 무화입니다. 무화 없는 영원한 형벌은 어떤 형태의 생존을 의미할 것입니다. 고통스러운 생존이지만 하나의 생존이죠. 영원한 허무가 없는 무화는 짧은 정전보다도 더 사소할 것입니다. 그러나 결정적이지 않은 무화, 잠깐 동안의 일식 같은 무화는 무화가 아닙니다. '거의 아무것도 아닌 것'은 따라서 아무것도 아닌 것을 곧바로 함축합니다. 인간은 공포와 불안을 함께 겪으면서, 무화의 최소 존재 속에 함축된 영원한 비존재를 걱정하는 것입니다.

3. 기대와 절망적 기원

피안이 정말로 저편, 즉 모든 차안의 절대적인 저편이라면, 그것은 엄밀히 말해 '하나의 미래'가 아닙니다. 따라서 그것은 천국이라는 계산적인 기대도 지옥의 이해타산적 공포도 배제합니다. 천국은 승화된 이승일 뿐이고 지옥은 괴물처럼 뒤틀리고 일그러진 이승이니까요. 더구나 미래의 너머에 있는 대미래인 피안을 말 그대로 "기대할"

수 있을까요? 란츠베르크Paul-Louis Landsberg와 가브리엘 마르셀Gabriel Marcel이 아주 멋진 말로 닫힌 기대와 열린 희망의 차이를 말했기에, 이 주제에 대해서는 더 할 말이 남아 있지 않습니다. 그래도 기대는 늘 '구체적인 것res'을 기대한다고 명시해 둡시다. 기대의 대상이 되는 행복이라는 것 자체는, 과대평가된 단순한 복인 것입니다. 따라서 그것은 다소 타산적이고 팽창주의적이며 "탐욕적이고…". 우리는 마음이 희망으로 인해 좋게 변모되지 않고서도 기대를 품을 수 있는 것입니다!

기대는 언제나 시간적 미래를 기대합니다. 게다가 근거가 있고 비교적 합리적인 기대는 기대할 이유도 없지 않습니다. 그래서 기대에는 위험 계산과 입장 정리가 전제되어 있습니다. 기대는 사건의 개연성과 성공 가능성을 두고 편을 정한 것입니다. 모험을 걸어볼 만한 순간이 되자마자, 모험적으로 그러나 합리적으로, 유리한 가능성에 낙관적인 내기를 거는 것입니다. 예를 들어 건강을 되찾을 거라는 기대에는, 아무리 낮더라도 회복 확률의 계산이 들어 있습니다. 기대는 게다가 시간의 풍요로운 생산력을 믿습니다. 그것은 결실을 가져오는 생성과 진화의 힘을 신뢰해야 하며, 때로는 아주 있음직하지 않은 일이라도 그래야 합니다. 이성적으로 봐서는 승리를 거둘 수 없을 법할 때조차, 기대는 아직 보이지 않는 더 깊은 합리성이 언젠가 그 무모함을 정당한 것으로 만들어줄 것이라 상정합니다.

반면 피안은 전혀 합리적인 것이 아니어서, '열렬히 기대되는' 것이 아니라 오히려 '절망적으로 염원되는' 것입니다. 여기서부터 절망적인 기원祈願은 무한한 희망과 하나를 이룹니다. 기대는 '기대된 것speratum'을 기대합니다. 그것은 그 자체로 이 대상, 이 수동태 과거분사입니다. 그러나 구체적인 어떤 것을 기대하지 않는 절망적 기원이란 '기대하는sperare' 행위를 일반적으로 가리킵니다.

한 가지 기대를 포기해야 하는 사람은 다른 기대를 다시 붙잡아 다른 것을 기대함으로써 스스로를 달래고, 일시적인 작은 절망에 적응할 것입니다. 그러나 기대 일반을 버려야 하는 사람은 더 이상 살 수가 없습니다. 절망적 희망은 모든 기대가 하나하나 다 좌절되었을 때 남는 것입니다. 그것은 기대 없이 희망한다는 사실입니다! 인간은 미래를 향해 살아갈 뿐이지만, 그래도 궁극의 미래는 그려볼 수가 없습니다. 궁극의 미래는 침묵의 사막 속에서 지평선 너머로 사라집니다. 우리 실존의 유한성이 미래의 현재화가 한없이 연장되는 것을 막는 것입니다.

기원은 미래에 결핍이 있을 때 그 미래의 부족을 메우기 위해 생겨납니다. 기원은 결여된 미래를 점선으로 연장합니다. 모든 염원 중에 특히 억누를 수 없는 뜨거운 염원입니다! 그것은 우리의 근본적인 결핍이 상쇄되며, 디오티마가 말하고 미겔 데 우나무노Miguel de Unamuno가 다시 말한 불사의 욕망인 그야말로 형이상학적인 욕망이 마침내 충족되고, 달랠 수 없는 것이 달래지기를 원하는 염원 중의 염원이니 말입니다. 우리는 생명의 시간이 영원해져 결코 죽지 않기를 바라거나, 곧장 저승의 삶으로 이어지든 얼마 뒤에 다시 태어나든 삶이 죽음 너머까지 연장되기를 바랍니다. 죽음이 있는 한, 인간에게는 완성이 있을 수 없는 겁니다!

여기서 "기대하는" 태도의 합리적이고 전투적인 행동주의와 "기원하는" 태도의 비합리적 정적주의가 완전히 대립합니다. 기대의 인간은, 우리의 노력으로 구부릴 수 있고 우리의 협력에 의미를 부여하는 비교적 이해 가능한 생성의 합목적성과 투명함 속에서 자신을 확인합니다. 반대로 우리의 염원은, 불투명하고 부조리한 운명 혹은 우리의 미래가 의존하고 있는 헤아릴 수 없는 의지를 구부리지 않고 누그러뜨리고자 합니다. 자신감이 물러난 자리에서, 염원이 이루어지기를 수동적이고 숙명론적으로 겸허하게 기다리는 것이죠.

우리가 염원하는 각별한 대상들은 따라서 특히 '우리에게 달려 있지 않은 것τὰ οὐκ ἐφ'ἡμῖν', 우리의 자유재량과 노력의 범위 밖에 있는 것이 될 것입니다. 보통은 자연의 흐름과 결정론에 따라오지는 않는 미칠 듯이 과분한 행복과, 사랑하는 사람과의 마주침, 소설 같은 우연의 일치, 믿을 수 없는 행운, 복권 당첨, 너그러운 운의 선물들과 운명의 미소 등 한마디로 결코 있지 않을 것만 같은 일들, 이런 것들이 염원의 대상입니다. 그리고 끝으로 죽음에 대한 승리도 염원의 대상입니다. 언제나 피할 수 있으면서도 피할 수 없는 이 죽음, 이런저런 순간에 필연적이지 않으면서도 그래도 무릇 필연적인 이 죽음에 대한 승리가 염원의 대상인 것입니다.

그 시간이 불확실하다는 점에서, 죽음은 기대의 대상입니다. '죽음의 사실'이 확실하다는 점에서, 사멸성은 염원의 대상입니다. 기대는 성공에서 성공으로 이어지는 내재적인 연속과 관계됩니다. 하지만 기원의 도약은 이런저런 미래를 넘어서까지 미치며 장래 일반의 영원한 도래를 염원합니다.

나는 가능한 한 늦게 죽기를 '기대'합니다. 어쨌든 오늘 오후도, 다음 여름도, 어떤 특정한 순간에도 아니기를 기대합니다. 결정적으로 이는 의학과 위생과 조심성과 부지런한 생활규율에 달려 있습니다. 그러나 죽음 일반과 시간성의 정복은 염원할 수만 있을 뿐입니다. 「묵시록」의 약속은 이런 점에서 우리에게 기원으로서만 의미가 있는 "악마적 과장"인 것입니다. '어쩌면'이라는 부사의 두 가지 의미는 그런 겁니다. 합리적 기대의 부사로 쓰일 때에는 건강과 장수에 대한 기대를 표현하지만, 때로 광적인 희망의 부사일 때에 그 극한은 염원입니다. '아보시авось[혹시나]'라는 러시아 말은 차마 감히 말로 표현하려 하지 않는 이 무분별한 희망을 표현합니다. 만약 신이 원한다면… 혹시 모르지? 어쩌면 인간이 언젠가 죽음을 정복할지도.[3]

운명을 구부릴 그 어떤 합리적인 수단도 없는 상태에서 기원은 우리에게 기도와 미신 사이의 선택만을 허락합니다. 우리는 마법에 호소하거나 은총을 겸허하게 기다리는 것이죠. 아니면 별똥별에게 운명을 맡기거나 하늘에 빌며 도움을 구합니다. (모험은 항상 이 세상의 것이니까) 피안은 그래서 엄밀히 말해 "모험적" 신덕信德의 대상이 아니며, 오히려 임의적 내기의 판돈입니다. 그리고 그것은 우리의 선택이 아니라 맹목적인 결정에 맡겨집니다. 그것은 운에 맡겨진 경기이고 우리는 어떤 면에서는 그 부조리함에도 불구하고 그 경기에 뛰어드는 것입니다.

이교도들의 가르침과 도덕주의는 기원을 기대로 변형하여 그것에 합리적인 토대를 부여하고자 합니다. 플라톤도 『파이돈』에서,[4] 아리스토텔레스도 『니코마코스 윤리학』에서, 축복받은 이들의 섬에서 행복을 누리는 미래를 약속하고, 그리하여 지복을 구체적인 것으로 만듭니다. 이들은 그래서 일종의 종말론적인 행복주의를 넘어서지 않습니다. 파스칼조차도, 엄밀히 말해 믿음의 "근거"를 대는 것은 아니더라도, 도덕적 양자택일에 근거해 영원한 삶 쪽에 거는 것이 이익이라고 말합니다. 게다가 도덕적인 인간에게는, "피안"이기를 그친 윤리적 미래의 약속을 기대할 권리가 주어져 마땅합니다. 기대의 작은 피안 너머에 어쩌면 모든 미래들의 장래가 있을지도, 절망적 기원이 무한한 희망과 일치할 먼 지평선이 있을지도 모르는 것입니다.

10

내세의 부조리

1. 불사, 부활, 영속하는 생

피안의 무한한 애매성은 "내세"와 무화의 두 가지 모순되는 해결책이 똑같이 부조리하다는 사실에서 비롯됩니다. 이 둘이 하나의 같은 신비 속에서 비합리적으로 일치하는 것을 보기 전에, 이 두 부조리를 차례대로 제거해야 하겠습니다.

내세에 대한 염원이, 그 크고 간절한 기원이 인간의 상상력 속에서 낳은 환상을 다 분류하려면 끝이 없을 것입니다. 일단 먼저, 결코 죽지 않는다는 인류애적인 기대를 불사의 염원으로 볼 수 있을까요? 그러나 치료법의 꾸준한 개선, 죽음을 한없이 연기할 가능성, 날짜와 시간의 불확정이 진보에 대한 후한 희망을 정당화한다고 하더라도, 이 희망은 형이상학적 포부를 가질 수 없습니다. 불사는 장수의 절정도 극치도 아니고 장수의 지평에 있지도 않습니다. 그리고 오래 산다고, 점점 더 오래 산다고 불사가 되는 것도 아닙니다. 긴 수명이 극에 달해 사실상 불사와 구별되지 않는 것처럼 보인다고 하더라도, 불사와 가장 긴 장수 사이의 간격은 항상 무한히 벌어져 있을 것이고, 아찔한 도약으로도 뛰어넘지 못합니다.

게다가 "살아남은 자"도 이러한 조건에서는, 끊임없는 난파로부터 계속 구조된 생존자에 불과할 것입니다. 그리고 이렇게 살아남은 사람의 존속은 위험에서 위험으로 부단히 갱신되는 불안정한 유예에 불과할 것입니다. 말하자면 기적의 연속이죠. 물에 빠진 사람을 건져낼 때마다 이렇게 말해야 합니다. 무無가 이번에도 사냥감을 놓쳤다. 말할 수 있는 것은 이것이 전부입니다. 하지만 죽음을 상대로 한 이런 위험한 놀이는 아주 오래 지속될 수는 없을 것입니다. 암초 사이를 무한정 피해갈 수는 없습니다. 결국 노화가 가중된 결과로 죽음의 확률은 높아지기만 하고, 죽음을 피할 확률은 영(0)을 향하며, 생존의 기적은 점점 더 있음직하지 않게 됩니다. 이 모든 것이 어떻게 끝날지는 다들 잘 알고 있죠.

우리가 찾는 것은 작은 생채기에도 좌우되는 영구적인 삶이 아니라, 글자 그대로 소멸될 '수 없는' 삶입니다. 불사는 죽음을 피하게 해주는 엄청난 행운도, 대체로 죽지 않게 하는 부적도, 결코 죽지 않게 하는 기적의 선물조차도 아닙니다. 불사, 그것은 죽을 수 없다는 것입니다.

어떻게 이런 절대적 불가능성이 무한정한 진보의 결과일 수 있겠습니까? 불사의 삶이란, 이 세상에서부터 충만하며 죽음은 알지도 못하는 삶입니다. 끝이 없는 삶. 소모와 시간으로부터 안전한 삶. 이런 당찬 낙관주의에 따르면, 산 자는 총알과 포탄 파편을 모두 아슬아슬하게 피하는 용자처럼 여러 번 죽음을 스치지만 즉시 다시 일어납니다. 산 자는 자기 자신의 삶의 이편에 머무르고 있고, 그래서 이 삶의 종말론적 연장이 될 내세가 필요치 않습니다. 계속적으로 자기 자신을 넘어 생존하는 것은 오히려 삶 그 자체인 것이죠. 더 정확히 말하자면, 모든 것이 이편에 모여 있기 때문에, 더 이상 이편도 저편도 없습니다. 그러나 죽음 자체가 불가능하게 되지 않는 한, 자유로운 인간의 의식이 자기의 현재 존재 저편에 대해 한없이 물음을 던지는 일을 누가 막을 수 있겠습니까?

불사론자들이 보통 내세라고 부르는 것은 알다시피 전혀 다릅니다. 그것은 또 다른 삶, 두 번째 삶, 죽음의 공허를 넘어 첫 번째 삶의 바통을 이어받은 나중의 삶입니다. 하지만 무화라는 생각, 즉 상쇄할 수 없이 "무로in nihilum" 되돌아간다는 생각을 불합리하다고 거부하자마자, 내세의 삶을 이해할 방도는 여러 가지가 있게 됩니다.

길든 짧든 연속이 중단된 뒤에, 계승이 생겨날 수가 있습니다. 혼수상태와 비슷한 이 중단, 어쩌면 은밀한 연속일 수도 있는 이 침묵의 공석 기간, 무언가가 보존되고 있는 것 같은 이 신비로운 겨울잠은 개인의 부활을 준비하는 것이 될 것입니다. 영혼과 육체를 합친 온전한 존재가 되살아나고, 산 자가 온전히 죽음에서 깨어나는 것이기에, 기적적인 부활인 것입니다. 부활은 무의 심연을 넘어 사람을 온전히 구해내는 것을 의미합니다. 사람이 균열을 뛰어넘었다거나, 다리를 건넜다는 것이 아닙니다. 그는 실제로 깊은 구렁에 바닥까지 떨어졌다가 다시 기적적으로 뛰어오른 것입니다. 예언자들과 사도 바울이 말하는 죽음에 대한 승리란 그런 것이죠. 그것은 적어도 실제로 죽음이 있었음을 상정합니다. 다른 이유에서 라이프니츠의 "변형주의"와 스피노자의 현실주의가 부정하는 것이 바로 그것입니다.

그러나 살아있는 존재가 마법같이 사라지는 일을 이해할 수 없게 하는 보편적 보존법칙을 고려하면서도 죽음의 분석을 더 진지하게 다룰 수 있을 것입니다. 우리에게는 세 가지 해결책이 제시됩니다. 하나는 생명의 영속성을, 다른 하나는 본질의 영원성을 끌어옵니다. 이 두

가지 해결책은 오히려 위안이라 할 만합니다. 그리고 영혼의 개별적 사후 생존을 끌어오는 세 번째 해결책은 차라리 하나의 희망입니다.

첫 번째에서는 모든 존재들의 존재가 개별적 죽음에서 벗어납니다. 두 번째에서는 존재의 본질이 존재 일반의 무화에서 벗어납니다. 이처럼 죽음이 소멸 가능한 모든 존재들을 개별적으로 제거하면서 그 존재들의 존재는 없애지 않는다거나, 실존하는 존재를 없애면서 이 존재의 본질은 허무로 만들지 않는다고 말하는 것은, 초경험적인 무화를 부분적인 제거로 변형하는 것입니다. 우주론적 위안과 초경험적인 보상은 이리하여 우리가 번민하는 죽음의 비극적인 예외성을 평범한 것으로 만듭니다. 먼저 우주론적 위안부터 보겠습니다.

죽음은 유기체인 몸이, 먼저 생기 없는 시체로 변하고, 그러고 나서 해골, 무기염, 화학원소로 변하는 분해과정을 우리에게 분명히 보여줍니다. 그러나 이 육체를 살아 움직이게 했던 생명은 어떻게 되었을까요? 만약 죽음이 형이상학적인 없앰이자 불가해한 무화가 아니라면, 그리고 만약 죽음의 해체 이후에 그 전에 있던 것을 배열은 달라도 틀림없이 되찾게 된다면, 생명원리가 보편적인 생으로 돌아옴을 인정하는 것이 자연스러워 보입니다. 시인과 몽상가가 좋아하는 일종의 범생명론적인 생기론이 그런 식이죠.

어머니인 자연은 이런 이름 없는 보편적 덩어리 속에서 재료를 길어와 환생과 윤회를 빚습니다. 『여자』를 쓴 미슐레와 「시체」의 저자인 빅토르 위고가[1] 여기서 합창을 합니다. 죽음은 변모다. 죽음은 다시 태어나는 것이다. 분해이자 발아이고, 부패이자 개화다. 죽는 것, 그것은 다시 사는 것이니까, 여기서 해체되는 것은 다른 곳에서 다른 형태로 다시 태어나기 위한 것이니까. "생명은 바뀌지, 없어지지 않는다.Vita mutatur, non tollitur" 보편적 생명의 마르지 않는 원천과 봄의 지칠 줄 모르는 돌아옴 외에 다른 불사는 없습니다. 엠페도클레스는[2] 탄생φύσις과 끝τελευτή을 부정하고 혼합과 혼합된 요소들의 교환(혼합된 것들의 혼합과 분리μίξις τε διάλλαξίς τε μιγέντων)만을 인정합니다.

재탄생의 비개인적인 영원성은, 개인의 부활이라는 요술이 무턱대고 내다버린 연속성을 그렇게 설명합니다. 소멸되지 않는 생명은 따라서 내세의 삶을 필요로 하지 않습니다. 연장은 모두 쓸데없는 짓이 됩니다. 종의 불사가 개체의 죽음을 이어받습니다. 산 자는 죽지만, 이 산 자의 생명과 이 생명의 생명력은 절멸하지도 부패하지도 않죠. 따라서 죽음은 생의 끝이 아니라, 단지 산 자의 끝일 뿐입니다. 죽음은 개인의 인생역정을 마감하지만, 보편적 생을 끝맺지는 않습니다.

그러므로 이제 더 이상 죽음에는 비극적인 것이 없습니다. 죽음은 최후의 심판도, 총체적 파멸도, "세상의 종말"처럼 모든 생명체를 한꺼번에 덮치는 대재앙도 아닙니다. 심지어 인간 전체가 한꺼번에 사라진다고 하더라도, 살아있는 인류가 무한히 더 방대한 속屬 안에서 하나의 종種을 대표했었을 가능성이 남아 있을 것입니다. 우주 속에 흩어져 있는 미지의 존재자들이 이 세상의 산 자들보다 더 오래 살아남는 일이 왜 있을 수 없겠습니까?

실제로 죽음은 결코 존재 전체의 비존재가 아니라, 하나의 개별 존재의 비존재입니다. 죽음은 초경험적인 무가 아니라, 국지적인 단독적 소실이며, 특정 상황이 동반되고 가로세로 좌표에서 위치를 확인할 수 있는 부분적인 소멸입니다. 누군가가 어느 순간 어딘가에서요. 어떤 한 사람의 죽음이 문제가 되는 것이니까요! 자리 주인의 불참으로 좌석이 공석이 되듯, 자리가 갑자기 비게 됩니다. 그렇게 죽음은 이차적인 것이 되고, 지엽적인 사건으로, 생의 광대함 속에서 피상적이고 국지적인 사건사고의 규모로 축소됩니다.

없어선 안 될 사람이란 없다고 자크 마돌은 우리에게 일깨워줍니다.[3] 한 사람의 죽음은 존재 일반의 총체에 비하면 무엇인가요? 구겨진 종이 한 장, 서쪽 초원 어딘가에서 이 순간 뽑혀 나간 풀잎 하나보다 나을 게 없습니다. 갑남을녀의 죽음은 하나의 일시 고장이며, 세계사 속의 극히 작은 홈, 존재의 표면에 난 하찮은 긁힘입니다. 이 미시적인 비극은 깊고 영속적인 존재의 운명에 골을 내지도 뒤엎지도 않습니다. 그 비극은 눈에 띄지도 않고 지나갑니다. 우주의 실존은 여기 있는 심장의 마지막 박동 뒤에도 무한정 이어질 것입니다.

외적인 경험으로 볼 때 죽음이 철저한 무화와는 반대에 있다고 한다면, 이는 단지 죽음이 존재의 덩어리에 난 미세한 홈과 극히 부분적인 틈으로 환원되기 때문만이 아니라, 그 빈틈이 그대로 남아 있지 않기 때문이기도 합니다. 그 빈틈은 생기자마자 메워집니다. 산 자들의 연쇄는 유명론적인 경험주의가 생각하는 그런 지각된 현상들의 다발에 비유될 수 있습니다. 이 충만한 연속체 속에는 때때로 대체나 대리가 있지만, 결코 구멍은 없습니다. 섭리적인 "교체" 메커니즘에 의해, 희랍 자연철학자들이 말하는 '상호교체ἀντιπερίστασις'와 꽤 비슷한 '변천'에 의해 모든 사라짐은 나타남으로 상쇄되고, 모든 소멸은 창조로 중화되며, 모든 부재는 현존으로 보충됩니다. 따라서 상실은 상대적일 뿐이며, 플러스가 마이너스와 항상 평형을 이루는 것입니다. 위로가 비탄을 상쇄할 것입니다.

부재를 다른 것이 대신할 수 없었던 까닭은 오로지 우리의 위로할 수 없는 슬픔 때문이었습니다. 그러나 현자의 눈으로 보면, 혹은 문제를 아주 높은 곳에서 조망하는 이성의 눈으로 보면, 죽음은 전체 안의 부분들 사이의 순서와 배치에 영향을 미칠 뿐이죠. 여기서 우주적 범신론은 베르그송식의 충만성과는 전혀 거리가 멀고(그 충만은 창조를 내포하니까), 반대로 주지주의의 조합을 떠올리게 합니다. 죽음은 총계가 적어도 일정하며 심지어 점점 늘기조차 하는 여러 무리의 요소들이 재배열되는 기회인 것입니다.

행정기관이 사망자에 의해 생긴 구멍을 그때그때 막듯이, 그처럼 존재의 일반 경제에서는 일종의 섭리적인 행정이 죽은 자의 빈자리를 메우려고 신경 쓰고 있는 것처럼 보입니다. 우리가 보았듯이 『파이돈』은 서로 상쇄하고 ἀνταπόδοσις 번갈아 되돌아오지ἀνακάμψις 않으면 자연이 곧장 침체로 이어질 것이라는 논거를 댔습니다. 왕복이 없다면 자연은 "절뚝거리게" 된다는 것입니다. 번식력이 강한 종에서는 종종 사망률이 출산율에 비례하지 않습니까? 인구과잉 시기의 섭리같은 역병, 전쟁의 살육에 이어지는 출생과잉이 일종의 숨은 합목적성의 증거가 됩니다. 혹은 이렇게 말해도 좋다면, 정의와 꽤나 비슷한 목적론적인 조절의 증거가 됩니다. 이런 조절은 정의와 마찬가지로 균형과 상호교환에 바탕을 둔 것처럼 보이니까요. 그리고 또 정의가 힘을 보충해 주어 약함을 보완하고, 약자를 법으로 보호하여 힘의 남용을 완화하는 것과 마찬가지로, 마치 어떤 정교한 메커니즘이 죽음의 대폭 감원을 사망률에 비례한 다산으로 보충하기라도 하듯이 모든 일이 일어납니다.

이러한 조건에서는, 헌신적 희생도 영웅성이 모두 배제된 합리적인 의미를 지니며, 동일률의 귀결처럼 일종의 논리적 필연에 의해 강요됩니다. 전체는 부분들의 총합과 같다, 전체는 부분보다 크다는 것이죠. 막스 셸러의 말처럼[4] 기계적으로 "더해진" 총체 안에서는 전체가 살아남기 위해 부분이 죽고, 하나를 바쳐 다른 하나를 살립니다. 적어도 폴립의 군체나 동물 군락과 비슷한 사회에서 그러하죠. 개체가 종을 위해 죽거나 어머니가 자식을 위해 죽을 때, 헌신은 어떤 자동적 성격을 띠며, 희생자의 죽음은 일종의 대리하는 기능을 발휘합니다. 피에르 루슬로의 말처럼[5] 머리를 보호하기 위해 손으로 감싸는 것 아닙니까? 타인을 대신해 죽는 것은 이 경우에는 일종의 대체이며, 희생은 보상 없는 증여나 애절한 공양이 아니라, 결국 정의로 귀착됩니다. 희생자를 제물로 바치는 조건으로 다른 사람이 죽음을 면합니다. 그리고 이제 살아남은 자는 자신을 살리느라 소멸된 그 사람을 대신할 것입니다.

하나가 다른 하나를 밀어내는 세대"교체"는 개체의 존재 중단을 넘어 존재 일반이 연속되는 것을 보장합니다. 개별 존재는 존재하기를 끊임없이 그치지만, 전체 존재는 다음 세대로 대물림되는 한결같은 세대계승을 통해 끊임없이 재형성되고 존재를 이어가는 것이죠. 요컨대 존재는 인구감소로 조직이 얇아지지도 투명해지지도 않으며, 그 전체 농도가 옅어지는 일도 결코 없습니다.

세상이 생긴 이래로 산 자가 계속 죽어왔는데, 어째서 존재가 소진해 무에 이르지 않았던 것일까요? 그것은 생명의 번식이 죽음의 힘을 훨씬 능가하기 때문입니다. 지속을 계속한다고 해서 시간이 동나지는 않듯이, 각 유기체 속에서 생명의 불꽃이 꺼진다고 해서 생명이 사라지지는 않습니다. 그렇습니다, 시간은 실이 실패에서 풀려가는 것과는 전혀 비슷하지 않으며, 역사의 두루마리에는 끝이 없습니다. 마찬가지로, 그리고 땅속에 매장된 석탄이나 석유와는 달리, 생은 고갈되지 않는 보물입니다. 생은 결코 마르지 않으며, 해마다 생을 희박하게 할 것 같은 수백만의 죽음도 생의 흐름에 그다지 영향을 주지 않습니다. 시간 속에서 봄이 새로 찾아오는 것과 마찬가지로, 공간 속의 대체는 자연의 영속성을 나타내고, 죽음을 가벼운 일로 만들며 존재와 생명의 항구적인 충만함을 표현합니다.

그러나 그뿐만이 아닙니다. 설사 사라진 개체가 대체 불가능하다고 하더라도, 이 대체 불가능한 것은 궁극적으로는 늘 대체되는 쪽으로 향합니다. 영원회귀를 꼭 끌어들이지 않더라도, 시간의 무한성이 사라진 모나드와 구별되지 않는 모나드를 조만간 출현시켜, 대체의 확률이 백 퍼센트에 가까워질 것입니다. 망각이 모든 불행을 침식해 평탄하게 하고, 모든 비탄을 위로하며, 모든 비극을 일반적 연속 속으로 흡수하듯이, 그처럼 누군가의 죽음이 우리에게 남기는 아쉬움은 영원의 품속에서 결국 반드시 사라질 것입니다. 머지않아 이 누군가의 죽음은, 이천 년 전 타란토에서 낙석에 맞아 죽은 한 행인의 죽음만큼이나 중요하지 않게 될 것입니다.

생명력은 합법칙성, 합목적성, 나아가 진화의 필연성과도 비견할 만합니다. 이것들은 개인의 변덕과 상황의 예기치 못한 우여곡절에도 불구하고 사후事後에 충분히 확인되는 것들입니다. 죽음이 개체를 난타하기는 하더라도, 나중에 돌이켜보면 종의 충만한 생명력이 결국 이겼던 것으로 드러날 것입니다. 이는 전체적인 결과이며, 대체로 "전미래"형으로 드러납니다. 죽음의 창궐과 수많은 애도에도 불구하고, 존재의 일반적 밀도는 평균적으로 증가할 따름입니다.

개체의 소멸이 명백함과 종의 존속이 명백함은 서로 모순됩니다. 그럼에도 이 두 명백함이 결합되어 생성의 역설을 설명합니다. 즉, 생성이란 한 존재가 개체로서는 항상 존재가 중단되지만 전체로서는 존재가 계속되는 그런 연속적인 갱신인 것입니다. 존재는 매 순간 죽고 껍질을 바꿔가며 총체적으로 자기를 보존합니다. 당장에는 존재하기를 그치지만 역사라는 거리를 두고 보면 존재를 이어오는 것, 이 둘이 동시에 있는 것이 생성이 아닐까요?

그리고 개체적 생성이 과거성과 미래성의 서로 풀 수 없는 결합이고 회상을 통한 과거로의 후퇴가 그 사실 자체로는 미래의 도래이듯이, 마찬가지로 죽음과 탄생은 집단적 역사 속에서 하나의 동일한 변화의 앞뒷면입니다. 하나의 동일한 진화가 하류로 내려가느냐 상류로 올라가느냐에 따라 퇴행진화나 향상진화로 나타나는 것이죠. 현재가 과거가 되는 동시에 미래가 현재가 되는 이 부단한 움직임에 '지금'이라는 이름을 부여한다면, 죽음의 과거가 탄생의 미래로 계속 대체되는 것에서 살아가는 생성의 긍정성을 왜 인정하지 않겠습니까? 죽음이 삶을 밀쳐내고 삶이 죽음을 상쇄하는 것, 바로 이것이 계승을 추진하고 생성을 진행시키며 사건을 도래하게 합니다.

그뿐만이 아닙니다. 비움과 채움의 이런 교체가 과정을 복구하고 활성화할 뿐만 아니라, 이렇게 생겨난 공백을 새로운 내용으로 채우기 위해 죽음이 잉여를 내보낼 뿐만 아니라, 개체들의 소실은 행동을 불러오기도 합니다. 실제로 사망률이 불특정한 필연으로 우리의 운명을 봉한다면, 출생률은 적어도 타인과 관련해서는 어느 정도 숙명이 됩니다. 게다가 죽음의 공백은 자유의사와 우리의 선택 능력을 소환합니다. 죽음은 모든 점에서 '움직임'을 유발합니다. "인사"이동, 승진과 전근, 교대와 이주, 집결과 추월, 솔선을 유발하는 것이죠.

죽음이 공기를 빨아들이고 행동을 끌어당기면, 행동이 이 공백 속으로 들이쳐서 공백을 메웁니다. 행동은 과연 이 죽음의 반명제를 필요로 합니다. 죽음의 반박하고 부정하는 바로 그 소명을 필요로 하죠. 행동은 죽음을 고려하지 않으며, 엄밀히 말해 특별대우를 해주지도 않습니다. 행동은 죽음을 뛰어넘습니다. 마치 위대한 사업가가 이 부수적인 공백을 아무것도 아닌 것으로 여기며 미래에 투자하고, 자기 자신이 떠난 이후까지도 계획을 수립하며, 자기는 더 이상 속하지 않을 세계를 위해 일을 하듯이 말입니다. 행동은 행위자와 그 후손 사이에 세워진 가교입니다. 내세가 없더라도, 행동하는 인간이 후대에 이런 식으로 존속한다면 어떤 의미에서는 불사가 되는 것이 아닐까?

플라톤의 『소피스테스』는 상대적 비존재, 즉 타자성이 서술을 돕고 판단에 소재를 제공함으로써 학문을 가능하게 하는 이유를 설명했습니다. 사유의 균열인 무無가 사유에 공기를 불어넣고 관계를 불러온다는 것입니다. 죽음의 비존재는 단지 사유를 중단시키는 것만이 아니라 우리가 살아온 존재의 총체를 무화하고 사람을 소멸시키지만, 그래도 풍부한 변동의 기폭제가 됩니다.

어쩌면 개체의 죽음이 종에게 갖는 의미는 잠이 개체에게 갖는 의미와도 같을 것입니다. 실존과 비실존, 존재와 비존재의 교체를 보장하는 잠은, 매일 밤마다 밤의 무의식이라는 공백을 만들어 우리의 삶을 환기시킵니다. 이렇게 어둠과 부재 속에 날마다 빠지는 덕분에 행동이 재개되고 재활성화될 수 있는 것이죠. 죽음은 존재의 잠듦과 같고, 재생과 존속을 준비하는 부분적이고 일시적인 유익한 휴경입니다!

결국 행동은 사유처럼 온대지역 혹은 중위지역에서만 숨을 쉽니다. 엘레아학파의 숨 막히는 동일성과 헤라클레이토스식의 쇠락의 중간에, '동일자'와 '타자'의 중간에, 규정할 수 있는 '차이'를 위한 자리가 있습니다. 전자는 메두사마냥 속성의 부여를 돌처럼 굳게 만들고, 후자는 다른 모든 것과도 다르고 그것도 한없이 달라 사유를 규정 없는 흐름 속에 녹여버립니다. 그리고 마찬가지로 헤라클레이토스식의 해산解散과 파르메니데스식의 영원한 긍정성의 중간에, 죽음과 삶의 복합체를 위한 자리가 있습니다. 보충되지 않는 누출과 소모가 무에 다다르는 것이라면, 생명에 필수적인 죽음의 불연속성이 환기를

10장 내세의 부조리 581

시켜주지 않은 충만함은 이제 질식사한 죽음을 의미하게 됩니다. 불사의 삶, 그것은 또한 죽음이기도 하니까요!

진정한 생명은, 아주 일시적인 중단으로 분절되면서 세대에서 세대로 갱신되는 생성 이외의 아무것도 아닙니다. 우리 인간의 일은 구멍을 막고, 죽음의 무를 부정하고, 중단 아래에서 연속을 긍정하고, 상대적 공백을 넘어 상대적 충만을 회복하는 것이 아닐까요?

죽음은 그러므로 미래를 등한히 하고 전체적 맥락으로부터 현재를 고립시키는 일방적인 시각에서 볼 때만 비극적일 뿐입니다. 이러한 개체적 불행을 최소화하는 데에 그토록 신경을 쓴 라이프니츠라면 죽음을 보편적 실존의 "레가토legato" 속에 자리 잡게 하는 기술을 우리에게 가르쳐주려 할 것입니다. 익은 올리브 열매는 자기를 열리게 해준 대지를 찬양하며, 자기를 키워준 나무에게 감사하며 땅으로 떨어진다고, 마르쿠스 아우렐리우스는 말하죠.

그러나 올리브 열매의 이러한 감사가 우리에게는 왜 그토록 설득력이 없는 것일까요? 왜 이 아름다운 위로들이 다 그다지 위로가 안 되는 걸까요? 이것이야말로 때가 되면 우리가 살펴봐야 할 점입니다.

2. 사유하는 본질의 영원성

보편적 생명 자체가 하나의 개념이라면, 보편적 생명의 철학은 이미 영원한 이념의 철학입니다. 이 철학에서 자신의 영원성을 단언하는 것은 바로 의식입니다. 그래서 죽음을 생각하는 사유가, 죽음의 비극성을 지우는 두 번째 수단으로 제시됩니다. 이제 죽음은 더 이상 보편적 생명의 영속성 속의 일시적 공백이 아니라, 다른 개념들과 맞먹고 이 다른 개념들과 관계를 가질 수 있는 하나의 개념인 것입니다.

종의 소극적인 영속과 이성의 적극적인 영원 사이의 차이는 무한정과 무한 사이의 차이와 같습니다. 한쪽은 사실상의 연속이고 다른 쪽은 권리상의 연속성으로, 전자는 항상 불안정하고 항상 위협받고 항상 의문시되지만 후자는 확정적이면서 결정적으로 비시간적입니다. 한쪽에서는 죽는 존재들이 생명의 영속성을 확보하느라 열심히 서로 바통을 넘겨줍니다. 줄곧 중단되고 줄곧 갱신되는 생이 죽음에서 죽음으로 위태로운 재도약을 하며 계속 살아남아 무한정 자신을 이어가는 것이죠. 다른 한편, 진리와 가치는 대번에 시간 밖으로 벗어나 있습니다. 그리고 경험적 존재는 항상 갱신되는 행운과 말하자면 끊임없이 되풀이되는 기적에 의해 요행히 존속하는 데 반해, 본질은 그 본성이 불멸인 덕분에 존속하는데, 이는 그 '확고함'이 닳지 않기 때문이 아니라 그 '존속'이 비시간적이기 때문입니다. 이념의 영원성은 무한정 연장이나 추가에서 비롯되는 것도 아니고, 언제나 취소될 수 있는 집행유예의 결과도 아니며, 행운이라는 은혜로운 지불유예 명령 덕분도 아닙니다. 그렇습니다! "불사의" 진리는 선험적으로 생성을 면하고 있습니다. 죽으려고 해도 죽을 수 없는 것이죠! 그 영원성은 그러므로 완전히 긍정적입니다. 부정적인 표현인 "불사"와 "비시간적"이라는 말은 엄밀히 말해 진리에는 어울리지 않습니다. 진리는 죽음을 극복할 필요도 시간을 뛰어넘을 필요도 없으니까요. 그것은 그날그날 하루하루 이어가는 불사성과는 아무 상관도 없습니다. 그러므로 죽음의 때가 정해지지 않았다는 이유로 "불사"인 것이 아닙니다. 진리에는 '때'가 없으니까요. 불확실한 때가 불확실한 것은 확실한 죽음과 관련해서만 그러합니다. 그런데 여기서는 확실한 것이 바로 중단이 불가능하다는 것입니다!

　같은 이유에서 본질의 굳건한 불사와 행동에 의한 불후不朽 사이에는 무한한 거리가 있습니다. 행동은 죽음에도 '불구하고' 시도하지만, 그 사정거리와 위력의 기대치는 사실상 제한되는 것이죠. 행동은 죽음을 고려하지 않지만 죽음을 무화하는 일과는 아주 거리가 멉니다. 행동은 너머를 봅니다. 더 이상 말이 필요 없죠. 행동은 끊임없이 더 멀리, 언제나 열려 있는 미래를 향해 바라보며, 내일에서 모레로 지치지 않고 계획을 갱신하는 것입니다. 행동은 죽음이라 부르는 하찮은 사고 따위는 신경 쓰지 않고 시도합니다. 그러나 행동이 경멸한 것이 저주처럼 계속해서 무겁게 짓눌러옵니다. 그래서 때로는 그 경멸이 절망적이고 무력한 항의처럼 보이기도 합니다.

　의지는 '마치' 죽음이 존재하지 않는 것처럼 행동합니다. 그리고 어떤 감추기에서 비롯된 이 '마치'는 오해에 의해 유지됩니다. 그러나 영원한 진리에는 "마치"가 없습니다. 죽음은 진리에게는 정말 존재하지 않는 것이죠. 본질들의 세계에서 죽음은 "마치 아무것도 아닌 것처럼"이 아니라 글자 그대로 아무것도 아닌 것, 절대적인 '허무Οὐδέν'입니다. 의지는 죽음을 부정하지만 죽음을 무화하지는 않습니다. 이는 또한 의지가 생성과 실랑이한다는 것이기도 합니다. 아아! 정말이지 그렇습니다…. 의지는 시간 속에서 의지하며, 행동은 결심의 주도로 시작하여 뒤이어 계속되는 국면들로 이어지기에 행동 자체에도 시간이 드는 것이니까요. 그래서 행동은 싫증, 단념, 인간적 피로를 아는 것입니다. 어떤 기획은 미완으로 남을 것이고, 어떤 계획들은 흐지부지될 것입니다.

　이에 반해 진리와 가치가 어떤 점에서도 죽음과 무관하다면, 그것은 일반적으로 생성이 그것들을 건드리지도 못하기 때문입니다. 마모나 노화도 영향을 미치지 못합니다. 시간적… 혹은 공간적 상대성이라는 생각, 날짜와 장소라는 상황적인 좌표에 따라 달라진다는 생각은 진리의 본질 자체와 모순되며 가치의 지향 자체와 모순됩니다. 그런 생각을 진리와 가치를 비꼬는 데에 쓰는 것이 아니라면요. 시간적으로 제한된다는 생각이나 진화한다는 생각조차도, 진리의 합리적 개념이나 가치의 초시간적이고 초역사적인 "값어치"에는 내포되어 있지 않습니다. 진리가 일개 자오선에 좌우된다면 얼마나 우스운 진리인가요! 참된 진리는 어리석은 전체주의적 우상과는 달리 시간적으로, 즉 일시적으로 참인 것이 아닙니다.

배은망덕하고 변덕스러운 사람은 때로 진리에 충실하지 않지만, 진리는 이성적인 인간의 신뢰를 결코 배신하지 않습니다. 그래서 이 진리의 무화는 교활한 악령 같은 과장된 허구나 불가능한 가설에서만 일어날 수 있습니다. 소멸될 수 없는 것을 무화하기 위해서는 신의 헤아릴 수 없는 변덕이나 악마의 전격적 결의 정도는 필요한 것이죠! 진리는 맨 처음 생겨날 때에만 "피조물"입니다. 연속되던 실존은 중단될 수 있습니다. 그러나 시작된 적이 없는 존속에는 끝도 의미가 없습니다. 무엇이 끝날 수 있겠습니까? 어떤 상상 못 할 파국의 결과로 끝나겠습니까? 결국, 이성은 개개의 나타남과 사라짐의 저변에서 이념의 본질적인 영원성을 이해합니다. 이성은 개인적 죽음의 단절과 공백 아래에서 초개인적인 존속의 연속체를 엮습니다.

우리는 개인적 죽음의 비극을 가볍게 만드는 이러한 이념적인 영원성이 종적인 생명의 불사성보다 우리의 문제와 번민에 더 잘 대답하는지를 물어야 할 것입니다.

3. 이원론에 따른 영혼의 사후 생

영혼과 육체의 이원론은, 생명과 물질의 이원론처럼, 사후에 개인으로 존재한다는 것에 의미를 부여하여 사후 생을 설명할 수 있게 합니다. 나 자신을 하나의 개체로 만드는 것은 생명이 아니라 "영혼"이라는 것이죠.

만약 우리가 깨어 있는 상태의 살아있는 사람만을 본다면, 아마도 그에게서 따로 두 실체를 구별해 생각할 이유도, 그를 심신 복합체로 여길 이유도 전혀 없을 것입니다. 실제로 우리가 직접적으로 보는 것은 의미를 나타내는 신체, 체현된 의미, 표정 있는 얼굴이지, 결코 영혼이나 영육 이중체를 '보는' 것이 아니기 때문입니다. 우리는 살아있는 존재를 보지만, 한꺼번에 다른 두 차원에서 사는 어떤 "양서동물"을 '보는' 것은 결코 아니니까요. 이 추상적 이원성은 오히려 하나의 추론에서 나온 결론인 것이죠.

아니 그보다, 죽음이 일종의 분리 실험이 됩니다. 죽음은 생명을 잃은 움직이지 않는 육체의 모습을 보여줌으로써, 방금까지 이 육체를 살아있는 인격체로 만들어주고 있던 그 무언가를 육체에서 분리해내어, 성찰하는 이에게 알려주는 겁니다. 물론 육체 없는 영혼은 아무도 본 적이 없죠. 그러나 우리는 지금 움직이고 말하면서 현존하는 신체가 있었던 바로 그 자리에서 영혼 없는 육체를 보고 있기에(혹은 본다고 믿고 있기에), 그리고 바로 육체의 형태가 죽음 후에도 잠시 존속되기에,[6] 우리가 이 앞에 있는 "복합체"의 다른 "구성요소" 또한 계속 실존한다고 믿게 되는 것입니다.

이원론에서 죽음에 의한 분리는 아주 간단한 뺄셈입니다. 보이지 않지만 생기를 불어넣는 영혼이, 방금 전에 봤던 생기 있는 신체와 여기 있는 생기 없는 시체(잔여물) 사이의 차이를 나타냅니다. 혹은 역으로 사람들이 마침 "유해遺骸", "유골遺骨"이라고 부르는 이 잔류 시체는, 방금 전의 살아있는 유기체이자 심신 복합체에서 생기를 주는 영혼을 빼고 남은 신체입니다. 이렇게 영혼은 산 육체에서 시체 찌꺼기를 걷어내고 치우고 씻어낸 것이 됩니다. 시체는 살아있는 육체에서 영혼을 뺀 것이고요.

그리고 아무것도 상실되지 않기에, "풀림λύσις" 혹은 죽음에 의한 분해 전후에 같은 양의 존재가 다시 나타나야 하기에, 역으로 영혼 없는 육체와 육체가 없는 영혼을 더함으로써 다시 복합체를 얻지 못할 이유도 없습니다. 생기 없는 육체와 육체에서 분리된 영혼이란, 다시 서로 결합하여 살아있는 완전체를 (육체를 지닌 영혼 혹은 생기 있는 신체를) 복구할 수 있는 두 개의 상보물相補物일 것입니다. 더하기와 빼기로 전환할 수 있다는 것이 환생과 "탈육脫肉"의 대칭을 반영하고 있는 것은 아닐까요?

어쨌든 단순한 이원론에서는 영적인 요소가 빠져나올 수 있어 사후 생의 관념이 가능해지고 거의 받아들일 수 있게 되는 것처럼 보입니다. 날개를 단 영혼이 끈을 풀고 나비처럼 날아가는 것이죠. 그것은 키케로가 『파이돈』식의 표현으로 "육체라는 족쇄와 간수에게서 벗어나 날아간다e custodia vinculisque corporis evolare"고 말한 것과 같습니다. 영혼이, 즉 살아있는 신체와 시체 사이의 결정적 차이인 그것이 허물을 벗고 그 볼품없는 잔여물을 그 자리에 버려둡니다. 이 유물은 라이프니츠의 말로는 영혼의 거죽이었고 곧 아무것도 아니게 될 누더기입니다. 한 줌의 흰 잿가루, 한 움큼의 초라한 먼지입니다.

이원론은 따라서 죽음이라는 영원한 큰 수수께끼를 웬만큼 풀어낸 것처럼 보입니다. 방금 전에 이 자리에 생기 있는 신체가 있었습니다. 그리고 지금은… 지금도 분명 하나의 신체가 있지만, 그것은 영혼도 생명도 생기도 없는 신체입니다. 그 죽은 눈동자로 아무도 보지 못하고 그 덤덤한 얼굴은 더 이상 아무것도 표현하지 않는 부동의 신체, 현존하지만 부재하는 신체입니다.

이 부재하며 현존하는 신체는 자기 영혼을 어떻게 했을까요? 영혼을 찾아라! 아, 네, 이원론이 알아냈죠. 산 자는 분명히 사는 것을 멈추지만, 그래도 그를 살아있게 했던 뭔지 모를 무언가는 소멸될 수 없다는 겁니다. 존재했던 것은 계속 존재해야 하니까요. 따라서 영혼은 다른 곳에 있어야만 합니다. 아주 멀지만, 어딘가에, 어쩌면 소크라테스가 독약을 마신 후에 옛날 현자들을 만나리라 기대했던 축복받은 이들의 섬에라도. 영혼의 여행에는 많은 단계가 있을 수도 있고, 윤회의 신화는 우리에게 그 여정과 우여곡절을 친절하게 이야기해 줍니다.

이원론에 따르면, 죽음은 죽게 될 공생에서 영혼의 불사하는 영원성을 벗어나게 합니다. 생명의 제한된 수명 때문에 의심받았던 영원성이죠. 공생이 배제하던 불사성을 분명히 드러내는 것은 바로 죽음 자체입니다. 죽음은 단지 이 공생을 해체할 뿐만 아니라, 동시에 실존과 생명, 존재와 생성을 분리합니다. "끈"을 갑자기 끊고 생명기능을 결정적으로 정지함으로써, 죽음은 우리에게 생명과 실존이 완전히 일치하지 않음을 넌지시 알려줍니다. 생명은 실존의 한 구체적 형태가 아니겠습니까? 생체 리듬과 혈액순환, 잠듦과 깨어남의 교체가 있는 실존?

또한 마찬가지로 죽음이라는 것으로부터, 생성이 유일한 존재방식이 아니며 우리가 생성 없이도 존재할 수 있다는 결론을 내려야 합니다. 그래서 사후에 우리가 무엇이 "될 것인지"를 물을 일이 없는 것입니다. 죽은 자는 사후에 아무것도 "되지" 않으며, 생성을 그치면서 존재로 승급하게 되는 것이니까요. 그러니까 사후에 존속한다는 것이 꼭 '생'존한다는 것은 아닙니다.

죽음은 생生 중심주의와 자아 중심주의를 부수고, "의식의 진보"와 상대성의 경험이 보통 우리에게 부과하는 습관들의 파열을 극한까지 몰아갑니다. 이를테면 분절 언어가 표현 일반의 한 가지 특수한 형태로 나타나는 것도 그런 식이죠. 라모Jean Philppe Rameau의 온음계 체계는 여느 언어 중의 한 언어로, 그리고 선법의 특수한 한 형식으로 나타납니다. 유클리드 기하학과 뉴턴의 공간도 니콜라이 로바쳅스키Nikolai I. Lobachevsky의 기하학과 아인슈타인 공간을 수용하는 더 일반적인 수학의 특수한 경우가 됩니다. 우리는 유기체에 필요한 물리적 생물학적 조건이 갖추어지지 않은 다른 행성에, 인간의 삶과는 전혀 다른 실존 형태와 우리가 전혀 모르는 존재양식이 있다고 생각할 수 있습니다. 더군다나, 죽음이 생명을 제거함으로써 삶이 실존의 한 가지 양태로 나타나는 한편, 실존 자체가 본질의 구체적인 형태로 나타납니다. 육체를 가진 삶은, 살아있을 수도 살아있지 않을 수도 있는 실존의 한 가지 특수한 경우입니다. 그리고 실존은 실존할 수도 실존하지 않을 수도 있는 어떤 본질의 어떤 상황적 양태입니다. 마찬가지로 존재와 비존재의 혼합인 생성은 그저 존재의 한 가지 특수한 형태인 것이고요.

육체의 실존과 영혼의 실존을 서로 묶고 이 두 실존을 하나의 생으로, 심물 공생으로 만들던 "끈"을 풀어버리면서, 죽음은 이 끈이 우연적이고 팬한 것임을 드러냅니다. 말하자면 고질적인 공생의 아래에 있던 예상 밖의 어떤 "다르게"가 나타나게 만듭니다. 심신 결합이 더이상 당연한 것이 아니게 되는 날부터 죽음이 우리에게 시사하는 전대미문의 가능성은 그런 것입니다.

우리에게 얼마나 큰 희망인가요! 죽음이 생명을 제거하여 생성을 옥죄어 버린다고 해도, 이 생성의 존재도 이 생의 실존도 무화되지 않는 것입니다. 우리가 걸어가는 눈물의 골짜기에서, 생성은 한 존재가 사후에 어떻게 될지 더 이상 궁금해하지도 않고 비틀거리며 기어가는 처량한 형태였습니다. 이제 죽음은 어쩌면 모든 것의 끝, 즉 결정적인 끝이 아니라, 단지 삶의 끝, 하나의 과도기의 끝이며 어떤 영구적인 세기의 시작일 것입니다.

그리고 죽음은 임시 체류에 마침표를 찍을 뿐 아니라, 우리를 불순한 삶으로부터 해방시킵니다. 죽음으로 인해, 존재는 비존재로 얼룩진 존재양식인 생성으로부터 해방됩니다. 더구나 본질 자체가 존재로부터 해방되는 것이니…. 누가 알겠습니까? 존재는 비존재와 섞여 있다는 바로 그 이유 때문에 존재가 아니었던 것일지? 존재가 자신의 부정과 관계되어 있다는 바로 그 사실 때문에? 죽음 뒤에는 이 어쩔 수 없는 모순과 타자성이 더 이상 존재하지 않습니다. 본질이 순수한 적극성일 때, 죽음의 무화는, 만일 그것이 본질화라면, 긍정의 응축일 수밖에 없을 것입니다. 죽음이 무화하는 것은 불순한 혼합물뿐이니까요. 죽음은 그 밖에는 단순화하고, 순화하고, 응축하니까요.

부정성과 긍정성 사이의 관계 역전이라는 이러한 생각은 죽음을 하나의 도래로 보는 것인데, 이는 플라톤식의 금욕주의와 오르페우스 신앙에서 가장 잘 알려진 역설입니다. 만약 육체가 무덤이라면sôma sêma, 죽음이야말로 요람인 것입니다. 리스트의 마지막 교향시 《요람에서 무덤까지》 중에서 시작의 더듬거리는 자장가는 결국 미래의 삶의 자장가가 되지 않았습니까?°

° 1악장의 제목은 〈요람〉이고, 마지막 3악장의 제목은 〈무덤, 다가올 삶의 요람에서〉이다.

4. 보존법칙에 반하여

 이원론이 우리의 희망에 제시하는 사후의 생은 정말 '전혀 다른 차원'일까요? 사실 영혼만의 이 '전혀 다른 차원'은 그다지 다르지가 않습니다. 이 '전혀 다른' 것은 묘하게도 같은 것이며, 그리고 상상하기 힘든 일에 경의를 표하는 유심론은 차라리 심령술이고 기껏해야 애니미즘입니다. 사실 초자연적인 존재방식에 대해 많이 말하는 사람도 그 초자연성을 마음 깊이 납득하고 있지는 않습니다. 손으로 만질 수 있는 것의 실체성에 대한 집착 때문에 '사후 생 아니면 무'라는 딜레마에 빠져, 사후 생이 무를 모면하는 유일한 길이라고 믿는 겁니다. (허무가 사물을 지우고 없애기에) 전혀 아무것도 없거나, 아니면 (허무가 낸 구멍을 사물이 메우니까) 생물학적이지는 않더라도 생물 같은 꼴로 살아나가는 사후 생이라는 것이죠.
 그리고 실체론에는 실례가 되겠지만, 일단 영혼 자체는 "사물"의 반대이므로, 영혼의 사후 생을 정당화하려고 보존법칙을 끌어들여 봐야 적용이 되지가 않습니다. 그러니까 "영적인" 원리란, 계속 달라지는 형태 속에서도 보존과 존속이 증명되어야 하는 실체가 아닌 것이죠. 그리고 불멸론자는 오로지 물질에만 유효한 물리적 원리를 끌어와서는 안 될 것입니다. 영혼이 사후에 무엇이 될 수 있는지를 탐구할 필요가 없다면, 하물며 그것이 어떤 형태를 가졌고, 어디로, 어느 하늘 어느 별자리로, 몇억 광년이나 멀리 갔는지는 물을 것도 없습니다.
 우리는 죽음이 어떤 서술 범주에도 들지 않는다는 것을 앞에서 이미 확인했습니다. 경험과정에서 유효한 '어디? 어떻게? 얼마나?' 같은 물음은 초경험적 소멸이 문제가 될 때에는 지적으로 전혀 의미가 없다는 것을요. 변환, 변형, 이주, 이행, 변태, 변신이라고 부르는 것들은 연속에는 적용되지만, 근본적인 무화에는 적용되지 않는다고 말했습니다. 죽음은 상태 변화도, 형태 변화도, 주거 변화도 아닙니다. 죽음은 전혀 변화가 아닙니다. 불변량을 찾겠다며 죽음 전후의 존재량을 측정할 수도 없습니다.

사람들은 영혼을 위해 마련된 '다른 곳'의 지리적 위치를 정하느라 많은 시간을 허비해 왔습니다. 망령이 모이는 장소, 고인의 새 주소를 어딘가로 정하려고 합니다. 이 우스꽝스러운 놀음은 호기심을 자극하고 공간적 상상력을 즐겁게 합니다. 그러나 '거의 아무것도 아닌 것'의 최소 존재는 위치를 정할 수 없다고 우리는 말했었지요. 이는 점 같은 순간이 지속의 부정인 동시에 장소의 부정이기 때문입니다. 한편, 비존재도 위치를 정할 수 없지만, 그건 비존재란 단적으로 어디에도 없다는 당연한 이유 때문입니다. 영혼이 사후에 어디로도 가지 않는다고 한다면, 그것은 사실 이미 살아있는 동안에도 그 어디에도 없었기 때문이죠.

담는 것과 담기는 것의 관계를 나타내는 '안에 있음', "내재ἐνεῖναι"는 여기서는 의미가 없습니다. 베르그송은 회상이 마치 항아리 속에처럼 뇌 속에 들어 있는 것이 아님을 보여주었습니다. 그리고 포레-프레미에Fauré-Fremiet는 회상이 시간의 내부에 "보관"되는 것도 아니라고 덧붙였죠. 뇌는 이미지의 창고가 아니며, 시간은 회상의 보관소가 아닙니다. 더 일반적으로 말해 영혼은 그것이 생기를 주는 신체의 여기나 저기에 자리 잡고 있지 않으며, 산 생체의 어딘가 한구석에 죽음이 말 그대로 웅크리고 있지도 않습니다. 우리는 이미 이런 은유적 표현방식은 버리기로 했죠. 같은 얘기가 되겠지만, 영혼은 안과 밖에 동시에 있고, 어디에나 있으며 아무 데도 없고, 신체가 있는 곳에 마법처럼 깃들어 있으며, 현존하는 동시에 부재합니다. 그래서 플로티노스는 서로 모순되는 전치사들을 영혼의 삶에 적용합니다. 이들 전치사에 함축된 은유적인 공간 관계는 서로 충돌해 부서지면서 영적인 존재양태의 고유함을 시사합니다.

기억의 자리를 주장하는 자들은, 회상이 향수병 속의 향수처럼 기억의 상자 속에 담겨 있다고 생각합니다. 상자가 일단 깨지면, 짓눌렸던 회상이 억눌려 있던 나비처럼 이리저리 날아다니거나, 아니면 자유롭게 바깥으로 내뿜어져 나오는 겁니다. 마찬가지로 영혼이 새장 속의 새처럼 육체 속에 갇혀 있는 것이라면, 감옥 문을 여는 것은 영혼을 자유롭게 하는 일일 테지요. "끈"은 구속과 속박을 연상시키지 않습니까? 사실, 강제된 거주지인 감옥은 본디 살기 위한 거처가 아니죠.

그러나 만약 영혼이 진정 육체의 포로라면 왜 가능한 한 빨리, 할 수 있다면 당장 영혼을 해방시키지 않을까요? 왜 자연스러운 죽음을 기다리는 것일까요? 왜 이 죽음을 앞당기지 않는 것일까요? 자살에 대한 공포는 적어도 우리의 구속상태가 딱히 포로의 처지가 아니라 오히려 뭔지 모를 신비로운 의미를 지니고 있음을 입증합니다. 육체를 오로지 장애물이나 족쇄처럼 여기는 것은 공생을 단순히 일방적으로 비변증법적으로 파악한 것이며, 요컨대 몸 Sôma과 혼 Psyché의 관계를 유치한 순수주의 같은 식으로 생각하는 것입니다. 말하자면 천사 같은 순결주의의 과오인 셈이죠.

그리고 반대로 "떠도는" 영혼이라는 관념도 있지 않습니까? 이는 자유로워진 영혼의 새가 그리 자유롭지 못하거나, 적어도 그 자유가 그리 부러운 것이 아니었음을 입증합니다. 심령술사들이 말하듯 육체가 없는 영혼은 불행한 영혼, 방랑하는 영혼, 집 없이 어둠 속을 헤매는 고아처럼 공간을 떠돌아다니는 영혼입니다. 고아 같은 영혼은 풀려나자마자 그 포근한 감옥을 아쉬워하고, 다급히 다른 감옥을 찾아갑니다. 그리고 불행한 방랑을 끝내고 육체의 감옥으로 다시 돌아가기 전까지 멈추지 않습니다. 그리하여 떠도는 영혼은 떠도는 어느 육체라도 찾아가 생기를 불어넣을 수 있죠.

모순된 두 향수鄕愁 사이에서 비극적으로 분열된 영혼은 더 이상 자신이 원하는 것을 알지 못하며, 감옥 안에서도 밖에서도 행복하지 않습니다. 자기 몸과 함께 살 수도 없고 몸 없이 살아갈 수도 없습니다. "함께"와 "없이"가 서로 영혼을 밀쳐내는 것이죠. 이런 격정적이면서도 해결 불가능한 상황은 절망에 아주 가까운 상태가 아닐까요? 육체 안에 있으면서도 영혼은 제집에 있는 느낌이 들지 않고, 이 집이 자기에게 맞지 않다고 생각합니다. 낭만주의자들의 의식을 닮아, 영혼은 이 조그만 몸뚱이에 갇혀 있기에는 자기가 너무 크다고 느낍니다. 그리고 창살 너머로 자유의 하늘을 바라보면서 사슬을 잡아당기고, 재갈을 물어뜯는 것입니다. 하지만 죔쇠가 풀리기가 무섭게, 포로는 망령이나 귀신이 되어 전보다 더 심하게 시들어갑니다. 영혼이 자신의 기분 좋은 "끈"과, 근사한 사슬과, 피난처가 되어주었던 감옥을 떠올리게 되는 것입니다. 영혼과 육체의 사이의 유대가 느슨해져 표면적이 되고, 요컨대 어색하게 될 때 일어나는 일은 이것입니다. 이번 생 동안에는 제멋대로 공연히 강제된 공생. 이번 생 뒤에는 떠도는 사후 생 아니면 우연한 환생.

복합물의 유기적 필연성, 즉 공생의 불가분적 특성을 고려하면 모든 사정이 달라집니다. 영혼 자체가 이 공생 속에서만 그리고 공생에 의해서만 영혼입니다. 이 공생을 벗어나 공중에 뜬 영혼은 그저 떠도는 망령이니까요. 그리고 '공생'이라고 말할 수조차 있을까요? '함께σύν 있음'은 '없이 있음'의 가능성을 전제로 합니다. 원칙적으로 분리 가능한 연합은 헤어지기로 결정할 수 있고, 헤어진 후에는 각자 자기 방향으로 갈 수 있습니다. 공동생활은 일단 해체되면 두 개의 다른 생활을 허용하고, 그 두 생활 속에는 그 전의 공존 속에 있던 것만큼이 들어 있는 겁니다.

사람들은 죽음이 복합체를 덮친 후에 영혼 없는 육체가 침대 위에 남아 있는 것을 보고, 육체 없는 영혼이 존속한다고 결론 내립니다. (여기 보이는) 영혼 없는 몸과 (보이지 않는) 몸 없는 영혼이 나란히 두 운명을 이어가리라는 것이죠. 그런데 정말로 영혼 없는 몸을 보고 있다고 말할 수 있을까요? 보이는 것이 과연 하나의 몸일까요? 아닙니다. 보이는 것은 전혀 아무것도 아닌 것입니다. 시체는 몸이 아니기 때문입니다. 보이는 것은 이름 모를 찌꺼기, 흉하고 실없는 잔류물입니다. 그 자체로 부패되고 있고 머잖아 일정한 형태도 없을 테니까요. 그래서 나란한 두 운명이 서로 동지관계가 되는 건 사후의 생존에서가 아니라 소멸에서일 가능성이 큽니다. 육체 없는 영혼은 단지 거처할 집을 잃은 것이 아니라, 존재를 잃은 것입니다.

(영혼과 육체의 속박은 전혀 우연적인 것이 아니라 본질적인 것이므로) 이러한 관점에서 보면, 영혼의 사후 생보다 살아있는 자가 총체적으로 무화된다는 쪽이 더 잘 이해될 겁니다. 왜 무화라는 기적이 우리를 그토록 놀라게 하는 걸까요? 왜 우리는 영혼과 육체가 함께 없어진다는 것을 받아들이지 않는 것일까요? 어느 날 시작된 것이 왜 끝나지 않겠습니까? 요컨대 누군가의 사라짐은 유일한 신비도 아니고, 가장 큰 신비도 아닙니다. 이 누군가가 나타난 일도 하나의 신비인데 아무도 거기에는 의문을 제기하지 않습니다. 탄생은 죽음 못지않게 놀랍고 초자연적인 기적이 아닙니까! 그렇다면, 인정해야 할 것입니다. 한

사람 전체가 전혀 다른 차원으로 옮겨가 상상 불가의 전혀 다른 질서로 들어가려면 심신 존재가 먼저 소멸되어야 한다고 하더라도, 그것은 영혼이 소멸되지 않고 사후에 존속한다는 것만큼은 그럴싸한 일이라는 것을요. 영혼-육체의 불가해한 무화가 하나의 사실, 불가해한 사실이라면, 이 무화를 다시 무화하고, 이 부정을 부정하고, 이 죽음을 죽여, 무화된 존재가 부활하는 일이 왜 가능하지 않겠습니까?

 기억의 보존이라는 은유를 거부한 포레-프레미에는 회상이 일종의 재창조이며 특히 무에서 끌어낸 회상들이 그러하다는 것을 인정하고 있었습니다. 무의 무화는, 연속성의 중단 없이 과거가 존속하는 것보다 더 이해하기 어려운 것도 더 불가사의한 것도 아니니까요. 네, 물론 여기서 문제되고 있는 것은 더 이상 회상이 아니라 한 사람 전체입니다. 그러면 우리가 마법의 세계 한가운데에 있다는 건데…. 그러나 결국 이쯤 되면, 기적이 하나 더 있든 덜 있든 문제될 게 없습니다! 기적 하나 더 있다고 뭐….

11

무화의 부조리

1. 뭔지 모를 다른 것

 보존설의 논증이 아무것도 증명하지 못한다는 말은 아무래도 과장일 것입니다. "보존"이 하나의 은유일 뿐임을 지적한다고 해서, 그 논증이 결정적으로 기각된 것은 아닙니다. 비웃으며 배제한 물음이 끊임없이 우려로 다시 나타나고, 우리의 불만과 불안과 회한은 여전히 크게 남아 있습니다. 물리적 보존원리가 영혼의 존속을 정당화할 수 없다고 생각하는 것은 마땅하지만, 그래도 보존본능을 완전히 비웃을 수만은 없습니다. 존재를 끈질기게 지속하려는 성향이 무화의 부조리에 꾸준히 필사적으로 항의합니다. 우리의 억누를 수 없는 저항 또한 하나의 사실입니다. 존재의 긍정성을 지속하려는 이 끈질김이 없다면, 죽음을 이해하고 생각하는 일을 포기하는 편이 나을 겁니다. 이런 의미에서 무화는 정말로 마법의 만능열쇠입니다. 무화를 내세우는 것은 신비 앞에서 임무를 포기하는 일인 것이죠. 하긴 어쩌면 결국에는 우리가 그렇게 될지도 모르지만요.
 하지만 그래도 그러기 전에 다음과 같은 점을 생각해 봅시다. 분명 육체가 영혼의 삶의 조건이기는 하지만, 그것은 영혼의 단지도 그릇도 집도 아닙니다. 육체를 잃으면서 영혼은 삶의 조건을 잃었으므로 계속 존속할 수는 없습니다. 영혼은 그 육체로 인해 영혼이었던 것이 니까요. 그러나 바로 이 점에서 영혼은 자신의 조건인 그것과는 다른 어떤 것입니다. 영혼은 '하나의 사물'이 아니기에, 그저 "다른 것"이 아니라 다른 어떤 것, 뭔지 모를 다른 무언가인 것이죠.

생명은 해부학적 기질이나 조직과 세포와 연결되어 있어야만 살아 있습니다. 그렇지만 이 생명의 생명력은, 비록 만질 수 없다 해도, 항상 이 기질 너머에 있습니다. 인간의 생명이 처해 있는 조건에서는, 기억은 하나의 뇌와 연결되어 있어야만 가능합니다. 뇌가 없으면 기억도 없는 것이죠. 그러나 바로 그 때문에, 적어도 권리상으로는, 기억은 그것이 의존해 있는 뇌와는 다른 어떤 것입니다. 그렇지 않다면 "의존한다"는 동사와 "조건"이라는 단어가 무슨 의미를 가질 수 있겠습니까? 그리고 조건과 조건 지어진 것의 관계조차 어떻게 있을 수 있겠습니까? 생각은 생각하는 존재로서만, 즉 하나의 육체적 현존 속에 구현되어서만 실존합니다. 생각, 그것은 생각하는 사람인 것입니다. 생각 자체라는 것은 없으니까요. 하지만 또 생각은 존재와 구별됩니다. 어떤 존재는 생각하고 있지 않으면서 존재할 수 있다는 것이 그 증거입니다. 예를 들어 코뿔소가 그렇죠.°

요컨대 영혼은 언제나 개인의 실존 조건인 육체적 존재 속에 체현되어 있습니다. 하지만 그러면서도 또 영혼은 항상 이 육체성의 너머에 있습니다. 사후에 영혼이 우리가 전혀 모르는 다른 실존 조건에 있게 될지 누가 알겠습니까? 그렇기에 우리가 단숨에 접어버렸던 소박한 물음이 고스란히 힘을 갖게 됩니다. 인간과 코뿔소 사이의 차이라

° 마을 사람들이 모두 코뿔소로 변해가는 이야기를 그린 이오네스코의 희곡 『코뿔소』를 염두에 둔 것으로 짐작된다. 1막에서 장은 별안간 나타난 코뿔소를 두고 친구 베랑제와 논쟁을 벌이다가 이렇게 말한다. "자네는 존재하지 않네. 자네는 생각을 안 하니까. 생각하게. 그러면 존재하게 될 걸세."

는 바로 그 영혼은 사후에 어떻게 되는 걸까요? 아니면 더 간단히, 영혼이 무엇이든 되는 것을 멈추었고 더 이상 아무 데도 가지 않으면, 심신 복합체가 해체된 이후에 영혼은 어떻게 되는 걸까요?

2. 당연한 연속과 어이없는 중단

사실을 말하자면, 우리 자신의 소멸을 이해할 수 없게 만드는 것은, 보존원리가 아니라 연속의 원리입니다. 연속은 당연한 것이니까요. 존재한다는 것은 모름지기 연속해서 존재하는 것이며, 순간을 넘어 실존하는 것이라고 우리는 말했지요. 모든 일은 마치 "존재한다" 자체에 일종의 형이상학적 관성이 있는 것처럼 일어납니다. 존재의 연속이 그 자체로 무한정의 영구적인 연속인 것이죠. 존재가 존재를 그칠 내적인 이유란 없으며, 하물며 내일이나 다른 어떤 순간이 아니라 '하필' 오늘 존재를 그칠 이유는 더더욱 없다는 말입니다. 존재 안에 중지가 분석적으로 포함되어 있지 않으며, 존재로부터 중지를 연역할 수도 없습니다. 존재는 자기 자신의 비존재를 조금도 용인하지 않습니다. 이 비존재는 당연한 것이 아니라 언제나 종합적이며, 언제나 존재의 긍정성에 비해 우발적이고 우연적입니다. 뻔한 소리 같기도 하고 형태만 바꾼 동일률일지도 모르는 이 동어반복적인 자명함 덕분에, 비록 일견 부조리한 표현이기는 해도 이렇게 말할 수 있을 것입니다. 비존재는 언제나 '덤으로' 있다고요. 실제로 이 점에서는 역설과 뻔한 이치가 하나를 이루게 됩니다.

존재의 파열 없는 충만함과 "존재 속에서 버팀perseveratio in Esse"의 철학자인 스피노자의 도움을 받아 이를 더 잘 이해할 수 있을 것입니다. "아무도 다른 것을 위해서 자기의 존재를 유지하려고 노력하지 않는다.Nemo suum Esse alterius rei causa conservare"[1] 그러니까 죽음은 지속의 절대적 정언명령에 대한 폭력입니다. 스피노자 철학과 아주 먼 듯하면서도 때로는 기묘하게도 아주 가까운 베르그송이 불멸성에 대해 말했을 때, 어쩌면 이 무의 무에 대해 생각하고 있었던 것 같습니다. 증명부담이 불멸성을 부정하는 쪽에 과해지는 것이죠. 아마 자유의 신봉자들 또한 결정론자들에게 그렇게 대응할 수 있을 텐데…. 이는 존속을 부정하는 자들에게 공을 넘기는, 즉 "입증책임onus probandi"을 넘기는 것보다 어쩌면 더 과한 일일 것입니다. 불멸은 아아! 전혀 확실한 것이 아니니까요. 게다가 상대편에게 반대 주장을 증명해 보라고 채근한다고 자기주장이 증명되는 것은 아니니… 결국 아무도 지고 싶어 하지 않는 이 입증책임을, 무를 옹호하는 측이 우리에게 돌려보내는 것을 어떻게 막겠습니까?

그렇다고 베르그송이 틀린 것은 아닙니다. 존재의 중단은, 추가적인 에너지를 상정하기에, 마찬가지로 추가적인 설명을 요합니다. 생명기능이 모두 멈추는 것을 설명하려면 추가적인 인과성이 필요하니까요. 죽음이 범주의 밖에 있다고 하더라도, 죽음 사건은 어떤 곳에서 특정 날짜에 도래하는 것이기 때문에, 매끈한 맨존재에 더해지는 명시적 규정을 담고 있습니다. 일어나는 것은 있는 것에 대한 어떤 초과분을 나타내는 것이죠. 사건은 상황 없는 존재의 씨실에 난 주름이나 흠입니다. 사고든 역사 속의 불상사든 누군가의 까닭 없는 소멸은 정당화되기를 요구합니다.

우리가 모든 죽음이, 자연사조차도, 나름대로 비명횡사이며 피살이고 예측 불능의 비정상이라고 말했던 것도 그런 뜻이었습니다. 분석해 보면, 죽는 것은 결국에는 항상 죽임을 당하는 것이며, 살인자의 총알에 의해서는 아니더라도, 혈전이나, 동맥 파열, 심실세동에 의해서 그렇게 되는 것입니다. 실신과 색전증은 분명 하나의 부가된 것, 즉 우리의 생물학적 '존재'의 균일한 연속에 대해 극적이고 단적으로 부가된 것입니다. 백 세에 맞는 임종은 오히려 생존보다도 정상적인 일이지만 그래도 문제가 되는 일입니다. 그리고 법의학자는 여전히 동요하며 매장 허가서를 발급합니다. (혹은 발급하지 않고요.) 마치 백 세에 죽는 것이 이상한 일이기라도 하듯이 말이죠. 하긴, 죽는 것은 항상 이상한 일입니다만.

우리 자신도 그랬듯이, 아마도 사람들은 반박할 겁니다. '탄생도 죽음 못지않게 비합리적인데도 굳이 탄생을 정당화하려는 사람은 없다. 그리고 어쨌든 죽음은 탄생보다 더 이상한 일이 아니다.' 이렇게요. 하지만 그렇다 해도 달라질 것은 없습니다. 신비가 하나가 아니라 둘이 되기는 하겠지만, 소멸이라는 관념이 그렇다고 더 명확해지는 것은 아니니까요. 탄생의 초자연성은 죽음의 비합리성을 완화해 주기는커녕 반대로 이를 더욱 부조리하게 만듭니다.

사람들은 묻습니다. '시작이 있었으면 왜 끝이 없겠는가? 그러니까 시작된 것이 그 뒤에 영원히 지속될 수 있도록 무한한 자원을 가지기라도 했단 말인가?' 그러나 탄생이 기적적 창조라면 모든 것이 가능합니다. 차라리 이렇게 물읍시다. '왜 무릇 시작이 있었는가? 즉, 존재하기 시작하는 것이 왜 언제나 실존했던 것이 아닌가?' 이런 물음은 죽음에 관한 우리의 물음을 강화할 뿐입니다. '실존하기 시작한 것이 왜 계속해서 실존하지 않는 것일까?' 하는 물음을요. 혹은 이오네스코의 죽어가는 왕이 묻듯이, "언제까지나 있는 것이 아니라면, 나는 왜 태어났을까?" 하는 물음을 말입니다.

사실 형이상학적 불안은 때로 우리에게 반대 물음을 떠올리게 합니다. 왜 실존하지 않던 것이 실존하기 시작해야만 했는가? 왜 그냥 영원히 비존재로 머무르지 않았는가? 알다시피 파스칼과 쇼펜하우어가 그런 문제를 제기하죠. 태어나지 않을 수도 있었던 것은 무로 돌아갈 수도 있으리라! 그러나 여기서 생전의 무와 사후의 무가 전혀 대칭적이지도 대응하지도 않는다는 사실을 떠올려봅시다. 삶의 시간에는 하나의 "방향"이 있습니다. 그것은 미래를 향해 있죠. 마르지 않는 도래, 미래의 불가역적인 현재화입니다. 그것은 비존재에서 존재로 무한히 나아갑니다. 탄생이라는 놀라운 기적은 창조에서처럼 존재를 부여받는 일이며 당연한 것입니다. 그것이 근본적인 긍정의 방향으로 향하고 있기 때문이죠.

어느 날 시작된 것이면 왜 끝이 없겠느냐고요? 네 좋습니다, 그 얘기를 해보죠! 그러니까, 시작된 것은 끝나서는 안 된다는 겁니다. 끝을 수긍하게 하려고 시작을 논거로 끌어들이는 것, 그것은 불가역적인 것과는 상관없는 일종의 교환적 정의를 내세우는 것입니다. 한 사람의 삶은 시작되지 않을 수도 있었죠. 그러나 시작한 순간부터는 계속되어야만 하지 결코 그쳐서는 안 되는 겁니다. 그럴 바에는 우리에게 생명을 주지 않았으면 될 일입니다. 살아있는 자는 존재를 받았으면 일단 그에게 주어진 것을 유지하고 지키려고 합니다. 그는 그 선물에 필사적으로 매달려 더 이상 놓지 않습니다. 돌려줄 의무 따위는 조금도 느끼지 않습니다. 존재는 시인과 형이상학자들의 은유 속에서만 무상증여입니다. 그러나 선량한 모든 인간에게는, 삶은 양도할 수 없는 권리이며, 그것을 부인한다는 생각만으로도 우리에게는 어이없다고 생각되는 것입니다. 이교의 현자들과 『준주성범』이 우리가 사실상 빌린 (누구의 소유도 아니고 모두가 사용할) 이 생명을 기꺼이 반납하라고 아무리 권고하더라도, 우리는 납득하지 않을 것입니다. 그것은 돌이킬 수 없는 것을 인정하며 시간의 비대칭을 비준하고, 오메가를 거부하면서 알파를 받아들이는 우리 나름의 방식입니다. 존재하기 시작했다는 것은 일종의 계약이자, 거의 권리를 의미한다고 하겠습니다. 파스칼의 말대로, 우리는 배를 탄 것입니다. 탄생이 우리를 비존재에서 끌어내면서 비존재와는 영영 끝입니다. 탄생이 우리에게 부여한 존재는 영원히 지속되어야 할 것입니다.

바로 이 점에 불사라는 우리의 소명이 있습니다. "불사의" 존재는 '영원하게 된' 존재입니다. 그것은 양쪽 끝에서 무한한 것이 아니라, 오로지 미래의 방향으로만 무한합니다. 저쪽으로 반쯤 열림이, 시작은 닫혔지만 끝은 아주 자유로운 어떤 삶에게 열림의 환상이 그러할 것임을 우리는 이미 보았지요. 우리의 영원은 시작된 영원입니다. 연년세세토록 우리는 이 마르지 않는 잔을 마실 것입니다. 사람들은 대체로 현재 존재하고 있는 것이 늘 존재해 왔던 것이 아니라는 점을 그다지 어이없게 여기지 않습니다. 어이없는 것은 존재가 '중단되는' 것이죠. 우리가 받아들이기 어려운 것은 지나간 역사가 우리 없이 이루어진 것이 아니라, 나중에 우리가 없는 세상이 있을 것이라는 점입니다. 우리의 소명은 앞에 있는 것이니까요!

게다가, 탄생은 아무리 놀라운 기적이어도 본질적으로 생물학적 과정입니다. 점진적인 일련의 긴 변이를 통해 배아가 신생아가 되고 신생아가 성인이 되죠. 우리에게는 불연속적인 것의 연속성을 복원하고 새로운 것을 이미 있었던 것으로 볼 여유가 충분히 있습니다. 불연속적인 것은 아마 수태의 신비 속에 숨어 있겠지만, 생명의 전달은 재구성될 수 있습니다. 탄생 순간은 하나의 발생, 즉 수태와 생식의 전 과정 속에 용해되어 있어, 결국 정확히 어느 순간에 새로운 존재가 '태어났는지' 더 이상 알 수 없게 됩니다. 반대로 죽음의 순간은, 과거에 사람들이 생각했던 것만큼 명시하기 쉽지 않지만, 그래도 언제나 급격히 도래합니다. 죽음은 아파하고 생각하고 행복할 수도 불행할 수도 있는 존재를, 의식을 가진 완전한 살아있는 한 존재를 단번에 없애 버립니다. 이것은 암살입니다! 이토록 갑작스런 무화가 어떻게 경악스럽지 않을 수 있겠습니까?

죽음의 무화는 죽는 존재들이 죽어간 이래로 수천억 번 입증되었어도, 늘 역시나 터무니없는 일입니다. 무화에 대해 철학하지 않으려 하고 무화를 당연한 것으로 인정하기를 거부하는 철학은 자연스러운 방향의 철학입니다. 연속성의 방향으로 향한 철학, "그렇다"의 철학이죠. 존재가 비존재를 바탕으로 정의되는 것이 아닙니다. 우리에게는 어쨌든 존재의 중단으로 나타나는 비존재가, 존재와의 관계에서 존재를 기준으로 정의됩니다. 바꿔 말하면, 존재는 비존재의 대양 위에 떠 있는 것이고, 비존재 자체는 존재의 부정일 뿐이어서, 결국 존재가 결정적으로 최종 발언권을 갖는 (또는 가져야만 하는) 것입니다.

그렇지만 죽게 되어 있는 존재의 중단이, 아이러니하고 불가해하게도 연속의 당연함에 도전이 된다는 것도 하나의 사실입니다. 우리는 중단에는 무한정 늦출 수 있고 본질적으로는 피할 수 있는 우발적인 성격이 있다고 말했었습니다. 왜 다른 순간이 아니라 하필 이 순간에 일어나는 것인가? 그것을 결정하는 것은 상황과 우연입니다. 그러나 일종의 구조적 결함과 저주의 타격이 없다면 연속이 상황에 좌지우지되지는 않을 겁니다. 연속은 지속의 작용하에서 질적 저하를, 노화라고 부르는 쇠퇴를 겪습니다. 살아있는 자에게 존재한다는 것은 시간의 밖에서 변함없이 계속 존재하는 것이 아닙니다. 존재한다는 것, 그것은 노후해 간다는 것이죠. 그 근원적인 덧없음이 연속을 취약하고 유약한 것으로 만들며, 살아있는 존재를 끊임없이 노리고 우연에 좌우되게 하는 수많은 위험에 연속을 노출시킵니다. 상황 속의 연속이란 따라서 위협받는 연속입니다.

연속에 부과되어 그 미래를 위태롭게 하는 이 원초적 결함, 이 선험적 악조건을 간단히 유한성이라 부릅시다. 이처럼 모든 연속에게 유한성이란 중단의 가능성을 나타냅니다. 존재의 연속은 당연한 것이지만, 유기체의 생존은 (궤멸되지 않는 것이 관건이므로) 요행에 좌우되는 불확실한 연속입니다. 게다가 연속이라는 관념 자체가 잠재적인 중단을 함의하지 않습니까? 죽음의 위험들 속에서 순간에서 순간으로 아등바등 연장을 갱신하는 수상쩍고 모험스러운 연속은, 비시간적 연속성으로 향해가도 결코 거기에 도달하지 못합니다. 그것은 연속적인 것의 불연속들을 메우기에도 너무 바쁜 것입니다!

'존재 속에서 버팀perseveratio in Esse'이라고 스피노자는 말합니다. "보존"과 같이 "버팀"은 '노력Conatus'을 함축합니다. 즉 위험에도 불구하고 계속 생을 유지하려는 노력이요, 죽음의 힘에 대한 저항이며 무에 대한 필사적인 항의인 것입니다. 생의 '비약'의 철학자에게서는 '노력'의 철학자에게서보다 자연히 긴장을 더 느낄 수 있습니다. 만약 죽음이 절대로 극복할 수 없는 것이라면, 『창조적 진화』 제3장 끝에서나 초심리학 신봉자들에게 말할 때 그러듯이, 베르그송은 죽음을 극복할 희망을 우리에게 주지 않았을 것입니다. 그러나 만일 죽음이 존재하지 않는다면, 증명부담이 무의 궤변가들에게만 지워진다면, 그리고 나 자신의 무인 죽음이, 무 일반이 그러하듯 하나의 사이비 관념이라면, 우리에게 이런 승리의 희망을 갖게 해줄 필요도 없었을 것입니다.

죽음의 비웃음이란 그런 것입니다. 연속의 중단은 일종의 사건사고와도 같지만 이 사건사고는 깊은 형이상학적 의미를 지닙니다. 죽음은 부당한 것이며 일어나서는 안 될 일이면서도, 죽음은 더없이 실재하는 사실입니다. 죽음은 어이없는 사건이지만 그래도 하나의 정상적인 현상입니다. 시작되었고 결코 끝나서는 안 될 실존의 돌이킬 수 없음이, 무화의 부조리한 돌이킬 수 없음에 부딪치는 것입니다.

3. 죽음에 대한 사유와 사유하는 존재의 죽음. 영원한-죽는 진리

영원한 연속과 중단의 해결 불가능한 이 논쟁, 죽음의 이러한 아이러니는 사유하는 존재의 경우를 생각할 때 특히 첨예한 형태를 띱니다. 하나의 사유이자 동시에 하나의 존재인 이의 경우가 그러합니다. 우리는 영원한 진리와 이념적 가치에 대해서는 "시작"과 "끝"이라는 말이 무의미하다고 말했습니다. 그것들은, 태곳적부터가 아니라 영원 전부터, 그것들을 생각하는 사유보다 앞서 존재했기에, 무한정이 아니라 영원토록, 사유보다 더 오래 존속할 것이라고요. 여기서 앞서 존재한다든지 존속한다든지 하는 말은 경험적인 표현방식일 따름이죠. 진리는 늙지 않고 쇠퇴하지 않습니다. 시간은 진리에 영향을 끼치지 못합니다.

사유하는 존재 쪽은 애매한 상황에 있습니다. 한편으로는 진리의 초시간적 영속성이 진리를 생각하는 사유도 특징짓습니다. 결국 이 사유 자체도 하나의 진리가 아닐까요? 초시간성은 대상으로서의 진리와 주체로서의 진리를, 사유된 진리와 사유하는 진리를, 관념과 "생각하는 자cogitans"를 동시에 정의합니다. 후자는 그 나름으로 객관적으로 타당하고, 전자는 인식될 수 있는 것인데 그럼에도 결코 하나의 사물은 아닙니다. 그리하여 규범과 공리, 정의justice와 수학적 진리의 초시간성을 생각하는 사유는 더없이 시간에서 벗어나 있는 것입니다!

도덕적 행위자는 법을 지탱하고 있는 자로서, 그리고 이성적 존재라는 위엄에 의해서 그 자체가 영원한 제1진리가 아닐까요? 자유와 가치들에 경의를 표하는 일은 바로 도덕적 행위자의 이름으로 그 사람 안에서 행해져야 하는 것이니까요. 인간의 유일한 목적은 인간 그 자체이며, 그것도 그냥 인간성 자체가 아니라 누군가에게 구현되어 있는 인간적 위엄입니다. 동시에 주체이며 객체인 이 자유가 어떻게 생성의 변천에 의존하겠습니까? 이렇게 말하는 것이 더 낫겠습니다. 보편적 생명과 보편적 존재의 불멸성을 생각하는 사유는 그 자체로 죽음을 면합니다. 삶의 한결같은 연속에 대한 사유는 이 연속 자체보다 훨씬 더 비시간적입니다. 그것은 역사와 진화를 초월해 둘을 아우르는 '나는 생각한다Cogito'입니다.

그리고 끝으로 (절정이 아닐까요?) 피조물이라는 사실로부터 사멸성이라는 결론을 끌어내는 죽음의 철학 자체가 죽음에 의존하지 않고 죽음을 초월하는데, 이는 그 철학이 이용하는 이성적 원리와 논리가 시간성을 받아들이지 않기 때문입니다. 죽음의 개념이 이 죽음과는 상관없는 하나의 사유를 전제로 하는 것입니다.

죽음에 대한 의식이 어떻게 죽을 수 있겠습니까? 모든 것은 죽는다, 죽음을 생각하는 사유는 제외하고…. 네, 그렇습니다. 죽음의 의식은 죽지 않습니다. 네, 죽음은 초월적인 조감의식과는 상관이 없습니다. 죽음을 대상이나 문제로 삼고 그렇게 죽음을 지배하는 포괄적인 조감의식과는 상관이 없습니다. 분명 이러한 의식은 그것이 의식하는 죽을 사물과 같은 차원에 있지 않습니다. 그 의식 자체는 그것이 인식하는 것이 '아니며', 따라서 인식된 사물의 운명에 놓이지 않습니다. 의식이 자신이 의식하는 존재들과 완전히 다른 차원에 있듯이, 사유는 소멸될 실존들과는 전혀 다른 차원에 속합니다. 죽음을 생각하는 사유는 피조물들의 보편적 운명 밖에 머무는데, 자신을 임의로 제외해서가 아니라, 그 운명을 넘어서기 때문입니다. 이런 사유가 생각하기를 중단한다는 것은 이해할 수 없습니다. 사유가 가진 특권은 의도적 행위가 그러하듯, 단지 '아직 아닌 것'과 '나중의 것'을 예견하는 것뿐만이 아니라, 모든 사물을 영원의 상 아래에서 고찰하는 데에 있습니다. 예를 들어 죽음에 대해서 사색하면서 시간적인 것을 초시간적으로 고찰하는 데에 있습니다.

만약 사유가 죽는 것이라면, 이 사유에 대한 사유들은 하나의 결함을 지닌 것이 되고, 우리는 더 이상 사멸성을 결론지을 권리조차 갖지 못합니다! 우리는 에피메니데스의 원환 속을 돌게 됩니다….° 이런 점에서 의식은, 유심론이 우리에게 사후 생을 약속하는 육체 없는 영혼보다 더 불사일 것입니다. 그것은 삶과 추정된 사후 생 사이에 다리를 놓고, 그 둘 위를 비행하기 때문입니다. 이렇게 말하는 것이 낫겠네요. 의식은 하나의 동일한 정신작용으로 삶과 사후 생을 포괄합니다.

° 에피메니데스는 자신이 크레타인이면서 "모든 크레타인은 거짓말쟁이다"라고 말했다고 전해지는, 소위 '에피메니데스의 역설'의 주인공이다.

그것은 이기주의적 이해관계와 이해득실에 사로잡힌 미래를 하나의 동일한 경멸로 초월합니다.

"불사론"은 피조물에게 죽음 너머의 미래를 약속합니다. 그러나 현재주의 "영원론"에게 죽음이란, 사유가 경멸하며 대하는 사소한 사항입니다. 죽음의 문턱이라고? 사유는 죽음의 찰나적 순간에 이뤄지는 변이를 조금도 고려하지 않고 성큼 넘습니다. 연속의 중단이라고? 사유는 알아차리지도 못합니다. '내 문제다 Mea res agitur'라고들 말했는데… 아니, 그따위 일은 사유의 일이 아닙니다. 사유는 시간의 소소한 일들 바깥에 머물러 있습니다. 사유는 이런 의미에서는 오히려 사건에서 뒤로 물러나 있는 것입니다! 죽음과 탄생이라는 호적상의 사소한 우발적 사건은 사유와는 무관합니다.

그럼에도 불구하고 사유하는 존재는 죽습니다! 불가능한데도, 무화라는 부조리가 이루어집니다. 근본적 변이가 무에 다다르는 겁니다. 파스칼은 생각하는 갈대에 대해 말합니다. "그는 자신이 죽는다는 것을 안다." 자기가 죽는다는 것을 알지만, 그러나 결국 죽는 겁니다! 아는 자로 죽는 거죠…. 사유하는 존재는 죽음을 의식하고, 자기 자신의 끝을 비꼬기도 하고, 육체에 거만하게 굴며 병을 마치 자기와 상관없는 것처럼 취급합니다. 그럼에도 불구하고 사유하는 존재는 죽습니다. 비극에 대해 충분히 철학하고, 문제를 온갖 방향으로 이리저리 돌려보고 나서는, 이제 몸소 육체와 영혼으로서 최종 시험에 임하는 참입니다. 이르든 늦든 제 이름이 불리면 저마다 직접 공중제비를 돌아야 합니다. 죽음에 대해 충분히 성찰하고 난 뒤, 의식의 청원과 온갖 종류의 중재작용으로 사건을 밀리하고 난 뒤, 그 '자신'이 '죽는다'는 동사의 일차적인 실제 주어가 됩니다. 멋진 설교를 하고 죽음이 자신에게 영향을 미치지 않는다고 신에게 맹세한 뒤에, 현자는 이제 여느 사람과 마찬가지로 쓰러지고, 죽음이 그의 말을 영영 끊습니다. 그는 알고 있는데…. 참 대단도 하죠! 알고 있는데, 그런데도 영락없이 죽는 겁니다! 그리고 죽음은 그의 앎에 완전히 마침표를 찍습니다. 그는 항의합니다. 그리고 죽습니다….

베르그송에 따르면 무에 대한 사유는 하나의 충만에 대한 사유입니다. 무 자체는 언제나 사유의 제로이며 하나의 부조리입니다. 그런데 바로 사유하는 존재가, 생각하는 자로서가 아니라 존재로서 그리고 존재적 실재로서, 생각할 수 없는 이 무에 몸소 바쳐져 있습니다. 그는 이 무를 부정하고 나서는, 이해하지도 못한 채 소멸되어 이 사유할 수 없는 '허무' 속으로 가라앉습니다.

사유하는 사유를 육체의 우연성에 역설적으로 연결시키는 유기체적인 생명의 끈을 죽음은 뚜렷이 드러나 보이게 만듭니다. 인간은 습관을 들이면 고통에도 불구하고 사유할 수 있습니다. 두통이 있는데도 추론을 실행하는 수학자나, 육체를 무시하며 대하는 스토아 철학자처럼 말이죠. 이성은 용기와 금욕적 수행 덕분에 이러한 가소로운 방해에서 벗어나 파스칼의 굴욕적인 비꼼을 뒤엎을 수 있습니다. 무감, 무통, 무념은 신이 신비주의자를 위해 이루어준 초자연적 기적이 아니라, 지혜가 육체에 대해 거두는 자연계적 승리인 것입니다.

반대로 죽음은 우리 존재 전반의 비존재이며 우리 전체의 허무입니다. 즉, 죽음은 사유하는 존재의 총체를 사유까지 포함하여 없앱니다. 기원전 339년 소크라테스가 독배를 들고 사유를 멈춥니다. 이는 하나의 비범한 모나드가, 세상에서 정말로 단 하나뿐인 자기 존재가 영영 없어져 버린 불가사의입니다. 물론 이 메신저는 메시지를 남기고 난 뒤 자신을 지우기 위해 할 수 있는 일을 했습니다. 진리를 말하는 사람 소크라테스는 제자들이 진리의 전달자가 아니라 전달된 진리에 관심 갖기를 바라죠. 중요한 것은 말을 듣는 것이지 발언자를 보는 것이 아니니까요. 화법에 감탄하는 것이 아니라 의미를 이해하는 것이 관건이니….

소크라테스 스스로 자신의 숭배자들에게 수단을 목적으로 여기지 말라고 경고합니다. 소크라테스는, 마치 비인격적인 이데아들이 역사적으로 표현되려고 그를 대변인으로 삼았던 것처럼 행동합니다. 이 이데아들은 생애의 극적인 부침에 좌우되지 않으니까요. 매일 수천 명의 초등학생들이 피타고라스의 정리를 다시 생각하면서도 그 정리를 착안한 당사자인 피타고라스의 실존에 대해서는 딱히 개의치 않습니다. 마치 피타고라스가 실존한 적이 없었던 듯이, 마치 그 이름은 관념을 고정해 두기 위한 상징적인 단어인 것처럼 말입니다.

그렇기는 하더라도 소크라테스가 죽음을 기다리고 있는 아테네의 감옥 안에서는 숨은 드라마가 조용히 펼쳐집니다. 소크라테스주의를 남기고 난 뒤에 소크라테스의 사라짐은 더욱 뜻깊은 일이 됩니다. 소크라테스의 겸손, 짐짓 꾸민 무지, 모든 영합에 대한 혐오, 감각적 태도와 자세에 대한 경멸이 우리에게 주는 교훈이란 그런 것입니다. 소크라테스는 지성과 진리 사이를 가로막으려고 거기에 있는 것이 아닙니다. 오히려 소크라테스는 투명하게, 말하자면 실존하지 않는 듯한 상태로 머무르기 위해 있는 것입니다. 소크라테스는 양도체良導體입니다!

소크라테스의 인품에 경탄해 마지않는 알키비아데스조차 그의 당황스럽고, 말하자면 아리송한 성격을 인정하고, 그를 실레노스와 실레노스 안에 든 신성한 조각상에 비유합니다.° 소크라테스는 '다른'

° 『향연』 215a-b.

뭔가를 의미하고, '다른 데로' 우리를 인도합니다. 육체의 겉모습에 집착하고, 정신은 잊고 문자에만 매달리며, 목적은 무시하고 그 수단만을 좋아라 하는 그런 자는 인도를 거부합니다. 소크라테스에 대한 사랑 때문에 소크라테스를 따르는 것, 그것은 '알레고리'의° 인도하는 소명을 무시하고 변증법적 길의 중간에서 멈춰버리는 일입니다.

소크라테스를 신격화하고 소크라테스를 숭배하고 겉으로 드러난 공개된 영역에서 꾸물거리고 있는 무지렁이는 그러니까 불완전한 입문을 한 것입니다. 이 무지렁이는 반어법에 속은 겁니다. 반어법은 우상숭배에 사로잡히는 것을 저지하고 인간숭배를 조롱합니다. 소크라테스의 반어법은 우리에게 기호에서 뜻으로 넘어가라고, 말을 넘어 의도를 생각하라고 권유합니다. 사랑에 대한 철학을 사랑하는 데 만족하지 말고, 사랑하는 이가 겨냥하는 사랑받는 이를 직접 사랑하라고, 가리키는 손가락이 아니라 가리킨 방향을 보라고 권유합니다.

기호에서 뜻으로 넘어가는 이행이 해석의 본질이라면, 메신저에서 메시지로, 진리를 말하는 자에서 진리로 우리를 실어 나르는 운동은 모든 위로의 원리입니다. 달리 말해 반어법은 모든 슬픔의 약이자, 모든 격정의 진정제입니다. 소크라테스의 메시지가 소크라테스보다 더 오래 살아남는 것처럼 보입니다. 소크라테스는 죽었지만, 그의 명성은 영원히 살 것입니다. 소크라테스는 죽었지만 그의 해학은 불사이며, 그의 말은 모든 사람에게 영원히 규범으로 남아 있을 것입니다.

여기까지는 다 좋은 이야기입니다만, 아무튼 비탄에 빠진 아폴로도로스, 크리톤 그리고 파이돈은 전혀 생각이 달라 보입니다! 위안을 주는 진리에 호소하는 것은 제자들을 덮치려는 돌이킬 수 없는 슬픔

° 알레고리의 어원적 의미는 '다른 것을 말함'이다.

에 대한 애처롭고 무력한 은유적 복수가 아닐까요? 개념적인 소크라테스주의와 피와 살로 된 소크라테스 사이에는 칸트가 말하는 백 탈러의 관념과 현실의 백 탈러 동전 사이만큼의 관계도 없습니다.

이제 영영 없어지기는 하겠지만, 그래도 육체를 지닌 소크라테스를 아무것도 아닌 것으로 간주할 수는 없습니다. 그가 우연히 어느 집에 태어나 역사 속에 나타난 덕분에, 어느 시대 그리스 어느 마을에서 진리가 말해지고, 그것도 소크라테스가 그 진리를 고한 바로 그 순간 바로 그런 형태로 말해지기 위한 필요조건들이 모일 수 있었을 테니까요. 실제로 진리는, 완전히 진리이기는 해도, 소크라테스가 필요했습니다. 이는 그 자체가 진리이기 위해서가 아니라(소크라테스가 실존하지 않았다고 하더라도 그것은 여전히 진리일 테니까), 정처 없이 떠도는 진리이기를 그치고 우리가 알고 있는 형태로 사람들에게 나타나기 위해서 그랬던 겁니다. 기원전 5세기 이 아테네인이 없었어도 서양 사상의 흐름이 똑같았으리라고, 이성적 진리의 무게가 같았으리라고, 플라톤과 브룅스비크 같은 철학자가 여전히 있을 수 있었으리라고 아무도 장담할 수 없습니다.

자각한다는 것 자체는 달력 위의 이런저런 날짜에 일어나는 역사적 행위입니다. 진리를 구현하고 전달하기 위해 소크라테스가, 어떤 발명가가, 어떤 위대한 인물이, 한마디로 '누군가'가 필요한 것이라면, 어떤 종류의 진리가 이 "누군가"와 함께 사라진다는 것도 아주 놀랄 일은 아닙니다. 그렇게 해서 소멸하는 것은, 사람의 신비로운 "죽는 진리"일 것인데…. 이런 의미에서 현자의 죽음은 지혜의 부분적인 실패입니다. 현자의 죽음은 현자가 자신의 "개인적 진리"와 이념적 진리를 완전히 조화시킬 수 없음을 시인하는 것이기 때문이죠. 왜 개인의 진리는 독으로 쓰러지는데 이념의 진리는 그 독에도 살아남느냐고요? 독은 진리에는 효과가 없으니까요.

 이성적인 '아이러니'가 있은 후에, 이제는 비극적인 '조소'가 있습니다. 확실히 이런 불일치에는 가소롭고 아니꼬운 무언가가 있습니다. 네, 두 진리, 단적인 진리와 진리 전달자의 진리 사이의 이러한 비대칭에는 꽤나 씁쓸한 조소가 있습니다. 후자는 전자와 함께 가지 못하고 비개인적 진리와는 다른 운명을 겪으며, 죽음의 작용으로 인해 영원히 떨어져 나갑니다.

 『파이돈』의 비탄에 잠긴 제자들은 아마도 이 격차, "결속력 없는" 두 진리 사이의 이 충돌을 느끼고 있을 것입니다. 그리고 그 점에서 그들은 합리적인 동시에 비합리적입니다. 자신의 이념 속에서 영원히 살아남을 수 있는 단 한 인간의 죽음에 그토록 중요성을 부여하고 있다는 점에서 비합리적이고, 그럼에도 소크라테스가, 소크라테스 자신이, 바로 이 소크라테스라는 개체가 실제로 대체 불가능이라는 점에서 합리적입니다. 비탄에 빠진 이는 이 대체 불가능인 자를 생각하면서 자신의 가련한 신세와,[2] 헤아릴 수 없는 비참을 탄식합니다. 비탄에 빠진 이는 비교할 수도 흉내 낼 수도 대신할 수도 없는 것이 사라진다는 생각에 가슴 아파하는 것입니다.

 제자들이 자신들의 눈물을 부끄러워한다는 것은 사실입니다.[3] 희랍인들은 아마 비극적인 것을 오해하여 비애를 부끄러워하게 되었을 것입니다. 그들이 수학적 이성을 키운 것은 유일성과 독자성의 미세하고 섬세한 진리를 이해하고 표현하기 위해서가 아니었습니다. 개인적인 "단 하나"에 대한 가소로운 진리는, 순간이나 일회적 사건의 점과 같은 진리만큼이나 그들에게는 파악되지 않습니다. 『파이돈』의 순수주의에서는 이데아의 영원 외의 영원은 없으며, 심신적 실존은 거의 운명 수준의 단순한 한 에피소드일 뿐입니다. 그래서 태연자약함이 죽음이라는 사건 앞에서 현자가 취할 자연스러운 태도가 되는 것이겠지요.

그렇지만 이러한 평온함이 짐짓 꾸민 태도이며, 플라톤이 좀 무리하고 있음을 말해주는 무언가가 있습니다. 만일 무리한 것이 아니었다면, 왜 그는 우리에게 '좋은 말로 ἐν εὐφημία' 죽음을 맞기를 권하는 것이겠습니까? 완곡어법은 비극을 말로 감추는 것입니다.° 운명은 전혀 바꿀 수 없으니, 적어도 말은 품위 있게 하자는 것이죠. 잘못된 음정을 피하고 차마 못 봐줄 엉뚱한 조바꿈과 차마 못 들어줄 불협화의 조바꿈을 숨기자는 것입니다. '음정이 틀리지 않도록! ἵνα μὴ... πλημμελοῖεν'

평탄한 언어는 아마도 사망의 갈라진 불연속을 감출 것입니다. 덤덤한 얼굴은 사건의 어이없는 갑작스러움을 희미하게 하는 데에 도움이 될 것입니다. 『파이돈』의 마지막에서 '경련했다 ἐκινήθη'라는 이 단순과거형을°° 읽을 때 무엇인가가 일어났다는 것을, 돌이킬 수 없는 불행이 닥쳤고 현자가 영원히 실존하기를 그쳤다는 사실을 거의 눈치채지 못하게 될 것입니다. "나는 아무것도 못 보았다. 확실한가?… 나는 아무것도 못 들었다…. 그렇게 빨리, 그렇게 빨리… 갑작스레…."[4]

그래서 경건하고 정숙한 함묵을 대가로 위로가 있는 것입니다. 만일 이러한 평정이 반쯤만 납득될 뿐이라면, 이는 진리의 오직 반쪽만을 고려하고 나머지 반쪽을 암시적 간과법으로 다루고 있기 때문입

° 1장 97쪽 각주 참고.
°° '경련했다'의 ἐκινήθη는 aorist형으로 흔히 '부정과거'로 번역하지만, 여기서는 문맥상의 의미를 살려 '단순과거'로 옮겼다. aorist형은 완료나 계속이나 반복 등의 한정이 없이 사건이나 행위가 과거에 단순히 발생했음을 나타낸다.

니다. 등한시되고 설명되지 않고 소화되지 않은 절반은 이 낙관주의의 바닥에 회한이나 거리낌으로 잔존해 있습니다. '마치' 아무 일도 일어나지 않은 것처럼 행동하지만 아무 일도 일어나지 않은 '것으로' 할 수는 없는 겁니다. 순간이 슬쩍 감춰진다고 우리가 말했었죠. 그럼에도 그것은 비집고 나옵니다! 논박 가능한 피상적인 모순의 경우에는 사람 안에 생산적인 난관이 태어납니다. 그러나 불사의 진리와 개인의 무화를 대립시키는 해결 불가능한 모순은 말 못 할 혼란과 괴로운 당혹감을 우리 안에 낳습니다.

영원이라는 사유하는 자의 소명을 죽음은 이처럼 난폭하게 반박합니다. 죽는다는 의식도 의식하는 자를 죽음에 면역되게 해주지 못합니다. 이러한 무지한 의식과 무력한 지식은 죽음으로 인한 부정을 사유하지만, 죽음이라 불리는 육체적 병을 치유하지 못합니다. 그것은 우리를 실제로 불사로 만들 수 있는 기적과도 같은 마력을 갖고 있지 않습니다. 하나의 일반 개념을 불사의 실존으로 변모시키기 위해서는 '다른 종류로의 이행$\mu\varepsilon\tau\acute{\alpha}\beta\alpha\sigma\iota\varsigma\ \varepsilon\grave{\iota}\varsigma\ \check{\alpha}\lambda\lambda o\ \gamma\acute{\varepsilon}\nu o\varsigma$' 이상의 것이 필요하고 거의 마법 같은 실체 전환이 필요하기 때문입니다.

『향연』의 디오티마는 사랑이 불사를 가져다준다고 말하지만, 그렇다고 죽음에 대한 의식이 불사를 가져다주는 것은 아닙니다. 게다가 사유와 의지가 그렇듯, 사랑도 정말로 죽음을 정복하는 힘은 없습니다. 일반적 의식은 불로장생의 영약 같은, 우리의 유한성의 치료약이 아닙니다. 인간이 죽을 수밖에 없다는 의식을 갖더라도 죽는다는 것은 여전하며, 사유를 한다고 죽음을 슬쩍 면제받을 수 있는 것도 아닙니다.

죽음의 관념이 불사의 사유를 전제하는 것과 마찬가지로, 의심은 의심할 수 없는 '나는 생각한다Cogito'를 전제합니다. 그러나 그 '나는 생각한다'는, 그 사실 자체로 의심의 부정성을 부정하지만, 사유는 죽음을 거역하더라도 사유하는 존재가 실제로 죽어버리는 것을 막지는 못합니다. 사유에 의한 불멸화란, 비유적 의미에서 본래 의미로 쓱 미끄러져 은유를 문자 그대로 받아들이는 희망의 궤변이 아닐까요?

사유는 죽음을 죽이지 않지만 죽음은 사유를 죽입니다. 아무런 시간적 한계가 없는 것에 부과된 모욕적인 제한은, 역으로 자유의 무한성에 다소 의심을 던집니다. 허무와는 가장 거리가 먼 것의 무화가 의식의 실증성에 대해 의심을 던집니다.

물론 불사가 가능하다면 우리가 죽는 존재라는 의식은 틀리게 될 것입니다. 그러나 그럴수록 죽음은 이 의식을 더더욱 조롱합니다. 죽는다는 의식은, 틀리거나 가소로이 소멸하거나 하는 선택지밖에 없는 걸까요? 이 의식은 사유를 계속하지만 그때는 의식이 틀렸고 죽음은 없는 것이든가, 아니면 죽는 경우에는 의식이 맞고 전적으로 옳지만 그때는 의식이 사유를 그치든가, 그렇게 말입니다. 죽음은 죽는다는 의식을 확증해 주면서 의식을 조롱하듯 지워버립니다. 실제로 죽음은 여느 대상들과 같은 대상이 아닙니다. 그것은 사유하는 존재를 교살함으로써 사유의 작용을 갑자기 차단하여 끝내버리는 대상입니다. 죽음은 죽음의 의식에게 역으로 되돌아오는 것입니다!

이야말로 조롱의 극치, 가장 지독한 블랙 유머보다 더 어두운 조롱입니다. 파스칼이 보여주었듯 수학적인 추론만이 두통에 좌우되는 것이 아니라, 사유하는 존재 일반이 실신失神에 좌우되는 것입니다. 졸린 인간은 자신의 육체와 관련해 일시적으로 부분적인 의존상태에 있습니다. 그러나 세상에서 가장 위대한 현자도 뇌졸중이 오면 영영 사유를 멈춥니다. 현자들의 지혜가 어떻게 일개 뇌충혈에 좌지우지

될 수 있을까요? 어떻게 심장이라 부르는 근육의 정지가 사유의 정지를 결정할 수 있으며, 심장박동과 심부전에 대해 사유하고 이를 치료할 방법을 찾아내는 바로 이 사유의 정지를 결정할 수 있을까요? 혹은 더 순진하게 묻자면, 어떻게 의사가 환자일 수 있을까요? 그건 그냥 사실이기 때문입니다. 때로는 가장 뛰어난 혈관 전문가조차 어처구니없게도 자신이 연구하고 치료할 수도 있을 바로 그 질병에 걸리고 맙니다. 그 병의 전문가인 이 의사도 이제는 환자일 따름이고, 이는 동맥류 파열로 그의 연구가 안타깝게도 결정적으로 끝나게 되는 날까지 계속됩니다. 마르쿠스 아우렐리우스는 자주 말합니다. 히포크라테스는 숱한 질병을 치료한 뒤 자신도 병으로 쓰러져 죽었다고요.[5] 남의 죽음을 기막히게 예언하는 점성술사들도 남들처럼 될 것입니다. 불사를 논하는 철학자들도 남들처럼 죽을 겁니다.

사유의 위엄에 이보다 더 굴욕적인 운명이 있을까요? 쓰디쓴 조롱입니다! 생물학적 자연법칙을 넘어서는 것이 소명인 창작자 자신이 바로 그 법칙에 굴복합니다. 괴테는 오래전에 죽었지만, 그가 나무 그늘에 앉아 변모에 대해 성찰하던 파도바 식물원의 종려나무는 죽지 않았습니다.° 괴테는, 즉 종려나무에 대한 의식은 더 이상 실존하지 않지만 파도바의 종려나무는 건재합니다. 거리를 두고서 무의 무를 도모하던 성찰은 이제 그 자신이 무로 돌아간 것입니다.

그렇다고 하더라도 성찰은 무가 아닙니다. 나는 생각한다, 그러므로 나는 존재한다.Cogito, ergo sum '존재한다'는 온통 적극적인 것이니

° 괴테는 1786년 이탈리아 여행 중에 파도바 대학의 식물원을 방문한다. 그 뒤 1798년 「식물의 변모」라는 제목의 시를 짓고, 1790년에는 『식물의 변모에 대한 해명의 시도』라는 연구서를 출간한다. 괴테에게 영감을 주었다고 하는 야자수는 1585년에 심은 것으로, '괴테의 야자수'라는 별명으로 불리며 지금까지도 살아남아 있다.

까요. 나는 생각한다, 따라서 '나는 있다', 이상 끝. 이러한 존재의 비존재는 사고작용의 존재적인 완전한 충만함 속에는 조금도 들어 있지 않습니다. '나는 생각한다Cogito'는 이 존재의 중단을 조금도 받아들이지 않습니다. 나는 생각한다, 따라서 나는 죽는다, 라고는 아무도 말하지 않을 겁니다! 그러므로 의식이 없는 종려나무가 의식 있는 존재보다 몇 년 더 생존한다고 해도, 의식은 의식 없는 종려나무보다 더 오래 영원토록 살아남을 것입니다.

4. 바깥과 안. 에워싸는 조감의식과 에워싸인 천진무구함

사유는 그 무한한 날렵함으로 죽음을 의식하고 그 활동으로 죽음 위를 날아서 조망합니다. 그러나 사멸할 사유하는 존재의 불사하는 사유인 사유 그 자체는, 이 지배적 위치를 잃고 자신이 지배하는 것에 의해 이제는 지배되거나 혹은 (다른 비유를 쓰자면) 자신이 에워싸는 것에 의해 에워싸입니다. 죽음의 의식은 그 자체로 죽음에 싸여 있고, 죽음 속에 잠겨 있습니다. 죽음 속에서 죽습니다. 죽음 속에서 삽니다. 인간은 죽음을 초월하며, 동시에 이 죽음의 내부에 머물러 있습니다. 그는 바깥과 안에 한꺼번에 있습니다. 그러니까 그는 안에 있는 겁니다. 어쨌든 안에! 에워싸는 에워싸인 것은 결국 에워싸여 있는 겁니다…. 그가 순전히 초월적이지 않는 한, 그의 초월성은 하나의 죽는 내재성입니다. 사유한다는 한에서는 불사이지만, 하나의 존재인 한에서는 죽는 것인 사유하는 존재는 결국 죽을 수밖에 없습니다.

그리고 그는 자신의 죽음에 의해 완전히 에워싸여 있어서, 자신의 죽음에 대해 초월적인 관점을 취할 때조차도, 자기가 늙는 일만 보입니다. 남은 것은 태평함의 허망한 현재 속에서 살아가는 일밖에 없죠. 그러나 태평한 자도 걱정하는 자처럼 죽게 마련이고, 더 일찍 죽기도 합니다!

죽음에 허덕이는 인간이 조감의식을 갖고서 무릇 죽는다는 필연성을 아무리 의식한다고 하더라고, 자기 자신의 죽음 앞에서는 상대적으로 무의식적인 채로 머물러 있습니다. 그는 의사들이 모두 포기한 심장병 환자와 비슷합니다. 심장병 환자는 자신의 죽음이 이제나저제나 닥쳐올 수 있다는 것을 알고 있고, 조금은 익살스럽게 선뜻 그 말을 되풀이합니다. 이 심장병 환자, 입이 방정입니다! 그는 죽음이 바로 그날 저녁에 그를 쓰러뜨리리라는 것을 낌새도 못 채고 있을 겁니다. 이 심장병 환자의 상대적 무의식은 사면이 이루어졌다고 믿는 사형수의 무의식과 비교할 수 있을 것입니다. 감옥 안의 다른 사람들은 모두 내일 사형이 집행될 것을 알고 있는데, 단지 본인만이 아무것도 모르고 훗날을 위한 계획을 세우고 있는 것입니다.

마테를링크의 『실내』의 훌륭한 한 장면은, 우리가 죽음에 대한 의식과 의식하는 존재의 죽음을 대결시키듯이, 무의식과 이 무의식에 대한 의식을 대결시킵니다. 그러나 여기서 문제가 되는 것은 가까운 사람의 죽음이지 자신의 죽음은 아닙니다. 한데 모인 가족이 아직 죽음의 소식을 모른 채로, 이미 가족을 덮친 끔찍한 불행을 전혀 의식하지 못하고서 무사태평하고 천진무구한 상태로 등불 아래 평화롭게 밤을 보내고 있습니다. 창밖의 깊은 밤 속에서는 근심이라는 이름의 사자, 죽음의 천사인 낯선 자가 이 가족의 행복을 한순간에 깨뜨릴 불길한 소식을 들고 와서, 아직 소식을 모르는 이들에게 어떻게 그 불행을 알릴지를 생각합니다. "그들은 다른 사람들이 그들을 보고 있다는 것을 모른다…. 나는 그들이 아직 모르는 작은 진리를 알고 있다…."

그리고 사실 조감의식은 죽음의 천사처럼 반#무지가 모르는 무언가를 알고 있습니다. 그는 비밀을 말할까요? 어떻게 말할까요? 어떻게 행복한 무사태평함에서 깨어나게 만들까요? 반쯤 무의식적인 상태에서 사형수는 자신이 사정을 아주 잘 알고 있다고 믿고 있습니다. 그가 피조물들의 무릇 죽어야 하는 본질을 알고 있다는 이유에서죠. 그러나 그는 오히려 운명의 꼭두각시입니다. 죽음이 여기서 반#의식에 암시를 걸어 조작하고 있는 것입니다.

자신이 에워싸고 있는 것에 의해 에워싸인 의식이라는 이 역설은 죽음의 선험성 속에 있는 인간의 애매한 상황만을 특징짓는 것이 아닙니다. 물리적으로 인간은 세상 속의 모든 사물들과 더불어 지구의 전반적인 운동에 이끌리고 있으며, 이 행성의 모든 거주자들처럼 지구의 대기에 둘러싸여, 무게를 지닌 모든 사물처럼 중력장 안에 있습니다. 그러면서도 동시에 인간은 수학자로서 우주 속에서 자신의 위치를 알아내고, 행성과 항성 사이의 거리를 광년으로 계산하며, 엄청나게 큰 성운을 파악하고, 무한을 사유할 수 있습니다. 알다시피 칸트는 상상력과 이성의 이러한 불균형에 기초해 숭고의 감정을 설명하지요. 그야 어쨌든, 내재와 초월의 상호성이 여기서는 혼란의 원천이 아니라 상대성의 원천입니다. 그것은 그러니까 지성으로 파악할 수 있는 관계인 것이죠. 하지만 이 경우 내재성은 돌이킬 수도 있는 것이니, 인간이 단지 중력의 방해로 무거워진 것이어서 일정한 조건에서는 지구의 인력에서 벗어날 수 있기 때문입니다. 게다가 이 내재성은 단지 인간의 거주에 관한 것일 뿐입니다.

반면 죽음의 경우에는 내재성이 불가피하면서도 총체적입니다. 우선 그것은 어떤 기술적 진보로도 구부릴 수 없는 불가피한 운명입니다. 게다가 죽음 속에 잠겨 있는 것은 우리의 존재 전체입니다. 죽음이 우리 이성의 중력장이자 모든 사유에 선험적으로 깃들어 있는 것이지요. 한마디로 그것은 피조물로서 우리의 "조건"입니다. 일방적인 제한이 아니라, 존재적 유한성인 것입니다.

이런 애매함은 우리의 도덕적 상황의 애매함과 같은 것이라고 주장할 수도 있을 것입니다. 의무의 인간이 죽음의 철학자처럼 안-밖에 있다는 것이죠. 생각하는-행위하는 자는 생각하는 한에서는 의무를 조감합니다. 그러나 행위자인 한에서는, 즉 행위에 가담한 한에서는, 반대로 의무가 그의 위로 솟아 있습니다. 유창하게 설파하는 이론가에게도 의무는 부과됩니다. 훌륭하게 말한다는 구실로 "행함"이 면제되지는 않는 겁니다! 보편적 명령은 윤리학자까지도 포함한 모든 인간에게 내려진 명령입니다. 명령은 설교자라고 특별 배려로 유보되는 것이 아닙니다. 도대체 무엇 때문에 남에게 권고하는 일을 맡은 사람이 모두에게 해당되는 법에서 자신만을 예외로 둔다는 말입니까? 무슨 부당한 특권의 미명하에? 모든 사람이 관련된 이상, 나 또한 관련이 있는 겁니다. 생각하는-행위하는 자 각자가 이론과 실천의 간섭을 직접 겪어보기 위해, 삼단논법이나 연역이 필요한 것은 아닙니다.

죽음과 마찬가지로 의무는 에워싸는 것인 동시에 문제로 던져져 있는 것입니다. 게다가 한쪽이 다른 쪽을 방해하지 않습니다! 사람은 의무에 대한 의식을 갖는 동시에 자신이 그 의무를 행해야 하는 의무를 질 수 있습니다. 책무를 생각하는 현자도 마찬가지로 책무를 집니다. 현자는 이런 점에서 일반 사병들, 정언명령의 병사들, 도덕적 책무의 이등병들과 똑같은 처지에 있는 것입니다. 그리하여 몸소 모범을 보이는 자는 그로써 행동과 성찰의 분열을 그치게 만듭니다. 이것이야말로 의무를 진지하게 받아들이는 가장 설득력 있는 방법이 아닐까요?

    죽음과 의식을 대립시키는 모순은 유난히 첨예하여, 결국은 서로 부정하게 되고 맙니다! 죽음은 존재의 머리 위에 비존재의 칼을 매달아놓습니다. 그러니까 이 존재의 전부냐 전무냐가 문제가 되고 있는 것이죠. 내재성은 여기에서 법칙에 종속되어 있음을 말하는 것이 아닙니다. 내재성은 무를 의미합니다. 의식은, 의식적인 존재를 노리고 있는 장래의 죽음에 저당 잡혀, 그 자체로 의식이 좀 엷어진 것처럼 보입니다. 게다가 의무는 도덕적 존재를 에워싸더라도 그 자유는 고스란히 남겨두며, 또 그런 조건에서만 책무도 지울 수가 있습니다. 그런데 죽음은 책무가 아니라 하나의 필연이라는 사실을 새삼스레 다시 말할 필요가 있을까요? 죽음 속에 잠겨 있는 살아있는 존재의 내재성은 무거운 운명입니다. 그러나 죽음의 의식은 그 자체로 덧없는 초월입니다. 죽음은 별이 빛나는 하늘이나 도덕법칙만큼 맑은 대상이 전혀 아니니까요.°

°   칸트의 『실천이성비판』 맺음말의 첫 대목 중 "내 머리 위에 별이 총총한 하늘과 내 마음속의 도덕법칙."

5. 죽음의 승리. 전능한 죽음

결국 최종 발언권은 누구에게 있을까요? 사유일까요, 죽음일까요? 죽음이라는 사고事故를 하찮은 일로 여기는 이성의 아이러니일까, 아니면 아이러니에 복수하는 죽음의 비웃음일까요? 비극을 익살스럽게 대하는 아이러니의 미소일까, 현자를 비웃는 비극의 조소일까요? 유머인가요, 야유인가요? 힘찬 약함인가요, 약한 힘인가요?

사유는 죽음을 넘어 생각하지만, 죽음을 넘어 살아남지 못하고, 죽음에 철저히 의존해 있습니다. 사유는 이 세상에서는 죽음의 저편을 생각하지만, 죽은 뒤에는 생각을 계속하지 않습니다. 사유하는 존재는 그 덕분에 사유할 수 있게 되는 그것을 조금도 고려하지 않습니다. 사유는 무한히 사유하고, 의지는 또 무한히 바랄 수 있습니다. 그러나 사유는 물리적으로 죽음을 뛰어넘지 못하며, 의지는 또 문자 그대로 불가능한 것은 어쩔 수 없습니다.

사유는 마지막 바로 전 순간까지는 죽음을 의식합니다. 그러나 최후의 순간에 사유하는 존재는 죽고, 동시에 사유는 사유하기를 그칩니다. 평생 동안 죽음을 생각한 사상가는 어느 날 제 차례가 되어 죽습니다. 분명 다른 사람들이 그의 뒤를 잇기는 하겠죠. 다른 이들이 고인을 대신에 죽음을 생각할 겁니다. 그러나 그들의 생존도, 생명의 한없는 갱신도, 사유하는 존재의 무화를 더 잘 이해할 수 있게 해주지는 않습니다.

마지막 순간에 쓰러져 죽기 위한 거라면, 평생 동안 죽음을 생각해 온 것이 무슨 소용일까요? 마지막 순간이 모든 것을 다시 의문에 빠뜨립니다. 그러니 의사 표명을 하려거든 마지막 순간까지 기다리세요!

이 마지막 순간이야말로 중요한 것이고 그것만이 결정적이고 진지하며, 그 혼자의 힘으로 죽음과 우리의 관계의 방향을 완전히 뒤집고, 후험적인 것을 선험적인 것으로 만들며, 우월함을 열등함으로 바꾸니까요.

만약 우리의 운명을 결정적으로 영원히 봉인하는 것이 바로 마지막 순간이라면, 첫 순간부터 마지막 바로 앞 순간까지의 전 생애에 무슨 무게가 있을까요? 죽음은 죽음에 대한 사유에게는 하나의 후험적 사실이지만 그것도 끝에서 두 번째 순간까지, 죽음 바로 앞 순간까지지 그 너머는 아니라고 말하는 건, 그러니까 꽤나 씁쓸한 아이러니입니다. '인간은 늘 죽음보다 강하다. 임종 순간만 빼고'라는 말은 그냥 죽음보다 약하다는 말입니다.

페트라르카는 「승리」라는 시에서 라우라, 즉 '정결'이 어떻게 '사랑'을 이기는지, 그리고 어떻게 '죽음'이 라우라를 이기는지 보여줍니다. 페트라르카에게서 최종 발언권을 갖는 자가 신이라는 것은 사실입니다. 그럼에도 우리는 "죽음의 승리"라는 주제가 중세 도상학에서 어떤 역할을 하는지 알고 있습니다.[6] 의기양양하고 전능한 무적의 죽음 앞에서는 교황도 황제도 무장을 해제하고 알몸으로 경의를 표하는 것이죠. 강자는 언제나 결국 자기보다 더 강한 자를 발견하게 되지만, 전능한 죽음은 모든 것보다 더 강합니다. 그것은 힘의 극치이자 최상급이며 모든 왕의 왕, 모든 정복자의 정복자인 것입니다. 죽음은 정복자와 패배자를 화해시킵니다. 죽음 앞에서는 모두가 평등하기 때문이죠. 루체른의 슈프로이어 다리를 장식하고 있는 카스파르 메글링거Kaspar Meglinger의 〈죽음의 춤〉은 주교와 공작, 병사와 학자, 화가와 조각가, 연인과 아내를 거느린 의기양양한 죽음을 그려 보이고 있습니다. 이 승리자에게는 의사의 약도 재력가의 돈도 더 이상 아무

소용이 없습니다.

　죽음은 그러니까 피조물로서는 도무지 피할 수 없는 약점입니다. 그 어떤 강자들도 피할 수 없는 예외 없는 약점인 것입니다. 인생의 실패와 패배에서는 다시 일어설 수 있습니다. 한 번의 전투에서 패했다고 해서 꼭 전쟁에서 진 것은 아니니까요! 그러나 죽음에서는 아무도 다시 일어설 수 없습니다. 연속의 일시적 승리와 상대적 패배는, 종료라는 이 절대적이고 결정적인 패배로 귀착됩니다.

　죽음은 우리의 능력 너머에 있어 모든 기술의 한계를 드러냅니다. 기술도 죽음 앞에서는 무력할 뿐입니다. 우리의 의료는 건강을 개선하고 수명을 연장하기 위해 많은 것을 할 수 있습니다. 그러나 죽음은 어떤 약도 듣지 않고 어떤 의학으로도 극복할 수 없는 병입니다. 절대적인 불치병인 것이죠.

　《죽음의 노래와 춤》의 끝부분에서, 무소륵스키와 시인 아르세니 골레니셰프-쿠투조프는 죽음을 저항할 수 없는 전능한 대장, 비존재의 제왕, 그리고 모든 유한한 사물에 영원히 침묵을 부과하는 무한한 파괴력을 지닌 무의 총사령관으로 나타냅니다. 죽음의 전능과 천하무적 그리고 최후의 순간 죽음의 궁극적 승리는 우리가 죽음을 철저히 사유하는 것을 방해합니다.

　자유와 필연 사이의 논쟁은, 자유가 항상 더 넓은 결정론의 법칙 속으로 들어가고, 결정론이 항상 예견할 수 없는 변덕스러운 선택으로 인해 좌절된다면, 사실 끝나지 않는 논쟁일 것입니다. 그러나 조감의식과 죽음 사이의 싸움은 끝없는 싸움이 아닙니다. 조감의식이 죽음을 넘어서는 것은 마지막 순간 '전'까지일 뿐이기 때문입니다. 11시 59분 59초에 관계가 순식간에 역전됩니다. 마지막 순간의 마지막 찰나에 조감의식은 자신이 에워싸고 있던 것들에 의해 영영 에워싸이게 됩니다. 어려움을 해결하고 싸움을 가라앉히는 시간 덕분에 항상 모든 일이 정리되지만, 오직 죽음만은 예외입니다. 죽음은 결코 "정리"가 안 됩니다. 모두 반드시 나쁘게 끝납니다. 가장 잘되고 있는 일조차도 말입니다!

평생 낙관적이지만 생의 마지막 순간은 제외한 낙관주의란 가장 속절없는 비관주의가 아닐까요? 최후의 순간일 뿐인 이 아주 작은 예외가, 우리의 운명을 완전히 뒤바꿉니다. 거기서 시작했어야 합니다! 개인의 죽음은, 말하자면 뒤집힌 데카르트적인 회의입니다. 데카르트의 의심에서는 모든 것을 잃게 되죠. 의심할 수 없는 사유만 빼고. 그리고 지금은 반대로 조감의식에 의해 모든 것이 난파에서 구출됩니다. 본질적인 것 바로 그것만을 제외하고….

의식은 최강이 아니라 '거의' 최강입니다. 문제가 되는 것은 단지 일순간의 무의식과, 사유의 극미한 감퇴와 작은 방심이기 때문이죠. 거의 눈 깜짝할 사이! 의식은 무사합니다. 그러나 의식하는 존재는 더 이상 존재하지 않습니다.

6. 죽음은 사유보다 강하다. 사유는 죽음보다 강하다

'죽음의 춤'을 믿는다면, 그리고 메글링거가 형상화한, 죽은 자들의 부활을 알리는 에스겔의 예언과 최후의 심판의 초자연적인 약속을 무시한다면, 분명 죽음이 마지막 말을 하게 될 것입니다. 오직 최후의 심판만이 이 죽음의 마지막 말 뒤에 있을 겁니다. 그러나 하나의 자기성自己性 속에 구현된 의식이 다시 이 마지막 말을 하지 않을지 누가 알겠습니까? 그때는 그것이 마지막의 가장 마지막 말이 될 것입니다.

순환논증의 원, 애매성, 즉 서로 모순되는 이중적 진리의 체계는 우리에게 오히려 다음과 같은 것을 시사합니다. 죽음과 의식이 서로 마지막 말을 합니다. 그리고 (결국 같은 얘기지만) 그 말은 매번 끝에서 두 번째일 뿐입니다. 죽음이 의식보다 센 만큼, 의식도 죽음보다 셉니다. 사유는 전적인 소멸을 의식하지만, 사유 자체가 자기가 사유하는 그것에게 패해 소멸됩니다. 또는 역으로 사유는 소멸되고 말지만, 그럼에도 그 소멸을 사유합니다. 그 자체는 불가해하지만 모든 것을 이해하는 힘은, 헤아릴 수 없는 소멸인 자기 자신의 종말이라는 이 또 다른 불가해한 것 앞에서 무장해제됩니다. 그럼에도 이 힘은 그 치욕스러운 일을 거명하여 규탄하고 그에 대해 항의합니다. 이 두 불가해한 것들의 충돌은 그야말로 해결할 수가 없습니다!

생각하는 갈대는 자신이 죽는다는 것을 압니다. 그리고 우리는 곧바로 덧붙여 말했죠. 그렇다고 죽지 않는 것은 아니라고. 그러나 우리는 다시 출발점으로 되돌아옵니다. 그는 죽지만 자신이 죽는다는 것을 안다고. 원이 닫히고, 우리는 파스칼의 데카르트적인 명제를 다시 발견하는 것입니다. 한쪽이 다른 쪽으로 되돌아가고 그리고 또 역으로, 무한반복입니다. 마치 왕복운동이라도 하는 듯합니다. 이 모순적인 상호성은 아주 일반적인 법칙이며 순환적인 인과로 확증될 수도 있을 것입니다. 자유가 필연보다 세고 필연이 자유보다 세며, 용서가 악보다 악이 용서보다 세고, 불굴의 의지가 불가항력의 유혹보다 세고 불가항력의 유혹이 (그 되돌릴 수 없는 결과들과 함께) 난공불락의 의지보다 센 것과 마찬가지로, 그처럼 사유와 죽음은 각각 다른 쪽에서 볼 때 서로를 이깁니다.

지기만 하는 패자에 대해 이기기만 하는 승자의 일방적 우위는 이제 끝입니다. 순환적 상호성의 역설은 교체로 귀착되지도 않고, 또 끝내는 승자를 패자로 만들고 패자를 승자로 만드는 첫째와 꼴찌의 변증법적 역전으로 귀착되지도 않습니다. 의식이 자기가 사유하는 죽음을 비꼬며 복수한다는 이야기나, 죽음이 자기가 죽이는 의식을 비웃으며 승리를 가져간다는 이야기는, 최후의 말과 결정적 승리를 한 방향으로만 나타낸 것이었습니다. 불멸의 의식이냐, 아니면 불굴의 죽음이냐, 하는 식이었던 것이죠.

그러나 이제부터는 완전히 모순되는 상호성이 문제입니다. 사랑과 죽음이 각각 동시에 승자이며 패자이고, 우월하면서 열등한 그런 것처럼 말입니다. 전능 대 전능! 전투라기보다는 오히려 논쟁! 이 논쟁은 사실 확률이 양쪽에 거의 반반인 단판승부도 아니고, 또 서로 상대의 힘을 빼는 뜨뜻미지근한 결투도 아닙니다. 여기서 문제가 되는 것은, 태곳적부터 죽음이 의식을 이기고 의식이 죽음을 이기는 끝없는 팽팽한 논쟁인 것입니다.

풀리지 않는 찢어질 듯한 긴장을 낳는 이런 비이성적인 상호성은 이 두 가지 명백함이 서로 동떨어져 있음을 표현하는 것이 아닐까요? 이는 또한 '우세하다'가 두 경우에 같은 의미를 갖고 있지 않다는 것이기도 합니다. 서로 비교가 불가능하고 서로 모순되는 이 두 우위는 두 가지 절대적인 것으로서 대립되고 근본적으로 비대칭입니다. 같은 영역에 속하지도 않고 같은 차원에 놓인 것도 아니며, 같은 관점에서 우위에 있는 것이 아닙니다. 사유의 우위는 이성적인 것인 반면 죽음의 우위는 물리적입니다. 의식의 관념적인 우위는 삶의 연장에는 효과가 없습니다. 거꾸로 죽음의 우위는 사유에는 효과가 없어, 무화를 덜 부조리하게 만들지도 않고 그저 사유하는 존재의 실존을 소멸시켜 버리는 것입니다. 사유는 시간의 마멸을 모르고, 죽음은 사유에게는 아무것도 아닙니다. 그러나 사유는 물리적으로는 효력이 없어 사유하는 유기체를 죽음에서 구하지도 못하고, 죽어야 할 것을 불사로 만들지도 못합니다. 반대로 죽음은 무적이지만, 그 전능은 맹목적인 우월함일 뿐, 투명함도 이성적인 진리도 없습니다. 의식의 항의가 정신적인 것으로 남아 있다면, 죽음이라는 난폭하고도 준엄한 사실은 불합리한 것에 머물러 있으니 말입니다.

그래서 의식의 특권은 죽음으로 인해 완전히 폐기되지 않습니다. 혈전 하나가 위대한 사유의 전개를 가로막지만, 사유는 사유하는 존재가 쓰러지더라도 색전증을 넘어 살아남습니다. 이는 불가피한 양자택일 때문에 우리가 모든 특권을 한꺼번에 가질 수 없기 때문입니다. 예를 들어 파스칼 철학에서 인간과 우주는 신만이 겸비할 수 있는 역할을 서로 나누어 갖습니다. 우주는 자기가 가진 힘을 모르지만 그래도 그 힘은 효력이 있습니다. 사유하는 인간은 만일 자기가 가장 강하다면 자신의 힘을 알 테지만, 약하기 때문에 자신의 약함과 한계만을 의식할 뿐입니다. 이는 마치 소크라테스가 자신의 무지만을 의식하는 것과도 같습니다. 지식과 의식을 겸비할 수가 없어서, 그래서 의식하게… 의식하게 되는 것은, 아아 자신의 무지입니다. 그리고 다행히도, 모른다는 의식을 지니고서 모르는 채로 있을 것입니다. 죽어야 하는 자는 자신의 한계를 알고 있고 그러한 앎으로 그 한계를 초월하지만[7] 그래도 여전히 한계 지어져 있습니다. 죽는다는 의식이 그나마 작은 위안입니다. 의식이 없는 힘과 힘이 없는 의식, 어느 쪽이 나을까요?

결국, 최종 발언은 없습니다. 레옹 브룅스비크는 조르주 시메옹 Georges Siméon의 한 저작에[8] 관해 성찰하면서 정신활동의 초시간성에 대해

멋들어지게 말합니다. 죽음을 고려하지 않는 스피노자식의 지혜가 브룅스비크 덕분에 가장 숭고한 의미를 되찾게 된 것이죠. 그러나 가브리엘 마르셀의 외침 또한 그에 못지않게 정당합니다. 우리는 의식을 지닌 갈대에 대해서 이야기했었죠. '그래도 그는 죽는다!' 사유와 죽음 사이의 논쟁에서 심판을 볼 때는, 모두가 옳고, 아무도 일방적으로 옳지 않습니다. 그렇습니다, 최종 승자는 없습니다.

에워싸이면서 에워싸는 죽음의, 에워싸면서 에워싸인 의식의 이러한 이중적 모순은 사유하는 존재의 애매한 본성에서 비롯됩니다. 만약 사유하는 존재가 존재 없는 사유, 하나의 순수 사유, 비실존의 본질이라면, 그는 절대적으로 초연한 방관자로서 죽음을 바라보고 판단할 것입니다. 만약 사유 없는 존재, 하나의 무의식적인 자동인형이 있다면, 그것은 머리부터 발끝까지 죽음 속으로 빠져들어 흔적도 없이 사라질 것입니다. 전자의 경우는 방관자에 불과한 방관자, 아무 상관없는 방관자이고, 후자의 경우는 총체적 파멸입니다.

그렇지만 사유하는 존재, 사람이 된 사유는 역설적으로 둘 다입니다. 벗어난 동시에 엮여 있는 것이죠. 객석의 관람객이자 무대의 연기자, 아니 연기자라기보다는 오히려 행위자입니다. 연기자는 진짜로 참여하는 것이라기보다 행위를 연기하는 것이니까요. 정신적 행위자가 관조하는 자이자 행동하는 자라면, 그냥 행위자라고도 하겠습니다.

그러니까 인간은 죽음 속에 있는 동시에 죽음 밖에 있습니다. 안과 밖의 모순이 육체와 영혼의 관계를 불가사의하게 지배하듯이, 그 모순은 죽음과 의식의 관계를 지배하고 있는 것입니다. 장 발Jean Wahl의 『형이상학 논고』의 핵심 명제 중 하나가 여기서 확인됩니다. 초월성과 내재성은 서로 쌍방으로 되돌려보낸다는 것입니다. 가브리엘 마르셀의 용어를 사용하자면, "신비"는 완전히 "문제"로 분해되는 것을 받아들이지 않으며, "문제"는 완전히 "신비"로 증발되기를 거부합니다. 죽음을 '문제'로 사유하는 사유는 그 사색의 대상에 의해 '신비롭게' 감싸입니다. 초월하는 한에서의 조감의식은 이 대상 위로 솟아올라 내려다보며 조망합니다. 내재하여 육체에 옭매인 한에서의 조감의식은 철저히 대상에 둘러싸입니다. 조감의식은 고통에 둘러싸이기도 합니다. 고통과 조감의식은 신비로운 관계를, 적어도 "신비론적인" 관계를 갖습니다. 그러나 그 경우에는 부분적인 에워쌈이 문제가 되는 것이어서, 혹독한 고행이 필요하겠지만 우리가 계속 사유하는 것을 꼭 방해하지는 않지요…. 그래서 파스칼에 따르면 질병 활용법이 있는 겁니다. 그래도 활용과 고행은 적어도 존재의 연속을 상정합니다. 그러나 죽음은 실존 전체를 갑자기 중단시켜, 견뎌볼 시간조차도 남겨주지 않는다는 점만 보아도, 죽음의 "활용법" 따위는 전혀 없습니다.

신비로우면서도 문제적이어서, 죽음은 정말로 사유의 대상이 되기에는 항상 어떤 규정이 결여되어 있는 그야말로 불가사의한 문제입니다. 또는 결국 같은 얘기지만, 죽음은 우리가 사유를 통해 한없이 의식하는 문제적 수수께끼입니다. 죽음은 "거의" 지성으로 이해할 수 있는 것이지만, 그 안에는 뭔지 모를 어렴풋한 것이, 환원되지 않는 잔류물이 있어 그것이 죽음을 파악할 수 없는 것으로 만듭니다. 파악할 수 없으며 고갈되지 않고 측량할 수 없는 죽음의 성격은, 깊이 파고들고 싶은 채울 수 없는 욕구를 우리에게 불러일으킵니다. 그것은 말하자면 뭔가 마음의 가책 같은 것이죠.

우리는 죽음에 대해 방관자의 시각을 갖고 있지만, 그럼에도 우리는 모든 관점이 배제된 운명 속에 빠진 듯이 죽음 속에 잠겨 있습니다. 어디에나 중심이 있는데 어디에도 주위가 없는 것이죠. 죽음은 그러니까 객관적인 동시에 비극적입니다. 만약 의식이 절대적으로 죽음을 벗어나 있다면, 죽음은 경험의 자연스러운 한 대상, 흥미로운 대상이 될 것입니다. 그리고 그것은 우리가 성찰하는 하나의 대상 혹은 하나의 개념, 여느 대상 중의 한 대상, 다른 많은 개념 가운데 한 개념, 다른 모든 문제와 같은 하나의 문제일 것입니다. 그러나 죽음이 사유를 무화하지 않는다고 가정하더라도, 죽음은 사유하는 존재가 심신을 지니고 개인으로 실존하는 것을 없애버립니다. 개인 전체의 이러한 제거는 그야말로 에워싸는 신비입니다.

인간이라고 부르는 이 중간적 존재는 그러니까 죽음보다 위에 있는 것일까요, 아래에 있는 것일까요? 파스칼의 말대로 천사와 짐승 사이의 인간은 그 존엄으로 인해, 그를 죽이지만 죽인다는 것조차 알지 못하는 죽음보다 우월합니다. 그리고 생각하는 존재는 그 형편없는 나약함과 고통과 고독으로 인해, 다시 불쌍한 사람이 됩니다. 우주는 공간으로 의식을 감싸고 삼켜버립니다. 그러나 다시 이 고귀한 의식은 "담는다"와 "이해한다"라는 이중의 의미에서 우주를 사유로 "감쌉니다".[9] 상대적-절대라는 신비의 화신인 인간은 일종의 반신半神이 아닐까요? 죽을 운명에 처해 있고, 그럼에도 그 초자연적인 소명의 이름으로 중단의 어이없음에 맞서 항의하는 이 독자성을 우리는 '죽는-영원한' 진리라고 불렀지요.

죽음이 스치지 못하는, 전全-사유적 초-의식과, 운명에 짓눌린 순진무구한 무의식의 중간 길에 근심하는 사유의 자리가 있습니다. 이 근심은 반半-조감의식의 근심, 자신의 죽을 영원성을 실감하는 불행한 의식의 근심, 무한한 소명을 지니고서 제한된 생애를 조감하는 사유하는 존재의 근심, 그러니까 하나의 모나드로 현신한 사유하는 진리의 근심입니다.

사유는 죽음이라는 돌발사고를 내려다보며 상공을 나는 일과, 그것을 이해하지 못한 채 우리 존재의 무이자 우리 전체의 허무인 신비 위를 미끄러져 가는 일을 번갈아 합니다. 문제의 신비로운 가장자리, 바로 이 사유 불가능한 것 때문에 우리의 사유가 침묵에 빠지는 것입니다. 우리는 그러니까 우리의 죽음에 관해서 아무것도 모르는 것은 아닙니다. 우리는 당분간 이 사실Quod의 '언제', '어디서', '어떻게'를 모르고 있는 것이지 그 사실성Quoddité은 알고 있습니다. 그래서 우리는 문제를 제기할 수단은 있지만 해결할 방법은 없는 것입니다. 해결이란, '어떤 건데?'라는 물음에 대답하는 것이니까요. "자신이 죽는다는 것을 안다." 파스칼의 생각하는 갈대는 그러합니다. 그러니까 그는 '는 것'을 알지만, 언제 어디서 어떻게 죽을지를 미리 알지는 못하는 겁니다. 그는 병의 날짜와 장소와 성질을 모릅니다. 그는 자기가 죽는다'는 것'을 아는데, 이 또한 파스칼에 따르면 우리가 무한자 혹은 신이 존재한다'는 것'은 인식하지만 이 신이나 무한자가 '어떤지'는 알지 못하는 것과 같고, 공간에 세 차원이 있다'는 것'을 "심정으로는 느끼지만"[10] 그 본성을 인식하지 못하는 것과도 같습니다.

사람은 자신을 "죽을 사람moriturus"이 아니라, 그저 "죽게 되어 있는 사람mortalis"으로만 인식합니다. 자신을 죽어가는 중이라고 여기지 않고, 더 뒤에 어쩌면 결코 오지 않을 어떤 불특정 날짜에, 어쨌든 지금은 아니고 먼 훗날 언젠가, 대체로 죽을 수 있음을 인정하고 있는 겁니다. 자신의 죽음이란 결코 임박해 있는 것이 아니니까요. 그는 구체적으로 다가오고 있는 미래를 영위하듯이 자신의 죽음을 영위하는 것이 아니라, 그저 죽음의 보편적이고 추상적인 가능성만을 생각하고, 자신의 사멸성은 그저 그 가능성 속에 포함된 것으로 생각합니다. 그는 자신이 '죽는다'고 알고 있지만 엄밀히 말해 자신이 '죽으리라'는 것을 "알지" 못합니다.

한편으로, 죽게 되어 있는 자는 일반적으로 자신의 사멸성을 안다는 점에서는 죽음을 의식으로 에워싸고 이 죽음을 지배하는 것처럼 보입니다. 그러나 그는 자신의 죽음의 상황을 모른다는 점에서는 운명의 내부에 있고, 미래의 사건이 이 사형수에 대해 주도권의 이점, 기습의 특전, 지배적 위치의 우위를 지니고 있습니다. 그 사람은 사실성, 달리 말해 '라는 사실'을 알고, 이 앎으로 인해 한계의 저편에 있습니다. 그러나 그는 '어떤 건지'는 모르며 특히 하나의 시간적 상황의 "사실quod"인 "언제quando"를 모르고, 그래서 결국 이편에 머물러 있습니다.

다른 한편으로, 그는 "사실Quod"을 알지만 이 "사실"의 "어떠함quid"을 모르기에, '있다는 것은 알지만' 어떤 건지는 모르기에, '어떤 건데?' 하는 물음에 대답할 수 없기에, 따라서 그의 앎은 목적어도 직접 보어도 없기에, 사실성에 대한 의식은 반쯤-에워싸는 의식일 따름입니다.

역설적이게도, 사실Quod을 '아는' 자는 이 사실Quod에 관해서 아무것도 '할 수' 없습니다. 죽을 것임을 안다고 해서 아아! 마법처럼 불사가 되지는 않는 것입니다. 그러한 앎은 정반대의 확신에 즉시 자리를 내어줘 버릴 테니까요! 여기서 앎은 그 어떤 힘도 가져다주지 않습니다. 앎은 여기서 무력함과 함께 갑니다.

반대로, 우리가 상황을 모른다는 것 때문에 우리의 능력은 제한되기보다는 오히려 증대됩니다. 우리가 자신의 죽음에 대한 제반 사정 ("사실quod"의 "어떠함quid")을 모른다고 하더라도, 우리는 병리학적 장치들을 무한정 늘릴 수 있는 지식을 갖고 있기 때문입니다. 질병의 진행과정, 죽음의 전조 증상, 생명기능의 정지 등은 점점 더 잘 알려지고 있습니다. 그런 것은 순전히 "형용사적" 지식일 뿐이라고, 사람이 겪는 신비가 아니라 외부적 전조 신호, 수식어, 요컨대 잔가지에 대해서만 알게 해줄 뿐이라고 말할 사람도 있을 겁니다. 그렇더라도 이 지식 덕분에 우리는 싸움을 개시하고, 운명의 기한을 연기시켜 삶을 연장하고 고통을 경감하며, 죽음은 아니더라도 적어도 질병은 치료할 수 있는 것입니다. 날짜에 대한 무지조차 (불확실한 시간!hora incerta) 우리의 무력함을 가중시키기는커녕 희망을 고양하고, 전투적인 행동과 인간의 활동무대가 될 미래로 문을 열어놓습니다. 아직 살아야 할 삶은, 살아있는 사람에게는 마지막까지 탄력 있고 무한정 늘어날 수 있는 지속으로 남아 있을 것입니다.

 죽음의 집행유예를 받은 자는 죽음을 철저히 생각하면 죽음을 극복할 수도 있을 거라고, 인식의 통찰이 반드시 실제로 효과가 있을 것이라고 종종 믿습니다. 그러기 위해서는 그 신비의 사실성뿐만이 아니라, 그 상황과 성격과 본성을 알아야, 요컨대 알고 있어야 할 모든 것을 알아야만 할 것입니다. 아아! 피조물의 현실적 조건에서 이 완전한 앎이란 우리를 죽음 위로 올려주기는커녕 사형수에게 절망의 고문을 가하는 일이 될 겁니다. 이는 우리가 '확실한 죽음, 확실한 시간Mors certa, hora certa'이라고 불렀던, 메두사처럼 사람을 돌로 만드는 비인간적인 체제가 아닐까요?

 오직 순수한 사유만이 죽음의 실제성을 에워쌀 수 있고 이 죽음의 시간적 공간적 상황과 무관할 수 있을 것입니다. 그러한 초-의식이 없는 한, 우리의 반(半)-능력을 가장 잘 유지해 주는 것은 여전히 우리의 반(半)-지식입니다. 그러나 이는 어디까지나 반(半)-지식일 뿐입니다. 사람은 죽을 것을 알지만, 왜 사라져야만 하는 건지, 어떻게 무화될 수 있는 건지 이해하지 못합니다. 그는 죽음을 생각하고 개념화할 수는 있지만, 그것을 이해하지는 못합니다. 말하자면 죽음을 동시에 모든 차원에서 측량하지 못합니다. 문제를 아무리 깊이 파고들어도, 아무리 멀리까지 생각을 이어가도, 잡히지 않고 빠져나가는 차원이 늘 있습니다. 문제 저편에 언제나 신비가 다시 형성됩니다. 선험적으로 불투명한 것이 이미 의식을 앞질러 간 것이죠. 죽음의 의식은 죽음에 대해 알맹이는 없는 채로 텅 빈 실제성만 지니고 있고, 우리를 전혀 준비가 되지 않은 상태로 내버려둡니다.

7. 사랑과 자유와 신은 죽음보다 강하다. 그리고 역으로도 그렇다!

끝없는 논쟁이 그리하여 죽음의 사유와 사유하는 존재의 죽음을 두 절대적인 것으로 대립시킵니다. 바로 이 똑같은 애매성이, 우리가 소멸의 부조리에 항의하고 피안의 공허를 메우며 죽음에도 불구하고 우리 존재의 영속성을 수립하고자 하는 모든 방법들 속에서 다시 발견됩니다. 이를테면 『향연』의 디오티마와 음유시인들에 따르면 사랑은 죽음에 의기양양하게 대항할 수 있는데, 이는 사랑이 사유처럼 에워싸는 의식이기 때문이 아니라 사랑이 그 강력한 힘과 활력으로 죽음과 맞서기 때문입니다. "만일 폐하께서 미칠듯한 사랑을 하신다면, 엄청나게 사랑하신다면, 절대적으로 사랑하신다면, 죽음은 물러갑니다"라고 이오네스코는 말합니다.[11] 사랑이란 "'그래', 하고 말하는 것"입니다. 먼저, 죽음의 '아니'에 '아니'라고 대답합니다. 그러고 나서, '그래'에는 '그래'라고 대답하고, 긍정에 긍정으로 답하고 삶에 삶으로 답하며, 존재의 적극성에 메아리로 답합니다.

창조자는 절대적으로 있게 만드는 자이며, 아직 있지 않은 존재에게 '있으라'를 말하고, 이 점에서 가장 완전한 적극성의 가장 기적적인 지위에 있습니다. 사랑은 단지 재창조자일 뿐이어서 이미 실존하는 존재의 연속에 '그래'라고 답합니다. 사랑의 즉흥은 그러니까 말하자면 덜 천재적인 셈이죠. 물론 사랑도 나름대로 창립자이니, 개시하고 창시하는 것이 사랑의 일이기 때문입니다. 사랑은 탄생과 생식을 담당합니다. 사랑은 세상을 창조하지는 않더라도 한 가정을 "세웁니다." 아니 이렇게 말하는 것이 낫습니다. 사랑은 존재의 연속을 보증하지는 않더라도 종의 존속과 생의 갱신을 보장한다고요. 사랑은 사실 무엇보다 하나의 대답이고, 시작이라기보다는 오히려 재시작이니까요. 사랑은 아무것도 결코 끝나지 않으며, 반대로 모든 것이 새봄처럼 다시 시작하고, 새로운 출발과 새로운 여름, 그리고 제2의 탄생을 위해 도약한다는 것을 표명합니다.

사랑은 덧없고 부질없는 바람난 미래든, 결혼의 광활한 미래든 하나의 미래를 약속합니다. 다가오는 미래를 수락하여 사랑은 막힌 지속을 풀고 가능성들의 현실화를 돕습니다. 미래의 도래를 촉진하면서 사랑은 생성과 같은 방향으로 가고, 그 방향으로 흘러넘쳐 그 사명을 비준합니다. 사람은 사랑 덕분에 모험을 겪고, 낭만의 가능성을 탐색하며, 사랑 없이는 생각도 못 해봤을 강렬한 삶을 즉흥적으로 삽니다. 사랑은 무언가의 도래가 시작되게 합니다. 사랑은 무언가가 도래하는 것을 받아들이고 사건들이 열정적으로 계속 벌어지도록 철저히 자극하니 말입니다.

바로 이러한 사건들이 우리에게 수태를 약속합니다. 수태가 의미하는 것은, 시작에 그다음이, 지금에 나중이, 현재에 후세가 잇따를 것이고, 순간이 기간으로 불어나며, 만남이 시작이 되어 그 진전과정에서 온갖 종류의 귀결들이 줄지어 나온다는 것입니다. 수정시키는 순간은 발아, 부화, 개화, 결실 등의 생물학적 변이를 불러오고, 그것들 덕분에 같은 것이 항상 다른 것이 됩니다. 한마디로 사랑은 동일자의 타자화를 고무하고 촉진하며, 잠자는 존재를 다시 활동하게 만듭니다. 생명의 순환과 교환의 원리로서, 사랑은 멈춘 의식에 완성과 실현의 추가 기회를 줍니다.

로르카Federico García Lorca에게서 늘 등장하는 불모의 여인이라는 주제는 어쩌면 죽음의 강박에 알리바이 구실을 할 것입니다. 부질없이 사랑을 기다렸으나 자신의 가능성을 성취하지도 성숙시키지도 못하고, 아이를 낳지 못한 채 시들어가는 여자라는 이 저주, 그것은 죽음의 예감입니다. 죽음이 이 생에서부터 미래를 시들게 하고 생명의 '그래'가 지닌 생식력을 죽입니다.

자식이란, 사실 활동이[12] 지속력을 갖게 된 것이며, 순간은 이를 통해 더 오래 존속합니다. 그렇기 때문에 디오티마는 『향연』에서 사랑이 '불사에 대한 사랑ἀθανασίας ἔρως'[13], 불사에 대한 욕망이라고 말한 것입니다. 자식을 낳음으로써 죽게 되어 있는 본성이 영속하려고, '영원히 존재하려고ἀεὶ εἶναι'[14] 합니다. 이 "출산pédogonie" 덕분에 뒤를 이을 또 다른 피조물을 산출함으로써, 다른 사람의 중개를 통해 자신의 후세 속에, 그것도 '이후의 모든 시간 동안εἰς τὸν ἔπειτα χρόνον πάντα'[15]

실존하기를 열망하는 것입니다. 하지만 그 자손 또한 자신의 죽어야 할 운명의 무로부터 뭔가를 구해내기 위해 생식해야 할 것이니, 결론은 이렇게 될 것입니다. 끝없는 것은 바로 생식 자체다. '죽을 수밖에 없는 인간에게서 영원하고 불사하는 것은 생식이다.ἀειγενές ἐστι καὶ ἀθάνατον ὡς θνητῷ ἡ γέννησις'[16]

이것이 다가 아닙니다! 사랑은 죽음의 '아니'에 '아니'라고 말할 뿐만이 아니라, 사랑으로 인해 이 '아니'에 '그래'를 말할 수 있습니다. 사랑하는 이는 단지 연속을 연장함으로써 생존자들 속에서 '살아남는' 것뿐만이 아니라, 때로는 자신의 죽음이라는 벌어진 틈이 있은 후에 그들 속에서 '다시 살아나고' 다시 태어나기도 합니다. 개체가 후손에게 생명을 주고서 죽고, 무에서 존재로 재도약하는 것이죠. 죽음은 사람을 무화시키지만, 종의 생명력은 죽음을 뛰어넘습니다. 봄의 첫 햇살에 소멸되어 가는 눈의 요정 스네구로치카의 죽음 속에서, 새 봄이 그 불멸의 청춘을 확인하는 것입니다.°

생물학적 희생은 딱히 의도한 것이 아니라서, 희생이라고 하기는 좀 어렵습니다. 그러나 사랑하는 이가 그 사랑 때문에 일부러 죽음을 받아들이는 일도 벌어집니다. 터무니없이 역설적인 아이러니죠! 극단적 모순이며 최고의 도전입니다! 희생의 부조리함 자체가 (적어도 우리의 큰 기대로는) 죽음을 죽이고, 자신보다 더 강해 보이는 죽음에 맞선 영웅이 이 죽음을 넘어 살도록 만듭니다.

플라톤이 말하는 타인을 위한 죽음은[17] 기적적인 동종요법을 떠올리게 하지 않습니까? 시인들의 말로는, 장애물이 마법처럼 수단으로 변모된다고 합니다. 유사 변증법적 반전의 효과에 의해, 절대적 방해인 죽음이 우리의 유한성이라는 장애물을 무화하는 데에 쓰이는 것

° 림스키-코르사코프의 오페라 《눈 아가씨, 스네구로치카》 참고.

이죠. 사랑 때문에 타인을 위해 생명을 포기할 때, 헌신적 자기희생은 말 그대로 모든 부정들의 부정이 됩니다. 그 결과 악의 과잉 자체에서 불사성이 나옵니다!

죽어야 할 이가 자신의 죽음을 향해 나아가고, 선수를 쳐 죽음을 선택할 때, 그는 죽음을 제압한다고 믿습니다. 이런 희생은 죽음의 죽음입니다. 에우리피데스의 알케스티스는 아드메토스를 위해 죽어 불멸의 생에 이릅니다. 낭만과 열애와 타인의 환원 불가능한 실존을 발견한 근대적 의식은 다음과 같이 덧붙일 것입니다. 사랑하는 이는 삶이 떼어놓았던 연인을 죽음 속에서 되찾고, 죽음은 삶이 서로 멀리 떨어뜨려 놓았던 이들을 재결합시킨다고 말입니다.

인간은 소원의 성취를 약속해 주는 이 무에 도취됩니다. "어서 이리와, 사랑스러운 죽음아, 정말 기다렸어, 내 연인이 쉬고 있는 황금빛 마을로 나를 데려가 줘."《키테즈》의 페브로냐는 땅 위의 순례를 마치고 사랑의 죽음의 황홀 속으로 빠져들어 프세볼로트 왕자가 기다리고 있는 보이지 않는 마을, 종소리가 가득한 키테즈로 향하면서 그렇게 말합니다. 차안에서 방해인 것은 피안에서 성취가 될 것입니다. 톨스토이의 소설 말미에서 이반 일리치는 갑자기 죽음 쪽으로 돌아서면서 캄캄한 밤이던 그곳에서 환한 빛을 봅니다. 샤를 반 레르베르게Charles van Lerberghe의 가사에 따르면[18] 죽은 이의 영혼은 그렇게 해서 빛의 노래로 다시 태어납니다. 쿠르트 바일Kurt Weill의 젊은 "야자거Jasager"는° 터무니없는 괜한 이상을 따라 죽음에게 '그렇다'라고 말합니다. 그러나 그는 그 영웅적인 수락으로 이 죽음의 진저리 쳐지는 불의에 하나의 의미를 부여합니다.

○ 이른바 '예스맨'. 브레히트Bertolt Brecht가 쓴 대본에 쿠르트 바일이 곡을 붙인 오페라《야자거》의 주인공.

하지만 신비주의자들에게 최고의 기적으로 나타나는 것은 사랑에 의한 변모입니다. 죽음은 극복할 수 없는 장애와 뛰어넘을 수 없는 장벽이기를 그치고 투명하게 되어서 결합을 가져다주는 것입니다. 사랑의 '그래'는 이생에서부터 닫힌 문을 다시 열거나, 반쯤 열린 문을 열린 상태로 유지합니다. 그러나 우리의 희망은 더 많은 것을 요구합니다. 우리는 사랑이 죽음의 공허 속으로 들이쳐서 이 공허 너머로 무한한 지평선을 재건하고, 자칫 암흑이 다스릴 뻔했던 영원한 무를 곧바로 채워주기를 바랍니다. 우리의 믿음 속에서 사랑은 이승과 저승 사이에 헤벌어진 아찔한 불연속과 낭떠러지 위에 놓인 구름다리와도 같습니다. 사도 바울처럼 '죽음아 너의 승리가 어디 있느냐?' 하고° 외치고 싶은 마음을 주는 것이 바로 사랑입니다.

여기까지는 그래도 다 아름답고 좋은 얘기입니다. 그러나 사형수에게 자식의 존속이란 완전히 상대적인 보상이고 아주 막연한 위안일뿐더러, 죽음을 이기는 사랑의 효능도 아마 시적인 화법에 지나지 않을 것입니다. 사랑이라는 것도 자기 자신의 죽음을 글자 그대로 이기는 것은 아니며, 이런 의미에서 『향연』은 『파이돈』에 불사의 새로운 증거를 더하지는 않습니다. 사랑은 그저 종의 죽음만을 극복할 뿐이며, 사랑이 영속시키는 것은 생명력 일반인 것이죠. 전적인 희생에 이르기까지 사랑한다는 그 사랑, 사랑 때문에 죽는 것까지 사랑하는 그 사랑, 그 궁극적 사랑도 죽음을 육체적으로 이기는 것이 아니라 영적으로 상징적으로 이기는 것일 뿐입니다. 사랑으로 인한 죽음이 가져온다는 불사란 이런 점에서는 하나의 아름다운 은유일 뿐이며, 우리의 소망을 마법으로 연장한 것입니다.

때로 사람들은, 마치 그것들이 같은 차원에 있기라도 하는 듯이, 죽

° 「고린도전서」 15장 55절.

음의 이길 수 없는 막강함을 사랑의 저항할 수 없는 힘과 비교합니다. 그러나 사랑에 저항할 수 없다는 것은 신화 속 아프로디테처럼 비유적인 의미지만, 죽음은 본래의 의미에서 이길 수 없는 것입니다. 솔로몬의 「아가」는[19] 사랑은 죽음'처럼' 강하다고 말하지, 사랑이 더 강하다고 말한 건 아닙니다. 어떤 것도 죽음보다 강하지는 않으니까요. 고야에게 영감을 얻어 그라나도스Enrique Granados가 작곡한 모음곡《고예스카스》의[20] 마지막에서 사랑과 죽음의 발라드는 "멋쟁이"의 죽음으로 끝납니다. 그리고 기타 줄을 뜯으며 사라지는 망령의 세레나데로 모든 것이 완결되지요…. 정말이지 사랑은 죽음보다 더 강하면서도 덜 강하니, 따라서 죽음만큼 강합니다. 아니 오히려, 죽음처럼 강한 것은 의식입니다. 사랑은 죽음에 항의하지만 의식은 죽음을 위에서 조망하니까요.

정복자인 사랑과 의기양양한 죽음 사이의 우열을 가리기 힘든 싸움에서 사랑의 승리는 종종 패자의 승리입니다. 사랑하는 이는 때로 죽음에 '이르기'까지 충실하지만, 그러나 그는 죽고 맙니다. 적어도 이런 의미에서 사랑하는 이의 '언제까지나'라는 약속은 지켜지지 않습니다. 언제나 약속을 지키는 것은 죽음뿐입니다. 왜 이런 사랑의 맛에 도취되는 걸까요?

자유 또한 이해할 수 없고 덧없는 소멸의 어이없음에 대한 하나의 항의입니다. 칸트는 실천이성의 자유, 신의 존재, 영혼의 불멸이라는 세 가지 "요청"을 말합니다. 우리 식으로 말하면 신과 자유는 사랑 그 자체처럼 오히려 불사의 보증이라고 하겠습니다. 비존재에 맞서는 보장이죠. 인간에게는 무의 공허를 메우는 방법이 세 가지가 있는 셈입니다.

죽음의 끝마침을 거부하며, 자유는 시작을 엽니다. 자유의 결정은 개시하고 창시하는 것이죠. 자유란 또 "근원", 즉 원리이기도 합니다. 자유가 모든 일과 기획에서 행위의 자발적 주도권을 쥐고 있고, 초석을 놓기 때문이죠. 자유는 끝없는 하루의 영원한 새벽, 또는 한없는 실존의 연속된 탄생과 같습니다. 그리고 자유는 단지 기동상起動相일 뿐만 아니라, 기간의 연속 속에서 영속적인 재개와 지치지 않는 재도약과 우리 행위의 무제한 갱신을 보장합니다. 수많은 사건의 마르지 않는 원천으로서, 자유는 죽음에 맞서 내기를 겁니다. 죽음은 막다른 골목입니다. 출구 없는 상황의 절망에, 자유는 무한한 운동성이라는 원리를 대립시킵니다. 자유는 언제나 더 멀리 가는 힘이니까요.

게다가 의지는 약속이나 거절이나 포기를 영원한 것으로 만들 수 있는 거의 무한한 전능, 거의 초자연적인 전능을 가지고 있습니다. 에픽테토스에 따르면 전제적인 의지의 성채는 난공불락으로, "구속도 제약도 받지 않습니다. ἀνανάγκαστον ἀκώλυτον"[21] 의중을 꽁꽁 숨긴 자기주도적인 의지는 제압될 수 없습니다. "우리의 의지 자체 이외에 무엇이 우리의 의지를 이길 수 있겠는가?" 제우스는 우리에게 이런 의지를 주었습니다. 제우스는 이 선물을 되가져갈 수 없습니다. 저항할 수 없는 유혹에 의지는 그 무한한 저항을 대립시킵니다. 그래서 죽을 때까지 '아니다'를 말하며 필사적으로 거부하는 의지한테서는 고문조차도 비밀을 끌어내지 못합니다. 결코! Nunquam 어떤 대가를 치르더라도, 그 어떤 형태로도. 에픽테토스는, 가혹한 고문을 받으면서도 침묵을 지키며 죽어갔던 레지스탕스 영웅들을 대신해서 말하는 것처럼 보입니다.

죽음처럼 강한 이 의지는 죽음보다 강할까요? 죽음이 "자기원인 causa sui"의 약화에서, 우리가 가진 재량권으로 동의하는 데에서 비롯되는 것이라고 말할 수 있으면 좋으련만…. 아아! 영웅은 고문자들에게 굴하지 않았기에 그들을 물리쳤으나, 결국 죽고 말았습니다. 영웅은 영웅적으로 약속을 지키고, 그리고 아아! 죽습니다. 의지한다는 것, 그것은 할 수 있다는 것입니다. 그러나 나는 죽기를 의지하지 않는데, 살아남을 수가 없습니다. 우리는 맹세, 서약, 충성의 '언제까지라도'를 "죽음에 이르기까지usque ad mortem" 지킬 수 있습니다. 정신적 거부의 '결코'는 최후의 시련을 견뎌낼 수 있습니다. 그러나 의지의 '언제까지라도'는 그 어떤 경우에도 죽음의 '결코'에는 살아남지 못합니다!

더구나, 신도 사랑도 그러하듯, 자유는 문자 그대로 죽음에 대한 치료약도 장수의 묘약도 아닙니다. 본질적으로 애매한 신비인 신은 너무도 명백한 재앙으로부터 우리를 지켜준다고 하지만, 그 재앙과는 같은 물질적 차원에 있지도 않고 같은 영역에 있을 수도 없습니다. 온통 이 세상에 속하며 가슴으로 느껴지는 육체적인 사랑의 경우에도, 그 불멸화의 효력은 하나의 소망이며 우리의 기대가 빚은 환상입니다. 사랑에 의한 불사는 예술이나 명성에 의한 불사와 마찬가지로 아마도 하나의 은유에 지나지 않을 것입니다. 자유도 마찬가지입니다. 분명 자유는 관념적인 희망이나 마법의 소원 혹은 서정적 도취 그 이상이기는 하지만, 그 역시도 효력 있는 작용에는 훨씬 못 미칩니다. 죽음은 자유로운 사람도 죽입니다. 자유로운 사람이 죽음에 던지는 도전은 절망적인 도전입니다. 항의라는 생각 자체가 이를 표현하지요. 죽음이라는 난폭하고 불가해한 사실에 맞서, 부당하리만치 불가피한 이 무화에 맞서, 자유로운 인간은 그저 항의할 수 있을 뿐입니다. 항의하는 것, 그것이 부조리한 동시에 구부릴 수 없는 운명 앞에서 할 수 있는 전부입니다.

죽음의 위험에 처한 존재가 파멸을 넘어 무한정 길게 연장될 수 있는 마지막 가능성은 신일 것입니다. 안겔루스 질레지우스는 '그렇다'를 말하는 신과 '아니다'를 말하는 악마를 대립시킵니다.²² 사랑이 확언하는 것을 신은 긍정합니다! 존재를 창조하고 본질을 부여함으로써 이 긍정은 이차적으로 무의미와 비존재를 부정합니다. 만일 신이, 영원한 진리를 무화하는 악마에게 우리가 이성으로 맞설 수 있는 보증이 될 수 있다면,° 하물며 생명의 갱신도 보장할 수 있을 것입니다. 연속된 순간이라는 가정에서, 신은 우리에게 시간의 연속과 영구성을 보증합니다. 기대의 근본은 본질적으로 존재의 연속을 기대하는 것입니다. 그 존재가 아무리 초라하더라도 말입니다. 따라서 "신에게 거는 기대"는 무엇보다 집행유예에 대한 기대이며 "중단"의 유보에 대한 믿음입니다.

어쩌면 이런 것이 『파이돈』에서 거듭 말하고 있는 '크고 아름다운 기대πολλὴ ἐλπὶς καὶ καλή'의 사명일 것입니다. "나는 죽은 이들에게 뭔가가 있을 거라는 큰 기대를 하고 있네.Εὔελπίς εἰμι εἶναί τι τοῖς τετελευτηκόσι"°° 물론 플라톤이 약속하는 피안의 지복은 신화의 언어로 되어 있습니다. 그러나 천상의 보상과 더 좋은 삶의 호사를 기대하기 전에, 유한한 존재는 그저 끝이 끝이 아니기를, 죽음이 연속을 결정적으로 중단시키지 않기를 희망합니다. 선한 존재가 피안에서 보상을 받는다면야 좋겠지만, 무엇보다도 무릇 "뭔가"가 있어야, 그게 뭐든지 하여튼 뭔가가 있었으면 하는 것입니다. 이 "뭔가"는 "기대가 큰euelpidienne" 희망의, 글자 그대로 사활이 걸린 최소한의 요소를 말하는 것이 아닐까요?

° 데카르트, 『성찰』 참고.
°° 『파이돈』 63c.

「신명기」에서 "영원하신 이가 너의 생명이고 너의 나날들의 길어짐이다"라고 말하는 것도 어쩌면 이런 의미일 수 있을 것입니다.[23] 그리고 예언자 이사야는 "당신을 찬양하는 자는 살아있는 자들이지 지옥의 거주자가 아닙니다"라고 외칩니다.[24] 「요한복음」의 예수는 자기 자신을 생명이요 생명의 빵이라고 말합니다. 우리 식으로 말하면, 연속의 빵이라고 말하는 셈입니다. 하루하루의 빵. '나는 부활이고 생명이다. 나를 믿는 자는 죽어도 살 것이다… 영원히.'

플라톤은 선善을 태양에 비유합니다. 이 은유는 그 자체로 신이 생명의 충만이고, 영원이 이 공백 없는 완전한 충만의 다른 이름임을 암시합니다. 신성은 생명체를 푸르러지게 하고 꽃 피우게 하는 수액이라고 안겔루스 질레지우스는 말합니다. 우리에게는 신의 무한한 긍정성만이 무의 무한한 부정성을 상쇄할 수 있는 것처럼 보입니다. 신 없이는 무를 상쇄할 수 없을 것 같습니다. 오직 신만이 우리의 구원을 보장합니다. 게다가 신은 차안과 피안에 공통 환경이며, 자연적 인간과 초자연적 인간을 연결합니다.

그러나 아아! 무를 쫓기 위해 신에게 도움을 구하는 것은 우리의 불안정에 세례명을 주는 것이 아닐까요? 파스칼은 우리는 신이 있다는 것을 알지만, 신이 무엇인지는 모른다고 말합니다. 따라서 신은 죽음처럼 그 사실성은 확실하면서도 그 규정은 불확실합니다. 그러나 일단 우리의 절망 속에서 살짝 열린 유일한 희망이 있다면, 그것은 바로 죽음의 '언제quando'의 불확정입니다. 물론 아주 부정적이고 간접적인 희망이죠! 가난한 희망이라고 불러도 좋습니다! 그래도 미래를 향한 우리의 이 유일한 열림은 신 덕분이 아니라 불확실한 시간Hora incerta 그 자체 덕분입니다.

그리고 신의 사실성은 죽어야 함의 확실성만큼 분명하지는 않습니다. 한참 모자라죠. 죽음의 필연성을 믿을 이유는 충분히 있지만, 철두철미 숨겨진 신의 실존을 결론지을 합당한 근거는 전혀 없습니다. 신의 실존은 아주 슬쩍만 엿보이는 의심스러운 것이죠. 죽음은 서글픈 확실성인 반면 신은 한판의 멋진 내기입니다. 생물학적 필연이며 물리적으로 피할 수 없는 죽음은 이 세상에서 가장 현실적인 사건인 반면, 신은 집요하리만치 애매하고 당황스러운 보이지 않는 존재입니다. '살아서 신의 음성을 듣고 그 얼굴을 본 자는 없다.'[25] 신은 자명한 것도 아니고 필연적으로 확실한 존재도 아니며 확인할 수 있는 사실도 아닙니다. 신은 증명할 수도 검증할 수도 없습니다. 확인할 수가 없습니다. 구원자는 그러니까 조난자와 같은 차원에 있지 않은 것입니다.

그러나 바로 이런 이유에서, 피안의 무를 메우게 될 초감각적인 충만은 미래라고 불릴 만합니다. 그것은 실제로 미래의 애매하고 무작위적인 우연적 성격을 갖고 있지요. 사람들이 신을 열렬히 희구하고 뜨겁게 원하고 지칠 줄 모르고 부르는 것도, 우리의 미래가 그만큼 의심스럽기 때문입니다. 분명한 보장이 없기에, 우리는 뭔지 모를 약속을 내세워 짧은 생을 연장하고 비존재를 넘어 존재를 영속시켜 달라고, 모든 것이 끝나는 사후의 허무를 메워달라고 신의 선의에 간곡히 호소하는 것입니다.

신인가… 아니면 허무인가, 파스칼의 내기는 요컨대 이 양자택일로 환원됩니다. 신을 믿는 것을 그만둘 때, 죽음은 다시 말 그대로 절대적 걸림돌이 되고 넘을 수 없는 벽이 됩니다. 그때 미래는 무 속으로 가라앉고 연속에 대한 절망이 사람을 사로잡습니다. 반대로 다시 신을 믿기 시작할 때, 가능한 모든 것들의 가능성은 다시금 심장을 뛰게 만들고 사람을 긴장 속에 잡아둡니다. 우리는 컴컴한 호수 속으로 빠져들지 않을 것입니다. 아무것도 없을 수 있을 때에, 결정적으로 '뭔가가 있을 것'입니다. 부활절 환희의 종소리가 아무리 힘차게 울려도 이 기쁜 소식을 다 전하지 못할 것입니다!

8. 사멸성과 불사성의 애매함

의식과 죽음 사이, 사랑과 죽음 사이, 자유와 죽음 사이의 논쟁은 그러므로 해결되지 않습니다. 두 항의 한쪽이 다른 쪽보다 각각 더 강하면서도 더 약하기 때문입니다. 이 논쟁의 결말은 그래서 늘 어쩔 수 없이 애매할 수밖에 없습니다. 인간이 불사인지도 확실치 않지만 불사가 아닌지도 확실치 않습니다. 사실상 죽음도 불사도 이해할 수 없기는 매한가지지만 그러나 그 이유는 반대입니다. 죽음이 초자연적인 것은 죽음이 절대적으로 보편적이고 불가피한데도 이성으로 파악되지 않기 때문이죠. 존재의 중단은 사유의 진리를 반박하고 우리의 시간을 넘어선 존엄을 조롱합니다.

그러나 불사성은 훨씬 더한 기적입니다. 오로지 불사성만이 진리의 초시간적 가치에 부합한다고 해도, 그것은 모든 유기체의 유한성과 생물학적 법칙을 뛰어넘는 것을 전제로 하니까요. 공중부양이 중력의 법칙을 뛰어넘는다고 주장하고, 신출귀몰이 공간성을 부정하며, 변신 마술과 투명 능력이 상태 변화의 물리학을 고려하지 않듯이, 불사성은 우리의 시간성에서 비롯된 노화의 법칙에 도전하는 것이죠. 이 점에서 불사성은 모든 피조물을 짓누르는 그야말로 저주 중의 저주를 풀어버릴 것입니다. 신출귀몰의 재주가 공간과 수고로운 운동의 숙명을 없애는 것이라면, 영원성이라는 재주는 특히 볼 수도 만질 수도 없는 숙명을, 생성의 정교한 숙명을 제거하는 것이니까요…. 생성이란 우리 안에 새겨진 불운이 아닐까요? 영원한 현재에 사는 자, 하물며 결코 지치지 않는 자는 소모, 노력, 수고를 초월하며 창조와 순간 이동의 은총을 맛봅니다.

이처럼 피조물은 똑같이 불가해한 두 기적 사이에 갇혀 있습니다. 그 소멸을 생각할 수 없다면, 그 불멸도 생각할 수 없는 것이니까요! 두 명제는 똑같이 비이성적입니다…. 파스칼이 그의 숨은 신Deus absconditus에게[26] 적용하는 이율배반은 죽음에도 유효합니다. 죽음이 있다는 것도 이해할 수 없고 죽음이 없다는 것도 이해할 수 없는 것이죠. 바로 이 이중의 명증성이 파스칼에게 신비가 되고, 내기라는 맹목적이고도 준엄한 선택을 하지 않을 수 없게 합니다. 알다시피 이것은 데카르트의 일의적인 명증성에 대립하여, 신앙이기 이전에 하나의 행위인 '신덕信德'으로 우리를 초대합니다.

죽음이 문제일 때에는, 이 서로 모순되면서 동시적인 두 부조리와 명증성이 신비를 무한히 애매하게 만듭니다. 이 경우에는 칸트의 "수학적 이율배반"처럼 명제와 반명제가 똑같이 거짓인 것이죠. 그리고 같은 얘기지만, 만약 이 두 모순되는 것들이 둘 다 똑같이 거짓이라면, 그것들은 또한 똑같이 참이기도 합니다. 만약 두 모순항 중 하나가 무의미라면, 중간을 배제하는 이성적 논리에 따라 그 모순항과 모순되는 것이 하나의 의미를 가질 수밖에 없습니다. 동시에 둘 다 부조리한 것이 아니라 오로지 둘 중의 하나만 부조리한 것입니다. 실제로 무화의 부조리 때문에 우리는 내세에 의한 보존의 필요성으로 돌아가고, 마찬가지로 내세의 부조리 때문에 감각으로 보아 분명한 소실의 명증성으로 돌아갑니다. 이쪽의 거짓이 저쪽을 참이 되게 하고 저쪽의 거짓이 이쪽을 참이 되게 하는 셈이죠. 불사는 소멸의 부조리를 생각할 때 단연코 합리적입니다. 소멸이라는 사실은 내세의 불가능함을 생각할 때 단연코 이론의 여지가 없습니다.

파스칼에게서 대립되는 두 가지 명제는, 인간의 지성으로 볼 때에만 똑같이 그럴듯할 따름입니다. 실제로는 단 하나만이 참이지만, 인간은 무 쪽이 아니라 내세 쪽이 진리라고 증명할 수가 없는 것이죠. 무한한 애매함 때문에 우리에게는 아무런 준거점이 없습니다. 실제로 확인되지만 부조리한 무화와, 이성이 요구하지만 환상인 불사성은, 무화는 헤아릴 수가 없고 불사성은 증명할 수가 없어, 둘 다 참이면서 거짓입니다. 우리는 "어느 쪽도 아님Neutrum"과 "양쪽 다Utrumque"를 동시에 주장해야 하는 것입니다. 죽지 않는 것은 불가능하고 영원히 절멸하는 것도 불가능합니다. 그러나 바로 그 때문에 소멸이 필연적이고, 존속도 필연적입니다.

우리가 양자택일이라고 생각했던 것이 딜레마인 동시에 애매합니다. 그러니까 죽음은 불가능인 동시에 필연이고, 불사는 필연인 동시에 불가능입니다. 연속의 당연함에 대해서, 죽음은 불투명한 사실들로 난폭하고 맹목적인 반박을 가합니다. 연속의 요구는 필사적으로 무화의 부조리에 맞서 항의합니다. 셸러에게는 미안하지만, 이 이해하기 힘들지만 그럼에도 당연한 분열 상황이, 비극적인 것의 본질 그 자체라는 것을 떠올려봅시다. 우리의 정신은 비정한 필연과 지엄한 요구 사이에서, 불굴의 법칙과 억누를 수 없는 항의 사이에서 끝없이 진동합니다.

그러나 바로 그 때문에 불가능-필연이 우리 안에 희망을 유지시켜 줍니다. 만일 불사라는 관념이 완전히 이성적이라면 이 희망은 필연적이지 않을 것입니다. 만일 소멸의 확실성이 우리를 절망에 몰아

넣었다면 이 희망은 불가능할 것입니다. 혹시라도 최종 선고가 내려진 것이라면, 우리는 피안도 전망도 없는 한정된 실존을 결국 체념하고 받아들일 것입니다. 그러니까 그저 차안만 있을 뿐 피안은 없는 것이고 차안만이 우리의 유일한 우주이며 유일한 실제가 될 것입니다. 그리고 "이 세상"은 이쪽 세계가 아니라 그냥 세계 그 자체일 것입니다. "이승"이라는 말도 의미가 없게 될 것입니다. 우리에게 다행스러운 것은 소멸 또한 분명하지 않다는 점입니다. 다행히 소멸은 그 자체로 뚜렷한 관념도 아니고 만족스러운 해결도 아닙니다. 그래서 무의 불가해함이 우리에게는 큰 행운이고 신비한 행운이라고 해도 과언은 아닐 것입니다. 이 이해할 수 없는 두 가지 부조리는 번갈아가며 기대 속에서 불안을 일깨우고 불안 속에서 기대를 되살립니다.

죽음과 마주한 죽어야 할 존재의 상황 속에는 그러므로 일견 환원될 수 없는 길항이 있습니다. 물론 죽음을 에워싸는 사유는 노화도 시간성도 모릅니다. 그러나 우리가 순수 정신이 될 때 우리를 기다리는 영원, 그 영원은 우리와 관련이 없습니다. 그런 영원은 종교가 말하는 개개인의 구원과는 무관합니다. 그것은 죽어가는 사람에게 그의 명성이 영원히 살아남을 것이라고 약속하는 것과도 같습니다. 사후의 명예라, 참 멋진 일이죠! 자크 마돌은 명예는 죽은 이들의 태양이라고 말합니다만… 그러나 그 태양과, 빛과 열을 뿜는 산 자들의 태양 사이의 거리는 무한히 멉니다. 백 두카트의 개념과 백 두카트 금화, 전투의 관념과 실제 전투 자체, 어떤 한 사건과 수사적 비유 사이의 거리만큼이나 멀죠. 명성의 불멸은 우리를 괴롭히는 문제에 대한 답을 주지 않습니다.

그리고 우리가 관심 있는 유일한 삶인 육체적으로 살아있는 삶으로 말하자면, 그 삶은 어느 날 끝나도록 선고되어 있습니다. 미겔 데 우나

무노가 훌륭한 표현으로 썼듯이, 감정이 위안을 진리로 만들 수 없고, 이성이 진리를 위안으로 만들 수 없는 것이죠.[27] 순전히 관념적인 영원은 우리에게 아무런 도움이 되지 않고 조금도 위안을 주지 않으며, 잃어버린 삶을 벌충하지도 않고 우리의 인간적 미래의 파멸을 보상하지도 않습니다. 아마도 여기서 망자들의 왕 아킬레우스가 오디세우스에게 한 말을 옮기는 것이 좋겠습니다. "살기 위해서가 아니라면, 영원이 무슨 소용인가?" 1억 세기라도, 무한한 시간조차도, 이 생기 없고 퇴색되고 무미건조한 무정형의 실존에 아무것도 보태지 않을 것입니다. 영(0)의 계속은 아무리 연장해도 영밖에 되지 않으니까요.

짧지만 강렬한 삶과 유령 같은 영원 가운데 어느 쪽이 더 가치 있는 것일까요. 사실을 말하자면 이 둘은 서로 비교가 불가능해 저울질할 수도 없습니다. 그래도 어찌 보면 천분의 일 초의 현실적 실존이 비실존의 영원보다 무한히 더 낫다고 주장할 수 있습니다. 플라톤이 『필레보스』에서 썼듯, 한 알의 순수한 흰색 원자가 회색과 흰색이 섞인 원자들의 산더미보다 무한히 더 나은 것처럼 말이죠. 여기서 중요한 것은 질이지, 양도 무게도 햇수도 아니니까요.

어떤 저주받은 양자택일이 우리에게 비실존의 영원과 유한성의 실존 사이에서 선택하게 하는 것일까요? 왜 무한과 현실을 겸비하지 못하는 것일까요? 어떤 한 존재가 영원히 존재한다고 하는 그런 영원이 아닌 영원, 그냥 영원 그 자체는 나와는 개인적으로 무관하고, 나에게 아무런 감흥도 주지 않습니다. 마음에 와닿지가 않습니다. 우리는 죽음에 대해 "바로 내 일이야Mea res agitur" 하고 말합니다. 죽을 사람은 바로 나이고, 문제가 되는 건 바로 나이니까요. 그리고 아무도 나를 대신해서 문턱을 넘을 수 없으니까요. 그러니 왜 이런 관련성이 죽음과 함께 끝나야 합니까? 왜 일인칭의 죽음이 비인칭적인 영원에 이르러야 합니까? 아아! 숙명적으로 죽음은 언제나 삶의 강렬함이 치러야 할 대가이고, 충만의 몸값은 언제나 유한성이며, 역으로 비인칭적이고 초시간적인 영원의 몸값은 생의 열기의 무한한 희박화일 수밖에 없습니다.

다행스럽게도 애매성이 여기서 양자택일의 배타적 엄격함을 완화합니다. 이 세상에 있으면서부터, 사유하는 존재는 사유하는 한에서 에워싸는 동시에, 존재하는 한에서 에워싸여 있습니다. 그러니 육체 없는 영원이냐, 육체를 지닌 유한성이냐, 하는 선언選言명제는 어쩌면 타개할 수 없는 것이 아닐지도 모릅니다.

9. 윤회도 범생명론도 위로가 되지 않는다

생의 생명력이 죽을 수밖에 없는 개체에게 위로가 된다고 하지만, 그 소위 위로 속에서는 똑같은 분열이 훨씬 더 비극적으로 나타납니다. 생명론자들의 위로가 그렇게나 가소로운 까닭은 보편적 생이 의식과는 달리 "에워싸는" 것이 아니라 그저 덮는 것이기 때문입니다. 의식은 자신의 운명을 개관하고 명철하게 봅니다. 그러나 범생명론이 말하는 생은 개체를 가로지르고 세대를 연결하지만, 그 자체가 맹목적으로 자연에 내재되어 있습니다. 사람은 의식에서 그리고 의식을 통해서 에워싸는 개인이 됩니다. 반대로 개체로서는 그 자체로 생에 의해 에워싸여 있죠. 생은 종을 지탱하는 유적인 공통 요소이자, 유기체를 낳는 흐름입니다. 나의 의식은 나 자신이라기보다는 나의 것이기에, 의식을 통해 존속한다는 기대가 어떤 식으로 각 개인의 숙명과 관련될 수 있을지 이해가 됩니다. 그러나 만약 생의 흐름의 형이상학을 받아들인다면, 개인은 이중으로 에워싸이고 이중으로 소외된 자신을 발견하게 됩니다. 살아있는 동안은 생 자체에 의해서, 그러고 나서 개체로서는 죽음에 의해서 말이죠.

우리가 개인의 불사에 그다지 중요성을 두지 않는다는 조건에서는, 우주적 생의 영원과 해마다 봄의 깨어남은 우리에게 모든 종류의 손쉬운 보상을 제공합니다. 하지만 희생제의 잔혹성이 보여주듯, 종과 개인을 서로 대립시키는 격심한 모순은 결정적 순간에 드러납니다. "봄의 제전"은 단순히 봄을 맞은 자연의 부활을 축하하는 것만이 아니라, 이 부활의 몸값인 핏빛 희생의 신비 또한 축하하는 것입니다. 그리고 가령 《스네구로치카》에서처럼 비극이 덜 잔혹할 경우에조차도, 죽음의 우울은 피할 수 없는 양자택일로 새봄의 기쁨을 살짝 어둡게 합니다. "남을 위해 죽는다^{ὑπεραποθνήσκειν}"가 에우리피데스 비극의 중심에 있지 않습니까? 남을 위해 죽는다는 것은 자기 존재가 타자를 정립함으로써 자기를 부정함을 의미하거나, 혹은 헤겔식으로 표현하면, 타자가 동일자의 죽음임을 의미합니다. 『파이돈』이 말하는 "되돌려줌antapodose"에 이미 이런 양자택일이 함축되어 있었습니다. 삶은 죽음에서 나오지만, 죽음은 삶에서 나온다는 것이죠.

아마도 길항이 가장 격심한 형태로 나타난 것을 톨스토이식의 양가성에서 볼 수 있을 것입니다. 톨스토이는 개체의 사라짐 아래에서 존재의 연속과 종의 영속과 세대의 계승을 보장하는 무궁무진한 생명력의 충만을 믿으려고 애씁니다. 그의 『일기』는 풀과 새순과 꽃과 곤충과 새들 속에 퍼져 있는 불사의 생명을 묘사합니다. "40년이 지나면 어린 자작나무도 노목이 되겠지만, 새로운 어린 자작나무가 그

대신 자라날 것이다."『홀스토메르』는 썩은 시체가 되어 늑대를 먹여 살리는 죽은 말에 대해서 이야기합니다. 그 뼈는 보편적 생으로 돌아가고, 보편적 생은 사라진 동물은 아랑곳없이 냉정하게 그 흐름을 계속해 갑니다. 『세 죽음』이라는 제목의 훌륭한 3부작에서 톨스토이는 개인의 비극과 자연의 불멸을 나란히 놓습니다. 부유한 부르주아 여인과 가난한 마부의 쓸쓸한 죽음 뒤에 나무 한 그루가 쓰러지면서 숲의 강렬하고도 깊은 생을 잠시 어지럽힙니다. 새벽녘에 농부가 쓰러뜨린 나무는 굉음을 내며 주저앉지만, 태양이 나타나자 꾀꼬리가 환희에 차 노래하고 살아있는 나무들의 줄기 속으로는 수액이 가득히 차오릅니다. 사람은 사무치는 고독 속에 버려진 채 죽지만, 봄은 여느 해처럼 눈을 녹이고 따사로운 산들바람이 숲과 산울타리를 깨웁니다. 개인들의 비극은 초목의 무성함 속에서 눈에 띄지 않고 지나갑니다. 나무의 죽음은 불멸하는 자연의 영속성을 더 인상적으로 만듭니다. 쓰러진 한 그루 나무는 이와 구별되지 않는 다른 나무들로 대체됩니다. 모든 나무는 서로 교환 가능하니까요.

그러나 한 사람의 개인 그 자체는 대체 불가능합니다. 그리고 사실 생명이 한 사람에게서 다른 한 사람에게로 옮겨지는 때에는, 그리고 후자의 생명이 전자의 죽음을 조건으로 한 것일 때에는, 양자택일이 더 통절하고 더 첨예하며 더 비극적으로 해결 불가능한 것으로 나타납니다. 『유년시절』에서 죽은 엄마를 앞에 둔 소녀의 소름 끼치는 절규는 십 년도 더 지나 『전쟁과 평화』 속에서 메아리칩니다.[28] 볼콘스카야 공녀가 니콜라이 안드레이치를 낳은 방에서 초자연적인 절규가 들려오는 것이죠. 어둠 속의 이 절규는 탄생과 죽음이라는 이중의 신비를 표현합니다. 그렇습니다. 세상에서 가장 헤아릴 수 없는 두 가지 신비가 이날 밤 동시에 이루어지는 것입니다. 신생아의 첫 울음소리가 엄마의 마지막 비명으로 중단 없이 이어집니다. 그리고 적어도 이 점에서는 계산이 정확합니다. 지구상에 산 자가 한 명 줄어든 것도 아닙니다. 인류를 구성하고 있는 영혼 하나도 잃지 않았습니다. 그렇다고 하더라도 하나가 다른 하나를 대체하지는 못합니다! 그 고통의 비명은 영영 사그라져 버리는 목소리에서 흘러나온 비명이니….

  죽음에서 삶이 태어날 때, 삶과 죽음 사이에 『파이돈』이 말했던 매끄러운 연속성은 발견되지 않습니다. 찢어지는 듯한 비명소리는 꿰맬 수 없는 찢어짐을 알려오죠. 소공자 니콜라이의 탄생과 그 어머니의 죽음은 설명할 수 없는 냉혹함과 해결할 수 없는 대조 속에 비극적으로 병치됩니다. 아이를 살리기 위해 어머니를 죽게 하는 것은 "해결"이 아닙니다. 그러나 그 역도 해결은 아니었을 것입니다. 물론 절충과 변증법적 종합은 결코 톨스토이의 일이 아니었습니다! 나를 어떻게 한 건가요? 죽어가는 여인의 애원하는 눈길이 그렇게 묻습니다. 왜 이런 없어도 될 희생, 부모살해와도 비슷한 이런 희생일까요? 이 불행은 어떤 목적을 위한 것일까요? 도대체 무엇 때문에? 어떤 신정론이 이다지도 지독히 불의한 심판을 정당화할 수 있을까요? 어쩌면 빅토르 위고의 말처럼 하느님은 "인간의 고통을 성분으로 포함한 미지의 사물을" 만들고 있는지도 모를 일입니다.

  생의 영속이 아무리 대단한 것이라 해도, 대체할 수 없는 무한히 귀중한 한 존재를 희생시키는 불쾌하기 짝이 없는 어이없는 일을 더 이해하고 받아들일 만하게 하지는 못합니다. 무고한 희생자의 절규는 회한과도 같이 세상 끝까지 울릴 것입니다. 베르그송과 이반 카라마조프의 터무니없는 가정 속에 등장하는,° 세상의 존속을 위하여 고통

°   베르그송, 『도덕과 종교의 두 원천』과 도스토옙스키, 『카라마조프가의 형제들』, 특히 '대심문관' 편 참고.

에 처해진 어린아이의 비명소리가 울리듯이 말입니다.

그러나 희생될 존재의 선택이 우리에게 달려 있는 경우도 있습니다. "엄마인가 아이인가?" 의료윤리는 때로 이런 가혹한 양심의 판단을 내려야 하는 문제에 맞닥뜨립니다. 이러한 문제는 풀 수 없는 난문입니다. 선택해야 할 두 자기 존재가 각자 무한한 가치를 지니는 절대적 존재이고, 존엄에서도 동등하고 질적으로도 비교할 수 없으며, 따라서 통분할 수도 동기의 무게를 달 수도 양적으로 평가할 수도 없기 때문입니다. 아직은 무의식적이지만 자기 안에 더할 나위 없이 긴 미래와 무수한 가능성과 넓은 희망을 품고 있는 신생아와, 이미 실존의 제 몫은 해냈지만 의식이 있고 고통을 느끼며 행복과 불행을 경험할 수 있는 어머니 사이에 어떤 공통 척도가 있을까요? 사실을 말하자면, 이쪽의 권리도 저쪽의 권리도 똑같이 신성하고 헤아릴 수 없이 귀하기에, 고르디우스의 매듭을 자르듯 눈을 감고 독하게 내리치는 수밖에는 없습니다.

피에르 베주호프의 "영원주의"와 안드레이 볼콘스키의 개인주의적 비관주의 사이에서도 눈을 딱 감고 선택을 내려야 합니다.[29] 두 사람은 갈라진 양가적 철학의 두 절반을 각각 대표하고 있는 것입니다…. 톨스토이가 나이가 들어갈수록 균열은 더욱더 봉합할 수 없는 것으로 나타납니다. 『주인과 하인』은 어떻게 한 사람의 죽음이 다른 사람의 생명을 보존하는지를 이야기합니다. 『안나 카레니나』에서는 니콜라이 레빈의 죽음과 키티의 임신을 대조시킵니다.[30] 「신과 인간」에서는 윤회의 희망과 자아의 무화를 조율할 방법을 몰라 그 비극적 대립에 대해 진술합니다. 주인은 하인에 대해서 "그는 살아있다, 그러므로 나도 살아있다"라고 말합니다. 마치 니키타와 바실리 안드레이치가 이제는 같은 한 사람이 된 것이기라도 하듯이 말이죠. 그러나 그는 마음 깊이 납득한 것일까요? 주인의 비극적 죽음은 생명의 그러한 전달을 부인합니다! 결국 『이반 일리치의 죽음』에서, 무화의 보상할 수 없는 성격과 부조리 앞에 선 인간의 위로할 수 없는 절망은 극도에 이릅니다. 거기서는 개인의 "단 한 번"이라는 비교할 수도 대체할 수도 없는 유일성이 가장 첨예해지기 때문입니다. 『광인의 수기』 이후 『생명에 대하여』라는 소품은 모순을 아주 명료하게 요약합니다. 한쪽에는 불사의 생, 그러나 이는 종種의 생이기에 개인이 직접 사는 것은 아닌 생입니다. 다른 한쪽에는 개인의 직접적인 명백한 삶이지만 죽음에 바쳐져 있는 삶입니다. 딜레마인 것이죠!³¹ 톨스토이는 워낙 인격주의자여서 개개인의 환원되지 않는 독자성과 조형적 독창성을 너무도 열렬히 사랑했기에, "전일성Vseedinstvo"의 보편적 암흑으로 융해되는 것을 두려워하지 않을 수 없었습니다. 모나드의 구체적 형태는 한낮의 밝은 태양 아래 너무도 윤곽이 뚜렷하여, 그것이 우주의 품속으로 흡수되는 일은 가슴 찢는 비극이 아닐 수 없는 것이죠!

물론 새봄도, 소녀들도, 늘 있을 것입니다. 그러나 지칠 줄 모르는 자연과 지쳐가는 피조물 사이의 격차, 새봄의 무한한 재생력과 갈수록 회복이 어려운 우리의 힘 사이의 격차는 계속 커져만 가기에, 영원한 청춘의 광경은 늙은이에게는 위로이기보다는 쓰라림의 원천이 됩니다. 지쳐버린 개체는 종이 자기를 연장하는 것이 아니라 자기를 물러나게 한다고 느끼고, 영원한 자연의 음역에 머무르고 싶어 숨을 깔딱입니다. "오늘은 모든 것이 새롭다. 초목과 태양과 꽃들, 모두 내일 또 새로워질 것이다. 늙어가는 것은 사람뿐, 그를 둘러싼 모든 것이 나날이 더 젊어진다."³² 죽음이 벼르고 있는 개인에게 종의 불멸이 무슨 보상을 가져다주겠습니까?³³

플라톤의 『향연』은 사랑이 불사를 가져다준다는 좋은 소식을 알려옵니다. 그러나 이는 말만 그런 것일 뿐입니다. 어쨌든 생의 약동 자체는 '내'가 아니니까요. 그리고 아이 또한 내가 아닙니다. 아이는 나와는 다른 남입니다. 아이는 나보다 오래 생존하지만, 내가 아이라는 사람 속에서 글자 그대로 내 자신이 몸소 생존하는 것은 아닙니다. 죽은 자와 생존자는 같은 한 사람일 수 없습니다. 내가 후손 속에서 "다시 살" 것이라고 사람들은 말합니다. 그러나 그것이 나와 무슨 관계가 있습니까? 내가 없는 미래 세계의 존속이 나와 무슨 연관이 있다는 말입니까? 내가 거기서 무엇을 얻나요? 어떤 점에서 나와 관련되는 건가요?

우리는 죽을 테지만, 공연은 계속됩니다. 아아! 정말이지 공연은 계속되는데… 하지만 내가 없습니다. 역사는 지나쳐 갑니다! 개체의 윤회도 생의 익명적 불사도 나라는 자기 존재와는 관계가 없습니다…. 자기중심적인 편중을 다 버리는 대가로 얻는 위안, 그 위안이 정말로 위로가 될까요? 그것이 정말로 나의 문제, 나의 고뇌, 나의 물음에 답하는 것일까요? 사실 그 모든 대답들은 물음을 비껴가고 이 모든 증거들은 말만 그럴듯한 표현방식들일 뿐입니다. 중요한 건 그런 게 아니니….

개체를 상호교환 가능하다고 여기는 "범생명론"은 '대체 불가능'을 가볍게 여깁니다. 모든 생명체는 다른 생명체와 맞먹는다고…. 자기 존재가 아니라 기능만을 생각한다는 조건에서라면 그럴지도요. 상쇄할 수 없고 말로 표현할 수 없는 이 잔류물을 무시하고, 우리의 회한이면서 모든 아쉬움들의 까닭 모를 까닭인 이 비할 데 없는 '뭔지 모를 것'을 무시한다는 조건에서라면 그럴지도 모르겠네요. 그러나 보존의 원리가 여기서는 틀린 것으로 보입니다. "대체"라는 방법에 숨은 결함이 있는 것입니다. 죽은 자의 "자리를 대체한다"는 것, 달리 말해 대체자가 그 자리를 차지한다는 바로 그 사실로 인해 그는 항상 그 전임자와는 다른 존재입니다. 기능은 확보되지만 실행자가 같지 않은 것이죠. 능력과 외모로는 구별이 안 되는 두 개인도 서로 결코 침투할 수 없는 두 '이것'이고, 철저히 분리된 두 모나드라는 단 하나의 사실만으로도 완전히 다른 존재입니다. 둘 다 각각 나름의 "국가 속의 국가imperium in imperio"이며, 그 이원성을 통일할 기적은 없는 것입니다. 그리고 후계자가 앞선 이의 "환생"이라고 하더라도, 역사 속에서 잇따르는 두 개의 순간에 출현한다는 것만으로도 그들은 여전히 서로 다른 두 사람일 것입니다. 유사성은 아무리 가깝더라도 존재적 동일성이 될 수는 없습니다. 유비는 동일존재tautousie와는 전혀 다른 차원에 속합니다.

인류를 하나의 유기체나 하나의 커다란 '생명체'라고 부르는 것은 그저 범생명론의 은유일 뿐… 실제로는 오직 개체만이 살아있는 유기체고 완전히 독립적인 소우주입니다. 어찌 희생이 개체에게 크고 혹독한 시련이 아니겠습니까? 어떻게 고통이 그 모나드의 자족성과 절대성의 귀결이 아니겠습니까? 생성으로 인해 현재가 비현실 속으로 밀려나듯이, 선조는 후손에 의해서 물러나게 됩니다. 그러나 항상 노쇠하면서 항상 태어나고, 계속 소멸되며 계속 소생하는 순간인 현재는, 죽음의 비극이 무에 바치는 이 육신적 개인과는 아무런 공통점이 없습니다. 생성은 항상 전진해 나가면서 사망자를 대체하여 벌충합니다. 그러나 생성은, 각자 저마다 그 자체로 목적이고 생성의 끝이며 역사의 목표이자 종언이고 인간 진화 전체의 대단원인 이 "절대적인 자"들을 대체할 수는 없습니다. '단 하나'가 사라진 비극은 계속해서 피를 흘릴 것이니….

그래도 여기서 우리는 사유하는 조감의식에 대해서 우리가 했던 말을 다시 할 필요가 있습니다. 아마도 애매성이 어느 정도는 양자택일에 대한 임시방편이 될 것입니다. 이 세상에 있으면서부터 사랑을 통해 자기 존재는 타자를 위해 타자 속에서 살 수 있고, 자기가 아닌 바로 이 타자 자체가 될 수 있는 것입니다! 그렇다면 왜 그 타자가 신비롭게도 다시 자기가 되지 않겠습니까?

12

사실성은 소멸될 수 없다.
되돌릴 수 없는 것을 돌이킬 수 없다는 것

1. 죽지 않는 자는 살지 않는다

　죽음과 불사 모두 불가능한 동시에 필연적인 일이듯, 죽음은 살아가는 수단인 동시에 방해물입니다. 불가능-필연의 이러한 뒤얽힌 변증법적 형태를 우리는 기관-장애물이라고 불렀습니다. 죽음이 삶의 부정인 한, 역설적이게도 이 삶의 조건인 것이죠. 이러한 긍정적 부정이 바로, 한정함으로써 형태를 부여하는 한계의 기능이라는 것을 떠올려봅시다. 혹은 더 일반적으로 말하자면, 비존재는 존재의 창설 혹은 설립을 주재합니다! 다른 모든 양자택일이 그 속에 포함된 근본적 양자택일이란 그런 겁니다. 산 자는 죽을 운명이라는 조건에서만 산 자인 것이죠. 그리고 살지 않은 자가 죽지 않는다는 것도 분명 진실이지만, 이는 죽지 않는 자는 살지도 않기 때문입니다.

　바위는 죽지 않습니다. 천으로 만든 꽃은 결코 시들지 않습니다. 그러나 천으로 만든 꽃이나 바위의 영원한 삶, 그런 삶은 영원한 죽음입니다…. 죽는 것만이 살아있을 수 있으니까요. 혹은 장 발의 말처럼,[1] 산 것이란 죽을 수 있는 것이죠…. 죽음 없이는 삶은 살만하지 않을 겁니다. 죽음 없는 삶에 저주 있으라! 에픽테토스는 이렇게 말합니다. '죽지 않는 것은 저주다. κατάρα ἐστι τὸ μὴ ἀποθανεῖν'[2] 항구적 지속, 무한정 늘어난 실존은 어떤 점에서는 가장 전형적인 형태의 저주일 것입니다. 영원한 불면과 끝없는 권태는 지옥의 형벌일 테니까요. 지옥, 그것은 죽을 수 없다는 것입니다.

그래서 우리는 유한성의 충만함과 비존재의 영원 중 하나를 선택해야 합니다. 생명 있는 것의 죽음은 죽게 되어 있는 생을 열정적으로 만듭니다. 서로 반대이면서 보완적인 두 가지 단순화는 여기서 쫓아버려야 합니다. 두 방식 다 똑같이 낙관적이고 똑같이 일방적이고 똑같이 비변증법적이어서 기관-장애물의 역설을 도외시하고 있으니까요. 각자 진리의 절반만을 나타내고 있으므로, 죽음의 파악할 수 없는 모순뿐만 아니라 육체와 영혼의 당황스러운 관계를 이해하고 싶다면, 두 절반을 결합시켜야 하는 것입니다.

죽음이 오로지 기관이라고 말한 사람은 아무도 없었지만, 상식은 육체가 영혼의 도구이며, 그 결과 사람이 육체에 완전히 적응하여, 살아있는 동안의 일들을 다 해내는 것이라고 여깁니다. 그러나 이는 영혼에게 필요한 육체는 죽는 육체라는 사실을 잊고 있는 것입니다. 살기 위해 영혼에게 필요한 육체는, 장차 소멸할 것이며 영혼을 죽게 만들 죽는 육체인 것이죠. 불사의 영혼은 육체를 가짐으로써 죽습니다! 실제로 육체는 단지 인간이 자기를 표현하고 전달하고 누군가가 되기 위한 수단만은 아닙니다. 그것은 질병의 원천이며 고통의 자리이자 유한성과 시간적 마모의 원리입니다. 산 자는 글자 그대로 자기의 육체로 인해 죽는 것입니다!

그래서 장애물로 단순화하는 것도 절반의 진리를 말한다는 점에서는 옳습니다. 육체는 모름지기 하나의 장애물이고, 눈도 어떤 식으로는 보는 일의 방해물입니다. 죽음으로 말하자면, 죽음에는 그 어떤 긍정성도 들어 있지 않습니다. 살아있는 것은 죽음을 가져오는 불모의 반명제와 싸우며, 비존재에 맞서 필사적으로 자기를 지키고 있죠. 죽음은 자기실현의 순수한 방해물, 절대적 방해물인 것입니다.

그렇기 때문에 부조리한 모순이기는 하지만, 산 자가 죽음에서 해방되기 위해 고행을 하거나 자살함으로써 죽음 자체를 받아들이는 일도 있는 겁니다. 때로는 조금씩, 때로는 단번에, 죽음을 쫓아내는 일에 죽음을 씁니다.[3] 일종의 동종요법입니다. 이러한 기묘한 동종요법을 행하는 이들에게는, 죽음이 진짜 삶이어서, 사실은 죽음이었던 삶을 우리에게서 치워줍니다. 실제로는 비존재였으며 생성, 노화, 가여운 결핍이었던 존재로부터, 본질이 해방되는 것입니다.

빈사상태로 사는 자나 일평생 죽어가는 자에게는 아마도 임종 순간이 충격을 주지 않겠지만, 그는 사실 삶도 죽음도 알지 못할 것입니다. 그가 아는 것은 차라리 삶과 죽음의 혼합, 무정형의 곤죽, 살아있는 망자나 반쯤 죽은 생자生者의 뭔지 모를 중성적이고 중간적인 상태일 것입니다. 죽음이 더 이상 삶의 긴장을 고양시키는 한계가 아닌 것이죠. 죽음은 생성의 밀도를 희박하게 하는 내재된 공허이며, 삶의 존재적 실질을 감소시키는 비존재적 성분입니다. '살지도 죽지도 않은 사람'은 산송장의 상태로 축소됩니다.

산 자는 죽음에서 벗어나기 위해 곧바로 단숨에 죽기를 택할 수도 있습니다. 이는 좀 미련한 방법이 아닐까요? 사람들은 사형수가 불안과 고통을 피하기 위해 자살하는 경우는 이해합니다. 그러나 무릇 사는 것을 거부하는 인간에 대해 뭐라 말할 수 있을까요? 죽지 않는 최고의 방법이 살지 않는 것이라는 말은 맞는 말이기는 합니다! 살지 않는 사람은 분명 죽을 일이 없을 겁니다. 모든 불행을 동시에 겪을 수는 없으니까…. 살지 않는 자는 하물며 괴로움도 겪지 않고, 질병도 노화도 단말마의 고통도 최후의 애끊는 아픔도 모릅니다. 그는 죽음과는 아예 무관한 것입니다!

'죽을 일'이 없으려면 그래서 '이미 죽어있어야' 하는 것일까요? 하지만 그것은 실망하지 않기 위해 아무것도 희망하지 않고, 아무것도 버리지 않기 위해 어떤 일에도 빠져들지 않고, 사랑을 잃을까 봐 사랑받으려 하지 않고, 헤어짐의 아픔을 겪지 않으려고 사랑을 하지 않으며, 무관심의 고통을 알고 싶지 않아 애착의 달콤함을 피하고, 애정이 식을까 두려워 애정을 피하는 것과도 같습니다! 하긴 죽은 자들은 이제 죽을 수조차 없다는 그런 의미에서 그들 나름대로는 "불사"이긴 하니까….

그러나 누가 그런 부러울 것 없는 "불사"를 원하겠습니까? 고통을 겪을 수 있고 죽을 수 있는 것은 나름대로 생명력의 신호이며 삶의 변화와 삶의 움직임의 징후입니다. 방부처리된 미라는 죽지 않고 변하지도 않죠. 조화造花 역시 무한정 색을 유지합니다. 그러나 영원히 향기 없고 변함없이 메말라 있죠. 살아있지 않기 때문입니다.

그러니까 결코 죽지 않기 위해 살지 않거나, 아니면 몇십 년 동안이나마 사는 일의 비할 데 없는 기쁨을 맛보고 어느 날 죽는 것을 받아들이거나, 어느 쪽이 낫겠습니까? 헤라클레이토스처럼 말해보자면, 삶으로 죽기 (즉, 죽기 싫은 나머지 죽기, 불사로 죽기) 아니면 죽음으로 살기, 어느 쪽이 낫습니까? 이 양자택일은 하나의 딜레마임에 주목합시다. 당장이든 시간이 걸리든 두 경우에서 다 유일한 출구는 죽음뿐이니….

하지만 어쨌든 죽어야 한다면, 적어도 한 번은 실존의 독특한 맛을 맛보는 편이 낫습니다. 반대급부가 없는 혜택은 없게 마련이니까, 망설이지 말고 대답합시다. 그래, 그렇고말고, 삶의 진귀한 보물을 만져보려면 죽음이라는 쓰라린 시련도 받아들일 만하지.

기관-장애물의 거부는 '수단 없이 목적을'이라는 순수주의와 다르지 않습니다. '최소한의 악'도 어떻게든 인정하지 않는 순수주의는, 엄격주의나 강경파의 옷을 벗은 영악한 방해공작입니다. 그리고 마찬가지로 죽음을 절대 받아들이지 않고 지금부터 영원하다고 주장하는 삶도 삶의 적입니다. 이런 삶은 현실을 살아가는 일에 대한 방해공작인 것이죠. 그 역도 못지않게 진실입니다. 구할 수 있는 것을 구해내기 위해서는, 유보된 선善인 필요악을 받아들여야 하는 것이죠. 마찬가지로, 살기 위해서는 역설적으로 어느 날 살기를 그쳐야만 합니다.

자살 절대주의자는 진짜로 살아있는 삶의 몸값을 치르고 싶어 하지 않습니다. 자기 자신의 죽음을 선점함으로써, 그는 시간 속에서 성숙해 가서 죽는 대신에 삶을 단번에 죽입니다. 절망에 빠져 있는 그는, 비옥한 부정성이 작용하여 그 메시지가 생의 충만 속에 배어들 시간을 주지 않습니다. 그러나 모든 가능한 것들은 생겨나야 하는 것입니다. 유한성이란 단지 생성을 더 취약하게 만드는, 생성에 걸려 있는 저당이 아닙니다. 그것은 창조적 정신이 작품을 통해 자기를 표현하도록 재촉하는 비옥한 불안의 원리이기도 합니다. 이렇게 해서 우리는 다시 기관-장애물, 방해하는 기관이라는 양의성으로 되돌아갑니다. 이 양의성은 어느 한 방향으로 단순화될 수 없습니다. 즉, 일의적인 것이 될 수 없습니다.

하지만 죽음이 개인의 성취를 방해하거나 매개한다고 하더라도, 이 개인의 소명은 기관과도 장애물과도 전혀 다릅니다. 이 개인의 형이상학적 야심은 그것을 중개하는 것을 훨씬 넘어서고, 그것을 방해하는 것을 무한히 뛰어넘습니다. 죽음은 우리가 가진 가능성의 실현을 허락하지만, 이 가능성을 만들어내지는 않습니다. 죽음은 우리의 세월을 알뜰히 헤아려 자기 존재의 완전한 실현을 방해하고, 실현되지 않은 자기 존재는 언제나 너무 이른 죽음의 바깥에 그 너머에 머무릅니다.

어느 쪽이 나을까요? 마당에 핀 덧없는 생화인가요, 식물표본으로 말린 영원한 꽃인가요? 인간은 양자택일을 피하여 대답하고 싶어 합니다. 영원한 생화요! 사실 영원과 삶을 겸비하여 글자 그대로 "영원한 삶"에 이르는 것이 우리의 소망이겠죠. 플로티노스가 「영원과 시간」에서° 언뜻 내비친 삶의 영원성이 바로 그것입니다. 영혼은 영원으로 감싸이고, 감싸는 영원은 지복, 영기靈氣, 상태κατάστασις가 되어, 우리를 영원 없는 삶과 삶이 없는 영원이라는 양자택일 너머로 인도합니다. 그리고 파스칼이 우리의 희망 앞에 내어놓은 것도 이 살아있으며 겪는 영원, 영원한 생존입니다. 이것 아니면 저것을 선택하는 내기이긴 하지만, 그래도 완전히 관념적인 영원과, 죽음에 바쳐진 감성계의 삶이라는 양자택일보다는 훨씬 유망하죠.

그리고 실제로 영원과 삶을 겸비하는 것은 피조물의 처지로서 상상하기 어렵다고 하더라도, 의식과 삶을 겸비하는 것은 우리의 일상적 현실입니다. 사람은 삶을 생각하며 살고, 자신이 생각한 것을 살아가며 생각합니다. 심지어 그것만 하고 있습니다. 네, "사유의 삶"이란 한낱 말이 아닙니다! 그런데 삶과 죽음에 대한 사유는 그 자체로 살아있으며, 죽는 것이 아닙니다. 시간에 대한 의식은 비시간적인 의식이니까요. 그리고 유한성에 대한 의식은 의식하고 있는 한 이 유한성에 의해 제한되지 않습니다. 유한성을 에워싸고 있기 때문입니다. 그렇다면 죽음이 불가해하게 무화시킬 이 심신의 삶 속에 이미 일종의 영원이 현존하고 있다고 결론지어야 하지 않을까요?

° 플로티노스, 『엔네아데스』 III, 7.

2. 존재했다, 살았다, 사랑했다

그렇다면 우리는 결국 삶 그 자체 속에서, 살아가는 기쁨 속에서, 그리고 우리가 살고 있는 자연성의 초자연성 속에서, 소멸하지 않는 실존의 보증을 발견하게 될 것입니다. 그런데 시체 애호적 철학자들은 하지 말아야 할 일을 합니다. 그들은 존재 속에서 비존재를 찾고, 자신들이 받은 것을 거부합니다. 불신하는 것이죠! 그들은 갖고 있지 않은 것을 선호하고, 그들에게 주어진 삶과 빛을 원하지 않습니다. 축복된 충만함의 이 '그래'에 '아니'를 말하는 이런 일은 변태적인 철학이 아닐까요?

앞서 우리는, 노화를 "고행"으로 환원하고 임종 순간을 연속의 "작은 죽음들"과 동일시하는 것을 거부했습니다. 삶이 계속해서 죽어가는 연속된 죽음이 아니듯, 임종 순간은 이 연속의 마지막 죽음이 아니니까요. 그런데도 만약 삶이 연속된 죽음이라면, 죽음은 가장 밋밋한 형태의 삶이라는 의미에서 하나의 생-존일 것입니다. 그리고 사람은 죽어가는 삶에서 살아있는 죽음으로, 죽음이 섞인 삶에서 삶이 섞인 죽음으로 옮겨갈 것입니다. 거의 알아차리지도 못하고서, 다른 많은 변이들보다 딱히 더 심각할 것 없는 변이를 거쳐서 옮겨갈 것입니다. 그러나 이따위 형이상학적 변이설은, 실존하는 본질의 연속성을 보장한다고 하더라도, 차안과 피안과 그것을 가르는 문턱을 한꺼번에 도외시합니다. 더 이상 삶도 죽음도 없고, 죽음과 삶의 물컹한 혼합만 있게 되는 것이죠. 피안이 하나의 의미를 가지기 위해서는 차안의 충만함과 밀도와 비길 데 없는 맛에 경의를 표해야 합니다. 그래서 다시 우리는 이 긍정적인 충만 자체로 되돌아갑니다.

사실, 시작과 끝 사이에 낀 연속은 시작과 끝 못지않게 초자연적입니다. 앞서 우리는 죽음이 소급적으로 삶의 의미를 드러내 준다고 말했습니다. 물론 살아있을 때부터도 연속에는 하나의 의미가 있어, 그것이 중단의 무의미를 도리어 해체해 버립니다. 그러나 이번에는 중단의 무의미가 연속의 의미를 뚜렷하게 합니다. 죽음의 충격적인 부조리, 결정적 허무라는 어처구니없음이 역설적이게도 살아온 삶의 사후의 의미를 축성祝聖하는 것이죠. 엄밀히 말해 이 사후의 의미는 정말로 이해할 수 없는 것은 아닙니다. 이 사후의 의미는 그 자체로 하나의 무의미가 갖는 의미인 것입니다.

우리가 종료라는 부조리를 해체해 버린다고 말한, 실존의 내재적 의미는 특히 소극적인 것이었습니다. 하나의 습관처럼 소극적이고, 운동 중인 물체의 관성처럼 소극적이었습니다. 그것이 의미하는 바는 그저, 시작된 것이 왜 무한정 계속되지 않겠는가, 하는 것이었습니다. 존재가 존재를 멈출 이유는 없으니…. 앞서 우리는 베르그송과 함께 불멸의 반대론자들에게 소멸을 입증하라고 촉구했습니다. 그리고 조금 쉽게 증명부담을 그들에게 넘겨버렸죠. 하지만 불멸을 지지하는 적극적인 논거를 우리는 가지고 있지 않았습니다. 내재적 의미는 연속이 그냥 당연하다는 것을, 그리고 현재의 갱신이 문제가 되지 않는다는 것을 표명하고 있을 따름입니다. 그러니까 형식적인 일반성이며 아무런 내용이 없는 추상인 것이죠.

이에 반해 죽음의 회고적인 신비로운 메시지는 판에 박힌 일상을 무한히 넘어서는 무언가에 대한 하나의 암시입니다. 죽음이 단지 완결되어 버린 한 생애의 역사적 의미를 끌어내고 봉인할 뿐만 아니라, 가장 자각이 없는 사람들마저 삶의 깊은 낯섦과 덧없음을 자각하도록 돕는 것이죠. 죽음이 없다면, 상식인은 아마도 알아차리지 못하고 지나쳤을 낯섦과 덧없음을요…. 대부분의 사람에게는, 가까운 이의 죽음에서 이런 우연성이 계시됩니다. 끝은 소급작용을 통해 시작의 기묘함과 탄생의 우발성을 부각시킬 뿐 아니라, 기간의 무한정한 연속에 대한 우리의 신뢰를 뒤흔들어 '당연한 것'이 그다지 당연하지 않음을 우리에게 시사합니다. 그 설명할 수 없는 과격함 속에서, 죽음은 탄생의 까닭 없음을 환히 드러내고, 그 여파로 그 '사이' 자체의 임의적 성격을 드러냅니다. 죽음은 살아남은 자들에게서 일상의 연속이라는 요람 속에 멍하니 잠들어 있던 놀람의 능력을 갑자기 깨웁니다. 이 연속의 근본적인 존재 이유에 대해 의문을 던지며, 죽음은 우리의 연속주의적인 마비상태를 뒤흔들어 놓습니다.

죽음은 형이상학자가 아닌 사람들에게 형이상학을 대신합니다. 플라톤과 아리스토텔레스를 이어 쇼펜하우어는[4] 놀람의 능력이 형이상학적 정신의 가장 두드러진 표시라고 말합니다. 우리는 이렇게 덧붙이도록 합시다. 형이상학적 정신은 전혀 놀랍지 않은 일에 대해 놀라는 것이라고요. 특별한 모험이나 비범한 사건, 혹은 색다른 만남에 놀라기 위해 철학자가 될 필요는 없습니다. 그러나 가장 평범한 나날의 실존과 무릇 '맨존재Esse nudum'의 사실성과 외부세계의 실재성에서 놀라움을 발견하기 위해서는 철학자가 될 필요가 있습니다. 라이프니츠가 근원이라고 부른 것과 "보다 오히려potius quam"에 대해 의문을 품기 위해서는, 즉 아무것도 없기'보다 오히려' 무언가가 존재한다는 사실의 낯섦을 느끼기 위해서는 철학자가 될 필요가 있는 것입니다.[5]

셸링은 존재의 이러한 사실성을 그 전에 아무도 말한 적이 없는 듯이 말했습니다. 우리는 이렇게 덧붙입니다. 욕망의 대상 혹은 욕망의 지향적 내용, '욕망하다'라는 동사의 직접목적어가 되는 행복이나 부나 아름다움 등의 존재양식을 평가하기 위해 형이상학은 전혀 필수적이지 않지만, 이 양태들의 존재를 평가하기 위해서는 형이상학이 아마도 꼭 필요할 것이라고요. 아킬레우스처럼 실존하지 않는 망령들의 거대한 왕국에서 군림하기보다는, 오디세우스처럼 피와 살로 된 어부들 몇 사람이 살고 있는 현실의 작은 섬을 다스리는 것이 낫습니다. 존재하지도 않는데, 존재양식이 도대체 뭐란 말입니까? "잘 있음"이라는 뜻의 안녕이란, 존재를 갖지 못할 때에는, 부실한 환상을 위한 사치가 아닐까요? 존재라는 이 최소한의 실질은 그 자체로 가치일 뿐만 아니라 모든 가치의 원천인 것입니다.

그런데 여기서 파스칼이 언뜻 들여다본 것을 이해할 필요가 있습니다. 그것은 개인의 실존의 일회성과 우주의 사실성이, 개인의 자기 존재와 존재의 사실성이 하나의 같은 문제이며, 하나의 같은 질문이라는 것입니다. 대체 왜 무엇인가가 있는 것일까? 대체 왜 누군가가 있는 것일까? "나는 내가 전혀 존재하지 않았을 수도 있다고 느낀다…. 그러니까 생각하는 나는 만약 나의 어머니가 나를 낳기 전에 살해당했다면 전혀 존재하지 않았을 것이다. 따라서 나는 필연적인 존재가 아니다."[6] 오직 이 점에서만 철학이 "죽음에 대한 성찰"일 수 있고, 죽음 자체가 "철학적"일 수 있을 터입니다.

우리는 예술과 철학이 한계의 소급효과를 대등하게 증명하는 것을 보았습니다. 예술가는 다른 사람들처럼 현재가 과거가 되어 사후의 매력을 회고적으로 느낄 수 있기를 기다리지 않고, 평범한 일상의 색다른 독창성을 당장 그 자리에서 드러냅니다. 철학 또한 인생의 낯섦을 깨닫게 하는데, 그것도 어느 날 죽음이 어쨌든 이 낯섦을 드러낼 테지만 사후에 너무 늦게야 드러내는 것을 기다리지 않고, 사람이 살아있는 동안에 그렇게 합니다. 세네카가 매 시각을 "마치 마지막인 양quasi ultima" 살라고 권면했을 때 하고 싶었던 말도 어쩌면 그런 뜻이었을 겁니다. 그런 이유로, 현자는 자신이 죽음의 위험에 내몰리고 존재가 뿌리째 위협받으며 가장 기본적이고 직접적인 보존본능이 관련되어 있다고 느낄 필요가 없습니다. 얼빠진 자가 보통 아주 뒤늦게 마지막에 가서 위험에 들볶이고 재촉을 받아 미칠듯한 공황 속에서 비로소 발견하는 것을, 지혜는 완전히 평온한 상태에서 이해합니다. 철학자의 놀라움은 그러니까 상식의 놀라움처럼 뒤늦은 놀라움이 아닙니다. 그것은 시간착오도 없고 때를 잘못 맞추지도 않은 적시의 자각입니다. 그 놀라움은 아쉬움의 우울을 우리에게서 면해줍니다.

마찬가지로 철학은 죽음을 쓸데없게 만듭니다. 철학이 없으면, 죽음은 연속의 "신비"를 노출합니다. 탄생과 죽음, 시작과 끝으로 말하자면, 그것들은 차라리 "기적"입니다. 전자는 신비를 내어놓고, 후자는 기적적으로 그것을 소멸시킵니다. 창조하거나 파괴하는 사건인 기적은 일종의 "활동적 신비"가 아닐까요? 연속은 부호가 반대인 두 기적들 사이의 신비이며, 이 기적들이 기간을 둘러싸서 신비의 사실성을 밝힙니다. 기적의 효력이 신비의 실제성을 드러내는 것이죠.

우리는 앞서 임종 순간과 그 아찔한 궁극성의 가파름을 "있었다 Fuisse"의 되돌릴 수 없음과 "했다Fecisse"의 돌이킬 수 없음으로 설명했습니다. 그러나 더 생각해 보면, 돌이킬 수 없음의 영원은 단지 죽음에만 해당되는 것이 아닙니다. 그것은 '살았다는 사실'에도 마찬가지로 유효한 것입니다…. 마찬가지로, 그리고 훨씬 더 그렇습니다! 만약 무화라는 완전히 부정적인 사실성이 손댈 수 없이 완결된 사실이라면, 돌이킬 수 없는 것의 법칙에서 삶의 메시지의 긍정성만 예외가 될 이유는 없습니다. 그것만 무의 저주를 받을 이유가 없지요. 만약 무화라는 사실이 무화될 수 없다면, 하물며 살았던 삶이라는 사실이야 더더욱 그럴 수 없습니다. 그렇지 않으면 너무 지나친 불운일 것입니다. 믿을 수 없는 파문일 것입니다!

다시금 강조합시다. 사람은 모든 불행을 동시에 당할 수 없고, 모든 저주를 한꺼번에 다 받을 수도 없습니다. 양자택일은 우리에게 불리한 만큼 우리에게 유리하고 우리에게 손해인 만큼 우리에게 이득으로 작용하므로, 우리는 불운의 행운도 맞보게 될 것이 틀림없습니다. 그렇지 않으면 이 일방통행의 양자택일은 양자택일이 아닐 것이고 그저 영벌永罰일 것입니다. 말하자면, '되돌릴 수 없는 것의 돌이킬 수 없음'이 있습니다. "있었다" 자체(즉, 이 경우에는 "살았다")가 일종의 "했다"입니다. 우리가 살았고 살면서 빚어낸 그런 생성은 그 나름대로 하나의 행위인 것이니까요.

이를 설명해 봅시다. 회한의 고통은, 말하자면 우리가 사랑하는 존재의 죽음에서 겪는 고통의 역대칭으로서, 물리적 결과들과 형이상학적 사실성의 분리를 의미합니다. 만든 것은 부술 수 있는 반면, 만들었다는 사실은 그렇지 않은 것이니까요. '했다는 사실은 파기할 수 없다'고 우리가 말하지 않았습니까? 지은 죄는 무효가 될 수 있지만, 죄 지음은 무효가 될 수 없습니다. 다음번에 더 잘한다고 하더라도, 한번 죄를 지었다는 사실은 돌이킬 수 없이 남습니다. 회개가 이 돌이킬 수 없음의 뒤를 이어도, 했던 일을 전혀 하지 않았던 것으로 만들 수는 없는 것이죠.

반대로, 죽음은 살아있는 존재를 무화하고, 그 후에는 망각이 죽음의 일을 이어받아 죽음이 남겨주었던 것을 조금씩 지웁니다. 그러나 고인에 대한 마지막 추억과 그가 세상에 있었다는 마지막 흔적과 그의 이름까지 사람들의 기억에서 사라지게 되었을 때에도, 무언가가 아직 남아 있을 겁니다. 잊히고 지워지고 세월의 무게에 뭉개져 미지의 것이 된 이 어렴풋한 실존에는 파괴될 수 없고 절멸되지 않는 무언가가 남아 있을 것입니다. 그리고 그 무엇도, 이 세상의 그 무엇도 절대로 이 무언가를 없앨 수 없습니다.

죽음이 우리에게 불어넣는 아쉬움은 잘못에 대한 후회를 뒤집은 것입니다. 일단, 아쉬운 삶이란 악도 잘못도 아니고 완전히 그 반대이기 때문입니다. 다음으로, 우리를 달래주는 바로 그것, 즉 썩지 않는 사실성이, 회한을 달랠 길 없게 만드는 것이기도 하기 때문입니다. 그리고 역으로 우리의 애도를 달랠 길 없게 만드는 그것이, 잘못한 자의 속죄를 허락하는 바로 그것이기 때문입니다.

어쨌든 이것은 죽을 수밖에 없는 자들 쪽의 복수요 위로요 희망입니다. 죽음은 살아있는 존재의 모든 것을 파괴하지만 살았다는 사실을 무화할 수는 없습니다. 죽음이 개체의 심신의 구조를 먼지로 만들어버려도, 삶을 살았다는 사실성은 그 폐허 속에서도 살아남습니다. 존재의 본성에 속한 모든 것들은 파괴될 수 있습니다. 다시 말해, 파괴, 분해, 해체에 무수히 노출되어 있습니다. 오로지 보이지 않고 만질 수 없는 단순하고 형이상학적인 이 '뭔지 모를 것', 우리가 사실성이라 부르는 그것만이 무화를 모면합니다.

이 점에서는 죽음의 발톱이 결코 붙잡을 수 없는 불멸하는 것이 적어도 하나가 있는 셈입니다. 적어도 이 점에서는 전능한 죽음도 어쩔 수 없습니다! 늙어가는 삶은 가엾게도 불안정하고 무너지기 쉽지만, 그 메시지의 지워지지 않는 적극성은 죽음의 바로 그날 무한히 재건됩니다. 이 죽음의 등 뒤에서 몰래, 바로 이 죽음의 효과로 말입니다. 그리고 실존을 없애버릴 뿐만 아니라 이 실존의 본질까지도 지워버리고 싶어서, 자유로운 인간들에 대한 기억을 악착스레 따라다니며 덤벼들고 그들의 자손을 몰살하고 그들의 책을 태우며 그들의 이름을 말하는 것을 필사적으로 금지하는 인종차별적 체제에서도 그랬듯이, 무화가 광포해질수록 메시지는 사후에 더욱더 확실해지고 견고해질 것입니다. 가학적 폭력과 악랄함이 가스실과 소각로로, 실존하는 자를 실존하지 않게 만드는 데 성공한다고 하더라도, 실존하는 자가 아예 실존하지 않았던 것으로 만들 수는 없습니다. 근본적 사실성의 뿌리는 결코 뽑히지 않습니다.

로마의 장군 스키피오 아프리카누스Scipio Africanus는 사후에 마치 결코 실존하지 않았던 것처럼 됩니다. 키케로가 『라일리우스 우정론』에서[7] 말하듯 "마치 태어나지 않았던 것처럼quasi natus non esset" 되죠…. 하지만 그저 "마치quasi"일 뿐입니다! 말하자면, 죽음은 '마치…처럼' 만들지, '…인 것'으로 만들지는 않습니다. 물리적으로 혹은 "그 자취를 보면", 스키피오가 이 세상에서 생애를 마치고 살아있는 자들의 세상에서 사라진 것이나, 스키피오 아프리카누스가 결코 존재한 적도 없고 이런 이름의 아이가 어느 날 인간 세상에 나타난 적도 없는 것이나 아마도 매한가지일 것입니다. 눈으로 보기에는 하나의 무는 또 다른 무와 구별될 수 없으니까요. 그러나 설령 자마의 전투가 없었고 한니발의 패전이 없었더라도, 카르타고를 이긴 로마의 승리가 끼친 헤아릴 수 없는 역사적 영향들이 없었던 것이 된다고 하더라도, 오래전 스키피오라는 한 사람이 있었다는 사실은 여전히 지워지지 않을 것입니다. 스키피오는 오래전에 죽었습니다. 그리고 오늘날에는 마치 이 스키피오라는 불분명한 사람이 존재했던 적도 없는 듯이 모든 일이 일어납니다. 하지만 스키피오'라는 사실'은 항구적이고 결정적이고 영원합니다. 그래서 이렇게 말할 수도 있을 것입니다. 영원한 삶, 즉 존재했다는 지울 수 없는 사실은, 죽음이 살아있는 사람에게 주는 선물이라고. '존재했다'는 사실은 그러니까 글자 그대로 '영원한 순간'이라고. 왜 영원과 순간이 여기서 모순되기를 그치는지가 짐작됩니다. 탄생과 죽음이 영원의 바탕 위에 구획을 짓고, 무한을 잘라내어 하나의 실존의 생애라는 섬을 만들어내는 것이죠.

세월의 대양 위에서 끊임없이 밀려나고, 만기된 삶에 의해 경계가 지어진 기간은 해가 가고 세기가 지날수록 지워져 갑니다. 마르쿠스 아우렐리우스가 독수리 같은 눈매로 노려본 것은, 이런 광막함에 의해 조금씩 파묻혀 가는 무상함이었던 것입니다. 이러한 감소의 무한한 지평 혹은 극한은 영(0)이 되는 걸 텐데… 영? 우리는 오히려 점이라고, 아니 순간이라고 부릅시다. 더구나, 순간이라는 이 뾰족한 끝은 영원을 통틀어 유일합니다. 어떤 이의 삶이란 단지 꿈처럼 짧아, 있지도 않다고 말할 정도일 뿐 아니라, 단 한 번밖에 오지 않는 것이며 그 어떤 경우에도 갱신되지 않습니다. '존재했다는 사실'은 단지 덧없는 한순간으로 축소될 뿐만 아니라, 그것은 "단 한 번"이기도 한 것입니다! 모든 이에게서 잊히고 먼 과거 속에서 잃어버린 아무개의 삶은, 언제까지나 세세토록 시간의 마지막 끝까지 이 '아무개'가 실현될 수 있는 유일한 기회였던 겁니다.

그러나 다른 한편, 이 거의 실존하지 않는 실존은 "무"라기보다는 오히려 "거의 무"이고, 비존재라기보다는 최소 존재입니다. 그런데 아무것도 아닌 것과 거의 아무것도 아닌 것 사이에는 무한한 거리가 있으니… 이 "거의"는 완전히 다른 차원을 알리는 것이 아닐까요? 무한소의 순간은 역사의 광대함에 의해 거의 없어지더라도 허무가 되지는 않습니다. 최소 존재는, 시간적 영속이 없는 일어남의 순수 사실로 환원된 사건의 도래인 이 극소로 축소되어, 실제성이라는 원리를 구해냅니다. 이 실제성은 몇 세기 몇천 년의 밤에도 잠겨 가라앉지 않고 아주 가는 빛줄기가 되어 떠오릅니다. 그 어떤 암흑도 모든 것을 지우는 죽음도, 죽은 이를 또 한 번 죽이는 망각도 이 미광微光을 꺼뜨릴 수 없습니다. 존재했노라는 깜박이는 작은 빛, 살았노라는 가물거리는 불꽃은 겨우 실존하지만, 그러나 그것은 실존합니다. 아니 차라리 나타납니다.

자기 존재의 유일한 나타남, 처음이자 마지막 나타남은 사라지는 나타남으로 마침내 더욱 좁혀집니다. 그러나 나타남이야말로 결국은 긍정성이며, 사라지는 나타남의 준거점입니다. 명사가 형용사보다 우세한 것이죠! 우리는 앞서 그것을 거대한 '순간'이라고 불렀습니다. 인간의 삶이란 일종의 순간, 70년 혹은 80년의 순간이 아닐까요? 몇 세기 후에는, 살았노라 하는, 실처럼 가느다란 사실밖에는 이 인생에서 남지 않을 것입니다. 이 무한소의 사실이, 자기 존재가 무에서 가까스로 구원되는 기적입니다. 한순간이라는 이 '거의 아무것도 아닌' 것, 흉내 낼 수도 없고 찾을 수도 없는 단 한 번인 이 '거의 아무도 아닌' 것, 영원을 통틀어 유일하게 단 한 번인 이 '거의 결코'인 것은, '결코'와 '아무것도 아님'과는 "거의"에 의해 분리되어 있는 것이죠! '거의', 머리칼 한 올뿐입니다! 그러나 이 "거의"가 하나의 세계이며, 그것이 영원히 결정합니다. '자칫' 존재하지 않을 '뻔했던' 것이 언제나 있게 될 것입니다. 영원히 비실존으로 남을 수 있었던 것이 언제까지나 존속할 것입니다. 그래서 우리가 영원한 순간을 이야기했던 것입니다…. 가장 여린 섬광, 한밤의 도깨비불처럼 여린 섬광이 가장 지울 수 없는 사실성의 토대가 됩니다. 삶이 덧없는 것이라 할지라도 덧없는 삶을 살았다는 사실은 영원한 사실이니까요.

한편, 이것은 자기 존재 속의 무언가가 기적적으로 난파를 면했다는 의미는 전혀 아닙니다. 그런 표현은 『투스쿨룸 대화』의 영혼론까지는 아니더라도 『파이돈』의 정신주의로 곧바로 이어질 테니까요. 사실 구출될 수 있는 것이 있다고 생각하는 사람들도 있습니다. 아마도 그들은 무화nihilisation와 허무화annihilation를 구별하려는 것 같습니다. 그들에 따르면, 허무화는 사람 전체를 없애지만 그 영혼'만은 제외'됩니다. 모든 것이 제거되지만, 일반 법칙에서 예외가 되고 무에서 벗어나 죽음이 닿지 않는 단 한 가지가 '제외'됩니다. 영혼은 분할 불가능하고 따라서 파괴될 수 없다는 구실로, 영혼만은 총체적 살육에서 벗어날 것입니다. 마치 신학자들이 말하는 "의식의 불꽃scintilla conscientiae"만이 피조물의 도덕적 대난파인 원죄의 재앙에서 벗어나듯이 말이죠. "양심syntérèse"°과 마찬가지인 영혼은 대재앙의 유일한 생존자가 될 것입니다! 이는 그저 영혼이 단단한 생명을 가지며, 신체의 조직과는 달리 아주 오래 굳건하게 보존된다는 것을 의미합니다. 그러나 그런 식의 예외는 너무도 경험적이고 우연한 성격을 갖지 않습니까? 이 "···만은 제외"는 영혼에 대한 특별 배려고, 아주 운수 좋은 요행일 뿐, 죽는 것이 선험적으로 불가능함을 표명하지는 않습니다. 피조물을 죽어야 할 처지에 놓으면서, 운명이 깜박하고 영혼을 잊었을 거라고, 그냥 그렇게만 말하는 것이죠. '생각하는 나Cogito'도 교활한 악령이 기적적으로 봐준 생존자는 아닙니다. 마치 인종말살에

° syntérèse는 보존을 뜻하는 희랍어 συντήρησις에서 비롯된 말이다. 기독교 신비주의에서는 영혼의 불꽃을 가리키는 말로 쓰였으며, 스콜라 철학에서는 도덕의 근본 원리를 직관적으로 파악하고 추구하는 정신의 능력을 가리킨다. 어느 쪽 의미로든 인간 영혼에서 소멸되지 않는 부분을 가리키며, 일반적으로는 양심의 가책을 의미하는 말로 쓰인다. 전승과정에서 scintilla conscientiae와 (혹은 단독으로 conscientia와) 혼용되기도 하였다. 이 번역에서는 '의식의 불꽃'과 '양심'으로 구별하였다. 그러나 이어지는 본문 내용에서 드러나듯 저자는 syntérèse의 어원적인 뜻에 초점을 맞추고 있다.

서 홀로 살아남은 젖먹이 아이처럼⋯.

　유심론에 따를 때에 영혼이 소멸에서 제외되는 것이라면, 반대로 진보적 인도주의에 따를 때에는 죽음이란 당분간 치료되지 않는 것입니다. 아직 백신을 찾지 못했기 때문이라는 것일 테죠⋯. 하지만 우리는 이렇게 대답합시다. 죽음은 질병이 아니다. 살았다는 사실성도 여느 사물과 같은 하나의 사물이 아니다. 살았다는 것의 사실성이 파괴될 수 없도록, 죽음의 사멸성이 치료할 수 없는 것으로 남기를! 이러한 점에서는, 죽음이 단지 우리 육체성의 무가 아니라, 우리 전체의 허무인 편이 더 낫습니다. 아무것도 구해지지 않는 것이 더 낫습니다! "오늘 밤 다 잃었고, 다 얻었습니다!" 성문이 닫혀 돌아가는 일이 돌이킬 수 없이 불가능해지고 자신의 운명이 가차 없이 봉해졌을 때, 펠레아스는 4막 끝에서 그렇게 외칩니다. 페늘롱 또한 절망적인 순정에 대해 말합니다. "⋯다 잃었다, 이로써 다 얻었다."[8]

　살았음의 영원성을 죽음이 확고히 한다고 할 때, 그것은 그러니까 이것 혹은 저것을 구하는 그런 식은 아닙니다. 이를테면 개인을 희생시켜서라도 이 개인의 사상을 구하고, 위대한 인간의 업적이 지워지지 않도록 하고, 소멸될 수많은 사물들 가운데 그의 불멸의 명성을 보존하고, 부패할 존재의 중심에서 썩지 않을 사실의 고갱이를 보전하고, 배의 바닥짐을 내던져서라도 필수적인 것을 구해내는 그런 식은 아닙니다. 그렇습니다. 죽음의 돌이킬 수 없음이 누군가의 삶을 돌이킬 수 없는 것으로 만들어야 한다면, 이는 모든 것을 구함으로써 그렇게 하는 것입니다. 잃어버린 존재를 구하고, 그것도 존재를 잃는 작용 그 자체에서 그렇게 합니다. 어쩌면 종교들이 입을 모아 '구원'이라고 부르는 구출이란 그런 것이 아닐까요. 그저 딱 '구원'. 이 구원이라는 것은 양자택일의 값을 치르지 않아도 될 것이고, 가장 깊은 무의 극심한 절망 속에서도 다시 튀어 오를 것입니다.

무에 대한 우리의 혐오와 이승에서도 죽음이 닿지 않는 보존 지역을 마련해 적이 들어오지 못하게 하겠다는 욕망은, '사물Res'에 대한 우리의 집착과 사물이 아닌 것을 생각하지 못하는 무능 때문입니다. 소심하고 안절부절못하는 사람, 가진 것의 보존에 집착하는 사람은 실존하지도 견실하지도 않은 영원을 거부합니다. 그래서 그는 자신이 소유하고 있다고 믿는 그 귀한 불사의 영혼이라는 보물을 생전에 단단히 지키고 있는 것입니다. 관대함과 용기는 오히려 그 반대를 우리에게 시사할 것입니다. 우리가 아무것도 붙들고 있지 않아야 모든 것을… 그리고 그 이상을 돌려받게 되는 것이죠. 우리에게 무한이 주어지려면, 우리의 전 존재의 희생을 받아들여야 합니다. 그러나 그것도 순진무구하게, 보상을 기대하는 계산적인 속셈 없이 받아들여야 합니다.

무화의 신비는 그러니까 역설적이게도 우리의 희망입니다. (이유나 증거는 존재하지 않으니) 희망해야 할 "근거"는 전혀 아니더라도 말입니다. 우리가 살았던 기간의 축성祝聖, 죽음의 결과인 축성은 우리를 결정적으로 삶 그 자체로 되돌려보냅니다. 삶보다 더 귀중한 것은 아무것도 없으니까요. 연속의 과정에서 대개는 느끼지 못하고 지나가는 '존재'의 이 무한한 가치를 임박한 죽음이 훤히 드러냅니다. 그리고 이 무한한 가치는 어떤 종류의 삶을 살아왔는지에 달려 있지 않습니다.

바로 이 때문에 파스칼의 내기가 그토록 설득력이 없게 되는 것입니다. 신학적 도덕적 양자택일에 기대어 제공되는 선택지는 확실한 유한성보다는 불확실한 무한이 더 바람직하다고 말하고 있습니다.

그러나 우리가 살아온 실제 삶의 비교할 수도 대신할 수도 흉내 낼 수도 없는 이 맛과, 우리 자신의 실존의 유일성 자체가 차안을 절대적으로 귀중한 어떤 것으로 만듭니다. 한 번밖에 살지 않으니까요. 그리고 "갖게 될 거야"를 위해 "자, 여기 있어"를 희생시킬 때, 만일 우리의 희생이 오산이고 너무 약삭빠른 계산인 것으로 드러나면, 이 "자, 여기 있어"는 어떤 경우에도 돌려받지 못하게 됩니다. 기회를 영영 잃습니다. 특히 우리의 삶이라는 이 기회들의 기회, 영원을 통틀어 유일한 기회를 잃습니다. 우리가 살아온 실제 삶의 무한한 가치란 그런 것이니까요. 그러니 이런 딜레마가 억지스럽지 않다면, 진짜 삶의 몇 순간을 얻고서 영원한 '반무'를 포기하는 것이, 신학자들이 약속하는 끝없는 존속을 포기하는 것이 더 나을 것입니다. 설령 순간이라고 하더라도 무언가가 되고 누군가가 되는 것, 그러나 몸을 갖고서 진짜로 존재하는 것!

명랑한 아침의 환희를 살며, 시간이 하늘 한가운데에서 움직임을 멈춘 듯한 봄가을 오후 들판의 부드러움을 느끼고, 8월의 밤의 아득한 고요를 맛보기 위해서라면, 비실존의 영원도 포기할 만합니다. 그래서 프루동은 예수에 대해 말하면서 파스칼의 무한주의적 선택을 뒤집습니다. "예수는 자신의 영원을 희생한다, 한순간 동안이라도 무언가로 존재하기 위해… 영원을 위해 나는 죽지만, 그러나 적어도 태양이 한 바퀴 도는 동안은 인간이고 싶다." 드문 물건을 귀하다고 한다면, 단 하나인 동시에 단 한 번의 출현인 사람은 값을 매길 수 없는 것으로 여겨져야 할 것입니다. 이 세상에 단 하나의 사례밖에 없고, 역사를 통틀어 단 한 번밖에 나타나지 않으니까요. 한 사람은 우주 전체에서 유일하고 또 영원 전체에서 유일한 것이니까요.

관념적인 피안과 이 세상에서 살았던 수십 년의 진짜 삶 사이에 무슨 공통 척도가 있을까요? 이와 같은 양자택일의 비대칭은 두 가능성을 서로 비교할 수도 없다는 데에서 비롯되는 것이 아닐까요? 다행히 이 양자택일은 아마도 인위적일 것입니다. 아마도 차안 자체가 그 기묘하고 신비로운 까닭 없음으로 이미 초자연적이라고 생각해야 할 것입니다. 차안과 거기에 가득 찬 모든 삶들은 불의 곡선을 그리고서는 영원의 깊은 곳으로 영영 사라집니다. 죽음으로 인해 이 세상의 모든 존재는, 길모퉁이의 카페 주인까지도 초자연적인 존재입니다. 그러면 이 초자연적인 존재는 그 존엄과 의식 때문에, 그 개인적 생의 유일함과 안타까운 불가역성 때문에, 지속을 제외한 모든 점에서 무한하다는 걸까요? 아니요, '무한히' 귀한 것은 '유한성'입니다! 생명이 뿌리내리고, 삶 자체를 하나의 신비로 만들며, 죽음을 삶의 조건으로 삼아 삶과 결합하고, 모순적인 둘을 비극적으로 서로 연대하게 만드는 설명할 수 없는 무언가가 있습니다. 그 결과 삶과 죽음이 하나의 유일한 기적이 되어, 같은 밤 속에 있는 것입니다.

그런 것이 아마도 『일곱 사형수 이야기』에서 레오니트 안드레예프가 우리에게 가져다주는 "죽음의 계시"일 것입니다. 일곱 사형수 중 한 사람인 베르네르가 죽음의 순간에 숭고한 광경을 발견합니다. "그는 돌연 삶과 죽음을 알아보았다. 그 경이로운 광경의 장엄함에 어안이 벙벙해졌다. 그것은 마치 칼날처럼 좁은 높은 산등성이 길을 걸어가는 것과 같았다. 한쪽 편으로는 삶이 보이고 다른 쪽 편으로는 죽음이 보인다. 죽음과 삶은 수평선에서 하나가 되어 끝없이 펼쳐지는 눈부시게 빛나는 깊은 두 대양과 닮아 있었다[9]…. 그리고 모든 사물을 꿰뚫어 보는 맹렬한 시선으로 벽과 공간과 시간을 무너뜨리면서, 그는 자신이 떠나온 삶의 깊은 곳 저기 어딘가를 멀리 바라보았다."[10]

살아온 삶이 닫히고 완결될 때, 사람들은 자문합니다. 무슨 소용일까? 그래요, 운명의 창공에서 아무개 씨의 이 짧은 산책은 무슨 의미가 있을까요? 유한성이라는 계곡에서 이 수십 년의 실습기간은 무슨 의미가 있을까요? 차안이라는 목장에서 이 밑도 끝도 없는 체류는? 그리고 애초에 왜 아무개 씨는 영원히 비존재로만 머물지 않고 어느 날 태어난 것일까요? 그리고 태어났으면, 왜 어느 날 존재하기를 그만두어야 할까요? 더구나 이런 부조리한 순환 여행의 이유에 대해서는 아무런 설명도 없이? 도대체 이 모든 것의 목적이 무엇일까요? 실존이 시작된 곳에서 끝날 때, 미래가 과거 그 자체일 때, 단 하나의 비존재에서 오메가가 알파와 만날 때에는, 합목적성을 말할 수가 없는데….

이런 절망적인 순환을 앞에 두고서는 합목적성을 말할 마음이 들지 않습니다.「전도서」와 함께 외치고 싶어집니다. 헛되고 헛되다! 이제는 삶이라는 원고를 완전히 반대로 읽을 수 있을 것처럼 보입니다. 음절도 같고 글자도 같은 똑같은 원고지만, 조명이 바뀌었습니다. 경박하고 피상적인 경험주의는 내재적 합목적성에서 만족합니다. 즉, 잇따르는 순간들이 하나의 일대기를 이루며 삶 속에서 합목적성을 갖는다는 것 정도에 만족합니다.「전도서」의 반쯤 깊은 비관주의는 살았다는 것의 전체적인 무의미가 '삶 속의 의미'를 어떻게 하찮은 것으로 만드는지 보여주었습니다. 시작한 곳에서 끝나야 하는 거라면, 굳이 시작할 필요도 없었다는 것이죠.

그렇지만 굳이 시작할 만한 가치가 있습니다! 목적 없는 삶의 순환 속에서, 어떤 소나타들의 순환에서처럼, 세 번째 읽기는 '살았다는 것'의 깊은 초자연성을 우리에게 보여줍니다. 이 '살았다는 것'의 까닭 없음 자체가 갑자기 전환되어 초자연적인 메시지로 바뀌는 것입니다. 내재적인 연속의 내부에서, 출발했다가 그런 뒤에 탕자처럼 출발점으로 되돌아왔다는 사실이 꼭 잃어버린 시간은 아닙니다. 외적인 관점에서 보면 이런 우회는 쓸데없어 보이죠. 하지만 시간을 고려하면, 그것은 오히려 구체적인 성숙과 보이지 않는 경험을 가져오는 것입니다. 삶이 그 자체에서 닫혀버리는 무한한 영원의 공허와 관련해서는, 성숙도 경험의 추억도 말할 수 없을 것입니다. 여기서는 창조가 전혀 다른 차원의 일이죠. 기간의 경험적 연속이 구성되는 것은 자연적인 과정이지만, 무릇 연속이라는 초경험적인 사실은 초자연적입니다.

자기 의사를 표명한 적도 없는데 세상에 태어났고, 그러고는 더욱이 상의도 없이 짐을 싸서 나가라 해서 세상에서 물러납니다. 부탁하지도 않았는데 (부탁할 자가 없었는데 무슨 부탁이 있었겠습니까?) 누군가가 존재를 받았고, 그런 뒤에는 추구한 적도 없는데 결국 집착하게 된 이 선물을 되돌려달라고 요구받습니다. 누군가가 나타났다가는 이어서 영영 사라집니다. 누군가가 괴로움을 겪고 희망하고 아쉬워했다가는 흔적도 남기지 않고 소멸됩니다. 누군가가…. "누구나처럼 신비롭고 가여운 작은 존재였지." 『펠레아스와 멜리장드』의 끝에서 이제는 만기된 운명 위로 막이 내리는 동안, 죽은 멜리장드의 침상 앞에서 아르켈은 그렇게 말합니다.

실제로 더 이상 다른 할 말이 없습니다. 더 이상 생각할 것도 없습니다. 그럼에도 불구하고, 현재가 과거가 되고 현존이 부재가 되어왔던 이래로, 다한 운명의 신비로움은 마르지 않는 성찰의 주제를 사람들에게 제공합니다. 또한 모든 이들은 이 깊음 없는 신비 앞에서 슬퍼하며 말없이 묵상합니다. 살았고 존재했다는 사실성을 알아보지만 그 까닭을 이해하지 못하기 때문입니다.

들리고 보이고 숨쉬는 그 모든 것들이,

다 같이 말해주기를. 그들은 사랑했다고!°

사랑했다, 그뿐입니다. '사랑했노라, 살았노라' 라마르틴과 마테를링크의 연인들처럼 그렇게 말합니다. 이것이야말로, 향수를 불러일으키는 이 과거형에서 마력처럼 온통 뿜어져 나오는 신비가 아닐까요? 누군가는 그것이야말로 헛된 위로라고, 영양가 없는 양식이라고 말할 것입니다. 그럼에도 이 빈약한 양식은 가장 귀한 노자성체입니다. '위대한 일들은 하려고 했다는 것만으로도 충분하다.In magnis et voluisse sat est' 리스트는 이 말을 막스밀리아노 1세에게 바친 장송곡 첫머리에 적었습니다.

적어도 존재했다는 사실은 양도할 수 없는 것입니다. 아무도 우리에게서 그것을 빼앗을 수도 없고, 부인할 수도 없습니다. 아무도 아무에게도 그것을 금할 수 없습니다. 누군가 나의 존재를 물질적으로 제거할 수는 있지만, 존재했음을 무화할 수는 없는 것입니다. 죽은 이는 더 이상 삶으로 돌아갈 수 없지만, 살았던 이는 결코 다시는 태어나기 전의 무로 떨어지지 않을 것입니다. 부활을 가로막는 불가역이 무화를 가로막는 것이죠. 누군가가 태어나서 살았던 순간부터, 무언지 말할 수 없다고 하더라도 항상 무언가가 남을 것입니다. 우리는 이제부터 더 이상 마치 이 누군가가 아예 실존하지 않았던 것처럼, 혹은 존재한 적이 없었던 것처럼 만들 수 없습니다. 연년세세토록 이 신비로운 "존재했다"를 고려하지 않으면 안 될 것입니다.

이 '이제부터는 아닌 것Jam-non'은 실은 '더 이상 아무것도 아닌 것'입니다. 하지만 있었던 적이 없었다면, '더 이상 있지 않다'고 말할 수

° 라마르틴의 시 「호수」의 마지막 두 행.

도 없을 것입니다! '더 이상 있지 않다'와 '있지 않다' 사이의 차이는 형이상학적입니다. '더 이상 아무것도 아닌 것'은 단순한 무와는 언제까지나 차별되는 것이죠. 그것은 영원한 비실존으로부터 구해집니다. 영원히 구해집니다. 이 '존재했다'는 아우슈비츠에서 처형되어 소멸된 미지의 한 소녀의 환영과도 같습니다. 이 아이가 지상에서 짧게 머물고 갔던 그 세계는 그런 일이 없었던 세계와는 돌이킬 수 없이 앞으로 언제까지나 달라지는 것이죠. 있었던 것은 있지 않았던 것일 수 없습니다.

살았다는 것의 영원성이 우리 개인의 운명에게 무엇을 나타내는지는 아무도 말할 수 없고 조금도 알 수 없습니다. '무엇이지?' 하는 물음에 자기가 잘 안다며 대답해 주겠다고 자처하는 사람들은 알다시피 돌팔이들입니다. 죽음은 수수께끼도 아니고 난문도 아니니까요. 장 카수는 모든 존재를 끊임없이 괴롭히는 비밀의 말을 마테를링크에게서 읽어냈습니다. 이 커다란 비밀은 말이죠, (아무한테도 말하지 마세요.) 사실 비밀이 없다는 겁니다.

우리는 이렇게 덧붙여 말합시다. 바로 이 점에서조차 죽음은 하나의 신비라고. 이 신비는 또한 우리의 나날의 신비이며, 다정한 눈길이나 묵직한 미소의 신비, 억누른 흐느낌이나 살며시 눈 감기의 신비이고, 요람에서 무덤까지 우리와 함께 있는 따듯하고 낯익은 사물들의 신비입니다.

톨스토이의 애매한 몇 마디 말에서, 이 객관성의 대천재가 이 공공연한 신비에 대한 직관을 가졌었음을 생각하게 됩니다. 레빈은 『안나 카레니나』의 끝에서 말합니다. "나는 삶의 의미에 대해서 생각했으나 아무것도 발견하지 못했다. 나는 내가 알고 있던 것을 재인식하게 되었을 뿐이다." 그리고 바실리 안드레이치는 『주인과 하인』의 끝에서 말합니다. "알고 있던 것을 몸소 알게 되었군… 이젠 알겠어." 이 동어반복은 대상에 이르는 대신에, 내면을 향해 주의를 돌려 그 자신에게로 되돌아가는 어떤 앎에 대한 생각을 표현합니다. 도대체 죽어가는 사람은 무엇을 아는 것일까요? 무엇을 배웠다는 것일까요? 아마도 말로 할 수 있는 것은 아무것도, 혹은 거의 아무것도 없을 것입니다. 그런데도 이반 일리치는 그의 긴 시련의 끝에서 이 '거의 아무것도 아닌 것'을 언뜻 엿봅니다. "이해할 사람은 이해하겠지… 그런데 죽음은 어디에 있지?… 그는 이전에 습관처럼 갖고 있었던 죽음에 대한 두려움을 찾아보았지만 찾지 못했다. 어디 있지? 무슨 죽음? 더 이상 두려움은 존재하지 않았다. 더 이상 죽음이 존재하지 않았기 때문이었다." 이것이 이반의 끝에서 두 번째 대사들입니다. 그리고 톨스토이가 덧붙입니다. 죽음 대신 빛이 있었다고.[11]

이번에는 암흑이 빛을 받아들입니다. 커다란 빛. 아우스터리츠 고원에 누운 볼콘스키가 머리 위로 바라보는 하늘처럼,° 죽음의 무의미함을 그토록 하찮게 보이도록 만드는 그 맑은 하늘처럼 커다란. 이제 이 하늘 말고는 아무것도 존재하지 않습니다. 얼마나 큰 하늘인가! 얼마나 큰 빛인가! 이 숭고한 환함에 비하면 모든 것이 어찌나 보잘것없어 보이는가! 환히 드러나 있으면서도 고집스레 달아나는 것, 인간에게 죽음의 신비란 그런 것입니다.

때로 우리는 이 신비의 신비로움이 오해에서 비롯되는 것이며, 그 오해는 전적으로 우리의 복잡함에서 생겨나는 것 같다고 느낍니다. 그 신비로움이 무엇으로 이루어져 있는지 모르지만, 우리는 그것이 아주 간단한 것일 거라고 예감합니다. '아, 생각했어야 했는데. 그리

° 톨스토이, 『전쟁과 평화』 1권 3부 16장.

고 그러기 위해 그걸 생각할 생각을 했어야 했는데!' 하고 나중에서야 속으로 말하는 삶과 사랑의 해결책들처럼 혹은 천재들의 직관처럼 간단할 거라고 예감합니다. "참 좋아, 얼마나 간단한가." 이반 일리치는 숨을 거두기 전에 그렇게 중얼거립니다. 나타샤와 마리아 공녀는 자신들의 불행 때문에 우는 것이 아니라, 이 숭고하고 놀라우리만치 간단한 신비, 감춰져 있지 않은데도 그 어떤 피조물도 간과할 수 없는 이 신비를 생각하면서 웁니다.

어쩌면 인간은, 되돌아본 타인의 삶의 의미 앞에 서 있는 듯이, 죽음 앞에 서 있을 것입니다. 베르그송은, "나는 알지 못하지만, 알았던 것이 되리라고 때로 짐작한다" 하고 말합니다. 아는 모름이 여기서 깊은 의미를 갖게 됩니다. 나는 아무것도 모름에도 불구하고, 이미 알고 있습니다. 밤 속에서 시작된 자기의 신비로운 실존을 밤 속에서 마치려 하는 때에 멜리장드는 중얼거립니다. "내가 알고 있는 게 무언지 모르겠어요." 바실리 안드레이치는 자기가 무엇을 알고 있는지 압니다. 멜리장드는 그것을 모릅니다. 하지만 의식하든 의식하지 않든 그들의 앎은 같은 하나의 신비에 대한 앎입니다. 그것은 알지 못하는 앎, 모르는 어떤 것을 아는 앎입니다. 무엇인지 알기 전에, 어떤 것인지 알기 전에, 우리는 그것이 간단한, 이상하리만치 간단한 것일 거라고 알고 있는 것입니다. 베르그송식으로 말하면 눈부실 만큼 간단한 것일 거라고. '안녕?'과 '잘 가!'처럼 간단할 거라고. 우리가 알게 되는 그날, '어째서 진작 생각 못 했지?' 하고 자문하게 될 만큼 너무도 간단할 거라고.

옮긴이의 말

『죽음』의 텍스트는 1957년~1958년과 1958년~1959년 두 학기 동안 장켈레비치가 소르본에서 강의하고 '라디오 소르본'에서 방송한 두 차례 공개 강의의 내용에서 비롯되었다. 프랑스어판은 당시 테이프에 녹음된 이 구술 강연을 정리한 것이며, 녹음 원본은 이후 분실되었다.

현재 프랑스어 판본의 본문에서도, 몇 쪽에 걸쳐 이어지는 긴 문단, 수없이 교차되는 콜론과 세미콜론의 나열로 표시되는 접속관계, 철학서에서 보기 드문 수많은 말줄임표 등, 슬쩍 훑어보기만 해도 텍스트가 형성된 사정을 엿볼 수 있다. 논제를 연역적으로 전개하며 결론을 구축해 가는 진행이기보다는, 반복과 변주를 통해 주제를 풀어내면서 민첩하게 논증과 연상을 교차시켜 응축과 확장을 거듭해 가며 긴장과 템포를 조절하는 문체적 특성도 텍스트의 구술적 기원과 무관하지 않을 것이다.

이러한 점을 고려하여 한국어 번역에서도 구어체의 어미를 사용하였지만, 물론 그런 단순한 장치로 원문의 다채로움을 표현하기는 역부족이라고 생각된다. 장켈레비치는 특히 어휘 수준에서는 일의성에 얽매이지 않고 의미의 밀도를 높이기 위해 색조가 다른 동의어를 자유자재로 부리는데, 한국어 사전을 들춰가며 이를 최대한 따라잡아 보려 했으나 아무래도 아쉬움이 남는다. 어휘상의 또 다른 특이사항으로, 원문에는 통용되는 유럽어가 아닌 '이상한' 단어가 꽤 등장하는데, 이는 장켈레비치가 고전 그리스어를 프랑스어로 음역하여 만든 단어로, 원문에도 번역이 병기되어 있지 않다. 게다가 프랑스어 원문에는 번역도 없이 고전 그리스어와 라틴어가 단어로는 물론이고 문장째로 수시로 등장하는데, 당시 프랑스 독자들이 이를 곧바로 이해할 수 있었는지는 모르겠으나, 한국어 번역에서는 장켈레비치의 '고전어 취향'을 따르지 않고 번역문을 병기하였다.

구두점의 불명확함과 사실상 없다시피 한 문단 나눔은, 청중에게는 몰라도 독자에게는 결코 친절하다고 할 수 없는데, 이 점을 개선하는 데 2009년에 출간된 이탈리아판의 도움을 받았다.(*La Morte*, td. Valeria Zini, Einaudi, 2009.) 이탈리아판은 원문을 새로 편집하여 구두점과 문단 구분을 보완했을 뿐만 아니라 서지사항도 상당히 보완한 판본이다. 한국어판은 이탈리아판의 구성을 참고하되 문단 구분을 좀 더 세분화하였고, 여전히 남아 있는 원문과 인용상의 오류도 바로잡았다.

장켈레비치의 독특한 표현들에 대한 적절한 번역어를 결정하는 과정에서 일본어판을 참고하였다.(『死』, 仲澤紀雄 訳, みすず書房, 1978.) 그러나 번역어를 결정한다고 해서 마치 '전문용어'처럼 일대일 대응을 목표로 하지는 않고 문장과 주제의 맥락에서 어느 정도 변형을 주었다. 장켈레비치의 말대로 "의미는 단어들의 연속에 내재하지, 각 단어에 의미의 조각이 점 대 점으로 대응하지 않기" 때문이다. 특히 즉흥연주와도 같이 언어를 구사하는 저자의 문체를 생각할 때, 단어를 획일적으로 번역하는 것은 뜻이 통하지 않게 만드는 일이 되고 만다. "의미는 문장 속에서 낱말 하나하나로 나뉘어 말해지는 것이 아니며, 음악의 마법 주문도 멜로디 속에 음표 하나하나로 읊을 수가 없다"고

하는 저자의 말은 그 자신의 글에도 적용된다.

'해제'가 아닌 '후기'로서는 주제넘은 일이 될지도 모르겠지만, 이 책을 읽는 일에 대해 두어 가지 바람을 전하고 싶다. 외국 독자의 서평에서 책이 너무 길다는 불평을 본 적이 있다. 맞다, 결코 짧다고 할 수 없는 책이다. 그러나 짧을 수도 없는 책이다. 장켈레비치가 죽음의 수수께끼를 값싼 방식으로 풀어버리려 하지 않기 때문이다. 이 책은 철학적 논증만큼이나 문학과 음악의 언어와 사유로 차고 넘친다. 그러니 마치 악장이 많은 변주곡이나 기나긴 교향곡을 듣듯이 즐겨주었으면 한다. 마지막 장에 저자의 결론이 선명하게 제시되어 있으니, 알맹이를 쏙 빼먹는 기분으로 결론을 먼저 읽는 독서도 상쾌한 맛이 있겠지만, 앞에서부터 길을 헤매며 마냥 읽어가다가 마침내 종착지에 다다르는 긴 여정의 깊은 맛도 느껴보시기를 권한다.

이 긴 책에는 미로와 막다른 길, 후퇴와 우회들이 가득하다. 그야말로 죽음이라는 난문을 '문제'로 놓고 있는 책답다. 그러나 이 책을 읽는 일이 우울한 주제에 골몰하여 어둠 속을 더듬기만 하는 일처럼 생각된다면, 조금은 오해일 수도 있음을 말해두고 싶다. 무엇보다 이 책을 넘치게 채우고 있는 것은 생의 찬란함이기 때문이다. 장켈레비치의 이야기는 신비롭고 불가해한 죽음의 수수께끼에서 출발하지만, 삶의 절대적 가치에서 끝을 맺는다. 그는 죽음의 정체를 파헤치고자 하는 것이 아니라, 오히려 삶이 진짜 신비임을 드러내어 보여주고 싶어 한다. 결코 생각할 수 없는 것인 죽음의 진짜 비밀은 '비밀이 없다는 비밀'이었고, 이는 영웅적 시련을 겪으며 찾아 들어간 캄캄한 동굴 속에 감춰진 비밀이 아니라, 일상의 거룩한 빛 아래에 친근한 시선과 가벼운 미소 속에 환히 드러나 있는 비밀이었기 때문이다. 괜스레 힘을 좀 주어 정리해 보자면 장켈레비치의 『죽음』은, 죽음 그 자체를 사유할 수 없다는 철학적 논증의 비관주의가, 삶을 무한히 긍정하는 철학 작품의 희귀한 낙관주의로 귀착된 것이라고 할 수 있겠다.

장켈레비치의 『죽음』을 처음 읽은 지 벌써 15년이 흘렀다. 전공 공부로 『파이돈』의 논증을 골머리를 싸매며 정리해 가던 참에, 순전히 즐거움만을 위해 손에 든 책이었다. 이름도 낯선 저자의 책을 읽고 있는 것을 보고, 당시 주위에서 시간을 헛되이 쓰는 게 아니냐는 눈빛을 보내던 것도 기억난다. 그러나 그때도 지금도 일개 독서인에 지나지 않는 나로서는 무상한 책 읽기를 그만둘 까닭은 없었다. 어쩌다 이 책의 역자가 되는 저주를 겪게 되었지만, 이제 다시 독자로 돌아갈 생각을 하니 마음이 평화로워진다.

번역하는 동안 종종, 대학 때의 『적과 흑』 강독 수업을 떠올렸다. 어린 학생 다섯을 앞에 두고서, 노교수는 짧은 학기를 아쉬워하며 한 줄씩 읽고 번역을 해갔다. 아주 가끔 감상이 더해질 뿐, 그저 읽어가기만 하는 수업이었지만, 프랑스어로 책을 읽는 단순한 행위의 즐거움을 배워가던 시절이었다. 장켈레비치의 이 책을 읽었던 일도 그 시절 어딘가에서 이어져 온 것처럼 느껴진다. 그때를 추억하며 스탕달의 말을 빌려 '행복한 소수'에게 이 번역서를 드린다.

2023년 6월
김정훈

주석

프롤로그: 죽음의 신비와 죽음의 현상

1 란츠베르크Paul-Louis Landsberg, 『죽음의 경험에 관한 시론*Essai sur l'expérience de la mort*』, Desclée de Brouwer, 1936.
2 이오네스코Eugène Ionesco, 『왕은 죽어간다*Le Roi se meurt*』, Gallimard, Paris, 1963, p. 65.
3 플라톤, 『향연』, 195b-c: 늙음을 피해 달아나고… 영원히 젊은.φεύγων φυγῇ τὸ γῆρας…ἀεὶ νέον
4 장 카수Jean Cassou, 「죽음과 풍자La Mort et le Sarcasme」, Cahiers du Sud, 306호, 1951.
5 톨스토이, 『이반 일리치의 죽음』, §6.
6 이반 부닌, 『아르세니예프의 인생』I, 18.
7 '절대적 타자'에 대해서는 에마뉘엘 레비나스Emmanuel Levinas의 중요한 저작, 『전체성과 무한*Totalité et Infini*』, La Haye, 1961을 보라.
8 파스칼, 『팡세』III, 211. 마테를링크Maurice Maeterlinck, 『죽음*La Mort*』, p. 6 참조.
9 장 카수Jean Cassou, 『나사로의 책*Le Livre de Lazare*』, Plon, 1955, p. 1.

제1부 죽음 이편의 죽음

1 이반 부닌, 『아르세니예프의 인생』III, 3. 라 로슈푸코La Rochefoucauld, 금언 26 참조.

1장 살아있는 동안의 죽음

1 플라톤,『소크라테스의 변명』, 29a.
2 플라톤,『티마이오스』 49a, 52b; 아리스토텔레스,『자연학』 IV, 10, 217b, 33.
3 키케로,『투스쿨룸 대화 Tusculanes』 I, 30.
4 베네치아 아카데미아 미술관 소장.『준주성범』 1부 "영적 삶에 대한 유익한 조언"의 23장 참조.
5 셸링,『철학적 경험론의 제시 Darstellung des philosophischen Empirismus』, 전집, 1856-1858, 10권.
6 파스칼,『팡세』 II, 168~169. cf. 139, 166.
7 하위징아 Johan Huizinga,『중세의 가을 Le Déclin du Moyen Age』, Edition Française, Paris, 1932, p. 167.
8 발둥 그린 Baldung Grien, 〈죽음과 소녀〉, 〈죽음과 여인〉(바젤 미술관). 〈기사, 약혼녀 그리고 죽음〉 참조. 에른스트 베르트람 Ernst Bertram,『니체: 신화학의 시도 Nietzsche, Essai de mythologie』 참조. 페트라르카와 안젤로 폴리치아노 Angelo Poliziano가 이 주제를 다루었다.
9 ibid, p. 172.
10 『지혜로운 처세술 Oráculo Manual y arte de Prudencia』, 특히 금언 132.
11 「마태복음」 6장 34절.
12 「누가복음」 12장 29절.
13 『파이돈』 117e.
14 이고르 스트라빈스키,『내 생의 기록 Chroniques de ma vie』, Denoël, Paris, 1962, p. 162 참조.
15 특히, 피에르 랄르망 Pierre Lalemant,『죽음의 성스러운 소망 Les Saints Desirs de la mort』, Bruxelles, 1713, 5e éd.
16 『파이돈』 71b.
17 『파이돈』 70e.
18 『파이돈』 71c.
19 G.-A. Brunelli,『샤스텔렝과 부인들의 거울 Jean Castel et le "Miroir des dames"』,

Le Moyen Âge, 1956, pp. 96~117 참조. 샤스텔렝은 『죄인에 관한 사색 Spécule des pécheurs』의 저자이기도 하다.

20 니콜라스 베르쟈예프Nicolas Berdiaev, 『종말론적 형이상학에 대한 에세이 Essai de métaphysique eschatologique』, Aubier, Paris, 1947 참조; 안겔루스 질레지우스Angelus Silesius, 『천사의 순례Le Pèlerin chérubinique』, éd. Eugène Susini, 1946, I, 42.

21 세묜 프랑크Semyon Frank의 훌륭한 저서, 『삶의 의미Smcl jizni』, Paris, 1925 참조.

22 「전도서」 1장 9절; 「창세기」 3장 19절 참고. 클레망 로세Clément Rosset, 「쇼펜하우어 철학에서 부조리의 감정: 목적 없는 합목적성Le sentiment de l'absurde dans la philosophie de Schopenhauer la finalité sans fin」, Revue de métaphysique et de morale, 1964, p. 66.

23 「전도서」 2장 15절.

24 무소륵스키, 《죽음의 노래와 춤》, 제4곡 〈사령관〉.

25 르네 르 센느René Le Senne, 『의무Le Devoir』, PUF, 1950, pp. 60~68.

26 파스칼, 『팡세』 III, fr. 194.

27 『모세의 생애Vie de Moïse』 II, 163 참조; Henri-Charles Puech, 「위-디오니시우스 아레오파기타 및 교부신학 전통에서의 신비주의적 암흑La Ténèbre mystique chez le Pseudo-Denys l'Aréopagite et dans la tradition patristique」, 『가르멜파 연구Études carmélitaines』, 1968, pp. 33~53.

28 「이사야서」 45장 15절. 파스칼, 「로안네에게 보내는 서한Lettre à Mlle de Roannez」, 1656년 10월.

29 위-디오니시우스Pseudo-Dionysius, 『신비신학에 관하여De mystica Theologia』 1025B(chap. II) and 997B(chap. I).

30 페데리코 몸포우Federico Mompou의 피아노곡, 《침묵의 음악Musica callada》. 몸포우 자신이 십자가의 성 요한의 「울리는 적막Soledad sonora」에서 영감을 받아 이 제목을 선택했다고 한다.

31 위-디오니시우스, 『신비 신학Théologie mystique』, chap. I, §3.

32 『향연』 209b.

33 205b.

34 무소륵스키, 《죽음의 노래와 춤》, 제2곡 세레나데. 요세프 수크Joseph Suk, 《자장가》, op. 33, no. 6.

2장 기관-장애물

1 『인생의 짧음에 관하여』 §1, 3 참고. 피에르 니콜Pierre Nicole의 주석, 『세네카의 논고: 「인생의 짧음에 관하여」에 대한 성찰』.
2 니콜라 뒤 소Nicolas Du Sault, 『자연과 초자연의 길에 의해 신을 찾는 방법 Adresse pour chercher Dieu par les voies naturelles et surnaturelles』, 1651; 피에르 니콜Pierre Nicole, 『시간 사용법De l'usage du temps』 유고; 페늘롱Fénelon, 『한 달 동안의 하루하루를 위한 성스러운 성찰Réflexions saintes pour tous les jours du mois』, 27일째 날, J. B. Delespine, 1704.
3 『창조적 진화Évolution créatrice』, pp. 94~95.
4 『고르기아스』 492e.
5 톨스토이, 『전쟁과 평화』, 2권 1부 9장.
6 게오르크 짐멜Georg Simmel, 『생의 직관Lebensanschauung』, 1장 「생의 초월성 Die Transzendenz des Lebens」, Duncker & Humblot, 1918.
7 장 카수Jean Cassou, 『세 시인Trois poètes』, Plon, 1954, p. 35.
8 베르너 크라우스Werner Krauss, 『그라시안의 생활의 교훈Gracians Lebenslehre, Klostermann』, 1947, p. 127 참조.
9 셸링F. W. J. Schelling, 『신화의 철학Philosophie der Mythologie』 28과: 「마지막에서야 처음에 있던 것이 밝혀진다」. 『계시의 철학Philosophie der Offenbarung』 28과: 「끝은 처음에 있던 것을 계시한다」. 『신화의 철학』 13과: 「나중에 온 것이 앞선 것의 의미에 대해 증언한다」. 27과 참고. 『계시의 철학』 21과.
10 외젠 민코프스키Eugène Minkowski, 『체험된 시간Le Temps vécu』, Artrey, Paris, 1933, pp. 123~125
11 몽테뉴, 『에세』 I권 19장 참고[원문에 18장으로 잘못 표기된 것은 오식 — 옮긴이], 오비디우스를 인용. "물론, 사람은 항상 마지막 날을 기다려야 한다."

12 『의식에 직접 주어진 것에 관한 시론*Essai sur les données immédiates de la conscience*』, p. 139; 『정신적 에너지*Énergie spirituelle*』, p. 138; 『사유와 운동*La Pensée et le Mouvant*』, 「가능한 것과 실재하는 것*Le possible et le réel*」, p. 110; 『도덕과 종교의 두 원천*Les deux sources de la morale et de la religion*』, p. 72, p. 313.

13 프란츠 리스트가 1876년 완성한 피아노 모음곡 《크리스마스 트리》의 제10곡.

3장 절반의 열림

1 『팡세』 III, fr. 194. cf. 233: "우리는 하나의 무한한 것이 있다는 것을 알지만 그 본성은 모른다… 우리는 그것이 어떤 것인지 모른다."(밑줄 인용자). 데카르트, 『제2성찰』 5.

2 『팡세』 VI, 347.

3 성 베르나르 Saint Bernard, 『저작집*Opera*』 vol. I, Paris, 1690, p. 109, p. 364, p. 484; 『회심하여 성직자가 되는 것에 관하여*De conversione ad clericos*』, VIII, §16.

4 『준주성범』, 1권 23장 40절('죽음에 대한 성찰De meditatione mortis').

5 세네카, 『인생의 짧음에 대하여』 VII, 9; 『서간집』 12, 101. 또한 마르쿠스 아우렐리우스, 『자성록*Εἰς ἑαυτόν*』을 보라.

6 『준주성범』 23장 17절, 9절.

7 하위징아, 『중세의 가을*Le Déclin du Moyen Age*』, Payot, 1938, p. 175.

8 『파이돈』 63e: 죽음에 임하여 담대하고…θαρρεῖν μέλλων ἀποθανεῖσθαι, 64a: 죽음이 다가오자…ἥκοντος θανάτου

9 『준주성범』 23장 36절, 19절.

10 『준주성범』 23장 18절, 8절.

11 「마태복음」 26장 41절; 「마태복음」 24장 36절; 「마가복음」 13장 33~37절; 「누가복음」 12장 35~40절, 21장 36절; 「사도행전」 1장 7절; 「데살로니가전서」 5장 1절 참고.

12 『파이돈』 65e: 준비하다.παρασκευάζεσθαι

13 『사형수 최후의 날*Le Dernier Jour d'un condamné*』 §3.

14 마르쿠스 아우렐리우스, 『자성록』 II, 14.
15 『고르기아스』, 523d.
16 『결박된 프로메테우스』, 250.
17 『일과 나날』, 96.
18 『인간과 죽음 L'Homme et la Mort』, Le Seuil, 1951.
19 『죽음 La Mort』, Eugène Fasquelle, 1913.
20 『지혜로운 처세술』, 금언 55: '기다릴 줄 아는 사람'.
21 『형이상학』 1015a, 32.
22 「요한묵시록」 12장 4절.
23 「요한묵시록」 10장 6절.

4장 노화

1 『에세』 I, 19.
2 발타자르 그라시안, 『지혜로운 처세술』, 금언 39: "자연이 만들어낸 작품은 모두 그 완성 지점에 다다르게 마련이다. 그 지점에 이를 때까지는 내내 커져가지만 거기에 이르고 나서는 내내 줄어들어 간다."
3 『고르기아스』 492e. 헤라클레이토스, 단편 62, 저들의 죽음을 살고, 저들의 삶을 죽는다. ζῶντες τὸν ἐκείνων θάνατον, τὸν δὲ ἐκείνων βίον τεθνεῶτες 참조. 레프 셰스토프, 『욥의 저울 Sur la balance de Job』, Paris, 1929, p. 27 이하.
4 베륄 P. de Bérulle, 『신앙 소품집 Opuscules de piété』, Aubier, 1944, §32: '영혼과 육체의 죽음에 관하여', pp. 147~148 (Migne, 171). 마닐리우스 Manilius의 말을 몽테뉴가 『에세』 I권 20장에서 인용한다. 우리는 태어나면서 죽어가고, 끝은 처음부터 매달려 있다. Nascentes morimur finisque ab origine pendet 노발리스 Novalis, 『저작집 Schriften』, ed. J. Minor, Diederichs, Jena, 1907, vol. II, 113, '삶은 죽음의 시작이다. Leben ist der Anfang des Todes'
5 『신앙 소품집』, §147: '살고 죽는 것이 기독교인의 좌우명이다', éd. cit., p. 432; §149, p. 436; §154: '우리 자신에게 죽음의 의무와 죽는다는 것에 관하여', p. 444.
6 『신앙 소품집』, §32, p. 147; §154, p. 444.

7   자크 마돌, 『죽음에 관한 고찰Considération de la mort』, Corrêa, 1934, pp. 28~29.
8   『에세』I, 20.
9   『자성록』III, 1. 그리고 뒷부분: '매 순간 죽음에 더 가까워진다…τῷ ἐγγυτέρω τοῦ θανάτου ἑκάστοτε γίνεσθαι'
10 『백치』I부 5장.
11 『팡세』II, 109. 이 대목을 브룅스비크는 몽테뉴『에세』I, 19와 라브뤼예르 La Bruyère의 『인간에 대하여De l'homme』와 비교하고 있다.
12 파스칼, 『팡세』II, 82.

제2부 죽음 순간의 죽음

1   《구슬픈 시간Les Heures dolentes》의 11곡.《안타르》의 마지막과 완전히 대조적이다.

5장 죽음의 순간은 범주를 벗어나 있다

1   『사유와 운동』, 「변화의 지각」, p. 163.
2   라이프니츠, 「아르노와의 서한」(1686), 『라이프니츠 철학 저작집』, Paul, Janet, Alcan, Paris, 1900, pp. 556~557, 593~610. cf.「보편적 정신의 교의에 대한 고찰」(1702), §14. cf.『모나돌로지』, §73.
3   『신 인간지성론』(1704), 저작집 vol. IV, 16, §12. cf.「드 몽모르R. de Montmort와의 서한」(1715).
4   『파이돈』61e, 67a-b(πορεύεσθαι), 117c. cf.『테아이테토스』176a-b.
5   호프만Hoffmann, 『밤 이야기Contes nocturnes』, 알로이시우스 베르트랑Aloysius Bertrand의 시집『밤의 가스파르』(1842)의 「스카르보」에 인용.[프랑스의 작곡가 모리스 라벨이 베르트랑의 시를 바탕으로 동명의 피아노 모음곡을 작곡. — 옮긴이]
6   《펠레아스와 멜리장드》V막, 2장.
7   모리악F. Mauriac, 『일기Journal』, p. 53; 란츠베르크Paul-Louis Landsberg의 인

용, 『죽음의 경험에 관한 시론』, p. 26.
8   앞의 책, p. 15, p. 26 참조.
9   「요한묵시록」21장 22절.
10 에마누엘 스베덴보리Emanuel Swedenborg, 『참된 기독교La Vraie Religion chrétienne』, §29. cf. Téqui, Paris, 1956, p. 693, p. 769.

6장 '거의 아무것도 아닌' 죽음의 순간

1   『파이돈』 67e.
2   63c. cf. 64a: '열망하다προθυμεῖδθαι', cf. 75b.
3   '둘 중의 하나Δυοῖν θάτερον', 66e; '그 전에는 아니다πρότερον δοῦ', 67a.
4   63c, 64c.
5   60a.
6   2. 117d. cf. 에릭 사티Erik Satie, 《소크라테스》3부, 〈소크라테스의 죽음〉.
7   62d, e; 63b, c; 64a; 67e; 68b; 69d; 117d.
8   117e.
9   118a.
10 115a.
11 58c-d. 이와 대조적으로, 파스칼, 『팡세』 III, fr. 211.
12 Μέλλων. 『파이돈』 64a: '죽음이 닥쳐왔을 때ἤκοντος θανάτου'
13 마르쿠스 아우렐리우스, 『자성록』 II, 17.
14 『파이돈』 64b.
15 『파이돈』 67a: '가장 가까이ἐγγυτάτω'. cf. 65e: '앎에 가장 가까이 감. ἐγγύτατα ἰέναι τοῦ γνῶναι'
16 에피쿠로스, 「주요 교의」 2, ed. Usener, 『에피쿠로스 작품집』 71; 「메이노케우스에게의 편지」, 124, Usener, 60; 에픽테토스, 『담화록』 I, 5 ('우리에게 달려 있지 않은 것에 대하여'). 디오게네스 라에르티오스, 『철학자 열전』 X, 27. 프로디코스에 대해서는 곰페르츠Gomperz, 『그리스의 사상가들Les penseurs de la Grèce』, Payot, Paris, 1928, vol. I, pp. 452~453.
17 자크 마돌, 『죽음에 대한 고찰』, p. 104.

18 「고린도전서」15장 52절.
19 자코모 레오파르디Giacomo Leopard, 『수상록Zibaldone di pensieri』, 292~293; 『저작집del Duca』, Paris, 1964, p. 508.
20 『파이돈』 64a, e; 65e; 67b, d, e([철학자들은] '죽는 것을 수련한다.ἀποθνήσκειν μελετῶσιν'); 81a.
21 『파이돈』 65e(παρασκευάζεσθαι), 67c(ἐθίσαι).
22 세네카, 『인생의 짧음에 대하여』 VII, 3.
23 『죽음의 준비에 관하여Sur la préparation à la mort』(사순절 설교).
24 『사형수 최후의 날』21장.
25 파스칼, 『팡세』 VII, 553('예수의 신비'), 555.
26 『향연』210e.
27 『필레보스』 17a("그들은 중간에 있는 것들을 도외시한다.τὰ δὲ μέσα αὐτοὺς ἐκφεύγει")
28 케르케고르, 『철학적 단편Les miettes philosophiques』, Gallimard, Paris, 1949.
29 자크 마돌, 『죽음에 대한 고찰』, p. 32.
30 에릭 사티, 《배梨모양의 세 개의 소곡Morceaux en forme de poire》, 《임종 전의 사색Avant-dernières pensées》.
31 루이 오베르의 피아노 모음곡《자취Sillages》의 제2곡〈소코리 예배당So-corry〉.

7장 되돌릴 수 없는 것

1 플로티노스, 『엔네아데스』 III, 7-8. 아우구스티누스, 『고백록』 XI, 24. 아리스토텔레스, 『자연학』 IV, 223a, 15. cf. 30-31. "시간 속에서 생성하고 파괴되고 증가하고, 시간 속에서 달라지고 이동하고…γίνεται ἐν κρόνῳ καὶ φθείρεται καὶ αὐξάνεται καὶ ἀλλοιοῦται ἐν χρόνῳ καὶ φέρεται…"
2 『왕은 죽어간다』, p. 55.
3 『죽음의 승리Trionfo della morte』 1장.
4 피에르-이사생트 아자이스Pierre-Hyacinthe Azaïs, 『인간의 운명에서 보상에 관하여Des compensations dans les destinées humaines』, Garnery, 1809.

5 『팡세』III, fr. 210.
6 『종교 서한Lettres spirituelles』, no. 224(1701년 11월 12일), 『전집』 VIII, Paris-Lille-Besançon, 1851, p. 591.
7 특히 다음 작품들을 참고. 리스트,《멜로디》, no. 42('나는 이별한다Ich scheide'), no. 44('고별Lebewohl'). 비제,《아랍 여주인의 작별인사Adieux de l'hôtesse arabe》(빅토르 위고), 차이코프스키,《고별》, op. 60(니콜라이 네크라소프Nikolaï Nekrassov). 라흐마니노프,《두 고별》, op. 26, no. 4(미하일 콜초프Mikhaïl Koltzov). 셰발린Chebaline,《슬픈 음률》, op. 40(코발렌코프Kovalenkov). 말러,《대지의 노래Das Lied von der Erde》, 6악장('작별Der Abschied'). 포레,《고별》, op. 21, no. 3(어느 날의 시) 등.
8 장 카수Jean Cassou, 『결단Parti pris』, 「라신과 음유시인의 비밀」, Albin Michel, 1963, p. 41.
9 장 라신, 『베레니스』 I, 4; II, 2; III, 1; III. 3; IV, 5; V, 5; V, 7. 장 카수는 다음과 같은 대목들을 인용한다. 『앙드로마크』 IV, 5(에르미온이 피루스에게), 『브리타니쿠스』 V, 1(주니아의 예감), 『미트리다테스』 II, 6(모니메의 대사 중 "처음이자 마지막으로 말해야.")
10 『벚꽃동산』 IV. 『바냐 아저씨』, 결말 참고.
11 체호프의 「강아지를 데리고 다니는 부인」; 부닌의 「햇빛」, 「이다Ida」, 「멀리」, 「마지막 만남」, 「마지막 날」, 「파리에서」. 다음 작품도 참조. 투르게네프의 「세 번의 만남」; 포레의《어느 날의 시》, op. 21, '만남', '언제나', '고별'.

8장 돌이킬 수 없는 것

1 『맥베스』 5막 2장, 3막 2장. cf. 밀턴, 『실낙원』 IX.
2 알랭 기Alain Guy, 『스페인의 철학자들Les Philosophes espagnols d'hier et d'aujourd'hui』, Privât, Toulouse, 1956, p. 66에서 인용.
3 『일곱 사형수 이야기』 §8('삶이 있다, 죽음이 있다.')
4 『파이돈』 71e, 72a. 마르쿠스 아우렐리우스, 『자성록』 II 참조.
5 72b.
6 71e.

7   『테아이테토스』 176a.
8   DK, 77: "우리는 저들[영혼]의 죽음을 살고 저들은 우리의 죽음을 산다.ζῆν ἡμᾶς τὸν ἐκείνων θάνατον καὶ ζῆν ἐκείνας τὸν ἡμέτερον θάνατον" 62: "불사하는 것들은 죽는 것이고, 죽는 것들은 불사하는 것이니, 저들의 죽음을 사는 것이고, 저들의 삶을 죽는 것이기 때문이다.ἀθάνατοι θνητοί, θνητοὶ ἀθάνατοι, ζῶντες τὸν ἐκείνων θάνατον, τὸν δὲ ἐκείνων βίον τεθνεῶτες" 장 브룅Jean Brun, 『헤라클레이토스』, pp. 132~133와 장 브룅의 주석 21 참조.
9   알렉산드르 보로딘Alexandre Borodine의 《잠자는 공주》, 1967년 작 발라드.
10 「이사야서」 26장 19절.
11 『파이돈』 66e. cf. 67a.
12 발레 《돌꽃》에서 발췌한 피아노를 위한 모음곡의 아다지오.

제3부 죽음 저편의 죽음

9장 종말론적 미래

1   『사형수 최후의 날』, §41.
2   도스토옙스키, 『우스운 자의 꿈』, 1877.
3   베르그송, 『창조적 진화』 3장 끝부분.
4   『파이돈』 63c; 64a: '좋은 희망εὔελπις'; 67b-c ('좋은 희망과 함께μετὰ ἀγαθῆς ἐλπίδος'); 68a; 70a 등등.

10장 내세의 부조리

1   빅토르 위고, 『명상시집Les Contemplations』 VI, 13. 쥘 미슐레Jules Michelet, 『여자La Femme』 III, 6.
2   딜스-크란츠H. Diels-W. Kranz, 엠페도클레스 단편 8.
3   자크 마돌, 『죽음에 대한 고찰』, p. 23.
4   막스 셸러, 『고통의 의미Le Sens de la souffrance』, trad. Klossowski, Aubier, 1936, pp. 17~21.

5   피에르 루슬로Pierre Rousselot, 『중세 사랑 문제의 역사Pour l'histoire du problème de l'amour auMoyen Âge』, Aschendorff, 1907.
6   에드몽 플레그Edmond Fleg가 인터뷰에서 이러한 이야기를 즐겨했다.

11장 무화의 부조리

1   『에티카』 IV, 25.
2   『파이돈』 117c(운-τύχη).
3   117e(부끄러워하다αἰσχύνεσθαι).
4   『펠레아스와 멜리장드』 V, 2.
5   『자성록』 III, 3; IV, 48(…얼마나 많은 의사들이 죽고 말았는지.πόσοι ἰατροὶ ἀποτεθνήκασι).
6   릴리안 게리Liliane Guerry, 『이탈리아 회화에서 '죽음의 승리'라는 주제Le Thème du 'Triomphe de la mort' dans la peinture italienne』, Maisonneuve, 1950.
7   게오르크 짐멜, 『생의 초월Die Transzendenz des Lebens』(『생의 직관Lebensanschauung』 I), Duncker & Humblot, 1918.
8   브룅스비크, 「참된 회심과 거짓 회심De la vraie et de la fausse conversion」, Revue de métaphysique et de morale, 1929, pp. 154~155.
9   파스칼, 『팡세Pensées』 VI, 단편 348과 브룅스비크의 주석.
10 『팡세』 III, 293(신,무한), IV, 282(삼차원 공간), VI, 347(죽음).
11 이오네스코, 『왕은 죽어간다』, p. 112(마리가 왕에게).
12 Ἔργον(에르곤), 이 말은 『향연』 209e에 있다.
13 『향연』 207a.
14 207d.
15 208e. cf. 208c: 영원한 시간 동안ἐς τὸν ἀεὶ χρόνον.
16 206e.
17 『향연』, 207b, 208d. cf. 179b, 180a. 사랑으로 죽은 자들에 관해서는, 성 프랑수아 드 살saint François De Sales, 『신의 사랑에 대한 논고Traité de l'amour de Dieu』 VII, 9~14.
18 「모래 위에 쓰다Inscription sur le sable」, 『흘끗: 놀이와 꿈Entrevisions: jeux et

songes』, no. 10, Lacomblez, 1898.[가브리엘 포레가 그의 시들에 곡을 붙인 연가곡《닫힌 정원》op. 106의 8곡.]

19 「아가」8장 6절.
20 《고예스카스Goyescas》, 부제: "사랑에 빠진 멋쟁이 남자들Los Majos Enamorados", 제5곡〈사랑과 죽음El Amor y la Muerte〉.
21 『엥케이리디온』IV, 1(자유에 대하여Περὶ ἐλευθερίας).
22 『천사의 순례Le Pèlerin chérubinique』, ed. Susini, II, 4. 249와 Susini의 주석 참조.
23 「신명기」30장 20절 참조.
24 「이사야서」25장 8절 참조.
25 「요한복음」5장 37절, 1장 18절(일찍이 하느님을 본 자는 없다. Θεὸν οὐδεὶς ἑώρακεν πώποτε); 「요한1서」4장 12절(하느님을 본 자는 아무도 없다. Θεὸν οὐδεὶς πώποτε τεθέαται). 「디모데전서」6장 16절; 「요한복음」6장 46절; 「출애굽기」33장 20절 참조.
26 파스칼, 『팡세』III, fr. 230.
27 『생의 비극적 감정Le Sentiment tragique de la vie』, Éditions de la Nouvelle Revuefrançaise, 1917.
28 『전쟁과 평화』II, 1, 8-9; 『유년시절』27.
29 『전쟁과 평화』II, 2, 12.
30 『안나 카레니나』V, 20. 『주인과 하인』§9.
31 『유년시절』, 1852; 『세 죽음』, 1860; 『홀스토메르』, 1861; 『전쟁과 평화』, 1864-1869; 『광인의 수기』, 1884; 『이반 일리치의 죽음』, 1885; 『인생론』, 1887.
32 알프레드 드 뮈세Alfred De Musset, 『안드레아 델 사르토André del Sarto』I, 5.
33 아풀레이우스. 아우구스티누스가 『신국론』XII, 10에서 인용함.

12장 사실성은 소멸될 수 없다. 되돌릴 수 없는 것을 돌이킬 수 없다는 것

1 『형이상학 논고Traité de métaphysique』, p. 304.
2 『담화록』II, 6, 13.

3 마테를링크,『죽음』, Eugène Fasquelle, 1913 참조.
4 플라톤,『테아이테토스』155d. 아리스토텔레스,『형이상학』첫 대목. 쇼펜하우어,『의지와 표상으로서의 세계』부록과 17장 "인간의 형이상학적 욕구에 관하여."
5 파스칼,『팡세』III, 205와 208 참조.
6 파스칼,『팡세』VII, 469. 브룅스비크는 이 단편을 라브뤼예르의 상당히 이색적인 글(「강한 정신Des esprits fors」)과 비교한다.
7 『라일리우스 우정론Laelius de Amicitia』: "…모든 것이 죽음으로 지워지지는 않는다.non omnia morte deleri"
8 《펠레아스와 멜리장드》IV, 4; 페늘롱Fénelon,『전집』VI, Paris-Lille-Besançon, 1850, p. 129.
9 『광인의 수기』(1884)에서 톨스토이도 같은 표현으로 말했다.
10 레오니트 안드레예프,『일곱 사형수 이야기』10장('벽이 무너지다'), 1908. 톨스토이에게 헌정.
11 『안나 카레니나』VIII부 12장;『주인과 하인』9장;『이반 일리치의 죽음』12장.

옮긴이_김정훈

서울대학교에서 서양고대철학을 전공하고 불문학을 공부했으며, 고전어와 철학을 가르치고 있다. 『무기력한 날엔 아리스토텔레스』, 『보이는 세상은 실재가 아니다』, 『우리와 그들의 정치』, 『제네시스』, 『나 없이는 존재하지 않는 세상』, 『화이트홀』 외 여러 권의 책을 옮겼다.

죽음 이토록 가깝고, 이토록 먼

초판 1쇄 펴냄 2023년 7월 7일
초판 3쇄 펴냄 2024년 10월 21일

지은이 블라디미르 장켈레비치
옮긴이 김정훈

펴낸곳 호두
출판등록 2018년 4월 27일 (제2018-000026호)
전화 070-8098-0178
이메일 hodubook@gmail.com
인스타그램 hodubooks.hoho

윤진희가 편집을, 오주희가 본문디자인을, 최성경이 표지디자인을 했으며, 세걸음에서 제작했습니다.

ISBN 979-11-982932-0-6 (03100)

· 책값은 뒤표지에 있습니다.
· 잘못 만들어진 책은 구입처에서 교환해 드립니다.
· 이 책의 내용을 이용하려면 반드시 호두의 동의를 얻어야 합니다.

호두 속에 숨다 찾다 앓다, 문득 놀라

블라디미르 장켈레비치
Vladimir Jankélévitch, 1903~1985

프랑스의 철학자이자 음악학자로, 프랑스 부르주에서 태어났다. 아버지 사뮈엘 장켈레비치는 프랑스로 귀화한 러시아 오데사 출신의 유대인으로, 의사로 일하면서 크로체, 베르자예프, 셸링, 헤겔, 프로이트의 작품을 처음 프랑스어로 번역했다.

장켈레비치는 1922년 파리고등사범학교에 입학하여 1926년 전국 교수자격시험을 1등으로 통과했다. 이후 프라하의 프랑스 연구소에서 5년 동안 교수로 재직하며 베르그송, 짐멜, 셸링, 키르케고르, 셸러, 그리스 교부철학자들의 저술 연구에 몰두했다. 1931년 베르그송에 관한 해설서를 출간하고, 1933년에는 셸링의 만년 철학에 대한 논문으로 박사학위를 받았다. 1936년 툴루즈 대학, 1938년 릴 대학 교수로 취임했으나 이듬해 전시동원되었고, 유대인 출신이라는 이유로 1940년 비시 정권에 의해 공직에서 추방되었다. 1941년 툴루즈에서 레지스탕스 지하활동에 참여한다. 이 해에 툴루즈의 카페 뒤쪽에 마련된 임시 교실에서 이 책의 바탕이 된 '죽음'에 관한 첫 번째 강의를 시작한다.

종전 후 라디오 툴루즈-피레네의 음악방송 책임자로 콘서트를 기획하고 음악 프로그램을 운영했다. 1947년 릴 대학 문학부 교수로 복직되었고, 1951년부터 1979년까지 소르본 대학에서 도덕철학을 가르치며, 『깊이 읽는 베르그송 Henri Bergson』(1931, [갈무리, 2018]), 『덕에 관한 논고 Le traité des vertus』(1949), 『뭐라 말할 수 없는 것과 거의 아무것도 아닌 것 Le Je-ne-sais-quoi et le Presque-rien』(1957), 『음악과 형언할 수 없는 것 La musique et l'ineffable』(1961), 『죽음 La mort』(1966), 『용서 Le pardon』(1967), 『되돌릴 수 없는 것과 향수 L'Irréversible et la Nostalgie』(1974), 『도덕의 역설 Le Paradoxe de la Morale』(1981) 등 형이상학과 도덕철학, 음악학에 관한 많은 책을 썼다.

그의 철학은 당대 프랑스 철학의 주류에서 거리를 두고 있었지만, 그리스어와 문학, 음악에 대한 깊은 지식을 바탕으로 한 재치와 즉흥성, 열정이 넘치는 강의로 유명했다. 또한 난해한 주제에 대한 역설적인 사유방식, 말보다 행동을 우선시하는 확고한 도덕적 태도는 다양한 세대의 학생들에게 깊은 영향을 주었다. 에마뉘엘 레비나스가 『타인의 휴머니즘 Humanisme de l'autre homme』에서 '충격적인 책'이라고 평한 『죽음』은 음악작품과도 같은 통일성과 조화를 지닌 동시에 분위기와 리듬에 다양한 변화를 주면서 주제를 과감하게 전개해 가는 장켈레비치 저술의 전형적인 특징을 잘 보여준다.